全国司法警官院校“十三五”规划教材

总主编：王恒勤

刑事法律基础与实务

（第二版）

主　　编：施秀艳

副 主 编：万洪云　汪红军　李永和

参编人员：（以撰写章节先后为序）

万洪云　梁　丽　李永和

张　珉　汪红军　曹　静

裴玉良　宋艺秋　王秀丽

马　丽　闫洪涛　梁志刚

施秀艳

法律出版社
LAW PRESS · CHINA

张　峰　河南司法警官职业学院副院长　教授
朱绵茂　海南政法职业学院副院长　教授
刘旭东　黑龙江司法警官职业学院副院长　副教授
胡配军　江苏省司法警官高等职业学校副校长　副教授
由明语　吉林司法警官职业学院副院长　研究员
刘　芳　福建省司法警察训练总队副总队长　副教授
薛　芳　宁夏司法警官职业学院副院长　副教授
胡爱国　安徽警官职业学院副院长　副教授
刘志刚　四川司法警官职业学院党委副书记
傅　革　云南司法警官职业学院副院长
李永清　湖南司法警官职业学院司法系主任　教授
唐学亮　陕西警官职业学院主任　博士

总　序

为全面建成小康社会，实现中华民族伟大复兴，全面提升教育服务经济社会发展和人的全面发展的能力，全面实现教育规划纲要目标，我国制定了教育事业“十三五”规划。它是贯彻落实党的十八大和十八届三中全会精神的第一个五年规划，也是贯彻落实《国家中长期教育改革和发展规划纲要(2010～2020年)》最为关键的五年规划。同时，党的十八大以来，党中央落实依法治国基本方略，加快建设社会主义法治国家的进程。在这一进程中，司法行政工作担负着维护社会稳定、实现社会公平正义的重要职能。为推进司法行政事业的发展，满足司法警官队伍建设的需要，我国现已形成了以中央司法警官学院为代表，各省警官职业学院、政法学院为基础的司法警官教育体系。

在此背景下，为了适应新时期培养高素质司法行政人才的需要，司法教育系统迫切需要规划编写一套高质量的新教材，以践行教育事业“十三五”规划。鉴于此，编委会面向全国司法警官及政法院校，遴选、组织了一批学术水平高、治学作风严谨、教学经验丰富、注重理论联系实际的专家学者，在充分借鉴已有的优秀教改成果，认真探讨和研究教学内容改革的基础上，编写了这套具有司法警官教育专业特色、适应性强的“全国司法警官院校‘十三五’规划教材”。本套教材具有以下几个突出特点：

第一，新颖性。近年来，围绕形成和完善中国特色社会主义法律体系的目标，立法机关制定或修改了《刑法修正案（九)》、《刑事诉讼法》、《行政诉讼法》等法律。本套教材依照新实施的法律组织、调整内容，注重总结和吸纳司法实践中已经取得的成功经验和形成的理论体系，贴近司法实践，体现司法改革，反映司法成果。教材在传承成熟知识的基础上，将各学科研究的前沿成果介绍给未来的司法警官们，让他们在学习基本知识、掌握学科体系的同时，把握学科研究的最新方向，了解最新研究成果。这样，既注意创新，又注重守恒，将知识的系统性、学术性、新颖性有机结合起来，能很好地适应新时期司法警官教育教学的需要。

第二，实用性。本套教材大多属于应用性学科，专业性强，知识更新换代快，实际操作技能要求高。因此，教材编写强调知识继承与创新的同时，更加注重理论知识对司法实践工作的指导价值，以实现高等司法警官教育人才培养目标为导向，强调理论联系实际，突出应用性和操作性。教材设立了“案例辅读”、“实验安排”、“实训设计”等板块，以促进学生对所学知识的深度掌握，培养学生的业务技能，提高学生的实践能力。

第三，整合性。本套教材涉及司法教育多个专业的课程，既包括刑事司法活动，也涉及侦查、审判与执行等，体系庞大，内容广泛。教材编写时，编写者需要对这些内容整体把握和系统考虑，需要运用多学科、多视角、多层面的知识进行研究。教材的编写者包括法学、犯罪学、监狱学、侦查学、心理学、社会学等领域的专家学者，及监狱、公安、检察、法院、司法行政等部门的领导和专家。他们具有扎实的学术功底，学风踏实，且绝大多数是各学科的学术骨干，不仅具有深厚的专业理论造诣，而且具有丰富的教学实践经验。教材编写中，注重整合专家和学者，形成了实力较强、朝气蓬勃的编写阵容。

这套“全国司法警官院校‘十三五’规划教材”，是新时期奉献给司法教育的一套精品教材，是近年来各司法警官院校在教学和科研中所取得成果的一次集中展示。感谢各位主编和参编的专家学者对教材编写付出的艰辛努力，感谢法律出版社的领导和编辑对教材的无私奉献。相信这套教材将会对提高我国司法警官院校的教育教学质量，培养高素质的专门人才发挥积极的作用。

编委会

2015 年 1 月

目　　录

上编　刑　　法

下编 刑事诉讼法

上编　刑　法

第一章

刑法概述

学习目标

1. 掌握刑法的概念和了解刑法的任务、体系；
2. 理解罪刑法定原则、适用刑法平等原则和罪责刑相适应原则；
3. 明确我国刑法对地、人和时间的效力；
4. 理解我国刑法的溯及力。

案例导读

案情：上诉人（原审被告人）张子强，男，43岁，广西壮族自治区玉林市人，住香港，香港身份证号：D123744（7）。1998年7月22日被逮捕。1998年10月30日，广东省广州市中级人民法院对张子强等36名被告人非法买卖、运输爆炸物、抢劫、绑架、走私武器、弹药、非法买卖、运输枪支、弹药、窝赃一案作出一审判决。其中，对张子强以非法买卖爆炸物罪，判处死刑，剥夺政治权利终身，并处没收财产人民币6.62亿元；以走私武器、弹药罪，判处无期徒刑，剥夺政治权利终身，并处没收财产人民币10万元。决定执行死刑，剥夺政治权利终身，并处没收财产人民币6.621亿元。第一审判决后，被告人张子强等不服提出上诉。上诉人张子强及其辩护人称：本案犯罪行为实施地在香港，侵犯的客体是香港居民的人身权和财产权，应由香港法院管辖，一审法院管辖不当。广东省高级人民法院认为：本案中指控的犯罪，有些犯罪行为虽然在香港实施，但是组织、策划等实施犯罪的准备工作，均发生在内地；实施犯罪使用的所有枪支和爆炸物及主要的作案工具是从内地非法购买后走私到香港，依照《刑事诉讼法》[①] 第24条的规定，内地法院对本案依法享有管辖权。

问题： 内地法院对张子强一案是否拥有管辖权？如果有，法律依据是什么？

第一节 刑法的概念与体系

一、刑法的概念

（一）刑法的概念

刑法是规定犯罪、刑事责任和刑罚的法律。具体说，刑法是立法者以国家名义颁布的规定犯罪、刑事责任和刑罚的法律规范的总和。立法者总是根据维护统治的需要，有选择地确定哪些行为为犯罪行为，行为人如何承担刑事责任，以及适用哪些刑罚方法惩罚犯罪。

（二）广义刑法和狭义刑法

刑法有广义和狭义之分。

广义刑法，是指一切规定犯罪、刑事责任和刑罚的法律规范的总和。它主要包括以下三部分内容：

1. 刑法典，即全面、系统地规定犯罪、刑事责任及刑罚的法律文件。这是刑法的主要表现形式。在我国，刑法典即指《中华人民共和国刑法》（以下简称《刑法》）。

2. 单行刑法，即专门规定某些犯罪及其刑事责任、刑罚的法律文件。这是对刑法典的重要补充形式。

3. 附属刑法，即民法、行政法、经济法等非刑事法律文件中有关具体犯罪、刑事责任及刑罚的法律规范。这是刑法的辅助形式。

狭义刑法，即指全面、系统规定犯罪、刑事责任和刑罚的刑法典，它仅是广义刑法的内容之一。

二、刑法的体系

（一）刑法体系的概念

刑法体系，是指刑法的组成和结构。我国刑法从总体分为总则、分则和附则三个部分。其中总则、分则各为一编，各编之下再根据法律规范的性质和内容有次序地划分为章、节、条、款、项等层次。刑法附则部分仅一个条文，即《刑

① 此处指称的《刑事诉讼法》，系指1996年《刑事诉讼法》。

法》第452条。

（二）刑法体系的结构

我国刑法通过编、章、节、条、款、项把刑法涉及的内容有机地结合在一起，具体分述如下：

1. 编

我国刑法首先把各种刑法规范科学而系统地列入总则和分则之中，并使两者有机结合起来。刑法总则是关于刑法的指导思想、任务和适用范围，以及关于犯罪和刑罚一般原理原则的规范体系，这些规范是定罪量刑所必须遵守的共同的规则。刑法分则是关于具体犯罪和具体法定刑的规范体系，这些规范是解决具体定罪量刑问题的标准。刑法总则与刑法分则的关系是一般与特殊、抽象与具体的关系。总则指导分则，分则是总则某些原理原则的具体体现，二者相辅相成。只有把总则与分则紧密地结合起来，才能正确地认定犯罪、确定刑事责任和适用刑罚。

2. 章

编下是章，章是总则和分则两编之下的单位。刑法总则和分则各自独立设章，刑法第一编总则分设五章，即刑法的任务、基本原则和适用范围；犯罪；刑罚；刑罚的具体运用；其他规定。第二编分则分设十章，即危害国家安全罪；危害公共安全罪；破坏社会主义市场经济秩序罪；侵犯公民人身权利、民主权利罪；侵犯财产罪；妨害社会管理秩序罪；危害国防利益罪；贪污贿赂罪；渎职罪；军人违反职责罪。各章的排列有一定顺序，形成一个有机整体。

3. 节

章下是节，节是刑法总则和分则的某些章根据需要而设的单位，反映某章内部的有机联系。刑法总则除第一章和第五章外，其余各章下均设若干节；刑法分则大多数章下不设节，但由于第三章破坏社会主义市场经济秩序罪和第六章妨害社会管理秩序罪两章涉及具体犯罪众多、内容庞杂，因而该两章下均又分设了若干节。

4. 条

节下是条，条是表达刑法规范的基本单位。刑法规范通常都是以条文形式出现的，因而条是刑法规范的基本构成元素。配置在各编、章、节中的刑法条文，全部用统一的顺序号码进行编号。刑法条文采用统一编号，既可以达到系统化的目的，又可以保证查阅方便、引用准确。

5. 款

条下是款，款是设于某些条之下的单位。有些条文表达的内容比较简单，只有一段，因而没有必要设款。但有些条文所要表达的内容比较丰富，有若干层次，因而需要分为若干款。对条下的款，某些国家的刑法以顺序号码或字母来表示，我国刑法采用另起一行从而形成不同段落的办法来表示，而不采用以顺序号码或字母来表示。而不同段落也就按顺序分别称之为不同的款，如第1款、第2款、第3款等。

刑法中有的条文在同一款中只有一个意思，有的条文在同一款里包含有两个或两个以上意思。一个条文的同一款中包含两个或两个以上的意思，在学理上称之为前段、后段，或者前段、中段、后段，或者第一段、第二段。在具有这种结构的条款当中，如有用“但是”这个连接词来表示转折关系的，则从“但是”开始的这段文字，学理上称之为“但书”。如《刑法》第13条。我国刑法条文中的“但书”，所表示的意义大致有以下几种情况：(1)“但书”是前段的补充；(2)“但书”是前段的例外；(3)“但书”是对前段的限制。

6. 项

条与款之下，还有项，项是某些条或款之下设立的单位。有些国家的刑法只有条、款，而无项的规定。我国刑法的某些条或款中保留了项的规定，并对之采取了基数号码进行编号。

第二节　刑法的基本原则

一、刑法基本原则概述

刑法的基本原则，是指贯穿于整个刑法、具有指导和制约全部刑事立法和刑事司法意义并直接体现一个国家刑事法治基本精神的根本准则。我国《刑法》在第3~5条中明确地规定我国刑法的基本原则为罪刑法定原则、适用刑法平等原则和罪责刑相适应的原则。

刑法的基本原则是刑法以宪法为根据的具体体现，是整个刑法的方向所在、精髓所系。刑法基本原则不仅体现在现行刑法中，而且还对以后的刑事立法具有指导意义。刑事司法工作也必须始终贯彻刑法的基本原则。了解和掌握刑法基本原则是深刻理解、准确适用我国现行刑法的前提。

二、刑法基本原则的内容

(一) 罪刑法定原则

1. 罪刑法定的基本含义

《刑法》第3条规定：法律明文规定为犯罪行为的，依照法律定罪处刑；法律没有明文规定为犯罪行为的，不得定罪处刑。

罪刑法定原则的基本含义是：什么是犯罪、哪些行为属于犯罪、各种犯罪的构成要件是什么、有哪些刑罚方法、各种刑罚方法如何适用以及对各种具体犯罪应在什么样的幅度内裁量决定刑罚等，均只能由刑法明文加以规定。对于刑法分则（广义）没有明文规定为犯罪的行为，不得认定为犯罪和给予刑罚处罚。对于刑法没有明文规定为刑罚的处罚方法，不能当成刑罚来使用。概括起来讲，即“法无明文规定不为罪，法无明文规定不处罚”。

2. 罪刑法定原则的要求

罪刑法定原则具有以下要求：一是要求排斥习惯法。即禁止对刑法没有明文规定为犯罪的行为通过适用习惯来定罪判刑；二是要求排斥事后法，即禁止根据行为后开始实施的法律对行为人定罪处罚，除非适用这种事后法比适用行为时的法律对被告人更有利；三是要求排斥类推定罪，即禁止对刑法分则没有明文规定为犯罪的行为比照类似的刑法分则条文定罪判刑；四是要求排斥绝对不确定刑，即禁止对被告人适用完全不确定具体刑种与刑期幅度的刑罚。

综上，排斥习惯法、禁止重法溯及既往、禁止有罪类推、排斥绝对不确定刑是罪刑法定原则的四项基本要求，背离其中任何一项要求，都意味着对罪刑法定原则的破坏。

罪刑法定原则的思想和内在要求，在刑法中得到了较为全面、系统的体现。但罪刑法定原则的最终实现，还有赖于司法机关的实际司法活动，切实贯彻执行罪刑法定原则，必须注意以下几个问题：一是严格依法认定犯罪；二是准确裁量执行刑罚；三是正确进行刑事司法解释。

（二）适用刑法平等原则

1. 适用刑法平等原则的含义

《刑法》第4条规定：对任何人犯罪，在适用法律上一律平等，不允许任何人有超越法律的特权。

适用刑法平等原则的含义是：任何人犯罪，都应当受到法律的追究，任何人都不得享有超越法律规定的特权；对一切犯罪行为，无论犯罪人的社会地位、家庭出身、职业状况、财产数额、政治面貌、才能业绩如何，都应一律平等地适用刑法定罪处罚，不允许任何人有超越法律的特权。

2. 适用刑法平等原则的要求

适用刑法平等原则的要求具体体现在三个环节上：在认定犯罪上应一律平等；在刑罚裁量方面应一律平等；在刑罚执行上应一律平等。

（三）罪责刑相适应原则

1. 罪责刑相适应原则的含义

《刑法》第5条规定：刑罚的轻重，应当与犯罪分子所犯罪行和承担的刑事责任相适应。

罪责刑相适应原则的基本含义是：犯多大的罪，就应承担多大的刑事责任，人民法院亦应判处相应轻重的刑罚，而在确定刑事责任大小时，除必须以罪行轻重为基础外，还应当考虑其他各种影响刑事责任的因素。

2. 罪责刑相适应原则的立法体现

罪责刑相适应原则在刑法中的具体体现是：确立了科学严密的刑罚体系；确定了区别对待的量刑原则；规定了宽严有度的刑罚制度；设置了轻重不同的量刑幅度。

3. 罪责刑相适应原则的司法适用

司法实践中，遵守罪责刑相适应原则，应注意以下几个方面：纠正重定罪轻量刑的错误倾向，把量刑与定罪置于同等重要的地位；克服重刑主义思想，强化量刑公正的意识；调整过分注重惩罚的思路，树立宽严相济的刑罚理念。

第三节　刑法的任务与效力范围

一、刑法的任务

《刑法》第2条规定：“中华人民共和国刑法的任务，是用刑罚同一切犯罪行为作斗争，以保卫国家安全，保卫人民民主专政的政权和社会主义制度，保护国有财产和劳动群众集体所有的财产，保护公民私人所有的财产，保护公民的人身权利、民主权利和其他权利，维护社会秩序、经济秩序，保障社会主义建设事业的顺利进行。”

我国刑法任务的具体内容，归纳起来主要有以下四个方面：一是保卫国家安全、保卫人民民主专政的政权和社会主义制度。这是我国刑法的首要任务。二是保护社会主义经济基础。具体体现为既保护公共财产和公民私人所有的合法财产，也体现为保护正常的社会主义市场经济秩序。这是我国刑法的主要任务之一。三是保护公民的人身权利、民主权利和其他权利。坚决保护公民所享有的人权，当然也是我国刑法的主要任务。四是维护社会秩序。维护社会秩序以保障社会主义现代化建设事业的顺利进行，同样是我国刑法的主要任务。

二、刑法的效力范围

刑法的效力范围，亦称刑法的适用范围，是指刑法适用于什么地方、什么人和什么时间，以及是否有溯及既往的效力问题。刑法的效力范围包括两方面的内容：一为刑法的空间效力；二为刑法的时间效力。

刑法的效力范围是适用刑法首先需要解决的问题。

（一）刑法的空间效力

1. 刑法的空间效力概述

刑法的空间效力，是指刑法在什么地域、对什么人具有约束力。它涉及国家的刑事管辖权问题，其中包括对地域的管辖和对人的管辖。对于刑法的空间效力，理论上有各种不同的主张和学说，采用了不同的刑事管辖原则。

（1）属地原则

属地原则又称领土原则，即以地域为标准，规定凡在本国领域内犯罪的，无论犯罪人或被害人国籍如何，都适用本国刑法；反之，在本国领域外犯罪的，都不得适用本国刑法。由于对“在本国领域内犯罪”存在不同的理解，属地原则在适用过程中，有行为地原则、结果地原则、行为结果择一地原则之争。

属地原则充分体现了国家主权。但这一原则使刑法的效力只能局限在本国领域内，而对在本国领域外侵害本国国家和公民利益的犯罪则不能适用，不能全面地保护本国国家和公民的利益，所以各国在确立属地管辖原则时，往往还会辅之以其他方式的管辖原则。

（2）属人原则

属人原则又称国籍原则，即以人的国籍为标准，规定凡是本国人犯罪，无论犯罪地点和被害人如何，都适用本国刑法；反之，对外国人，无论其是在本国领域内犯罪还是在本国领域外犯罪，也无论其犯罪行为侵害的是本国利益还是他国利益，都不得适用本国刑法。

这一原则也存在两个明显缺陷：①和他国属地原则的冲突使本国的刑事管辖发生困难；②对外国人在本国领域内的犯罪没有管辖权，显然有悖于国家的主权原则。

（3）保护原则

保护原则又称自卫原则，即以保护本国利益为标准，规定凡侵害本国国家或者公民利益的，无论犯罪人、犯罪地如何，都适用本国刑法；反之，对没有侵害本国国家或公民利益的犯罪，不得适用本国刑法。

保护原则同样有两点明显缺陷：①对本国领域内侵犯外国国家或者公民利益的犯罪无权管辖，从而不利于维护国家主权和社会秩序；②与属地原则、属人原则的冲突，必然涉及国与国之间的关系和刑事法律的冲突，因此，彻底实行这个原则会受到他国主权的限制，也使这一原则的实际实施发生困难，所以各国都是有条件地适用该原则。

（4）普遍管辖原则

普遍管辖原则又称世界原则，即以有效惩罚犯罪、保护各国利益为标准，认为一切犯罪都是对全人类共同利益的侵害，都是对世界犯罪，因此只要有犯罪行为发生，无论犯罪人、犯罪地及侵害利益的归属如何，都适用本国刑法。

普遍管辖原则也有明显缺陷，即各国关于犯罪的规定不尽一致，因而无法统一，而且还有可能导致国家间刑事管辖权的冲突。因此，它只能适用于国际公约的缔约国。

上述各原则，孤立来看，各有所长，又各具其短，因而现代世界上多数国家的刑法，都是采用以属地原则为主，以其他原则为补充的空间效力原则。我国刑法采用的也是这样的原则。

2. 我国刑法的空间效力

（1）我国刑法的属地管辖权

《刑法》第6条规定："凡在中华人民共和国领域内犯罪的，除法律有特别规定的以外，都适用本法。""凡在中华人民共和国船舶或者航空器内犯罪的，也适用本法。""犯罪的行为或者结果有一项发生在中华人民共和国领域内的，就认为是在中华人民共和国领域内犯罪。"

案例导读

评析：张子强等在内地实施了犯罪准备行为，犯罪准备行为亦属犯罪行为，因此依据《刑法》第6条第3款规定，内地法院具有管辖权是无疑的。

《刑法》第6条第1款所称的"法律有特别规定"，主要指：①《刑法》第11条关于"享有外交特权和豁免权的外国人的刑事责任，通过外交途径解决"的规定。②《刑法》第90条关于"民族自治地方不能全部适用本法规定的，可以由自治区或者省的人民代表大会根据当地民族的政治、经济、文化的特点和本法规定的基本原则，制定变通或者补充的规定，报请全国人民代表大会常务委员会批准施行"的规定。③《香港特别行政区基本法》及《澳门特别行政区基本法》作出的例外规定。

另外，根据我国承认的1961年4月18日《维也纳外交关系公约》的规定，各国驻外大使馆、领事馆及其外交人员不受驻在国的司法管辖而受本国的司法管辖。因此，凡在我国驻外大使馆、领事馆内犯罪的，也应适用我国刑法。

（2）我国刑法的属人管辖权

《刑法》第7条规定："中华人民共和国公民在中华人民共和国领域外犯本法规定之罪的，适用本法，但是按本法规定的最高刑为三年以下有期徒刑的，可以不予追究。”“中华人民共和国国家工作人员和军人在中华人民共和国领域外犯本法规定之罪的，适用本法。”《刑法》第 7 条第 1 款是我国现行刑法的属人管辖权的具体规定。《刑法》第 7 条第 2 款是我国刑法对国家工作人员和军人的无条件属人管辖权的规定。

（3）我国刑法的保护管辖权

《刑法》第 8 条规定：“外国人在中华人民共和国领域外对中华人民共和国国家或者公民犯罪，而按本法规定的最低刑为三年以上有期徒刑的，可以适用本法，但是按照犯罪地的法律不受处罚的除外。”

本条是我国刑法关于保护管辖权的主要规定。根据我国《刑法》第 8 条的规定，外国人在中国领域外实施犯罪，必须同时满足下列三项条件，我国司法当局才予以追究：①这种行为必须侵犯了我国国家利益或我国公民的利益，并且按我国刑法规定已经构成犯罪；②这种行为所触犯的罪名必须是我国刑法所规定的最低刑为 3 年以上有期徒刑的犯罪；③这种行为必须是根据犯罪地的法律规定也应受到刑事处罚的。

（4）我国刑法的普遍管辖权

《刑法》第 9 条规定：“对于中华人民共和国缔结或者参加的国际条约所规定的罪行，中华人民共和国在所承担条约义务的范围内行使刑事管辖权的，适用本法。”

为了从法律上确认我国对国际犯罪所行使的刑事管辖权，我国《刑法》第 9 条明文规定了普遍管辖原则。普遍管辖原则要求每个相关国际公约的缔约国对所规定的国际犯罪实行“或引渡或起诉”的原则。

根据《刑法》第 9 条的规定，我国对国际犯罪行使刑事管辖，设定了以下两个条件：①必须是由国际条约所规定的罪行；②必须是我国缔约或者参加的国际条约，并且承担了该国际条约的义务。

（二）刑法的时间效力

1. 刑法的时间效力概述

刑法的时间效力，是指刑法的生效时间、失效时间以及对刑法生效前的行为是否具有溯及力，也就是刑法在时间上的约束力。刑法的溯及力，即刑法溯及既往的效力，是指刑法生效后，能否适用于其生效以前发生的未经审判或判决未确定的行为。如果能够适用，新的刑法就有溯及力；否则，则无溯及力。

刑法的生效时间，是指刑法何时开始适用。有两种方式：一是公布之日就是生效之日；二是公布后，间隔一段时间生效。我国刑法自公布之日或公布一段时间后施行。刑法的失效时间，是指刑法何时停止适用。有两种方式：一是明示终止效力；二是默示终止效力。

世界各国刑事立法关于刑法溯及力的规定，主要有以下四种原则：

（1）从旧原则。新法无溯及力，对新法生效前的行为，适用行为时的旧法。

（2）从新原则。新法有溯及力，对新法生效前的行为，只要未经审判或者判决尚未确定，一律按照新法处理。

（3）从新兼从轻原则。新法原则上有溯及力，但旧法不认为是犯罪或处罚较轻时，适用旧法。

（4）从旧兼从轻原则。新法原则上无溯及力，但新法不认为是犯罪或处罚较轻时，适用新法。这一原则既符合罪刑法定的要求，又兼顾到新法的情况，为多数国家所采用。

2. 我国刑法的溯及力

《刑法》第12条规定："中华人民共和国成立以后本法施行以前的行为，如果当时的法律不认为是犯罪的，适用当时的法律；如果当时的法律认为是犯罪的，依照本法总则第四章第八节的规定应当追诉的，按照当时的法律追究刑事责任，但是如果本法不认为是犯罪或者处罚较轻的，适用本法。""本法施行以前，依照当时的法律已经作出的生效判决，继续有效。"

据此，我国在溯及力问题上采用从旧兼从轻的原则。根据《刑法》第12条的规定，对于中华人民共和国成立时起，到新修订的刑法生效时止，这段时间内发生的未经审判或者判决未确定的行为，按以下办法解决：

（1）当时的法律不认为是犯罪，而新修订的刑法认为是犯罪的，适用当时的法律，即不认为是犯罪。

（2）当时的法律认为是犯罪，而修订后的刑法不认为是犯罪的，只要该行为未经审判或判决未确定就不认为是犯罪。

（3）当时的法律和修订后的刑法都认为是犯罪，并且该行为又没有超过追诉时效的，如果新修订的刑法处罚较轻，则适用新修订的刑法；反之，则适用当时的法律。

另外，根据《刑法》第12条第2款的规定，在新修订的刑法施行以前，依照当时的法律进行审判已经生效的刑罚处罚，继续有效。即使按新刑法的规定，其行为不构成犯罪或处刑较当时的法律为轻，也不例外。

本章小结

刑法是规定犯罪、刑事责任和刑罚的法律。

我国刑法从总体分为总则、分则和附则三个部分。其中总则、分则各为一编，各编之下再根据法律规范的性质和内容有次序地划分为章、节、条、款、项等层次。

刑法的基本原则，是指贯穿于整个刑法、具有指导和制约全部刑事立法和刑事司法意义并直接体现一个国家刑事法治基本精神的根本准则。我国《刑法》在第3～5条中明确地规定我国刑法的基本原则为罪刑法定原则、适用刑法平等原则和罪责刑相适应的原则。

刑法的效力范围，亦称刑法的适用范围，是指刑法适用于什么地方、什么人和什么时间，以及是否有溯及既往的效力问题。刑法的效力范围包括两方面的内容：一为刑法的空间效力；二为刑法的时间效力。

思考题

1. 如何理解广义的刑法？
2. 罪刑法定原则的含义是什么？
3. 如何理解罪责刑相适应原则？
4. 如何理解适用刑法平等原则？
5. 为什么我国刑法对溯及力问题采取从旧兼从轻原则？

实务训练

阮某，男，34岁，越南公民。某年4月2日，阮某为报复本国公民胡某（汽车司机），在越南境内将胡某驾驶的一辆往返于中越两地的客车刹车装置严重破坏，企图制造事端，陷害胡某。同年4月10日，胡某驾驶满载越南游客24人的汽车从越南开往中国境内，在进入中国边境后汽车转弯时，汽车刹车装置失灵，虽经胡某采取减速、擦边等办法，仍未避免事故发生，汽车最后撞在山岩上，车身受到损害，所幸旅客没有重大伤亡。

【问题】我国刑法对此案有无管辖权？

第二章

犯罪概念与犯罪构成

学习目标

1. 掌握犯罪的概念及特征；
2. 理解犯罪的本质；
3. 掌握犯罪构成的概念、特征及分类；
4. 了解犯罪的分类。

案例导读

案情： 汪某，男，16周岁，某日在街角看到一辆自行车没有上锁，心想自己正好缺辆自行车，就趁人不注意时将该车骑回家。该自行车价值300元。

问题： 根据犯罪概念理论分析，本案行为人汪某是否构成犯罪？为什么？

第一节　犯 罪 概 念

一、犯罪的概念

《刑法》第13条规定：“一切危害国家主权、领土完整和安全，分裂国家、颠覆人民民主专政的政权和推翻社会主义制度，破坏社会秩序和经济秩序，侵犯国有财产或者劳动群众集体所有的财产，侵犯公民私人所有的财产，侵犯公民的人身权利、民主权利和其他权利，以及其他危害社会的行为，依照法律应当受刑罚处罚的，都是犯罪，但是情节显著轻微危害不大的，不认为是犯罪。”这个法律定义概括了犯罪的社会意义和法律意义，全面揭示了刑法中规定的各种具体犯罪的共同特征。

据此，犯罪的概念我们可以表述为：犯罪就是严重危害社会的，以国家意志的形式在刑法中规定的应受刑罚处罚的行为。

二、犯罪的特征

《刑法》第13条规定了我国法定的犯罪概念。它是以马克思主义关于犯罪的一般概念作为理论基础，是对各种犯罪现象所作的科学概括，是我们认定犯罪、划分罪与非罪界限的总标准。这一法定犯罪概念表明，在我国，某行为成立犯罪应具备以下三个基本特征：

（一）犯罪的本质特征——严重的社会危害性

所谓社会危害性，是指行为对刑法所保护的社会关系造成或可能造成这样或那样的损害。行为具有一定的社会危害性，是犯罪最基本的、具有决定意义的特征。一个行为是否构成犯罪，首先取决于它是否具有社会危害性。由于社会危害性是对法益的侵犯性，所以，只有当某种行为对法益造成了侵害或者有造成侵害的危险时，该行为才具有社会危害性。例如，故意杀人行为之所以具有社会危害性是因为此行为侵害了他人生命，或者具有致人死亡的危险。

首先，犯罪必须是人的危害社会的行为。人只有通过外在的行为才能对他人、对社会产生影响，造成损害。而法律只调整人的行为，因此，如果人的某种行为根本不能侵犯法益，那么无论他的内心多么邪恶，也不具有刑法意义上的社会危害性。例如，通过诅咒的方式“杀人”，无论如何也不可能导致他人死亡，也就是说这种行为没有社会危害性，也不应以犯罪论处。

其次，犯罪必须是严重危害社会的行为。并非有社会危害性的行为都是犯罪行为，社会危害性是质与量的统一，我国《刑法》第13条规定了“情节显著轻微，危害不大的，不认为是犯罪”。这一规定提示我们，犯罪不单纯是一个定性的问题，还有一个定量的问题，如关于盗窃罪，《刑法》第264条规定：“盗窃公私财物，数额较大或者多次盗窃的，处3年以下有期徒刑……”如果某人盗窃财物数额不大，便不认为是犯罪。

案例导读

评析：江某虽实施了盗窃行为，但由于其所盗自行车价值只有300元，数额不大，因此属于情节显著轻微危害不大的，不构成犯罪。

最后，犯罪的社会危害性不是抽象的，而是具体的。我国刑法对犯罪的社会危害性进行了具体的规定。犯罪的社会危害性具有多种表现形式。有的表现为实际的危害结果，如交通肇事罪的社会危害性表现为违反交通运输管理法规并因而发生重大事故，致人重伤、死亡或者使公私财产遭受重大损失；有的表现为发生严重危害结果的现实危险，如放火罪的社会危害性表现为行为人故意实施放火行为有造成火灾的现实危险；有的表现为物质性的危害结果，如盗窃罪使他人遭受财物损失；有的表现为精神性的危害，如侮辱罪表现为以暴力或者其他方法公然贬低他人人格，使他人名誉遭到破坏。犯罪的社会危害性不是一个纯粹的事实概念，而是行为的客观危害和行为人的主观恶性的统一。影响犯罪的社会危害性及其程度的因素很多，有行为侵犯的客体，行为的手段、方法及时间、地点，行为造成的危害结果，行为人的个人情况以及行为人的个人心理状态等。

（二）犯罪的法律特征——刑事违法性

犯罪是危害社会的行为，但并非所有危害社会的行为都是犯罪。如果行为虽然具有社会危害性，但仅仅是违反了党纪政纪或者是违反了行政、民事、经济等法律，还没有达到触犯刑律的严重程度，就不是犯罪。也就是说，犯罪不仅具有社会危害性，它还具有刑事违法性。刑事违法性，是指触犯刑律，即某一个人的行为符合刑法分则所规定的犯罪构成要件。刑事违法性是犯罪的法律特征，是对犯罪行为的否定的法律评价，是罪刑法定原则的重要体现。在罪刑法定原则下，如果没有刑事违法性，也就没有犯罪。因此，刑事违法性是犯罪的基本特征。

（三）应受刑罚惩罚性

犯罪作为一种违法行为，应当承担相应的法律后果，这种法律后果就是刑罚。犯罪的应受惩罚性包含两方面的含义：

1. 犯罪的必然后果是刑罚，国家通过利用刑罚惩治犯罪使刑法目的得以实现；

2. 刑罚只能加诸犯罪，它不能适用于民事违法行为和行政违法行为，否则将失去刑罚处罚的合理性。

这一特征表明，如果某一行为不应当受到刑罚处罚，也就意味着它不是犯罪，因此，应受刑罚惩罚性是犯罪的一个必备特征。应受刑罚惩罚性是犯罪的重要特征，它表明国家对于具有社会危害性和刑事违法性的行为的刑罚惩罚。犯罪是适用刑罚的前提，刑罚是犯罪的法律后果。应受刑罚惩罚性对于犯罪的立法规定与司法认定具有重要意义。在立法上，应受刑罚惩罚性对于立法机关将何种行为规定为犯罪具有制约作用。某种行为，只有当立法机关认为需要动用刑罚加以制裁的时候，才会在刑法上将其规定为犯罪，给予这种行为否定的法律评价。在司法上，应受刑罚惩罚性对于司法机关划分罪与非罪的界限也具有指导意义。根据我国《刑法》第 13 条关于犯罪概念的但书规定，某种行为情节显著轻微的不认为是犯罪。这些不认为是犯罪的行为，也就没有必要予以刑罚惩罚。因此，是否具有应受刑罚惩罚性也是犯罪的重要特征。必须注意，应受刑罚惩罚与是否实际受到刑罚惩罚，这是两个不同的概念。某一行为如果缺乏应受刑罚惩罚性，就不构成犯罪。但犯罪不一定都实际受到刑罚惩罚。因为犯罪形形色色，同一种犯罪也存在不同的犯罪情节，故刑法规定了构成犯罪而免除处罚的情形，我国《刑法》第 37 条规定："对于犯罪情节轻微不需要判处刑罚的，可以免予刑事处罚……"这种免予刑事处罚是以行为构成犯罪行为为前提的。这种情节轻微的犯罪行为虽然具有应受刑罚惩罚性，但因其不需要判处刑罚而免予刑事处罚。

上述三个方面是犯罪的基本特征，它们是一个有机联系的整体，缺一不可。明确犯罪的基本特征，对于理解刑法关于犯罪的规定具有重要的意义。

三、犯罪的分类

对犯罪进行分类，不仅有利于从总体上进一步认识犯罪的本质与特征，而且有利于正确认定具体的犯罪。

（一）犯罪的理论分类

1. 重罪与轻罪

以法定刑为标准，将犯罪分为重罪、轻罪与违警罪，始于 1791 年的法国刑法典，迄今为止，仍有许多国家的刑法将犯罪分为重罪与轻罪，或者还加上一类违警罪。

我国刑法没有明文将犯罪分为重罪与轻罪，但从理论上将犯罪分为重罪与轻罪则是完全可能的。区分重罪与轻罪一般应以法定刑为标准，而不以现实犯罪的轻重为标准。一般主张，法定最低刑为 3 年以上有期徒刑的犯罪为重罪，其他犯罪为轻罪。

2. 自然犯与法定犯

自然犯（与刑事犯的概念大体相同）与法定犯（与行政犯的概念大体相同）的分类由来已久，但区分标准却因人而异。一般来说，自然犯是明显违反伦理道德的传统型犯罪。如故意杀人、抢劫、强奸、绑架等犯罪。法定犯是指没有明显违反伦理道德的现代型犯罪，往往是指违反行政法规中的禁止性规范，并由行政法规中的刑事罚则所规定的犯罪。

3. 行为犯与结果犯

行为犯，是指只要实施刑法分则规定的某种危害行为就构成既遂的犯罪。如诬告陷害罪、伪证罪、强奸罪等。结果犯，是指不仅实施犯罪构成客观要件的行为，而且必须发生法定的危害结果，才构成既遂的犯罪。与行为犯的不同之处在于，它以发生一定的危害结果作为犯罪构成的要件。如交通肇事罪、故意杀人罪、挪用公款罪等。

4. 实害犯与危险犯

实害犯，是指以出现法定的实际危害结果为构成要件的犯罪。如丢失枪支不报罪、过失致人死亡罪、过失损坏交通工具罪等。危险犯，是指以出现足以发生严重危害后果的危险作为构成要件的犯罪，刑法典在危害公共安全罪中有多个条文规定了危险犯，如放火罪、决水罪、爆炸罪、投放危险物质罪、破坏交通工具罪等，都是典型的危险犯。

（二）犯罪的法定分类

1. 国事犯罪与普通犯罪

国事犯罪，是指危害国家安全的犯罪。我国《刑法》分则第一章规定的犯罪就属于国事犯罪。普通犯罪，是指除危害国家安全犯罪以外的犯罪。我国《刑法》分则第二章至第十章规定的犯罪属于普通犯罪。

2. 故意犯罪与过失犯罪

根据我国刑法规定，故意犯罪，是指行为人明知自己的行为会发生危害社会的结果，并且希望或者放任这种结果发生，因而构成的犯罪。过失犯罪，是指行为人应当预见自己的行为可能发生危害社会的结果，因为疏忽大意没有预见，或者已经预见而轻信能够避免以致发生危害结果的犯罪。故意犯罪和过失犯罪是我国刑法所规定的两大犯罪类型。由于主观恶性的不同，我国刑法将故意犯罪和过失犯罪规定为不同的犯罪形态分别对待。刑法以处罚故意犯罪为原则，以处罚过失犯罪为例外。

3. 亲告罪与非亲告罪

所谓亲告罪，是指告诉才处理的犯罪。《刑法》第98条规定，告诉才处理，是指被害人告诉才处理，如果被害人因受强制、威吓而无法告诉的，则人民检察院和被害人的近亲属都可以告诉。告诉才处理的犯罪，是由刑法明文规定的。刑法没有明文规定为告诉才处理的犯罪，均属于非亲告罪。刑法将部分犯罪规定为亲告罪，主要是综合考虑了以下三个因素：一是这种犯罪比较轻微，不属于严重犯罪；二是这种犯罪往往发生在亲属、邻居、同事之间，被害人与行为人之间一般存在较为密切的关系；三是这种犯罪多涉及被害人的名誉，如果任意提起诉讼则可能损害被害人的名誉，导致不良影响。我国刑法规定的亲告罪主要有侮辱罪、诽谤罪、暴力干涉婚姻自由罪、虐待罪和侵占罪。

第二节　犯罪构成概述

一、犯罪构成的概念和意义

犯罪构成，是指我国刑法所规定的，决定某种行为构成犯罪所必须具备的客观和主观要件的总和。犯罪构成理论，在刑法学理论体系中居于中心地位，是正确认定犯罪的理论基础，具有极其重要的理论和实践意义。

1. 犯罪构成是区分罪与非罪的标准。犯罪构成在犯罪的规格和具体条件上为区分罪与非罪提供了具体标准。

2. 犯罪构成是区分此罪与彼罪的标准。各种犯罪既有危害社会并依法应受刑罚处罚的共性，又在行为的性质、特征、危害程度等方面存在个性。不同的犯罪，有不同的犯罪构成要件，因此，犯罪构成是正确区分此罪与彼罪的具体标准。

3. 犯罪构成是正确量刑的前提。各种具体犯罪的犯罪构成，反映着该罪的社会危害程度，而社会危害程度对量刑具有重要影响，因此，犯罪构成对于正确量刑具有重要意义。

4. 犯罪构成是研究犯罪问题的理论指导。对刑法总则中的许多基本问题和刑法分则中具体犯罪的若干重要问题的研究，都离不开犯罪构成理论。如防卫过当、避险过当的刑事责任问题，犯罪预备、犯罪未遂、犯罪中止等故意犯罪的形态问题，一罪与数罪的区分问题等，都是以犯罪构成理论为指导来解决定性和责任问题的。我国刑法分则对犯罪的分类以及对犯罪特征及法定刑的规定，也都离不开犯罪构成理论的指导。

二、犯罪构成要件的概念和特征

犯罪构成要件，是指依照我国刑法规定，决定某种行为构成犯罪所必须的客观要件和主观要件的总和。

（一）犯罪构成要件是一系列客观要件和主观要件的总和

我国刑法规定的每一种具体犯罪，都是由一系列要件构成的。这一系列要件，归纳起来，就是客观要件和主观要件。犯罪构成不是指其中个别的要件，也不是这些要件的简单相加，而是这些要件密不可分的有机统一的整体。例如，《刑法》第263条规定“以暴力、胁迫或者其他方法抢劫公私财物的”，是抢劫罪。根据这一条的规定，结合刑法总则的一些规定，抢劫罪的犯罪构成，就是下列要件的有机结合：抢劫罪侵犯的是公私财物所有权；实施抢劫的行为人必须是达到刑事责任年龄，具有刑事责任能力的人实施；实施犯罪的方法必须是以暴力、胁迫等手段劫取财物；行为人主观上是故意犯罪，并且具有非法占有财物的故意。只有这些主客观要件的统一，才能构成抢劫罪。

（二）犯罪构成要件是决定行为构成犯罪所必需的事实特征

这些事实特征是立法者对具体犯罪现象抽象概括后作为认定犯罪的一般标准。任何一个具体犯罪，都可以有大量的事实特征来表现，正是这些事实特征，决定了此犯罪区别于其他一切犯罪。张三的抢劫之所以不同于李四的抢劫，就因为二者的抢劫有许多不同的事实特征存在。但不管张三的抢劫还是李四的抢劫抑或其他人的抢劫，都有一些共性，这些共性既反映了抢劫行为的特点，又反映了抢劫独特的社会危害性，立法者正是从具体抢劫犯罪的大量事实特征中选择一些关键性的事实特征作为抢劫罪的构成要件。也就是说，并不是一切事实特征都能成为犯罪构成要件，只有决定行为构成犯罪所必需的事实特征才能成为犯罪构成要件。决定某一特征是否为犯罪构成要件的标准，是看其对决定行为的性质和社会危害程度的意义。

（三）构成犯罪所必需的诸要件是由刑法加以规定的

也就是说，哪些事实特征可以作为犯罪构成要件，是由立法者选择，通过刑法加以规定的。

【参考案例2-1】

在一个月黑风高的晚上，男青年李某（25周岁），在一条僻静的胡同里抢夺了一位年轻女孩的白色挎包，内有人民币1000元和手机一部（价值1500元）。根据以上描述，试分析李某行为是否构成犯罪？如果构成，对其行为认定犯罪有意义的事实有哪些？

三、犯罪构成的要件

根据刑法总则、分则的规定及刑法理论的抽象与概括，可以发现，各种犯罪的成立都必须具备以下四个方面的要件：

（一）犯罪客体

犯罪客体，是指我国刑法所保护而为犯罪所侵犯的社会关系。犯罪客体是说明某种犯罪危害了什么样法益的要件。犯罪总是侵害了一定利益的。故意杀人罪侵害了人的生命权，故意伤害罪侵害了人的健康权，盗窃罪侵害了公私财物所有权，等等，诸如此类。犯罪所侵害的利益实质就是刑法所保护的社会关系，因此，犯罪客体就是犯罪行为所侵害的而为刑法所保护的社会关系。在刑法中，不侵害任何社会关系的犯罪是不存在的，因此，犯罪客体是任何犯罪都不可缺少的要件。

犯罪客体和犯罪对象是不同的，犯罪对象是犯罪行为所直接针对的对象，如杀人罪、伤害罪，犯罪对象是具体的被害人，而它们的犯罪客体则是指刑法所保护的公民人身权利不受非法侵害的这种社会关系。

（二）犯罪的客观方面

犯罪客观方面，是指犯罪活动的客观外在表现，包括危害行为、危害结果以及危害行为与危害结果之间的因果关系等。犯罪的客观方面，说明了犯罪是在什么样的客观条件下，用什么样的行为，使客体受到什么样危害的要件。犯罪客观方面，首先是指行为人实施了危害行为，没有危害行为，就没有构成犯罪的前提。比如犯诈骗罪，犯罪人具有虚构事实、欺骗他人的行为，贩毒罪具有贩卖毒品的行为，等等；其次是指危害行为造成或可能造成的危害结果。不管具体的犯罪行为表现形式如何复杂或具体的危害结果表现形式如何，他们都是犯罪构成的不可缺少的因素。

（三）犯罪主体

犯罪主体，是指实施危害社会的行为并且承担刑事责任的自然人或单位。犯罪主体即是实施犯罪行为的人。在我国，犯罪主体包括自然人主体和单位主体两类。每一种犯罪，都必须有犯罪主体，有的犯罪是一个人实施的，犯罪主体就是一人，有的犯罪是数人实施的，犯罪主体就是数人。在司法实践中，各种具体犯罪的主体情况尽管千差万别，但作为自然人犯罪，其共同之处都必须是达到刑事责任年龄具有刑事责任能力的人。根据刑法规定，公司、企业、事业单位、机关、团体实施犯罪的，构成单位犯罪，因此，单位也可以成为犯罪主体。单位犯罪，也应具备一定的主体资格。

（四）犯罪的主观方面

犯罪的主观方面，是指犯罪主体对其实施的犯罪行为及其结果所具有的心理状态。犯罪主观方面的心理状态有两种，即故意和过失。比如犯盗窃罪，犯罪人希望将他人财物窃为已有；犯故意伤害罪，犯罪人希望造成他人身体受到损伤的结果。有的犯罪是过失性质的，如失火罪，犯罪人就具有疏忽大意或过于自信的心理状态。在单位构成犯罪的情况下，该单位对犯罪行为负有责任的人员也同样具有主观心理状态。说明犯罪主体实施犯罪时主观心理状态的要件，刑法学上称之为犯罪的主观方面。行为人的行为在客观上虽然造成了损害结果，但不是出于故意和过失，则不构成犯罪，而是意外事件。

【参考案例2-1】

评析：李某的行为构成犯罪，已构成抢夺罪。认定其行为构成犯罪的事实主要有：（1）李某实施了抢夺他人财物的行为；（2）其抢夺1000元人民币和价值1500元的手机一部，数额较大；（3）李某已25周岁，具备法定的刑事责任能力。根据我国《刑法》第267条的规定，李某的行为符合抢夺罪所要求的主体、主观方面、客观方面以及客体要件，因而构成抢夺罪。

四、犯罪构成的分类

犯罪构成由于其不同的形态、性质和特点，可以进行多种类的划分。其分类有助于我们全面理解、掌握和运用各种类型的犯罪构成，有助于指导定罪量刑。

（一）基本的犯罪构成和修正的犯罪构成

基本的犯罪构成，是指刑法条文就某一犯罪基本形态所规定的犯罪构成。基本形态的犯罪是单独犯罪的既遂状态。修正的犯罪构成，是指以基本的犯罪构成为前提，适应故意犯罪形态的变化，或共同犯罪各类形式的需要，而对基本犯罪构成加以修改、变更的犯罪构成。预备犯、未遂犯、中止犯和主犯、从犯、胁从犯、教唆犯的犯罪构成，就是不同的修正的犯罪构成。

（二）叙述的犯罪构成和空白的犯罪构成

叙述的犯罪构成，是指刑法条文对犯罪构成要件予以简单或者详细地描述，完整表明犯罪事实特征的犯罪构成。我国刑法规定的犯罪构成，绝大多数属于这种类型。在认定这种犯罪构成时，只需要根据刑法的已有规定。空白的犯罪构成，是指刑法条文对犯罪构成要件没有明确描述，而需要援引其他法律规范来说明的犯罪构成。

（三）简单的犯罪构成和复杂的犯罪构成

简单的犯罪构成，又称为单一的犯罪构成或单纯的犯罪构成，是指刑法分则规定的各个要件均属于单一的犯罪构成。复杂的犯罪构成，又称混合的犯罪构成，是指刑法条文规定的犯罪构成要件并非均属单一，有可供选择或者互有重叠的犯罪构成。

本章小结

犯罪就是严重危害社会的，以国家意志的形式在刑法中规定的应受刑罚处罚的行为。犯罪具有严重的社会危害性、刑事违法性以及刑罚惩罚性。

犯罪构成，是指我国刑法所规定的，决定某种行为构成犯罪所必须具备的客观和主观要件的总和。犯罪构成理论，在刑法学理论体系中居于中心地位，是正确认定犯罪的理论基础，具有极其重要的理论和实践意义。犯罪构成要件包括犯罪客体、犯罪的客观方面、犯罪主体和犯罪的主观方面。

思考题

1. 什么是犯罪？
2. 简述犯罪的特征。
3. 简述犯罪构成的含义和意义。

实务训练

某日，白某到一家餐厅吃饭，看到某蔬菜公司职员安某因卖的蔬菜被他人拿走而正在与他人吵打，并且发现安某将手表摘下装入上衣口袋。白某见有机可乘，便以劝阻拉架为名，用左手抓住安某的一只手，同时乘安某不注意用右手将安某的手表掏出装入自己口袋内。不久，经他人劝解，吵打停止。安某忽然发现自己的手表不见了，连忙喊："表！表！我的表不见了！"旁边有人指着白某说："就是他偷了！"白某企图逃跑，被保安当场抓住，从其口袋内掏出了手表。此表是一只旧表，市值人民币 80 元左右。

【问题】白某是否构成犯罪？请根据犯罪构成理论分析原因。

第三章

犯罪构成要件

学习目标

1. 明确犯罪主体的概念，掌握我国刑法关于刑事责任年龄和刑事责任能力的规定；

2. 明确犯罪主观方面的概念，掌握犯罪故意及其类型、犯罪过失及其类型，学会运用犯罪主观方面理论分析实际案件；

3. 明确犯罪客体的概念，掌握犯罪客体的种类以及犯罪客体与犯罪对象的联系与区别；

4. 明确犯罪客观方面的概念，掌握危害行为、危害结果的种类，学会运用犯罪客观方面理论分析实际案件。

案例导读

案情： 纪某在14岁之前盗窃各类财物总计约7000余元。14岁生日那天，纪某邀请几个朋友到一饭馆吃饭。饭后回家途中，纪某看到一行人手拿一个提包，即掏出随身携带的弹簧刀将持包人刺伤并把包抢走，包内有手机一部、现金5000余元。第二天纪某出门游逛，见路边停着一辆小轿车，即设法打开车门，将车开走。行驶途中，因操作生疏，将在公交车站候车的3人撞倒，二死一伤。纪某不仅未停车，反而加大油门逃走。当日下午，纪某将汽车以两万元的价格卖出，后被抓获。

问题： 请从刑法角度对纪某的上述各行为进行分析。

第一节 犯罪主体

一、犯罪主体概述

（一）犯罪主体的概念

犯罪主体，是指实施危害社会的行为，依法应当负刑事责任的自然人或单位。犯罪主体是其他犯罪构成要件存在的前提，犯罪行为是人的行为，离开了犯罪主体，就谈不上犯罪的客观方面，谈不上对社会关系的侵害，同时，只有犯罪主体才可能有对自己行为的辨认和控制能力，才可能有对危害结果的主观心理状态。因此，犯罪主体不存在，其他三个方面的要件也就不存在，只有符合犯罪主体条件的人，在其犯罪心理态度支配下实施一定的行为，危害了一定社会关系后才是犯罪，因此犯罪主体与犯罪的其他构成要件是连为一体的。犯罪主体的概念揭示了其有以下含义：

1. 犯罪主体归根结底只能是自然人或者单位

自然人，是指有生命存在形式的独立个体，是由体力和脑力、情感和意志等因素构成的有机体。自然人在法律上的人格，始于出生，终于死亡。单位，即公司、企业、事业单位、机关、团体，且必须是独立的单位，而不能是单位的内部机构。

2. 犯罪主体必须是客观上实施了危害社会行为的自然人或者单位

没有人的危害社会行为，就没有犯罪，没有实施危害社会行为的人或者单位，就不是犯罪主体。

3. 犯罪主体是依照刑事法律的规定应当负刑事责任的自然人或者单位

刑事责任能力是犯罪主体中的核心问题，只有当一个人有能力承担刑事责任时，才能要求他对自己的危害行为承担刑事责任，才能成为应负刑事责任的人。

（二）犯罪主体的分类

从主体的法律性质上分，犯罪主体包括自然人犯罪主体和单位犯罪主体。自然人犯罪主体是我国刑法中最基本的、具有普遍意义的犯罪主体。单位主体在我国刑法中不具有普遍意义，单位成为犯罪主体应以刑法分则有明文规定的为限。自然人主体，是指达到刑事责任年龄，具备刑事责任能力，实施危害社会的行为并且依法应当承担刑事责任的自然人。自然人主体可以再分为一般主体与特殊主体。对于具体的犯罪而言，只要求达到刑事责任年龄和具备刑事责任能力的自然人即可构成的犯罪主体是一般主体。除了具备上述两个条件外，还要求具有特定的身份的人才能构成的犯罪主体是特殊主体。如贪污罪的主体是国家工作人员或者受国家机关、国有公司、企业、事业单位、人民团体委托管理、经营国有财产的人员，若行为人不具备此种身份，其行为就不能成立贪污罪。

（三）犯罪主体的意义

犯罪主体对定罪和量刑均具有重要意义。

1. 定罪方面

任何犯罪都有主体，即任何犯罪都有犯罪行为的实施者和刑事责任的承担者，离开了犯罪主体就不存在犯罪，也不会发生刑事责任问题。而且犯罪主体需要一定的条件，并非任何人实施了刑法禁止的危害社会的行为都构成犯罪并应承担刑事责任，只有具备法律所要求的犯罪主体要件的人，才能构成犯罪并被处以刑罚，不具有犯罪主体要件的人，即使实施了刑法所禁止的危害社会的行为，也不构成犯罪，因此，确定犯罪主体是追究刑事责任的前提。刑法分则某些条文关于犯罪人应具备的特殊身份要件，则对正确区分罪与非罪以及此罪与彼罪的界限具有重要意义。例如，国家工作人员利用职务上的便利将本单位财物非法占为己有的，构成贪污罪；不具有此等身份的人实施上述行为的，则构成职务侵占罪。

2. 量刑方面

在具备犯罪主体要件的同样情况下，犯罪主体的具体情况也可能不同，而不同的具体情况又影响到刑事责任的大小程度。例如，我国刑法对未成年人、尚未完全丧失辨认或者控制自己行为能力的精神病人、又聋又哑的人或者盲人犯罪的处罚问题等，都有不同于其他犯罪人的处罚规定。这些都说明了犯罪主体的不同情况对量刑的重要影响。

二、自然人犯罪主体

（一）刑事责任能力

1. 刑事责任能力的概念

刑事责任能力，是指行为人构成犯罪并承担刑事责任所必需的，行为人具备的刑法意义上辨认和控制自己行为的能力。简言之，刑事责任能力，就是行为人辨认和控制自己行为的能力。一般说来，当人达到一定的年龄之后，智力发育正常，就自然具备了这种能力。当然，这种能力也可能因年龄原因或精神状况、生理功能缺陷的原因而不具备、丧失或者减弱。具备刑事责任能力者可以成为犯罪主体并被追究刑事责任；不具备刑事责任能力的人即使实施了客观上危害社会的行为，也不能成为犯罪主体，不能被追究刑事责任；刑事责任能力减弱者，其刑事责任也相应地适当减轻。

2. 刑事责任能力的内容

刑事责任能力包括两个方面的内容：一是辨认能力，是指行为人具备对自己行为在刑法上的性质、作用、后果的分辨能力。也就是行为人能不能认识到自己的行为是否为刑法所禁止、遣责和制裁。例如，一个人在实施杀人行为时，能不能认识到杀人为刑法所禁止，如果有肯定的认识，就具备了认识能力。二是控制能力，是指行为人具有选择自己实施或不实施刑法所禁止的行为。控制行为的能力，也即决定是否以自己的行为去触犯刑法。例如，认识到杀人是犯罪的，自己能否选择实施或不实施杀人行为，有这样的选择自由，就具备了控制能力。

刑事责任能力中的辨认能力和控制能力之间存在有机的联系：一方面，辨认能力是刑事责任能力的前提和基础。只有对自己的行为在刑法上的意义有认识，才谈得上凭借这种认识能力而自觉有效地选择和决定自己是否实施触犯刑法的行为的控制能力。只要确认某人没有辨认能力，他便不具备控制能力，从而不存在刑事责任能力。控制能力的具备是以辨认能力的存在为前提条件的，不具备辨认能力的未达刑事责任年龄的幼年人和患严重精神病的人，自然也就没有刑法意义上的控制能力。另一方面，控制能力是刑事责任能力的关键。在具备辨认能力的基础上，还需要有控制能力才能具备刑事责任能力，只要确认了控制能力就一定具备辨认能力；有些人虽然有辨认能力，但也可能不具有控制能力而并无刑事责任能力。总之，刑事责任能力的存在，要求辨认能力与控制能力必须齐备，缺一不可。

3. 刑事责任能力的程度

人在刑法意义上的辨认和控制自己行为的能力（即影响和决定人的刑事责任能力程度）有两个方面的因素：（1）知识和智力成熟程度；（2）精神，即人的大脑功能正常与否。只有知识和智力成熟且精神正常的人，才具有刑事责任能力，才在刑法意义上有能力辨认和控制自己的行为。根据年龄、精神状况等因素影响刑事责任能力有无和大小的实际情况，我国刑法对刑事责任能力进行了如下的划分：

（1）完全刑事责任能力

依照我国刑法，凡年满 16 周岁、精神和生理功能健全且智力与知识发展正常的人，都是完全刑事责任能力人。间歇性的精神病人在精神正常时实施的刑法禁止的危害行为，其辨认和控制能力完全具备，因而《刑法》第 18 条第 2 款规定：“间歇性的精神病人在精神正常的时候犯罪，应当负刑事责任。”完全刑事责任能力人实施了犯罪行为的，应当依法负全部的刑事责任。

（2）完全无刑事责任能力

完全无刑事责任能力，是指行为人没有刑法意义上的辨认或控制自己行为的能力。完全无刑事责任能力人包括两类：一类是不满 14 周岁的人；另一类是行为时因精神病而不能辨认或者不能控制自己行为的人。《刑法》第 18 条第 1 款规定：“精神病人在不能辨认或者不能控制自己行为的时候造成危害结果，经法定程序鉴定确认的，不负刑事责任……”根据该规定，确认精神病人为无责任能力人，有两个标准：一是他在实施危害行为时处于精神病状态，这一标准即医学标准，也称生物学标准。这里的精神病，应作广义理解，不仅包括精神分裂症、癫痫病等，也包括痴呆症、夜游症、病理性醉酒等。二是由于精神病理的作用使他不能辨认或者控制自己的行为，这一标准即心理学标准，也称法学标准。只有将前后两个标准结合起来，才能认定实施刑法所禁止的危害行为的精神障碍人属于无责任能力人。

（3）相对无刑事责任能力

相对无刑事责任能力，是指行为人仅限于对刑法所明确限定的某些严重犯罪具有刑事责任能力，而对未明确限定的其他犯罪行为无刑事责任能力的情况。我国刑法规定，已满 14 周岁未满 16 周岁的未成年人是相对无刑事责任能力的人，这类人仅对《刑法》第 17 条第 2 款规定的 8 种行为具有刑事责任能力，即对“故意杀人、故意伤害致人重伤或者死亡、强奸、抢劫、贩卖毒品、放火、爆炸、投放危险物质”负刑事责任，而对除此之外的其他危害行为无刑事责任能力。

案例导读

评析：根据刑法的规定，纪某 14 岁之前盗窃各类财物约 7000 余元的行为，因为纪某尚不满 16 周岁，没有达到盗窃罪的刑事责任年龄，不构成犯罪。纪某 14 岁生日当天的行为是抢劫行为，但由于刑法规定的刑事责任年龄是按实足年龄，即只有过了 14 周岁生日的第二日起才认为已满 14 周岁，因此，纪某实施抢劫行为时未满 14 周岁，故不负刑事责任。纪某偷开汽车并造成重大交通事故的行为不构成交通肇事罪。因为，根据法律规定，行为人只有年满 16 周岁的，才对交通肇事罪承担刑事责任。纪某偷开汽车并出卖的行为是盗窃，但因纪某未满 16 周岁，根据法律规定，纪某不负刑事责任。在对纪某的处理上，可以责令他的家长或者监护人加以管教；在必要的时候，也可以由政府收容教养。

（4）减轻刑事责任能力

减轻刑事责任能力，又称限制刑事责任能力、限定刑事责任能力或者部分刑事责任能力，是指因年龄、精神状态、生理功能缺陷等原因，行为人辨认或者控制自己行为的能力较完全责任能力有一定程度的减弱、降低的情况。我国刑法明文规定的减轻刑事责任能力人有三种情况：①已满 14 周岁不满 18 周岁的未成人；②又聋又哑的人或者盲人；③尚未完全丧失辨认或者控制自己行为能力的精神病人。根据刑法的规定，对于已满14周岁不满18周岁的人犯罪，应当从轻或者减轻处罚；对于又聋又哑的人或者盲人犯罪，可以从轻、减轻或者免除处罚；对于尚未完全丧失辨认或者控制自己行为能力的精神病人犯罪的，应当负刑事责任，但是可以从轻或者减轻处罚。

（5）对75周岁以上的老年人犯罪案件的处理

根据我国刑法的规定，已满75周岁的人故意犯罪的，可以从轻或者减轻处罚；过失犯罪的，应当从轻或者减轻处罚。审判的时候已满75周岁的人，不适用死刑，但以特别残忍手段致人死亡的除外。

（二）决定和影响刑事责任能力的因素

决定一个人刑事责任能力的有无及影响刑事责任能力程度的因素，包括人的年龄情况、精神状况和重要的生理功能状况等。

1. 刑事责任年龄

（1）刑事责任年龄的概念

刑事责任年龄，是指法律所规定的行为人对自己实施的刑法所禁止的危害社会的行为负刑事责任必须达到的年龄。

年龄与刑事责任能力有着直接的关系。因为人的辨认和控制自己行为的责任能力不是与生俱来的，而是随着年龄的增长，智力和道德的发展逐步发育成熟的。初生的婴儿、幼小的儿童对客观世界认识肤浅，难以理解行为的社会意义，也不能控制自己的行为，只有达到了一定的年龄，具备了相应的辨别是非善恶和控制自己行为的能力以后，才能要求他们对自己的行为负责。

【参考案例3-1】

据新华网广西频道2013年5月6日电：13岁的周某在南丹县里湖瑶族乡仁广小学读书，与不满13岁的覃某是六年级同班同学，平时两人关系比较好，且两家都是同一条街上的邻居，住房相隔不足150米。覃某因同学们喜欢与周某玩耍，并曾议论她长得胖、不及周某漂亮，而对周某心生忌妒并怀恨在心。2012年4月10日傍晚，覃某邀请周某到家中玩耍，周某到覃某家中后，两人在家中看电视时，覃某乘周某低头玩手机之际，用木凳砸周某头部致其晕倒。因害怕周某醒后告诉老师和家长，便从家中找来菜刀、啤酒瓶、割纸刀、剪刀等凶器，对周某行凶，致周某当场死亡。后覃某还将周某头颅、手臂砍断，装进塑料袋，并清理案发现场血迹。广西公安机关认定被告人覃某故意杀人，因其作案时未满14周岁，依法不追究刑事责任，决定对覃某收容教养3年。周某的父母向法院提起诉讼，广西南丹县人民法院判处被告人父母赔偿原告各项费用共计10.8万元。周某父母不服，提起上诉。广西河池市中级人民法院终审判决维持原判。

(2) 刑事责任年龄阶段的划分

现代世界各国刑事立法一般根据刑事责任能力随年龄因素的逐步发展过程，结合本国少年儿童的实际情况和同犯罪作斗争的实际需要把刑事责任年龄划分为几个阶段。我国刑法以教育为主、惩罚为辅的刑事政策为指导，从我国政治、经济、文化教育状况、少年儿童的成长过程以及各类犯罪等实际情况出发，并适当借鉴国外立法例，顺应刑法的世界发展趋势，把刑事责任年龄划分为完全不负刑事责任、相对负刑事责任与完全负刑事责任三个年龄阶段。

①完全不负刑事责任年龄阶段。不满 14 周岁，完全不负刑事责任。这是因为不满 14 周岁的人，由于身心发育尚未成熟，还不具备辨别是非善恶的能力，他们实施对社会造成某种危害结果的行为，主要是出于年幼无知，因此，对他们不是追究刑事责任的问题，而是需要加强预防和教育。根据《刑法》第 17 条第 4 款的规定，因不满 16 周岁不予刑事处罚的，责令他的家长或者监护人加以管教；在必要的时候，也可以由政府收容教养。给他人造成经济损失的，未成年人的家长或者监护人还要负责赔偿。

【参考案例 3－1】

评析：由于覃某未满 14 周岁，根据我国刑法规定不应当负刑事责任，但是应当予以收容教养，并由其法定监护人承担民事赔偿责任。对不满 16 周岁（包括不满 14 周岁）而不追究刑事责任的，在什么情况下由政府收容教养？一般说来，行为人所实施的危害行为情节恶劣，后果严重，公愤很大，群众强烈要求政府收容教养的；行为人家中无人管教的，以及行为人的家长或者监护人确实管教不了的等情况，就应视为有收容教养的必要。

②相对负刑事责任年龄阶段。已满 14 周岁不满 16 周岁是相对负刑事责任年龄阶段，也称相对无刑事责任年龄阶段。法律要求他们对自己实施的严重危害社会的行为，即《刑法》第 17 条第 2 款规定的 8 种行为负刑事责任，这一规定是根据未成年人的特点而作出的。在我国已满 14 周岁不满 16 周岁的人，还处在中学阶段，学习中等文化知识，一般已能够根据国家法律和社会道德规范的要求约束自己，已经初步具备了刑法意义上的辨认和控制自己行为的能力，因此，刑法要求他们对一些严重的犯罪负刑事责任。同时，考虑到这一年龄段的人，毕竟还未成年，智力发育还不成熟，生活阅历浅，对不少犯罪行为尚不具备完全的辨认和控制能力，对他们实施的一般危害社会的行为，仍不追究刑事责任。对不满 16 周岁（包括不满 14 周岁）不处罚的，也并不是一概不管，而是责令他的家长或者监护人加以管教，必要时也可以由政府收容教养。这是一种必要的社会保护

措施，对保护未成年人和维护社会安全都是有利的。

【参考案例3－2】

某日，被告人丁某（女，15岁）骑自行车回家，行至一坡路时，因车速过快，撞着同方向行走的李某。丁某从自行车上摔倒，将李某压倒在身下，丁某即将李某送往医院。但李某因颅脑损伤，经抢救无效，于当天死亡。丁某应否对其行为负刑事责任？

③完全负刑事责任年龄阶段。按照我国《刑法》第17条第1款的规定，已满16周岁的人进入完全负刑事责任年龄阶段。由于满16周岁的未成年人的体力和智力已有相当的发展，具有了一定的社会知识，是非观念和法制观念的增长已经达到一定的程度，一般已能够根据国家法律和社会道德规范的要求来约束自己，因而他们已经具备了基本的刑法意义上辨认和控制自己行为的能力。因此，我国刑法规定已满16周岁的人可以成为刑法中所有犯罪的犯罪主体，要求他们对自己实施的刑法所禁止的一切危害行为负刑事责任。

刑法中的年龄是极其严肃的，实际执行中不能有任何的灵活性。周岁应当一律按照公历的年、月、日计算，过了生日的第二天起，才认为已满几周岁。

【参考案例3－2】

评析：丁某不负刑事责任。因为丁某未满16周岁，我国刑法规定，已满14周岁不满16周岁的人，只对故意杀人、故意伤害致人重伤或死亡、强奸、贩卖毒品、放火、爆炸、投放危险物质等八种行为承担刑事责任。而在本案中，丁某的行为不属于上列情况，不应负刑事责任。

（3）未成年人犯罪案件的处理

【参考案例3－3】

被告人某甲，女，17岁，高中生。被告人某日在邻居家玩耍时，见邻居家梳妆台上有手机一只（价值3300元人民币），遂窃为己有。案发后退还了赃物，而且悔罪态度较好。检察院以盗窃罪提起公诉，法院以同罪判处被告某甲有期徒刑2年并宣告缓期3年执行。

我国刑法对刑事责任年龄所作的上述规定，解决的是认定犯罪方面的问题。考虑到未成年人由其生理和心理特点所决定，既有容易被影响、被引诱走上犯罪道路的一面，又有可塑性大、容易接受教育和改造的一面，因此从我国适用刑罚的根本目的出发并针对未成年犯罪人的特点，我国刑法在对未成年人犯罪案件的处理上，还有以下两条重要而特殊的处理原则：

①从宽处罚的原则。即对已满14周岁不满18周岁的人犯罪的，应当从轻或者减轻处罚。就是说，已满14周岁不满18周岁是一个法定的必须从宽处罚的情节。至于是从轻还是减轻以及从轻减轻的幅度，则由司法机关根据案件具体情况确定。

②不适用死刑的原则。《刑法》第49条规定：犯罪的时候不满18周岁的人不适用死刑。这里所说的“不适用死刑”是指不允许判处死刑（包括死刑缓期二年执行），不是说“不执行死刑”，也不是说等满18周岁再判决、执行死刑，这是个原则要求。

【参考案例3-3】

评析：法院以盗窃罪判处被告人某甲有期徒刑2年并宣告缓期3年执行，是考虑到被告人还是未成年人，其体力、智力发育还未完全成熟，控制自己和辨别是非的能力还不够强，比成年人更易受环境的影响；同时被告人作为未成年人本身各方面发展尚未定型，可塑性较大，法律规定要从轻、减轻处罚，从教育、改造的角度讲是合适的。

2. 精神障碍

一般情况下，达到刑事责任年龄也就具有了刑事责任能力，刑事责任年龄与刑事责任能力大都是一致的。但也有的人达到一定年龄，却因精神疾病的影响丧失或限制了辨认和控制自己行为的能力。我国刑法将精神病对刑事责任的影响分为三种情况：完全无刑事责任能力的精神病人、完全负刑事责任能力的精神病人、限制刑事责任能力的精神病人。

（1）完全无刑事责任能力的精神病人

《刑法》第18条第1款规定：“精神病人在不能辨认或者控制自己的行为的时候造成危害结果，经法定程序鉴定确认的，不负刑事责任，但是应当责令他的家属或者监护人严加看管和医疗；在必要的时候，由政府强制医疗。”根据这一规定，认定一个人是完全无刑事责任能力的精神病人，必须符合以下三个标准：一是医学标准，也称为生物学标准。是指从医学上看，行为人的危害行为是基于精神病理的作用而引起的。精神病人所患的精神病通常包括精神分裂症、情感性的精神病、器质性或症状性的精神病、妄想性的精神病、白痴等。在司法实践中，经常会遇到一些非精神病性的精神障碍，如变态人格等，由于这些人并不会失去或完全失去辨认和控制自己行为的能力，不属于无责任能力的范围。二是心理学的标准，也称法学标准。是指精神病理机制不但引起了危害行为，而且由于精神病理的作用，使其行为时丧失了辨认和控制自己行为的能力。三是认定无责任能力精神病人的程序标准。刑法规定“经法定程序鉴定确认”，是指对精神病人无责任能力的医学鉴定，必须根据《刑事诉讼法》第144条的规定：“为了查明案情，需要解决案件中某些专门性问题的时候，应当指派、聘请有专门知识的人进行鉴定。”需要注意的是，根据全国人大常委会关于司法鉴定管理问题的规定，对法医类鉴定应当委托列入鉴定人名册的鉴定人进行鉴定，因而不再由省级人民政府指定的医院进行。

【参考案例3-4】

被告人某甲，男，33岁，某市个体屠夫。被告人某甲有间歇性躁狂症。一日，因与妻子发生口角，用刀将其妻子刺伤，后急送其妻到医院抢救，因抢救无效，其妻死亡。经法医鉴定，某甲刺伤妻子时，精神完全正常，其间歇性躁狂症并未发作。

（2）完全负刑事责任能力的精神病人

《刑法》第18条第2款规定：“间歇性的精神病人在精神正常的时候犯罪，应当负刑事责任。”

刑法上的间歇性精神病，是指具有间歇发作特点的精神病。这种精神病人在精神正常时，其辨认和控制行为的能力与常人无异，不具备无责任能力的心理学标准，因而对其危害社会的行为应负完全的责任。应当注意，间歇性的精神病人在“精神正常”时犯罪，是指行为人的精神病处于彻底的缓解期，其辨认和控制自己行为的能力即责任能力完全具备，不符合无责任能力和限制能力所要求的心理学（法学）标准，因而法律要求行为人对其危害行为依法负完全的刑事责任。

【参考案例3-4】

评析：依据我国《刑法》第18条的规定和有关的司法精神病鉴定实践及司法实践经验，应完全负刑事责任的责任能力完备的精神障碍人包括以下两类：一类是精神正常时期的“间歇性精神病人”；另一类是大多数非精神病性精神障碍人，非精神病性精神障碍人大多数并不因精神障碍使其辨认或者控制自己行为的能力丧失或减弱，而是具有完备的责任能力。但在少数情况下，非精神病性精神障碍人也成为限制责任能力人甚至无责任能力人，从而可以减轻刑罚或者不负刑事责任。

（3）限制刑事责任能力的精神病人

《刑法》第18条第3款规定：“尚未完全丧失辨认或者控制自己行为能力的精神病人犯罪的，应当负刑事责任，但是可以从轻或者减轻处罚。”这是刑法对限制刑事责任能力的精神病人的规定。在实践中，有些精神病人的责任能力的状态介乎无责任能力的精神病人与完全负刑事责任的精神病人之间，他们缺乏明显的精神病状态，但精神活动存在某些缺损，以致显得与常人有异，对行为认识能力和控制能力减弱，在某种外界条件下，容易实施犯罪行为。司法实践中，对他们犯罪一般予以从轻或减轻处罚。

3. 生理功能丧失

《刑法》第 19 条规定："又聋又哑的人或者盲人犯罪，可以从轻、减轻或者免除处罚。"这一规定的精神反映在以下几个方面：第一，又聋又哑的人或者盲人，不是无责任能力的人，他们犯了罪应当负刑事责任，但是因为他们生理上有缺陷，在智力、体力等方面比不上正常人，同时，也是出于人道主义的考虑，所以不宜处罚过重；第二，特殊生理缺陷的范围仅限于又聋又哑的人和盲人两种情况，只聋不哑或只哑不聋，其生理缺陷对认识能力的影响甚小，不足以影响刑事责任能力，不适用这一条文的规定；第三，又聋又哑的人或者盲人是限制责任能力之人，即这些人是减弱了责任能力，并没有丧失责任能力，因此，他们仍要对其犯罪负刑事责任，只是可以从轻、减轻或免除处罚；第四，在个案中，对又聋又哑的人或者盲人追究刑事责任时，原则上应从宽处罚，但最终是否从宽处罚或从宽处罚的幅度，应考虑其缺陷是先天形成的还是达到刑事责任年龄后形成的、生理缺陷对责任能力的减弱程度、犯罪的性质与生理缺陷的关系等。

4. 醉酒

醉酒主要包括生理性醉酒和病理性醉酒两类情况：

（1）病理性醉酒，属于精神病人的范畴，不负刑事责任。

（2）生理性醉酒应当负刑事责任。《刑法》第 18 条第 4 款规定："醉酒的人犯罪，应当负刑事责任。"这里的醉酒指生理性醉酒。

生理性醉酒是最多见的一种急性酒精中毒，多发生于大量饮酒后，因饮酒过量而导致精神过度兴奋甚至神志不清的情况。醉酒的人犯罪应当负刑事责任的理由：①医学证明，生理醉酒的人辨认和控制自己行为能力只是减弱，但并未丧失，不属于无刑事责任人；②生理醉酒人在醉酒前对自己醉酒后可能实施危害行为应当预见，甚至已有所预见，在醉酒状态下实施危害行为时具备故意或过失的犯罪主观要件；③醉酒完全是人为的，是可以戒除的；④如果减轻或不负刑事责任，将会给犯罪分子提供逃避刑事责任的借口。

（三）犯罪的特殊主体

1. 犯罪特殊主体的概念

刑法理论上，通常以主体是否要求以特定身份为要件，把自然人主体分为一般主体与特殊主体。具备刑事责任能力就能成立的犯罪主体，称为犯罪的一般主体。刑法中，有些犯罪除了具备一般主体所必须具备的条件外，还要求行为人具有某种特定的身份才能构成的犯罪主体，称为犯罪的特殊主体。所谓特定的身份，是指行为人终身或在一定期间具有的特定资格的情况，如男性和女性、国家工作人员、军人、证人、司法工作人员等。特定的身份常伴随着某种特定的职责或者义务，这也正是刑法规定特殊主体的意义。

2. 我国刑法中的特殊主体

从刑法的具体规定看，最常见的特殊主体主要有以下几种类型：

（1）职务上的身份。是指以特定的职务作为特殊主体条件的情况。如国家工作人员、国家机关工作人员、司法工作人员、邮电工作人员、军人等；

（2）特定职业上的身份。是指从事某项职业活动而形成的身份。如医务人员、从事交通运输业的人员等；

（3）具有特定法律地位的人。是指以特定法律地位为内容的特殊身份，如证人、鉴定人、怀孕的妇女，未成年人等；

（4）特定自然身份的人。是指自然因素所赋予或者血缘事实而形成的身份。例如，基于性别形成的事实可有男女之分，有的犯罪如强奸罪仅男子可以单独成为犯罪的主体；基于血缘的事实可形成亲属身份，如家庭成员，有的犯罪如虐待罪仅与被害人共同生活的同一家庭成员才能单独成为犯罪的主体等。

三、单位犯罪主体

（一）单位犯罪的概念

单位犯罪，是指由公司、企业、事业单位、机关、团体实施的依法应当承担刑事责任的危害社会的行为。单位犯罪的两个基本特征是：第一，单位犯罪的主体包括公司、企业、事业单位、机关、团体；第二，单位犯罪的存在范围具有法定性，即并非所有的犯罪都可由单位构成，只有法律明文规定单位可以成为犯罪主体的犯罪，单位才能成为主体并承担刑事责任。

根据最高人民法院《关于审理单位犯罪案件具体应用法律有关问题的解释》，单位犯罪中的“公司、企业、事业单位”，既包括国有、集体所有的公司、企业、事业单位，也包括依法设立的合资经营、合作经营企业和具有法人资格的独资、私营等公司、企业、事业单位。个人为进行违法犯罪活动而设立的公司、企业、事业单位实施犯罪的，或者公司、企业、事业单位设立后，以实施犯罪为主要活动的，不以单位犯罪论处。盗用单位名义实施犯罪，违法所得由实施犯罪的个人私分的，依照刑法有关自然人犯罪的规定定罪处罚。

（二）单位犯罪的处罚原则

《刑法》第31条规定：“单位犯罪的，对单位判处罚金，并对其直接负责的主管人员和其他直接责任人员判处刑罚。本法分则和其他法律另有规定的，依照规定。”根据这一规定，对单位犯罪，原则上实行双罚制，即同时处罚犯罪的单位和该单位的直接负责的主管人员和其他直接责任人员。但是，如果刑法分则或者其他法律（特别刑法）另有规定不采取双罚制而采取单罚制的，则属于例外情况。这是因为，单位犯罪的情况具有复杂性，其社会危害程度差别很大，一律采取双罚制的原则，并不能准确全面地体现罪责刑相适应原则和对单位犯罪起到足以警戒的作用。如《刑法》第137条的工程重大安全事故罪、第244条第1款规定的强迫职工劳动罪，就只处罚用人单位的直接责任人员，而不处罚用人单位本身。我国刑法大多都采用双罚制，也就是说，对于单位犯罪的处罚，以双罚制为原则，以单罚制为例外。

第二节　犯罪主观方面

一、犯罪主观方面概述

（一）犯罪主观方面的概念

犯罪主观方面，是指犯罪主体实施犯罪行为时，对其行为引起的危害社会的结果所持的心理态度。犯罪主观方面的表现形式为犯罪的故意或过失以及犯罪的动机和目的。其中，犯罪的故意和过失在刑法理论上又称为罪过，罪过是犯罪主观方面最主要的内容，是构成任何犯罪不可缺少的主观要件，是必要要件；犯罪目的只是某些犯罪构成所必备的主观要件，所以又被称之为选择要件；犯罪动机不是犯罪构成必备的主观要件，一般不影响定罪，但可以影响量刑。

刑法规定的犯罪行为，不仅客观上有危害社会的行为，这种行为还应该是基于一定的罪过心理产生的，这种罪过心理是主观方面的主要内容。如果一个人的行为主观上没有什么恶性，就不会对社会造成侵犯或威胁，就谈不上刑法上的社会危害性。故意或过失地实施了对社会有危害的行为，则反映了一个人的主观恶性，他就应当受到法律上否定的评价。缺乏犯罪的主观方面，犯罪便不能成立，主观方面的内容不同，所构成的犯罪也不同。所以，犯罪主观方面是犯罪构成的基本要件之一。

（二）犯罪主观方面的意义

首先，犯罪主观方面是区分罪与非罪的标准之一。成立犯罪必须具备罪过，否则行为客观上虽然造成了损害结果，但是行为人主观上没有罪过，便不能认为是犯罪。有些行为，客观上可能给社会造成了一定的损害，如果不借助于犯罪主观方面的分析，是很难确定该行为是犯罪行为还是非犯罪行为。《刑法》第16条规定："行为在客观上虽然造成了损害结果，但是不是出于故意或者过失，而是由于不能抗拒或者不能预见的原因引起的，不是犯罪。"对于某些具体犯罪，法律还要求其主观方面具有特定的目的，如聚众赌博罪要求以营利为目的。是否具备这些特定的目的，往往是区分罪与非罪的重要标准。因此，是否具备犯罪的主观方面，是罪与非罪的主要界限。

其次，犯罪主观方面是区分此罪与彼罪的标准之一。在实践中，有些行为仅从行为与结果的外观上看，可能差不多，但由于主观方面的不同，定罪也就不同。任何具体犯罪构成的罪过形式和罪过内容都是特定的：有的犯罪只能是出于故意，有的犯罪只能出于过失；同是故意或过失犯罪，此罪与彼罪的故意内容或过失内容也有所不同。比如，同样是造成他人死亡的结果，主观方面有杀人故意的，则构成故意杀人罪，主观方面是出于伤害故意的，则构成故意伤害致人死亡罪，而对他人的死亡结果出于过失的，则可能构成过失致人死亡罪，其犯罪性质完全不一样。

最后，犯罪主观方面对正确量刑也具有重要意义。犯罪的主观方面反映了人的主观恶性程度，而主观恶性程度不同，行为人所应承担的刑事责任的轻重也就不同，从而决定对其适用什么刑罚及多重的刑罚。法律对故意犯罪和过失犯罪规定了轻重不同的刑罚，因此通过查明主观方面的内容就保证了正确适用轻重不同的法定刑。另外，犯罪动机、犯罪故意的不同表现形式、犯罪过失的严重程度等因素，表现出了行为人的主观恶性和人身危险性大小的不同，而这些因素往往对量刑起重要的影响作用。因此，查明这些主观因素并在决定怎样运用刑罚时予以适当考虑和体现，无疑会有助于正确量刑，体现罪责刑相适应的原则。

二、犯罪故意

（一）犯罪故意的概念

《刑法》第14条第1款规定："明知自己的行为会发生危害社会的结果，并且希望或者放任这种结果发生，因而构成犯罪的，是故意犯罪。"根据这一规定，所谓犯罪故意，是指行为人明知自己的行为会发生危害社会的结果，并且希望或者放任这种结果发生的一种主观心理态度。其中，明知属于认识因素，希望或放任是意志因素。

1. 犯罪故意的认识因素

行为人明知自己的行为会发生危害社会的结果，是构成犯罪故意的认识因素，是一切故意犯罪在主观方面必须具备的特征。其中，"明知"是指故意的认识内容，"会"是指故意的认识程度。认识因素是成立犯罪故意的前提条件，人的任何行为都是基于对客观事实的认识，进一步通过意志，确定行为的方向，选择行为的方式和进程，最终达到行为结果的。如果对有关事实缺乏认识，便不可能是犯罪故意。

(1) 认识的内容

“明知”是行为人对危害社会结果的认识，但由于危害结果不是凭空产生的，它与危害行为及犯罪侵害的客体等客观事实情况是紧密联系的。因此，具体案件中行为人需“明知”的内容也是不同的，一般来说，成立犯罪的故意，行为人需明知以下三个方面的内容：

首先，对行为本身的认识，即行为人对刑法规定的危害社会行为的内容及其性质的认识。一个人只有认识到自己所要实施或正在实施的行为危害社会的性质和内容，认识到行为与结果的客观联系，才能谈得上进一步认识行为之结果的问题。因此，要明知自己的行为会发生危害社会的结果，必须首先对行为本身的性质、内容与作用有所认识。

其次，对行为结果的认识，即行为人对行为产生或将要产生何种性质危害结果的认识。对危害结果的认识是犯罪故意认识因素中最根本的内容，只有行为人对其行为会发生危害社会的结果有所认识，其对行为性质等其他客观事实情况的明知也才具有了刑法意义。而行为人对危害结果有所认识，也必然体现出其对行为性质等情况是清楚的。比如，故意杀人时，行为人认识到自己的行为会发生他人死亡的结果。

最后，对特定的犯罪对象、时间、地点和方法的认识。对法定的犯罪对象要有认识，比如成立销赃罪要求行为人明知自己代为销售的是犯罪所得的赃物，成立伪造货币罪要求行为人明知自己要伪造的是国内外流通的货币。对法定的犯罪手段要有认识，比如成立强奸罪要求行为人明知自己采取的是暴力、胁迫或其他使被害妇女不知抗拒或者不能抗拒的手段。对法定的时间、地点要有认识，比如，成立非法捕捞水产品罪要求行为人明知自己是在禁渔期或在禁渔区使用禁用的方法实施捕捞的行为。由于具体犯罪的构成要件各不相同，所以不同犯罪故意的认识因素内容也是各不相同的。

(2) 认识的程度

“会发生”有两种情况：一是行为人明知自己的行为必然导致危害结果的发生，例如，某甲杀某乙，用手枪抵住某乙的头部开枪，某甲明知自己的开枪行为必然引起某乙的死亡，这显然具备了故意犯罪的认识因素；二是行为人明知自己的行为可能导致某种危害结果的发生，例如，某甲持枪向某乙开枪，距离较远或某甲自己的枪法不准，这一枪有可能将某乙打死，也可能打不中某乙，但只要某甲认识到自己的开枪行为有可能将某乙打死，也就具备了故意的认识因素。

2. 犯罪故意的意志因素

行为人对自己行为所要导致的危害结果的发生所抱的希望或者放任的心理态度，是构成犯罪故意的意志因素，是犯罪故意在意志方面的特征。所谓希望危害结果的发生，就是行为人对危害结果的发生抱着积极追求的态度，危害结果是行为人实施该犯罪行为的目的。直接故意犯罪由于行为人对危害结果发生持希望的态度，因此在犯罪实行过程中，行为人犯罪目的都是明确的，而且多具有较强的意志力，对所遇到的困难或阻力多会想方设法排除以实现犯罪目的。因此，直接故意具有较大的主观恶性。例如，故意杀人的希望就是行为人追求被害人死亡的目的、盗窃罪的希望就是行为人追求取得他人财物的目的等。所谓放任危害结果的发生，是指行为人为追求某种目的，而对可能发生的危害结果持听之任之、任凭其发生的心理态度，这种犯意较为模糊而随意。例如，某甲为了杀妻，在食物中下毒，希望妻子食用后中毒。他同时也明知该食物其放学回家的女儿也可能食用，也可能中毒，他并不是希望女儿死亡，但因杀妻心切，不管女儿是死是活，行为人对投毒造成女儿的死亡就是一种放任的心理。犯罪故意的意志因素的希望和放任两种形式，体现出来的主观恶性程度有所不同。

犯罪故意的认识因素和意志因素之间具有密切的关系：认识因素是意志因素存在的前提和基础，行为人对结果发生采取希望或放任的心理态度，是建立在对行为及其结果的危害性质明确认识的基础上的；意志因素是认识因素的发展，是构成犯罪故意的决定性因素，也是认定犯罪故意的主要依据。如果仅有认识因素而没有意志因素，即主观上不是希望也不是放任危害结果的发生，也就不存在犯罪的故意，不会有故意犯罪的行为。总之，认识因素和意志因素是犯罪故意中两项有机联系的因素，在认定构成犯罪的故意中缺一不可。

（二）犯罪故意的类型

根据行为人对危害社会结果的发生所持心理态度的不同，犯罪故意可以分为直接故意和间接故意两种类型。

1. 直接故意

直接故意，是指行为人明知自己的行为必然或者可能发生危害社会的结果，并希望这种结果发生的心理态度。直接故意犯罪由于行为人对危害结果发生持希望的态度，因此在犯罪实行过程中，行为人犯罪目的都是明确的，而且多具有较强的意志力，对所遇到的困难或阻力多会想方设法排除以实现犯罪目的。因此，直接故意具有较大的主观恶性。直接故意具有以下特征：

（1）在认识因素上，行为人明知自己的行为会发生危害社会的结果。

（2）在意志因素上，行为人对于危害结果的发生持希望的态度，即追求危害结果发生的心理态度。

由于直接故意的认识因素中包括必然与可能两种情况，因而直接故意又可以分为两种基本的类型：一是行为人明知自己的行为必然发生危害社会的结果，并且希望这种结果发生的心理态度。例如，甲想杀死乙，用匕首往乙的胸部猛刺数刀，他明知这种行为必然致乙死亡仍决意为之，追求乙死亡结果的发生，甲的心理态度即为此种直接故意。二是行为人明知自己的行为可能发生危害社会的结果，并且希望这种结果发生的心理态度。例如，甲想枪杀乙，但由于光线不好，距离较远，而甲的射击技术也不是很好，因而甲对其能否射杀乙没有十足的把握，但是他不愿放过这一机会，希望能够打死乙，并在这种心理支配下实施了射杀行为。甲的心理态度即属于第二种直接故意。

2. 间接故意

间接故意，是指行为人明知自己的行为可能发生危害社会的结果，并且放任这种结果发生的心理态度。间接故意具有以下两个特征：

（1）在认识因素上，行为人已经认识到自己的行为可能发生危害社会的结果，即行为人根据自身的条件及所处的环境的具体情况，认识到危害结果发生的可能性。如果行为人明知行为必然发生危害结果而仍决意为之，就超过了间接故意认识因素的范围，应属于直接故意。

（2）在意志因素上，行为人对于危害结果的发生持放任的心理态度。放任并不是希望或者追求结果的发生，而是行为人在知道自己的行为可能造成危害结果的情况下，为了达到其所追求的一定目的，而决意为之，对可能造成的危害结果不去阻止或者采取措施防止，而是听之任之，任其发生，即结果发生也可以，不发生也无所谓，两种结局都不违背行为人的意志，也就是说，行为人并不排斥危害结果的发生。

犯罪的间接故意大致有以下三种情况：

一是行为人为追求一个犯罪目的而放任另一个危害结果的发生。比如，行为人在其妻碗里投毒杀妻，明知孩子可能分食该有毒的饭，但由于杀妻心切而放任孩子中毒死亡。此案中，行为人在预见到孩子可能中毒死亡的情况下，为追求其妻死亡的结果，而放任孩子中毒死亡结果的发生。

二是行为人追求一个非犯罪目的而放任另一个危害结果的发生。比如，行为人为了打野猪而对可能打死路人这种危害结果采取放任的态度，结果把路人打死。此案中，行为人在预见到路人可能中枪死亡的情况下，为了追求一个非犯罪目的，而放任路人中枪死亡结果的发生。

三是在突发性犯罪中，对于严重的危害后果采取放任的态度。比如，一些青少年临时起意，动辄行凶，不计后果，捅人一刀扬长而去并致人死亡。在这些案例中，行为人对于行为会给对方造成何种损害并无明确的认识和追求，但无论出现什么结果，都在行为人主观预见范围内，并持放任其发生的态度。

3. 直接故意与间接故意的区别

犯罪的直接故意与间接故意都属于犯罪故意的范畴。从认识因素上看，二者都明确认识到自己的行为会发生危害社会的结果；从意志因素上看，二者都不排斥危害结果的发生。这些相同点，说明和决定了这两种故意形式的共同性质。但是，犯罪的直接故意与间接故意又存在着以下显著区别：

（1）从认识因素上来看：两者对于危害结果发生的认识程度不同。犯罪直接故意既可以是行为人明知自己的行为必然发生危害社会的结果，也可以是明知其行为可能发生危害社会的结果两种情况；而犯罪间接故意是行为人明知自己的行为可能发生危害社会的结果。

（2）从意志因素上来看：两者对于危害结果的发生所持的心理态度不同。直接故意是积极追求危害结果的发生；而间接故意对于危害结果的发生所持的是一种听之任之的放任态度，不通过采取措施来防止危害结果的发生。因此，在意志因素上的不同，是区别两者的关键。

（3）从危害结果对犯罪的意义来看。在直接故意情况下，结果的发生与不发生只关系到能否成立犯罪的既遂问题，但都已经成立犯罪。而在间接故意的情况下，危害结果的发生与否决定着犯罪的成立与否。

【参考案例3－5】

马某，男，28岁，某乡民兵连长。某日晚2时许，马某已睡着，忽然被院子外的响动惊醒，即起床持步枪到门口察看，发现院子外有一个人影晃动，马某上前问道："谁，干什么的？"那人默不作声，过了一会儿转身便跑。马某认为此人是来偷东西的，便从家往外追赶，一面追，一面喊"站住"，追了一段路后，在相距10米处朝人影开了一枪，李某（男，19岁）当即中弹倒地，没过多久身亡。马某第二天向公安机关交代了案情的全过程。请分析马某的犯罪行为主观方面是故意还是过失？

三、犯罪过失

（一）犯罪过失的概念

《刑法》第15条第1款规定："应当预见自己的行为可能发生危害社会的结果，因为疏忽大意而没有预见，或者已经预见而轻信能够避免，以致发生这种结果的，是过失犯罪……"根据这一规定，所谓犯罪过失，是指行为人应当预见到自己的行为可能发生危害社会的结果，因为疏忽大意而没有预见，或者已经预见而轻信能够避免的一种心理态度。犯罪过失的认识因素是行为人没有预见到自己的行为可能发生危害社会的结果，或者已经预见自己的行为可能发生危害社会的结果；意志因素是行为人对危害结果的发生持否定态度，即不希望这种结果的发生。

犯罪过失是我国刑法规定的另一种罪过形式，相对于犯罪故意，犯罪过失的主观恶性要小得多。犯罪过失这一主观心理态度表现出以下两个特点：一是实际认识与认识能力相分离，即行为人有能力、有条件认识到自己的行为在当时的条件下可能发生危害社会的结果，但行为人事实上没有认识到，或者虽然认识到，但错误地认为可以避免这种危害结果发生；二是主观愿望与实际结果相分离，即行为人主观上并不希望危害社会的结果发生，但由于其错误认识而导致了偏离其主观愿望的危害结果的发生。

犯罪的过失是过失犯罪的主观心理态度，是与犯罪的故意并列的犯罪主观罪过形式之一。过失犯罪行为人本来应该也能够正确地认识一定的行为与危害社会的结果之间的联系，进而正确选择自己的行为，避免危害社会结果的发生，但他却在自己意志的支配下，对国家、社会和人民的利益采取了极不负责任的态度，从而以自己的行为造成了危害社会的结果，因此，国家就有充分的理由要求过失犯罪的行为人对自己严重不负责任的态度支配之下的行为承担刑事责任。

作为一种心理状态，犯罪过失同样包括了认识因素与意志因素。但在犯罪过失中，行为人的认识因素与意志因素的联系有特殊性，这种特殊性表现在认识因素与意志因素的联系往往处于不协调的状态中。从认识因素看，行为人要么没有认识到发生结果的可能性，要么对这种可能性有所认识，但对可能性变为现实性的概率估计不足，也就是说，主体没有对客观现实作出正确而真实的反映；从意志因素看，行为人不仅不希望危害结果的发生，而且对危害结果的发生完全持否定的态度。即危害结果的发生并不是行为人希望和放任的反映，而是事与愿违。因此，犯罪过失是主客观认识不一致，主观愿望与客观实际相脱离的表现。

从主观方面的特征可以看出，由于过失的认识因素和意志因素的具体内容与故意的不同，它所反映的主观恶性明显小于故意，因此，在刑事责任的承担上，故意犯罪要比过失犯罪重。在造成同样结果的情况下，故意犯罪的处刑要比过失犯罪重的多。但这绝不是说人们可以放松对过失犯罪的斗争。

【参考案例 3－5】

评析：马某的行为从性质上应定故意杀人罪（间接故意杀人）。本案中，马某为了抓住可疑的“小偷”（据调查李某不是小偷，是个精神病患者），在追赶中本应当先朝天鸣枪警告，并且在当时具体条件下，也应当知道在距离 10 米处开枪射击，将会造成什么危害结果，但他并不是鸣枪警告，而是直接向人影开枪射击，并造成了李某中弹死亡的严重后果。这说明他对危害结果的可能发生是采取了有意放任的态度，虽然他并不希望把李某打死，但他又不采取正当措施防止结果发生，相反却采取了一种放任自流，任凭结果发生的态度，显然，马某在主观方面是间接故意，其行为属于故意杀人，而不是过失致人死亡。

（二）犯罪过失的类型

根据犯罪过失心理态度的不同内容，犯罪过失可以分为疏忽大意的过失和过于自信的过失两种类型。

1. 疏忽大意的过失

疏忽大意的过失，是指行为人应当预见到自己的行为可能发生危害社会的结果，因为疏忽大意而没有预见，以致发生这种结果的心理态度。比如，行为人是一名经验丰富的老驾驶员，在启动汽车时，没有注意汽车周围的状况，以致将一个在汽车后面玩耍的小孩轧死。此案例中，行为人身为一名驾驶员应当在启动汽车时，注意汽车周围的状况，否则极易造成危害结果，但因为他疏忽大意而没有预见，以致造成严重后果。此处行为人的心理态度就是一种典型的疏忽大意的过失。疏忽大意的过失有以下三个特征：

（1）行为人没有预见自己的行为会发生危害社会的结果

所谓“没有预见”，是指行为人对实施行为的危害社会的性质、引起的结果完全没有意识到。疏忽大意的过失是一种无认识的过失，这种无认识的表现就是行为人在行为时没有想到其行为可能发生危害社会的结果，对危害结果的未认识状态，是构成疏忽大意过失的前提。实践中，包括了两种情况：一是行为人不仅对行为的危害社会的性质、危害结果没有预见，而且行为本身也是无意识的。如某甲玩枪，不小心触动扳机，枪走火将一旁的某乙打死；二是行为人对行为本身是有意识的，但对行为的危害社会的性质、危害结果没有认识。如行为人为了试一支新枪，向门外开了一枪，正击中路过此地的某乙的头部。

（2）行为人“应当预见”

所谓“应当预见”，是指行为人在实施行为时有责任预见也有能力预见自己的行为可能发生危害社会的结果。而行为人是否“应当预见”，应从行为人的预见义务、预见能力和预见的客观条件三方面联系起来分析：

①行为人须有预见义务。所谓预见义务，是指行为人在实施某种行为时，对行为发生结果的可能性应有预见的一种责任。这种预见义务，不仅包括法律、法令和各种规章制度所确定的义务，也包括日常生活准则所提出的义务。但是，法律不强人所难，不会要求公民去做他实际上不可能做到的事情，而只是对有实际预见可能的人赋予其预见的义务。

②行为人必须有预见能力。行为人虽有预见义务，但如果没有预见能力，同

样谈不上“应当预见”。预见能力归根结底是属于人的认识能力，而个人的认识能力是由他本人的年龄、阅历、智力水平、受教育的程度、技术熟练程度等因素决定的。因此，人的认识能力有高有低，是各不相同的。比如，不同职业的人在专业领域的预见能力是不同的。

③行为人须具备能够预见的客观条件。预见能力仅说明行为人有预见的可能性，要把预见的可能变成预见的现实，除了有赖于行为人的主观努力外，也不能离开客观条件的配合。有时复杂的客观环境会把结果发生的可能性掩盖得很深，使行为人根本没法预见结果发生的可能性，这种情况就不能认为是“应当预见”。因此，预见义务是以预见可能为前提的。

【参考案例3－6】

贾小妹，女，18岁，高中学生。某日下午，贾小妹放学回家，在路上遇见了二姐，她二姐将在医院买来的小半瓶“敌敌畏”让贾小妹带回家，杀家中蟑螂。贾小妹拿着“敌敌畏”瓶子回家走到家门口，发觉母亲不在家，就把“敌敌畏”瓶子放在自家门口（家住筒子楼），这时邻居的一个4岁男孩在走廊里玩耍。贾小妹将瓶子放到门口，又立即去找母亲，当贾小妹提着篮子陪母亲回到家门口，发现瓶子已空，并看见邻居的小男孩口吐白沫，昏倒在走廊，她见状便急忙将孩子送进医院，经抢救无效而死亡。试分析贾小妹犯罪行为的主观方面。

（3）没有预见的原因是因为行为人的疏忽大意

行为人在有预见义务并有预见能力的情况下，之所以没有预见到自己的行为可能发生危害社会的结果，其原因就在于行为人的疏忽大意，对其义务的漠不关心以致造成危害社会的结果，才使其构成犯罪过失并因此承担刑事责任。在司法实践中，疏忽大意通常表现为以下两种形式：一是消极的不注意。即在负有义务的情况下，由于对工作、对社会严重不负责任的态度，而对自己的行为不假思索，以致根本没有考虑到自己的行为后果。二是行为人的注意力发生了转移。即行为人在实施某种行为时，对可能引起的危害结果的应有的注意转向了其他情况的注意，而这种转移又是有过错的。例如，甲乙两人骑车时为一场足球赛而争论不休，在通过一路口时，甲将一正常行走的老太丙撞倒，老太送医院抢救无效死亡。甲的疏忽大意，就是因为注意力发生转移所致。

【参考案例3－6】

评析：贾小妹将“敌敌畏”放在自己家门口时，看见走廊有邻居家男孩独自在玩耍，而且小男孩年仅4岁，贾小妹应预见到这么小的孩子还没有辨别毒药的能力，将“敌敌畏”放在走廊中可能会被小男孩误食的危险。但是，贾小妹却疏忽大意而没有预见，因而，还漫不经心地将“敌敌畏”瓶子放在走廊自家门口，又出去找母亲，终于发生小男孩误食“敌敌畏”中毒死亡的悲剧。可见，对于邻居小男孩中毒死亡，贾小妹主观上具有很明显的疏忽大意的过失，其行为已构成了过失犯罪。

2. 过于自信的过失

过于自信的过失，是指行为人已经预见到自己的行为可能发生危害社会的结果，但轻信能够避免，以致发生这种结果的心理态度。比如，行为人驾车，虽明知强行超车会肇事，但认为路面较宽，而且自己驾驶技术高超，于是强行超车，导致车祸，造成人员伤亡。此案例中，行为人已经预见到自己强行超车的行为可能导致车祸，但认为路面较宽、自己技术高超，超车行为不会发生车祸，结果却是事与愿违。此处行为人的心理态度就是一种典型的过于自信的过失。过于自信的过失具有以下特征：

（1）已经预见

即行为人已经预见到自己的行为可能发生危害社会的结果。过于自信的过失属于有认识的过失，行为人对可能发生危害结果有所预见，是构成这种过失的认识因素。但是，与间接故意的认识因素不同的是，过于自信的过失的这种认识因素在程度上是比较模糊、不确定的。也就是说，行为人更倾向于认为危害结果不会发生，或者说危害结果虽有可能发生，但这种可能性不会转化为现实性，这是其区别于疏忽大意的过失的明显标志。就认识因素而言，行为人不仅有认识能力，而且这种认识能力也实际发挥了作用，已经认识到危害结果发生的可能性。不过，行为人认识到的仅是结果发生的概然性，即行为人认识到，从不利因素看，行为有可能发生危害结果，但从有利因素看，也有可能不发生危害结果。行为人不可能认识到危害结果发生的必然性，如果认识到危害结果必然发生还要去实施，那就不是过失而是犯罪的故意了。

【参考案例 3－7】

被告人张某，男，45 岁，农民。被告人张某小，男，25 岁，张某之子。某日，张某见一群农民在他家自留山坡上挖树蔸作柴烧，很是生气，遂对其儿子张某小说：“咱俩从山后面爬上去，往山下滚石头，吓唬吓唬他们，看他们以后谁还敢来挖。”父子俩悄悄爬到山顶，一起沿着挖树蔸人左侧约 5 米远的山坡，连续不断地往下滚石头，挖树蔸的人纷纷躲避，张某小见状有些害怕，对其父说：“别滚了，真要砸着了就麻烦了。”张某说：“不怕，远着呢！”就在这时，一块石头在往下滚的途中撞到了山坡上的一块巨石而改变了方向，横飞向挖树蔸的农民，将其中的一人击倒，滚落山脚死亡。请分析张某、张某小行为时主观方面的心理态度。

（2）轻信可以避免

即行为人轻信能够避免自己的行为可能发生的危害结果。轻信能够避免是过于自信过失的意志因素，它表明了行为人虽然已经认识到危害社会的结果可能发生，但不希望把这种可能性变成现实，而是自信可以避免结果的发生。正是在这种思想的支配下，行为人实施了危害社会的行为。轻信能够避免包含了三方面的含义：第一，它表明了行为人对危害结果的态度是否定的，是要努力避免的，他在主观上对危害结果的发生既不希望也不放任，他自信这种结果不会发生；第二，行为人之所以相信结果能够避免，是因为行为人认为有一定的避免结果发生的主客观条件。如自己丰富的经验、机智与灵敏、有利于避免结果发生的客观外在条件的存在等。如果不存在避免结果发生的有利条件，行为人就不会相信结果能够避免；第三，"轻信"说明行为人相信的有利条件是不可靠的或者是不全面的，过高地估计了避免结果发生的有利条件，过低地估计了自己行为导致危害结果发生的可能程度，这就是"轻信"。

【参考案例3－7】

评析：本案中，从两被告人沿着挖树蔸人左侧约5米远的山坡上往下滚石头及两人的对话中，可以看出他们已经预见到往山下滚石头的行为可能砸着挖树蔸的农民，但两被告人过高估计了可以避免危害结果发生的其自身条件及客观有利因素，过低地估计了自己行为导致危害结果发生的可能程度，正是这种轻信心理，支配行为人实施了错误的行为并发生了把一个农民击倒滚落山脚死亡的结果。因此，两人行为时主观方面的心理态度是过于自信的过失。

【参考案例3－8】

被告人王某系某公司货物押送员，经常和该公司驾驶员张某一起执行送货任务。某日中午，王某和张某一起到郊区送货，当车行至郊区公路上时，王某见路上前后无人，便请求张某让他开一会儿。张某知道王某没有取得驾驶执照，而且仅粗通驾驶技术，却答应了王某的要求，并鼓励他说："你放心开吧，有我给你看着呢!"王某接过方向盘，启动车辆，以低速行驶。过了一会儿，王某见自己车开得还比较稳，就加大油门以每小时50公里的速度行驶。结果车辆驶至一路面较窄的地方与一辆迎面驶来的中型面包车错车时，由于王某的车离道路中心线较近，车速又高，王某一紧张又打错了方向盘，结果两车相撞，造成面包车内乘客两死一伤的严重后果，被告人王某和张某也受了轻伤。试分析王某犯罪行为的主观方面。

3. 过于自信的过失与间接故意的区别

相同点：都预见到危害结果发生的可能性；都不希望危害结果的发生。

不同点：（1）在认识因素上：间接故意是明知自己的行为导致危害结果发生的现实可能性，即明知这样确实可能发生危害结果，但他没有想到靠什么办法来避免这种可能性变成现实性；过于自信的过失则是预见到行为发生危害结果的假定可能性，行为人过高地估计了有利因素，过低地估计了不利因素的作用，行为人对于可能性是否会转化为现实性的客观事实发生了错误认识，行为人主观和客观不一致。（2）在意志因素上：间接故意是放任危害结果的发生；过于自信的过失中行为人反对、排斥危害结果发生。（3）两者的行为特征不同：过于自信的情况下，行为人总是希望凭借一些有利条件或运用这些有利条件防止危害结果的发生，发生了危害结果，行为人感到意外；而间接故意的情况下，行为人既不采取任何防范措施，也不依靠任何条件去防止危害结果的发生，当危害结果发生时，行为人表现出无所谓的态度。因此，过于自信过失的主观恶性要远小于间接故意。

【参考案例3－8】

评析：本案被告人王某作为一个精神正常的成年人，明知自己不具备驾驶交通工具的能力，更不具备法律为保障安全驾驶交通工具所设定的驾驶员资格，因此他明知自己违反法律规定冒险驾驶汽车可能发生危害社会的结果而仍然驾驶，就表明他主观上对于发生严重的交通事故这一危害结果是有罪过的。根据前述的区分间接故意和过于自信过失的标准和方法，我们可以认定，王某对危害结果的发生是有意防止而无意放任，他的主观心理属于过于自信过失，而不是间接故意。理由是：首先，在客观上存在着抑制危害结果发生的有利条件，即当时时值中午，路上前后没有车辆和行人，又有驾驶技术相当高超的张某坐在旁边照看着。王某不仅认识到了这些有利条件，而且从王某选择这样的时间和路段开车的事实也可以看出他是打算利用这些有利条件防止危害结果的发生的，从而表明王某主观上是不希望并排斥危害结果发生的。其次，王某在事中也采取了一定的防止危害结果发生的措施。如王某刚开始低速行驶，在与来车错车时打方向盘的举动，都表明了王某是要尽量避免危害结果的发生。总之，王某虽然明知他欠缺驾驶汽车的能力而违章驾驶可能造成危害结果，但又基于对抑制危害结果发生的有利条件的认识而轻率地认为危害结果不会发生，因此他的心理完全符合过于自信过失的心理特征，其行为构成了交通肇事罪。

四、犯罪目的和动机

（一）犯罪目的

犯罪目的，是指犯罪人希望通过实施犯罪行为达到某种危害社会结果的心理态度，也就是危害结果在犯罪人主观上的表现。比如，行为人在实施抢劫行为时，就有非法占有公私财物的目的；实施故意杀人行为时，就有非法剥夺他人生命的目的。犯罪目的不仅反映出行为人主观恶性的程度，而且还支配行为人实施行为的方向，决定行为的性质。

犯罪目的只存在于直接故意犯罪中，因为只有直接故意犯罪行为人才希望发生某种危害社会的结果。过失犯罪，行为人是不希望某种危害后果的发生，因此，没有实施该种犯罪的目的。在间接故意的情况下，行为人对可能造成的危害社会的结果是持放任的态度，行为人并不积极追求这种结果，因此，间接故意不存在犯罪目的。需注意的是，间接故意虽然没有实施该种犯罪的目的，但行为人实施的犯罪可能是为追求另一个犯罪目的而实施的，对另一个犯罪来说，行为人还是有犯罪目的的。例如，行为人为了杀妻而下毒，同时放任孩子的死亡，对杀孩子来说，行为人没有杀人的目的，但行为人有杀妻的目的。

犯罪目的是犯罪构成的选择要件，刑法中有一部分犯罪明确规定只有具备一定的目的才能构成。例如，《刑法》第 152 条规定的走私淫秽物品罪，必须“以牟利或者传播为目的”；《刑法》第 217 条规定的侵犯著作权罪，必须“以营利为目的”，等等。没有这些特定的目的，就不能构成这些犯罪。

（二）犯罪动机

犯罪动机，是指刺激犯罪人实施犯罪行为以达到犯罪目的的内心冲动或内心起因。行为人确定某种犯罪目的，是以一定的犯罪动机为指引。比如，在直接故意杀人的犯罪中，非法剥夺他人生命是其犯罪目的，但行为人的犯罪动机可以是报复、贪财或者嫉妒，等等，甚至是两个或两个以上的动机。

犯罪动机一般不是犯罪构成要件，但动机是否“恶劣”，反映了行为人的主观恶性程度，因而是判断“情节”是否严重、恶劣的重要依据之一，对以“情节”是否严重、是否恶劣作为构成要件的犯罪来说，犯罪动机对定罪也有一定的意义。同时，犯罪动机是量刑考虑的一个重要因素，犯罪的动机是否卑劣直接反映了行为人主观恶性的大小和罪行的轻重。同样是故意杀人，有的是图财害命，有的是激于义愤，有的可能是报复，动机不一样，量刑轻重也就不一样。

（三）犯罪目的和犯罪动机的联系与区别

犯罪目的与犯罪动机是有密切联系的：他们都是人的心理活动，都是通过行为人的危害行为表现出来。行为人在实现犯罪目的时，总是基于一定的犯罪动机的，反过来，当行为人产生了犯罪动机以后，就会促使他树立犯罪目的，实施犯罪行为，以实现犯罪目的。

犯罪目的与犯罪动机的区别主要表现为：（1）两者属于不同的心理活动层次。从心理现象的顺序来讲，犯罪动机产生在前，犯罪目的形成于后，也就是说犯罪人在外界条件的刺激下，总是先产生某种内心冲动，然后才在犯罪动机的推动下，树立犯罪目的，进而支配犯罪活动的全过程。（2）两者在犯罪活动中的地位和作用不同。犯罪动机是回答犯罪人为什么实施某种犯罪行为，即推动行为人实施犯罪行为的主观原因是什么。因此，犯罪动机起的是推动、发动犯罪行为的作用。犯罪目的是回答行为人实施犯罪希望达到什么样的危害结果，起的是为犯罪行为定方向、确定目标和侵害程度的引导、指挥作用。（3）两者在犯罪中表现不一样。犯罪目的反映了某一特定犯罪的共性，在不同的案件中，某种犯罪的目的只能是一样的，它反映了某种犯罪的共性。而某种犯罪的动机在不同的案件中可能是千差万别的，它反映了犯罪的个性。即一个犯罪目的可以基于不同的犯罪动机所驱使，甚至可能有多种犯罪动机所共同作用形成一个犯罪目的。当然，同一种犯罪动机也可能导致不同的犯罪目的。例如，出于报复的动机，可能形成杀人、伤害、侮辱、诽谤等不同的犯罪目的。（4）两者在定罪量刑中的作用不一样。一般来说，犯罪目的的作用主要在于影响定罪，而犯罪动机的作用主要在于影响量刑。

五、不可抗力和意外事件

（一）不可抗力

不可抗力，是指行为人在客观上虽然造成了损害结果，但不是出于故意或者过失，而是由于不能抗拒的原因所引起的情形。我国刑法中的不可抗力具有以下三个特征：（1）行为人的行为在客观上造成了损害结果；（2）行为人对自己行为所造成的损害结果既无故意也无过失；（3）损害结果是由不能抗拒的原因所引起的。所谓“不能抗拒”，是指行为人虽然认识到自己的行为会发生损害后果，但由于当时主客观条件的限制，行为人不可能排除或阻止损害结果的发生。比如，火车站的扳道工被犯罪分子用绳索捆绑，不能移动，他明知火车到来时应该变换轨道，否则会导致事故，但他无论如何都不能履行职责，最终导致事故的发生。这种情况就是一种不可抗力，行为人主观上没有应受刑法谴责的罪过，客观上不可能实施排除危害结果发生的行为，所以不认为是犯罪。

不可抗力与不作为犯罪的区别：二者区别的关键在于行为人有无能力履行义务，或者说能否排除或阻止危害结果发生。能够履行义务而不履行的是不作为犯罪，缺少这种能力，即便客观上造成了同不作为犯罪同样的后果，也只能当作不可抗力处理。

【参考案例3－9】

农民张某把麦子铺在公路上，利用过往的车辆压掉麦粒，一直劳动到深夜

12时。其10岁的儿子躲在公路麦草下睡觉，父母未发觉。当时恰有一辆货车从麦秆上驶过，正好压在孩子身上造成孩子当场死亡。司机是否应负刑事责任?

(二) 意外事件

意外事件，是指行为在客观上虽然造成了损害结果，但不是出于故意或者过失，而是由于不能预见的原因所引起的情形。我国刑法中意外事件具有以下三个特征：(1) 行为人的行为在客观上造成了损害结果；(2) 行为人对自己行为所造成的损害结果既无故意也无过失；(3) 损害结果是由不能预见的原因所引起的。所谓“不能预见”，是指行为人在其行为所引起损害结果发生的当时，根据当时的客观情况和行为人的主观认识能力，他根本没有也不可能预见这种损害结果。比如，行为人在高速公路行车，一个精神病人突然从路边冲入路中，被高速行驶的汽车当场撞死。在当时的情况下，行为人根本没有也不可能预见会有人冲入路中，因此属于意外事件。

任何罪过都是认识因素与意志因素的统一，意外事件与不可抗力，或者缺乏认识因素，或者是缺乏意志因素，从而不具备构成罪过的条件，因此，不管客观上造成了多么严重的损害结果，对无罪过事件都不能追究刑事责任。

【参考案例3-9】

评析：本案中的司机，深夜开车行驶在开放的公路上，是正常且合法的行为，小孩躲在公路麦秆下睡觉是非正常的现象，纯属偶然，因而司机无法预见自己的行为会发生危害社会的结果。所以，尽管司机造成了压死小孩的危害后果，但从主观方面来讲，不存在疏忽大意或者过于自信的过失，更谈不上故意，所以这位司机压死小孩的行为属于意外事件，不构成犯罪。

意外事件与疏忽大意的过失既相似又有本质区别：两者相似之处在于，行为人都没有预见到自己行为的结果。它们的本质区别在于，意外事件是行为人对损害结果的发生不可能预见、不应当预见而且没有预见，而疏忽大意的过失则是行为人对行为发生危害结果的可能性能够预见、应当预见，只是由于疏忽大意才没有预见。这一区别也正说明了意外事件不负刑事责任，而疏忽大意的过失却是犯罪的根本原因。疏忽大意的过失与意外事件的界限，是罪与非罪的界限，因此根据行为人的实际认识能力和当时的客观情况来判断行为人能否预见，从而正确区分意外事件和疏忽大意的过失具有重要的意义。

六、刑法上的认识错误

(一) 认识错误的概念

刑法上的认识错误，是指行为人对自己的行为在法律上的评价和对案件的事实情况有不正确的认识或者缺乏认识。在现实生活中，由于种种原因，行为人在对自己行为在法律上的性质以及行为本身的事实情况可能产生错误的认识，这种错误的认识往往影响到行为人的主观心理态度，从而影响到定罪量刑。分析刑法上的认识错误，对于解决行为人在错误认识的支配下所实施的行为有无罪过以及是犯罪既遂还是犯罪未遂，进而确定行为人刑事责任的有无或刑事责任的轻重，具有重要的意义。刑法上的认识错误可分为法律上的认识错误和事实上的认识错误两大类。

（二）行为人在法律上的认识错误

行为人在法律上的认识错误，是指行为人对自己的行为在法律上是否构成犯罪，或者在法律上应受到怎样的处罚有不正确的认识。通常表现为以下三种情况：

第一，行为人的行为在法律上不构成犯罪，行为人自己却误认为是犯罪。这在刑法理论上称之为"假想犯罪"。如已婚男女通奸，行为人误认为自己的行为构成了犯罪，而事实上刑法并没有将此行为规定为犯罪。刑法采取的是罪刑法定的原则，某种行为刑法上没有规定为犯罪，并不因为行为人误认为犯罪而使行为的性质发生变化。因此，"假想犯罪"不构成犯罪。

第二，行为人误认为自己的行为不犯罪，而法律上却将此种行为规定为犯罪。这在刑法理论上称之为"假想的不犯罪"。例如，父母将作恶多端的儿子处死，他认为是"为民除害"，而实际上此种行为在法律上构成故意杀人罪。

第三，行为人对自己的行为罪名和罪刑轻重的误解。即行为人认识到自己的行为已构成犯罪，但对其行为触犯了刑法所规定的何种罪名，应当被处以怎样的刑罚，存在不正确的理解。比如，行为人盗窃正在使用中的交通工具的重要零件，足以使交通工具发生倾覆或毁坏危险，依照法律构成破坏交通工具罪，但行为人却误认为构成盗窃罪；行为人在公共交通工具上实施抢劫行为，依照法律应处以 10 年以上有期徒刑、无期徒刑或者死刑，并处罚金或者没收财产，但行为人却误以为应处 3 年以上 10 年以下有期徒刑。对于这种情况，我们认为行为人对法律的这种认识错误，并不影响其犯罪的性质和危害程度，司法机关应当按照其实际构成的犯罪及其危害程度定罪量刑。

（三）行为人对事实的认识错误

行为人对事实的认识错误，是指行为人在实施危害行为时，主观认识与行为的客观情况不相符合的情况。一般将事实错误作如下分类：

1. 对客体的认识错误

客体认识错误，是指行为人意图侵犯一种客体，而实际上侵犯了另一种客体。比如，行为人误认为正在抓捕犯罪嫌疑人的警察正与其朋友打架，于是上前将警察打伤。在此案中，行为人意图侵犯的是他人的健康权利，却由于其认识错误，而实际上侵犯了国家机关工作人员正常的公务活动。对于这种认识错误，应当按照行为人意图侵犯的客体定罪，认定为故意伤害罪。

2. 对行为的认识错误

行为认识错误包括两种情况：（1）行为人对自己行为的实际性质发生了错误的理解。比如，行为人把不存在的侵害行为误认为是正在进行的不法侵害而实行防卫，致人死伤。这种情况下，由于行为人不存在犯罪的故意，因而不应论以故意犯罪，而应根据实际情况成立过失犯罪，或是意外事件。（2）行为人对自己行为手段存在错误认识。手段错误有三种形式：其一，行为人由于愚昧无知或者迷信使用了在任何情况下都不能导致危害结果发生的方法。比如，行为人企图用画符念咒的方法达到杀人的目的。这种情况下，由于这种手段本身缺乏危害社会的可能性，行为不具社会危害性，因此，不能成立犯罪。其二，行为人意图采用的犯罪手段具有产生危害社会结果的可能性，但由于认识错误而使用了不能导致危害结果发生的手段。比如，行为人误以砂糖为砒霜实施杀人，这种情况下，行为人主观上存在犯罪的故意，客观上实施了危害社会的行为，只是由于认识错误，采用了不能使犯罪得逞的手段，因此成立犯罪未遂。其三，行为人不具有危害社会的意图，但由于误解工具或拿错物品造成危害结果。如行为人误把砒霜当作砂糖给人服用，造成他人死亡。在这种情况下，行为人如果在主观上有过失，成立过失犯罪；如果主观上没有过失，则为意外事件。

3. 对行为对象的认识错误

行为对象认识错误包括以下几种情况：（1）误把甲对象作为乙对象加以侵害，而二者体现相同的社会关系。如行为人在行为时，误把甲认为是乙而对其实施杀害行为。这种对体现相同社会关系的具体目标的错误认识，并没有使行为人罪过的内容发生改变，所以行为人仍应负故意杀人罪的刑事责任。（2）误把甲对象作为乙对象加以侵害，而二者体现的社会关系不同。比如，行为人意图盗窃办公室的一般财物，却到值班室将枪支作为一般财物加以盗窃。对于这种错误，只能根据行为人的主观故意内容认定犯罪性质，即行为人以盗窃一般财物的故意实施盗窃行为，成立盗窃罪。（3）误将犯罪对象作为非犯罪对象加以侵害。比如，行为人误以人为兽而实施杀伤行为。对于这种错误，由于行为人没有认识到自己的行为可能会发生危害社会的结果，因而不是故意犯罪，而应根据实际情况成立过失犯罪，或是意外事件。（4）误将非犯罪对象作为犯罪对象加以侵害。比如行为人意图杀害甲，但在黑夜中将牲畜误认为是甲而加以杀害。对于此种错误，由于行为人主观上存在故意，客观上实施了犯罪行为，只是由于认识错误而未得逞，因而构成犯罪未遂。

4. 对因果关系的认识错误

因果关系错误，是指行为人对自己所实施的行为和所造成的结果之间的因果关系实际发展情况有错误认识。因果关系错误主要包括以下四种情况：（1）行为人误以为自己的行为已达到预期的犯罪结果，但实际上并没有发生这种结果。比如，行为人欲杀甲，将甲从悬崖上推下，以为甲已坠崖身亡而离去，但实际上甲被树枝挂住而未死。在这种情况下，行为人已着手实行犯罪，但由于意志以外的原因而未得逞，因此构成故意杀人罪的未遂。（2）行为人所追求的结果事实上是由于其他原因造成的，但行为人误以为是自己的行为造成的。比如，上例中，甲坠崖未死，但在受伤回家的路上，被违反交通规则的汽车轧死。在这种情况下，行为人虽然相信自己的行为已致甲死亡，事实上甲最终确实死亡，但我们却不能认定行为人构成故意杀人罪的既遂，因为甲的死亡并不是行为人的杀人行为直接造成的，而是由交通事故导致的，因此甲负故意杀人未遂的刑事责任。（3）行为人的行为没有按照其预想的方向发展及其预想的目的停止，而是发生了行为人所预见、所追求的目标以外的结果。比如，行为人意图伤害甲，不料刺中甲腿上的动脉血管，致使甲流血过多死亡。在这种情况下，虽然行为人的行为导致了甲的死亡，但行为人并无杀害甲的故意，因此不能认定行为人构成故意杀人罪，而只能让其负故意伤害致人死亡的刑事责任。（4）行为人实施了两个行为，伤害结果是由其中一个行为造成的，行为人却误以为是由另一个行为造成的。比如，行为人意图杀害甲，在用暴力致其昏迷后，行为人以为甲已死亡，为隐匿罪证，行为人将甲抛下悬崖，致使甲摔死。此种情况，行为人主观上具有杀害他人的故意，客观上实施了杀人的行为，并且甲的死亡结果也确实是由他的行为所直接造成的，因此，其错误认识并不能影响他的刑事责任，行为人的行为构成故意杀人罪。

第三节　犯罪客体

一、犯罪客体概述

（一）犯罪客体的概念

犯罪客体，是指我国刑法所保护的，而为犯罪行为所侵犯的社会关系。犯罪客体是行为构成犯罪的必备要件之一，某种行为如果没有或者不可能危害任何一种刑法所保护的社会关系，那就不可能构成犯罪。某种行为之所以构成犯罪，首先就在于它侵害了一定的社会关系，而且，被侵害的社会关系越是重要，该行为对社会的危害性就越大。犯罪客体有以下三方面的含义：

1. 犯罪客体是一定的社会关系

社会关系是人们在生产和共同生活中所形成的人与人之间的相互关系，如人们之间的婚姻家庭关系、财产所有权关系、政治关系等。社会关系是社会本身的产物，一个人在社会上不是孤立的，他要和上下左右发生这样或那样的联系，也就形成了社会关系。这种社会关系的形成和存在，不但组成了社会，而且各种不同的社会关系构成了丰富多彩的生活，是维系社会的力量。而犯罪正是从不同的角度、用不同的方式、在不同程度上侵犯了这种或那种社会关系，破坏了正常社会关系的稳定，从而给社会带来了危害，这也正是犯罪的实质所在。

2. 犯罪客体是刑法所保护的社会关系

社会关系的范围是非常广泛的，涉及社会生活的各个领域，各种不同的社会关系是由不同的行为规范保护和调整的。而作为犯罪客体的社会关系只是社会关系的一部分，即只有刑法加以选择和保护的社会关系才能成为犯罪客体，没有刑法的规定和承认，某种社会关系就不具有刑法所肯定的价值，也就不能成为犯罪客体，如师生关系、友谊关系、干群关系等。我国刑法所保护的社会关系是指国家主权、领土完整和安全，人民民主专政的政权，社会主义制度，社会秩序和经济秩序，国有财产或者劳动群众集体所有的财产权，公民私人的财产所有权，公民的人身权利、民主权利和其他权利，等等。这些社会关系在我国《刑法》第13条已有明确的表述，它们一旦为犯罪行为所侵犯，就成为犯罪客体。

实际上，许多社会关系往往受多种法律所保护和调整，刑法保护的社会关系与其他法律所保护或调整的社会关系可能是重合的。例如，一夫一妻制的婚姻家庭制度，不仅受到婚姻法的保护和调整，而且也是刑法所保护的社会关系。不过，刑法与其他法律规范调整同一社会关系时，所发挥作用的时间是不同的，通常是由其他法律规范对社会关系先作调整，在其他法律规范调整不了时，才由刑法加以调整。从这个意义上看，刑法是其他行为规范的后盾，是社会关系的最后的调整和保护手段。

3. 犯罪客体是被犯罪行为所侵害的社会关系

社会关系是客观存在，如果它还没有被犯罪行为侵害时，它只是可能成为犯罪客体，还不能说它就是犯罪客体，只有当它事实上受到犯罪行为侵害时，它才是我国刑法中的犯罪客体，才能成为犯罪构成的一个有机组成部分。这说明犯罪客体和犯罪行为是紧密联系、相互依存的，犯罪行为对社会关系的“侵害”，不仅包括行为对某一社会关系的现实的损害，而且包括对某一社会关系的可能的损害，如犯罪预备、犯罪未遂等形态。

【参考案例 3－10】

被告人赵某先后从某铁路局仓库以及正在使用中的铁路上窃得枕木数百根。案发后，法院对其以盗窃罪、破坏交通设施罪，实行数罪并罚。赵某以“盗窃的全是枕木，法院判决数罪并罚不当”为由，提出上诉。

（二）犯罪客体的意义

1. 有助于认识犯罪本质，揭示犯罪的阶级性

日常生活中，人们对犯罪的危害的认识常集中在犯罪对某个特定的个人带来的各种具体的损害上，而通过犯罪客体的分析可以发现，犯罪的本质不在于给某个特定的受害者造成的损害，而在于对社会关系的侵犯，破坏了一定的社会关系的稳定，是对全社会的挑战。犯罪客体在一定意义上能够反映犯罪的社会危害程度，彰显犯罪的本质特征，研究犯罪客体有助于深刻认识犯罪的本质，提高人们同犯罪作斗争的自觉性。

2. 有助于准确定罪，分清此罪与彼罪的界限

犯罪客体不仅反映了行为的危害本质，而且不同的犯罪客体所反映的社会危害程度也不一样，侵害的客体的性质常常决定此罪与彼罪进而决定罪轻罪重的界限，因此，犯罪客体是分析具体行为是否构成犯罪必须考量的因素。

3. 有助于确定犯罪的性质和社会危害性，正确量刑

由于犯罪客体是影响行为的社会危害程度的主要因素之一，而量刑的轻重又是以社会危害程度为主要根据的。因此，行为侵害不同的客体，其量刑的轻重自然就不一样。

【参考案例 3－10】

评析：本案中，同样是盗窃枕木，有的是仓库中备用的枕木，有的是正在使用中的枕木，那么前者构成盗窃罪，后者则构成破坏交通设施罪。两者的区别就在于这些枕木所体现的社会关系不同，前者体现的是财产所有权关系，后者体现的是交通运输安全。

二、犯罪客体的分类

刑法理论按照犯罪行为所侵害的社会关系的范围，对犯罪客体作不同层次的概括，把犯罪客体划分为三类：即犯罪的一般客体、犯罪的同类客体、犯罪的直接客体。犯罪的三类客体是三个不同的层次，它们之间是一般与特殊，共性与个性的关系。同类客体是在直接客体基础上的分类和概括，而一般客体又是对一切犯罪客体的抽象和概括。对犯罪客体进行分类具有重要的意义。一方面，通过分类可以进一步揭示各类犯罪客体的属性，正确认识犯罪客体在刑事司法中的作

用，解决刑事司法中诸如定罪量刑中的各种难题。另一方面，通过分类可以揭示犯罪的共性和个性特征，从更深的层次上认识犯罪，总结其规律性，制定正确的刑事政策。

（一）犯罪的一般客体

犯罪的一般客体，是指一切犯罪行为所共同侵害的客体。我国刑法所保护的社会关系是多方面的，因而犯罪的种类也是多种多样的。每一具体犯罪虽然只能侵害到某一方面的社会关系，但一切犯罪行为的危害最终都体现在对我国社会关系的整体的侵害上。犯罪的一般客体，指的就是刑法所保护的社会关系的整体，这是一切犯罪的共性。

研究犯罪的一般客体，就是把刑法保护的所有社会关系作为一个整体来研究，揭示一切犯罪的共同属性，进而认识犯罪的阶级实质，认识犯罪的社会危害性，了解我国同犯罪作斗争的社会政治意义。犯罪的一般客体是刑法所保护客体的最高层次，反映了一切犯罪客体的共性，因此是研究一般犯罪特征的依据，也是研究其他层次犯罪客体的基础。

（二）犯罪的同类客体

犯罪的同类客体，是指某一类犯罪所共同侵犯的客体，它说明的是犯罪行为侵犯了社会关系的哪一部分或哪一方面。例如，危害国家安全罪的同类客体是国家主权、领土完整和安全；侵犯财产罪的同类客体是公、私财产关系；破坏社会主义市场经济秩序罪的同类客体是社会主义市场的经济秩序，如此等等。我国刑法正是按照犯罪的同类客体把社会上形形色色的犯罪分为十大类，即刑法分则的十章：危害国家安全罪、危害公共安全罪、破坏社会主义市场经济秩序罪、侵犯公民人身权利、民主权利罪、侵犯财产罪、妨害社会管理秩序罪、危害国防利益罪、贪污贿赂罪、渎职罪、军人违反职责罪。因此，分析犯罪的同类客体，可以使我们从总体上把握某一类犯罪的特点。

现实生活中，各种具体犯罪侵害的社会关系都是不同的，但这些不同的社会关系在类的性质上有相同或相似之处。刑法将保护的社会关系分成若干不同的方面或部分，即成为犯罪同类客体。例如，故意杀人罪侵害的具体社会关系是他人的生命权；故意伤害罪侵犯的具体社会关系是公民的健康权；强奸罪侵害的客体是妇女的性的不可侵犯的权利；非法拘禁罪侵犯的具体社会关系是人身自由权，等等。这些具体社会关系的共性，就是他们都属于公民的人身权利，因此人身权利就是这些犯罪所侵犯的同类客体。总之，只有依据同类客体才能对犯罪作科学的分类，建立严谨的、科学的刑法分则体系，便于我们对犯罪进行研究。这无论对司法实践还是对科学研究，都具有重要意义。

（三）犯罪的直接客体

犯罪的直接客体，是指某一具体犯罪所直接侵犯的具体的社会关系。也就是我国刑法所保护的社会关系的某个具体的部分，直接客体是每一个具体犯罪构成的必要要件，是决定具体犯罪性质的重要因素。它对于立法上建立每个具体犯罪构成，从而规定相应的量刑幅度，对于司法工作正确定罪量刑，都具有十分重要的意义。犯罪的直接客体揭示了具体犯罪所危害社会关系的性质以及该犯罪的社会危害性的程度。例如，故意杀人罪，所直接侵害的是人的生命权，故意伤害罪侵害的直接客体是人的健康权，每一个具体犯罪的性质是由犯罪的直接客体性质所决定的。

犯罪现象是复杂的。多数犯罪行为只直接侵犯到一种具体社会关系。如盗窃罪，直接侵犯的是公私财产权；故意杀人罪直接侵犯的是他人的生命权利。但是，也有些犯罪行为直接侵犯两种以上的具体社会关系，这就使我们有必要根据犯罪行为所直接侵犯的具体社会关系的单复，将犯罪直接客体划分为简单客体和复杂客体。

简单客体，是指一种犯罪行为只直接侵犯一种具体的社会关系。

复杂客体，是指犯罪行为直接侵犯两种以上的具体社会关系。例如，抢劫罪，不仅直接侵犯公私财产权，也直接侵犯他人的人身权利。在复杂客体中，各个客体有主有次，不能等量齐观，因此根据行为所侵犯的两种以上社会关系的主次，把犯罪客体分为主要客体与次要客体。立法者正是根据主要客体，把某一犯罪列入有关类别的犯罪中，如把抢劫罪列入侵犯财产罪中，把绑架罪列入侵犯公民人身权利、民主权利罪中。所以，主要客体也就是立法者在制定某一具体犯罪构成时重点予以保护的社会关系。主要客体有助于我们正确认识某一犯罪的性质。次要客体是立法者在制定某一具体犯罪构成时也要同时予以保护的另一种具体社会关系。对于具有复杂客体的犯罪来说，除主要客体外，次要客体也是犯罪构成的必要要件，对于定罪量刑也有决定作用。以抢劫罪为例，如果某种行为只侵犯财产关系，而不侵犯他人的人身权利，那就不成其为抢劫罪，当然也就不能依据《刑法》第 263 条定罪量刑了。

直接客体是研究犯罪的重点，也是司法实践中凭借客体来区分罪与非罪、此罪与彼罪界限的关键。研究犯罪直接客体，可以准确地确定犯罪的性质，从而分清此罪与彼罪，同时更好地了解各种犯罪的性质及危害程度，正确定罪量刑。把犯罪客体区分为一般客体、同类客体和直接客体，是从社会关系的不同层次而言的，他们三者不是并列的，更不是对立的，而是一般与特殊、具体与抽象的关系，一般客体是从总体上揭示犯罪所侵害的社会关系的本质；同类客体反映的是某一类犯罪与另一类犯罪的差别，而直接客体则是反映具体个罪的特点。例如，无论是故意杀人罪、故意伤害罪还是盗窃罪、抢劫罪，他们都侵犯了一定的社会关系，这是他们的共同的本质。但他们的同类客体不一样，故意杀人、故意伤害侵犯的是公民的人身权利，而盗窃、抢劫侵犯的是公私财物所有权。这就把故意杀人、故意伤害同盗窃、抢劫这一类犯罪区别开来了，而在同一类犯罪中，他们的直接客体又可能不一样，故意杀人罪侵犯的是公民的生命权，故意伤害罪侵犯的是人的健康权，盗窃罪侵犯的是公私财物所有权，而抢劫罪不仅侵犯公私财物所有权，而且还侵犯了公民的人身权利，这些直接客体的不同，就把各个罪区别开来了。所以，认识犯罪客体的分类，就在不同层次上把握了犯罪的区别。不过，有些犯罪行为所侵犯的直接客体和同类客体是一致的，例如，盗窃、诈骗、敲诈勒索等犯罪，同类客体与直接客体都是公私财物所有权，这些犯罪的区分不是直接客体，而是借助于各自独特的行为方式，即犯罪客观方面的差别。

三、犯罪客体与犯罪对象

（一）犯罪对象的概念

犯罪对象，是指刑法分则规定的犯罪行为直接作用的具体人或者具体物。

大多数具体的犯罪行为，都直接作用于一定的标的，使之发生损毁灭失或归属、位置、状态、行为方式等的改变，使刑法所保护的社会关系受到危害，进而阻碍、影响社会的正常运行，对社会造成危害。人们对于某种行为是否构成犯罪的认定过程，往往开始于对犯罪对象的感知，通过对其受犯罪作用情况的检验分析，进而认识到其所代表的、受刑法保护的社会关系受危害的情况，确定该行为是否构成犯罪和构成犯罪的性质。

犯罪对象具有以下特征：（1）客观性。无论是人还是物，本身都是独立的具体存在，具有客观性的特点；（2）法定性。在一个犯罪案件中，行为所作用的事物可能多种多样，例如，用刀实施的杀人行为，既刺中了被害人的身体，又刺破了被害人的衣服，但刺破衣服并不是杀人罪的对象。什么样的事物能够成为某种犯罪的对象，是刑法明文规定的；（3）受侵害性。作为独立的具体存在，无论是人还是物，只有在遇到犯罪行为侵害时，才能被称之为犯罪对象。在人或物未受犯罪行为侵害时，仅是可能的犯罪对象，只有犯罪行为直接作用于某人或某物时，具体的人或物才成为现实的犯罪对象。因此，犯罪对象只能是犯罪行为直接作用的人或物，否则便不是犯罪对象。

（二）犯罪客体与犯罪对象的联系与区别

犯罪客体与犯罪对象是两个既有联系又有区别的概念，犯罪客体与犯罪对象的联系在于：

犯罪行为所直接作用的具体的物是具体社会关系的物质体现；犯罪行为所直

接作用的具体的人是具体社会关系的主体。犯罪对象反映着犯罪客体，是犯罪客体的存在和表现形式；犯罪客体则是隐藏在犯罪对象后面的犯罪的实质内容。犯罪行为如果离开了对犯罪对象的直接作用和影响，也很难反映出社会关系受侵害的情况。

犯罪客体与犯罪对象的区别则主要表现在以下几个方面：

第一，犯罪客体决定犯罪性质，犯罪对象则未必。分析某一案件，单从犯罪对象去看，是分不清犯罪性质的，只有通过犯罪对象所体现的社会关系即犯罪客体，才能确定某种行为构成什么罪。比如，同样是盗窃电线，某甲盗窃的是仓库里备用的电线，某乙盗窃的是通讯线路上正在使用中的电线，那么前者构成盗窃罪，后者则构成破坏通讯设施罪，两者的区别就在于犯罪对象所处的场所不同，所体现的社会关系也就不同，犯罪的性质也就不同，一是侵犯公共财产所有权，二是侵害通讯安全。

第二，犯罪客体是任何犯罪构成的必要要件，犯罪对象则不是任何犯罪都不可缺少的，它仅仅是某些犯罪的必要要件。比如《刑法》第 152 条的走私淫秽物品罪，其犯罪对象只能是具体描绘性行为或者露骨宣扬色情的诲淫性的书刊、影片、录像带、录音带、图片及其他淫秽物品，否则就不可能构成此罪。而像偷越国（边）境罪，脱逃罪，违反国境卫生检疫规定罪，非法集会、游行、示威罪等，就很难说有什么犯罪对象了。但这些犯罪无疑都侵害了一定的社会关系，具有犯罪客体。

第三，任何犯罪都会使犯罪客体受到危害，而犯罪对象则不一定受到损害。这是因为，任何犯罪都侵害一定的社会关系，使刑法所保护的社会关系受到犯罪行为的危害。但犯罪对象并不是在每一个犯罪中都受到实际损害的，例如，盗窃他人的电视机，侵犯了主人的财产权利，但作为犯罪对象的电视机本身则未必受到损害。而一般情况下，实施盗窃行为的人总是把窃来的东西好好保护，以供自用或卖得高价。此外，由于犯罪预备、未遂和中止等形态的存在，这些犯罪中的对象也不一定受到损害。

第四，犯罪客体是犯罪分类的基础，犯罪对象则不是。由于犯罪客体是每一犯罪的必要要件，它的性质和范围是确定的，所以它可以成为犯罪分类的基础。我国刑法分则规定的十类犯罪，正是主要以犯罪同类客体为标准进行划分的，如果按犯罪对象则无法进行分类。犯罪对象不是每一犯罪的必要要件，它在不同的犯罪中可以是相同的，如走私淫秽物品罪和制作、贩卖、传播淫秽物品罪，犯罪对象都是淫秽物品；在同一犯罪中它也可以是不同的，如盗窃罪，犯罪对象可以是各种各样的公私财物，如货币、衣物、珠宝等。正因为犯罪对象在某些犯罪中具有不确定性质，加之少数犯罪甚至没有犯罪对象，所以它不能成为犯罪分类的基础。当然，在同一类犯罪中，犯罪对象有时可以起到划分各种犯罪之间界限的作用。例如，在危害公共安全罪中，就是因为对象不同而划分出不同的罪。例如，破坏交通工具罪和破坏交通设施罪的区别，就在于对象不同，前者破坏的是飞机、火车、船舶等；后者破坏的是桥梁、隧道、铁轨之类。

第四节　犯罪客观方面

一、犯罪客观方面概述

（一）犯罪客观方面的概念

犯罪客观方面，是指刑法规定的，说明行为对刑法所保护的社会关系造成侵害的客观外在表现。犯罪客观方面是构成犯罪的重要组成部分，在犯罪构成的四个方面中居于主导地位。因为犯罪是一种危害社会的行为，危害行为这个客观要件要素，是犯罪其他要件所依附的本体，没有犯罪客观要件，就没有犯罪客体，从而也就没有犯罪。犯罪客观方面的要件具体表现为危害行为、危害结果、犯罪的时间、地点、方法等。在这些要件中，危害行为是一切犯罪在客观方面的必备要件，也是一切犯罪构成要件的核心要件；危害结果是大多数犯罪成立在客观方面必须具备的要件；犯罪的时间、地点、方法则只是某些犯罪成立在客观方面所必须具备的要件。因此，危害结果及犯罪的时间、地点、方法被称为犯罪客观方面的选择要件。

犯罪客观方面具有如下特征：

1. 犯罪客观方面具有客观性

犯罪行为作为人的一种活动，可以分为客观和主观两个方面的事实。犯罪的客观方面同犯罪的主观有着密切的联系，是主观见之于客观的事实情况，是犯罪心理态度的客观外在表现。作为人活动的外在表现，犯罪客观方面能为人们所直接感知。

2. 犯罪客观方面具有多样性

在犯罪构成的四个方面的要件中，犯罪客观方面的内容最为复杂、多样。犯罪客观方面涉及与犯罪行为实施有关的客观事实情况，它表现为在一定条件下，行为人使用一定的方法，对一定的客体进行侵害，造成一定的后果。我国刑法上有四百多个罪名，各有自己的特殊性，从而显示出各种具体犯罪的差别性、复杂性和多样性。而犯罪的复杂性和多样性的特点，突出地表现在各自客观方面的复杂、多样化。具体言之，表现为以下两点：其一，有些犯罪侵犯同样客体，但客观方面却不同。比如，同是侵犯公私财产关系，盗窃罪、诈骗罪和抢夺罪的行为方式却不相同。其二，有些犯罪行为方式相同，但犯罪对象不同，因而其犯罪性质也不同。比如，同是盗窃行为，盗窃枪支、弹药、爆炸物的，构成危害公共安全的盗窃枪支、弹药、爆炸物罪，盗窃一般财物的，构成侵犯财产的盗窃罪，盗窃公文、证件、印章的，构成妨害社会管理秩序的盗窃公文、证件、印章罪。

3. 犯罪客观方面具有法定性

我国刑法总则在对犯罪的故意、过失等范畴作规定时，包含了犯罪客观方面的内容；我国刑法分则条文则通常比较明确、具体地规定了各种犯罪的客观方面的内容。当然，有些犯罪由于其客观方面的内容比较明显，众所周知，刑法便没有详细描述其客观方面，但我们可以从刑法对该罪名的规定中把握其客观方面的要件。如《刑法》第232条规定："故意杀人的，处死刑、无期徒刑或者十年以上有期徒刑；情节较轻的，处三年以上十年以下有期徒刑。"由于犯罪客观方面是刑法明文规定的，故必须严格依照刑法的规定确定其具体内容；刑法规定的某一犯罪的客观要件，就是成立这种犯罪不可缺少的要素；反之，就不是这种犯罪的要素。

（二）犯罪客观方面的意义

犯罪客观方面在刑法中具有重要的意义，主要表现在以下几个方面：

首先，犯罪客观方面是区分罪与非罪的重要依据。没有犯罪的客观方面，就意味着没有犯罪行为，就不存在构成犯罪的客观基础，其他的构成要件也就失去了存在的前提。对一切犯罪来说，危害行为的有无是决定犯罪成立与否的标志，无行为则无犯罪。因为仅有思想而没有将思想外化为行为，就不可能有社会危害性，自然不成立犯罪。对于某些需要以特定的时间、地点、对象、危害结果作为犯罪构成要件的犯罪来说，没有这样的要件，也就不能构成某种犯罪。比如，捕捞水产品的行为若不是在禁渔区、禁渔期或使用禁用的工具、方法实施的，就不成立非法捕捞水产品罪。又如，过失犯罪以具备特定危害结果为要件，如果没有发生法律所规定的危害结果，过失犯罪就不能认定。

其次，犯罪客观方面是区分此罪与彼罪以及犯罪完成与未完成形态的重要界限。我国刑法中的许多犯罪在犯罪客体、犯罪主体和犯罪主观方面的要件上往往是相同的，法律之所以把它们规定为不同的犯罪，主要就是基于犯罪客观方面的要件不同。比如，盗窃罪、诈骗罪、抢夺罪等以非法占有为目的而侵犯财产的各种犯罪之间的区别，就是如此。在成立犯罪的前提下，犯罪完成与未完成形态的标准也主要在于犯罪客观要件是否具备。比如，故意杀人罪的既遂与未遂的区分标准就在于是否发生被害人死亡的结果。

再次，犯罪客观方面是量刑的重要根据。对于客体和主观方面大致相同的犯罪来说，衡量社会危害程度，主要取决于客观方面的一些事实。例如，同样是盗窃罪，量刑的轻重很大程度上看盗窃财物数量的多少；同样是故意杀人，杀人的手段、方法对量刑的轻重有一定的影响。此外，作案的时间、条件、地点，对正确量刑也有重要的意义。

最后，犯罪客观方面是认定和分析犯罪主观要件的重要根据。犯罪客观方面是犯罪主观方面的客观外化，主观上的犯罪意图只有通过客观上的危害行为才能实现。通常情况下，行为人不愿意暴露自己真实的罪过内容和罪过形式，往往把重罪说成轻罪，故意说成是过失。因此，要查清行为人的主观方面必须认真分析其客观方面，通过考察行为人实施的行为，行为所造成的结果，以及行为实施的各种客观条件，才能正确地揭示出行为人的心理态度。因此，研究犯罪客观方面，有助于正确分析犯罪的动机，确定犯罪的目的，判断罪过的形式和内容。

二、危害行为

危害行为，是我国刑法中犯罪客观方面首要的因素，是一切犯罪构成在客观方面都必须具备的要件，没有危害行为就没有犯罪构成，自然也无刑事责任可言。因此，研究和把握刑法上作为犯罪客观方面要件的危害行为的概念、特点及其表现形式，具有特殊重要的意义。

（一）危害行为的概念

所谓危害行为，是指在人的意识和意志支配下实施的危害社会、并为刑法所禁止的身体活动。危害行为具有以下两个方面的含义：

首先，危害行为是在法律上对社会有害的行为。我国刑法理论认为，作为犯罪的行为，不仅具有社会危害性，而且具有刑事违法性。犯罪的社会危害性通过人的行为表现出来，没有危害社会的行为，不是犯罪。

其次，危害行为是在行为人的意识和意志支配下的行为。由于危害行为是意识和意志的产物，因此人的无意识和无意志的身体动静，即使客观上造成损害，也不是刑法意义上的危害行为，因而不能认定这样的行为构成犯罪。这类无意识和无意志的身体动静主要有以下几种：

1. 人在睡梦中或处于精神错乱状态下的举动。这些情况下的举动，并不是人意志或意识的表现，因而即使在客观上对社会有损害，也不能认为是刑法上的危害行为。

2. 人在不可抗力作用下的举动。这种情况下的行动并不表现人的意志，甚至违背其意志，因而也不能认为是刑法上的危害行为。比如，铁路扳道工突发疾病处于昏迷状态，不能履行扳道的职责，致使列车相撞。这里，扳道工未履行扳道的义务就是由于突发疾病这种不可抗力所导致的。

3. 人在身体受到强制情况下的行为。这种情况下的行为是违背行为人主观意愿的，客观上他对身体强制也是无法排除的，因此此等行为也不是刑法上的危害行为。比如，正在运行中的火车司机被罪犯捆绑，无法履行职责，导致严重交通事故。这里火车司机的未履行职责就是由于身体受到强制而无法实施法律所要求的积极行为。需要指出的是，人在受到精神强制、威胁时所实施的危害社会的行为，除非符合紧急避险条件而属于合法行为的以外，其他不符合紧急避险的条件而达到触犯刑法程度的，应当认定为犯罪，因为这时行为人是在其意志和意识的支配下实施了这一行为。

（二）危害行为的基本表现形式

在各个具体的犯罪构成要件中，危害行为总是表现为一定的形式，其形式多种多样。例如，故意杀人罪的行为表现为非法剥夺他人的生命，诽谤罪的行为表现为捏造并散布某种足以损害他人人格和名誉的虚假事实等。在理论上对这些千差万别的行为从客观外在表现上进行概括后，将繁多的危害行为概括为两种基本形式，即作为与不作为。

1. 作为

作为，是指行为人以积极的行为实施刑法所禁止的危害社会的行为。作为违反的是禁止性规范，即刑法禁止做而去做，是不当为而为。如抢劫行为、盗窃行为等。作为行为带有明显的主动性和攻击性，刑法上绝大多数犯罪只能或可以以作为的方式实施。作为方式较为直接和简单，实践中也容易认定，通常由以下形式表现出来：

（1）利用自己的身体动作的作为。例如，拳打脚踢而致人死亡的行为，用言语侮辱、诽谤他人的行为等，都是直接利用行为人自身的力量通过独立的举动攻击刑法所保护的客体。

（2）利用物质工具的作为。即利用自身的举动操纵一定的工具攻击刑法保护的客体，如持械杀人、伤人，持械抢劫，利用各种交通工具走私等。随着现代科学技术的发展，犯罪所利用的工具也越来越复杂、先进，如利用多媒体技术、利用电脑病毒作案等。实际上，自身的动作加上一定的工具，就加强了行为的力度和作用的范围，从而使行为更具危害性和危险性。

（3）利用他人实施的作为。是指利用无责任能力人和主观上无罪过的人实施的危害行为，例如，利用无责任能力的精神病人去杀人；利用未满 14 周岁的少年进行放火、投放危险物质等。

（4）利用动物实施的作为。即利用动物的某种损害行为来达到危害社会的目的。例如唆使豢养的恶狗咬人，利用毒蛇咬人来伤害或杀害他人等。

(5) 利用自然力的作为。自然力包括雷电风雨洪水等自然现象。自然力本身蕴涵着巨大的能量，它既可以被用来造福人类，又可以被犯罪分子利用实施犯罪，如放火、决水、爆炸等。

(6) 利用职务的作为。是指利用自己担任某种职务或从事某项业务的便利条件，实施相应的危害行为。例如，刑法规定的渎职罪，大都是利用职务之便实施的。

2. 不作为

刑法上的不作为，是指行为人负有刑法要求的必须履行的某种特定的义务，能够履行而不履行这种义务的行为。不作为违反的是刑法的命令性规范，即当为而不为。比如，负有扶养义务的行为人对不具有独立生活能力的人拒绝扶养，且情节恶劣的，就是一种典型的不作为。构成刑法中的不作为，客观方面须具备三个条件：

(1) 行为人负有实施某种积极行为的特定义务，这是构成不作为的前提条件。特定义务的来源包括以下几个方面：①法律明文规定的作为义务。这种义务一般指由宪法、法律和其他法规所规定并为刑法所认可的义务，任何符合法律规定条件的人都必须履行这种义务。如宪法和婚姻法规定了家庭成员间有互相扶养的义务，刑法也要求履行这种义务，否则即追究刑事责任，因此不履行扶养义务构成遗弃罪即属于不作为犯。有的法律虽规定了特定义务，但刑法未认可的，则不构成刑法上的不作为犯。如依民法规定，债务人有清偿债务的义务，但债务人拒不清偿的并不属于刑法上的不作为犯，因为刑法没有规定或认可这种义务。②职务上或者业务上要求的作为义务。这种义务一般由有关法规、规章制度加以规定，但与前述法律明文规定的义务并不相同。两者区别在于这种义务是以行为人所担任的职务或从事的职业为前提的，行为人只有在履行职务或从事业务期间才谈得上对这种义务的违反。如值班医生负有抢救病人的义务，值勤消防队员负有灭火的义务。行为人在业余时间则谈不上对这种义务的违反，或至多只能说是违反了道德义务。③先行行为引起的义务。这种义务是指由于行为人的某种行为使刑法所保护的某种社会关系处于危险状态时，行为人负有的排除危险或防止危险结果发生的特定义务。如果行为人不履行这种义务，就是以不作为的形式实施的危害行为。比如，行为人驾驶汽车将行人撞伤，就负有将行人送往医院抢救的义务。先前行为性质本身可以是非法的，也可以是合法的（但可能导致非法的结果）。前者如交通肇事将人撞伤后，有将受伤者送往医院抢救的义务，后者如成年人带一不会游泳的邻居儿童教其学游泳，就产生了保证其安全的义务。④法律行为引起的义务。法律行为是指在法律上能够产生一定权利义务的行为，如果一定的法律行为产生某种特定的积极义务，行为人不履行该义务，从而使刑法所保护的社会关系受到侵害或威胁，就可能成立不作为犯罪。法律行为在实践中主要表现为合同行为，比如，约定抚养他人婴儿的人对该婴儿负有抚养义务，如果不尽此种义务致使婴儿死亡的，就应承当相应的刑事责任。

（2）行为人有履行义务的实际可能性，这种实际可能性既包含了行为主体的自身能力，也包含了履行义务的客观条件，二者相辅相成。这是构成不作为的重要条件。如果行为人虽然有实施某种特定行为的法律义务，但行为人在当时的情况下根本不具有履行义务的可能性，也不可能构成不作为。至于行为人能否履行义务，则应从行为当时行为人履行义务的主观能力与客观条件两方面进行判断。例如，子女有赡养年老父母的义务，但前提是子女有赡养能力，如没有这种能力，也不能强人所难地追究其刑事责任。有时，由于客观上缺乏履行义务的条件也难于履行义务，例如，仓库的保管员被犯罪分子用药物麻醉，自然就不能阻止犯罪分子进仓库行窃。

（3）行为人没有履行特定的义务，并造成或可能造成一定的危害结果。这是构成不作为的关键条件。行为人没有履行特定的义务，是指行为人没有按照法律所期待或者要求的方式积极作为，既可以表现为不履行义务的消极行为，也可以是逃避履行义务的积极行为。例如，行为人偷税，既可以表现为应当申报纳税而拒不申报，也可以表现为实施一定的积极行为（如做假账）来逃避纳税义务。

大多数犯罪只能由作为方式构成，如盗窃罪、抢劫罪等，因为这些犯罪的实施，只能以主动的攻击性为前提，同行为人是否负有某种义务没有直接的联系，直接违反的是刑法禁止性的规定。少数犯罪只能由不作为方式构成，如遗弃罪、遗弃伤病军人罪等，理论上称其为纯正不作为犯，纯正的不作为犯罪，法律都明文规定了行为人应当履行的特定的义务。有些犯罪既可以由作为也可以由不作为方式构成，如放火罪、故意杀人罪等，理论上称其为不纯正不作为犯。如母亲杀害自己的婴儿，既可以用作为的方法将其溺死，也可以用不作为的方法，不给其进食，将其饿死。

正确理解作为与不作为问题，应注意两点：①并非一切场合下的不作为犯罪危害程度都轻于作为犯罪。②作为与不作为方式的不同，并不影响犯罪的性质。

三、危害结果

（一）危害结果的概念

危害结果，是指危害行为对刑法所保护的社会关系的具体损害事实。危害结果有广义和狭义之分：广义的危害结果，是指行为人的危害行为所引起的一切对社会的损害事实，包括危害行为所引起的直接结果和间接结果；狭义的危害结果，是指作为犯罪构成要件的结果，通常是指对直接客体所造成的损害事实。

（二）危害结果的种类

刑法上的危害结果，可以根据不同的标准从不同的角度进行分类，理论上主要有以下分类：

1. 直接结果和间接结果

根据危害结果和犯罪对象联系的紧密程度，危害结果可分为直接结果与间接结果。直接结果，是指某一犯罪行为对其侵害的对象本身所造成或可能造成的具体变化。比如，行为人向被害人开枪致其死亡，被害人的死亡就是行为人的枪击行为的直接结果。间接结果，是指某一行为对其侵害的对象造成损害之后而连带引起的其他损害后果。比如，行为人诈骗了被害人大量钱财以后，被害人因悔恨而自杀，被害人的死亡就是行为人诈骗行为的间接结果。直接结果有助于正确定罪量刑；间接结果对量刑有影响。

2. 构成要件的结果与非构成要件的结果

根据危害结果是否为某种犯罪的构成要件划分，可分为构成要件结果与非构成要件结果。犯罪构成要件的结果，是指刑法分则条文规定的，成立某种具体犯罪既遂必须具备的危害结果。比如，故意杀人罪的被害人死亡的结果就是此罪的构成要件的结果。非构成要件的结果，是指危害行为引起的犯罪构成要件以外的，影响行为的社会危害性程度大小的危害结果。比如，故意杀人未遂，致被害人重伤，重伤就是非犯罪构成要件的结果，它影响故意杀人未遂量刑的轻重。

3. 物质性的结果和非物质性的结果

根据危害结果的表现形态，可将危害结果区分为物质性的结果与非物质性的结果。物质性危害结果，又称有形的危害结果，具有具体、可见、可以计量的特点，它的发生有一个过程，如人的死亡、财产的损失等。非物质性危害结果，又称无形的危害结果，具有抽象、不可见、不能具体测量的特点，如名誉权受到损害、人格被侮辱、国家机关的威信遭受损害等。它们也是客观存在的，只是它与物质性的危害结果相比，其认定方式更为复杂、困难而已。对于引起非物质性危害结果的犯罪，一般只要查明行为人已经实施了行为，就可以认定为犯罪既遂，而不存在未遂问题，也无须去查明行为与结果之间的因果关系。比如，侮辱罪、诽谤罪就是如此。

（三）法律对危害结果的规定及其意义

危害结果虽然不是一切犯罪构成都必须具备的共同要件，但它仍是犯罪构成客观方面一个十分重要的要件。我国刑法对危害结果的不同规定，反映了在不同的犯罪规定中，危害结果对定罪量刑有不同的意义：

1. 以是否出现危害结果作为犯罪既遂的标准

犯罪既遂通常以发生特定危害结果为前提，而犯罪预备、未遂、中止均以没有发生特定结果为条件。例如，故意杀人罪，在被害人死亡结果发生的情况下，为犯罪的既遂状态；在没有发生死亡结果的情况下，则可能为犯罪的预备、未遂或者中止。

2. 以是否出现严重的危害结果作为区分罪与非罪的标准

在某些犯罪中，特别是过失犯罪中，都以发生特定的危害结果作为构成要件，没有发生法定的危害结果，则不能构成。一些危害行为，虽然也发生一定的结果，但如果结果不严重，也不作为犯罪处理，例如，盗窃或抢夺少量的公私财物的行为，故意伤害造成轻微伤的行为，由于结果不严重，作为一般违法行为处理而不构成犯罪。

3. 有些犯罪以特定的危害结果作为划分此罪与彼罪的界限

例如，《刑法》第 247 条规定的刑讯逼供罪，如果刑讯逼供致人伤残、死亡的，则以故意伤害罪、故意杀人罪定罪量刑。

4. 以有发生某种特定的严重后果的危险性作为犯罪构成要件

例如，《刑法》第 116 条规定的破坏交通工具罪，只要“足以使火车、汽车、电车、船只、航空器发生倾覆毁坏危险”的，即使尚未造成严重后果，也构成了该罪的犯罪既遂。这种类型的犯罪在理论上称之为危险犯。如果某种严重结果发生的危险性已变成现实，则称为实害犯。例如，破坏交通工具罪，发生了上述交通工具倾覆、毁坏的结果，则要加重该罪的处刑。

5. 以危害结果的轻重作为适用轻重不同的法定刑幅度的标准

刑法中有些犯罪明确将结果的轻重作为量刑轻重的标准。危害结果的轻重是划分轻罪与重罪的重要标准。在我国刑法中，有的犯罪根据结果的严重程度，区分为不同的罪等和量刑幅度。例如，《刑法》第 264 条规定的盗窃罪，就规定了“数额较大”、“数额巨大”、“数额特别巨大” 三种不同的罪等和量刑幅度。《刑法》第 234 条规定的故意伤害罪，分为致人轻伤、重伤和致人死亡三种情况，并规定了不同的量刑幅度。即使在没有明文规定危害结果对量刑作用的情况下，在司法实践中，危害结果的轻重仍是重要的酌定量刑情节。

四、刑法上的因果关系

（一）刑法上的因果关系概述

原因与结果是哲学上的一对范畴，引起某一现象的是原因，被某种现象所引起的现象为结果，客观现象间这种引起与被引起的关系，就是事物间的因果关系。因果关系是事物间普遍联系与制约的表现形式。刑法上的因果关系，是指危害行为与危害结果间的引起与被引起的关系。研究刑法上的因果关系具有重要意义，当危害结果发生时，要使某人对该结果负责任，就必须查明他所实施的行为与该结果之间具有因果关系。换言之，查明某人的行为同危害结果有无因果关系，是正确认定犯罪、解决刑事责任的必要条件。

在实践中，对于危害行为与危害结果之间的因果关系，通常并不难确定。但是，犯罪情况复杂多样，某种危害结果的发生既有其内部原因，也有外部原因，有主要原因，也有次要原因，有直接原因，也有间接原因等。比如，行为人意图杀害被害人，致其重伤，在送医院过程中遇交通堵塞而致无法及时救治身亡，或在抢救过程中遇医生玩忽职守而不治身亡，或在住院期间遇火灾被烧死。在这些情况下，行为人的行为与被害人死亡之间是否有刑法上的因果关系就不是那么一目了然了，需要我们科学的分析和论证。

【参考案例3－11】

被告人高建生，男，24岁，某市建筑工人。某日上午，高将所骑的摩托车停放在本市城区中山南路民用电器贸易中心门前的便道上。此时恰逢三轮车工人康桂泉（男，66岁）为该贸易中心拉货至该贸易中心门前。康认为摩托车“碍事”，将车挪开，高建生不让动。争执中，摩托车被碰倒，高建生便用右手打了康左胸一拳，康仰面摔倒在马路沿儿下，当即“伸胳膊，蹬腿，张嘴”。在群众的协助下，高将康送往医院，经抢救无效死亡。尸体检验报告称：①死者康桂泉患有高度血管粥样硬化，形成夹层动脉瘤，因瘤破裂，引起大出血，心包填塞死亡。②死者胸部左侧有皮内出血，符合被拳击伤的情况，此一拳可使夹层动脉瘤破裂。

（二）刑法上的因果关系的特点

1. 因果关系的客观性

不管人们是否承认，也不管人们对其认识的程度如何，这种现象之间引起与被引起的关系，总是客观地存在，而不以人的主观愿望为转移。因此，判断危害行为与危害结果之间是否存在因果关系，一定要从客观实际情况出发，深入到案件全部事实中去调查研究，不能以行为人没有认识到自己的行为会导致某种危害结果而否定它的存在，也不能以办案人员的主观推理为准。比如，行为人轻伤被害人，但碰巧被害人为血友病患者，致使其流血不止死亡。在这种情况下，就不能以行为人不知被害人是血友病患者，认为其行为不会导致被害人死亡而否定轻伤行为与死亡结果之间的因果关系的存在。再如，某游泳池的救护员擅离职守，恰巧在此时有一青年跳水身亡，后查得该青年心脏有隐患，跳水引起心脏麻痹，导致死亡。在此，救护员擅离职守的行为是错误的，但该行为与该青年死亡之间仅有时间上的先后关系，而不存在因果关系。

2. 因果关系的相对性

客观世界是普遍联系的，相互制约的，在普遍联系的链条中，无法弄清何者为因，何者为果，只有运用“简化”与“孤立”的方法，将某一对现象从普遍联系的链条中抽出来加以研究，因果关系才能显现出来。因此，原因和结果的区别是相对的，而不是绝对的。刑法中研究因果关系的目的，是要解决行为人对所发生的危害结果应否负刑事责任的问题，所以此处所研究的因果关系，只能是人的危害行为与危害结果之间的因果联系。

3. 因果关系的顺序性

因果关系的一个重要特点是原因与结果在时间上有先后次序，原因在前，结果在后，结果不可能在原因之前存在。因此，在办理刑事案件的实际工作中，只能从危害结果发生以前的危害行为中去找原因，如果某人的行为是在危害结果发生之后实施的，该行为与危害结果之间显然没有因果关系。比如，甲在睡眠中突发心脏病死于床上，行为人意图杀甲，看到甲躺在床上，以为其在熟睡，用枪向其射击，在这种情况下，由于行为人的杀害行为是在甲的死亡结果发生之后实施的，因而二者之间不可能有因果关系。当然，这并不意味着凡是先于危害结果发生的行为，都是引起该结果的原因，在结果之前的行为只有引起和决定该结果的发生，才是该结果发生的原因。

4. 因果关系的复杂性

刑法因果关系有时表现出复杂的情况。即“一果多因”或“一因多果”的情况。“一果多因”是指某一危害结果是由数个危害行为造成，例如，共同犯罪中数个共同犯罪人的危害行为，共同造成某一危害结果。又如，在责任事故类的过失犯罪中，事故的发生通常涉及许多人的过失，而且还是主客观原因交织在一起。在多行为导致某一危害结果发生的情况下，应该区别原因的程度，分清什么是主要原因，什么是次要原因，区别原因在导致危害结果发生中所起作用程度，使各行为人承担各自的刑事责任。“一因多果”是指一个危害行为，同时或先后引起数个危害结果，比如，行为人破坏公共汽车，致其倾覆，导致多人伤亡。又如，行为人抢劫被害人，并致其死亡。在一行为引起多种结果的情况下，要分析主要结果与次要结果、直接结果与间接结果，以便正确定罪量刑。

5. 因果关系的必然联系和偶然联系问题

因果关系一般表现为一对现象之间存在内在的、必然的、合乎规律的引起与被引起的关系。这种联系称为必然因果关系，它是因果关系基本的和主要的表现形式。但是自然和社会现象十分复杂，因果关系的表现也不例外，除了必然因果关系之外，还有偶然因果关系，举例说明：甲轻伤了乙，乙在医院接受治疗过程中，由于医生丙工作马虎，使用了没有消毒的器械，使乙伤口感染，转为败血病，导致死亡。在这个例子中，医生丙玩忽职守的行为与乙的死亡之间有因果关系，这是肯定的。如果说甲的伤害行为与乙的死亡之间也有因果关系，这便是一种偶然的因果关系。

偶然因果关系通常对量刑具有一定的意义。比如，行为人抢劫被害人，被害人逃跑，在横穿马路时，被害人由于慌乱被正常行驶的汽车轧死。在这个案例中，行为人的行为与被害人的死亡结果之间存在偶然的因果关系，因此行为人不仅对抢劫犯罪承担刑事责任，而且对被害人的死亡也须负责任。当然，这种责任并不是杀人罪的刑事责任，而是在对抢劫罪进行量刑时体现出来。偶然因果关系有时对定罪与否也有一定的影响。比如，行为人以限制自由的方法强迫被害人在其作坊中劳动，被害人在很短的时间内寻机逃出作坊，行为人发现后持棍棒追赶，被害人慌不择路，失足落入路边沟里，头碰石头，造成重伤。在这一案例中，如果行为人仅有强迫他人劳动的行为，由于尚未达到情节严重的程度，因此只是一般违法行为。但是，现在发生了被害人重伤的结果，而且行为人的强迫劳动行为与此结果之间具有偶然的因果关系，据此可以认定行为人的强迫劳动的行为已达到情节严重的程度，按照刑法的有关规定，构成强迫职工劳动罪。

【参考案例3－11】

评析：在本案中，被告人高建生的行为是否构成犯罪，关键在于其打一拳的行为与康某死亡的结果之间是否存在刑法上的因果关系。本案高建生的行为与康某的死亡之间存在事实上的因果关系，那么是否存在刑法上的因果关系呢？应当认为是有因果关系的，因为高建生虽然不知道康某患有动脉瘤，但康某已是66岁高龄，拳击致其胸部左侧皮内出血，这是一种故意伤害行为，死亡是故意伤害的加重结果。

（三）不作为犯罪中的因果关系

不作为的危害行为与危害结果之间在客观上存在因果关系。在不作为的情况下，行为人具有实施某种行为以防止或阻止危害结果发生的特定义务，但却没有实施该种行为，以致危害结果发生，如果行为人履行特定的义务，危害结果便不会发生，因此，行为人的不作为是危害结果发生的原因。比如，行为人是铁路扳道工，负有按时扳道的职责，但行为人能履行这一职责却未履行，以致火车出轨，造成人员伤亡。在这一案例中，负有按时扳道义务的行为人的不作为行为，在客观上引起了火车出轨、人员伤亡的危害结果。不作为行为与危害结果的因果关系是客观存在的，不是法律强加的。不作为是因，就在于它应该阻止而没有阻止事物向危险方向发展，以至于引起了危害结果的发生。不作为犯罪因果关系的特殊性只在于，它要以行为人负有特定的义务为前提。

（四）刑法因果关系与刑事责任的关系

在我国刑法中，只有齐备了犯罪构成的四个要件才能构成犯罪，追究行为人的刑事责任。而刑法上的因果关系仅仅涉及了犯罪客观要件的部分内容，因此，查明危害行为与危害结果之间的因果关系，只是解决了犯罪构成的客观方面问题，为追究行为人的刑事责任提供客观基础，而犯罪构成是一系列主、客观要件的统一，只有具备了犯罪构成的全部四个要件，才能追究刑事责任，所以不能把因果关系与刑事责任混为一谈，即使某一危害结果在客观上确定是某人的行为所造成，二者之间具有因果关系，但如果行为人主观上缺乏罪过，既无故意，也无过失，仍不能构成犯罪并使其负刑事责任。如司机甲正在行车，有个 8 岁小孩乙在路边玩弹枪，子弹正好击中甲的左眼，甲受到突然一击，左手本能地揉眼，致使方向盘失控，车子滑向人行道，将行人丙撞成重伤。此例中，司机某甲的行为与行人丙受伤的结果之间确实存在因果关系，但由于甲主观上缺乏罪过，所以不负刑事责任。

五、犯罪客观方面的其他要件

犯罪的其他客观要件，是指犯罪特定的时间、地点和方法（手段）等因素。任何犯罪都是在一定的时间、地点，采取一定的方法（手段）实施的，在刑法上，它们并非都是犯罪构成的要件，而只是少数犯罪才将它们作为构成要件加以规定，即它们是选择性的客观要件。

（一）犯罪的时间、地点

任何犯罪都是在一定的时空条件下进行的，不存在没有时间、空间的犯罪。不过，刑法所注意的是那些能影响定罪量刑的时间和地点，包括两种情况：

1. 一些犯罪以特定的时间、地点作为犯罪构成的要件

在法律将特定的时间、地点明文规定为某些犯罪构成必备的要件时，这些因素就对某些行为是否构成该种犯罪具有决定性作用，即具有犯罪构成必备要件的意义。作为构成要件的时间，是指刑法规定的构成某些犯罪必须具备的犯罪发生的特定时间。作为构成要件的地点，是指刑法规定的构成某些犯罪必须具备的犯罪发生的特定场所。例如《刑法》第 340 条、第 341 条规定的非法捕捞水产品罪、非法狩猎罪，明确是在禁渔区、禁渔期、禁猎区、禁猎期捕捞或狩猎才能构成。有的条文表面上似乎没有时间和地点的要求，但实际上条文内容隐含了时间或地点的要求，如破坏交通工具罪，必须是该交通工具正在使用期间才能构成。《刑法》第 269 条规定的转化型的抢劫罪，其构成条件之一是必须发生在“当场”，“当场”就包含时间和地点的要求。当然，刑法中以特定的时间、地点作为犯罪构成要件的只是少数，绝大部分犯罪构成并不考虑特定的时间与地点。

2. 不同的时间、地点能影响量刑的轻重

犯罪的时间、地点虽然不是大多数犯罪的构成要件，但由于行为人实施犯罪

的时间、地点的不同，其行为的社会危害性也不同，对量刑的轻重有制约作用。例如，发生在正遭受自然灾害地区的犯罪行为，其危害性就比一般地区犯罪的社会危害性大，量刑时应从重处罚。另外，有的刑法条文直接而明确地把特定的时间、地点作为提高某罪的法定刑的条件予以规定，比如，《刑法》第 236 条第 3 款第 3 项规定，行为人在公共场所当众强奸妇女的，处 10 年以上有期徒刑、无期徒刑或者死刑。

（二）犯罪的方法、工具

犯罪构成要件的方法，是指刑法规定的某些犯罪构成必须具备的实施危害行为的特定方式。任何犯罪都是采用一定的方法实施的，但犯罪方法在具体犯罪中对定罪量刑的意义是不一样的。一般情况下，只要该行为是结果发生的原因力，用什么方法实施，对构成犯罪并没有什么影响。例如，故意杀人行为，无论采取什么方法，都不影响故意杀人罪的成立。但不同的犯罪方法对社会的危害程度不同，因此能影响量刑的轻重。例如，用肢解的方法杀人就比一般杀人的社会危害性大。另外，刑法中有少数犯罪，把特定的方法作为犯罪构成的要件。例如，构成妨害公务罪，必须以暴力、威胁的方法才能构成；干涉他人婚姻自由罪，必须以暴力的方法才能构成等。

犯罪工具，泛指犯罪分子用以进行犯罪的一切物品。犯罪工具一般不是犯罪构成要件，但刑法中有个别犯罪将一定的工具作为犯罪构成的要件，如非法捕捞水产品罪、非法狩猎罪都规定必须使用“禁用的工具”才能构成。

（三）犯罪对象

刑法对有些犯罪明文规定了特定的对象，若不是侵犯特定的对象则不构成这种罪，如强奸罪的对象是妇女，若侵犯的不是妇女则不构成此罪。

（四）犯罪情节

有些犯罪在犯罪构成上，刑法规定了情节是犯罪构成客观方面必须具备的必要要件。如情节严重、情节恶劣、数额较大等。如不具有法定的犯罪情节，则不能构成此罪，如盗窃、诈骗、抢夺等罪的成立必须是数额较大。

本章小结

犯罪构成要件包括犯罪主体、犯罪主观方面、犯罪客体和犯罪客观方面四个内容。

犯罪主体，是指实施危害社会的行为，依法应当负刑事责任的自然人或单位。自然人主体，是指达到刑事责任年龄，具备刑事责任能力，实施危害社会的行为并且依法应当承担刑事责任的自然人。单位犯罪的主体包括公司、企业、事业单位、机关、团体。

犯罪主观方面，是指犯罪主体实施犯罪行为时，对其行为引起的危害社会的结果所持的心理态度。犯罪主观方面的表现形式为犯罪的故意或过失以及犯罪的动机和目的。其中，犯罪的故意和过失在刑法理论上又称为罪过，罪过是犯罪主观方面最主要的内容，是构成任何犯罪不可缺少的主观要件，是必要要件。犯罪故意分为直接故意和间接故意两种类型，犯罪过失分为疏忽大意的过失和过于自信的过失两种类型。

犯罪客体，是指我国刑法所保护的，而为犯罪行为所侵犯的社会关系。刑法理论按照犯罪行为所侵害的社会关系的范围，对犯罪客体作不同层次的概括，把犯罪客体划分为三类：犯罪的一般客体、犯罪的同类客体、犯罪的直接客体。

犯罪客观方面，是指刑法规定的，说明行为对刑法所保护的社会关系造成侵害的客观外在表现。犯罪客观方面的要件具体表现为危害行为、危害结果、犯罪的时间、地点、方法等。危害行为既是一切犯罪在客观方面的必备要件，也是一切犯罪构成要件的核心要件；危害结果是大多数犯罪成立在客观方面必须具备的要件；犯罪的时间、地点、方法则只是某些犯罪成立在客观方面所必须具备的要件。因此，危害结果及犯罪的时间、地点、方法被称为犯罪客观方面的选择要件。

思考题

1. 我国刑法对于刑事责任年龄是如何划分的？
2. 什么是刑事责任能力？如何理解辨认能力与控制能力之间的关系？
3. 什么是犯罪故意？犯罪直接故意与间接故意有何区别？
4. 什么是犯罪过失？过于自信的过失与间接故意有何区别？疏忽大意的过失与意外事件有何区别？
5. 我国刑法理论对犯罪客体是如何分类的？
6. 犯罪客体与犯罪对象有何联系与区别？
7. 什么是刑法中危害社会的行为？其有哪些基本表现形式？
8. 不作为犯罪成立的条件是什么？

实务训练

被告人甲女与开办工厂的乙男勾搭成奸。乙因工厂不景气而心绪不佳，为稳定人心，乙未将不景气的情况公诸于众，被告人甲也不知晓。一日，乙与妻子、甲以及一个朋友吃饭喝酒。劝酒时，被告人甲为乙斟酒，乙妻见状便阻拦说："他不会喝酒。"乙即说："别说喝酒，就是敌敌畏（即剧毒农药）我也奉陪到底。"被告人甲便开玩笑地问到："你家有敌敌畏吗？在哪儿?"乙说："有，在西屋地上。"甲便取来敌敌畏农药，当着大家的面将农药倒入乙的碗里，然后对乙说："你喝啊?"乙即问妻子道："我喝啦?"乙妻开玩笑说："你喝吧!"于是乙便喝了一口。甲根本未料到乙真会喝，当即吓呆了，乙妻见状急忙打掉乙手中的酒碗，用手抠乙的喉咙，想让乙把农药吐出来，但未奏效，乙在被送往医院的途中死亡。

【问题】如何评价甲的行为？

第四章

正当防卫与紧急避险

学习目标

1. 了解正当防卫与紧急避险行为的性质；
2. 掌握正当防卫与紧急避险的定义、构成要件；
3. 明确防卫过当和避险过当的认定及刑事责任，并能够运用相关知识分析解决实际案件。

案例导读

案情：2012年8月16日，被告人赵某某（女）携其10岁的女儿乘坐张某（男，某运输公司司机）驾驶的公共汽车时，与王某（男，38岁）相邻而坐。在行驶过程中，王某先后对赵某某实施了拉衣角、触摸等不轨行为。为躲避王某的骚扰，赵某某将其女儿放在原座位上，自己站到汽车的发动机盖旁。王某又用手摸赵某某女儿的大腿，赵某某制止并与之发生争吵。在争吵过程中，王某站起来将赵某某推倒在发动机盖上，并顺势压在其身上。当时同车其他乘客无一人站出来制止。看到这种情况，司机张某将车靠在路边，把王某从赵某某的身上拉开，并与赵某某一块将王某向车门外拉。王某在被拉下车的过程中不断反抗并摔倒在路沿石上，受轻伤。

问题：请分析赵某某和张某二人是否应对致王某轻伤的后果负刑事责任。

第一节　正 当 防 卫

一、正当防卫的概念与意义

(一) 正当防卫的概念

我国《刑法》第20条第1款规定:“为了使国家、公共利益、本人或者他人的人身、财产和其他权利免受正在进行的不法侵害,而采取的制止不法侵害的行为,对不法侵害人造成损害的,属于正当防卫,不负刑事责任。”这一规定确立了我国刑法中的正当防卫制度。根据这一规定,所谓正当防卫,是指为了使国家、公共利益、本人或者他人的人身、财产或其他权利免受正在进行的不法侵害,而对不法侵害者所实施的未明显超过必要限度的损害行为。理解这一概念时需要把握以下几个要点:

1. 正当防卫是与不法侵害行为作斗争的正当、合法行为。它不具有社会危害性,因而不仅不构成犯罪,而且受国家法律的支持、鼓励和保护。

2. 正当防卫是法律赋予公民的一项权利。当公共利益、公民本人或他人的人身、财产或其他权利遭到正在进行的不法侵害时,公民有权对不法侵害者予以必要的反击。即使在公民有条件躲避这种侵害或者求助于司法机关的情况下,公民仍有权行使正当防卫这一法定权利。

3. 正当防卫必须符合法定条件。正当防卫是对不法侵害者人身或者财产的一种损害。在必要的情况下,正当防卫行为可能是一种合法的杀人、伤害行为或毁坏财物的行为,法律不追究正当防卫者的刑事责任。由于正当防卫在外在表现上与违法犯罪行为具有相同的一面,即都要造成人身或财产的损害,因而它不是无条件、无限度的。公民行使这一权利必须符合法定的条件,不得滥用防卫权利。

(二) 正当防卫的性质

保障公民人身和财产安全的救济形式可分为两种:一是诉诸法律,即所谓“公力救济”;二是直接诉诸暴力,即所谓“自力救济”。前者是保护公民人身和财产安全的一般形式,后者是在公力救济所不济的紧急情况下,为保障本人的生命和财产安全而采取的暴力手段,是一种特殊形式。随着权利本位观向社会本位的发展,正当防卫被认为不仅是维护个人利益的自卫权,同时也是维护社会利益的法律行为。在我国刑法中体现为正当防卫所维护的利益除了本人利益外,还可以是国家、公共利益或他人利益。这在客观上有利于鼓励公民同犯罪行为作斗争，使犯罪分子不敢轻举妄动。从这个意义上说，正当防卫本质上是一种有利于社会利益的自力救济形式。

（三）正当防卫的意义

我国刑法规定的正当防卫制度具有十分重要的理论意义和实践意义。首先，正当防卫能够及时有效地制止不法侵害，保障国家、公共利益、本人或者他人的合法权益；其次，将正当防卫作为公民的一项合法权利加以规定和确认，有利于鼓励公民积极地同违法犯罪行为作斗争，维护社会主义法制；再次，正当防卫有利于鼓励公民见义勇为、相互帮助，共同与违法犯罪行为作斗争，从而形成良好的社会风尚；最后，正当防卫有利于威慑意欲实施不法侵害的人，使他们意识到一旦实施不法侵害，就会受到来自公民防卫权的反击，从而有效地预防违法犯罪，维护社会秩序。

在我国，正当防卫既是法律赋予一切公民的一项合法权利，又是法律规定某些特定社会成员应尽的法律义务。

二、正当防卫的成立条件

（一）正当防卫的起因条件——不法侵害的客观存在

正当防卫是公民在受到不法侵害时行使的权利。如果没有不法侵害的存在，正当防卫就无从谈起。由此可见，正当防卫的起因在于不法侵害的发生和存在。这一条件包含以下几方面的含义：

1. 必须有不法侵害存在

不法，就是非法、违法之意。不法侵害，是指对某种权益作出违反法律规定的侵袭与损害，具有社会危害性的行为。因此，对不具有社会危害性的合法行为，如依照法律实施的行为、行使权利的行为、执行合法命令的行为等，不能实施正当防卫。此外，正当防卫中受到损害的一方，也不能借口保护自身权益而对正当防卫者再进行所谓的防卫。

2. 不法侵害不仅指犯罪行为，也包括其他违法行为

这就是说，对实施不法侵害行为的人并非一定要其不法侵害达到犯罪的程度，才能对其实施正当防卫。只要是不法侵害行为，就可依法对不法侵害的行为人实行正当防卫。如果要求防卫人只能对实施犯罪行为的人才能实行正当防卫，那就等于不容许防卫人在面对不法侵害时及时实行正当防卫。因为不法侵害在刚刚着手实施时，是否达到犯罪的程度，往往是难以判断的，如果一定要求在判明不法侵害达到犯罪的程度才能进行正当防卫，有可能导致防卫不能及时制止不法侵害行为，也就会使国家、公共利益和公民的合法权益得不到应有的保障。当

然，并非对所有的不法侵害行为都可以实施防卫，如在公众场合的侮辱、诽谤等行为就不宜适用正当防卫。一般认为，对那些具有攻击性、破坏性、时间紧迫性的不法侵害，在采取正当防卫可以减轻或者避免危害结果的情况下，才能适用正当防卫。

3. 不法侵害必须是客观存在的，而不是主观想象或者推测的

正当防卫指向的是客观存在的不法侵害，而不是防卫人的假设、想象。如果并不存在不法侵害，行为人却误以为存在，因而实行了所谓防卫行为造成他人无辜的损害，这在刑法理论上称为“假想防卫”。假想防卫是由于行为人对事实认识的错误而发生的，因此对假想防卫的处理，应按照对事实的认识错误的处理原则进行，如果行为人在行为时，应当预见到对方可能不是进行不法侵害，那么行为人主观上存在罪过，就应对其假想防卫所造成的后果负刑事责任；如果行为人在行为时不能或不应预见到对方不是不法侵害，那么说明他在主观上无罪过，就应按意外事件处理，对其假想防卫所造成的后果不负刑事责任。

4. 不法侵害通常指人的不法侵害

受到野生动物或他人豢养的动物的侵袭，自然可以进行打击，但动物的自然侵袭不构成不法侵害，受害人的打击不具有刑法学上的防卫意义，不是正当防卫。但在动物受人驱使而侵害他人的情况下，动物是人进行不法侵害的工具，此时打击动物的行为实际上是对不法侵害的反击，应当认定为正当防卫行为。

（二）正当防卫的时间条件——不法侵害正在进行

不法侵害正在进行，是指不法侵害正处于已经开始并且尚未结束的状态。正当防卫是为了制止不法侵害，防止合法利益受到损害，所以，当行为尚未开始、尚未危及合法利益时，或者侵害行为已经结束、危害结果已经发生时，正当防卫就失去了它的意义。具体来说，应当从以下几个方面加以理解：

1. 不法侵害行为必须是处于正在进行之中，而不是尚未开始或者已经结束。“正在进行的不法侵害”不仅指明不法侵害已经是客观存在，而且尚存继续进行。正当防卫的目的是制止不法侵害，维护合法权益免受侵害。如果不法侵害还没有开始，或者已经结束，那就没有必要实行正当防卫。

不法侵害“已经开始”，一般理解为不法侵害人已经着手直接实行侵害行为。例如，杀人者持刀向受害人砍去，强奸行为人对妇女施以暴力或者以暴力相威胁，殴打他人者对受害人挥拳打击等。但是，实践中的具体案件十分复杂，有些情况下，虽然不法侵害尚未着手实行，但它对客观的现实威胁已经十分明显，合法权益直接面临危险的状态，不实行正当防卫，就会立即造成危害社会的结果。这种情况下，进行正当防卫也是适宜的。

不法侵害“尚未结束”，是指不法侵害行为或者其所导致的危险状态尚存继

续中，防卫人可以用防卫手段予以制止或者排除。具体来说，不法侵害尚未结束，可以是不法侵害行为正在进行中，如放火者正在向房屋泼洒汽油；也可以是行为已经结束而其所导致的危险状态尚存继续中，如抢劫犯已打昏物主抢得某种财物，但尚未离开现场。上述两种情况下，防卫人的防卫行为均可有效地制止不法侵害行为，或者排除不法侵害行为所导致的危险状态。但在有些情况下，虽然不法侵害所导致的危险状态尚存继续中，但正当防卫行为已不能将其排除，则应认为不法侵害已经结束。如行为人向井中投毒后逃跑，已经造成了可能使人畜中毒的危险状态，就无法通过杀死或伤害投毒者的防卫手段来排除，对之采取正当防卫也就失去了适时性。

从实际情况看，不法侵害的结束有下列三种情况：一是不法侵害行为确已自动中止；二是不法侵害人已经被制服，或者已经丧失侵害能力；三是不法侵害行为已经实施完毕，危害结果已经发生，无法挽回。

2. 行为人明知不法侵害尚未开始或者已经结束，进行所谓防卫而对侵害者造成一定的危害的，在刑法理论上被称为“防卫不适时”。防卫不适时与正当防卫有着本质的区别，应区分不同情况依法论处。具体来说包括两种情形：

（1）事先防卫，即在不法侵害处于预备阶段或者犯意表示阶段，对于合法权益的威胁并未达到现实状态时，就对不法侵害人采取某种损害权益的行为。在事先防卫的情况下，不法侵害人是否真要实施某种侵害还处于或然状态，客观上并不存在采取防卫手段的迫切性。因而事先防卫实际上是一种“先下手为强”的非法侵害。如果其社会危害性达到了犯罪程度，应当追究刑事责任。

（2）事后防卫，即在不法侵害已经结束，危害后果已经造成且不能通过防卫来排除的情况下，对不法侵害人的某种权益进行打击的行为。对此应当分两种情形处理：其一是不法侵害确已结束，行为人也已认识到不法侵害已经结束，但仍对不法侵害人予以打击造成损害的情形。这种行为实际上是事后的报复性侵害，应以故意犯罪论处。其二是不法侵害确已结束，但防卫人误以为不法侵害仍在进行之中，进而对不法侵害人予以打击并造成损害的情形。这种情况实际上是由于防卫人的认识错误而导致不法侵害人的无辜损害，属于假想防卫的一种，应根据防卫人主观上是否有罪过，分别认定为犯罪或者意外事件。

（三）正当防卫的主观目的条件——为了保护国家、公共利益、本人或者他人的合法权利免受正在进行的不法侵害

防卫人必须具有防卫意图。防卫意图，是指防卫人对正在进行的不法侵害有明确的认识，并希望以防卫手段制止不法侵害，保护合法权益的心理状态。它包括两方面的内容：

1. 正当防卫的认识因素

即防卫人对正在进行的不法侵害的认识，这种认识的基本内容包括：(1) 对侵害的不法性的明确认识；(2) 对不法侵害的现实进行性的明确认识；(3) 对不法侵害人的明确认识；(4) 对不法侵害的紧迫性及因此而采取防卫行为的可行性的明确认识。此外，防卫人还应对自身防卫行为的强度、所需的手段等具有概括性的认识。

2. 正当防卫的意志因素

其包括两方面的内容：一是根据对于不法侵害的正确认识，确定了正当防卫的目的；二是根据正当防卫的目的，自觉积极地支配、调节其正当防卫行为。

某些行为从形式上看似乎符合正当防卫的客观条件，但由于行为人主观上不具备正当的防卫意图，因而不能成立正当防卫。这类行为主要有以下几种：

(1) 防卫挑拨。防卫挑拨是指行为人出于侵害目的，以故意挑衅、引诱等方法促使对方进行不法侵害，借口防卫加害对方的行为。在防卫挑拨中，虽然所谓的“防卫”在形式上可能完全符合正当防卫的客观条件，但由于对方所谓的“不法侵害”，是由挑拨者故意诱发的，挑拨者不仅不具备正当的防卫意图，反而是出于侵害意图，因此，其所谓的“防卫”，实质上是有预谋的不法侵害行为。对防卫挑拨，构成犯罪的要追究刑事责任。

(2) 相互的非法侵害行为。这是指双方都出于侵害对方的非法意图而发生的相互侵害行为，如斗殴。这类行为中，由于双方都具有侵害对方的非法意图，而没有防卫意图，因而不属于正当防卫。尽管各自的侵害行为在时间上可能有先后，侵害结果在程度上可能有差异，但双方的行为都不存在构成正当防卫的前提和目的，应当就自己的非法侵害行为承担法律责任。不过，需要指出的是，如果非法侵害的一方已经放弃侵害、求饶或者逃跑，而非法侵害的另一方仍穷追不舍、继续加害，则已经放弃侵害的一方就具备了进行正当防卫的前提条件，可以为了制止对方的进一步加害而采取必要的反击措施，并可以成立正当防卫。

(3) 为保护非法利益而进行的防卫。这类行为明显缺乏防卫意图的正当性，不能成立正当防卫。例如，在抢劫赌场、盗窃他人偷来的财物等案件中，赌博者和盗窃分子就无权采取防卫手段保护其赌资、盗窃的货物和赃款。因为他们所保护的利益不属于合法权益，因而他们不具备正当防卫的主观条件。在处理这类案件时，对侵害者及所谓防卫者构成犯罪的要分别追究刑事责任。

(四) 正当防卫的对象条件——针对不法侵害者本人实行防卫

正当防卫的对象只能是不法侵害人，这是由正当防卫的本质决定的。正当防卫的目的是及时有效地制止正在进行的不法侵害，而达到这一目的的最直接途径，就是对不法侵害人的人身、财产等权益造成必要的损害。不法侵害人自身行为的非法性，是法律上允许防卫人对其权益进行某种反击的根据。因此，即使对第三者权益的侵害有可能制止不法侵害人的侵害行为，也不能对不法侵害人以外的第三者实施“防卫”。如果行为人故意针对第三者进行所谓的“防卫”，应认定为故意犯罪。

应当指出的是，在对不法侵害人进行防卫反击的同时对第三者的合法权益造成损害的，不影响正当防卫的成立。如果因为实施防卫行为而损害了第三者的利益，应当根据不同情况进行处理：

1. 在迫不得已的情况下，为避免不法侵害而损害第三者的合法权益，符合紧急避险条件的，认定为紧急避险。

2. 将无辜的第三者误认为是不法侵害人而实行所谓的“防卫”行为，损害其合法权益的，属于防卫中的认识错误，应当按照假想防卫的原则处理。

对于无责任能力人如精神病人、未达到刑事责任年龄的未成年人，能否进行正当防卫，刑法学界存在不同看法。一般认为，对无责任能力人的侵害行为可以实行正当防卫。因为无责任能力人的侵害行为，客观上讲也是危害社会的行为，广义上属于不法侵害，因而不能完全将其排除在正当防卫的对象之外。当然，从社会道义上来讲，如果明知侵害者是无刑事责任能力人，实行正当防卫应加以一定的限制。在遇到无责任能力人的侵害时，如果明知侵害者是无责任能力人，并有条件用逃跑等其他方法避免侵害时，则不能实行正当防卫；只有在不能用其他方法避免侵害，或者不知道侵害者是无责任能力人时，才可以实行正当防卫。

正当防卫必须对不法侵害人实施，并不限于常见的对不法侵害人的生命、健康权利的侵害。在必要的情况下，防卫人也可以用损害不法侵害人的自由权利、财产权利等方法，来达到正当防卫的目的。

（五）限度条件——防卫行为没有明显超过必要限度，造成重大损害

正当防卫是对不法侵害者造成一定损害的必要、正当行为。因此，防卫行为所造成的损害只有控制在一定的、必要的限度内，才是正当防卫。否则，就不是正当防卫。我国《刑法》第 20 条规定了两种不同类型的正当防卫，即一般的正当防卫和特殊的正当防卫，两种不同类型的正当防卫的限度条件是不同的。

1. 依据《刑法》第 20 条第 2 款的规定，一般正当防卫的限度是正当防卫不能明显超过必要限度并且造成重大损害。刑法理论上对该种正当防卫的限度有“必要说”、“基本相适应说”和“相当说”三种。理论上一般采用“相当说”①，即认为必要限度原则上应以制止不法侵害所必须为标准，同时要求防卫行为与不

① 参见高铭暄、马克昌主编：《刑法学》，北京大学出版社、高等教育出版社 2007 年第 3 版，第 147 页。

法侵害行为在手段、强度等方面不存在过分悬殊的差异。但是，实践中，判断是否“必要”，是否“明显超过”应当对案件进行全面的分析、具体判断。一方面要对比分析防卫方与不法侵害方的手段、强度、人员多少和强弱以及在现场所处的客观环境与形势；另一方面应权衡防卫行为所保护的合法权益的性质与防卫行为所造成的损害后果是否悬殊过大。从客观上看，一般正当防卫行为所造成的限度即“量”可以小于、等于或者大于不法侵害行为可能造成的“量”，但大于时不能明显超过必要限度并且造成重大的损害。

2. 依据《刑法》第20条第3款的规定，特殊防卫是指“对正在进行行凶、杀人、抢劫、强奸、绑架以及其他严重危及人身安全的暴力犯罪，采取防卫行为，造成不法侵害人伤亡的”行为，该行为“不是防卫过当”。构成特殊防卫，防卫行为必须是在行凶、杀人等严重危及人身安全的暴力犯罪正在进行之时实施，行为所针对的不法侵害行为只能是行凶、杀人、抢劫、强奸、绑架以及其他严重危及人身安全的严重暴力犯罪，不能是其他违法犯罪行为或者不严重危及人身安全的暴力犯罪；此种防卫行为对所造成的损害即“量”没有限制，正如刑法明文规定的即使“造成不法侵害人伤亡的”，也“不是防卫过当”。因此，刑法理论上通常又将特殊防卫称为“无过当防卫”。

案例导读

评析：本案中，王某在公共汽车上对赵某某母女实施的猥亵行为，是一种持续的不法侵害。赵某某和司机张某为了排除王某正在进行的不法侵害，实施了向车外拉王某的行为，导致王某在下车的时候因反抗摔倒在路沿石上，造成其轻伤。我国《刑法》第20条第1款规定：“为了使国家、公共利益、本人或者他人的人身、财产和其他权利免受正在进行的不法侵害，而采取的制止不法侵害的行为，对不法侵害人造成损害的，属于正当防卫，不负刑事责任。”赵某某和张某的行为符合刑法规定的正当防卫的成立条件，构成正当防卫，不负刑事责任。

三、防卫过当及其刑事责任

（一）防卫过当的概念和特征

防卫过当，是指防卫行为明显超过必要限度给不法侵害人造成重大损害，依法应该承担刑事责任的行为。防卫过当具有两个特征：一是防卫过当同正当防卫一样具有防卫性。要成立防卫过当，也必须是在不法侵害正在进行，为了制止不法侵害保护合法权益，针对不法侵害人实施防卫行为。只是由于防卫行为明显超过必要限度造成了重大损害，才使防卫由正当变为过当，合法变为非法。二是防卫过当具有客观上的危害性和主观上的罪过性。它不符合正当防卫的限度条件，客观上具有危害社会的特征，主观方面也存在罪过。这既是防卫过当区别于正当防卫的本质特征，也是刑法规定防卫过当应当负刑事责任的根据。

（二）防卫过当的刑事责任

追究防卫过当的刑事责任，首先要明确防卫过当的罪过形式，即行为人对防卫过当结果的主观心理态度。在防卫过当的场合，行为人对于其过当行为及其结果，主观上不可能出于直接故意，因为正当防卫的目的和犯罪的目的，在一个人的头脑中不可能同时并存。因此，防卫过当行为人的主观罪过一般表现为间接故意或者过失。

防卫过当不是独立的罪名。防卫过当行为的罪名，只能根据具体案件中过当的犯罪事实的性质以及犯罪人的主观罪过形式，依照刑法分则的有关条款来确定，如过失致人死亡罪、过失重伤罪、（间接）故意杀人罪、（间接）故意伤害罪等。

我国刑法规定，对于防卫过当，应当减轻或者免除处罚。

四、特殊防卫

如前所述，我国《刑法》第20条第3款规定："对正在行凶、杀人、抢劫、强奸、绑架以及其他严重危及人身安全的暴力，采取防卫行为，造成不法侵害人伤亡的，不属于防卫过当，不负刑事责任。"理论界一般称之为特殊防卫。

特殊防卫的构成有三个特殊之处：一是面临的不法侵害，是正在进行的特定的严重危及人身安全的暴力犯罪行为（但不限于条文所列举的犯罪）；二是必须出于保护人身安全的目的；三是无反击力度、强度的限制。

当然，刑法规定特殊防卫，并不是意味着可以为所欲为，适用特殊防卫规定时应当注意考察行为是否符合防卫行为的其他条件。此外，还应认识到并非只有在行使特殊防卫时造成不法侵害人伤亡的，才不负刑事责任。

第二节　紧急避险

一、紧急避险的概念和特征

（一）紧急避险的概念

我国《刑法》第21条第1款规定："为了使国家、公共利益、本人或者他人的人身、财产和其他权利免受正在发生的危险，不得已采取紧急避险行为，造成损害的，不负刑事责任。”该条第2款规定：“紧急避险超过必要限度造成不应有的损害的，应当负刑事责任，但是应当减轻或者免除处罚。”这是我国刑法确立的紧急避险制度。这一制度反映的是当两个合法权益之间发生冲突时，在特定情况下采取舍小利而保大利的方式加以解决。

根据刑法的上述规定，紧急避险，是指为了使国家、公共利益、本人或者他人的人身、财产或其他权利免受正在发生的危险，不得已而采取的损害另一较小的合法权益以保护较大合法权益的行为。

（二）紧急避险的特征

1. 从客观上看，紧急避险是以损害较小的合法权益来保全较大的合法权益的不得已行为，其直接结果是使国家利益、公共利益和公民个人的合法权益可能遭受的损失减少到最低限度。

2. 从主观上看，避险行为人实施避险的意图是为了使国家、公共利益、本人或者他人的人身、财产或其他权利免受正在发生的危险，不具有危害社会的故意或过失的心理态度，因此，紧急避险行为应当排除犯罪性，当然也就不负刑事责任。

紧急避险与正当防卫一样，均是我国刑法明文规定的正当行为之一。其本质在于当两个合法权益相冲突只能保全其一的紧急状态时，法律允许为了保全较大的合法权益而牺牲较小的合法权益。紧急避险是法律赋予公民的一项合法权利，也是公民的一项社会义务，但对职务上、业务上负有特定责任的人员如系为了避免本人危险的，不能实行紧急避险。刑法规定紧急避险，有利于鼓励公民在两个合法利益发生冲突且只能保全其中之一的紧急情况下，通过损害较小合法权益的手段来保护较大的合法权益；也有利于培养广大公民顾全大局、互助互爱的思想和精神。紧急避险在客观上虽造成了较小合法权益的损害，总体上看是有利于社会的合法行为，应受到鼓励。

二、紧急避险的成立条件

紧急避险是以损害某种合法利益的方法来保护另一种合法利益的行为。因此，实施避险时必须符合相应的条件。

（一）紧急避险的起因条件——有导致合法权益遭受损害的危险现实存在

紧急避险的前提是有危险的现实存在。无危险也就无所谓紧急避险。所谓危险，是指某种有可能立即对合法权益造成危害的紧迫事实状态。实践中，危险的来源主要有：第一，来自自然力量的危险，即因为自然灾害所造成的危险。如地震、洪水等可以危及合法权益的各种自然灾害。第二，来自动物侵袭的危险，如公牛撞人、恶狗咬人、野兽的袭击等。第三，来自人的不法侵害行为的危险，即人在意志或意识支配下所实施的危害社会的各种行为，既可以是有责任能力者实施的违法犯罪行为，也可以是无责任能力者实施的危害社会行为。第四，来自人的生理、病理原因的危险，即因人的生理、病理需要不能满足而威胁人的生命的危险，如为救助生命垂危者强行拦截车辆并迫使驾驶员将车开往医院，因饥饿难耐而“偷窃”他人菜地瓜果充饥等。

紧急避险中的危险必须是客观存在的，而非行为人假想的、推测的。如果行为人将实际并不存在的危险误认为有危险的存在并对之实施紧急避险的，刑法理论上称之为“假想避险”。假想避险不是紧急避险，对假想避险应当以认识错误看待并按照认识错误的处理原则，根据行为人主观上有无过错以及过错的具体表现，分别确定假想避险者是否应当承担刑事责任。

（二）紧急避险的时间条件——危险正在发生

危险正在发生，是指危险正在进行或者迫在眉睫，对合法权益形成了紧迫的、直接的危险，即危险已经出现而尚未结束。因此，在危险尚未出现或者已经结束时，实施的避险不是紧急避险。危险的出现，是指由于危险事实的发生，合法权益直接面临迫在眉睫的危害。危险尚未结束，是指危险出现后即将或者正在造成损害。当危险处于潜在状态时，其是否变成现实具有或然性，此时可以采取一定的措施加以防范，法律不允许实施紧急避险。危险一旦结束，此时损害已经产生，实行紧急避险已无法保全合法权益，不实行紧急避险也不会使合法权益遭受进一步的损害。“避险”者在危险尚未出现或者危险已经结束时实施“避险”的，是避险不适时，不属于紧急避险。在避险不适时的情况下，如果“避险”者对合法权益造成损害达到犯罪程度的，依法应当承担相应的刑事责任。

（三）紧急避险的主观条件——避险的意图是为了避免国家利益、公共利益、本人或他人的合法权益遭受损害

紧急避险必须具备正当的避险意图，即避险者对正在发生的危险有明确的认识，并希望以避险手段保护较大合法权益的心理态度。正当的避险意图，决定着紧急避险行为的无罪过性，对紧急避险的成立意义重大。正当避险意图，包括避险认识因素和避险意志因素：

1. 避险认识因素

避险认识因素，主要是指避险者对正在发生的危险的认识，具体内容包括：（1）认识到危险的发生；（2）认识到只能通过紧急避险的方法来排除危险的威胁；（3）认识到通过损害另一较小的合法权益能够达到避险的目的；（4）避险者对自己避险行为的手段、强度、可能造成的后果等有基本的认识。

2. 避险意志因素

避险意志因素，是指避险者实施避险行为所希望达到的结果。刑法规定，紧急避险的目的只能是保护各种合法权益，具体而言必须是为了保护更大、更重要的合法权益。可见，为了保护非法利益是不存在紧急避险的。合法权益，包括国家、公共利益、本人或者他人的人身、财产或者其他权利。

（四）紧急避险的对象条件——避险所损害的是第三者的合法权益

紧急避险是在客观上不能同时保全两种合法权益的紧急情况下，"牺牲"其中较小的合法权益保护较大或较重要的合法权益。因此，避险行为所指向的对象不是危险本身，而是第三者的合法权益。所谓第三者，是指与危险的发生毫无关系的人，可以是自然人，也可以是法人，甚至可以包括国家。实践中，也不是第三者的任何一种合法权益都可以作为避险所损害的对象，即损害第三者的合法权益必须受到一定的限制。例如，不允许损害第三者的生命来保护另一合法权益，允许被损害的第三者的合法权益，通常是财产权、住宅权、自由或健康权，而不能是生命权。

如果行为人与危险直接对抗，则其行为不是避险，有可能是正当防卫等。当然，现实生活中，有的危险是根本不可能或是难以给予直接反抗的，如自然灾害。

（五）紧急避险的限制条件——只能在不得已时实施避险行为

紧急避险，毕竟是以损害无辜第三者的合法权益的方式实施的，因此刑法对紧急避险规定了相当严格的条件，即紧急避险只能在迫不得已的情况下，或者说没有其他更好的办法下才能实施。如果当时有其他方法可以避险而不采用，以致给无辜的第三者造成了不必要损害的，不能构成紧急避险；此时构成犯罪的，还应当依法追究刑事责任。

实践中，在考察是否出于迫不得已时，应当实事求是地分析，充分考虑危险发生时的客观情况，如环境、时间、危险的程度等，结合行为人的自身生理和心理状况，如年龄、体格、经验、主观认识等，予以综合分析认定。

（六）紧急避险的限度条件——避险不能超过必要限度，造成不必要的损害

紧急避险不能超过必要的限度，造成不必要的损害，即避险行为所造成的第三者合法权益的损害，只能在一定的范围之内，否则就不是紧急避险。

刑法对什么是必要限度，没有作出规定。但是，我国刑法理论和刑事司法实务中都一致认为，避险所造成的损害只能小于被保护的合法权益，不能等于或大于被保护的合法权益。也就是说，被保护的合法权益只有在大于被损害的合法权益时，避险才是紧急避险。当被损害的合法权益等于或大于被保护的合法权益时，避险就不是紧急避险，而可能是避险过当。

合法权益的大小、轻重应当如何判断，理论界通常认为，权衡合法权益大小、轻重的基本标准是：人身权利大于财产权利；人身权利中则以生命权为最高权利；财产权利的大小以财产的价值大小来衡量。这只是一般情况下的标准，并非绝对性的原则。在处理具体案件时，应在尊重前述标准的基础上，结合案件的具体情况进行具体分析，作出准确、符合实际情况的判断。

（七）紧急避险的禁止条件——避免本人危险的规定不适用于某些特殊主体

《刑法》第21条第3款规定：紧急避险中“关于避免本人危险的规定，不适用于职务上、业务上负有特定责任的人”。依此规定，职务上、业务上负有特定责任的人，为避免本人危险是不能实施紧急避险的，这就是紧急避险的禁止条件。

“职务上、业务上负有特定责任”，是指某些人依法承担的职务或者所从事的业务活动本身，就负有同一定危险作斗争的义务。如军人必须面对战死沙场的危险，医生必须面对病菌感染的危险，消防员必须面对被火灼伤的危险等。这类人员，为避免与自己职务、业务有关的各种危险而放弃职守、逃避责任的，不是紧急避险。其行为没有构成犯罪的，应当追究相应的纪律责任；构成犯罪的，应当依法追究刑事责任。

三、避险过当及其刑事责任

避险过当，是指紧急避险超过必要限度造成了不应有的损害的行为。或者说，避险过当就是在避险过程中，避险行为所损害的合法权益等于或大于被保护的合法权益的情形。

避险过当具有避险性和过当性的双重特点。成立避险过当，必须具备以下基本条件：第一，“过当”是在避险过程中发生的，以存在避险行为为前提；第二，客观上避险行为造成了合法权益不应有的损害事实，即避险行为所损害的合法权益等于或大于被保护的合法权益；第三，主观上，行为人对避险过当具有罪过。刑法理论通说认为，避险过当的主观罪过形式通常是疏忽大意的过失，少数情况下也可能是过于自信的过失或间接故意，但不能是直接故意。

避险过当是犯罪行为，依法应当负刑事责任。但是，避险过当不是独立的罪名，我国刑法上没有“避险过当罪”。对避险过当定罪时，应当根据避险过当所造成的损害事实和行为人在避险过当时主观上的罪过，具体确定罪名。实践中根据主客观相一致的原则，“避险过当”行为可能构成的犯罪是过失重伤罪、过失致人死亡罪、（间接）故意伤害罪、（间接）故意杀人罪或者（间接）故意毁坏财物罪等。

根据《刑法》第21条第2款的规定，对避险过当者追究刑事责任时“应当减轻或者免除处罚”，对避险过当是减轻还是免除处罚以及如何具体适用，要综合考虑避险的目的、罪过形式、保护合法权益的性质、过当程度等予以具体裁量。

四、紧急避险与正当防卫的区别

紧急避险与正当防卫之间存在一定的联系与区别。紧急避险与正当防卫都是刑法所规定的一种排除犯罪性的、对社会有益的正当行为，都是法律赋予公民的一项合法权利，都是为了保护国家、公共利益、本人或者他人的人身、财产或其他权利，而给他人的某种权利或利益造成一定损害的合法行为。但紧急避险是合法权益与合法权益之间的冲突，正当防卫是合法权益与不法侵害行为之间的斗争，它们之间又有明显的区别。

具体来说，紧急避险与正当防卫，二者在理论上的区别主要有：

1. 危险来源不同。紧急避险的危险来源可以是人的不法侵害行为、自然的力量、动物的侵袭和人的生理、病理的原因；正当防卫中的不法侵害只能是人的不法侵害行为。

2. 损害的对象不同。紧急避险所损害的是与对合法权益造成危险威胁无关的第三者的合法权益；正当防卫则只能损害不法侵害者本人的利益。

3. 行为的限制不同。紧急避险只有在迫不得已的情况下才能实施；正当防卫则只要面对正在进行的不法侵害就可以实施，并非在不得已时才能实施正当防卫。

4. 造成损害的必要限度标准不同。紧急避险所造成的损害只能小于危险可能造成的损害，不能等于或大于危险可能造成的损害；正当防卫的必要限度，是制止不法侵害所必需的，只要没有明显超过必要限度并且造成重大损害即可，其所造成的损害可以小于、等于或者大于不法侵害行为可能造成的损害。

5. 实施两种行为的主体身份要求不同。如果是为了避免本人的危险，职务上、业务上负有特定责任者就不能实行紧急避险。但是，任何人都有权利实施正当防卫行为，依法负有同违法犯罪行为作斗争的人员在能够实施正当防卫而不实施时，情节较轻的要承担相应的行政纪律责任；情节严重的，则要承担相应的法律责任。

本章小结

正当防卫，是指为了使各种合法利益免受正在进行的不法侵害，而对不法侵害者实施的制止其不法侵害且没有明显超过必要限度造成重大损害的行为。正当防卫的成立，必须同时具备相应的起因条件、时间条件、对象条件、主观条件与限度条件。对正在进行的严重危及人身安全的暴力犯罪，防卫者享有特殊的防卫权。

紧急避险，是指为了使各种合法权益免受正在发生的危险，不得已而采取的损害另一较小的合法权益以保护较大合法权益的行为。紧急避险的成立，必须同时具备起因条件、时间条件、对象条件、主观条件、限制条件、限度条件与禁止性条件。

正当防卫与紧急避险都是排除犯罪的事由，二者在危险来源、损害对象、限制条件、过当的标准、行为人身份要求等方面存在明显的差异，认定时需仔细区分。

思考题

1. 什么是正当防卫？我国刑法规定正当防卫有什么意义？
2. 简述成立正当防卫的条件。
3. 简述防卫过当的性质。
4. 什么是紧急避险？我国刑法规定紧急避险有什么意义？
5. 简述成立紧急避险的条件。
6. 正当防卫与紧急避险有何异同？

实务训练

于某（男，28岁，无业）经常调戏妇女，流氓成性。一天夜里，于某闯入青年妇女赵某家，要求与赵某发生两性关系，遭到赵某的拒绝，于某拔出刀子进行威胁。赵某见硬抗不行，便假装同意，并坐在床头，于某以为赵某屈从，动手扒赵某的裤子。赵某乘于某不备，从枕头底下掏出一把剪刀朝于某腹部猛刺数剪刀，随后提起裤子往院外跑去，于某追了数步摔倒在赵某家门槛上死亡。

【问题】 赵某的行为是否超过正当防卫的必要限度？

知识拓展

在正当防卫中，偶然防卫和防卫装置也是比较重要的问题。对于偶然防卫，因为行为人并无防卫意图，应当按一般的犯罪行为处理。例如，某甲与某乙有仇，某甲准备了一把枪要射杀乙。某日晚，某甲窜到乙家院墙外，见一人背影确认是某乙，于是举枪射击。此时，恰逢某乙劫持了一名过路女子欲行强奸，某乙正好被某甲射出的子弹击中后脑身亡。这种情况就不属于正当防卫，因为某甲纯粹只有杀人的意图，而无防卫意图，其杀人行为只不过是偶然、巧合地符合了防卫行为的表面特征而已。

防卫装置是指为了住宅或其他场所的安全，而由合法管理者安装的以安全防护为目的的各种装置。对于因防卫装置引发的事故，在处理时主要看防卫装置是否危及公共安全。如果危及到公共安全，则构成危害公共安全犯罪；如没有危及公共安全，则再具体结合防卫限度分析其是否属于正当防卫。例如，某甲为防范小偷到自家瓜园偷瓜，便在瓜园四周拉上电网，并挂上“小心有电”的公告牌。某日晚，小孩某乙欲入瓜园玩耍，不幸触电身亡。某甲拉电网的行为危及公共安全，不属于正当防卫。

第五章

故意犯罪的停止形态

学习目标

1. 了解故意犯罪停止形态的基本类型;

2. 掌握犯罪预备、犯罪未遂、犯罪中止、犯罪既遂的定义、成立条件和处罚原则及其相互区别;

3. 能运用所学知识分析并解决实际问题。

案例导读

案情: 2012年3月的某日深夜，李某从朋友处喝酒后回家，行至一岔路口时，见前方有一妇女挎着包单独行走，遂起歹意，欲行抢劫。李某趁该妇女不备，抢过妇女的包就跑。刚跑出一小段路，只听被抢妇女喊道:“李某，你抢我的包做什么?”李某回头一看，原来是邻居王某某。李某赶紧走上前说:“小王啊，我看你一个人走路，不放心，逗你玩玩，试一下你警惕性怎么样!走吧，我送你回家。”于是将王某某一路护送回家。事后查明，王某某包内装有价值3000元的财物。

问题: 请分析李某的行为属于何种犯罪停止形态?

第一节 故意犯罪的停止形态概述

一、故意犯罪停止形态的概念与特征

(一)故意犯罪停止形态的概念

故意犯罪停止形态，是指在故意犯罪的发展过程中由于主客观因素的影响而出现的行为停顿状态。故意犯罪往往要经历一个发展过程，即行为人先形成一个犯罪意识，再为实现其犯罪目的进行一番准备，然后着手实施犯罪，最终完成犯罪。但是，并非每一个犯罪行为人都能完成以上犯罪过程。在这一过程中，行为人可能顺利地经过每一阶段，最终完成犯罪，也可能由于主观或客观方面的某种原因，在其中的某一阶段便告终结。实践中常会出现犯罪人为犯罪准备了工具或者制造了条件，却由于意志以外的原因而未能着手实施犯罪的实行行为；或着手实施犯罪过程中，出于各种原因自动停止犯罪或者主动采取措施有效避免犯罪结果的发生。这些不同的情况，就使犯罪在某个阶段停顿下来呈现出不同的形态。这些不同的停顿形态，即故意犯罪的停止形态，具体而言包括犯罪既遂、犯罪预备、犯罪未遂和犯罪中止。

故意犯罪的停止形态，包括两种基本类型：一是犯罪的完成形态，即犯罪既遂；二是犯罪的未完成形态，即犯罪预备、犯罪未遂及犯罪中止形态。

(二)故意犯罪停止形态的特征

1. 故意犯罪的停止形态只能存在于犯罪过程中。这里的“犯罪过程”，是指故意犯罪发生、发展和完成所要经过的程序、阶段的总和与整体。故意犯罪的过程，不是以行为人产生犯意为起点，而是以行为人开始实施犯罪的预备行为为起点，至行为人完成犯罪为终点。故意犯罪停止形态只能存在于犯罪过程中，在犯罪过程以外出现的某种状态，不是故意犯罪停止形态。例如，甲基于仇恨产生杀害乙的犯意，但经过考虑后打消了杀人的想法，甲打消犯意的情形，就不属于故意犯罪的停止形态。

2. 故意犯罪的停止形态只能存在于故意犯罪中，并且只能存在于部分直接故意犯罪中。这一特征包括以下三个方面的内容：

(1) 过失犯罪不存在犯罪的停止形态。由于过失犯罪行为人主观上不是故意危害社会而是过失的心理，客观上我国刑法又限定只有发生危害结果才构成犯罪，因而过失犯罪不可能存在犯罪预备、犯罪未遂和犯罪中止形态。犯罪的完成形态与未完成形态是相对而言的，过失犯罪既然不存在犯罪的未完成形态，也就没有必要肯定其有犯罪既遂形态。因此，对于过失犯罪而言，只有犯罪成立与否的问题，没有犯罪既遂与预备、未遂、中止的问题。

（2）间接故意犯罪也不存在犯罪的停止形态。由于间接故意犯罪行为人主观上表现为放任危害结果发生的心理态度，根本谈不上对完成特定犯罪的追求，因而也就谈不上这种追求的实现与否。而犯罪的预备、未遂和中止形态的行为人都存在实施和完成特定犯罪的犯罪故意与追求心理，可见，故意犯罪主观上的放任心理是不符合未完成形态的主观特征的。从客观上看，基于间接故意实施的危害行为只有在造成了为刑法所惩罚的实际危害结果时，才构成犯罪，不可能存在未完成犯罪的情况，因而也就不存在与未完成形态相对而言的完成形态。而且，在没有发生危害结果的情况下，也难以认定行为人有间接故意。所以，间接故意犯罪不可能有犯罪预备、犯罪未遂、犯罪中止和犯罪既遂形态，只有犯罪成立与否的问题。

（3）直接故意犯罪并非都存在犯罪停止形态。直接故意犯罪的主客观特征，决定了其可能存在犯罪的预备、未遂、中止和既遂形态。直接故意犯罪的行为人具有希望、追求完成某种特定犯罪的主观罪过。在这种主观罪过的支配下，客观上就会有进行犯罪的行为过程，因而直接故意犯罪就形成了犯罪的四种停止形态。但这是就大多数直接故意犯罪而言，并不意味着一切直接故意犯罪都会出现四种停止形态。从罪种和具体案件来看，下列几类直接故意犯罪就不存在某种或者某几种犯罪的未完成形态：其一，依法一经着手实行即告完成犯罪的举动犯，不可能存在犯罪未遂；其二，我国刑法规定为构成犯罪限制性要件的情节犯，不可能存在犯罪未遂；其三，结果加重犯，不存在犯罪未遂与既遂之分；其四，突发性的直接故意犯罪，没有犯罪预备状态，只有犯罪未遂、犯罪中止和犯罪既遂形态。

3. 故意犯罪的停止形态具有结局性和排他性。所谓结局性，是指故意犯罪的停止形态都是某人所实施的某一具体犯罪的最终结局状态。如果只是故意犯罪过程中出现的暂时的停顿状态或者中断状态，就不能称之为故意犯罪停止形态。“停止”必须是结局性的停止，是故意犯罪过程不再发展而固定下来的相对静止的不同结局。所谓排他性，是指故意犯罪的四种停止形态之间是一种彼此独立存在的关系，不可能相互转化，即犯罪预备形态不可能再前进为未遂形态，未完成形态不可能再转化为完成形态。也就是说，就同一犯罪行为而言，出现了一种犯罪形态后，不可能再出现另一种犯罪形态。另外，故意犯罪的停止形态是就犯罪行为整体而言，而不是就犯罪行为的某一部分而言，不能认为一个人实施的一个犯罪中的一部分是此停止形态，而另一部分是彼停止形态。

二、故意犯罪的停止形态与故意犯罪阶段、犯罪构成的关系

故意犯罪既存在停止形态，也存在犯罪阶段。故意犯罪阶段是故意犯罪从形成、发展到结束过程中先后所可能经历的阶段，如预谋犯罪阶段、预备犯罪阶段、着手实施阶段、完成犯罪阶段等。故意犯罪的停止形态与故意犯罪阶段之间，既有联系又有区别。其联系在于：故意犯罪的停止形态存在于故意犯罪阶段之中，故意犯罪各种停止形态的界定，依赖故意犯罪阶段的存在及其不同发展程度。其区别在于：故意犯罪的停止形态属于相对静止的范畴，而故意犯罪阶段则是动态发展的过程；故意犯罪的停止形态没有先后连续性，故意犯罪阶段则正好相反；一个故意犯罪行为可能经过几个犯罪阶段，但只能出现一种停止形态。具体而言，在犯罪预备阶段只能出现犯罪预备和犯罪中止形态，在犯罪实行阶段，只能出现犯罪未遂、犯罪既遂与犯罪中止形态。

刑法理论通说认为，我国刑法分则所规定的犯罪构成以犯罪既遂形态为模式，犯罪既遂是完全符合犯罪构成的。犯罪预备、犯罪中止和犯罪未遂则是犯罪的未完成形态，还没有具备刑法分则所规定的某种犯罪构成的全部要件；但是，也不能说犯罪的未完成形态不符合犯罪构成的要求。只不过未完成形态的犯罪构成是以刑法分则规定的某种具体犯罪构成为基础，并以刑法总则的有关规定为补充、修改而形成的修正的犯罪构成。修正的犯罪构成也是要件完整齐备的犯罪构成，是一个主客观诸要件有机统一和紧密结合的整体。我国刑法之所以对犯罪未完成形态的行为人追究刑事责任，就在于犯罪未完成形态完全具备了与既遂形态的基本犯罪构成有所不同的修正的犯罪构成的诸要件，具备了主观犯罪故意与客观危害行为的有机结合，这是犯罪未完成形态的行为人负刑事责任最基本、最重要的依据。

第二节　犯罪既遂形态

一、犯罪既遂形态概述

（一）犯罪既遂形态的概念与特征

犯罪既遂形态，也称“犯罪既遂”，是指行为人故意实施的犯罪行为已经具备了刑法分则中规定的某种犯罪的全部构成要件。其基本特征包括以下几点：

1. 行为人必须具有犯罪的故意，这是构成犯罪既遂的主观条件。

2. 行为人已经着手实施刑法分则规定的某种犯罪的构成要件行为，这是构成犯罪既遂的客观条件。

3. 行为人的行为已经符合刑法总则和分则规定的某种犯罪构成的全部要件，这是构成犯罪既遂的核心条件。

（二）认定犯罪既遂应注意的问题

在认定犯罪既遂时，应当避免以下两种错误认识：

1. 错误认识之一：只有达到了预期的目的，才成立犯罪既遂。对于有些犯罪，法律并不要求行为人达到其目的，而只要行为人实施了法律所规定的犯罪行为，就构成犯罪既遂。例如，诬告陷害罪，行为人的犯罪目的是使他人受到错误的刑事追究，但行为人只要实施了捏造犯罪事实并完成了告发行为，且情节严重，就成立犯罪既遂，至于其犯罪目的是否达到，不影响诬告陷害罪既遂的成立。

2. 错误认识之二：只有造成了一定的犯罪结果，才成立犯罪既遂。对于有些犯罪，法律并不要求行为人的行为造成某种具体的犯罪结果，而只要实施了法律所规定的犯罪行为就构成犯罪既遂。例如，脱逃罪以被依法关押的罪犯、犯罪嫌疑人、被告人脱离羁押为既遂的标志，而不是以行为人最终成功地逃避法律制裁为既遂的标志。同时，既遂的“结果说”也不能适用于《刑法》第 114 条、第 117 条、第 118 条等危险犯罪既遂的确定以及既遂与未遂的区分。因为危险犯罪既遂的确定以及既遂与未遂的区分，是以危险状态的具备与否为标准，而不是以犯罪结果的发生为标准。

总之，确认犯罪既遂，应当以行为人所实施的行为是否具备了刑法分则所规定的某一犯罪的全部构成要件为标准，完全具备的为既遂，没有完全具备的为未完成形态。

二、犯罪既遂的类型

根据我国刑法分则对各种直接故意犯罪构成要件的不同规定，犯罪既遂主要有以下几种类型：

（一）结果犯

结果犯，是指不仅要实施具体犯罪构成客观要件的行为，而且必须发生某种法定的犯罪结果才构成既遂的犯罪。即以法定的犯罪结果的发生与否作为犯罪既遂与未遂、中止相区别的标志。如果法定的危害结果未发生，一般不影响犯罪的成立，但只能构成犯罪的未完成形态。例如，故意杀人而未造成他人死亡结果的，就只能成立故意杀人罪的未遂或中止。所谓“法定的犯罪结果”，是专指犯罪行为通过对犯罪对象的作用而给犯罪客体造成的物质性的、可以具体测量的确定的、有形的损害结果。结果犯有一种特殊的表现形式，称为结果加重犯，是指故意实施刑法规定的一个基本犯罪行为，由于发生了更为严重的结果，刑法加重其法定刑的情况。

案例导读

评析： 李某于深夜时分见到单身行走的王某某，产生抢夺财物的念头，主观上属于直接故意。李某基于夺取他人财物的犯罪故意，趁王某某不备，实施了抢夺的行为，并实际抢得了王某某的包，犯罪行为已实施完毕且抢夺数额较大，符合刑法分则关于抢夺罪的全部构成要件，应当认定为犯罪既遂。虽然事后在王某某认出李某的情况下，李某谎称开玩笑并归还了财物，但这不影响抢夺罪的构成，只能作为量刑情节加以考虑。

（二）行为犯

行为犯，是指以法定犯罪行为的实施完毕作为既遂标志的犯罪。这类犯罪的既遂并不要求造成犯罪结果，而是以行为的完成为标志，如诬告陷害罪就是典型的行为犯。应当指出，法定的犯罪行为不是一经着手实施即告完成的，而是有一个实行的过程，要达到一定程度，才能视为行为已完成，从而成立犯罪既遂。如果未达到符合法律要求的程度，则是犯罪行为未完成，应成立犯罪未完成形态。这类犯罪在我国刑法中有相当的数量，如强奸罪、脱逃罪等。

（三）危险犯

危险犯，是指以行为人实施的危害行为造成法律规定的发生某种危害结果的危险状态作为既遂标志的犯罪。只要造成足以发生严重后果的危险即达到犯罪的既遂，例如，破坏交通工具的行为，只要足以使火车、汽车、电车、船只、航空器发生倾覆、毁坏危险，就成立犯罪既遂，而不要求严重后果的实际发生。

（四）举动犯

举动犯，是指行为人一经着手实施犯罪实行行为，犯罪即告完成，从而构成既遂的犯罪。举动犯既遂的认定，关键在于行为人是否着手实施犯罪的实行行为，而不在于行为实施到什么程度，更不在于行为是否引起危害结果，只要行为人着手实行犯罪就具备犯罪构成全部要件而构成既遂。我国刑法中的举动犯，大致包括两种情况：一是法律将预备性质的行为提升为实行行为的犯罪，如组织、领导、参加黑社会性质组织罪等；二是将教唆煽动性质的行为规定为实行行为的犯罪，如煽动分裂国家罪等。由于举动犯是着手实施犯罪就构成犯罪既遂，因而其不存在犯罪未遂的问题，但存在犯罪既遂与犯罪预备、预备阶段的中止形态之别。

三、既遂犯的处罚原则

由于我国刑法分则对各种具体犯罪的法定刑都是以犯罪既遂为标准设置的，因此，对行为符合犯罪既遂特征的既遂犯，应当直接按照刑法分则中相应犯罪的法定刑处罚。当然，刑法总则所规定的一般量刑原则必须严格遵守。

第三节　犯罪预备形态

一、犯罪预备形态的概念与特征

犯罪预备形态，也称犯罪预备。我国《刑法》第 22 条第 1 款规定："为了犯罪，准备工具、制造条件的，是犯罪预备。"根据这一规定和刑法理论，犯罪预备，是指行为人已经开始实施为犯罪创造条件的行为，但由于其意志以外的原因未能着手实施犯罪的实行行为即告终结的犯罪停止形态。这一定义体现了主客观相统一的定罪原则。构成犯罪预备，必须同时具备以下四个特征：

（一）为实行某种犯罪而准备工具、制造条件

犯罪预备行为是为犯罪的实行行为创造便利条件的行为，刑法将预备行为规定为两类，即准备工具与制造条件。所谓准备工具，是指准备实行犯罪时使用的各种物品。例如，购买某种物品作为犯罪工具、制造犯罪工具、改装物品使之适应犯罪需要、租借他人物品作为犯罪工具等。所谓制造条件，是指除准备工具以外的一切为实行犯罪制造条件的预备行为，如调查犯罪场所与被害人行踪、出发前往犯罪场所或者守候被害人的到来、跟踪被害人、排除犯罪障碍、练习犯罪技术、勾结犯罪同伙、寻找共同犯罪人、商议犯罪的实行计划等。准备工具事实上也是为实行犯罪制造条件的行为，只因是最常见的预备行为，故刑法将其独立于制造条件予以特别规定。犯罪预备行为实质上是为着手实行犯罪而准备工具、制造条件，虽然不能直接造成犯罪结果的发生，但是预备行为可以进一步发展为实行行为，并且为实行行为的顺利完成提供了可能，所以构成了对刑法所保护的法益的威胁，具有危害社会的危险性，这是预备犯承担刑事责任的客观基础。

（二）未能着手犯罪的实行行为

犯罪预备必须在预备阶段停顿下来，即事实上未能着手犯罪的实行行为；如果已经超出了预备阶段，着手实行了刑法分则所规定的实行行为，就不再是犯罪预备了。未能着手犯罪的实行行为，包括两种情况：其一，由于行为人意志以外

的原因预备行为没有实施终了，预备行为不能继续，也就不可能再继续着手犯罪的实行行为；其二，虽然预备行为已经实施终了，但由于意志以外的原因犯罪分子未能着手实行刑法分则所规定的犯罪实行行为。

（三）主观上是为了着手实行某种犯罪

犯罪预备的成立，要求犯罪分子主观上必须为了实行犯罪，即为了实行犯罪的实行行为。我国《刑法》第22条所规定的“为了犯罪”，应当是指“为了实行犯罪”，例如，为了杀人、伤害、抢劫、强奸等。预备行为是为犯罪实行行为创造条件的行为，犯罪预备行为无非是为了进一步地实行犯罪实行行为。因此，“为了犯罪”就是为了实行刑法分则所规定的犯罪实行行为。从形式上讲，实行行为是刑法分则所规定的客观危害行为；从实质上讲，实行行为是能够引起法定危害结果或者产生某种法定危害结果危险的行为。“为了犯罪”则是为了实行形式与实质相统一的犯罪的实行行为，也就是为了实行刑法分则所规定的能够引起法定危害结果或者产生某种法定危害结果危险的危害行为，只有真正的形式与实质相统一的犯罪实行行为，才真正地存在着犯罪完成与未完成形态的区分。

犯罪预备行为的目的是着手犯罪实行行为（包括为了自己实行犯罪和为了他人实行犯罪），犯罪预备表明犯罪分子具有实行某种犯罪实行行为的犯罪意图或者说犯罪目的，但是，这种犯罪意图或者犯罪目的，与犯罪分子进入犯罪实行阶段的主观心理状态不同。为了实行犯罪，虽然不能表明犯罪分子主观上认识到或者能够认识到其预备行为会造成刑法分则所规定的实行行为所能引起的危害结果，但是却能够表明犯罪分子认识到自己的预备行为是为犯罪实行行为创造条件，就是为了实行犯罪，便于犯罪的完成，表明行为人具有主观罪过和恶性，这是犯罪预备承担刑事责任的主观基础。

（四）未着手犯罪实行行为是由于行为人意志以外的原因

犯罪预备在预备阶段停顿下来，未能着手实行犯罪，必须是因为犯罪分子意志以外的原因。也就是说，犯罪分子本想继续实施预备行为或者着手实行犯罪，但由于其意志以外的原因，客观上不可能继续实施预备行为，或者客观上不可能着手犯罪实行行为，或者使行为人认识到自己客观上已经不可能继续实施预备行为与着手实行犯罪，从而被迫放弃犯罪行为。

二、犯罪预备的处罚原则

《刑法》第22条第2款规定：“对于预备犯，可以比照既遂犯从轻、减轻处罚或者免除处罚。”

刑法理论一般认为，由于预备行为与着手实行行为损害法益的危险性程度明显不同，在处罚上，预备行为理应轻于实行行为。犯罪预备还没有着手犯罪实行行为，损害法益的危险性程度明显低于实行行为，与犯罪的既遂形态相比，离完成犯罪还有很远的时空距离，行为人的主观责任也相对较低，社会危害性明显地小于既遂犯罪，而且也相对低于未遂犯罪。所以，我国刑法规定对预备犯的处罚，既没有采取与既遂犯同等处罚的同等原则，也没有采取一律比照既遂从宽处罚的必减原则，而是采取了得减原则，即可以比照既遂犯从轻、减轻或者免除处罚。

追究预备犯的刑事责任，应当注意以下几点：第一，应当根据其所预备实行的犯罪的性质，引用刑法分则有关具体犯罪的条文正确地定罪；第二，根据刑法分则条文所规定的量刑幅度，综合考虑犯罪预备的程度和性质等有关影响其社会危害性程度的情节，以决定对预备犯是否从宽处罚，以及是从轻、减轻还是免除处罚；第三，如果行为人在实施犯罪预备行为过程中完成了刑法分则所规定的另一个犯罪的，如为抢劫银行而非法购买、制造枪支、弹药，应当既对既遂犯罪承担刑事责任，又对该预备犯罪承担刑事责任，属于牵连犯，从一重罪处罚。

第四节　犯罪未遂形态

一、犯罪未遂形态的概念与特征

犯罪未遂形态，也称犯罪未遂。《刑法》第23条第1款规定："已经着手实行犯罪，由于犯罪分子意志以外的原因而未得逞的，是犯罪未遂。"依据这一规定和刑法理论，犯罪未遂，是指行为人已经着手实行具体犯罪的实行行为，由于其意志以外的原因而未能完成犯罪的一种犯罪停止形态，其具有以下三个特征：

（一）已经着手实行犯罪

已经着手实行犯罪，是指行为人出于刑法分则所规定的某一具体犯罪的故意，开始实施刑法分则所规定的某一具体犯罪客观方面的实行行为，并直接侵害到或者具体地威胁到刑法所保护的利益。

判断犯罪分子是否已经着手实行犯罪，一方面，应当严格根据刑法分则条文的规定来确定行为人所实行的行为是否属于刑法分则所规定的实行行为。例如，根据《刑法》第240条第2款的规定，拐卖妇女儿童罪是指"以出卖为目的，有拐骗、绑架、收买、贩卖、接送、中转妇女、儿童的行为之一的"情形，因此，只要犯罪分子开始实行其中的任何一种行为，就是着手实行犯罪。

另一方面，认定行为人的行为是否已经"着手"，还必须根据行为人实际实行行为的具体方式、方法，结合刑法分则规定的具体犯罪的客观方面的行为来认定。刑法分则的规定是抽象的，而实践中犯罪实行行为则是千姿百态、形形色色的。例如，盗窃行为的对象是财物，但是财物的表现形式、盗窃的地点都是多种多样的，盗窃的具体手段也是五花八门的。针对这些复杂的具体情况，很难确定一个以不变应万变的抽象规则，而只能本着主客观相一致的原则具体问题具体分析。也就是说，应当主客观统一地把握实行行为及其着手，主观上，行为人实行犯罪的决意通过客观行为表现出来；客观上，行为人已经直接开始实行能够实际损害刑法所保护的法益的行为。

（二）犯罪未完成

犯罪未完成，是指行为人的行为停止在犯罪的实行阶段，而没有完全具备刑法分则条文所规定的某种具体犯罪客观方面的全部构成要件。具体来说：结果犯应以法定的危害结果是否发生作为犯罪是否完成的标志，行为犯应以行为是否完成作为犯罪是否完成的标志，危险犯应以是否造成了法定的危险状态作为犯罪是否完成的标志。

（三）犯罪未完成是由于犯罪分子意志以外的原因

犯罪未完成是由于犯罪分子意志以外的原因，是指由于犯罪分子意志以外的障碍，犯罪分子被迫停止犯罪，犯罪没有完成即告结束。实践中，犯罪分子意志以外的障碍主要有以下几种情况：

1. 来自外界的客观障碍，如被害人的反抗、第三者的制止、自然力的阻碍、严密的防范或戒备、执法部门或执法人员的干预、不利于完成犯罪的时间、地点、场合以及其他难以克服的外在障碍。

2. 来自犯罪分子自身条件或能力的障碍或限制，如缺乏犯罪经验和犯罪技术、智力低下、体力不足以及其他生理或心理上的缺陷。

3. 犯罪分子的认识错误，如误以尸体为活人而加以杀害，误以空枪为实弹而开枪杀人，误以男人为女人而加以强奸，误以白糖为毒药而用来杀人，误以为其犯罪行为已造成危害结果而停止了犯罪活动等，皆属此类。

二、犯罪未遂的种类

（一）实行终了的未遂和未实行终了的未遂

以犯罪行为实行终了与否为标准，可以把犯罪未遂区分为实行终了的未遂与未实行终了的未遂。

1. 实行终了的未遂，是指犯罪分子已将他认为实现犯罪意图所必要的全部行为实行终了，但由于犯罪分子意志以外的原因而未得逞。例如，甲为了毒死妻子，在妻子的饭里放了毒药，但在吃饭时妻子发现饭有异味，将饭倒掉而幸免于死。甲的犯罪行为就是实行终了的故意杀人未遂。

2. 未实行终了的未遂，是指犯罪分子还未将他认为实现犯罪意图所必要的全部行为都实行终了，因而未能发生犯罪分子预期的犯罪结果。例如，杀人者正在举刀杀人，被他人抓住手腕，致使其砍人的行为没有实施完毕，属于未实行终了的故意杀人未遂。

一般来说，实行终了的未遂的社会危害性相对地大于未实行终了的未遂，量刑时可以作为情节适当地加以考虑。

(二) 能犯未遂和不能犯未遂

以犯罪行为实际上能否达到既遂状态为标准，可以把犯罪未遂区分为能犯未遂与不能犯未遂。

1. 能犯未遂，是指犯罪分子有实现犯罪、达到犯罪既遂状态的实际可能，但由于犯罪分子意志以外的原因，未能达到既遂的情况。例如，行为人举刀杀人，将人砍伤后，欲再次举刀砍人，被行人抓住。如果不被抓住，行为人完全有可能把人杀死，这就是能犯未遂。

2. 不能犯未遂，是指犯罪分子因事实认识错误，其行为不能完成犯罪，不可能达到既遂的情况。其中又可以分为两种情形：(1) 工具不能犯的未遂，即犯罪分子使用了按客观性质不能产生犯罪分子所追求的犯罪结果的工具，以致犯罪未完成。例如，把白糖当作砒霜投毒杀人，在任何情况下都不可能产生死亡结果。(2) 对象不能犯的未遂，即犯罪分子行为所指向的对象当时并不存在，或因具有某种属性而不能达到犯罪既遂。例如，认兽为人而开枪射击，事实上不可能构成故意杀人既遂。

在一般情况下，能犯未遂的社会危害性大于不能犯未遂，量刑时应当作为情节适当地加以考虑。

三、犯罪未遂的处罚

《刑法》第23条第2款规定："对于未遂犯，可以比照既遂犯从轻或者减轻处罚。"刑法对未遂犯采取得减主义的处罚原则，而没有采取同等主义，即对未遂犯与既遂犯一视同仁，处以同等刑罚。这是因为，与既遂相比，犯罪未遂在客观上未造成危害结果或未完成犯罪行为，在主观上犯罪意图未能全部实现，因而在其他因素大致相同的情况下，犯罪未遂的危害性一般小于犯罪既遂。当然，刑法也没有采取必减主义，即对未遂犯一律比照既遂犯处以较轻的刑罚。

第五节　犯罪中止形态

一、犯罪中止形态的概念与特征

犯罪中止形态，也称犯罪中止。《刑法》第24条第1款规定："在犯罪过程中，自动放弃犯罪或者自动有效地防止犯罪结果发生的，是犯罪中止。"依据这一规定和刑法理论，犯罪中止，是指在犯罪过程中，行为人自动放弃犯罪或者自动有效地防止犯罪结果发生，而未完成犯罪的一种犯罪停止形态。有以下四个基本特征：

（一）在犯罪过程中

这是犯罪中止的时间性。所谓犯罪过程，这里特指从犯罪预备到犯罪完成的全过程。只要这个过程尚未结束，犯罪尚未最终完成，都可以成立犯罪中止；反之，则不能成立。犯罪中止可以发生在犯罪预备阶段，也可以发生在犯罪实行阶段。至于犯罪是否已经完成而处于完成状态，要以刑法分则条文所规定的各种犯罪的完成形态为标准进行判断。行为犯、危险犯、结果犯的完成形态都不相同，必须依照刑法的规定，分清各种不同情况，才能正确确定某种犯罪是否完成。实践中对犯罪完成后犯罪分子采取的补救措施，或者悔改表现，都不能认定是犯罪中止，但可以作为量刑时酌情从宽的情节加以考虑。

（二）自动地中止犯罪

这是犯罪中止的自动性。所谓自动性，是指犯罪分子在其意志与行为自由的情况下，出于自身意愿主动停止犯罪活动，或者防止危害结果的发生。如果是由于外力强制，而不得不中止，就不是自动中止，不具有自动性。犯罪分子中止犯罪的自动性，是犯罪中止与犯罪预备、犯罪未遂之间区别的关键。犯罪分子在犯罪过程中，"能达目的而不欲"，能够完成犯罪预备行为并进而着手实施犯罪，或者能够完成犯罪行为，而犯罪分子自己不想再继续实施犯罪的，是犯罪中止；反之，"欲达目的而不能"则是犯罪未遂或者犯罪预备。

犯罪分子中止犯罪的动机可能是多种多样的，例如，对被害人的同情或怜悯，内心的道德谴责、突然悔悟，对受刑罚制裁的恐惧等。无论何种动机，只要中止犯罪出于犯罪分子自己的意志，是犯罪分子的自主决定，都可成立犯罪中止。

应当指出的是，犯罪分子停止犯罪的决定可能来自外界的刺激或影响，如被害人的苦苦哀求、被害人许诺事后给予行为人某种利益、第三人的规劝等。只要这些外界事情的存在对停止犯罪并不起到强制作用，停止犯罪仍然是出于犯罪分子的自愿，是犯罪分子的自主决定，就是自动中止。但是，如果这种外界的刺激或影响，对于犯罪的停止已起到强制的作用，即犯罪分子已经把它视为继续进行犯罪的障碍而被迫停止犯罪，就不是自动中止犯罪。也就是说，外界的影响是否对犯罪分子停止犯罪起着强制作用，犯罪分子中止犯罪是否属于自主决定，是衡量是否具有自动性的标准。例如，行为人着手实行强奸行为时，由于被害人呼救或见到巡警而仓皇逃走，这就不是自动中止；见被害人正来月经而失去犯罪兴趣，属于犯罪中止；但是因受被害人的吓唬害怕感染艾滋病而放弃继续犯罪，则属于犯罪未遂。

行为人在犯罪过程中自己认为有可能将犯罪进行到底，即使客观上其犯罪行为不可能进行到底，而他主动把犯罪行为停止下来了，也应当认为是犯罪中止。因行为人意志以外的原因而未得逞，行为人之后再次实施同一犯罪行为，而自动中止犯罪的，仍然可以成立犯罪中止。例如，甲带刀前往乙家欲入户抢劫，走到半路打消了抢劫念头。实际上这天乙出差在外，即使甲前去也抢劫不成，但甲并不知道乙不在家的事实，还是自动放弃了入户抢劫行为，应当认定为抢劫预备阶段的犯罪中止。若甲实际来到乙家，敲门乙不在家，抢劫未得逞；隔天后，甲再次带刀前往乙家，半路打消抢劫念头，甲的行为仍然成立犯罪中止。

（三）彻底地而不是暂时地中止犯罪

这是犯罪中止的彻底性。所谓彻底性，是指犯罪分子决心今后不再继续实施其已经放弃的犯罪活动。如果犯罪分子认为条件不成熟、时机不到而暂时停止犯罪活动，等待机会以后再继续进行的，这只是犯罪的中断，而不是犯罪中止。犯罪中止的彻底性要求有证据证明：行为人客观上有中止行为，即犯罪过程中停止犯罪；主观上放弃犯罪意图，消除犯罪故意。中止行为表现为两种：其一，消极的犯罪中止，行为人只要停止继续实施犯罪行为，有效地阻止犯罪进程，犯罪即告中止。例如，行为人实施了暴力、威胁行为，但是自动停止了强行性交行为，强奸即告中止。其二，积极的犯罪中止，行为人以积极有效的行为阻止犯罪结果的发生。这种犯罪中止一般出现在结果犯的场合。

（四）自动放弃犯罪并有效地防止犯罪结果发生

这是犯罪中止的有效性。所谓有效性，是指行为人自动放弃犯罪并有效地防止犯罪结果的发生。自动放弃犯罪，是指自动停止继续进行犯罪活动，包括停止进行犯罪的预备行为和犯罪的实行行为。有效地防止犯罪结果发生，是指行为人已经着手实行犯罪的实行行为，但尚未造成犯罪既遂所要求的犯罪结果时，应采取积极措施，自动有效地防止犯罪结果的发生。

二、犯罪中止的种类

（一）预备中止和实行中止

根据犯罪中止的时间，可以将犯罪中止区分为预备阶段的中止和实行阶段的中止。

1. 预备中止，是指在犯罪的预备过程中，自动地中止预备活动。例如，准备凶器要杀人，后来幡然悔悟，打消了杀人的念头，中断了杀人的预备活动，因而未着手杀人的实行行为。

2. 实行中止，是指在犯罪的实行过程中，自动地中止了实行行为。例如，在杀人过程中，已经将被害人砍伤，见被害人痛苦呻吟的惨相产生了怜悯之心，中止了杀人行为。

预备阶段的中止与实行阶段的中止的社会危害性显然有所不同，预备中止明显地轻于实行中止，定罪量刑时应加以考虑。预备阶段的中止，原则上可以不追究刑事责任。

（二）消极中止和积极中止

根据对行为人中止犯罪行为的具体要求，可以将犯罪中止区分为消极中止和积极中止。

1. 消极中止，是指在犯罪未实行终了的情况下，停止继续实施犯罪行为。这是犯罪中止的典型形式。在这种情况下，需要强调的是中止犯罪的彻底性，即必须是彻底地打消了继续或再次侵害同一客体的意图，而不是暂时停止，伺机再次侵犯。

2. 积极中止，是指在犯罪行为已经实行终了而犯罪结果尚未发生的情况下，有效地防止犯罪结果的发生。这是犯罪中止的特殊形式。在这种情况下，需要强调的是防止犯罪结果发生的有效性。如果犯罪分子虽然采取了积极的行为，但并未有效地防止犯罪结果的发生，犯罪分子仍然要负犯罪既遂的刑事责任，不能视为犯罪中止。

三、犯罪中止的处罚

《刑法》第 24 条第 2 款规定：“对于中止犯，没有造成损害的，应当免除处罚；造成损害的，应当减轻处罚。”

这里所说的“损害”，是指犯罪分子所中止之犯罪的法定危害结果以外的刑法意义上的危害结果。例如，自动中止故意杀人行为，避免了死亡结果的发生，也没有发生其他刑法意义上的结果（如重伤、轻伤）的，应当免除处罚；客观上造成了伤害他人的结果——轻伤、重伤，仍然属于故意杀人的犯罪中止，应当减轻处罚。

我国刑法对犯罪中止采取必减主义的处罚原则，是因为犯罪中止客观危害明显较小，甚至于为行为人所有效避免，行为人的主观恶性大为减小。对犯罪中止实行必减主义的处罚原则，有利于鼓励犯罪人中止犯罪，避免、减轻实际的损害。

本章小结

故意犯罪停止形态有完成和未完成形态之分。

完成形态即犯罪既遂，是指行为人故意实施的犯罪行为已经具备了刑法分则中规定的某种犯罪的全部构成要件。

未完成形态包括犯罪预备、犯罪未遂与犯罪中止。

犯罪预备，是指行为人已经开始实施为犯罪创造条件的行为，但由于其意志以外的原因未能着手实施犯罪的实行行为即告终结的犯罪停止形态。对于预备犯，可以比照既遂犯从轻、减轻或者免除处罚。

犯罪未遂，是指行为人已经着手实行具体犯罪的实行行为，由于其意志以外的原因而未能完成犯罪的一种犯罪停止形态。对于未遂犯，可以比照既遂犯从轻或者减轻处罚。

犯罪中止，是指在犯罪过程中，行为人自动放弃犯罪或者自动有效地防止犯罪结果发生，而未完成犯罪的一种犯罪停止形态。对于中止犯，没有造成损害的，应当免除处罚；造成损害的，应当减轻处罚。

思考题

1. 故意犯罪过程中有哪些犯罪停止形态？研究犯罪停止形态有何意义？
2. 试从罪责刑相适应原则的角度，对预备犯可以比照既遂犯免除处罚的合理性进行论述。
3. 犯罪预备与犯意表示有何异同点？
4. 什么是犯罪未遂？它有哪些特征？
5. 什么是犯罪中止？成立犯罪中止须具备哪些条件？

实务训练

叶某，男，24 岁。某县城关镇连续发生数起拦路强奸案，均未能破获，为此，县公安局派公安人员杨某男扮女装，诱捕犯罪分子。当晚，叶某正准备去县农机厂盗窃废铁，途中遇杨某，即起强奸之念，叶某从后面扑上去，掐住杨某的脖子，手解裤带，欲行强奸，杨某转身抓叶某，叶某将杨某的假发抓掉，发现是个男的，使脱身逃跑，被巡逻的公安人员抓获。

【问题】叶某的行为属于何种犯罪停止形态？并说明理由。

知识拓展

常见犯罪的“着手”与“既遂”

故意杀人罪：实行行为——非法剥夺他人生命。着手——开始实施能够直接导致死亡的行为，如举刀砍杀或举枪射击被害人，开始投放毒物等。既遂——被害人死亡。

强奸罪：实行行为——暴力、胁迫或其他手段强行发生性关系。着手——对妇女开始实施暴力或胁迫行为。既遂——强奸对象为妇女的场合为“插入说”，强奸对象为幼女的场合为“接触说”。

盗窃罪：实行行为——秘密窃取公私财物。着手——入户、入室盗窃的，开始溜门撬锁为着手；在开放性的场所，正要拿取财物或者手伸进他人衣袋、提包内为着手。既遂——入户、入室盗窃的场合，小件物品如现金、首饰、衣物等，拿在手里、装进衣兜或提包，或打成包裹的，为既遂；大件物品，通常以搬出户外或者院外为既遂。盗窃厂矿企业的大宗原材料、大件的机器零件的，以偷出库房、车间为既遂；如果有院墙且大门有看守的，以偷出大门或者院墙之外为既遂。在商店盗窃的场合，以偷出柜台、拿在手中、夹在腋下、装进衣兜或提包中为既遂；如果是开架售货的，如自选超市，以拿出收银台为既遂。在火车上盗窃的，以财物脱离物主或者铁路管理部门的控制为既遂，如盗窃旅客物品，把衣物穿在身上、鞋子穿在脚上、财物拿在手中，等待火车到站下车即为既遂。

抢劫罪：实行行为——以暴力、胁迫或其他方法抢取财物。着手——为取得财物而开始对他人施加暴力或发出威胁。既遂——从被害人处强取财物为既遂。

诈骗罪：实行行为——虚构事实、隐瞒真相，使他人陷入错误认识而作出财产处分行为。着手——开始向被害人虚构事实、隐瞒真相。既遂——被害人作出错误的财产处分，犯罪人获得财物。

绑架罪：实行行为——劫持他人为人质，向第三人强要利益。着手——开始实施暴力控制被害人人身的行为。既遂——已经将被害人扣作人质。

第六章

共同犯罪

学习目标

1. 掌握共同犯罪成立条件，并运用原理分析实际问题；
2. 掌握共同犯罪的形式；
3. 掌握犯罪集团的概念与成立条件；
4. 掌握共同犯罪人的分类及其刑事责任。

案例导读

案情： 2009 年 4 月 20 日，被告人张某以做生意为名，将被害人李某、王某骗至樟树市。而后，被告人张某与高某、钱某（均另案处理）商议如何将李某、王某二人“软禁”，以及如何向他们的家属要些钱来用。当日晚上，被告人张某与高某、钱某一起将李某、王某二人强行带到上塘镇马鞭山上的一个小屋内，后又转移到新建县后田风景区。在该风景区，被告人张某找到自己的一个亲戚——被告人郭某，对郭某谎称李某、王某二人欠债不还，并要求郭某看管李某、王某二人。随后数天中，被告张某向李某、王某的家属索要了 2 万元人民币。其间，被告人郭某为被告人张某等人送饭或负责看管被害人李某、王某。检察机关指控被告人张某与郭某成立绑架罪的共同犯罪，高某系主犯，郭某系从犯，请求法院依法判决。法院合议庭成员之间对于本案的定性产生分歧。

问题： 如何准确处理本案？

第一节　共同犯罪概述

一、共同犯罪的概念

共同犯罪，是故意犯罪的一种特殊形态，是相对于单个人故意犯罪而言的。《刑法》第25条第1款规定："共同犯罪是指二人以上共同故意犯罪。"这一定义特别强调了共同故意对共同犯罪构成的作用。

《刑法》第25条第2款规定："二人以上共同过失犯罪，不以共同犯罪论处；应当负刑事责任的，按照他们所犯的罪分别处罚。"这是对共同犯罪含义的进一步说明和补充。

刑法上之所以对共同犯罪作出特别规定，是因为共同犯罪是一种特殊的、复杂的故意犯罪现象，具有单个人故意犯罪所不具有的特点，即可能存在各个犯罪人在共同犯罪中的地位、分工和参与程度的不同，从而使其在犯罪中所起的作用不同，其各自行为的社会危害性也不同，因而产生刑事责任分担的问题，这就决定了必须通过立法对共同犯罪的有关问题作出规定，以便为刑事司法实践提供定罪判刑的法律依据。

二、共同犯罪的成立条件

根据我国刑法的规定，共同犯罪的成立必须具备以下条件：

（一）共同犯罪成立的主体条件

第一，共同犯罪的主体必须是二人以上，包括自然人和单位。自然人与自然人、自然人与单位、单位与单位，都可以成立共同犯罪。

第二，就自然人而言，必须是达到了刑事责任年龄，具有刑事责任能力的人。如果两个行为人，其中一个达到了刑事责任年龄并具有刑事责任能力，而另一个没有达到刑事责任年龄或者不具有刑事责任能力，那就不能构成共同犯罪。由于刑法规定，已满16周岁的人属于完全刑事责任年龄阶段，因此，已满16周岁具有刑事责任能力的人，可以成为任何罪的共同犯罪主体。已满14周岁不满16周岁的人只对故意杀人、故意伤害致人重伤或者死亡、强奸、抢劫、贩卖毒品、放火、爆炸、投放危险物质犯罪负刑事责任，因此，这一年龄阶段的人只能成为这些罪的共同犯罪主体。

需要指出的是，两个以上具有不同身份的人可以构成共同犯罪。刑法中有些犯罪的主体是特殊主体，即要求行为人具有特殊身份，如受贿罪的主体只能是国家工作人员。我们认为，犯罪的特殊主体，是对单个人犯罪而言的，就共同犯罪来讲，不具备特殊身份的人可以成为特殊主体犯罪的共同犯罪主体，如非国家工作人员教唆国家工作人员受贿，就与国家工作人员构成受贿罪的共同犯罪。

（二）共同犯罪成立的客观条件

从客观方面讲，共同犯罪的成立必须是两个以上的行为人具有共同犯罪的行为。共同犯罪行为，是指各行为人的行为都指向同一犯罪，并相互联系、相互配合，形成一个有机的犯罪活动整体。每个行为人的行为都是犯罪行为有机体的一部分。在发生危害结果的情况下，每个人的行为都与危害结果之间具有因果关系。在共同犯罪行为有机体中，各个行为人可能共同实施实行行为，也可能存在分工，如有的实施实行行为，有的实施帮助行为，有的实施教唆行为。行为的分工，不影响共同犯罪的成立，只影响行为人刑事责任的大小。

（三）共同犯罪成立的主观条件

从主观上讲，共同犯罪的成立要求两个以上的行为人具有共同的犯罪故意。共同犯罪故意，是指各行为人通过意思的传递、反馈而形成的，明知自己是和他人配合共同实施犯罪，并且明知共同的犯罪行为会发生某种危害社会的结果，而希望或者放任这种危害结果发生的心理态度。具体包括以下内容：其一，各行为人认识到自己不是一个人单独实施犯罪，而是在和他人相互配合共同实施犯罪。其二，各行为人明知自己与他人相互配合而实施的犯罪行为会发生某种危害社会的结果。其三，对某种危害结果的发生采取希望或者放任的态度。同时具备上述条件的，成立共同犯罪。

案例导读

评析：本案中被告人张某与郭某不能成立绑架罪的共同犯罪，法院应以绑架罪对被告人张某定罪处罚，以非法拘禁罪对被告人郭某定罪处罚。共同犯罪的成立要求主观上各行为人具有共同的犯罪故意，客观上实施了共同的犯罪行为。本案中，仅从客观上看，被告人郭某与被告人张某实施了共同的非法剥夺被害人李某、王某自由的行为，二被告人似乎具有共同的犯罪行为。但事实上，二被告人的主观故意是不同的：被告人张某具有绑架的故意，而被告人郭某误认为被害人李某、王某拖欠被告人张某的债务，主观上只有非法拘禁的故意。因此，二被告人不成立共同犯罪。

三、不构成共同犯罪的几种情况

根据共同犯罪的成立条件，以下几种情况不能构成共同犯罪：

1. 二人以上的共同过失行为造成一个危害结果的，不构成共同犯罪。如医生对工作严重不负责任，开错处方，药剂员亦不认真审查，照单发药，结果致病人服药后死亡。在这里，虽然医生和药剂员的共同过失行为导致了病人的死亡，但不能构成共同犯罪，对他们应分别按医疗事故定罪处罚。

2. 二人共同实施危害行为，但一人是故意，一人是过失的，不构成共同犯罪。如故意教唆或帮助他人实施过失犯罪，或者过失帮助他人实施故意犯罪的，虽然二人的行为彼此存在联系，但由于缺乏共同犯罪故意，因而不能构成共同犯罪。对他们应根据刑法的规定，分别处理。

3. 无罪过帮助他人实施故意犯罪的，不构成共同犯罪。例如，张某向李某借斧头，谎称劈柴，实际上张某用李某借给他的斧头杀死了王某。在这里，李某的行为虽然客观上起到了帮张某杀人的作用，但主观上既无故意，也无过失，因而不但不构成共同犯罪，而且其行为不构成犯罪。

4. 二人以上同时或者先后实施故意犯罪，但主观上缺乏联系的，不构成共同犯罪。例如，李某、孙某各以盗窃的故意偶然地同时潜入某仓库行窃，分别窃得价值3000元和4000元的财物。在这里，李、孙虽然同时、同地实施盗窃行为，但由于他们主观上没有联系，因此不能构成盗窃罪的共同犯罪，只能以单个人犯罪分别处罚。

【参考案例6－1】

被告人李甲与被告人赵某曾因故发生过打骂，积怨颇深。某日下午，被告人李甲夫妇与被害人赵某夫妇在街上相遇，李、赵二人又相互殴打，李甲头部被赵妻打破。李甲妻见状，急忙跑回家将此情况告知儿子李乙，被告人李乙得知父亲被打后持粗木棍赶到现场，用木棍打了赵某的腿部一下，见赵某不动弹就罢休了。但李甲又从地上捡起木棍，对准赵某头部猛击数下，致赵某当场死亡。公诉机关指控李甲、李乙构成故意伤害罪（致死）的共同犯罪。

5. 实施犯罪时故意内容不同的，不构成共同犯罪。二人以上同时实施犯罪，甚至同时对同一对象实施犯罪，如果故意的内容不同，就不能按共同犯罪处理。

【参考案例6－1】

评析：本案中李乙只有伤害被害人赵某的故意，没有杀人的故意，但李甲对准赵某头部猛击数下并致其当场死亡，明显存在杀害赵某的故意，由于故意内容不同，两被告人不成立共同犯罪，应以故意杀人罪对李甲定罪处罚，以故意伤害罪对李乙定罪处罚。

6. 超出共同故意范围的犯罪，不构成共同犯罪。在实施犯罪过程中，个别共同犯罪人超出约定的范围，实施了其他犯罪，对于其他犯罪，只能由实施犯罪的行为人负刑事责任，而不能令其他人对此负共同犯罪的责任。

第二节　共同犯罪的形式

一、共同犯罪形式的定义

共同犯罪形式，是指二人以上共同犯罪的形式、结构或者共同犯罪人之间结合的方式。

在刑法理论上划分不同种类的共同犯罪形式，是为了从不同的角度、用不同的标准去认识各种不同形式的共同犯罪的性质及其不同的社会危害程度，以便在定罪量刑时正确地适用刑法，有区别地对待不同的共同犯罪人。

二、共同犯罪形式的划分

从不同的角度，用不同的标准，可将共同犯罪形式分为以下几种类型。

（一）任意的共同犯罪和必要的共同犯罪

这是根据共同犯罪能否任意形成而划分的共同犯罪形式。任意的共同犯罪，是指刑法分则规定的一人能单独实施的犯罪由二人以上共同实施而形成的共同犯罪，如抢劫罪、盗窃罪、故意杀人罪、强奸罪等，既可以由一人实施，也可以由数人共同实施，当数人共同实施时，就构成任意共同犯罪。对任意共同犯罪，应根据刑法分则相关具体犯罪的规定并结合总则关于共同犯罪的规定定罪量刑。

必要的共同犯罪，是指刑法分则规定必须由二人以上共同实施的犯罪。这类犯罪以二人以上共同实施为必备要件，一人不可能实施。必要的共同犯罪，都是由刑法分则明确规定的。

根据刑法分则的规定，必要的共同犯罪有以下两种形式：一是聚众性的共同犯罪，如《刑法》第 317 条规定的组织越狱罪、聚众持械劫狱罪等。二是有组织的犯罪，如《刑法》第 120 条规定的组织、领导、参加恐怖组织罪，《刑法》第 294 条规定的组织、领导、参加黑社会性质组织罪。对必要的共同犯罪，应直接依照刑法分则的有关规定处理。

【参考案例6－2】

被告人王某自2003年10月开始从伪造货币的犯罪分子手上以6:100的真假货币比例购买大量假币，加价后以7:100的比例予以出售。为了使犯罪行为不被暴露，王某通过朋友关系租用被告人李某的闲置房屋一间存放假币。被告人王某向李某说明了租用房屋是用来存放假币的，但愿意给予较高的房租。被告人李某为获取房租，便将房屋租给了王某使用。检察机关以购买、出售假币罪对被告人王某提起公诉，以窝藏赃物罪对被告人李某提起公诉。

（二）事前通谋的共同犯罪和事前无通谋的共同犯罪

这是根据共同故意形成的时间而划分的共同犯罪形式。事前通谋的共同犯罪，是指各共同犯罪人在着手实行犯罪以前，进行了不同程度的商议和策划，从而形成共同犯罪故意的共同犯罪。此种形式的共同犯罪在司法实践中较为常见。应当指出的是，刑法分则规定的有些犯罪，以事前是否有通谋作为划分该罪的共同犯罪与他罪的单个人犯罪界限的标准。例如，《刑法》第310条规定，明知是犯罪的人而为其提供隐藏处所、财物，帮助其逃匿或者作假证明包庇，事前通谋的，构成共同犯罪；如果事前无通谋，则构成窝藏罪、包庇罪。

事前无通谋的共同犯罪，是指各共同犯罪人在刚着手实行犯罪时或在实行犯罪过程中形成共同犯罪故意的共同犯罪。例如，甲正在殴打乙，适逢丙路过，于是，甲请丙帮忙，丙应邀与甲共同将乙打成重伤。本案中甲、丙的共同犯罪就是事前无通谋的共同犯罪。

事前有通谋的共同犯罪，由于各共同犯罪人在事前有谋划，因而犯罪更容易得逞，犯罪人的人身危害性和行为的社会危害性都较大。一般来讲，事前无通谋的共同犯罪较事前有通谋的共同犯罪的社会危害性小。

【参考案例6－2】

评析：被告人李某明知被告人王某是购买、出售假币的犯罪分子而为其提供窝藏假币的场所，主观上有帮助王某购买、出售假币的故意，应与被告人王某成立购买、出售假币罪的共同犯罪。

（三）简单的共同犯罪和复杂的共同犯罪

这是根据共同犯罪人之间有无分工而划分的共同犯罪形式。简单的共同犯罪，是指各共同犯罪人都直接实行某一具体犯罪构成客观要件行为的共同犯罪。换言之，就是每个共同犯罪人都是实行犯。例如，甲、乙各向丙开一枪将丙杀死。

复杂的共同犯罪，是指各共同犯罪人之间存在分工的共同犯罪。在司法实践中，复杂共同犯罪具体有以下三种表现形式：一是不同的共同犯罪人分别实施唆使行为和实行行为，如甲教唆乙杀害丙，乙接受教唆将丙杀死。二是不同的共同犯罪人分别实施帮助行为和实行行为。三是不同的共同犯罪人分别实施教唆行为、帮助行为和实行行为。

简单的共同犯罪，各共同犯罪人都是实行犯，因而处理较为容易。复杂的共同犯罪，行为人之间的分工不同，所起的作用不尽相同，因而各自应承担的刑事责任不同。因此，在处罚时应区别对待。

（四）一般共同犯罪和有组织的共同犯罪

这是根据共同犯罪有无组织形式而划分的共同犯罪形式。一般共同犯罪，是指二人以上为实施特定犯罪而事前或临时结合的无特殊组织形式的共同犯罪。此种形式的共同犯罪人一旦完成特定的犯罪后，其犯罪联盟就不复存在。一般共同犯罪，可以是简单的共同犯罪，也可以是复杂的共同犯罪；可以是事前通谋的共同犯罪，也可以是事前无通谋的共同犯罪。属于什么样的共同犯罪，就按什么样的共同犯罪处理。

有组织的共同犯罪，就是集团犯罪，即犯罪集团之犯罪。根据《刑法》第26条第2款的规定，犯罪集团，是指三人以上为共同实施犯罪而组成的较为固定的犯罪组织。犯罪集团的成立，必须具备以下条件：

1. 主体必须是三人以上。这是犯罪集团在主体上的量的规定性。

2. 有一定的组织性。所谓组织性，主要是指成员比较固定，并且内部存在领导与被领导的关系。其中有首要分子，有骨干分子，还有一般成员。犯罪人之间通过一定的成文或不成文的方式维系在一起。组织性是犯罪集团最本质的特征。

3. 具有实施某种犯罪或某几种犯罪的目的性。这一特征是区分犯罪集团与基于低级趣味或者封建习俗而形成的落后组织的根本标志。

4. 具有一定的稳定性。即各犯罪人是为了在较长时间内多次实施犯罪活动而结合起来，在实施一次犯罪后，其间的相互联系和组织形式仍然存在，而不是实施一次犯罪就散伙。当然，犯罪集团可能在实施一次犯罪后即被破获，但只要能够查明各犯罪人是为了多次实施某种犯罪或某几种犯罪而结合起来的，仍可认定为犯罪集团。

同时具备上述特征的，成立犯罪集团。

对集团犯罪，刑法分则有规定的，按照刑法分则的规定处理；刑法分则没有规定的，应区分主犯、从犯、胁从犯，分别予以不同处罚。

需要注意的是，在日常生活中人们经常使用“犯罪团伙”一词。这个概念不是刑法严格意义上的概念。它通常用于概括地指称三人以上共同实施犯罪的情况。对于犯罪团伙，应根据具体情况具体认定，符合犯罪集团成立条件的，按犯罪集团处理；不符合犯罪集团成立条件的，按一般共同犯罪处理。

第三节　共同犯罪人的刑事责任

一、共同犯罪人的分类标准

共同犯罪是二人以上共同故意犯罪，在数人共同故意犯罪的情况下，各个犯罪人在犯罪中所处的地位和所起的作用可能不同，在处理时就需要区别对待。为了正确地解决各共同犯罪人的刑事责任，有必要对共同犯罪人进行分类。

我国刑法在共同犯罪人的分类上，主要按共同犯罪人在共同犯罪中的作用将其分为主犯、从犯、胁从犯，同时又以共同犯罪人的分工为标准，划分出教唆犯。教唆犯与前三种共同犯罪人虽然不是并列关系，但教唆犯具有特殊性和复杂性，需要独立地加以研究。

二、各种共同犯罪人的特征及刑事责任

（一）主犯的特征及刑事责任

1. 主犯的特征

根据《刑法》第26条第1款的规定，主犯，是指组织、领导犯罪集团进行犯罪活动或者在共同犯罪中起主要作用的犯罪分子。据此，主犯包括两种犯罪分子：

(1) 组织、领导犯罪集团进行犯罪活动的犯罪分子，即犯罪集团的首要分子。这种主犯具有以下两个特征：其一，以犯罪集团的存在为前提条件，犯罪集团不存在，就不可能有这种主犯。其二，必须是组织、领导犯罪集团进行犯罪活动的犯罪分子。组织、领导犯罪集团进行犯罪活动通常表现为：负责组建犯罪集团、网罗犯罪集团成员、制订犯罪活动计划、召集犯罪会议、布置犯罪任务、指挥集团成员进行具体的犯罪活动等。

(2) 在共同犯罪中起主要作用的犯罪分子。这种主犯是指犯罪集团首要分子以外的共同犯罪中起主要作用的犯罪分子。具体包括以下三类：

其一，犯罪集团的骨干分子。这类犯罪人虽然在犯罪集团中不起组织、指挥作用，但是积极参与犯罪集团的犯罪活动，是犯罪集团的得力成员，因而属于主犯。

其二，某些聚众犯罪中的首要分子及骨干成员。我国刑法规定的聚众犯罪有三种：第一种是参与违法活动的人均构成犯罪的聚众犯罪，如《刑法》第317

条规定的组织越狱罪和聚众持械劫狱罪；第二种是聚众进行违法活动的首要分子和积极参加者构成犯罪，而一般参与者不构成犯罪的聚众犯罪，如《刑法》第290条规定的聚众扰乱社会秩序罪、第292条规定的聚众斗殴罪；第三种是只有聚众进行违法活动的首要分子才能构成犯罪，而其他参与者不构成犯罪的聚众犯罪，如《刑法》第291条规定的聚众扰乱公共场所秩序、交通秩序罪。上述第一种聚众犯罪中起组织、指挥作用的首要分子，以及虽然不是起组织、指挥作用但在聚众犯罪活动中起重要作用的犯罪分子为主犯；上述第二种聚众犯罪中起组织、指挥作用的首要分子也属于主犯；第三种聚众犯罪中的首要分子是犯罪成立的必要条件，如果首要分子只有一个，则不存在成立主犯的问题。

其三，聚众犯罪以外的一般共同犯罪中起主要作用的犯罪分子。根据2000年9月30日最高人民法院《关于审理单位犯罪案件对其直接负责的主管人员和其他直接责任人是否区分主犯、从犯问题的批复》，在审理单位故意犯罪案件时，对其直接负责的主管人员和其他直接责任人员，可不区分主犯、从犯，按照其在单位犯罪中所起的作用判处刑罚。

【参考案例6－3】

被告人孙某，系某国有公司董事长；被告人张某，系该国有公司总经理；被告人吴某，系该国有公司资金运作部主任。2003年4月，三被告人所在的国有公司进行改制，需要进行资产清算核查。被告人孙某与张某商议趁机中饱私囊，决定将该国有公司的应收款500万元予以隐瞒，进行瓜分。尔后，被告人孙某指使被告人吴某将其中150万元的应收款作为公司购房款转移到某房产公司账户上，被告人张某亲自将另外350万元应收款作为法律顾问费转移到某律师事务所账户上。事后，被告人孙某分得赃款250万元，被告人张某分得赃款200万元，被告人吴某分得赃款20万元，其余30万元被某房产公司和某律师事务所以“管理费”的名义截留。检察机关以贪污罪对三被告人提起公诉。如何确定三被告人在共同犯罪中的地位以及如何认定其刑事责任？

2. 主犯的刑事责任

关于主犯的刑事责任原则，根据《刑法》第26条第3款的规定，对组织、领导犯罪集团的首要分子，按照集团所犯的全部罪行处罚。所谓集团所犯的全部罪行，应理解为首要分子组织、指挥的全部犯罪，对于集团个别成员所实施的超出首要分子组织、指挥范围的犯罪，不能令首要分子负刑事责任，应由实施该犯罪的集团成员负责。根据《刑法》第26条第4款的规定，对于犯罪集团首要分子以外的主犯，应当按照其所参与的或者组织、指挥的全部犯罪处罚。所谓参与，包括参与预备、参与实行以及参与分赃等。

【参考案例6-3】

评析：被告人孙某和张某在贪污罪的共同犯罪中起主要作用，是主犯，其个人贪污数额应按照其组织、指挥的总数计算，均为500万元；被告人吴某在共同犯罪中起次要作用，其个人贪污数额为150万元。经过审理，法院以贪污罪判处孙某15年有期徒刑，并处没收个人财产；以贪污罪判处张某14年有期徒刑，并处没收个人财产；以贪污罪判处吴某10年有期徒刑，并处没收个人财产。

需要指出的是，刑法分则对有些共同犯罪的主犯已经规定了具体的法定刑。例如，《刑法》第103条第1款规定，对于分裂国家罪的首要分子或者罪行重大者，处无期徒刑或者10年以上有期徒刑；第103条第2款规定，对煽动分裂国家罪的首要分子或者罪行重大者，处5年以上有期徒刑等。对于这样一些共同犯罪的主犯，径直按刑法分则的有关条文处罚即可。

（二）从犯的特征及刑事责任

1. 从犯的特征

根据《刑法》第27条的规定，从犯，是指在共同犯罪中起次要作用或者辅助作用的犯罪分子。据此，从犯具体包括两种犯罪分子：

（1）在共同犯罪中起次要作用的犯罪分子。所谓在共同犯罪中起次要作用，是指犯罪人虽然直接实施了具体犯罪构成客观要件的行为，但在整个犯罪活动过程中较主犯所起的作用相对要小。此种从犯在犯罪集团的犯罪活动中，受首要分子或者其他主犯的指挥，罪行较小或者情节不严重；在一般共同犯罪中，直接实施了某种具体犯罪客观要件的行为，但通常是次要的实行行为，即不能单独、直接引起严重后果的犯罪行为，例如，按住被害人的手脚，便于主犯将被害人杀死。

（2）在共同犯罪中起辅助作用的犯罪分子。所谓在共同犯罪中起辅助作用，是指犯罪人不直接实施具体犯罪构成客观要件的行为，而是为共同犯罪的实施创造条件，辅助实行犯罪。此种从犯实施的犯罪行为通常是：提供犯罪工具，排除犯罪障碍，指示犯罪地点和犯罪对象，打探和传递有利于犯罪实施和完成的信息，为实行犯实行犯罪把门望风，事前通谋后窝藏实行犯或者销赃、窝赃等。

2. 从犯的刑事责任

关于从犯的刑事责任，《刑法》第27条作了明确规定。该条规定："对于从犯，应当从轻、减轻处罚或者免除处罚。"至于对具体案件中的从犯是从轻处罚，还是减轻处罚，抑或免除处罚，应综合考查共同犯罪的性质、从犯行为对犯罪结果发生的作用的大小等方面的情况。

上述原则适用于一般情况下对从犯的处罚。与对主犯的处罚一样，刑法分则的有关条文明确规定了某些共同犯罪中从犯的法定刑，例如，《刑法》第120条规定，组织、领导恐怖组织的，处10年以上有期徒刑或者无期徒刑；积极参加的，处3年以上10年以下有期徒刑；其他参加的，处3年以下有期徒刑、拘役、管制或者剥夺政治权利。上述“其他参加者”，显然是指共同犯罪中的从犯。对于这些从犯，按分则规定的法定刑处罚即可，无须适用总则关于处罚从犯的原则规定。

（三）胁从犯的特征及刑事责任

1. 胁从犯的特征

根据《刑法》第28条的规定，胁从犯，是指被胁迫参加犯罪的人。胁从犯具有以下特征：

（1）行为人在客观上实施了犯罪行为。

（2）行为人在主观上明知自己实施的行为是犯罪行为，在可以选择不实施犯罪的情况下，虽不愿意但仍实施了犯罪行为。如果行为人不知自己所实施的行为是犯罪行为，或者虽然知道自己实施的行为是犯罪行为，但丧失了选择行为的可能性，那就不能成立胁从犯。

（3）行为人是因为受他人胁迫而参加犯罪的。胁迫，是指以剥夺生命、损害健康、揭发隐私、毁损财物等对行为人进行精神上的强制。

同时具备上述三个特征的，成立胁从犯。

在认定胁从犯时，应注意以下两个问题：第一，注意区分胁从犯与紧急避险的界限。在司法实践中，有时行为人所受到的胁迫是一种直接威胁到本人或者他人人身权利、财产权利安全，或者公共利益安全的危险，在这种情况下，如果行为人为了保护较大的利益而被迫实施损害较小利益的行为，则应认定为紧急避险，而不能按胁从犯处理。例如，甲荷枪实弹逼着乙去伤害丙，乙为了使自己的生命免受正在发生的危险，被迫将丙打伤。这里，乙的行为成立紧急避险，而不能对其按胁从犯处理。第二，注意胁从犯的转化问题。在司法实践中，有的犯罪人虽然第一次犯罪是被胁迫参加的，但一旦参加犯罪后，则抱着“破罐子破摔”的思想，在以后的共同犯罪中积极卖力，甚至成为犯罪活动的组织者、指挥者。对于这一类犯罪分子，不能因为其第一次犯罪是被胁迫而实施的，就将其按胁从犯处理，而应按主犯处理，属于由胁从犯转化成的主犯。

2. 胁从犯的刑事责任

对于胁从犯的刑事责任，《刑法》第28条作了明确规定，即对于胁从犯，应当按照他的犯罪情节减轻处罚或者免除处罚。可见，对胁从犯的处罚宽于对从犯的处罚。至于对具体案件中的胁从犯是适用减轻处罚还是适用免除处罚，应根据犯罪人受胁迫的程度、被胁迫所实施的犯罪的性质以及其行为对危害结果所起的作用的大小等情况决定。

(四) 教唆犯的特征及刑事责任

1. 教唆犯的特征

根据《刑法》第29条的规定，教唆犯，是指故意唆使他人实施犯罪的人。教唆犯具有以下特征：

(1) 从主观方面讲，行为人必须有教唆他人犯罪的故意。即行为人明知自己的教唆行为会使他人产生犯罪意图，进而实施犯罪，并且希望或者放任这种结果的发生。如果行为人根本没有意识到自己的行为会使他人产生犯罪意图，即使其行为客观上使他人产生了某种犯罪意图，也不能构成教唆犯。

(2) 从客观方面讲，行为人必须有教唆他人犯罪的行为。教唆他人犯罪，是指教唆他人实施某种具体的犯罪行为，而不是教唆他人实施一般的违法行为或者违反道德的行为。教唆他人实施后两种行为的，不能构成教唆犯。教唆行为的方法是多种多样的，如以金钱、物质、女色或者其他利益引诱他人犯罪；以嘲弄、蔑视或者侮辱的手段刺激他人犯罪；以暴力、揭发隐私、毁坏财物等胁迫他人犯罪；利用封建迷信唆使他人犯罪等。教唆的方式可以是口头教唆，也可以是书面教唆，还可以是通过打手势、使眼神等形体语言进行教唆。

(3) 从对象上讲，首先，教唆犯的对象必须是达到了刑事责任年龄具有刑事责任能力的人。教唆已满14周岁不满16周岁的人犯《刑法》第17条第2款所规定的犯罪之外的犯罪的，以及教唆不具有刑事责任能力的人实施危害行为的，属间接正犯，而不能成立教唆犯。其次，教唆的对象必须是没有犯罪意图的人，已有犯罪意图的人，不能成为教唆犯的对象。如果行为人明知他人已有犯罪意图，而为其出谋划策，撑腰打气，壮胆助威，坚定其犯罪意图，使其实施犯罪，可按帮助犯罪处理。行为人将已有犯罪意图的人误认为是没有犯罪意图的人而进行教唆的，可成立教唆犯，属独立的教唆犯。最后，教唆的对象必须是特定的。

同时具备上述三个特征的，构成教唆犯。

2. 教唆犯的刑事责任。

教唆犯的刑事责任，我国《刑法》第29条规定了以下三种不同的情况：

(1) 教唆他人犯罪的，应当按照他在共同犯罪中所起的作用处罚。这是指被教唆人已经犯了所教唆的罪的情况。所谓已犯了所教唆的罪，是指被教唆人在教唆人的教唆下，实施了所教唆的罪的预备行为或者已经着手实行所教唆的犯罪而未遂，或者已经完成所教唆的犯罪而既遂。按照在共同犯罪中所起的作用处罚，是指根据教唆犯实际在共同犯罪中所起的不同作用分别处罚，起主要作用的，按主犯处罚；起次要作用的，按从犯处罚。由于教唆犯是犯罪意图的发起者，是引起他人实施犯罪的原因，没有教唆犯的教唆，他人就不可能实施犯罪。因而，教唆犯在共同犯罪中通常起主要作用，特别是以胁迫方法教唆他人犯罪的教唆犯，更是如此，因此，对教唆犯一般按主犯处罚。但在少数共同犯罪中，教唆犯也可能是起次要作用的，如教唆他人帮助别人犯罪。对这类教唆犯应按从犯处理。

（2）教唆不满 18 周岁的人犯罪的，应当从重处罚。

（3）如果被教唆的人没有犯所教唆的罪，对于教唆犯可以从轻或者减轻处罚。所谓被教唆的人没有犯所教唆的罪，有以下几种情况：①被教唆人拒绝了教唆人的教唆；②被教唆人虽然当时接受了教唆犯的教唆，但实际上并没有进行任何犯罪活动；③被教唆人当时允诺实施教唆犯所教唆的罪，但实际上实施的是其他犯罪；④教唆犯对被教唆人进行教唆时，被教唆人已有实施教唆罪的决意，即教唆犯的教唆行为与被教唆人实施的犯罪之间没有因果关系。

本章小结

共同犯罪是指二人以上共同故意犯罪。

共同犯罪的形式，从不同角度、不同标准，可以划分为任意的共同犯罪和必要的共同犯罪、事前通谋的共同犯罪和事前无通谋的共同犯罪、简单的共同犯罪和复杂的共同犯罪、一般的共同犯罪和有组织的共同犯罪。

犯罪集团，是指三人以上为共同实施犯罪而组成的较为固定的犯罪组织。

我国刑法将共同犯罪人分为主犯、从犯、胁从犯和教唆犯四种。

主犯，是指组织、领导犯罪集团进行犯罪活动或者在共同犯罪中起主要作用的犯罪分子。组织、领导犯罪集团的首要分子，按照集团所犯的全部罪行处罚；对于犯罪集团首要分子以外的主犯，应当按照其所参与的或者组织、指挥的全部犯罪处罚。

从犯，是指在共同犯罪中起次要作用或者辅助作用的犯罪分子。对于从犯，应当从轻、减轻处罚或者免除处罚。

胁从犯，是指被胁迫参加犯罪的人。对于胁从犯，应当按照他的犯罪情节减轻处罚或者免除处罚。

教唆犯，是指故意唆使他人实施犯罪的人。对教唆犯，应当按照他在共同犯罪中所起的作用处罚。教唆不满 18 周岁的人犯罪的，应当从重处罚。如果被教唆的人没有犯所教唆的罪，对于教唆犯可以从轻或者减轻处罚。

思考题

1. 共同犯罪的形式有哪些?
2. 怎样理解犯罪集团的含义与特征?
3. 我国刑法对共同犯罪人是怎样分类的?
4. 主犯、从犯和胁从犯的处罚原则分别是什么?
5. 教唆犯的处罚原则是什么?

实务训练

1. 2008年5月28日晚8时许，被告人某旅社工作人员李乙得知其旅社服务员赵某在本市汽车站带客时被人殴打，即赶到事发地，拽住无故殴打赵某的张某，被上前劝架的本市糖酒公司工人邵某解脱后，张某逃走。李乙拽住邵某身上的皮夹克要同其上派出所讲理，双方发生纠缠。李乙之子被告人李甲闻讯赶到，误认为邵某是殴打赵某的人，便用匕首刺了邵某右腰背部、右前胸各一刀。邵某被刺后企图挣脱李乙，但由于当时场面混乱、人多声杂，李乙不知道儿子带了匕首，也没有看见邵某被刺，仍用力拽住邵某。邵某又被李甲刺中右上臂一刀。经法医鉴定，邵某的胸部刺伤致血胸、失血性休克，须手术治疗，属重伤。检察机关以故意伤害罪对被告人李甲、李乙提起公诉。一审法院以故意伤害罪判处李甲有期徒刑6年，以故意伤害罪判处李乙有期徒刑3年。

【问题】本案一审判决定案结论是否正确?

2. 被告人高某与被告人朱某系同乡，均在北京务工。2003年2月15日晚11点，被告人高某手提一只密码箱，急匆匆地跑到被告人朱某经营的面食店摊位旁，对朱某说："帮个忙，让我在你这儿躲一下!"朱某赶紧让高某趴到桌子底下，同时用布帘将密码箱盖住。这时失主王某等人追赶到此，问朱某是否看见一个提密码箱的人路过，朱某故意用手指指前方，说："往前面走了。"被告人高某事后从偷来的密码箱（内有现金2万元）中抽取5000元给朱某以表示"感谢"。

【问题】被告人高某和朱某的行为应如何定性?

知识拓展

根据刑法对共同犯罪和单位犯罪的规定，以及最高人民法院1999年6月18日通过的《关于审理单位犯罪案件具体应用法律有关问题的解释》，共同犯罪与单位犯罪的主要区别表现在以下几个方面：

一是产生犯意的时间不完全相同。单位犯罪中，犯意只能产生于犯罪行为实施以前。这是因为，单位犯罪总是在单位集体研究决定或单位负责人决定之后才去实施，因而必然是在犯意产生之后才去实施。共同犯罪中，犯意产生的时间是较为随意的，既可以是在实施犯罪以前，也可以在实施犯罪过程中。

二是产生犯意的方式不完全相同。单位犯罪中，犯意只能以两种方式产生，即由单位集体研究然后产生犯意，或者是由负责人员直接决定产生犯意。共同犯罪中，犯意产生的方式是多种多样的，既可以是几个人聚在一起不分主次地进行商议然后产生共同犯意，也可以是由明显的首要分子在产生犯意后再将其犯意传达给其他人从而形成共同犯意，还可以是一个有犯意者唆使一个或几个无犯意者产生犯意从而形成共同犯意。

三是犯意的种类不同。单位犯罪中的行为人在主观上表现为直接故意。共同犯罪的行为人在主观上既可以都表现为直接故意，也可以有的表现为直接故意，有的表现为间接故意，还可以都表现为间接故意。

四是承载犯意的最终主体不同。单位犯罪中，除了存在直接负责的主管人员和其他直接责任人员的犯意外，还存在一个单位犯意，并且最终是以单位整体犯意来追究的，即在单位犯罪中，犯罪活动是以单位的名义实施的，个人意志要通过单位的意志表现出来。共同犯罪中，除了各个共同犯罪人的犯意外，不存在其他犯意，犯罪活动一般就是以犯罪分子的名义实施的，不存在以另一个单位的名义实施犯罪的情况，即使是以另一个单位的名义实施的，也不能代表该单位的意志。这是区分单位犯罪和共同犯罪的一个重要标准。

五是犯罪动机不同。单位犯罪中，各犯罪人实施犯罪活动的动机是为了实现单位利益。共同犯罪中，各共同犯罪人实施犯罪活动的动机是为了实现个人目的。这是区分单位犯罪和共同犯罪的另一个重要标准。当某些犯罪分子利用单位的名义实施犯罪时，究竟是按照单位犯罪处理，还是按照共同犯罪处理，就必须考查是为了个人利益还是为了单位利益。

六是单位犯罪的情况下，单位成员并非都有犯罪意图和犯罪行为。共同犯罪尤其犯罪集团的参加人都有犯罪意图和相应的犯罪行为。

七是单位组织与共同犯罪中组织不同。在单位犯罪的情况下，单位都是合法组织。共同犯罪中组织即犯罪集团是为了犯罪而建立起来的非法组织。在某些情况下，建立非法组织的行为本身就构成犯罪的既遂。多数情况下，建立犯罪集团是犯罪的预备行为。

第七章

刑罚的种类

学习目标

1. 了解我国刑法中的刑罚体系；
2. 掌握刑罚与其他法律制裁方法的区别；
3. 掌握死缓及其适用条件；
4. 了解1997年《刑法》对死刑适用的限制。

案例导读

案情： 被告人赵某（女，农民）与钱某（男，农民）因青梅竹马而心生情愫，后来屡次发生两性关系。但赵某的父母为了换亲却强行将赵某嫁与邻村之孙某。赵某与孙某于1997年1月结婚，婚后感情不和，经常吵架、扭打。赵某便心生杀死孙某另嫁钱某之念头。1998年12月某日夜，经赵某反复劝说，钱某即随赵某溜进孙家，乘孙某熟睡之际，共同用绳子将孙某勒死。然后，二人将尸体绑上石头沉入村前湖中。不久事发，两个被告人即被捕获。被告人赵某被捕时已有3个月身孕。在起诉前赵某被做了人工流产。一审法院以故意杀人罪判处被告人赵某死刑立即执行，剥夺政治权利终身；判处被告人钱某无期徒刑，剥夺政治权利终身。二审法院对被告人赵某改判为死刑缓期2年执行，剥夺政治权利终身。

问题：（1）孕妇能否在人工流产后适用死刑？（2）对刑法所规定的“不适用死刑”如何正确理解？

第一节 刑罚概述

一、刑罚的概念

刑罚，是指刑法规定的由国家审判机关依法对犯罪分子所适用剥夺或者限制其某种权益的最严厉的法律强制方法。

二、刑罚的特征

刑罚具有以下五个方面的特征：

（一）刑罚的根据在于刑法的明文规定

我国《刑法》第3条明确规定了罪刑法定原则："法律明文规定为犯罪行为的，依照法律定罪处刑；法律没有明文规定为犯罪行为的，不得定罪处刑。"即"法无明文规定不为罪，法无明文规定不处罚"。可见，罪刑法定原则应包括两个方面：一是罪的法定，二是刑的法定。易言之，不仅犯罪需要由成文刑法事先作出明文规定，而且刑罚也必须由刑法明文载于法条。这就意味着，刑法总则要对刑罚的种类作出明确规定，刑法分则也要对各种具体犯罪所适用的刑罚作出明文规定。对于刑法没有明文规定的制裁方法，便不能以刑罚之名适用于犯罪人。比如，我国《刑法》第64条规定的没收违法所得，就不是我国刑法明文列举的刑罚种类，因而就不是刑罚。

（二）刑罚适用的主体只能是国家审判机关

国家审判机关是适用刑罚的专门机关。在我国，刑罚适用的主体则只能是人民法院。

（三）刑罚必须依法适用

审判机关有权对犯罪人适用刑罚，但并非可以随心所欲。审判机关适用刑罚必须符合法律的规定，主要是刑法和刑事诉讼法的规定。换言之，人民法院适用刑罚时必须以刑法的规定为依据，并遵循刑事诉讼法规定的诉讼程序进行。不经过应有的诉讼程序，是不能适用刑罚的。

（四）刑罚的对象只能是犯罪人

刑罚是对犯罪人的犯罪行为所作出的否定评价，是对犯罪人的道义谴责，它是因犯罪所产生的当然的法律后果。与之相适应的，刑罚处罚的对象只能是实施了犯罪行为的犯罪人，包括自然人和单位。因此，犯罪人既是犯罪行为的实施者，也是刑罚的物质承担者。刑罚既不能适用于动植物和其他非人的对象，也不能适用于与犯罪无关的无辜者。

（五）刑罚的属性在于给犯罪人以痛苦

使犯罪人承受一定的痛苦，是刑罚的惩罚性质，也是刑罚的本质属性。我国一贯遵行惩罚与教育相结合的方针，不采取那些残酷、野蛮的刑罚来摧残、折磨犯罪人。事实上，刑罚的宽和、人道和轻缓化正是其发展的趋势。但不可否认，刑罚作为国家对犯罪行为的否定评价与对犯罪人的谴责的一种最严厉的形式，它当然地要给犯罪人带来身体的、精神的或财产的剥夺性痛苦。这种痛苦相对于其他法律制裁措施而言，无疑是最强烈的。它不仅可以剥夺犯罪人的政治权利、财产权利，而且还可以限制或剥夺犯罪人的人身自由，甚至可以剥夺犯罪人的生命。刑罚的这种严厉性是其区别于其他法律制裁方法的最主要特征。

三、刑罚与其他法律制裁措施的区别

一个国家的法律制裁体系，通常是由刑事制裁、民事制裁、行政制裁、经济制裁等制裁措施构成的。刑罚作为刑事制裁措施，属于整个法律制裁体系的组成部分，也是保障其他法律制裁措施有效进行的坚强后盾。它与其他法律制裁的区别主要在于以下几方面：

（一）严厉程度不同

如前所述，刑罚是一种最严厉的法律制裁措施，它涉及对人的生命、自由、财产、资格的限制和剥夺。这种严厉性是通过对犯罪人适用死刑、自由刑、财产刑和资格刑表现出来的。其他法律制裁绝对排除对生命的剥夺，只有刑罚才能适用死刑，这是刑罚严厉性的显著特征；同时，与其他种类的制裁在剥夺自由、财产、资格的长短、数量、内容、方法等方面相比较，刑罚也表现出严厉性。

（二）适用对象不同

刑罚适用的对象只能是触犯刑法、构成犯罪的人；而其他法律制裁方法则主要适用于仅有一般违法行为、尚未构成犯罪的人。

（三）适用机关不同

刑罚只能由国家刑事审判机关适用；而民事制裁原则由国家民事审判机关适用，行政制裁由国家行政机关适用。

（四）适用根据和程序不同

适用刑罚的根据是刑法和刑事诉讼法；而适用民事制裁、行政制裁的根据则分别是民事实体法和民事程序法、行政实体法和行政诉讼法。

四、刑罚的目的

（一）刑罚的目的的概念

刑罚的目的，是指国家制定以及对犯罪人适用、执行刑罚所预期实现的效果。刑罚的直接目的是预防犯罪，包括特殊预防和一般预防两方面。

（二）刑罚的目的的内容

刑罚的目的的内容包括特殊预防和一般预防。作为刑罚的目的的两个方面，特殊预防和一般预防是紧密结合、不可分割的整体。对任何一个犯罪人适用的刑罚都包含着特殊预防和一般预防的目的。

1. 特殊预防，是指通过对犯罪人适用、执行刑罚，从而预防其重新犯罪。刑罚在特殊预防中的作用表现为：（1）通过对极少数罪行极其严重的犯罪人适用死刑，永远剥夺其再犯的能力。（2）通过对绝大多数犯罪人适用无期徒刑、有期徒刑或拘役等自由刑，一方面，使其在一定时期内与社会隔绝，失去继续危害社会的机会；另一方面，通过强制劳动教育改造，使其悔过自新，重新做人。（3）对经济犯罪和其他贪利性犯罪分子适用罚金、没收财产等刑罚，削弱乃至摧垮其再犯罪的物质基础，也是对其贪财图利思想的教育、矫正。（4）通过对某些犯罪人适用剥夺政治权利等资格刑，剥夺其某种权利或者资格，可以防止他们利用这些权利或者资格进行新的犯罪活动。

2. 一般预防，是指通过制定、适用和执行刑罚，警戒社会上尚未犯罪的危险分子、不稳定分子，防止他们实施犯罪行为。一般预防的方式主要体现为：（1）通过制定、适用和执行刑罚，向社会昭示任何犯罪将受到惩罚，使危险分子、不稳定分子不敢轻举妄动。（2）通过制定、适用和执行刑罚，安抚被害人及其家属，对其心理进行补偿，避免报复性犯罪活动的发生。（3）通过制定、适用和执行刑罚，教育广大公民，增强法制观念，自觉遵守法律，积极同犯罪作斗争。

（三）一般预防与特殊预防的关系

一般预防与特殊预防之间是一种既对立又统一的辩证关系。二者的对立体现在预防的对象不同。一般预防的对象是社会上的不稳定分子，特殊预防的对象是犯罪分子。二者的统一表现为：（1）目的完全一致，都是为了预防犯罪。（2）实现目的的方式基本相同，都有赖于刑罚作用的充分发挥。刑罚的一般预防与特殊预防的辩证关系要求在刑罚权实现的不同阶段应当有所侧重。在刑罚制定阶段，应当以一般预防为主，兼顾特殊预防；在刑罚适用阶段，特殊预防与一般预防并重；在刑罚执行阶段，以特殊预防为主，兼顾一般预防。

第二节　我国刑法规定的刑罚种类

一、刑罚体系的概念

刑法理论中所谓刑罚体系，是指刑法所规定的并按照一定次序排列的各种刑罚方法的总和。简言之，刑罚体系是各种刑罚方法构成的统一体。

二、刑罚体系的内容

根据刑法的规定，我国的刑罚方法被区分为主刑与附加刑两大类。这种分类实际上是依各刑种能否独立适用而作出的划分。

所谓主刑，也称基本刑、单独刑，是指只能独立适用的主要刑罚方法。主刑只能独立适用，不能附加适用；一个罪只能适用一个主刑，不能同时适用两个以上主刑。根据《刑法》第 33 条之规定，我国刑法中主刑包括管制、拘役、有期徒刑、无期徒刑和死刑。

所谓附加刑，也称从刑，是指既可以独立适用，也可以附加于主刑适用的刑罚方法。我国《刑法》第 34 条规定了罚金、剥夺政治权利与没收财产三种附加刑；第 35 条规定了适用于外国人的驱逐出境刑，这是一种特殊的附加刑。

此外，在刑法理论中也有根据具体刑种的不同性质，将其分为生命刑、自由刑、财产刑和资格刑四种。生命刑，是指剥夺犯罪人生命的刑罚方法，即死刑，是最重的一种刑罚。自由刑，是指剥夺或限制犯罪人人身自由的刑罚方法，包括无期徒刑、有期徒刑、拘役、管制等，它是运用最广的一种刑罚。财产刑，是指剥夺犯罪人财产的刑罚方法，包括罚金、没收财产。资格刑，是指剥夺犯罪人行使某种权利和资格的刑罚方法，如剥夺政治权利、驱逐出境等。

三、刑罚的种类

（一）主刑

1. 管制

管制，是指对犯罪人不予关押，但限制其一定自由，依法实行社区矫正的刑罚方法。管制是我国特有的一种轻刑，它具有以下特点和内容：

（1）管制适用的对象

刑法对于管制的对象未作明确限制。只要刑法分则条文的法定刑中规定有管制的，人民法院根据案件的具体情况，认为属于犯罪尚不够判处有期徒刑或者其他主刑，以不予关押为宜的犯罪分子，都可以判处管制，限制其一定的人身自由。

（2）不予关押

不予关押，也即不剥夺犯罪人的人身自由。这是管制刑的开放性特征，有助于避免短期自由刑固有的弊端。

（3）具有一定期限

管制有一定的期限，不得对犯罪人进行无限期的管制。根据《刑法》第38条第1款、第41条、第69条的规定，管制的期限为3个月以上2年以下，数罪并罚时不得超过3年。管制的刑期，从判决执行之日起计算；判决执行以前先行羁押的，羁押1日折抵刑期2日。依据《刑法》第40条的规定，管制期满，执行机关应即向本人和其所在单位或者居住地的群众宣布解除管制。

（4）可以适用禁止令

《刑法》第38条第2款规定："判处管制，可以根据犯罪情况，同时禁止犯罪分子在执行期间从事特定活动，进入特定区域、场所，接触特定的人。"根据2011年4月28日最高人民法院、最高人民检察院、公安部、司法部《关于对判处管制、宣告缓刑的犯罪分子适用禁止令有关问题的规定（试行）》规定，人民法院宣告禁止令，应当根据犯罪分子的犯罪原因、犯罪性质、犯罪手段、犯罪后的悔罪表现、个人一贯表现等情况，充分考察与犯罪分子所犯罪行的关联程度，有针对性地决定禁止其在管制执行期间"从事特定活动，进入特定区域、场所，接触特定的人"的一项或者几项内容。禁止令的期限，既可以与管制执行期限相同，也可以短于管制执行的期限，但不得少于3个月。判处管制的犯罪分子在判决执行以前先行羁押以致管制执行的期限少于3个月的，禁止令的期限不受所规定的最短期限的限制。禁止令的执行期限，从管制执行之日起计算。禁止令由司法行政机关指导管理的社区矫正机构负责执行。根据《刑法》第38条第4款的规定，被判处管制的犯罪分子违反禁止令的，由公安机关依照《治安管理处罚法》的规定处罚。

（5）依法施行社区矫正

《刑法》第38条第3款规定："对判处管制的犯罪分子，依法实行社区矫正。"社区矫正是与监禁矫正相对的行刑方式，是指将符合法定条件的罪犯置于社区内，由专门的国家机关在相关社会团体、民间组织和社会志愿者的协助下，在判决、裁定或决定确定的期限内，矫正其犯罪心理和行为恶习，促进其顺利回归社会的非监禁性的刑罚执行活动。对判处管制的犯罪分子实行社区矫正，也是管制刑开放性特征的表现。

（6）管制的执行

《刑法》第39条第1款规定："被判处管制的犯罪分子，在执行期间，应当遵守下列规定：（一）遵守法律、行政法规，服从监督；（二）未经执行机关批准，不得行使言论、出版、集会、结社、游行、示威自由的权利；（三）按照执行机关规定报告自己的活动情况；（四）遵守执行机关关于会客的规定；（五）离开所居住的市、县或者迁居，应当报经执行机关批准。第2款规定："对于被判处管制的犯罪分子，在劳动中应当同工同酬。"

2. 拘役

拘役，是指短期剥夺犯罪人自由，就近实行劳动改造的刑罚方法。拘役是一种短期自由刑，是主刑中介于管制与有期徒刑之间的一种轻刑。拘役具有如下特点和内容：

（1）拘役适用的对象

拘役主要适用于那些罪行较轻，但又必须短期剥夺其人身自由进行劳动改造的犯罪人。

（2）拘役是剥夺自由的刑罚方法

这是拘役与管制区别之关键。拘役对犯罪人人身自由予以短期剥夺，实行关押，并对有劳动能力的，实行强制劳动改造，故其属于短期自由刑，具有一定的惩罚性。

（3）拘役刑期较短、幅度窄

根据《刑法》第42条、第69条之规定，拘役的期限为1个月以上6个月以下，数罪并罚时不得超过1年。依据《刑法》第44条之规定，拘役的刑期，从判决执行之日起计算，判决执行以前先行羁押的，羁押1日折抵刑期1日。

（4）拘役的执行

《刑法》第43条第1款规定："被判处拘役的犯罪分子，由公安机关就近执行。"这表明公安机关是拘役刑的执行机关，具体而言是指县级公安机关。此处所谓"就近执行"，是指把犯罪分子放在由执行机关建立的拘役所里执行。对于没有条件设立拘役所的地方，可以把被判处拘役的犯罪分子放在就近的看守所里执行。但在看守所执行的，要实行分管分押，以防"交叉感染"。

《刑法》第43条第2款规定："在执行期间，被判处拘役的犯罪分子每月可以回家一天至两天，参加劳动的，可以酌量发给报酬。"被判处拘役的犯罪分子，如离家路途较远的，可以累积使用假期。此处所谓"酌量发给报酬"，既不是不发给报酬，也不是同工同酬，而是根据犯罪人参加生产劳动的表现、技术水平和生产收入情况等，发给适当的报酬。

3. 有期徒刑

有期徒刑，是指剥夺犯罪人一定期限的人身自由，并强制进行劳动改造的刑罚方法。有期徒刑具有如下特点和内容：

（1）适用对象广泛

有期徒刑属于有期自由刑，刑罚幅度变化大，它是我国适用最广泛的刑罚方法，从较轻犯罪到较重犯罪，都可以由有期徒刑给予较合适的惩罚。我国刑法分则凡规定法定刑的条文，都规定了有期徒刑。

（2）剥夺罪犯自由

这是有期徒刑的根本特征。被判处有期徒刑的罪犯将羁押于特定刑事设施之中，包括监狱、少年犯管教所、看守所等。

（3）具有一定期限

根据《刑法》第45条、第47条、第50条及第69条的规定，有期徒刑的期限为6个月以上15年以下；死缓减为有期徒刑时为25年；数罪并罚，有期徒刑总和刑期不满35年的，最高不能超过20年，总和刑期在35年以上的，最高不能超过25年；刑期从判决执行之日起开始计算；判决执行以前先行羁押的，羁押1日折抵刑期1日。由于有期徒刑的刑期幅度很大，所以，刑法分则在法定刑中对有期徒刑的刑度作了进一步的规定。这些关于有期徒刑的刑度规定，具体表现为以下15种情况：1年以下、2年以下、3年以下、5年以下、1年以上7年以下、2年以上5年以下、2年以上7年以下、3年以上7年以下、3年以上10年以下、5年以上10年以下、7年以上10年以下、5年以上、7年以上、10年以上和15年。

（4）进行劳动改造

我国《刑法》第46条规定，被判处有期徒刑的人，“凡有劳动能力的，都应当参加劳动，接受教育和改造”。此处劳动改造是强制性的，除丧失劳动能力的以外，都必须参加劳动。从这一意义上讲，我国刑法中的有期徒刑不同于一些西方国家刑法中单独剥夺犯罪人人身自由的监禁刑。

【参考案例7－1】

四川省荣县农民王某虚构事实，在短短的4年间竟疯狂诈骗他人3149．4万日元及人民币6．4万元。2005年1月28日上午，山东省某中级人民法院以诈骗罪，一审判处被告人王某无期徒刑，剥夺政治权利终身，并处没收个人全部财产。

4. 无期徒刑

无期徒刑，是指剥夺犯罪人终身自由，实行强迫劳动改造的刑罚方法。无期徒刑具有如下特点和内容：

（1）剥夺犯罪人终身自由

无期徒刑没有刑期限制，需要剥夺犯罪分子终身人身自由，因而它是自由刑中最为严厉的刑罚方法。作为一种严厉性仅次于死刑的刑罚，无期徒刑只适用于严重的犯罪。我国刑法对无期徒刑的规定一般有三种形式：一是把无期徒刑与有期徒刑以及其他刑种作为选择性刑种规定在一个条文中，把无期徒刑规定为最高刑；二是无期徒刑与死刑规定在一个条文里，作为选择性刑种；三是把死刑作为最高刑，将无期徒刑和处10年以上有期徒刑规定在一个条文中，作为量刑的选择性刑种。当然，需要指出的是，尽管从法律规定与理论上说，无期徒刑是剥夺终身自由的，但由于法律同时规定了减刑、假释、赦免等制度，故而事实上被判处无期徒刑的犯罪人也往往很少有终身服刑的。刑法规定对判处无期徒刑的犯罪人可以减刑、假释，也在于促使犯罪人积极改造。因此，我国刑法中的无期徒刑不同于一些西方国家刑法中的终身监禁。

（2）实行劳动改造

根据《刑法》第46条之规定，被判处无期徒刑的犯罪分子，在监狱或其他执行场所执行；凡具有劳动能力的，都应参加劳动，接受教育和改造。

（3）不可能孤立地适用

根据《刑法》第57条之规定，被判处无期徒刑的犯罪分子，应当剥夺政治权利终身。这就意味着无期徒刑不可能被孤立地适用。这也从另一个方面体现了无期徒刑的严厉性。

【参考案例7－1】

评析：《刑法》第266条规定，诈骗公私财物，数额特别巨大或者有其他特别严重情节的，处10年以上有期徒刑或者无期徒刑，并处罚金或者没收财产。《最高人民法院、最高人民检察院关于办理诈骗刑事案件具体应用法律若干问题的解释》规定，诈骗公私财物价值50万元以上的，应当认定为刑法第266条规定的"数额特别巨大"。《刑法》第57条规定，对于被判处死刑、无期徒刑的犯罪分子，应当剥夺政治权利终身。本案中王某诈骗他人财物已经构成"数额特别巨大"，山东省某中级人民法院以诈骗罪，一审判处被告人王某无期徒刑，剥夺政治权利终身，并处没收个人全部财产，符合刑法和司法解释的规定。

5. 死刑

死刑，是指剥夺犯罪人生命的刑罚方法。它是一种最古老的刑罚，是人类阶级社会刑罚史上最重要的刑种。由于死刑的内容是剥夺犯罪人的生命，故又被称为生命刑；由于死刑是刑罚体系中最严厉的刑罚方法，故被称为极刑。

在我国目前虽然有个别学者公开主张要废除死刑，但是要保留死刑仍然是人们（学者、民众、官员、政治家）的共识，事实上也是国家一贯的死刑政策。这实际由我国尚处于社会主义初级阶段这一基本国情所决定的。当然，保留死刑绝不意味着可以多杀、错杀。坚持少杀、防止错杀同样既是我们国家一贯的死刑政策，也是人们的共识。正是基于上述立场，我国刑法严格限制死刑的适用。这主要表现在如下几个方面：

（1）规定了严格的死刑适用条件

第一，根据《刑法》第48条的规定，死刑只适用于罪行极其严重的犯罪分子，这是对死刑适用对象的限制。“只适用于”从表述上就体现了限制死刑的精神。“罪行极其严重”，是指罪行对国家和人民利益的危害特别严重，情节特别恶劣，同时行为人具有极其严重的人身危险性。

第二，《刑法》第49条第1款规定，犯罪的时候不满18周岁的人和审判的时候怀孕的妇女，不适用死刑。也就是说，对于犯罪的时候不满18周岁和审判的时候怀孕的妇女，即便其属于罪行极其严重的犯罪分子，也不能适用死刑。“犯罪的时候”，是指犯罪人实施犯罪行为的时候。“审判的时候怀孕的妇女”，是指审判时以及审判前在羁押受审时已经怀孕的妇女。“不适用死刑”，是指不能判处死刑（包括死缓），而不能理解为可以判处死刑暂时不执行，待犯罪分子年满18周岁或怀孕妇女分娩或流产后再执行死刑。此外，《刑法》第49条第2款规定，审判的时候已满75周岁的人，不适用死刑，但以特别残忍手段致人死亡的除外。除非是属于肢解、残酷折磨等手段致被害人死亡的情况，对审判时年满75周岁的犯罪分子不适用死刑，这对死刑的适用对象作出了进一步的限制。

案例导读

评析：无论在关押期间，还是在法院审判的时候，对怀孕的妇女，都不应当为了要判处死刑，而给其进行人工流产；已经人工流产的，仍应视同怀孕的妇女，不适用死刑。如果人民法院在审判时发现，在羁押受审时已是孕妇的，仍应依照法律规定，不适用死刑。由此可知，本案中一审法院之判决是不正确的。事实上，二审法院正是基于上述考虑，才撤销一审判决，而对被告人赵某改判死缓的。但是，二审法院的改判也不正确。因为，死刑是一个刑种，而死缓只不过是死刑的执行方式而已，它并非独立的刑种，不能脱离死刑而存在。因此，对于审判的时候怀孕的妇女，也不应判处死刑缓期2年执行。本案中虽然二审法院否定了对孕妇适用死刑立即执行，但又改判死缓，这同样是违反刑法规定的。

（2）规定了严格的死刑核准程序

《刑法》第48条第2款规定："死刑除依法由最高人民法院判决的以外，都应当报请最高人民法院核准。死刑缓期执行的，可以由高级人民法院判决或者核准。"根据我国刑法及刑事诉讼法中关于死刑核准程序的规定，死刑除依法由最高人民法院判决的以外，都应当报请最高人民法院核准。中级法院判处死刑的第一审案件，被告人不上诉的，应当由高级法院复核后报请最高人民法院核准；高级法院判处死刑的第一审案件被告人不上诉的，以及判处死刑的第二审案件，都应当报请最高人民法院核准。死刑缓期执行的，可以由高级法院判决或者核准。违反上述法定程序适用死刑的，应认为是非法适用死刑。死刑核准程序是在一般的一审、二审程序之外，对死刑案件予以审核批准的特别监督程序。这一程序的建立，有利于保证死刑判决的质量，客观上也限制了死刑适用的数量。

（3）设置死刑缓期执行制度

《刑法》第48条第1款规定："对于应当判处死刑的犯罪分子，如果不是必须立即执行的，可以判处死刑同时宣告缓期二年执行。"《刑法》第50条第1款规定："判处死刑缓期执行的，在死刑缓期执行期间，如果没有故意犯罪，二年期满以后，减为无期徒刑；如果确有重大立功表现，二年期满以后，减为二十五年有期徒刑；如果故意犯罪，情节恶劣的，报请最高人民法院核准后执行死刑；对于故意犯罪未执行死刑的，死刑缓期执行的期间重新计算，并报最高人民法院备案。"这就是我国刑法中的死刑缓期执行制度。死缓制度对于应当判处死刑的犯罪人，又在是否实际执行的环节上留了一线生机，只要不是必须立即执行的，均可适用死刑缓期执行的规定。

根据上述规定，适用死刑缓期执行必须具备两个条件：一是"罪该处死"，即必须是罪行极其严重。二是"不是必须立即执行"。这是适用死缓的基本条件。所谓"不是必须立即执行"，刑法未作明确规定，但根据司法实践，通常是指具有犯罪后自首、立功或者其他法定从轻情节的；在共同犯罪中罪行不是最严重的；因被害人的过错导致被告人激愤犯罪或者有其他表明容易改造的情节的；有令人怜悯的情节的；有其他应当留有余地的情况。

【参考案例7-2】

22岁的罪犯杨某系宁夏某县人，2001年10月18日因犯抢劫罪、盗窃罪被宁夏某中级人民法院判处死刑，缓期2年执行，剥夺政治权利终身。2001年12月7日经宁夏高级人民法院核准死刑缓期2年执行，剥夺政治权利终身。2003年2月，罪犯杨某在银川监狱服刑期间，负责在铸造车间工具房后搭建一木棚，其利用休息和请假之机，在木棚内向北监墙方向挖地道，企图通过地道逃跑。2003

年3月9日，监狱干警在地道内发现铁锹、小铁铲等作案工具。此时，该犯所挖的地道距北监墙约2米。

由于死缓不是独立刑种，只是死刑的一种执行方法，故判处死缓会出现不同结局。根据《刑法》第50条第1款的规定，对于死缓犯，有三种处理结局：其一，在死刑缓期执行期间，没有故意犯罪的，2年期满以后，减为无期徒刑；其二，在死刑缓期执行期间，有重大立功表现的，2年期满以后，减为25年有期徒刑；其三，在死刑缓期执行期间，故意犯罪情节恶劣的，由最高人民法院核准，执行死刑。《刑法》第50条第2款规定："对被判处死刑缓期执行的累犯以及因故意杀人、强奸、抢劫、绑架、放火、爆炸、投放危险物质或者有组织的暴力性犯罪被判处死刑缓期执行的犯罪分子，人民法院根据犯罪情节等情况可以同时决定对其限制减刑。"明确了可能限制减刑的案件范围，是否减刑应由人民法院考虑决定。此外，《刑法》第78条第2款第3项规定："人民法院依照本法第五十条第二款规定限制减刑的死刑缓期执行的犯罪分子，缓期执行期满后依法减为无期徒刑的，不能少于二十五年，缓期执行期满后依法减为二十五年有期徒刑的，不能少于二十年。"这就规定了实际执行的最低刑期，但对具体犯罪分子的实际执行刑期，允许在法律规定范围内依其接受教育改造的情况而确定。

【参考案例7-2】

评析：罪犯杨某在服刑期间，拒不接受监管，企图挖洞逃离改造场所，逃避刑罚，其行为已构成脱逃罪（未遂）。罪犯杨某属于在死刑缓期执行期间故意犯罪，应由最高人民法院核准，执行死刑。本案经宁夏高级人民法院报请最高人民法院核准，决定对罪犯杨某执行死刑。

此外，我国刑事立法为了贯彻慎用死刑的方针，还在死刑案件的管辖权、死刑的执行方式等方面作了明确的规定。比如《刑事诉讼法》第20条便规定，死刑案件由中级人民法院为第一审管辖，基层人民法院无权审理；《刑事诉讼法》第252条第2款规定，死刑采用枪决或者注射等方法执行。这些规定也在某种程度上限制了死刑的适用。

（二）附加刑

附加刑是既可独立适用，又可附加于主刑适用的刑罚方法。根据《刑法》第34条、第35条之规定，我国刑法中有罚金、剥夺政治权利、没收财产与驱逐出境四种附加刑。

1. 罚金

罚金，是指人民法院判处犯罪人向国家缴纳一定数额金钱的刑罚方法。罚金属于财产刑的一种，它在处罚性质、适用对象、适用程序、适用主体、适用依据等方面与行政罚款、赔偿损失等处罚措施有着严格的区别。

罚金的适用对象主要是破坏社会主义市场秩序罪、侵犯财产罪、妨害社会管理秩序罪和贪污贿赂罪。刑法分则对于罚金刑的规定有四种方式：一是选择罚金制，即指某种犯罪或者犯罪的特定情节的法定刑是由罚金刑和其他刑种并列构成，法官应选择其中一种，但不能同时适用的制度。二是单科罚金制，即指某种犯罪或者犯罪的特定情节的法定刑，刑法只规定有罚金刑，而没有规定其他刑种的情况。三是并科罚金制，即指某种犯罪或犯罪的特定情节的法定刑是由罚金刑与其他刑种并列构成的，法官可以将它们合并适用的制度。并科罚金制又有得并科罚金制与必并科罚金制之分。四是复合罚金制，即指法定刑中罚金的单科、并科、选科并存，由法官最终决定如何适用的制度。

此外，在外国刑事立法中，罚金制还有两种方式，需要我们在研究时加以注意：一是附科罚金制，即指刑法分则条文的法定刑中虽没有规定罚金制，但在特定情况下，法官可依据总则的特别规定，在法定刑外附加科处罚金。二是易科罚金制，即指对被判处短期自由刑的犯罪人，符合规定的条件时，法官准以罚金刑替代自由刑执行。折抵的罚金完全缴纳后，原判自由刑就认为已经执行的制度。

根据2000年11月15日最高人民法院《关于适用财产刑若干问题的规定》第4条的规定，犯罪情节较轻，适用单处罚金不致再危害社会并具有下列情形之一的，可以依法单处罚金：（1）偶犯或者初犯；（2）自首或者有立功表现；（3）犯罪时不满18周岁；（4）犯罪预备、中止或者未遂；（5）被胁迫参加犯罪；（6）全部退赃并有悔罪表现；（7）其他可以依法单处罚金的情形。根据2006年1月11日最高人民法院《关于审理未成年人刑事案件具体应用法律若干问题的解释》第15条的规定，对未成年罪犯实施刑法规定的“并处”没收财产或者罚金的犯罪，应当依法判处相应的财产刑；对未成年罪犯实施刑法规定的“可以并处”没收财产或者罚金的犯罪，一般不判处财产刑。

《刑法》第52条规定：“判处罚金，应当根据犯罪情节决定罚金数额。”所谓犯罪情节，是指犯罪人在实施犯罪过程中所存在和呈现出来的，决定其主观恶性大小和社会危害程度的主客观因素，包括犯罪的动机、目的、手段、时间、地点、违法所得数额、销售金额等。刑法分则对于罚金数额的规定，分为三种情况：一是无限额罚金制，即没有规定罚金的具体数额，完全由法官依据犯罪情节予以判处。二是普通罚金制，也称限额罚金制，即规定了相对确定的具体数额，法官只能在数额幅度之内依据犯罪情节决定应当判处的数额。三是倍比罚金制，即以违法所得或犯罪涉及的数额为基数，然后以其一定的倍数或比例来确定罚金数额。

根据《刑法》第53条的规定，在我国，罚金有以下六种执行方式：一次缴纳，即要求犯罪人在判决指定的期限内一次性缴纳完所判罚金的数额；分期缴纳，即要求犯罪人在判决确定的期限以内分期缴纳所判罚金的方式；强制缴纳，是指在判决确定的期限届满以后，犯罪人未缴纳或未全部缴纳的，由人民法院强制其缴纳的方法；随时追缴，是指对于不能全部缴纳罚金的犯罪人，人民法院在任何时候发现其有可以执行的财产的，应随时予以追缴的方法；延期缴纳，是指如果由于遭遇不能抗拒的灾祸等原因使犯罪人缴纳确实有困难的，经人民法院裁定可以延期缴纳的方法；减免缴纳，即如果由于遭遇不能抗拒的灾祸等原因使犯罪人缴纳确实有困难的，经人民法院裁定，可以酌情减少或免除其缴纳数额的方法。

2. 剥夺政治权利

剥夺政治权利，是指依法剥夺犯罪人一定期限参加管理国家和政治活动的权利的刑罚方法。

（1）剥夺政治权利的适用

根据《刑法》第56条、第57条之规定，剥夺政治权利一般附加适用于以下三类犯罪分子：一是危害国家安全的犯罪分子，应当附加剥夺政治权利。所谓“应当”，就是必须一律附加，而不是可以附加，也可以不附加。二是严重破坏社会秩序的犯罪分子，可以附加剥夺政治权利。所谓“严重破坏社会秩序的犯罪分子”，是指实施故意杀人、强奸、放火、爆炸、投放危险物质、抢劫等犯罪的犯罪分子。所谓“可以”，是指根据犯罪的情节、危害结果等情况综合予以考虑，可以附加，也可以不附加。三是对于被判处死刑、无期徒刑的犯罪分子，应当剥夺政治权利终身。

根据2006年1月11日最高人民法院《关于审理未成年人刑事案件具体应用法律若干问题的解释》第14条的规定，除刑法规定“应当”附加剥夺政治权利外，对未成年罪犯一般不判处附加剥夺政治权利。如果对未成年罪犯判处附加剥夺政治权利的，应当依法从轻判处。对实施被指控犯罪时未成年、审判时已成年的罪犯判处附加剥夺政治权利，适用前款的规定。

至于独立适用剥夺政治权利的犯罪，则应以刑法分则的明确规定为依据。我国刑法分则中，可以单独判处剥夺政治权利的条文共22条，主要涉及危害国家安全罪，侵犯公民人身权利、民主权利罪，妨害社会管理秩序罪和危害国防利益罪四类。

（2）剥夺政治权利的内容

根据《刑法》第54条之规定，剥夺政治权利是剥夺如下权利：选举权和被选举权；言论、出版、集会、结社、游行、示威自由的权利；担任国家机关职务的权利；担任国有公司、企业、事业单位和人民团体领导职务的权利。

（3）剥夺政治权利的期限

根据我国刑法的规定，剥夺政治权利的期限有以下四种情况：第一，对于判处死刑、无期徒刑的犯罪分子，应当附加剥夺政治权利终身。第二，对于死刑缓期执行减为有期徒刑的，或者无期徒刑减为有期徒刑的，应当把附加剥夺政治权利的期限改为3年以上10年以下。第三，独立适用剥夺政治权利或者判处有期徒刑、拘役而附加剥夺政治权利的，其期限为1年以上5年以下。第四，判处管制附加剥夺政治权利的，其期限与管制的期限相等，同时执行。

（4）剥夺政治权利的刑期起算与执行

剥夺政治权利的刑期起算与执行分为以下几种情况：第一，独立适用的，按执行判决的一般原则，从判决执行之日起计算、执行。第二，被判管制附加剥夺政治权利的，刑期与管制的刑期同时起算，同时执行。第三，被判有期徒刑、拘役附加剥夺政治权利的，以及死缓、无期徒刑减为有期徒刑附加剥夺政治权利的，其刑期从徒刑、拘役执行完毕之日起，或从假释之日起开始计算；剥夺政治权利的效力当然适用于主刑执行期间。第四，判处死刑、无期徒刑而剥夺政治权利终身的，从主刑执行之日起开始执行。

3. 没收财产

没收财产，是指将犯罪分子个人所有的财产的一部或全部强制无偿地收归国有的一种刑罚方法。

没收财产只能适用于刑法分则明文规定可以判处没收财产的那些犯罪。从刑法分则的规定来看，主要适用于危害国家安全罪、破坏社会主义市场经济秩序罪、侵犯财产罪以及贪污贿赂罪。

我国《刑法》第59条规定："没收财产是没收犯罪分子个人所有财产的一部或者全部。没收全部财产的，应当对犯罪分子个人及其扶养的家属保留必需的生活费用。在判处没收财产的时候，不得没收属于犯罪分子家属所有或者应有的财产。"据此规定，对犯罪分子个人所有的财产，可以没收一部，也可以没收全部。至于具体没收多少，要由人民法院根据犯罪分子罪行的轻重和案件的具体情况来决定。但不能没收属于罪犯家属所有或者应有的财产。所谓"属于犯罪分子家属所有的财产"，是指所有权明确属于犯罪分子家属本人的那一部分财产，或者犯罪分子家属用本人劳动所得购买的归本人使用的生活用品等。所谓"属于犯罪分子家属应有的财产"，是指家庭共同所有的财产中，应当归家属所有的那部分财产。

【参考案例7-3】

2004年12月23日，上海市第一中级人民法院对参与"5·13"上海世贸商城钻石盗窃案等三起案件的25名南美被告人作出一审宣判。法院审理查明，2004年5月12日至17日，拥有哥伦比亚国籍、秘鲁国籍、哥斯达黎加国籍的25名被告人分别结伙，先后在上海市交通银行上海分行、上海世贸商城珠宝展览会和浦东机场候机楼烟酒专卖店盗窃作案三次，共计窃得价值613万余元的钻石、宝石和现金等财物。法院认为，25名被告人以非法占有为目的，在我国境内分别结伙，秘密窃取他人财物，其行为均已构成盗窃罪，且数额特别巨大，根据各被告人在犯罪中所处的地位和发挥的作用，以及到案后尤其是在庭审中认罪的态度，法院以盗窃罪分别判处各被告人有期徒刑1年至15年，并处罚金人民币5000元至10万元，全部被告人均并处驱逐出境。

4. 驱逐出境

驱逐出境，是指强迫犯罪的外国人离开中国国（边）境的一种刑罚方法。

我国《刑法》第34条规定的附加刑的种类中，并没有包括驱逐出境。但是，《刑法》第35条规定："对于犯罪的外国人，可以独立适用或者附加适用驱逐出境。"由此可见，驱逐出境既可以独立适用也可以附加适用，故符合附加刑的基本特征，是一种仅适用于犯罪的外国人的特殊附加刑。

我国是一个独立的主权国家，在我国境内的外国人必须遵守我国的法律。凡是外国人在我国境内犯罪的，如果人民法院认为他继续居留我国将会对我国国家和人民利益产生危害，就可以适用驱逐出境，以消除其在我国境内再犯罪的可能性。需要指出的是，依《刑法》第35条之规定，只是可以对犯罪的外国人适用驱逐出境。此处所谓"可以"是与"应当"相对而言的，它是指对犯罪的外国人不是一律都要适用驱逐出境，而要由人民法院根据案件的具体情况，并兼顾我国与其所属国之间的关系，以及国际斗争的形势等，综合考虑是否适用。

【参考案例7-3】

评析：本案中25名南美被告人以非法占有为目的，在我国境内分别结伙，秘密窃取他人财物，均已构成盗窃罪，且数额特别巨大，如果允许他们继续居留我国将会对我国国家和人民利益产生危害，因此法院以盗窃罪分别判处各被告人有期徒刑1年至15年，并处罚金人民币5000元至10万元，并且均被并处驱逐出境，是完全正确的。

除了主刑和附加刑两类刑罚以外，《刑法》还规定了民事赔偿责任和非刑罚性处置措施。根据《刑法》第36条规定，由于犯罪行为而使被害人遭受经济损失的，对犯罪分子除依法给予刑事处罚外，并应根据情况判处赔偿经济损失。承担民事赔偿责任的犯罪分子，同时被判处罚金，其财产不足以全部支付的，或者被判处没收财产的，应当先承担对被害人的民事赔偿责任。《刑法》第37条规定，对于犯罪情节轻微不需要判处刑罚的，可以免予刑事处罚，但是可以根据案件的不同情况，予以训诫或者责令具结悔过、赔礼道歉、赔偿损失，或者由主管部门予以行政处罚或者行政处分。《刑法》第37条之一规定，因利用职业便利实施犯罪，或者实施违背职业要求的特定义务的犯罪被判处刑罚的，人民法院可以根据犯罪情况和预防再犯罪的需要，禁止其自刑罚执行完毕之日或者假释之日起从事相关职业，期限为3年至5年。被禁止从事相关职业的人违反人民法院依照第37条之一第一款规定作出的决定的，由公安机关依法给予处罚；情节严重的，依照本法第313条的规定定罪处罚。其他法律、行政法规对其从事相关职业另有禁止或者限制性规定的，从其规定。

本章小结

刑罚，是指刑法规定的由国家审判机关依法对犯罪分子所适用的剥夺或者限制其某种权益的最严厉的法律强制方法。

刑罚体系，是指刑法所规定的并按照一定次序排列的各种刑罚方法的总和。我国的刑罚方法被区分为主刑与附加刑两大类。

所谓主刑，也称基本刑、单独刑，是指只能独立适用的主要刑罚方法。我国刑法中主刑包括管制、拘役、有期徒刑、无期徒刑和死刑。

所谓附加刑，也称从刑，是指既可以独立适用，也可以附加于主刑适用的刑罚方法。我国刑法中的附加刑有罚金、剥夺政治权利、没收财产和驱逐出境四种。

思考题

1. 什么叫刑罚？它有何特征？
2. 如何区分刑罚与其他法律制裁方法？
3. 我国刑法中所规定的几种主刑分别具有什么样的特点？
4. 罚金刑如何执行？
5. 死刑缓期2年执行的适用条件是什么？
6. 我国刑法对死刑作了哪些限制性规定？

实务训练

2004年3月的一天，任某（18周岁）找到南某（16周岁）和杨某（15周岁），三个人都表示手头没有钱了，得想办法弄点钱花。正在商议的过程中，不知是谁提了一句："咱们要做就做个大的，反正咱们都是小孩，没到18岁，法律会从轻的，不能判死刑。"就这样，三人决定在附近熟悉的学校寻找一名有钱的学生作为绑架目标，杀死后再向家属勒索钱财。随后，三人先是寻找到一处偏僻的地方，选好埋尸地点，然后开始寻找作案目标。南某通过朋友认识到了北京实验中学一名16岁的女中学生晓雨，南某向任某介绍说："这小孩家里肯定有钱，她家住干部楼。"于是他们把目标锁定在晓雨的身上。2004年4月20日晚上8点多，任某、南某、杨某分别携带尖刀、电线等作案工具来到实验中学门前，由南某将晓雨骗出来，任某等三被告人带着晓雨来到北京郊区的一块拆迁地，任某拿起木棍一下子将晓雨打倒在地，被告人南某、杨某随后用电线、腰带猛勒晓雨的颈部。经法医检验，晓雨是被他人用软性物勒颈导致机械性窒息死亡。杀死晓雨后，任某、南某、杨某又叫来被告人于某（16周岁），他们合伙将晓雨的尸体掩埋了，并在上面压上了一块大石板，随后他们又将晓雨随身携带的物品拿到一处废弃的厕所中焚毁。第二天一早，被告人任某、南某、杨某多次拨打电话给晓雨的家人，称晓雨在他们手中，并向晓雨的家人勒索人民币150万元。晓雨的家人马上报了警。接到报案后，公安机关发现犯罪嫌疑人曾多次在公用电话亭用201卡向事主勒索，遂在公用电话亭守候。2004年4月22日晚8时许将任某、南某、杨某抓获。经讯问，三人对绑架的犯罪事实供认不讳，并供认于某参与犯罪。公安人员遂于2004年4月22日晚将被告人于某抓获。

【问题】杨某的行为构成什么罪？南某和杨某最高可以判处什么刑罚？

第八章

刑罚裁量制度

学习目标

1. 理解并应用累犯、自首与立功、缓刑的适用条件；
2. 掌握数罪并罚的原则和我国关于数罪并罚的法律规定。

案例导读

案情：2002年7月13日，胡某某、郭某某、孙某某预谋后将2000年北环路开发时县建设局拨给该村土地征用附属物补偿款6.6万元挪为私用，每人借支2.2万元，超过三个月未归还。2000年8月，胡某某得知北环路开发，自制一份宅基文约，并以村委会名义私自写一份证明，与县建设局签订一份协议书，骗取宅基款1.2万元。公诉机关向法庭递交了相关证据，认为被告人胡某某的行为已构成挪用公款罪和诈骗罪，被告人郭某某、孙某某的行为已构成挪用公款罪，请依法惩处。

问题：对被告人胡某某、郭某某、孙某某能否适用缓刑？

第一节　刑罚裁量概述

一、刑罚裁量的概念

刑罚裁量，又称量刑，是指人民法院根据行为人所犯罪行及刑事责任的轻重，在定罪的基础上，依法决定对犯罪分子是否判处刑罚，判处何种刑罚，所判刑罚是否立即执行的刑事审判活动。

量刑作为刑事审判活动的重要环节，其任务是以犯罪事实为根据，以刑事法律为准绳，客观、公正地追究犯罪分子的刑事责任。具体表现为以下四个方面：

1. 决定是否对犯罪人判处刑罚。
2. 决定对犯罪人判处何种刑罚和多重的刑罚。
3. 决定对犯罪人所判处的刑罚是否立即执行。
4. 将数个宣告刑合并为执行刑。

量刑与定罪是人民法院刑事审判活动中两个紧密相连的重要部分，定罪是量刑的必要前提，量刑是定罪的必然归宿。没有定罪，量刑无从谈起；定罪不准，量刑必然不当。前者运用的是犯罪构成理论，后者适用的是量刑原则。准确定罪，适当量刑，是正确适用刑罚的必然要求。

二、刑罚裁量的特征

第一，量刑是人民法院的一种审判活动。其他任何机关都没有量刑权。量刑的主体是人民法院，由人民法院独立行使该项职权。

第二，量刑的对象是犯罪分子。只有对犯罪分子才能决定是否适用刑罚、适用何种刑罚。对未经人民法院认定为有罪的行为人，不得适用量刑程序。

第三，定罪是量刑的前提。只有在解决了定罪问题的基础上，才能进一步决定量刑问题。通过定罪能确定行为人构成何种性质的犯罪，适用何种法定刑。因此正确定罪是正确量刑的前提和保障。

第四，刑事责任的大小是量刑轻重的根据。刑事责任是依据国家刑事法律规定，对犯罪分子依照刑事法律的规定追究法律责任。

三、刑罚裁量的原则

《刑法》第61条规定，对于犯罪分子决定刑罚的时候，应当根据犯罪的事实、犯罪的性质、情节和对于社会的危害程度，依照刑法的有关规定判处。根据这一规定，量刑的一般原则可以概括为：以犯罪事实为根据，以刑事法律为准绳。

（一）以犯罪事实为根据

犯罪事实是量刑的客观根据，是指客观存在的与犯罪有关的各种事实情况的总和。它既包括犯罪构成的基本事实，也包括犯罪性质、情节和对社会的危害程度。因此，遵守以犯罪事实为依据的原则，必须做到：（1）查清犯罪事实；（2）确定犯罪性质；（3）考察犯罪情节；（4）判断犯罪的社会危害程度。

（二）以刑事法律为准绳

量刑必须以刑事法律为准绳，是指人民法院在认定犯罪事实的基础上，必须按照刑法的有关规定对犯罪分子是否判刑、判什么刑、判刑轻重以及如何执行刑罚作出判处。量刑以刑法为准绳，主要是遵守以下规定：（1）刑法总则中关于刑罚原则、制度、方法及其适用条件的一般规定；（2）刑法分则中有关各种具体犯罪的法定刑及其量刑幅度的具体规定；（3）特别刑法的补充修改决定。

四、刑罚裁量的意义

刑罚裁量的意义主要体现在两个方面：

第一，有助于审判机关提高办案质量。正确进行刑罚裁量是各级审判机关审理刑事案件的必备条件，审判机关对被告人正确适用刑罚裁量是提高办案质量，防止冤假错案出现的前提。

第二，促使犯罪人认罪服法重新做人。正确适用刑罚裁量，特别是对犯罪分子的量刑情节进行正确评价，准确适用从重处罚与从轻处罚、减轻处罚情节，能促使犯罪分子如实交代自己的罪行，接受法律制裁，进行劳动改造。

第二节　量 刑 情 节

一、量刑情节概述

（一）量刑情节的概念

量刑情节，是指由刑事法律规定或认可的定罪事实以外的，体现犯罪行为社会危害程度和犯罪分子的人身危险性大小，据以决定对犯罪分子是否处刑以及处刑轻重所应当或可以考虑的各种具体事实情况。

（二）量刑情节的分类

根据不同的标准，对量刑情节可以作不同的分类：（1）以刑法有无明文规定为标准，可分为法定情节与酌定情节；（2）以情节对量刑产生的轻重性质为标准，可以分为从宽情节与从严情节；（3）以情节与犯罪行为在时间上的关系为标准，可以分为案中情节与案外情节；（4）以同一情节对量刑的影响功能多少为标准，可以分为单功能情节与多功能情节。一般而言，以刑法是否就量刑情节及其功能作出明确规定为标准，将其分为法定情节与酌定情节。

1. 法定情节

法定情节，是指法律明文规定其具体内容、能够影响量刑轻重的事实情况。它既包括刑法总则规定的对各种犯罪共同适用的情节，也包括刑法分则对特定犯罪适用的情节。

我国刑法规定了以下四种法定情节：

（1）从重处罚情节。它是指在法定刑的限度内，对有从重情节的犯罪分子判处较重的刑种或较长的刑期。

（2）从轻处罚情节。它是指在法定刑的限度内，对具有从轻情节的犯罪分子判处较轻的刑种或较短的刑期。

（3）减轻处罚情节。它是指依法在法定最低刑之下，对具有减轻情节的犯罪分子判处刑罚。根据《刑法》第63条的规定，减轻处罚分为两种情况：一是法定减轻。即犯罪分子具有法律明文规定的减轻处罚情节的，应当在法定刑以下判处刑罚；二是酌定减轻。即犯罪分子虽然不具有法律规定的减轻处罚情节，但是根据案件的特殊情况，经最高人民法院核准，也可以在法定刑以下判处刑罚。

（4）免除处罚情节。它是指对犯罪分子作出有罪宣告，同时免除其刑罚处罚。对于犯罪情节轻微不需要判处刑罚的，依照《刑法》第37条的规定，在判决免予刑事处罚的同时，可以根据案件的不同情况，采用非刑罚的方法处理，即予以训诫或者责令具结悔过、赔礼道歉、赔偿损失，或者由主管部门予以行政处罚或者行政处分。

2. 酌定情节

酌定情节，是指刑法没有明文规定，根据立法精神从审判实践经验中总结出来的，反映犯罪行为的社会危害性程度和犯罪分子的人身危险性程度，在量刑时酌情适用的情节。

常见的酌定情节主要有以下几种：

第一，犯罪动机，表明犯罪分子主观恶意的深浅程度；第二，犯罪手段，反映行为人行为的社会危害性大小；第三，犯罪的时间、地点等当时的环境和条件。不同的犯罪时间、地点，不但能反映行为人的主观恶意程度，而且能表明行为的客观危害性大小；第四，犯罪侵害的对象。侵害对象具体情况的不同，也能反映行为人所实施行为社会危害程度的不同；第五，犯罪所造成的损害结果。损害结果的严重程度能反映出行为人行为的社会危害性程度；第六，犯罪分子的个人情况和一贯表现。这是反映犯罪分子接受劳动改造是否有效及再次犯罪可能性大小的参考因素；第七，犯罪分子犯罪后的态度，是反映犯罪分子人身危害程度大小的一个重要因素。

二、累犯

（一）累犯的概念

累犯，是指因犯罪而受过一定的刑罚处罚，在刑罚执行完毕或者赦免以后，在法定期限内又犯一定之罪的罪犯。累犯与再犯不同，再犯是指法院认定有罪、判刑后再次犯罪的人。虽然都是判刑后再次犯罪，但是两者的实施时间，法律后果等方面有所区别。根据刑法规定，刑法理论将累犯分为一般累犯和特别累犯两种。我国《刑法》第65条规定了一般累犯，第66条规定了特别累犯。两种累犯在构成条件上存在差别。

（二）累犯的构成条件

1. 一般累犯的构成条件

根据《刑法》第65条的规定，一般累犯，又称普通累犯，是指被判处有期徒刑以上刑罚的犯罪分子，刑罚执行完毕或者赦免以后，在5年内再犯应当判处有期徒刑以上刑罚之罪的犯罪分子。一般累犯的构成条件是：

（1）主观条件。前罪与后罪都是故意犯罪，此为构成累犯的实质条件。如果前后两罪都是过失犯罪，或者前后两罪中其一是过失犯罪，则不构成累犯。

（2）刑度条件。前罪被判处有期徒刑以上刑罚，后罪应当被判处有期徒刑以上刑罚，这是构成累犯的刑度条件。如果前罪被判处有期徒刑以上刑罚，后罪被判处拘役、管制或单处附加刑，不成立累犯；反之亦然。但需注意的是，如犯罪分子被判处有期徒刑宣告缓刑，在缓刑考验期满后再次犯罪，不构成累犯。

（3）时间条件。后罪发生在前罪的刑罚执行完毕或者赦免以后5年之内，这是构成累犯的时间条件。这里的“刑罚执行完毕”，是指主刑执行完毕，不包括附加刑在内。主刑执行完毕5年内又犯罪，即使附加刑未执行完毕，仍构成累犯。对于已经执行刑罚或者被赦免的犯罪分子，“5年”期限从刑罚执行完毕之日或者赦免之日起算；对于被假释的犯罪分子，“5年”期限从假释期满之日起算。因此，被假释的犯罪分子，如果在假释考验期内又犯新罪的，不构成累犯，如果在假释考验期满5年内又犯新罪的，则成立累犯。

（4）主体条件。已满18周岁的人犯罪才构成累犯，此为构成累犯的主体条件。根据《刑法》第65条的规定，不满18周岁的人犯罪不以累犯论处。即前罪和后罪都必须是在犯罪分子年满18周岁以上实施，才构成累犯，如果前后两罪或其中之一罪是在未满18周岁时实施的，则不成立累犯。

2. 特别累犯的构成条件

根据《刑法》第66条和《刑法修正案（八）》第7条的规定，特别累犯，是指因犯危害国家安全犯罪、恐怖活动犯罪、黑社会性质的组织犯罪的犯罪分子在刑罚执行完毕或者赦免以后，在任何时候再犯上述任一类罪的情形。特别累犯的构成条件是：

（1）前罪和后罪必须均为危害国家安全犯罪、恐怖活动犯罪、黑社会性质的组织犯罪中的某一类犯罪。可以是前后两罪都是性质相同的犯罪，也可以是前后两罪分属上述类别不同的犯罪。如前罪是危害国家安全的犯罪，后罪是黑社会性质的组织犯罪。如果前后两罪都不是上述三类犯罪或者其中只有一个是上述三类犯罪，都不构成特殊累犯，至于是否构成一般累犯，应根据一般累犯的构成条件去认定。

（2）前罪被判处的刑罚和后罪应判处的刑罚的种类及其轻重不受限制。即使前后两罪或者其中之一罪被判处或者应判处管制、拘役或者单处附加刑的，也成立特别累犯。但是如果前罪被免刑，即使以后又犯危害国家安全犯罪、恐怖活动犯罪，黑社会性质组织犯罪也不成立特别累犯。特别累犯不同于一般累犯的是对前罪和后罪判处的刑罚没有限制。

（3）后罪可以发生在前罪刑罚执行完毕或者赦免后的任何时候，不受两罪相隔时间长短的限制。与一般累犯不同，此处只有一个限制，即后罪发生在前罪刑罚执行完毕或者赦免以后的任何时候，至于前后两罪相隔时间的长短，没有限制。之所以作出如此规定，主要是因为危害国家安全犯罪、恐怖活动犯罪、黑社会性质的组织犯罪是危害性最严重的三类犯罪。

3. 累犯的处罚

对累犯应当从重处罚。据此，对累犯裁量刑罚，确定其应当承担的刑事责任时，应注意把握以下几个方面的问题：

（1）对于累犯必须根据一定的标准从重处罚。根据《刑法》第 65 条的规定，对累犯应当从重处罚。即无论具备一般累犯的构成条件者，还是具备特别累犯的构成条件者，都必须对其在法定刑的限度以内，判处相对较重的刑罚，即适用较重刑种或较长的刑期。

（2）对累犯“应当”从重处罚，而不是“可以”从重处罚。

（3）对于累犯不适用缓刑，对累犯不得假释。根据《刑法》第 74 条和第 81 条第 2 款的规定，对累犯，不适用缓刑，不适用假释。

三、自首

（一）自首的概念

自首，是指犯罪以后自动投案，如实供述自己罪行的行为，或者被采取强制措施的犯罪嫌疑人、被告人和正在服刑的罪犯，如实供述司法机关还未掌握的本人其他罪行的行为。自首从宽是我国长期坚持的刑事政策，即惩办与宽大相结合

的刑事政策的具体化和法律化。设置自首制度的根据在于:

1. 自首意味着行为人终止了因自己的犯罪行为而形成的危害社会的持续状态,自行减少了对社会的危害。这是自首从宽处罚的首要根据。

2. 自首是犯罪人犯罪后有悔罪或自新之心的开始,说明行为人已经初步具备了接受改造、重新做人的前提条件,说明行为人的人身危险性比较小,比较容易接受改造。所以,自首后从宽处罚是刑法目的的必然要求。

3. 自首从宽可以分化瓦解犯罪分子,维护社会治安。自首从宽给已经实施了犯罪行为的人指出了一条改过自新之路,可以促使犯罪人自动投案。

4. 自首可以节省司法机关侦查、审理案件的人力物力,自首犯比较容易接受改造,也减少了执行刑罚的难度,从而实现刑罚的效益。

(二) 自首的种类及成立条件

根据《刑法》第67条的规定,自首分为一般自首和特别自首两种。一般自首,是指犯罪分子犯罪以后自动投案,如实供述自己罪行的行为。特别自首,亦称准自首,是指被采取强制措施的犯罪嫌疑人、被告人和正在服刑的罪犯,如实供述司法机关还未掌握的本人其他罪行的行为。

1. 一般自首的成立条件

(1) 自动投案

这是成立自首的前提条件。根据1998年5月9日施行的《最高人民法院关于处理自首和立功具体应用法律若干问题的解释》的规定,自动投案,是指犯罪事实或者犯罪嫌疑人未被司法机关发觉,或者虽被发觉,但犯罪嫌疑人尚未受到讯问、被采取强制措施时,主动、直接向公安机关、人民检察院或者人民法院投案。犯罪嫌疑人向其所在单位投案的;犯罪嫌疑人因病、伤委托他人先代为投案,或者先以信电投案的;罪行尚未被司法机关发觉,仅因形迹可疑,被司法机关盘问、教育后,主动交代自己的罪行的;犯罪后逃跑,在被通缉、追捕过程中,主动投案的;经查实确已准备去投案,或者正在投案途中,被公安机关捕获的,应当视为自动投案。并非出于犯罪嫌疑人主动,而是经亲友规劝、陪同投案的;公安机关通知犯罪嫌疑人的亲友,或者亲友主动报案后,将犯罪嫌疑人送去投案的,也应当视为自动投案。犯罪嫌疑人自动投案后又逃跑的,不能认定为自首。自动投案一般是犯罪人向公安、司法机关投案,对于犯罪人向所在单位、城乡基层组织或者其他有关负责人投案的,也应视为投案。

(2) 如实供述自己的罪行

犯罪分子必须如实供述自己的罪行。这是自首的本质特征。犯罪分子供述的必须是自己实施并由自己承担刑事责任的犯罪事实。共同犯罪案件中的犯罪分子自首时,不仅要求供述自己的犯罪事实,而且要交代所知的共同犯罪,如果是主犯必须揭发同案犯的罪行。否则，不构成自首。如果犯罪分子交代的是他人罪行，是检举揭发，不是自首。犯罪分子犯数罪的，投案时只交待了一罪，则可视为这一罪有自首情节。如果数罪中的一罪已被发觉，犯罪分子在侦查、起诉、审判过程中或被判决以后，又将尚未被司法机关发现的其他罪行供述出来，对其代待的部分罪行可以视为自首。如果犯罪分子如实供述犯罪行为后翻供，在判决前能如实供述的，仍认定为自首。犯罪分子如果只交待次要罪行，隐瞒主要罪行，或者以虚假情况掩盖其真实罪行，都不能认定为自首。

（3）犯罪分子愿意接受司法机关的审查和追诉

犯罪分子主动接受司法机关的侦查、起诉、审判活动是衡量犯罪人是否悔改的重要表现之一。如果投案后，又逃脱司法机关对其采取的强制措施；或偷偷把赃物送到司法机关门口，不肯讲明身份的，这些明显是不愿接受法律制裁的表现，不能以自首论。犯罪分子主动投案，如实供述自己的罪行后，为自己进行辩护，提出上诉，或更正和补充某些事实的行为都是允许的，不能视为不接受审查和追诉。

2. 特别自首的成立条件

根据《刑法》第67条第2款的规定，特别自首的成立条件包括：

（1）特别自首的主体必须是被采取强制措施的犯罪嫌疑人、被告人和正在服刑的罪犯。这里的“强制措施”，是指我国刑事诉讼法所规定的拘传、取保候审、监视居住、拘留和逮捕等措施。所谓正在服刑的罪犯，是指已经人民法院判决，正在被执行所判刑罚的人。只有上述三种人，才能构成特别自首的主体。

（2）必须如实供述司法机关还未掌握的本人其他罪行。这有两个方面的内容：一是所供述的必须是本人已经实施但司法机关还不了解或尚未掌握的犯罪事实；二是被采取强制措施的犯罪嫌疑人、被告人和正在服刑的罪犯所供述的罪行在犯罪性质或者罪名上与司法机关已经掌握的罪行不同。

（3）如果供述的是司法机关尚未掌握的同种类的罪行，不视为自首，但可以酌情从轻或减轻处罚。

3. 特别规定

《刑法》第67条第3款规定，犯罪嫌疑人虽不具有前两款规定的自首情节，但是如实供述自己罪行的，可以从轻处罚；因其如实供述自己罪行，避免特别严重后果发生的，可以减轻处罚。

（三）自首与坦白的区别

坦白，一般是指犯罪人被动归案后，如实交代自己被指控的犯罪事实的行为。自首与坦白存在相同之处：都以自己实施了犯罪行为为前提；都是在归案后如实交代自己的犯罪事实；都是从宽处罚的情节。坦白与一般自首的关键区别在于是否自动投案，一般自首是犯罪人自动投案后，如实供述自己的罪行；坦白是被动归案后如实供述自己的罪行。坦白与特别自首的关键区别在于所供述的罪行是否已被司法机关掌握，被采取强制措施的犯罪嫌疑人、被告人和正在服刑的罪犯，如实供述司法机关还未掌握的本人其他罪行的，是自首；如实供述司法机关已经掌握的本人罪行的，是坦白。因此，自首与坦白所反映的犯罪分子的人身危险程度不同，自首的人身危险性相对较轻，坦白的人身危险性相对较重。

（四）自首犯的刑事责任

我国《刑法》第67条第1款规定，对于自首的犯罪分子，可以从轻或者减轻处罚。其中，犯罪较轻的，可以免除处罚。可见，对自首犯我国采取了相对从宽处罚的原则。

四、立功

（一）立功的概念和条件

立功，是指犯罪分子揭发他人的犯罪行为，查证属实的，或者提供重要线索，从而得以侦破其他案件的行为。立功的条件主要包括：

1. 主体条件

立功的主体是犯罪分子，即被采取强制措施的犯罪嫌疑人和被告人。

2. 时间条件

立功行为必须发生在刑事诉讼阶段。即必须发生在刑事侦查、起诉、审判（包括一审和二审）过程中。在这之前的立功，应按照一般公民的立功对待，而在判决生效以后的立功，属于在监狱接受改造过程中的立功，依照刑法可以进行减刑或者假释，而不是我们这里说的量刑情节。

3. 实质条件

立功行为所揭发、检举的行为都是同犯罪密切相关，属于他人的犯罪行为。

4. 成效条件

揭发、检举的内容真实，对破案有效，其内容经查证属实或者据以侦破了其他犯罪案件。

（二）立功的表现形式

《刑法》第68条规定了立功的两种形式：

一是犯罪分子揭发他人的犯罪行为，并经查证属实的。犯罪分子被羁押或者归案后，不仅如实地交代自己的犯罪，而且还主动地揭发其他人的犯罪行为，包括揭发同案犯共同犯罪事实以外的其他犯罪行为。这种揭发必须经司法机关查证属实。如果发现其揭发的情况不是事实，或者无法证实，或者不属于犯罪行为，则不是立功。

二是犯罪分子提供重要线索，使侦查机关从而得以侦破其他案件的。重要线索应是指司法机关尚未掌握的重要犯罪线索，即能够证明犯罪的重要事实、犯罪嫌疑人或者有关证人等。提供的重要线索必须是实事求是的，司法机关能够据此查明犯罪，侦破案件。如果经过侦查，发现提供的线索不实，或者无法证明发生过犯罪，或者不属于犯罪行为的，就不应当认为是立功。

对于立功的表现形式，根据立法的精神和1998年颁布的《最高人民法院关于处理自首和立功具体应用法律若干问题的解释》，下列情形，也属于立功：犯罪分子阻止他人的犯罪活动的；犯罪分子协助司法机关缉捕其他犯罪嫌疑人，包括同案犯的；犯罪分子有其他有利于国家和社会的突出表现的。如有重要的发明创造，对提高生产、促进建设有利；积极抢险救灾，减少或防止了国家损失，保护了他人的安全等。

（三）立功的刑事责任

根据《刑法》第68条的规定，对于有立功表现的犯罪分子应按以下不同情形分别予以从宽处罚：

1. 犯罪分子有一般立功表现的，可以从轻或者减轻处罚。这里所说的“一般立功”，是指犯罪分子揭发并查证属实的他人罪行属于一般罪行；犯罪分子提供重要线索并据以侦破的案件属于一般案件。

2. 犯罪分子有重大立功表现的，可以减轻或者免除处罚。属于重大立功的具体情形有：犯罪分子揭发他人重大罪行，查证属实的；提供侦破重大案件的重要线索，经查证属实的；阻止他人的重大犯罪活动的；协助司法机关缉捕其他重大犯罪嫌疑人的；对国家和社会有其他重大贡献等突出表现的。

前述“重大案件”、“重大犯罪嫌疑人”、“重大罪行”的标准，一般是指犯罪嫌疑人、被告人可能被判处无期徒刑以上刑罚，或者在本省、自治区、直辖市或者在全国范围内有较大影响的案件等情况。

第三节　量刑制度

一、从重、从轻、减轻与免除处罚制度

（一）从重与从轻处罚

从重处罚，是指在法定刑的限定内判处较重的刑罚；从轻处罚，是指在法定刑的限定内判处较轻的刑罚。从重处罚或者从轻处罚的量刑应该是先暂时排除犯

罪分子所具有的从重、从轻处罚情节，综合考虑犯罪的事实、性质、情节及对社会的危害程度，根据刑法估量应当判处什么刑罚，再考虑从重情节与从轻情节，从而确定应当宣告的刑罚。

（二）减轻处罚

根据《刑法》第63条第1款的规定，减轻处罚是低于法定刑判处刑罚。减轻处罚有两种情况：一是具有法定的减轻处罚情节予以减轻处罚；二是犯罪分子虽然不具有刑法规定的减轻处罚情节，但是根据案件的特殊情况需要减轻处罚时，经最高人民法院核准，也可以减轻处罚（《刑法》第63条第2款）。

（三）免除处罚

免除处罚，也称免予刑事处罚，是指对行为作有罪宣告，但对行为人不判处任何刑罚。免除处罚以行为构成犯罪为前提，故对于非犯罪行为，不得适用免除处罚。在免除刑罚处罚时，可以根据案件的不同情况，予以训诫或者责令具结悔过、赔礼道歉、赔偿损失，或者由主管部门予以行政处罚或者行政处分。

二、数罪并罚制度

（一）数罪并罚的概念

数罪并罚，是指人民法院对于行为人在法定时间界限内所犯数罪分别定罪量刑后，按照法定的并罚原则及刑期计算方法决定其应执行的刑罚的制度。

（二）数罪并罚的原则

所谓数罪并罚的原则，是指对一人所犯数罪合并处罚所依据的原则。从各国立法例看，对数罪并罚所采取的原则不尽相同，主要有以下四种：

1. 并科原则

并科原则，是指将一人所犯数罪分别宣告的各罪刑罚绝对相加、合并执行的合并处罚原则。这一原则的理论依据是有罪必罚，一罪一罚。这一原则的缺陷是过于严酷、实际难以执行。此外，如果数罪中有判处死刑或者无期徒刑的，同其他刑罚也无法相加合并执行。

2. 吸收原则

吸收原则，是指在对数罪分别宣告的刑罚中，选择其中最重的刑罚为执行的刑罚，其余较轻的刑罚被最重的刑罚所吸收，不予执行的合并处罚原则。这一原则的特点是使用方便，简单易行。这一原则对于死刑和无期徒刑来说是适宜的，但适用于其他刑种就可能会造成一人犯数罪与一人犯一罪刑罚处罚相同的现象，违背罪责刑相适应的原则。

3. 限制加重原则

限制加重原则，是指以一人所犯数罪中法定（应当判处）或已被判处的最重刑罚为基础，再在一定的限度之内对其予以加重作为执行并罚的合并处罚原则。这里的加重是指在数刑中最高刑基础上的加重，这里的限制是指总和刑期的限制和决定执行的最高刑期的限制。这一原则克服了并科原则和吸收原则的缺陷和不足，使审判人员在一定范围内可以灵活运用刑罚，为多数国家作为主要原则所采用。

4. 折中原则

折中原则，是指根据不同情况以某一并罚原则为主，综合采用其他原则。

我国《刑法》在第69条从总体上确立了限制加重原则，同时兼顾考虑了并科原则和吸收原则。具体而言，我国刑法中数罪并罚原则适用如下：

（1）限制加重原则的适用规定。判决宣告的主刑为数个有期徒刑、拘役或管制的，采取限制加重原则。有期徒刑、拘役和管制本身都有一定的期限，因此，在数刑的总和刑期以下、数刑中最高刑期以上酌情决定执行的刑期是比较恰当的。但是，如果总和刑期过高，决定执行的刑罚就可能过长，因而我国刑法对最高刑期加以限制，即管制最高不能超过3年，拘役最高不能超过1年，有期徒刑总和刑期不满35年的，最高不能超过20年，有期徒刑总和刑期在35年以上的，最高不能超过25年。

（2）吸收原则的适用规定。第一，判决宣告数个死刑或数个无期徒刑的，采取吸收原则。数罪中宣告几个死刑或最高刑为死刑的，仅应决定执行一个死刑。数罪中宣告几个无期徒刑或最高为无期徒刑的，仅执行一个无期徒刑。同时，作为数罪并罚的原则，也不允许将两个无期徒刑合并升格为死刑；第二，数罪中有判处有期徒刑和拘役的，采取吸收原则。根据《刑法》第69条第2款规定，数罪中有判处有期徒刑和拘役的，有期徒刑吸收拘役，执行有期徒刑。

（3）并科原则的适用规定。第一，对判有附加刑的，一般采取并科原则，附加刑仍须执行。数罪中主刑不论执行死刑、无期徒刑、有期徒刑、拘役或者管制，如有判处附加刑的，附加刑仍须执行，因为附加刑与主刑的性质不同，不妨碍并科；第二，对判处有期徒刑、拘役和管制的并科适用。根据《刑法》第69条第2款规定，数罪中有判处有期徒刑和管制，或者拘役和管制的，有期徒刑、拘役执行完毕后，管制仍须执行。

（三）适用数罪并罚的不同情况

根据《刑法》第69条、第70条、第71条的规定，适用数罪并罚有以下四种情况：

1. 判决宣告以前一人犯数罪的并罚

《刑法》第69条规定，判决宣告以前一人犯数罪的，除判处死刑和无期徒刑的以外，应当在总和刑期以下、数刑中最高刑期以上，酌情决定执行的刑期。

但是管制最高不能超过3年，拘役最高不能超过1年，有期徒刑总和刑期不满35年的，最高不能超过20年，有期徒刑总和刑期在35年以上的，最高不能超过25年。如果数罪中有判处附加刑的，附加刑仍须执行。

2. 判决宣告后，刑罚执行完毕前发现漏罪的并罚

《刑法》第70条规定，判决宣告以后，刑罚执行完毕以前，发现被判刑的犯罪分子在判决宣告以前还有其他罪没有判决的，应当对新发现的罪作出判决，把前后两个判决所判处的刑罚，依照本法第69条的规定，决定执行的刑罚。已经执行的刑期，应当计算在新判决决定的刑期以内。这种计算刑期的方法称为“先并后减”。例如，某罪犯犯抢劫罪被判处有期徒刑10年，在刑罚执行到6年时，发现其在判决前还犯有故意伤害罪。此时应先对后发现的故意伤害罪进行判刑，假如判处9年有期徒刑，然后将9年有期徒刑和前罪的全部刑期10年有期徒刑按照数罪并罚的原则并罚，在10年以上19年以下确定一个刑期，假如确定为15年有期徒刑，15年有期徒刑再减去已经执行的6年有期徒刑，这个罪犯还要再执行9年有期徒刑。

如果是在缓刑考验期内发现漏罪的，应当先撤销缓刑，对该新发现的漏罪作出判决，将前罪和后罪所判处的刑罚，按照《刑法》第69条规定的原则和方法进行数罪并罚后决定最终执行的刑罚。在假释考验期内，发现被假释的罪犯在判决宣告以前还有其他罪没有判决的，应当先撤销假释，按照《刑法》第70条的规定实行并罚。

【参考案例8－1】

罪犯朱某，1994年3月因犯盗窃罪被判处有期徒刑5年。1996年10月，监狱根据朱某悔改表现，依法向当地中级人民法院提出假释建议书。法院审核了朱某在狱中悔改表现及有关证据材料，依法裁定可以假释，其假释考验期自1996年11月3日起至1998年11月2日止。但朱某被假释出狱后，盗窃作案5起，窃得财物价值1800多元。法院应对朱某如何处罚？

【参考案例8－2】

赵某，男，21岁。赵某于1997年12月7日被人民法院以盗窃罪判处有期徒刑2年，缓刑2年。赵某在缓刑考验期间，某日骑车外出，将卖烤红薯的夏某自行车及烤筒撞倒。夏某指责赵某，赵某挥拳便打夏某的脸部、胸部，致夏某鼻骨粉碎性骨折（轻伤）。夏某向人民法院提起自诉。法院应对赵某如何处罚？

3. 判决宣告后，刑罚执行完毕前又犯新罪的并罚

《刑法》第71条规定，判决宣告以后，刑罚执行完毕以前，被判刑的犯罪

分子又犯罪的，应当对新犯的罪作出判决，把前罪没有执行的刑罚和后罪所判处的刑罚，依照本法第 69 条的规定，决定执行的刑罚。即首先应从前罪判决决定执行的刑罚中减去已经执行的刑罚，然后将前罪未执行的刑罚与后罪所判处的刑罚并罚，决定执行的刑罚。此种计算刑期的方法称为“先减后并”。例如，某罪犯因抢劫罪被判处有期徒刑 15 年，在刑罚执行 8 年时，又因殴打同监犯人致重伤构成故意伤害罪。首先应对新罪故意伤害罪进行判刑，假如对故意伤害罪判处 9 年有期徒刑，然后将 9 年有期徒刑和前罪的余刑 7 年有期徒刑按照数罪并罚的原则进行并罚，在 9 年以上 16 年以下决定一个刑期，假如决定为 12 年有期徒刑，那么该罪犯还要再执行 12 年有期徒刑。

如果是在缓刑考验期内又犯新罪的，应当先撤销缓刑，对该所犯新罪作出判决，将前罪和后罪所判处的刑罚，按照《刑法》第 69 条规定的原则和方法进行数罪并罚后决定最终执行的刑罚。在假释考验期内又犯新罪的，应当先撤销假释，按照《刑法》第 71 条的规定实行并罚。

【参考案例 8－1】

评析：法院应对朱某撤销假释。根据我国刑法的规定，被假释的犯罪分子，必须遵纪守法，如果在假释考验期内又犯罪的，应当撤销假释，对新犯的罪作出判决，把前罪没有执行的刑罚和后罪所判处的刑罚进行并罚。并决定应当执行的刑罚。即先减后并的方式进行并罚。

【参考案例 8－2】

评析：根据我国刑法的规定，被判处有期徒刑缓期执行的犯罪分子，必须遵纪守法，如果在缓刑考验期内又犯罪的，应当撤销缓刑，对新犯的罪作出判决，把前罪的刑罚和后罪所判处的刑罚进行数罪并罚。对于本案，法院首先应当对赵某撤销缓刑。对其新犯之罪，若判处刑罚的，则应与原来的 2 年有期徒刑进行并罚；若不判处刑罚的，则收监执行原判的 2 年有期徒刑。

4. 需要注意的问题

第一，对于判决宣告以前发现的同种数罪，原则上无须并罚，但是如果以一罪论处违反罪责刑相适应原则的，则应实行并罚。

第二，漏罪中可以有与以前判决中同种的罪，即漏罪属同种罪也必须并罚。

第三，所犯新罪中可以有与前判决中同种的罪。

第四，对被判处有期徒刑的罪犯，主刑已执行完毕，在执行附加刑剥夺政治权利期间又重新犯罪，如果所犯新罪无须判处附加刑剥夺政治权利的，应当按照刑法的规定，在对被告人所犯新罪作出判决时，将新罪所判处的刑罚和前罪没有执行完毕的附加刑剥夺政治权利，按照数罪并罚原则，决定执行的刑罚，即在新罪所判处的刑罚执行完毕以后，继续执行前罪没有执行完毕的附加刑剥夺政治权利。

三、缓刑制度

(一) 缓刑的概念

缓刑，是指对于被判处拘役、3 年以下有期徒刑的犯罪分子，根据其犯罪情节和悔罪表现，认为暂缓执行原判刑罚，确实不致再危害社会的，规定一定的考验期，期间如果没有再犯新罪或者未被发现有漏罪或者没有违反法律、法规及有关规定或者没有违反人民法院判决中的禁止令的，考验期满，原判刑罚就不再执行的制度。

(二) 缓刑的类型

根据《刑法修正案（八）》第 11、12 条和《刑法》第 72、74 条和第 449 条的规定，缓刑分为一般缓刑和战时缓刑。

1. 一般缓刑

一般缓刑，是指人民法院对于判处拘役、3 年以下有期徒刑的犯罪分子，根据其犯罪情节和悔罪表现，认为暂缓执行原判刑罚，确实不致再危害社会，对所居住社区没有重大不良影响的，规定一定的考验期，暂不执行原判刑罚的制度。适用一般缓刑必须具备下列条件：

(1) 犯罪分子被判处拘役或者 3 年以下有期徒刑的刑罚。这是适用缓刑的前提条件。这里“3 年以下有期徒刑”是指宣告刑而不是指法定刑。如犯罪分子所犯之罪的法定刑虽然是 3 年以上有期徒刑，但他具有减轻处罚的情节，判决宣告刑期为 3 年以下有期徒刑的，也可以适用缓刑。

(2) 犯罪分子符合犯罪情节较轻，有悔罪表现，没有再犯罪的危险，宣告缓刑对所居住社区没有重大不良影响。这是适用缓刑的根本条件。有些犯罪分子虽然被判处拘役或 3 年以下有期徒刑，但是根据其犯罪情节和悔罪表现，不能表明不予关押也不致再危害社会的，不能宣告缓刑。

(3) 犯罪分子不是累犯或者犯罪集团的首要分子。累犯屡教不改，有再犯之虞，适用缓刑难以防止其再犯新罪。犯罪集团的首要分子，是指在犯罪集团中起组织、策划、指挥作用的犯罪分子，这种首要分子主观恶性程度较深，社会危害性大，是我国刑法打击的重点，不具备适用缓刑的资格。

(4) 对宣判时不满 18 周岁的人、怀孕的妇女和已满 75 周岁的人，只要符合缓刑条件，应当宣告缓刑。这是对未成年人、怀孕的妇女和老年人的保护，其目的是发扬人道主义精神。

2. 战时缓刑

战时缓刑，是指在战时，对被判处3年以下有期徒刑没有现实危险的犯罪军人，暂缓其刑罚执行，允许其戴罪立功，确有立功表现时，可以撤销原判刑罚，不以犯罪论处的制度。适用战时缓刑必须具备下列条件：

（1）时间条件。必须是在战时。所谓战时，根据《刑法》第451条规定，是指国家宣布进入战争状态、部队受领作战任务或者遭敌突然袭击时；部队执行戒严任务或者处置突发性暴力事件时，以战时论。

（2）对象条件。战时缓刑只能对被判处3年以下有期徒刑的犯罪军人适用。不是犯罪的军人，或者虽是犯罪的军人，但被判处的刑罚为3年以上有期徒刑的，不能适用此种缓刑。

（3）实质条件。必须是在战争条件下宣告缓刑没有现实危险。即使是被判处3年以下有期徒刑的犯罪军人，如根据其危害程度、悔罪表现等判断为具有现实危险，也不能宣告缓刑。

（三）缓刑的考验期

缓刑考验期，是指对被宣告缓刑的犯罪分子进行考察的一定期间。《刑法》第73条规定，拘役的缓刑考验期限为原判刑期以上1年以下，但是不能少于2个月。有期徒刑的缓刑考验期限为原判刑期以上5年以下，但是不能少于1年。

缓刑考验期限，从判决确定之日起计算。所谓“判决确定之日”，是指判决发生法律效力之日。判决确定之前先行羁押的日期不能折抵缓刑考验期限。对于战时缓刑，刑法没有规定缓刑考验期限。

（四）缓刑犯的矫正

根据《刑法修正案（八）》第11、13条和《刑法》第75、76条的规定，对宣告缓刑的犯罪分子，在缓刑考验期限内，依法实行社区矫正，如果没有《刑法》第77条规定的情形，缓刑考验期满，原判的刑罚就不再执行，并公开予以宣告。被宣告缓刑的犯罪分子，应当遵守下列规定：（1）遵守法律、行政法规，服从监督；（2）按照考察机关的规定报告自己的活动情况；（3）遵守考察机关关于会客的规定；（4）离开所居住的市、县或者迁居，应当报经考察机关批准。人民法院宣告缓刑，可以根据犯罪情况，同时禁止犯罪分子在缓刑考验期限内从事特定活动，进入特定区域、场所，接触特定的人。同时最高人民法院、最高人民检察院、公安部、司法部于2011年4月28日颁布的《关于对判处管制、宣告缓刑的犯罪分子适用禁止令有关问题的规定（试行）》对禁止令宣告的情形、何种禁止令、期限、裁量建议、执行机关、执行监督、违反禁止令的法律后果、变更程序等问题作了详细规定。

(五)缓刑的法律后果

根据《刑法》第76、77条的规定，缓刑的法律后果包括以下三种：

1. 被宣告缓刑的犯罪分子，在缓刑考验期限内犯新罪或者发现判决宣告以前还有其他罪没有判决的，应当撤销缓刑，对新犯的罪或者新发现的罪作出判决，把前罪和后罪所判处的刑罚，依照《刑法》第69条的规定，决定执行的刑罚。

2. 被宣告缓刑的犯罪分子，在缓刑考验期限内，违反法律、行政法规或者国务院有关部门有关缓刑的监督管理规定，情节严重的，应当撤销缓刑，执行原判刑罚。

3. 如果没有上述两种的情形，缓刑考验期满，原判的刑罚就不再执行，并公开予以宣告。但是，被宣告缓刑的犯罪分子，如果被判处附加刑，附加刑仍须执行。

在前两种情况下，缓刑考验期不能折抵刑期，但是被宣告缓刑前先行羁押的期间应该折抵刑期。

案例导读

评析：我国的缓刑制度是惩办与宽大相结合、惩罚与教育相结合政策的重要体现，也是依靠专门机关与人民群众相结合的同犯罪作斗争方针在刑法具体运用中的体现。缓刑制度的出现纠正了短期自由刑的弊端，充分贯彻和实现刑罚的目的，实现社会治安综合治理和社会安定。但是在缓刑的适用中，我们还必须注意两种倾向，即缓刑运用的滥化和机械化。关于缓刑的运用条件，《刑法》第72条是定性与定量的结合，灵活运用既可避免缓刑适用的随意性，又可体现一定的灵活性。对于数罪并罚的情况，我们认为不能认定犯有数罪的犯罪分子社会危害性必然大，应当对此做具体分析，如果数罪的犯罪情节较轻、犯罪人真诚悔改，确定不致再危害社会，所判数罪的实际执行期限又符合拘役和有期徒刑3年以下的，可以适用缓刑。实践中犯罪分子对所犯数罪认识的深浅程度有所不同，这就使司法工作人员无法明确其所犯每一个罪是否符合缓刑条件。这种情况最好将所犯数罪作为一个整体考虑，作出缓刑宣告。

本案经人民法院审理认为，被告人胡某某、郭某某、孙某某身为基层组织从事公务的人员，利用职务之便，将集体6.6万元现金分别挪于个人使用长达3年之久，数额较大，其行为已构成挪用公款罪，且系共同犯罪。被告人胡某某以非法占有为目的，以隐瞒真相的方法，骗取宅基款1.2万元，数额较大，其行为已构成诈骗罪，依法应当数罪并罚；被告人胡某某、郭某某、孙某某归案后均认罪态度较好，并积极退缴所挪用及诈骗的赃款，确有悔罪表现，判处缓刑不致再危害社会。被告人胡某某犯挪用公款罪，判处有期徒刑一年零六个月，犯诈骗罪判处有期徒刑一年，并处罚金1.5万元，实行数罪并罚，决定执行有期徒刑二年零六个月，缓刑三年，并处罚金1.5万元，对违法所得1.2万元予以没收、上缴国库。综合全案考虑，对三名被告人适用缓刑。

思考题

1. 量刑的法定情节和酌定情节是什么？
2. 特别累犯的适用条件是什么？
3. 如何认定自首和立功？
4. 缓刑的适用条件是什么？

实务训练

被告人李尚某与被害人张某某离婚后同住于北京市海淀区清河永泰北路×号院×号楼×门×室。张某某因不满法院对于房屋产权的判决结果，多次在该住处对被告人李素某和李尚某等人滋事，并曾因涉嫌放火烧该住处，于2002年被北京市海淀分局采取强制措施。李素某因此不得不经常性地拨打“110”报警寻求警方保护，案发前她曾一共报过22次警，曾经有一天更是报警了3次。2004年1月21日凌晨2时许，张某某持木柄铁锤击打睡在客厅的李尚某的儿子孟某某，孟某某被击伤（经鉴定为轻伤）。在北屋睡觉的李尚某、李素某及李素某之子张某（男，15岁）听见孟某某的叫喊声后，冲出门与张某某搏斗，抢下铁锤。后李尚某看见张某某手中握有打火机且地上有汽油流淌，遂将打火机打掉在地，三人合力将张某某按倒在地上。适时，李尚某见儿子孟某某头部大量流血，情急间持木柄铁锤击打仍在地上挣扎的张某某后脑一下，并随即与张某一同送孟某某去医院。此时张某某躺在地上已经一动不动。被告人李素某持木柄铁锤继续击打张某某的腿部、膝盖、胳膊、手部、肩部等部位。后李素某报警，警察来到现场，将张某某送往医院，并将李素某抓获归案。被害人张某某因失血性休克合并闭合性脑损伤于2004年1月21日上午抢救无效死亡。当日，被告人李尚某在北京市清河急救中心被抓获归案。

【问题】犯罪嫌疑人李尚某是否成立正当防卫？犯罪嫌疑人李素某构成何罪？是否构成自首？对二人能否适用缓刑？

第九章

刑罚执行制度

学习目标

1. 明确刑罚执行的概念与特征；
2. 掌握减刑、假释的概念；
3. 掌握减刑、假释的适用条件和假释的考验期限；
4. 掌握减刑、假释的程序，并能加以实际应用。

案例导读

案情：2011年11月24日晚11点多，阎某、董某在某歌厅房间内因琐事与杨某等人产生矛盾，并大打出手。其间，阎某持刀刺击杨某、兰某和梁某，导致杨某和兰某死亡，并致梁某轻微伤。而后，徐某在明知阎某、董某二人违法犯罪的情况下，仍向两人提供隐藏处所、车辆和钱款帮助两人逃匿。审理后法院认为，阎某已构成故意伤害罪，情节、后果特别严重，并曾因故意犯罪被判处有期徒刑，刑罚执行完毕后5年之内再犯应当判处有期徒刑以上刑罚之罪，属累犯，应当从重处罚，但是，鉴于其有协助公安机关抓获同案犯的立功表现，对其判处死刑，可不立即执行，但依法对其限制减刑。据此，法院依法判处阎某死刑，缓期二年执行，剥夺政治权利终身。董某则因故意伤害罪被判处有期徒刑15年，徐某因窝藏罪被判处有期徒刑3年，缓刑5年。

问题：法院对阎某限制减刑的决定是否正确？如何执行？

第一节 刑罚执行制度概述

一、刑罚执行的概念和特征

（一）概念

刑罚执行，简称“行刑”，是指法律规定的刑罚执行机关，依法将人民法院所作的生效的刑事裁判对犯罪分子所确定的刑罚付诸实施，并解决由此产生的法律问题所进行的各种刑事司法活动的总称。

（二）特征

刑罚执行是国家刑事司法活动的有机组成部分，它具有以下基本特征：

1. 刑罚执行的主体是法定的刑罚执行机关。根据法律规定，在我国刑罚执行机关分别是人民法院、公安机关、监狱和社区矫正机构等。其他任何机关、团体和个人都无权执行刑罚。

2. 刑罚执行的依据是人民法院已经发生法律效力的刑事判决与裁定。根据《刑事诉讼法》第248条第1款的规定，刑事判决和裁定在发生法律效力后执行。发生法律效力的判决和裁定是指已过法定期限没有上诉、抗诉的判决和裁定，终审的判决和裁定，最高人民法院核准的死刑的判决和高级人民法院核准的死刑缓期二年执行的判决。只有上述刑事判决和裁定所确定的刑罚才能交付执行。未发生法律效力的刑事判决和裁定不得作为刑罚执行的依据，其中的刑罚内容不得交付执行。

3. 刑罚执行的对象是被定罪判刑的罪犯。

4. 刑罚执行的基本内容是将生效的刑事裁判所确定的刑罚付诸实施。

5. 刑罚执行过程中还必须解决一些法律问题。刑罚执行虽然是以生效裁判所确定的刑罚为执行内容，但并不意味着行刑机关只能一成不变地服从裁判的刑罚内容。按照法律规定，本着有利于教育和改造罪犯的原则，根据实际情况，可以适时对原判刑罚作一定限度的调整，调整的方式包括减刑、假释、监外执行和赦免等。这种调整并不是对原裁判的否定和改判，而是刑罚执行中的变通处理，其目的在于刑罚适用的最佳效果。

刑罚执行作为刑事审判活动的一种延伸，通过对犯罪分子执行其被判处的刑罚，并在执行过程中加强对其教育改造，有助于消除犯罪分子人身危险性，使其不致再危害社会，同时也有助于儆戒未犯罪的人，防止其走上犯罪道路。因此，无论是对于实现刑罚的特殊预防还是一般预防的目的，刑罚执行都具有非常重要的意义。

二、刑罚执行机关

根据我国刑法、刑事诉讼法和监狱法的有关规定，死刑缓期二年执行，无期徒刑和有期徒刑的执行由监狱负责；拘役、剥夺政治权利、交付执行前剩余刑期在3个月以下的有期徒刑的执行由公安机关负责；罚金、没收财产、死刑立即执行的执行由人民法院负责；判处管制、宣告缓刑、假释或者暂予监外执行的罪犯，依法实行社区矫正，由社区矫正机构负责执行；对未成年犯应当在未成年犯管教所执行刑罚。人民检察院对执行机关执行刑罚的活动是否合法实行监督。

三、刑罚执行的原则

刑罚执行的原则，是指刑罚执行机关在执行刑罚的过程中必须遵循的、保证刑罚目的实现并贯穿于整个行刑活动的准则。根据我国刑事立法与司法的基本精神和基本政策，总结行刑目的和行刑实践，刑罚执行主要有以下原则：合法性原则、教育性原则、人道主义原则、个别化原则、社会化原则和效益性原则。

（一）合法性原则

具体表现为：一是刑罚执行机关必须合法；二是刑罚执行所依据的必须是人民法院具有法律效力的判决和裁定；三是刑罚执行的内容、方式和程序必须严格依据刑法、刑事诉讼法和监狱法等法律的规定。

（二）教育性原则

教育性原则，是指从实现刑罚预防的目的出发，对犯罪人与一般公民进行积极的教育，而不是一味消极地惩罚与威慑的一种准则。其具体要求：一是正确执行刑罚；二是坚持惩罚与改造相结合、教育和劳动相结合；三是要对受刑人以教育疏导为主、强制性的执行措施为辅进行改造；四是要针对每个犯罪人不同的情况，采取不同的教育方法。

（三）人道主义原则

人道主义原则，是指尊重罪犯人格，禁止使用残酷的、不人道的处罚手段，保证罪犯所享有的各种法定权利，在物质生活、精神生活等方面给予犯罪人适当关心的一种准则。其具体要求主要有：（1）不从人格上歧视罪犯，不刑讯逼供，不采用肉刑，不进行精神虐待，并应竭力消除罪犯自暴自弃思想与对立情绪，使其重新树立生活的信心；（2）建立科学的刑罚执行制度，正确适用死缓制度，减少死刑的立即执行；（3）改善执行方法，对少年犯、孕妇及老弱病残罪犯实行特殊的宽缓政策，对非个人原因有实际困难而难以缴纳罚金的予以酌情减免等；（4）在生活上适当关心罪犯，尤其对少年犯，更应该通过教育鼓励感化他们，使其尽快重新回归社会；（5）对刑满释放人员采取不歧视、不嫌弃的态度，并积极提供学习、工作和劳动等各种机会。

（四）个别化原则

个别化原则，是指根据犯罪人的具体情况，给予个别处遇措施的一种准则。即根据犯罪性质、特点、罪行严重程度及罪犯的年龄、性别、性格特点、文化程度、生理状况、人身危险性大小等，给予不同的处遇，采取不同的教育改造方式。

个别化原则最早是西方刑事人类学派提出来的。我国历来也重视刑罚执行的个别化，在罪犯改造上实行区别对待的政策。如根据罪犯所犯罪行的性质轻重程度分别关押，对未成年犯专门设立未成年犯管教所，对病犯和孕妇，送往医院治疗或送其他场所监护。并根据罪犯认罪态度、主观恶性的深浅、思想改造的难易、犯罪次数多少等，采取不同的教育方式；根据罪犯的身体与生理特征、年龄、性别、文化程度、技术水平等，分配适当的工种，制定合理的定额。同时，还根据罪犯的表现，给予表扬、记功、减刑、假释等奖励，或者给予警告、记过、禁闭等处分，这些都体现了个别化原则的贯彻。

（五）社会化原则

社会化原则，是指调动一切社会积极因素，合力救助改造罪犯并巩固和保障刑罚执行的效果，确保行刑目的实现的一种准则。社会化原则包括调动社会的积极因素影响罪犯，让社会参与对罪犯的改造；以及培养受刑人再社会化能力，使之能适应正常的社会生活两方面内容。

目前我国刑罚执行的社会化实践主要表现为两点：一是监内执行的社会化实践，主要是及时与罪犯的家属联系；保障罪犯的通信权利；建立会见与准假制度；组织部分罪犯走出监狱参观学习；监狱与地方政府部门、社会有关部门和罪犯原工作单位等签订帮教协议等；二是监狱外执行刑罚的社会化实践，主要是暂予监外执行、宣告缓刑、管制等。

（六）效益性原则

效益性原则，是指在刑罚执行过程中，力求以最小的投入来获得有效地预防和控制犯罪的最大社会效益，以不执行、减少执行以及不实际执行刑罚来达到执行刑罚的效果，寻求刑罚执行的最大效益。刑法规定的减刑、假释制度，是效益性原则的重要体现。但是，在贯彻效益性原则时，要防止因此而牺牲刑罚执行公正性的错误倾向。

我国刑法及相关法律中规定有多项刑罚执行制度，由于其中有的不属于刑法学研究的范围，有的在本教材第七章“刑罚的种类”中已作了阐述，因此，本章所论述的仅是我国刑法典规定的两项具体刑罚执行制度，即减刑和假释制度。

第二节　减　　刑

一、减刑的概念

根据《刑法》第78条的规定，减刑，是指对于被判处管制、拘役、有期徒刑或者无期徒刑的犯罪分子，因其在刑罚执行期间认真遵守监规，接受教育改造，确有悔改或者立功表现，将其原判刑罚予以适当减轻的一种刑罚执行制度。减刑，既可以是刑种的减轻，也可以是同一刑种刑期上的缩短。例如，从无期徒刑减为有期徒刑属于刑种的减刑，有期徒刑10年减为有期徒刑9年就属于刑期上的缩短。我国《刑法》第78条规定的减刑制度具有以下特征：

1. 减刑适用对象的限定性，即减刑只能适用于被判处管制、拘役、有期徒刑或者无期徒刑的犯罪分子。以下几种情况不属于《刑法》第78条规定的减刑：

第一，死缓犯的减刑。死刑缓期两年执行的罪犯，在死刑缓期执行期间没有故意犯罪的，2年期满后减为无期徒刑；如果确有重大立功表现，2年期满后减为25年有期徒刑，从广义上讲也是一种减刑，但它是依照法律的特别规定进行的，是一种特殊的减刑制度，属于死刑制度的组成部分，不属于《刑法》第78条规定的减刑。

第二，罚金的减免与剥夺政治权利的减轻。罚金的减免是指犯罪分子由于遭遇不能抗拒的灾祸缴纳罚金确实有困难的，可以酌情减少或者免除，这种罚金的减轻不是因为罪犯确有悔改或者立功表现，而是根据犯罪人的实际负担能力而采取的一种变通执行措施。剥夺政治权利的减轻则是由于主刑种类的改变而引起的对附加刑的相应调整。上述两种情况都不是《刑法》第78条意义上的减刑。

第三，缓刑考验期的缩短。根据2012年7月1日起施行的新《最高人民法院关于办理减刑、假释案件具体应用法律若干问题的规定》（以下简称为《减刑假释规定》）第13条的规定："判处拘役或者三年以下有期徒刑并宣告缓刑的罪犯，一般不适用减刑。""前款规定的罪犯在缓刑考验期限内有重大立功表现的，可以参照刑法第七十八条的规定，予以减刑，同时应依法缩减其缓刑考验期限。拘役的缓刑考验期限不能少于二个月，有期徒刑的缓刑考验期限不能少于一年。"这种对缓刑考验期限的缩减是以对原判实刑的减刑为前提的，因而也不属于这里所说的减刑的适用范围。

2. 减刑适用时间的限定性，即仅限于刑罚执行过程中。因此，减刑与减轻处罚明显不同，主要区别是适用的时间不同。减刑是一项刑罚执行制度，是在原判刑罚的执行过程中，根据罪犯的服刑表现而将原判刑罚予以适当减轻，只适用于已决犯。减轻处罚是一项量刑活动，是人民法院对罪犯裁量刑罚时，对具有减轻处罚情节的犯罪分子，在法定刑以下判处刑罚，只适用于判决前的未决犯。

3. 适用减刑后果的限定性，即基于法定事由将原判刑罚予以减轻。减刑是在肯定原判决的基础上，根据犯罪分子的悔改或立功表现，将原判刑罚予以适当减轻，它只涉及刑罚的变更，不涉及罪名的变更或刑罚的加重。改判是对原判决的否定，是指原判决有错误，依照审判监督程序予以撤销，重新作出判决，改判的后果具有多样性。因此，减刑不同于改判。

减刑体现了我国对犯罪分子实行“惩办与宽大相结合”、“惩罚与教育相结合”的刑事政策，对于敦促犯罪分子认罪服法，鼓励犯罪分子自觉改造，预防他们重新危害社会，具有十分重要的意义。

二、减刑的条件

（一）减刑的对象条件

减刑的适用对象是被判处管制、拘役、有期徒刑、无期徒刑的犯罪分子，这是减刑的对象条件，即刑法对减刑适用范围的限定。对被判处死刑缓期执行的累犯以及故意杀人、强奸、抢劫、绑架、放火、爆炸、投放危险物质或者有组织的暴力性犯罪被判处死刑缓期执行的犯罪分子，人民法院根据犯罪情节等情况可以同时决定对其限制减刑。对犯贪污罪，贪污数额特别巨大，并使国家和人民利益遭受特别重大损失，被判处死刑缓期执行的，人民法院根据犯罪情节等情况可以同时决定在其死刑缓期执行二年期满依法减为无期徒刑后，终身监禁，不得减刑。

（二）减刑的实质条件

减刑的实质条件是指犯罪分子在刑罚执行过程中确有悔改或者立功表现。只有当犯罪分子确有悔改或者立功表现时，才能说明其人身危险性已经减弱，对他的教育改造收到了预期的效果，也才符合减刑制度的宗旨和目的。一般来说，犯罪分子的悔改表现和立功表现应该是统一的，但也有些犯罪分子有悔改表现而无立功表现，或者有立功表现甚至重大立功表现而无明显的悔改表现。根据刑法规定，悔改或者立功表现，都是减刑的条件。

根据《刑法》第 78 条的规定，减刑分为可以减刑和应当减刑两种。

1. 可以减刑的实质条件

可以减刑的实质条件是，犯罪分子在刑罚执行期间，认真遵守监规，接受教育改造，确有悔改或者立功表现。根据最高人民法院《减刑假释规定》第2条的规定，所谓“确有悔改表现”，是指同时具备以下四个方面的情形，即（1）认罪悔罪（罪犯在执行期间的正当申诉不能认为是不认罪服法）；（2）认真遵守法律法规及监规，接受教育改造；（3）积极参加思想、文化、职业技术教育；（4）积极参加劳动，努力完成劳动任务。罪犯的日常考核（包括在看守所羁押期间）中，获得的嘉奖、表扬、记功、改造积极分子等奖励，是认定罪犯悔改表现程度的主要标志。所谓“立功表现”，是指具有下列情形之一的，即（1）阻止他人实施犯罪活动的；（2）检举、揭发监狱内外犯罪活动，或者提供重要的破案线索，经查证属实的；（3）协助司法机关抓捕其他犯罪嫌疑人（包括同案犯）的；（4）在生产、科研中进行技术革新，成绩突出的；（5）在抢险救灾或者排除重大事故中表现突出的；（6）对国家和社会有其他贡献的。

2. 应当减刑的实质条件

应当减刑的实质条件是犯罪分子在刑罚执行期间具有法定的重大立功表现。根据《刑法》第78条的规定，“重大立功表现”是指下列六种情形之一：（1）阻止他人重大犯罪活动的；（2）检举监狱内外重大犯罪活动，经查证属实的；（3）有发明创造或者重大技术革新的；（4）在日常生产、生活中舍己救人的；（5）在抗御自然灾害或者排除重大事故中，有突出表现的；（6）对国家和社会有其他重大贡献的。根据最高人民法院《关于处理自首和立功具体应用法律若干问题的解释》第7条的规定，协助司法机关抓捕其他重大犯罪嫌疑人（包括同案犯）的，也属于“重大立功表现”之一。

三、减刑的限度

减刑的限度，是指犯罪分子经过一次或者数次减刑后，应当实际执行的最低刑期。减刑是以原判刑罚为基础的，减刑的适用必须有一定的限度，既不能减得过多，也不能减得过少。减得过多，违背罪责刑相适应原则，有损法院判决的严肃性，也使罪犯得不到必要的惩罚和改造；减得过少，又起不到鼓励犯罪分子特别是被判处长期徒刑的犯罪分子积极改恶从善、早日成为对社会有用之人的作用，不利于犯罪分子的改造，失去减刑制度的意义。应当根据罪犯的犯罪性质、主观恶性和罪刑轻重等因素确定适当的减刑限度。《刑法》第78条第2款规定，减刑以后实际执行的刑期，判处管制、拘役、有期徒刑的，不能少于原判刑期的1/2，判处无期徒刑的，不能少于13年。

所谓“实际执行的刑期”，是指判决交付执行后犯罪分子实际服刑改造的时间。根据刑法规定，被判处管制、拘役、有期徒刑的犯罪分子，判决执行前先行羁押的，羁押日期应当折抵刑期。因此，上述犯罪分子判决执行前的被羁押时间应当计入实际服刑的刑期内。被判处无期徒刑的罪犯减刑后实际执行的刑期不能少于13年，应当自无期徒刑判决确定之日起计算，判决确定之前先行羁押的时间，不能计入应实际执行的13年刑期之内。人民法院依照《刑法》第50条第2款规定限制减刑的死刑缓期执行的犯罪分子，缓期执行期满后依法减为无期徒刑的，不能少于25年，缓期执行期满后依法减为25年有期徒刑的，不能少于20年。

案例导读

评析： 本案中，法院依法判处阎某死刑，缓期二年执行，剥夺政治权利终身，并同时对阎某限制减刑是正确的。根据刑法对减刑限度的规定，阎某如果缓期执行期满后被依法减为无期徒刑，其实际执行刑期不能少于25年；如果缓期执行期满后被依法减为25年有期徒刑，其实际执行刑期将不能少于20年。也就是说，阎某至少也要服满20年的有期徒刑。

关于减刑的次数，法律未做限制，但无论是经过一次减刑还是数次减刑，实际执行的刑期都不能低于上述法定的最低限度。

四、减刑的幅度

减刑的幅度，是指对可以减刑的罪犯一次减少的刑期。一次减刑的期限，既不宜过长，也不宜过短，应基本上与原判决的刑期成正比。刑法对犯罪分子减刑后实际执行的刑期规定了最低限度，但对同一犯罪分子在服刑期间何时可以减刑，可以减刑多少次，每次可减多长期限，未作明确规定。为此，最高人民法院在《减刑假释规定》中作了规定，对被判处有期徒刑、无期徒刑的犯罪分子减刑的起始时间、间隔期限、减刑幅度等规定了具体标准：

有期徒刑罪犯在刑罚执行期间，符合减刑条件的，减刑幅度为：确有悔改表现，或者有立功表现的，一次减刑一般不超过1年有期徒刑；确有悔改表现并有立功表现，或者有重大立功表现的，一次减刑一般不超过2年有期徒刑。

无期徒刑罪犯在刑罚执行期间，确有悔改表现，或者有立功表现的，服刑2年以后，可以减刑。减刑幅度为：确有悔改表现，或者有立功表现的，一般可以减为20年以上22年以下有期徒刑；有重大立功表现的，可以减为15年以上20年以下有期徒刑。

未成年罪犯的减刑、假释，可以比照成年罪犯依法适当从宽。未成年罪犯能认罪悔罪，遵守法律法规及监规，积极参加学习、劳动的，应视为确有悔改表现，减刑的幅度可以适当放宽。

五、减刑的起始时间和间隔时间限制

最高人民法院《减刑假释规定》对减刑的起始时间和间隔时间限制作了明确规定。有期徒刑罪犯的减刑起始时间和间隔时间为：被判处5年以上有期徒刑的罪犯，一般在执行1年6个月以上方可减刑，两次减刑之间一般应当间隔1年以上。被判处不满5年有期徒刑的罪犯，可以比照上述规定，适当缩短起始和间隔时间。确有重大立功表现的，可以不受上述减刑起始和间隔时间的限制。有期徒刑的减刑起始时间自判决执行之日起计算。

死刑缓期执行罪犯减为无期徒刑后，确有悔改表现，或者有立功表现的，服刑2年以后可以减为25年有期徒刑；有重大立功表现的，服刑2年以后可以减为23年有期徒刑。被限制减刑的死刑缓期执行罪犯，缓期执行期满后依法被减为无期徒刑的，或者因有重大立功表现被减为25年有期徒刑的，应当比照未被限制减刑的死刑缓期执行罪犯在减刑的起始时间、间隔时间和减刑幅度上从严掌握。

被判处10年以上有期徒刑、无期徒刑的罪犯在刑罚执行期间又犯罪，被判处有期徒刑以下刑罚的，自新罪判决确定之日起2年内一般不予减刑；新罪被判处无期徒刑的，自新罪判决确定之日起3年内一般不予减刑。

六、减刑的程序

减刑是一项严肃的司法活动，必须严格按照法定程序进行，非经法定程序不得减刑。根据《刑法》第79条的规定，对罪犯的减刑，由执行机关向中级以上人民法院提出减刑建议书。人民法院应当组成合议庭进行审理，对确有悔改或者立功事实的，裁定予以减刑。非经法定程序不得减刑。基层人民法院无权裁定减刑，执行机关自身也不能直接减刑。中级以上人民法院在没有组成合议庭的情况下，也不得裁定减刑。

七、减刑后刑期的计算

犯罪分子原判刑罚的种类不同，减刑后刑期的计算办法也不同。根据刑法的相关规定，减刑后刑期的计算办法如下：

1. 对于原判处管制、拘役、有期徒刑的，减刑后的刑期从原判决刑罚执行之日起计算。原判刑期已经执行的部分，应当计算在减刑后的刑期之内。

2. 对于原判处无期徒刑的，减为有期徒刑后的刑期，从裁定减刑之日起计算。减刑以前已经执行过的刑期以及判决宣告以前先行羁押的日期，不得计入减刑后的刑期之内。

3. 对于由无期徒刑减为有期徒刑后，依法再次减刑的犯罪分子，再次减刑后的刑期从有期徒刑执行之日即无期徒刑裁定减为有期徒刑之日起计算。已执行的有期徒刑的刑期，应当计算在再次减刑后的刑期之内。

4. 犯罪分子在刑罚执行期间，因确有悔改或者立功表现，曾经减过刑，后经复查，发现原判决量刑过重，按照审判监督程序再审后改判为较轻的刑罚。此时，原来的减刑仍然有效，应当从改判后的刑期中减去原减刑的刑期。

第三节　假　　释

一、假释的概念

假释是当今世界各国所普遍采用的一种重要的刑罚执行制度。它起源于19世纪早期的英国，在19世纪中后时期，世界多数国家逐步实行了近代假释制度。1928年伦敦的万国监狱会议后，假释制度便成为西方各国普遍采用的行刑制度。在我国法制历史上，假释制度最早规定在1910年清朝颁布的《大清新刑律》中，在北洋军阀和国民党政府刑法中也有规定，新中国成立后的刑事立法中也保留了假释制度。假释作为监禁刑的替代措施之一，已为绝大多数国家所采用，它在弥补长期自由刑弊端、降低监狱行刑成本和促进受刑人重新回归社会方面取得了很大的成效。

从世界范围看，假释有法定假释与裁定假释两种。法定假释，又称必然假释，即法律规定对已执行一定刑期的罪犯应当交付监督机关在社会上考察，不予关押，而不需要考虑罪犯在行刑中的表现情况如何。裁定假释，即裁量假释，也称任意假释或假释的个别主义，是指执行原判自由刑的一定期限之后，斟酌罪犯的犯罪性质、原因、经过，被监禁的经历，行刑中的表现以及对犯罪的危害后果有无赔偿之意和释放后有无继续危害社会的可能等情况而决定的附条件释放。

我国《刑法》第81条第1款规定："被判处有期徒刑的犯罪分子，执行原判刑期二分之一以上，被判处无期徒刑的犯罪分子，实际执行13年以上，如果认真遵守监规，接受教育改造，确有悔改表现，没有再犯罪危险的，可以假释。如果有特殊情况，经最高人民法院核准，可以不受上述执行刑期的限制。"可见我国刑法采用的是裁定假释制度。所谓假释，是指对于被判处有期徒刑或者无期徒刑的犯罪分子，在执行一定刑期后，认真遵守监规，接受教育改造，确有悔改表现，不致再危害社会，而附条件地将其提前释放的一种刑罚执行制度。对于我国刑法规定的假释制度的含义，应从如下几个方面理解：

1. 假释是将部分犯罪人附条件地提前释放。所谓“附条件”，是指尚未执行完毕的刑期不是无条件地免除，而是在一定期限内仍然保留着执行的现实可能性，即被假释的犯罪分子如果没有遵守假释期间的法律规定，就撤销假释，收监执行剩余的刑罚。因此，假释不同于释放。释放既可能是无罪释放，也可能是刑罚执行完毕而释放，还可能是赦免释放，但释放都是不附加任何条件的，不存在再执行刑罚的问题。

2. 假释是追求积极的刑罚效果而采取的处理手段，因而不同于暂予监外执行。假释适用于被判处有期徒刑或者无期徒刑的犯罪人，暂予监外执行适用于被判处拘役、有期徒刑的犯罪人；假释适用于执行了一定刑期、确有悔改表现、不致再危害社会的犯罪人，暂予监外执行适用于因法定特殊情况不宜在监内执行的犯罪人，而且一旦监外执行的法定条件消失而刑期未满的，应收监执行；假释后如果没有遵守法定条件，余刑仍需执行，所经过的考验期不计入原判刑期之内，暂予监外执行的期间，均计入原判刑罚之内。

3. 假释作为一种刑罚执行制度，是对自新向善而有悔改表现的受刑人的一种“奖赏”，但它不同于减刑。二者的区别包括：（1）适用的对象范围不同。假释适用于被判处有期徒刑、无期徒刑的犯罪人；减刑则适用于被判处管制、拘役、有期徒刑、无期徒刑的犯罪人。（2）适用的次数不同。假释只能适用一次，减刑则不受次数的限制。（3）直接后果不同。假释的直接后果是提前释放犯罪人，减刑的直接后果是减轻原判刑罚，犯罪人经减刑后，如果刑罚尚未执行完毕，仍需继续执行。（4）有无考验期和可否撤销不同。假释有考验期，在一定期限内保留着执行原判刑罚剩余刑期的可能；减刑则没有考验期，即使犯罪分子在减刑后再犯新罪，也不存在撤销减刑的问题。

4. 假释是对犯罪分子原判刑罚的剩余刑期暂缓执行，它与缓刑虽然具有相似之处，如都是有条件的不执行原判刑罚，都有一定的考验期，都以犯罪分子在考验期内发生法定情形为撤销条件，但二者有明显区别，表现在：（1）假释适用于被判处有期徒刑、无期徒刑的犯罪人，缓刑则适用于被判处拘役、3 年以下有期徒刑的犯罪人。（2）假释是在原判刑罚执行过程中由人民法院裁定的，缓刑则是人民法院在判决一定刑罚时同时宣告。（3）假释的根据是犯罪人在服刑期间的悔改表现，缓刑的根据则是犯罪分子的犯罪情节、悔罪表现、再犯罪的危险和对居住社区有无重大不良影响。（4）假释必须执行原判刑期的一部分后，有条件地不执行余刑；缓刑则是有条件的不执行原判决的全部刑期。（5）假释犯在考验期内没有发生应当撤销假释的情形，就认为原判刑罚执行完毕；缓刑犯在考验期内没有发生应当撤销缓刑的情形，原判刑罚就不再执行。

假释与减刑一样，都是我国惩办与宽大相结合的刑事政策在刑罚执行中的体现。正确执行假释制度，对于促进犯罪分子的改造积极性，树立改造的决心和信心，实现刑罚特殊预防的目的，具有重要意义。

二、假释的条件

（一）假释适用的对象条件

假释只适用于被判处有期徒刑、无期徒刑的犯罪分子。被判处管制的犯罪人不需要关押，不剥夺其人身自由，不存在提前附条件的释放，因而不发生假释问题。被判处拘役的犯罪人，短期剥夺其人身自由，期限是1个月以上6个月以下，数罪并罚时不得超过1年，没有必要适用假释。因为假释是根据犯罪人的悔改表现而附条件的提前释放，考察犯罪人有无悔改表现需要较长刑期。死刑立即执行，是剥夺罪犯生命的最严厉刑罚，因其特殊性质，也不存在假释问题。但是死缓犯被减为无期徒刑或有期徒刑后，符合假释条件的，可以适用假释。

我国《刑法》第81条第2款还规定了假释制度适用的排除条件，又称为“限制条件”，即“对累犯以及因故意杀人、强奸、抢劫、绑架、放火、爆炸、投放危险物质或者有组织的暴力性犯罪被判处十年以上有期徒刑、无期徒刑的犯罪分子，不得假释”。之所以作出这样禁止性的规定，是因为累犯是再次犯罪，上述严重暴力性犯罪的社会危害性严重，犯罪人的主观恶性和人身危险性大、改造的难度也大，适用假释难以预防其再危害社会。应当注意的是，对于被判处10年以上有期徒刑、无期徒刑的暴力性犯罪人，即使经过减刑后其刑期低于10年有期徒刑，也不得假释。对犯贪污罪，贪污数额特别巨大，并使国家和人民利益遭受特别重大损失，被判处死刑缓期执行的，人民法院根据犯罪情节等情况可以同时决定在其死刑缓期执行二年期满依法减为无期徒刑后，终身监禁，不得假释。

（二）假释适用的刑期条件

假释适用的刑期条件，是指罪犯适用假释所要经过的最低服刑期限。只有经过一定期限的刑罚执行，罪犯才能感受到因犯罪行为所承受的惩罚，实现从不认罪到认罪，从强迫改造到积极改造的转变。只有经过一定期限的刑罚执行，司法机关才能全面掌握犯罪人是否具有悔罪表现，有没有再犯罪的危险性，才能决定是否对其适用假释。规定假释适用的刑期条件，有利于防止滥用假释导致的刑罚执行的混乱，维护了刑事判决的权威性和严肃性，保证了假释功能的正常发挥。

按照《刑法》第81条的规定，被判处有期徒刑的犯罪分子，执行原判刑期1/2以上，被判处无期徒刑的犯罪分子，实际执行13年以上，才可以适用假释。这是对犯罪分子适用假释执行原判刑罚的最低要求。对被判处有期徒刑的罪犯假释，执行原判刑罚1/2以上的起始时间，应当从判决执行之日起计算，判决前先行羁押的，羁押1日折抵刑期1日。

此外，在适用假释执行刑期条件方面还有一个特殊规定，即“如果有特殊情况，经最高人民法院核准，可以不受上述执行刑期的限制”。这里所谓的“特殊情况”，是指国家政治、国防、外交等方面特殊需要的情况。

（三）假释适用的实质条件

假释的实质条件，是指罪犯在服刑期间的改造表现和回归社会后再犯罪的危险程度。假释只适用于认真遵守监规，接受教育改造，确有悔改表现，提前释放没有再犯罪危险性的犯罪分子。因此，要从罪犯的狱内表现和人身危险性两个方面确定是否对罪犯适用假释，只有具备确有悔改表现和提前释放没有再犯罪危险两个条件，才能对罪犯适用假释。最高人民法院《减刑假释规定》确认犯罪分子同时具备以下四个方面情形的，应当认为“确有悔改表现”：认罪悔罪；认真遵守法律法规及监规，接受教育改造；积极参加思想、文化、职业技术教育；积极参加劳动，努力完成劳动任务。办理假释案件，判断“没有再犯罪的危险”，除符合《刑法》第81条规定的情形外，还应根据犯罪的具体情节、原判刑罚情况，在刑罚执行中的一贯表现，罪犯的年龄、身体状况、性格特征，假释后生活来源以及监管条件等因素综合考虑。

此外，根据有关司法解释，把握适用假释的实质条件，还需特别注意以下问题：第一，为了贯彻对未成年犯教育、感化、挽救的方针，对未成年犯的假释在掌握标准上可以比照成年犯依法适度放宽。第二，对罪行严重的危害国家安全的罪犯和犯罪集团的首要分子、主犯、惯犯的假释，主要是根据他们的改造表现，同时也要考虑原判的情况，应当特别慎重，严格掌握。

三、假释的裁定和执行

假释的适用程序与减刑程序相同。即根据《刑法》第82条的规定，对于犯罪分子的假释，由执行机关向中级以上人民法院提出假释建议书，人民法院应当组成合议庭进行审理，自收到假释建议书之日起1个月内予以审核裁定，案情复杂或者情况特殊的可以延长1个月；假释裁定的副本应当抄送人民检察院；假释裁定书送达后即发生法律效力。人民检察院认为人民法院假释的裁定不当，应当在收到裁定书副本后20日以内，向人民法院提出书面纠正意见，人民法院应当在收到纠正意见后1个月以内重新组成合议庭进行审理作出最终裁定。对符合假释条件的，裁定予以假释，非经法定程序不得假释。

为了确保被假释的犯罪人回归社会后不再重新犯罪，就需要对他们进行考察和监督，因此对假释犯应当规定考验期限。考验期限必须适当，如果过短，就起不到假释的作用；如果过长，也不利于犯罪人的改造。所以，《刑法》第 83 条规定了与原判刑罚轻重相适应的考验期，即有期徒刑的假释考验期，为没有执行完毕的刑罚；无期徒刑的假释考验期限为 10 年。假释考验期限，从假释之日起计算。凡被剥夺政治权利的，自假释之日起执行。

根据《刑法》第 84 条的规定，被宣告假释的犯罪分子，在假释考验期内应当遵守下列规定：（1）遵守法律、行政法规，服从监督；（2）按照监督机关的规定报告自己的活动情况；（3）遵守监督机关关于会客的规定；（4）离开所居住的市、县或者迁居，应当报经监督机关批准。这些规定，不仅是被假释的犯罪分子在假释考验期内必须遵守的行为规范，也是监督机关进行监督的法律依据。

四、对假释犯的监督和处理

《刑法》第 85 条规定："对假释的犯罪分子，在假释考验期限内，依法实行社区矫正，如果没有本法第八十六条规定的情形，假释考验期满，就认为原判刑罚已经执行完毕，并公开予以宣告。"由罪犯居住地的社区矫正机关对假释犯进行管理并严格考察，督促其改造。考察的内容包括是否遵守《刑法》第 84 条规定的行为规范，是否具有《刑法》第 86 条规定的应当撤销假释的情形。

根据《刑法》第 85 条、第 86 条的规定，对被宣告假释的犯罪分子，应当根据其在假释考验期内的不同表现，分别作出不同的处理。

（一）撤销假释

根据《刑法》第 86 条的规定，被假释的犯罪分子，有下列情形之一的，应当撤销假释：（1）在假释考验期限内犯新罪，不论新罪的性质和罪过形式如何，即不论是危害国家安全犯罪还是一般刑事犯罪，也不论是故意犯罪还是过失犯罪，只要被人民法院生效裁判认定有罪的，都应当撤销假释，依照《刑法》第 71 条规定的"先减后并"方法，实行数罪并罚。应当说明的是，如果在假释考验期内犯新罪，而在假释考验期满后才被发现，只要新罪未超过追诉时效期限，就应当撤销假释，按照上述"先减后并"方法实行数罪并罚。（2）在假释考验期限内，发现被假释的犯罪分子在判决宣告前还有其他罪没有判决的，应当撤销假释，依照《刑法》第 70 条规定的"先并后减"的方法，实行数罪并罚。（3）在假释考验期限内，有违反法律、行政法规或者国务院有关部门关于假释的监督管理规定的行为，尚未构成新的犯罪的，应当依照法定程序撤销假释，收监执行未执行完毕的刑罚。

（二）宣告假释执行完毕

根据《刑法》第 85 条的规定，假释犯在假释的考验期限内，没有出现《刑法》第 86 条所规定的应当撤销假释的三种情形，假释考验期满，就认为原判刑罚已经执行完毕，并公开予以宣告。这里的“认为原判刑罚已经执行完毕”与缓刑中的“原判刑罚就不再执行”是不同的。

五、假释的司法实践问题

根据最高人民法院《减刑假释规定》的规定，在适用假释时，还应当注意掌握以下精神：

第一，未成年罪犯的假释，可以比照成年罪犯依法适当从宽。老年、身体残疾（不含自伤致残）、患严重疾病罪犯的假释，应当主要注重悔罪的实际表现。对身体残疾罪犯和患严重疾病罪犯进行假释，其残疾、疾病程度应由法定鉴定机构依法作出认定。

第二，对累犯以及因故意杀人、强奸、抢劫、绑架、放火、爆炸、投放危险物质或者有组织的暴力性犯罪被判处10年以上有期徒刑、无期徒刑的罪犯，不得假释。因前述情形和犯罪被判处死刑缓期执行的罪犯，被减为无期徒刑、有期徒刑后，也不得假释。

第三，罪犯积极执行财产刑和履行附带民事赔偿义务的，可视为有认罪悔罪表现，在假释时可以从宽掌握；确有执行、履行能力而不执行、不履行的，在假释时应当从严掌握。

第四，罪犯减刑后又假释的间隔时间，一般为1年；对1次减去2年有期徒刑后，决定假释的，间隔时间不能少于2年。罪犯减刑后余刑不足2年，决定假释的，可以适当缩短间隔时间。

第五，对判处有期徒刑的罪犯假释，执行原判刑期1/2以上的起始时间，应当从判决执行之日起计算，判决前先行羁押的，羁押1日折抵刑期1日。

第六，人民法院按照审判监督程序重新审理的案件，维持原判决、裁定的，原假释裁定效力不变；改变原判决、裁定的，应由刑罚执行机关依照再审裁判情况和原假释情况，提请有管辖权的人民法院重新作出假释裁定。

本章小结

刑罚执行，是指法律规定的刑罚执行机关，依法将人民法院所作的生效的刑事裁判对犯罪分子所确定的刑罚付诸实施，并解决由此产生的法律问题所进行的各种刑事司法活动的总称。

刑罚执行主要有以下原则：合法性原则、教育性原则、人道主义原则、个别化原则、社会化原则和效益性原则。

减刑，是指对于被判处管制、拘役、有期徒刑或者无期徒刑的犯罪分子，因其在刑罚执行期间认真遵守监规，接受教育改造，确有悔改或者立功表现，将其原判刑罚予以适当减轻的一种刑罚执行制度。

假释，是指对于被判处有期徒刑或者无期徒刑的犯罪分子，在执行一定刑期后，认真遵守监规，接受教育改造，确有悔改表现，不致再危害社会，而附条件地将其提前释放的一种刑罚执行制度。

减刑、假释要按照法律规定的条件，依法定程序进行。

思考题

1. 简述刑罚执行的概念和特征。
2. 减刑后的刑期应如何计算？
3. 简述减刑的适用条件。
4. 假释的考验期如何确定？
5. 简述适用假释的条件和撤销假释的情形。

实务训练

1. 罪犯马某某，男，1966 年 11 月 18 日生，汉族，河南省南乐县人，大专文化程度，现在河南省内黄监狱服刑。河南省濮阳市中级人民法院于 2006 年 12 月 29 日作出了（2006）濮中刑二初字第 51 号刑事判决，以被告人马某某犯挪用公款罪，判处有期徒刑十年。罪犯马某某在执行期间，能认罪服法，遵守监规，接受教育改造，积极参加劳动、完成生产任务，并一次评为监狱劳改积极分子，一次被监狱记功，四次被监狱表扬，悔改表现突出。河南省内黄监狱向濮阳市中级法院提出减刑建议，法院经审理后裁定对罪犯减刑一年三个月。

【问题】减刑的实质条件有哪些？监狱提出减刑建议书的同时应提交哪些材料？

2. 1987 年 7 月，王某因实施暴力强奸而被人民法院依法以强奸罪判处有期徒刑 15 年。后其服刑表现不错，1999 年 7 月被假释。2001 年 3 月的一天，王某盗窃一辆汽车（价值 8 万余元）而未被发现。2003 年 4 月，王某因参与以传播“非典”相威胁敲诈某市多所高校钱财的行为而被逮捕，其后交代了自己在假释考验期限内盗窃汽车的行为。

【问题】综合全案对王某应如何处理？

第十章

刑法分则概览

学习目标

1. 了解刑法分则的体系和特征；
2. 掌握罪状、法定刑的概念和种类；
3. 掌握重点罪名的概念、特征和认定；
4. 能够运用所学知识分析案例，解决实际问题。

案例导读

案情：2009 年 6 月 16 日凌晨，被告人李某来到位于东营市府前街的某托卖行门前，将事先准备好的汽油泼在卷帘门上，然后用打火机点火，看着火燃烧起来后，李某离开。某托卖行职工发现着火后及时将火扑灭。后查明，大火将该托卖行价值 4082 元的铝合金卷帘防盗门、铝塑板材料、落地钢化玻璃及门口东边 PVC 排水管烧毁，并将该托卖行东邻商铺的招牌一角烧毁。对于李某的行为，有两种意见：一是构成故意毁坏财物罪，二是构成放火罪。

问题：李某的行为到底应如何定性？

第一节　刑法分则概述

我国刑法由总则、分则和附则三个部分构成。刑法总则是关于犯罪、刑事责任和刑罚的一般性规定；刑法分则对各类、各种犯罪的罪刑作出具体规定，即规定犯罪、刑事责任和刑罚的特殊性问题；附则部分仅一个条文，即《刑法》第452条。总则与分则各为一编，总则以分则为依托，同时又指导、补充分则。刑法总则和刑法分则的关系，是一般与特殊、抽象与具体、共性与个性的关系，两者相辅相成，紧密联系，组成完整统一的刑法规范体系。

一、刑法分则的体系

（一）刑法分则体系的概念

刑法分则的体系，是指刑法分则按照一定的标准和规则，将所规定的各类、各种犯罪，按照一定次序排列形成的有机体。可以说，刑法分则体系实际上是犯罪分类排列问题。

（二）我国刑法分则体系的特点

各国刑法对于分则所规定的具体犯罪的分类排列各不相同。我国刑法分则对犯罪进行分类的标准是犯罪行为所侵犯的同类客体；对各类犯罪以及各种具体犯罪的排列标准主要是各类各种犯罪的危害程度。

1. 以同类客体为标准对犯罪进行分类

我国刑法分则主要依据犯罪行为所侵犯的同类客体，同时考虑犯罪的主体特点，将犯罪划分为十类，形成刑法分则的十章，每一章规定一类犯罪。

所谓犯罪的同类客体，是指某一类犯罪行为所共同侵犯的、而为我国刑法所保护的社会主义社会关系的某一部分或某一方面。同类客体揭示出同一类犯罪在客体方面的共同本质，并反映出各类犯罪不同的危害程度。例如，背叛国家罪、叛逃罪、间谍罪等具体犯罪，共同侵犯的客体是国家的安全，因此归入危害国家安全罪；放火罪、爆炸罪、投毒罪等具体犯罪，共同侵犯的客体是社会的公共安全，因此归入危害公共安全罪；故意杀人罪、强奸罪、绑架罪等具体犯罪，共同侵犯的客体是公民人身权利、民主权利，因此归入侵犯公民人身权利、民主权利罪。其他各类犯罪的分类也是根据这一原则。根据犯罪的同类客体对犯罪进行分类，有利于把握各类犯罪的性质、特征和社会危害程度，便于司法机关正确定罪量刑。

除主要依据同类客体对犯罪进行分类外，我国刑法分则还根据犯罪主体的特点对有些犯罪进行分类排列。例如，《刑法》分则第七章危害国防利益罪和第十章军人违反职责罪所侵犯的都是国家的军事利益，由于犯罪主体不同，分设为两章。

2. 对各类犯罪的排列，以犯罪的社会危害程度为标准

在对具体犯罪进行科学分类的基础上，恰当合理地排列各类犯罪，同样是建立科学的刑法分则体系的一个重要方面。我国刑法分则以各类犯罪的同类客体的

重要性程度为依据，按由重到轻的顺序进行排列。危害国家安全罪的同类客体是国家安全，而国家安全是我国的根本利益，是最重要的社会关系，因此将危害国家安全罪列在各章之首。危害公共安全罪侵犯的是社会的公共安全，其社会危害程度仅次于危害国家安全罪，因此在刑法分则中列于第二章。刑法分则其他章节的排列，基本上也是遵循上述原则。

3. 各类犯罪中的具体犯罪，也是按照各罪的社会危害性程度，并适当考虑各罪之间的关系，从重到轻依次排列

刑法分则在对各类犯罪中的具体犯罪进行排列时，首先考虑的是具体犯罪的社会危害性和危害程度。例如，刑法分则中将放火罪、故意杀人罪、抢劫罪等分别规定在各章之首，就是因为这些犯罪在各章中的社会危害性往往最大，而将交通肇事罪、强迫职工劳动罪、侵占罪等社会危害性相对较小的犯罪规定在各章的后面。同时，刑法分则还相应考虑了具体犯罪之间的内在关系。如在危害公共安全罪中，在放火罪、决水罪、爆炸罪、投毒罪、以危险方法危害公共安全罪之后规定失火罪、过失决水罪、过失爆炸罪、过失投毒罪、过失以危险方法危害公共安全罪，而社会危害性显然较大的劫持航空器罪、劫持船只、汽车罪、暴力危及飞行安全罪被规定在其后。

（三）我国刑法分则的十类犯罪及其主要罪名

依据上述原则，我国刑法分则将犯罪行为分为 10 类，构成刑法分则的 10 章，具体罪名在分则中分布如下：

第一章，危害国家安全罪

危害国家安全罪，是指故意危害中华人民共和国国家安全的行为。本章包括具体罪名有：背叛国家罪；分裂国家罪；煽动分裂国家罪；武装叛乱、暴乱罪；颠覆国家政权罪；煽动颠覆国家政权罪；资助危害国家安全犯罪活动罪；投敌叛变罪；叛逃罪；间谍罪；为境外窃取、刺探、收买、非法提供国家秘密、情报罪；资敌罪。

第二章，危害公共安全罪

危害公共安全罪，是指故意或过失地实施危害不特定多数人的生命、健康或者重大公私财产安全的行为。本章包括具体罪名有：放火罪；决水罪；爆炸罪；投放危险物质罪；以危险方法危害公共安全罪；失火罪；过失决水罪；过失爆炸罪；过失投放危险物质罪；过失以危险方法危害公共安全罪；破坏交通工具罪；破坏交通设施罪；破坏电力设备罪；破坏易燃易爆设备罪；过失损坏交通工具罪；过失损坏交通设施罪；过失损坏电力设备罪；过失损坏易燃易爆设备罪；组织、领导、参加恐怖组织罪；帮助恐怖活动罪；准备实施恐怖活动罪；宣扬恐怖主义、极端主义、煽动实施恐怖活动罪；利用极端主义破坏法律实施罪；强制穿

戴宣扬恐怖主义、极端主义服饰、标志罪；非法持有宣扬恐怖主义、极端主义物品罪；劫持航空器罪；劫持船只、汽车罪；暴力危及飞行安全罪；破坏广播电视设施、公用电信设施罪；过失破坏广播电视设施、公用电信设施罪；非法制造、买卖、运输、邮寄、储存枪支、弹药、爆炸物罪；非法制造、买卖、运输、储存危险物质罪；违规制造、销售枪支罪；盗窃、抢夺枪支、弹药、爆炸物、危险物质罪；抢劫枪支、弹药、爆炸物、危险物质罪；非法持有、私藏枪支、弹药罪；非法出租、出借枪支罪；丢失枪支不报罪；非法携带枪支、弹药、管制刀具、危险物品危及公共安全罪；重大飞行事故罪；铁路运营安全事故罪；交通肇事罪；危险驾驶罪；重大责任事故罪；强令违章冒险作业罪；重大劳动安全事故罪；大型群众性活动重大安全事故罪；危险物品肇事罪；工程重大安全事故罪；教育设施重大安全事故罪；消防责任事故罪；不报、谎报安全事故罪。

第三章，破坏社会主义市场经济秩序罪

破坏社会主义市场经济秩序罪，是指违反国家经济管理法规，干扰国家对市场经济的管理活动，破坏社会主义市场经济秩序，严重危害国民经济的行为。本章包括具体罪名有：（1）生产、销售伪劣商品罪：生产、销售伪劣产品罪；生产、销售假药罪；生产、销售劣药罪；生产、销售不符合安全标准的食品罪；生产、销售有毒、有害食品罪；生产、销售不符合标准的医用器材罪；生产、销售不符合安全标准的产品罪；生产、销售伪劣农药、兽药、化肥、种子罪；生产、销售不符合卫生标准的化妆品罪。（2）走私罪：走私武器、弹药罪；走私核材料罪；走私假币罪；走私文物罪；走私贵重金属罪；走私珍贵动物、珍贵动物制品罪；走私国家禁止进出口的货物、物品罪；走私淫秽物品罪；走私废物罪；走私普通货物、物品罪。（3）妨害对公司、企业的管理秩序罪：虚报注册资本罪；虚假出资、抽逃出资罪；欺诈发行股票、债券罪；违规披露、不披露重要信息罪；妨害清算罪；隐匿、故意销毁会计凭证、会计账簿、财务会计报告罪；虚假破产罪；非国家工作人员受贿罪；对非国家工作人员行贿罪；对外国公职、国际公共组织官员行贿罪；非法经营同类营业罪；为亲友非法牟利罪；签订、履行合同失职被骗罪；国有公司、企业、事业单位人员失职罪；国有公司、企业、事业单位人员滥用职权罪；徇私舞弊低价折股、出售国有资产罪；背信损害上市公司利益罪。（4）破坏金融秩序管理秩序罪：伪造货币罪；出售、购买、运输假币罪；金融工作人员购买假币、以假币换取货币罪；持有、使用假币罪；变造货币罪；擅自设立金融机构罪；伪造、变造、转让金融机构经营许可证、批准文件罪；高利转贷罪；骗取贷款、票据承兑、金融票证罪；非法吸收公众存款罪；伪造、变造金融票证罪；妨害信用卡管理罪；窃取、收买、非法提供信用卡信息罪；伪造、变造国家有价证券罪；伪造、变造股票、公司、企业债券罪；擅自发行股票、公司、企业债券罪；内幕交易、泄露内幕信息罪；利用未公开信息交易罪；编造并传播证券、期货交易虚假信息罪；诱骗投资者买卖证券、期货合约罪；操纵证券、期货市场罪；背信运用受托财产罪；违法运用资金罪；违法发放贷款罪；吸收客户资金不入账罪；违规出具金融票证罪；对违法票据承兑、付款、保证罪；逃汇罪；骗购外汇罪；洗钱罪。（5）金融诈骗罪：集资诈骗罪；贷款诈骗罪；票据诈骗罪；金融凭证诈骗罪；信用证诈骗罪；信用卡诈骗罪；有价证券诈骗罪；保险诈骗罪。（6）危害税收征管罪：逃税罪；抗税罪；逃避追缴欠税罪；骗取出口退税罪；虚开增值税专用发票、用于骗取出口退税、抵扣税款发票罪；虚开发票罪；伪造、出售伪造的增值税专用发票罪；非法出售增值税专用发票罪；非法购买增值税专用发票、购买伪造的增值税专用发票罪；非法制造、出售非法制造的用于骗取出口退税、抵扣税款发票罪；非法制造、出售非法制造的发票罪；非法出售用于骗取出口退税、抵扣税款发票罪；非法出售发票罪；持有伪造的发票罪。（7）侵犯知识产权罪：假冒注册商标罪；销售假冒注册商标的商品罪；非法制造、销售非法制造的注册商标标识罪；假冒专利罪；侵犯著作权罪；销售侵权复制品罪；侵犯商业秘密罪。（8）扰乱市场秩序罪：损害商品信誉、商品声誉罪；虚假广告罪；串通投标罪；合同诈骗罪；组织、领导传销活动罪；非法经营罪；强迫交易罪；伪造、倒卖伪造的有价票证罪；倒卖车票、船票罪；非法转让、倒卖土地使用权罪；提供虚假证明文件罪；出具证明文件重大失实罪；逃避商检罪。

第四章，侵犯公民人身权利、民主权利罪

侵犯公民人身权利、民主权利罪，是指故意或者过失地侵犯公民的人身权利、与人身直接相关的其他权利以及非法剥夺或妨害公民自由行使依法享有的管理国家事务和参加社会政治活动权利的行为。侵犯公民人身权利、民主权利罪，实际上包括两类犯罪，即侵犯公民人身权利罪和侵犯公民民主权利罪。本章包括具体罪名有：故意杀人罪；过失致人死亡罪；故意伤害罪；组织出卖人体器官罪；过失致人重伤罪；强奸罪；强制猥亵、侮辱罪；猥亵儿童罪；非法拘禁罪；绑架罪；拐卖妇女、儿童罪；收买被拐卖的妇女、儿童罪；聚众阻碍解救被拐卖的妇女、儿童罪；诬告陷害罪；强迫劳动罪；雇佣童工从事危险劳动罪；非法搜查罪；非法侵入住宅罪；侮辱罪；诽谤罪；刑讯逼供罪；暴力取证罪；虐待被监管人罪；煽动民族仇恨、民族歧视罪；出版歧视、侮辱少数民族作品罪；非法剥夺公民宗教信仰自由罪；侵犯少数民族风俗习惯罪；侵犯通信自由罪；私自拆开、隐匿、毁弃邮件、电报罪；侵犯公民个人信息罪；非法获取公民个人信息罪；报复陷害罪；打击报复会计、统计人员罪；破坏选举罪；暴力干涉婚姻自由罪；重婚罪；破坏军婚罪；虐待罪；虐待被监护、看护人罪；遗弃罪；拐骗儿童罪；组织残疾人、儿童乞讨罪；组织未成年人进行违反治安管理活动罪。

第五章，侵犯财产罪

侵犯财产罪，是指以非法占有为目的，攫取公私财物，或者故意破坏生产经营，毁坏公私财物的犯罪行为。本章包括具体罪名有：抢劫罪；盗窃罪；诈骗罪；抢夺罪；聚众哄抢罪；侵占罪；职务侵占罪；挪用资金罪；挪用特定款物罪；敲诈勒索罪；故意毁坏财物罪；破坏生产经营罪；拒不支付劳动报酬罪。

第六章，妨害社会管理秩序罪

妨害社会管理秩序罪，是指妨害国家机关对社会的管理活动，破坏社会秩序，情节严重的行为。本章包括具体罪名有：（1）扰乱公共秩序罪：妨害公务罪；煽动暴力抗拒法律实施罪；招摇撞骗罪；伪造、变造、买卖国家机关公文、证件、印章罪；伪造公司、企业、事业单位、人民团体印章罪；盗窃、抢夺、毁灭国家机关公文、证件、印章罪；伪造、变造、买卖身份证件罪；使用虚假身份证件、盗用身份证件罪；非法生产、买卖警用装备罪；非法获取国家秘密罪；非法持有国家绝密、机密文件、资料、物品罪；非法生产、销售专用间谍器材、窃听、窃照专用器材罪 ；非法使用窃听、窃照专用器材罪；组织考试作弊罪；非法出售、提供试题、答案罪；代替考试罪；非法侵入计算机信息系统罪；非法获取计算机信息系统数据、非法控制计算机信息系统罪；提供侵入、非法控制计算机信息系统程序、工具罪；破坏计算机信息系统罪；拒不履行信息网络安全管理义务罪；非法利用信息网络罪；帮助信息网络犯罪活动罪；扰乱无线电通讯管理秩序罪；聚众扰乱社会秩序罪；聚众冲击国家机关罪；扰乱国家机关工作秩序罪；组织、资助非法聚集罪；聚众扰乱公共场所秩序、交通秩序罪；投放虚假危险物质罪；编造、故意传播虚假恐怖信息罪；编造、故意传播虚假信息罪；聚众斗殴罪；寻衅滋事罪；组织、领导、参加黑社会性质组织罪；入境发展黑社会性质组织罪；包庇、纵容黑社会性质组织罪；传授犯罪方法罪；非法集会、游行、示威罪；非法携带武器、管制刀具、爆炸物参加集会、游行、示威罪；破坏集会、游行、示威罪；侮辱国旗、国徽罪；组织、利用会道门、邪教组织、利用迷信破坏法律实施罪；组织、利用会道门、邪教组织、利用迷信致人重伤、死亡罪；聚众淫乱罪；引诱未成年人聚众淫乱罪；盗窃、侮辱、故意毁坏尸体、尸骨、骨灰罪；赌博罪；开设赌场罪；故意延误投递邮件罪。（2）妨害司法罪：伪证罪；辩护人、诉讼代理人毁灭证据、伪造证据、妨害作证罪；妨害作证罪；帮助毁灭、伪造证据罪；虚假诉讼罪；打击报复证人罪；泄露不应公开的案件信息罪；披露、报道不应公开的案件信息罪；扰乱法庭秩序罪；窝藏、包庇罪；拒绝提供间谍犯罪、恐怖主义犯罪、极端主义犯罪证据罪；掩饰、隐瞒犯罪所得、犯罪所得收益罪；拒不执行判决、裁定罪；非法处置查封、扣押、冻结的财产罪；破坏监管秩序罪；脱逃罪；劫夺被押解人员罪；组织越狱罪；暴动越狱罪；聚众持械劫狱罪。(3) 妨害国(边)境管理罪：组织他人偷越国(边)境罪；骗取出境证件罪；提供伪造、变造的出入境证件罪；出售出入境证件罪；运送他人偷越国(边)境罪；偷越国(边)境罪；破坏界碑、界桩罪；破坏永久性测量标志罪。(4) 妨害文物管理罪：故意损毁文物罪；故意损毁名胜古迹罪；过失损毁文物罪；非法向外国出售、赠送珍贵文物罪；倒卖文物罪；非法出售、私赠文物藏品罪；盗掘古文化遗址、古墓罪；盗掘古人类化石、古脊椎动物化石罪；抢夺、盗窃国有档案罪；擅自出卖、转让国有档案罪。(5) 危害公共卫生罪：妨害传染病防治罪；传染病菌种、毒种扩散罪；妨害国境卫生检疫罪；非法组织卖血罪；强迫卖血罪；非法采集、供应血液、制作、供应血制品罪；采集、供应血液、制作、供应血液制品罪；医疗事故罪；非法行医罪；非法进行节育手术罪；妨害动植物防疫、检疫罪(原罪名称：逃避动植物检疫罪)。(6) 破坏环境资源保护罪：污染环境罪；非法处置进口的固体废物罪；擅自进口固体废物罪；非法捕捞水产品罪；非法猎捕、杀害珍贵、濒危野生动物罪；非法收购、运输、出售珍贵、濒危野生动物、珍贵、濒危野生动物制品罪；非法狩猎罪；非法占用农用地罪；非法采矿罪；破坏性采矿罪；非法采伐、毁坏国家重点保护植物罪；非法收购、运输、加工、出售国家重点保护植物、国家重点保护植物制品罪；盗伐林木罪；滥伐林木罪；非法收购、运输盗伐、滥伐的林木罪。(7) 走私、贩卖、运输、制造毒品罪：走私、贩卖、运输、制造毒品罪；非法持有毒品罪；包庇毒品犯罪分子罪；窝藏、转移、隐瞒毒品、毒赃罪；非法生产、买卖、运输制毒物品、走私制毒物品罪；非法种植毒品原植物罪；非法买卖、运输、携带、持有毒品原植物种子、幼苗罪；引诱、教唆、欺骗他人吸毒罪；强迫他人吸毒罪；容留他人吸毒罪；非法提供麻醉药品、精神药品罪。(8) 组织、强迫、引诱、容留、介绍卖淫罪：组织卖淫罪；强迫卖淫罪；协助组织卖淫罪；引诱、容留、介绍卖淫罪；引诱幼女卖淫罪；传播性病罪。(9) 制作、贩卖、传播淫秽物品罪：制作、复制、出版、贩卖、传播淫秽物品牟利罪；为他人提供书号出版淫秽书刊罪；传播淫秽物品罪；组织播放淫秽音像制品罪；组织淫秽表演罪。

第七章，危害国防利益罪

危害国防利益罪，是指危害作战和军事行动，危害国防物质基础和国防建设活动，妨害国防管理秩序，拒绝或者逃避履行国防义务，损害部队声誉的行为。本章包括具体罪名有：阻碍军人执行职务罪；阻碍军事行动罪；破坏武器装备、军事设施、军事通信罪；过失损坏武器装备、军事设施、军事通信罪；故意提供不合格武器装备、军事设施罪；过失提供不合格武器装备、军事设施罪；聚众冲击军事禁区罪；聚众扰乱军事管理区秩序罪；冒充军人招摇撞骗罪；煽动军人逃离部队罪；雇佣逃离部队军人罪；接送不合格兵员罪；伪造、变造、买卖武装部队公文、证件、印章罪；盗窃、抢夺武装部队公文、证件、印章罪；非法生产、买卖武装部队制式服装罪（原罪名称：非法生产、买卖军用标志罪）；伪造、盗窃、买卖、非法提供、非法使用武装部队专用标志罪；战时拒绝、逃避征召、军事训练罪；战时拒绝、逃避服役罪；战时故意提供虚假敌情罪；战时造谣扰乱军心罪；战时窝藏逃离部队军人罪；战时拒绝、故意延误军事订货罪；战时拒绝军事征收、征用罪。

第八章，贪污贿赂罪

贪污贿赂罪，是指国家工作人员利用职务上的便利，贪污、挪用公共财物，索取、收受贿赂，破坏职务行为的廉洁性、不可收买性的行为，以及其他人员行贿、介绍贿赂的行为。本章包括具体罪名有：贪污罪；挪用公款罪；受贿罪；单位受贿罪；利用影响力受贿罪；行贿罪；对有影响力的人行贿罪；对单位行贿罪；介绍贿赂罪；单位行贿罪；巨额财产来源不明罪；隐瞒境外存款罪；私分国有资产罪；私分罚没财物罪。

第九章，渎职罪

渎职罪，是指国家机关工作人员滥用职权、玩忽职守或者徇私舞弊，危害国家机关的正常管理秩序，致使公共财产或者国家和人民利益遭受重大损失的行为。本章包括具体罪名有：滥用职权罪；玩忽职守罪；故意泄露国家秘密罪；过失泄露国家秘密罪；徇私枉法罪；民事、行政枉法裁判罪；执行判决、裁定失职罪；执行判决、裁定滥用职权罪；枉法仲裁罪；私放在押人员罪；失职致使在押人员脱逃罪；徇私舞弊减刑、假释、暂予监外执行罪；徇私舞弊不移交刑事案件罪；滥用管理公司、证券职权罪；徇私舞弊不征、少征税款罪；徇私舞弊发售发票、抵扣税款、出口退税罪；违法提供出口退税凭证罪；国家机关工作人员签订、履行合同失职被骗罪；违法发放林木采伐许可证罪；环境监管失职罪；食品监管渎职罪；传染病防治失职罪；非法批准征收、征用、占用土地罪；非法低价出让国有土地使用权罪；放纵走私罪；商检徇私舞弊罪；商检失职罪；动植物检疫徇私舞弊罪；动植物检疫失职罪；放纵制售伪劣商品犯罪行为罪；办理偷越国（边）境人员出入境证件罪；放行偷越国（边）境人员罪；不解救被拐卖、绑架妇女、儿童罪；阻碍解救被拐卖、绑架妇女、儿童罪；帮助犯罪分子逃避处罚罪；招收公务员、学生徇私舞弊罪；失职造成珍贵文物损毁、流失罪。

第十章，军人违反职责罪

军人违反职责罪，是指中国人民解放军、中国人民武装警察部队的现役军人、战时预备役人员以及其他军内在编职工违反职责，危害国家军事利益，依照法律应当受刑罚处罚的行为。本章包括具体罪名有：战时违抗命令罪；隐瞒、谎报军情罪；拒传、假传军令罪；投降罪；战时临阵脱逃罪；擅离、玩忽军事职守罪；阻碍执行军事职务罪；指使部属违反职责罪；违令作战消极罪；拒不救援友邻部队罪；军人叛逃罪；非法获取军事秘密罪；为境外窃取、刺探、收买、非法提供军事秘密罪；故意泄露军事秘密罪；过失泄露军事秘密罪；战时造谣惑众罪；战时自伤罪；逃离部队罪；武器装备肇事罪；擅自改变武器装备编配用途罪；盗窃、抢夺武器装备、军用物资罪；非法出卖、转让武器装备罪；遗弃武器装备罪；遗失武器装备罪；擅自出卖、转让军队房地产罪；虐待部属罪；遗弃伤病军人罪；战时拒不救治伤病军人罪；战时残害居民、掠夺居民财物罪；私放俘虏罪；虐待俘虏罪。

二、刑法分则的条文结构

我国刑法分则主要由规定具体犯罪的条文构成，其规范内容一般由罪状和法定刑两个部分组成。例如，《刑法》第279条第1款规定：冒充国家机关工作人员招摇撞骗的，处三年以下有期徒刑、拘役、管制或者剥夺政治权利……前一句是罪状，后一句是法定刑。

（一）罪状

罪状，是指刑法分则条文对具体犯罪基本构成特征的描述。刑法理论一般根据条文对罪状的描述方式不同，将罪状分为叙明罪状、简单罪状、引证罪状、空白罪状四种。

1. 叙明罪状

即在罪状中，对具体犯罪构成的主要特征作出详细的描述。例如，《刑法》第305条规定“在刑事诉讼中，证人、鉴定人、记录人、翻译人对与案件有重要关系的情节，故意作虚假证明、鉴定、记录、翻译，意图陷害他人或者隐匿罪证的……”就是典型的叙明罪状，它对伪证罪的主客观特征作了具体、详细的描述，完全符合立法明确性原则，便于司法实践中准确认定犯罪和统一适用法律。叙明罪状在我国刑法分则具体犯罪条文中占据多数。

2. 简单罪状

即在罪状中只简单描述了具体犯罪的特征或仅规定罪名。例如，《刑法》第232条规定，“故意杀人的，处死刑、无期徒刑或者十年以上有期徒刑；情节较轻的，处三年以上十年以下有期徒刑”。就是典型的简单罪状。采用简单罪状，一般是因为这些犯罪的特征易于把握和理解，无须具体描述。

3. 引证罪状

即引用同一法律中的其他条款来说明或确定某一具体犯罪构成的特征。例如，《刑法》第119条第1款规定了破坏交通工具罪、破坏交通设施罪、破坏电力设备罪、破坏易燃易爆设备罪的罪状和法定刑，其第2款规定，“过失犯前款罪的，处三年以上七年以下有期徒刑；情节较轻的，处三年以下有期徒刑或者拘役”。该款就是引用第1款的罪状，来说明过失破坏交通工具罪、过失破坏交通设施罪、过失破坏电力设备罪、过失破坏易燃易爆设备罪的特征。采用引证罪状，是为了避免条文文字的重复，保持条文的简明性。

4. 空白罪状

即在条文中不直接规定具体犯罪的构成特征，仅指明确定该罪构成特征需要参照的其他法律、法规的规定。例如，《刑法》第133条规定，“违反交通运输管理法规，因而发生重大事故，致人重伤、死亡或者使公私财产遭受重大损失的，处三年以下有期徒刑或者拘役；……”该条并未直接描述交通肇事罪的特征，仅指明应参照交通运输管理法规来确定该罪的构成特征，属空白罪状。应用空白罪状，可以简化条文，但适用空白罪状进行定罪，必须与有关法律法规相结合。

（二）法定刑

法定刑，是指刑法分则条文规定的适用于具体犯罪的刑罚种类和刑罚幅度。

法定刑不同于宣告刑。法定刑是国家立法机关根据某种犯罪的性质和危害程度所确定的量刑标准，它着眼于该罪的共性；宣告刑则是审判机关对具体犯罪案件中的犯罪人依法判处并宣告的应当实际执行的刑罚，它着眼于具体犯罪案件及犯罪人的特殊性。

法定刑通常可以分为绝对确定的法定刑、绝对不确定的法定刑、相对确定的法定刑。

1. 绝对确定的法定刑，是指刑法分则条文对某种犯罪或某种犯罪的某种情形只规定单一的刑种和固定的刑度。绝对确定的法定刑，使法官无法根据具体情况对犯罪人判处刑罚，既有失公正，也不利于收到良好的刑罚效果。

2. 绝对不确定的法定刑，是指刑法分则条文只规定对某种犯罪处以刑罚，却不规定具体刑种和刑度，具体如何处罚完全由法官掌握。绝对不确定的法定刑，没有统一的量刑标准，法官的裁量权过大，违反罪刑法定原则和罪责刑相适应原则。

3. 相对确定的法定刑，是指刑法分则条文对某种犯罪规定了相对具体的刑种和刑度。相对确定的法定刑，在立法上有确定的刑种和刑度，在司法上又有具体裁量的余地，克服了前两种法定刑的弊端，使法官可以根据具体案情和犯罪人的具体情况，判处轻重适当的刑罚，更好地实现刑罚的目的，因此这种法定刑被世界各国刑法普遍采用。

我国现行刑法没有绝对不确定的法定刑，也没有任何一个分则条文只规定一种绝对确定的法定刑，我国刑法分则条文中的法定刑绝大多数为相对确定的法定刑。

第二节　重点罪名简介

一、放火罪

（一）放火罪的概念和特征

放火罪，是指故意放火焚烧公私财物，危害公共安全的行为。

本罪的构成特征如下：

1. 本罪侵犯的客体是公共安全。所谓公共安全，是指不特定的多数人的生命、健康和重大公私财产安全。如果放火行为不足以危害公共安全的，不构成放火罪。本罪的对象是公私财物，一般是指他人财物，放火焚烧自己或家庭所有的财物，足以引起火灾，危及公共安全的，应以放火罪论处。

2. 本罪在客观方面表现为放火焚烧公私财物的行为。放火的方式，既可以是作为的方式，如利用各种引火物直接把焚烧目的物点燃的行为；也可以是不作为的方式，如负有防火义务的油库区安全员，发现油库区有着火的危险，能够采取措施防止而不防止，导致火灾发生的行为。

3. 本罪的主体是一般主体，根据《刑法》第 17 条第 2 款的规定，已满 14 周岁不满 16 周岁的人犯本罪的，应当承担刑事责任。

4. 本罪主观方面是故意，即行为人明知自己的放火行为会危害公共安全，并且希望或者放任这种结果的发生。放火的动机不影响本罪的成立。

（二）放火罪的认定

1. 本罪与以放火方式实施的其他犯罪的界限

区分本罪与故意杀人罪、故意伤害罪。如果行为人以放火为手段杀人、伤人，不足以危害公共安全的，只能构成故意杀人罪、故意伤害罪；如果行为人虽以放火为手段杀伤特定的人，但同时可能造成火灾危害公共安全的，应以放火罪论处。

区分本罪与故意毁坏财物罪。放火焚烧公私财物，危害公共安全的，构成放火罪；如果不危害公共安全的，则构成故意毁坏财物罪。

2. 本罪既遂与未遂的界限

我国《刑法》第 114 条将放火罪作为危险犯加以规定，据此，只要行为人实施了放火行为，已将目的物点燃并开始独立燃烧，足以危害公共安全，即使及时将火扑灭，未达到烧毁的目的，也构成放火罪既遂。但是，如果放火行为没有实施完毕，如正要点火即被抓获，或者因风吹、下雨未能点燃目的物，则应以放火罪未遂论处。

（三）放火罪的处罚

根据《刑法》第114条、第115条第1款的规定，犯本罪，处3年以上10年以下有期徒刑；致人重伤、死亡或者使公私财产遭受重大损失的，处10年以上有期徒刑、无期徒刑或者死刑。

案例导读

评析：本案中，被告人李某放火侵害的对象虽然是他人财物，但是从放火的时间、地点、环境看足以构成对公共安全的危害，因此应以放火罪论处。另外，此案中李某已将目的物某托卖行的铝合金卷帘防盗门点燃，已经构成了放火罪的既遂状态，尽管由于及时抢救没有造成周围房屋燃烧和人员伤亡的严重后果，但并不影响放火罪的成立。

二、交通肇事罪

（一）交通肇事罪的概念和特征

交通肇事罪，是指违反交通运输管理法规，因而发生重大事故，致人重伤、死亡或者使公私财产遭受重大损失的行为。

本罪的构成特征如下：

1. 本罪侵犯的客体是交通运输安全。本罪发生的范围主要限于铁路、航空运输以外的陆路交通运输与水上交通运输过程中，并且只发生在公共交通管理范围之内。

2. 本罪在客观方面表现为违反交通运输管理法规，因而发生重大事故，致人重伤、死亡或者使公私财产遭受重大损失的行为。构成本罪在客观方面必须具备两个条件：一是行为人必须在交通运输过程中实施了违反交通运输管理法规的行为；二是违反交通运输管理法规的行为必须造成重大事故，致人重伤、死亡或者致使公私财产遭受重大损失。

3. 本罪主体为一般主体，即年满16周岁、具有刑事责任能力的自然人，包括从事交通运输的人员和非交通运输人员。根据2000年11月15日最高人民法院《关于审理交通肇事刑事案件具体应用法律若干问题的解释》（以下简称《关于审理交通肇事刑事案件的解释》）第7条的规定，单位主管人员、机动车辆所有人或者机动车辆承包人指使、强令他人违章驾驶造成重大交通事故，达到犯罪构成标准的，以交通肇事罪定罪处罚。

4. 本罪在主观方面只能是过失，即行为人应当预见到自己的行为可能导致重大交通事故并造成严重后果，由于疏忽大意而未能预见，或者虽然已经预见但轻信可以避免。需要注意的是，这种过失是指行为人对所造成的严重后果的心理态度，对违反交通运输管理法规本身，则通常是明知故犯。

【参考案例10－1】

周某系北京市某公司的一名卡车司机，10月20日19时许，周某驾驶大货车为本单位某工地清运渣土。当其驾车行驶过某路口转弯时，刮倒了骑自行车的鲁某。周某当时虽已感觉车身颠了一下，但没有停车，继续到工地拉渣土。当其返回再次经过事故地点时，见有交警正在勘查现场，即向单位领导报告自己可能撞了人，并于当日向公安交通管理部门投案。经法医鉴定，被害人鲁某系交通事故致胸腹脏等器官损伤失血性休克而死亡。经交警部门认定，周某对此次事故负全部责任。周某的行为是否属于交通肇事后逃逸？

（二）交通肇事罪的认定

1. 罪与非罪的界限

区分本罪与交通事故中的意外事件。关键在于行为人主观上是否存在过失，如果行为人主观上没有过失，事故是由于不能预见的原因引起的，即使造成了严重后果，也不构成犯罪。

区分本罪与一般交通事故。关键要看违反交通运输管理法规的行为是否造成了严重后果。根据《关于审理交通肇事刑事案件的解释》第2条规定，交通肇事具有下列情形之一的，构成犯罪：（1）死亡1人或者重伤3人以上，负事故全部或者主要责任的；（2）死亡3人以上，负事故同等责任的；（3）造成公共财产或者他人财产直接损失，负事故全部或者主要责任，无能力赔偿数额在30万元以上的。交通肇事致1人以上重伤，负事故全部或者主要责任，并具有下列情形之一的，以交通肇事罪定罪处罚。（1）酒后、吸食毒品后驾驶机动车辆的；（2）无驾驶资格驾驶机动车辆的；（3）明知是安全装置不全或者安全机件失灵的机动车辆而驾驶的；（4）明知是无牌证或者已报废的机动车辆而驾驶的；（5）严重超载驾驶的；（6）为逃避法律追究逃离事故现场的。

2. 本罪与利用交通工具的故意犯罪的界限

本罪与利用交通工具的故意犯罪，如利用交通工具故意杀人、故意伤害、以危险方法危害公共安全犯罪，从危害后果来看往往相同，区分的关键在于两者犯罪的主观方面不同。本罪行为人对于致人重伤或死亡的结果，在主观上是过失的心理态度；而利用交通工具的故意犯罪，行为人对于危害后果的心理态度则是故意的。对于利用交通工具实施故意犯罪的，如果行为人驾驶交通工具故意撞死或者撞伤特定人的，按故意杀人罪或者故意伤害罪定罪处罚；如果行为人驾驶交通工具故意朝人群中冲撞的，则按以危险方法危害公共安全罪定罪处罚。

（三）交通肇事罪的处罚

根据《刑法》第133条的规定，犯交通肇事罪的，处3年以下有期徒刑或者拘役；交通肇事后逃逸或者有其他特别恶劣情节的，处3年以上7年以下有期徒刑；因逃逸致人死亡的，处7年以上有期徒刑。按照《关于审理交通肇事刑事案件的解释》第3条的规定，所谓“交通肇事后逃逸”，是指行为人在交通肇事后，为逃避法律追究而逃跑的行为。按照《关于审理交通肇事刑事案件的解释》第5条的规定，“因逃逸而致人死亡”，是指行为人在交通肇事后为逃避法律追究而逃跑，致使被害人因得不到及时救治而死亡的情形。但是，行为人在交通肇事后为逃避法律追究，将被害人带离现场隐藏或丢弃，致使被害人因得不到及时救治而死亡或严重残疾的，以故意杀人罪、故意伤害罪论处。

【参考案例10－1】

评析：成立“交通肇事后逃逸”必须同时具备如下要件：行为人的交通肇事行为必须已经构成交通肇事罪的基本犯；行为人必须是基于为逃避法律追究的目的而逃跑。本案中，周某的行为构成交通肇事罪，但周某在离开事故现场时，并不确知其已经肇事，因此，不宜认定周某的行为属于“交通肇事后逃逸”。

三、重大责任事故罪

（一）重大责任事故罪的概念和特征

重大责任事故罪，是指在生产、作业中违反有关安全管理的规定，因而发生重大伤亡事故或者造成其他严重后果的行为。

本罪的构成特征如下：

1. 本罪侵犯的客体是生产、作业的安全。

2. 本罪在客观方面表现为行为人在生产、作业过程中，违反安全管理的规定，因而发生重大伤亡事故或者造成其他严重后果的行为。具体包括以下三个构成要素：（1）行为人在生产、作业中违反安全管理的规定。所谓违反安全管理的规定，是指违反国家有关安全生产、作业的法律、法规，以及企业、事业单位及其上级管理机关所制定的与生产、作业安全管理有关的劳动纪律、操作规程和安全管理方面的规章制度。（2）违反安全管理规定的行为只能发生在生产、作业过程中并与生产、作业有直接关系。（3）该行为必须造成了重大伤亡事故或者其他严重后果。根据最高人民法院、最高人民检察院2007年3月1日起施行的《关于办理危害矿山生产安全刑事案件具体应用法律若干问题的解释》（以下简称《关于办理危害矿山生产安全刑事案件的解释》）第4条第1款的规定，造成重大伤亡事故或者其他严重后果是指下列情形：造成死亡1人以上，或者重伤3人以上的；造成直接经济损失100万元以上的；造成其他严重后果的情形。

3. 本罪的主体为具有刑事责任能力的自然人，主要是从事生产、作业的人员，包括负有组织、指挥或管理职责的负责人、管理人、实际控制人、投资人等人员，以及直接从事生产、作业的人员。

4. 本罪在主观方面表现为过失，包括疏忽大意的过失和过于自信的过失。这里的过失是指行为人对其行为所引起的重大伤亡事故或者其他严重后果的心理态度，至于其违反安全管理规定的行为，则往往是明知故犯。

（二）本罪的认定

1. 本罪与失火罪、过失爆炸罪、过失投放危险物质罪的界限

区分的关键在于行为发生的场合和违反的法律规范属性不同。本罪限于生产、作业过程中因违反安全管理的规定而发生重大伤亡事故或者造成其他严重后果，后者则是在日常生活中由于忽视安全、未尽注意义务，致人重伤、死亡或者使公私财产遭受重大损失。

2. 本罪与交通肇事罪的界限

主要是对在厂（矿）区内机动车作业期间发生的重大伤亡事故案件的认定。在公共交通管理范围内，因违反交通运输管理法规，发生重大事故的，应按交通肇事罪处理；因违反安全生产的法律法规或者规章制度，发生重大伤亡事故或者造成其他严重后果的，应按重大责任事故罪处理。在公共交通管理范围外发生的重大事故，按照重大责任事故罪处理。

（三）重大责任事故罪的处罚

根据《刑法》第134条第1款的规定，犯重大责任事故罪的，处3年以下有期徒刑或者拘役；情节特别恶劣的，处3年以上7年以下有期徒刑。根据《关于办理危害矿山生产安全刑事案件的解释》的规定，造成死亡3人以上，或者重伤10人以上的；或者造成直接经济损失300万元以上；或者具有其他特别恶劣的情节，视为“情节特别恶劣”。

四、生产、销售伪劣产品罪

（一）生产、销售伪劣产品罪的概念和特征

生产、销售伪劣产品罪，是指生产者、销售者违反产品质量管理法规和工商行政管理法规，在产品中掺杂、掺假，以假充真，以次充好或者以不合格产品冒充合格产品，销售金额在5万元以上的行为。

本罪的构成特征如下：

1. 本罪侵犯的客体是复杂客体。即国家对产品质量的监督管理制度、市场管理制度和消费者的合法权益。本罪的犯罪对象是伪劣产品，通常限于除药品、食品、医疗器械、农药、化妆品等特殊伪劣产品之外的一般伪劣产品。

2. 本罪的客观方面表现为行为人违反产品质量管理法规，在产品中掺杂、掺假，以假充真，以次充好或者以不合格产品冒充合格产品，销售金额在5万元以上的行为。生产、销售伪劣产品的行为主要有四种表现形式：一是在产品中掺杂、掺假，即在产品中掺入杂质或者异物，致使产品质量不符合国家法律、法规或者产品明示质量标准规定的质量要求，降低、失去应有使用性能的行为。如在中成药中加入超过比例的淀粉。二是以假充真，是指以不具有某种使用性能的产品冒充具有该种使用性能的产品的行为。如以自来水冒充矿泉水。三是以次充好，是指以低等级、低档次产品冒充高等级、高档次产品，或者以残次、废旧零配件组合、拼装后冒充正品或者新产品的行为。如以人工种植的人参假冒天然人参。四是以不合格产品冒充合格产品，所谓不合格产品，是指不符合《产品质量法》第26条第2款规定的质量要求的产品。同时，伪劣产品的销售金额要达到5万元以上，才构成此罪。

3. 本罪的主体是伪劣产品的生产者和销售者，属于一般主体，自然人和单位都可以成为本罪主体。

4. 本罪的主观方面只能是故意，行为人通常具有牟利的目的。

【参考案例10-2】

上海盛禄食品有限公司（以下简称盛禄公司）法定代表人叶某某为提高销量，在明知蒸煮类糕点使用“柠檬黄”不符合《食品添加剂使用卫生标准》的情况下，仍于2010年9月起安排生产主管、被告人谢某某组织工人大量生产添加“柠檬黄”的玉米面馒头。盛禄公司销售经理、被告人徐某某将馒头销往多家超市。经鉴定，盛禄公司所生产的玉米面馒头均检出“柠檬黄”成分，系不合格产品。2010年10月1日至2011年4月11日，盛禄公司共生产并销售添加“柠檬黄”的玉米面馒头金额共计620927.02元。对本案如何认定和处理？

（二）生产、销售伪劣产品罪的认定

1. 罪与非罪的界限

区分本罪与一般违法行为的界限，主要在于两点：一是行为人主观上是否出于故意。本罪以行为人主观出于故意为要件，如果行为人由于过失而生产、销售伪劣产品的，不构成本罪。二是生产、销售伪劣产品的销售金额是否达到5万元以上。根据刑法规定，销售金额达5万元以上的，才构成本罪，不满5万元的，只构成一般违法行为。

2. 本罪与生产、销售特定种类的伪劣产品犯罪的界限

除本罪外,《刑法》第 141 条至第 148 条还规定了生产、销售假药、劣药、不符合安全标准的食品等生产、销售特定种类的伪劣产品犯罪。两者的区别主要在于:(1)本罪的犯罪对象是伪劣产品,并未具体限定,而后者的犯罪对象是特定种类的伪劣产品,如假药、不符合安全标准的食品等;(2)本罪以“销售金额 5 万元以上”为构成要件,后者则以“对人体健康造成严重危害”或“足以严重危害人体健康”等为构成要件。

在认定本罪与生产、销售特定种类的伪劣产品犯罪时需要注意两点:第一,行为人实施生产、销售特定种类的伪劣产品行为,但不构成各该条规定的犯罪,如果销售金额在 5 万元以上的,依照本罪的规定定罪处罚。第二,行为人实施生产、销售特定种类的伪劣产品行为,既构成《刑法》第 141 条至第 148 条规定的各项犯罪,同时又构成本罪的,属于刑法理论上的法条竞合。根据《刑法》第 149 条第 2 款的规定,依重法优于轻法的原则处理。

(三)生产、销售伪劣产品罪的处罚

根据《刑法》第 140 条、第 150 条的规定,犯生产、销售伪劣产品罪,销售金额 5 万元以上不满 20 万元的,处 2 年以下有期徒刑或者拘役,并处或者单处销售金额 50% 以上 2 倍以下罚金;销售金额 20 万元以上不满 50 万元的,处 2 年以上 7 年以下有期徒刑,并处销售金额 50% 以上 2 倍以下罚金;销售金额 50 万元以上不满 200 万元的,处 7 年以上有期徒刑,并处销售金额 50% 以上 2 倍以下罚金;销售金额 200 万元以上的,处 15 年有期徒刑或者无期徒刑,并处销售金额 50% 以上 2 倍以下罚金或者没收财产。单位犯本罪的,对单位判处罚金,并对其直接负责的主管人员和其他直接责任人员,依照上述规定处罚。

【参考案例 10-2】

评析:法院经审理认为,盛禄公司违反国家关于食品安全法律法规的禁止性规定,生产、销售添加“柠檬黄”的玉米面馒头,以不合格产品冒充合格产品,销售金额 62 万余元,被告人叶某某作为盛禄公司的主管人员,被告人徐某某、谢某某作为盛禄公司的直接责任人员,均已构成生产、销售伪劣产品罪。因盛禄公司已被吊销营业执照,依法不再追究单位的刑事责任。最终依法判处主犯叶某某有期徒刑 9 年,并处罚金 65 万元;判处从犯徐剑明有期徒刑 5 年,并处罚金 20 万元;判处从犯谢维铣有期徒刑 5 年,并处罚金 20 万元。

五、逃税罪

(一)逃税罪的概念和特征

逃税罪,是指纳税人采取欺骗、隐瞒手段进行虚假纳税申报或者不申报,逃

避缴纳税款数额较大并且占应纳税额10%以上，或者扣缴义务人采取欺骗、隐瞒手段不缴或者少缴已扣、已收税款数额较大的行为。

本罪的构成特征如下：

1. 本罪侵犯的客体是国家的税收征管制度。

2. 本罪的客观方面表现为采取欺骗、隐瞒手段进行虚假纳税申报或者不申报，逃避缴纳税款数额较大并且占应纳税额10%以上，或者扣缴义务人采取欺骗、隐瞒手段不缴或者少缴已扣、已收税款数额较大的行为。包括两个要素：(1) 实施了采取欺骗、隐瞒手段逃避税款的行为。包括：伪造、变造、隐匿、擅自销毁账簿、记账凭证；在账簿上多列支出或者不列、少列收人；经税务机关通知申报而拒不申报纳税；进行虚假纳税申报；缴纳税款后，以假报出口或者其他欺骗手段，骗取所缴纳的税款。(2) 逃避缴纳税款数额达到法定标准。对于纳税人，逃避缴纳税款数额较大并且占应纳税额10%以上，构成本罪；对于扣缴义务人，不缴或者少缴已扣、已收税款数额较大的，即构成犯罪。

3. 本罪的主体是特殊主体，即纳税人或扣缴义务人，既包括自然人，也包括单位。

4. 本罪的主观方面只能是故意，并且具有逃避缴纳应缴税款的目的。

（二）逃税罪的认定

注意区分本罪与非罪的界限。(1) 本罪与一般逃税行为的区别。主要看逃避缴纳税款的数额是否达到法定标准以及是否具备其他法定情节。(2) 本罪与漏税行为的区别。漏税，是指纳税人因过失而漏缴或者少缴税款的行为。两者的区别在于：从主观方面看，本罪出于故意，而漏税行为则出于过失；从客观方面看，本罪行为人采取欺骗、隐瞒的手段逃税，而漏税行为则不具有欺骗性和隐瞒性。

（三）逃税罪的处罚

根据《刑法》第201条、第211条的规定，纳税人犯本罪，逃避缴纳税款数额较大并且占应纳税额10%以上的，处3年以下有期徒刑或者拘役，并处罚金；数额巨大并且占应纳税额30%以上的，处3年以上7年以下有期徒刑，并处罚金。扣缴义务人犯本罪，不缴或者少缴已扣、已收税款，数额较大的，处3年以下有期徒刑或者拘役，并处罚金；数额巨大的，处3年以上7年以下有期徒刑，并处罚金。单位犯本罪的，对单位判处罚金，并对其直接负责的主管人员和其他直接责任人员，依照上述规定处罚。

六、故意杀人罪

（一）故意杀人罪的概念与特征

故意杀人罪，是指故意非法剥夺他人生命的行为。故意非法剥夺他人生命，不论是否达到目的，行为人只要在客观上实施了非法剥夺他人生命的行为，就构成本罪。

本罪的构成特征如下：

1. 本罪侵犯的客体是他人的生命权利。这是故意杀人罪区别于其他侵犯人身权利犯罪的本质特征。犯罪对象是有生命的自然人，包括婴儿，因此，溺婴构成故意杀人罪。同理，尚未出生的胎儿和人死后的尸体，都不是故意杀人罪的对象。但是，如果行为人出于杀人的故意，误把尸体当作有生命的人加以“杀害”，属于事实认识错误，应按故意杀人未遂处理。

2. 本罪在客观方面表现为非法剥夺他人生命的行为。首先，这种行为必须是非法的，如果是合法剥夺他人生命的行为，如依法执行死刑、正当防卫致人死亡等，不构成犯罪。其次，要有剥夺他人生命的行为。既可以是积极的作为，也可以是消极的不作为。剥夺他人生命的行为不管是否达到目的，也不管其使用的手段如何，都不影响本罪的成立。

3. 本罪的主体是一般主体，根据《刑法》第17条第2款的规定，凡年满14周岁，具有刑事责任能力的自然人，都可以成为本罪的主体。

4. 本罪在主观方面是故意，包括直接故意和间接故意。也就是说，行为人明知自己的行为会发生致人死亡的后果，并且希望或者放任这种结果的发生。故意杀人的动机不影响本罪的构成，但对量刑具有一定意义。

【参考案例10－3】

2008年6月3日晚9时许，被告人甲某与临市的女网友乙某相约跳河自杀。当二人一同跳入汝河深水时，甲某改变主意，游泳至岸边，乙某遂沉入水底。被告人甲某没有及时呼救及采取其他救助措施，最终导致乙某溺水死亡。2008年6月4日11时许，甲某向公安机关投案，并如实供述犯罪事实。后公诉机关指控被告人甲某犯故意杀人罪。

（二）故意杀人罪的认定

1. 本罪与危害公共安全类犯罪的界限

故意杀人罪的手段包括爆炸、投毒、放火等危害公共安全的犯罪方法，二者区别的关键在于是否足以危害到不特定多数人的生命、健康。用危害公共安全的犯罪方法实施故意杀人，行为没有对不特定多数人的生命、健康造成威胁，仍以故意杀人罪论。反之，则构成危害公共安全类犯罪。

2. 与自杀有关的案件的处理

自杀是自愿结束自己生命的行为，本身不构成犯罪，但在某些情况下，有的人要对他人的自杀行为承担刑事责任。

（1）相约自杀。即二人或二人以上互相约定自愿共同自杀的行为。分为几种情况：如果相约各方均自杀身亡，自不存在刑事责任；如果相约各方各自实施自杀行为，一方死亡，另一方自杀未逞，未逞一方也不负刑事责任；如果相约各方各自实施自杀行为，一方中途放弃或自杀未遂后，尚有阻止、挽救对方的能力，却见死不救，则构成不作为故意杀人，但在量刑时要从轻处罚；如果相约自杀，其中一方受托先杀死对方，继而自杀未逞的，应以故意杀人罪论处，量刑时也应从轻处罚；如果以相约自杀为手段，诱骗他人自杀的，则构成故意杀人罪。

【参考案例 10－3】

评析： 分析此案，被告人甲某的先行行为即相约自杀行为，应该引起其救助相约自杀的他人生命的作为义务。甲某在负有救助相约自杀的他人义务的情况下，应知且明知被害人的死亡后果，而对其死亡采取放任的态度，既未积极施救，又未及时报警，其不作为导致了被害人的死亡，应定（间接）故意杀人罪。但应从轻处罚。

（2）教唆、帮助他人自杀，构成故意杀人罪。

（3）逼迫他人自杀。即利用权势或某种特殊关系，利用被害人心理或其他方面的弱点，以暴力、胁迫的方法，强迫他人自杀的行为。这是典型的借被害人之手杀死被害人，应以故意杀人罪论处。

3. 受嘱托杀人和“安乐死”案件的处理

受嘱托杀人，是指受已有自杀意图者嘱托将其杀死的行为，一般应以故意杀人罪论处，但在处罚时可以从轻。“安乐死”，实质上也是一种受嘱托杀人，是指为免除患有不治之症、濒临死亡的病人的痛苦，受患者委托使其无痛苦地死亡。由于目前我国法律并未确认“安乐死”为合法，对“安乐死”案件，仍应以故意杀人罪论处，但可以减轻或者免除处罚。

4. 刑法相关条文对故意杀人罪的认定

根据《刑法》第 238 条第 2 款、第 247 条、第 248 条、第 289 条、第 292 条第 2 款的规定，对非法拘禁使用暴力致人死亡的，刑讯逼供或使用暴力逼取证人证言致人死亡的，虐待被监管人致人死亡的，聚众“打砸抢”致人死亡的，聚众斗殴致人死亡的，应以故意杀人罪论处。根据《刑法》第 234 条之一第 2 款的规定，未经本人同意摘取其器官，或者摘取不满 18 周岁的人的器官，或者强迫、欺骗他人捐献器官的，依照故意伤害罪、故意杀人罪定罪处罚。

（三）故意杀人罪的刑事责任

根据《刑法》第 232 条的规定，故意杀人的，处死刑、无期徒刑或者 10 年以上有期徒刑；情节较轻的，处 3 年以上 10 年以下有期徒刑。故意杀人罪中的

"情节较轻",在司法实践中一般指义愤杀人、大义灭亲、被害人请求、防卫过当、因遭受被害人长期的迫害而杀人、帮助自杀等。

七、故意伤害罪

(一) 故意伤害罪的概念和特征

故意伤害罪,是指故意非法损害他人身体健康的行为。

本罪的构成特征如下:

1. 本罪侵犯的客体是他人的身体健康权利。所谓身体健康权,是指自然人对于保持其肢体、器官和其他组织的完整性和正常机能的权利。应注意的是,本罪侵害的对象是他人,因此,故意伤害自己的身体,一般不认为是犯罪。

2. 本罪在客观方面表现为非法损害他人身体健康的伤害行为。首先,伤害行为必须是非法的,因执行职务、执行命令、正当防卫、紧急避险等合法行为造成他人伤害的,不构成犯罪。其次,必须有损害他人身体健康的伤害行为,具体包括两种情形:一是破坏人体组织的完整性,如砍断手指、挖掉眼睛;二是破坏人体器官的正常机能,如使肢体瘫痪、听力丧失。伤害行为一般表现为作为,但少数也可由不作为构成。本罪是结果犯,法定的损害结果包括轻伤、重伤和伤害致死三种情况,其中"轻伤"结果是成立本罪的必备要素。

3. 本罪的主体是一般主体,即凡年满16周岁具有刑事责任能力的自然人,都可以成为本罪的主体。而已满14周岁不满16周岁的人实施故意伤害致人重伤或者死亡的,也应负刑事责任。

4. 本罪的主观方面表现为故意,包括直接故意和间接故意,即行为人明知自己的行为会造成损害他人身体健康的结果,却希望或者放任这种结果的发生。通常情况下,行为人对于非法损害的程度事先不一定有明确认识,因此,在司法实践中,行为人的行为造成轻伤结果的,以轻伤害论,造成重伤结果的,以重伤害论。

【参考案例10-4】

2003年9月25日18时许,邱某某怀疑其妻安某某与张某某有不正当关系,即从家中拿了一把剔骨刀,跟踪安某某。邱见安、张二人表现亲密,怒火中烧,遂上前将张某某推倒在地与其争执,随后二人厮打在一起,在厮打过程中,邱某某用随身携带的剔骨刀将张某某背部、左腋下、左胸部、左前臂、右膝内侧等处扎伤后逃回家中,并将带血的衣服烧毁。张某某被送到医院后因被刺破双肾脏致失血性休克死亡。公诉机关指控邱某某犯有故意杀人罪,而邱某某的辩护律师则提出邱某某作案时没有杀人的故意,应认定为故意伤害罪。

（二）故意伤害罪的认定

1. 罪与非罪的界限

故意伤害致人轻伤以上的，才构成本罪。一般殴打行为只是造成人体暂时性疼痛；有些殴打行为表面上给他人身体造成了一定的损害，但显著轻微，不构成轻伤的，不能以故意伤害罪论处。因此，在区分故意伤害与一般殴打时，既要考虑行为是否给人体组织及器官机能造成了损害，又要考察损害的程度。

2. 本罪与故意杀人罪的界限

主要是区分故意伤害致死与故意杀人既遂、故意伤害与故意杀人未遂的界限。两者的主要区别在于行为人故意的内容不同：故意伤害罪只有伤害他人身体健康的故意，而没有剥夺他人生命的故意，对于故意伤害致他人死亡的结果行为人是过失的心态；故意杀人罪则具有剥夺他人生命的故意，仅造成他人伤害而没有造成他人死亡的，则是由于行为人意志以外的原因所致。在司法实践中，要认定行为人的故意内容是伤害还是杀人，应遵循主客观相一致的原则，从侵害行为的起因、行为人与被害人的关系、使用的工具、打击的部位及强度等方面因素入手，综合考察，准确查明行为人的主观心态。

【参考案例 10－4】

评析：对于此案的认定，应遵循主客观相一致的原则，邱某某携带刀具的初衷可能不具有杀人的故意，但在打斗中使用该刀具对张某某乱刺，造成张多处要害部位被扎伤的结果，应该属于“明知”自己的行为会导致张某某的死亡，却依旧在行凶后逃离了现场，其主观上放任了张某某死亡结果的发生，因此其行为是间接故意杀人而不是故意伤害致死。

3. 故意伤害致死与过失致人死亡的界限

两罪在客观上都造成了被害人死亡的结果，在主观上行为人对死亡结果的发生往往都表现为过失的心理态度。区分的关键在于，行为人主观上是否具有伤害的故意。如果行为人只有伤害他人的故意，但由于意志之外的原因造成被害人死亡的，构成故意伤害（致人死亡）罪。如果没有伤害他人的故意，只是由于行为人的过失，造成他人死亡的结果，构成过失致人死亡罪。

4. 本罪与包含故意伤害内容的其他犯罪的界限

《刑法》第 234 条第 2 款规定：“本法另有规定的，依照规定。”即行为人在实施其他故意犯罪的过程中，故意伤害他人，刑法另有规定的，应依照有关条文定罪量刑。例如，犯强奸、抢劫、拐卖妇女、儿童等犯罪致人伤害的，应依照相关条文定罪量刑，不以故意伤害罪论处。

需要注意的是，根据刑法相关条款的规定，非法拘禁使用暴力致人伤残的；刑讯逼供或者暴力取证致人伤残的；虐待被监管人致人伤残的；聚众“打砸抢”致人伤残的；聚众斗殴致人重伤的；寻衅滋事致人重伤的；未经本人同意摘取其器官，或者摘取不满 18 周岁的人的器官，或者强迫、欺骗他人捐献器官的，以故意伤害罪定罪处罚。

（三）故意伤害罪的刑事责任

根据《刑法》第 234 条的规定，故意伤害他人身体的，处 3 年以下有期徒刑、拘役或者管制；致人重伤的，处 3 年以上 10 年以下有期徒刑；致人死亡或者以特别残忍手段致人重伤造成严重残疾的，处 10 年以上有期徒刑、无期徒刑或者死刑。

八、强奸罪

（一）强奸罪的概念和特征

强奸罪，是指以暴力、胁迫或者其他手段，违背妇女意志，强行与之发生性交，或者故意与不满 14 周岁的幼女发生性关系的行为。

本罪的构成特征如下：

1. 本罪侵犯的客体是妇女的性自由权利和幼女的身心健康权利。

2. 本罪在客观方面表现为两种情形：

一是强奸妇女，是指违背妇女意志，采用暴力、胁迫或者其他手段，强行与之发生性交的行为。妇女，是指年满 14 周岁的女性。强奸罪中的性交行为是违背妇女意志的，即妇女不同意发生性交，而行为人与之性交。如果妇女同意性交，行为人与之性交，不可能构成犯罪，而不论这种性交关系合法正当与否。暴力手段，是指行为人直接对被害妇女采用殴打、捆绑、卡脖子、按倒等危害人身安全或者人身自由，使妇女不能抗拒的手段。需要注意的是，这里的暴力手段，不包括故意杀人在内。胁迫手段，是指行为人对被害妇女威胁、恫吓，达到精神上的强制的手段。其他手段，是指行为人用暴力、胁迫以外的手段，使被害妇女无法抗拒。例如，利用妇女患重病、熟睡之机，进行奸淫；以醉酒、药物麻醉以及利用或者假冒治病等方法对妇女进行奸淫。实践中，有的犯罪分子冒充妇女丈夫、未婚夫、男友或情人奸淫妇女，或利用妇女愚昧无知骗奸，也属于暴力、胁迫以外的其他手段。

二是奸淫幼女，是指故意与不满 14 周岁的幼女发生性关系的行为。在此情形下，不论行为人采用何种手段，也不管幼女是否同意，均构成本罪。

3. 本罪的主体是年满 14 周岁、具有刑事责任能力的男性。女性不能成为本罪的实行犯，但可以与男子构成共同犯罪，成为本罪的教唆犯和帮助犯。女性教唆或帮助不满14周岁或14周岁以上，但无责任能力的男子实施强奸妇女行为的，成立间接正犯。

4. 本罪在主观方面是直接故意，并且具有违背妇女意志与之发生性交的目的。

（二）强奸罪的认定

1. 本罪与通奸行为的界限

通奸是双方或一方有配偶的男女，自愿发生的不正当性交行为。由于通奸不违背妇女意志，行为人也不使用暴力、胁迫等强制手段，所以不构成本罪。对于第一次性交违背妇女意志，但女方并未告发，而后又多次自愿与该男子发生性交的，一般不宜以强奸罪论处。第一次性交违背妇女意志，事后行为人对被害妇女实施精神上的威胁，迫使其继续忍辱屈从的，应以强奸罪论处。对于男女双方先是通奸，后女方不愿意继续通奸，行为人纠缠不休，并以暴力、胁迫等手段强行与妇女发生性交的，也应以强奸罪论处。

2. 未成年人与幼女发生性行为的认定

根据《刑法》第17条第2款的规定，已满14周岁未满16周岁的人可以成为强奸罪的主体。另据最高人民法院《关于审理未成年人刑事案件具体应用法律若干问题的解释》第6条规定："已满十四周岁未满十六周岁的人偶尔与幼女发生性行为，情节轻微、未造成严重后果的，不认为是犯罪。"可见，已满14周岁未满16周岁的人与幼女发生性行为，如果出于双方自愿，且情节轻微，尚未造成严重后果的，可不以强奸罪论处。

3. 利用教养关系、从属关系和利用职权的强奸罪的认定

如果男方利用教养关系、从属关系或者利用职权，胁迫女方不得不与其发生性关系的，应当认定为强奸罪；如果行为人利用职权引诱女方，双方基于互相利用而发生性关系的，不应当认定为强奸罪。

4. 与女精神病患者或女痴呆症患者发生性行为的认定

如果行为人明知妇女是精神病患者或者严重痴呆症患者而与之发生性行为的，无论行为人采取什么手段，也不管妇女是否"同意"，均应以强奸罪论处；如果行为人确实不知妇女是精神病患者或者严重痴呆症患者，也未采用暴力、胁迫等手段，经本人同意甚至受到其挑逗与之发生性交的，则不构成强奸罪；如果行为人与间歇性精神病患者在未发病期间发生性关系，并经妇女本人同意的，不构成强奸罪。

5. 本罪既遂与未遂的界限

关于强奸罪的既遂标准，理论界主要有射精说、插入说、接触说几种观点。通常认为认定强奸既遂与否应以插入说，即男女生殖器的结合为标准；对于奸淫

幼女行为而言，既遂的标准则应采取接触说，即只要双方的性器官接触，就成立既遂。

（三）强奸罪的处罚

根据《刑法》第236条的规定，犯本罪的，处3年以上10年以下有期徒刑；奸淫不满14周岁幼女的，从重处罚；有下列情形之一的，处10年以上有期徒刑、无期徒刑或者死刑：（1）强奸妇女、奸淫幼女情节恶劣的；（2）强奸妇女、奸淫幼女多人的；（3）在公共场所当众强奸妇女的；（4）二人以上轮奸的；（5）致使被害人重伤、死亡或者造成其他严重后果的。

九、非法拘禁罪

（一）非法拘禁罪的概念和特征

非法拘禁罪，是指故意非法拘禁他人或者以其他方法非法剥夺他人人身自由的行为。

本罪的构成特征如下：

1. 本罪侵犯的客体是他人的人身自由权利。人身自由权，是指自然人按照自己的意志自由支配自己身体活动的权利。本罪侵害的对象，包括一切未被依法剥夺人身自由的自然人。

2. 本罪在客观方面表现为非法拘禁或者以其他方法非法剥夺他人人身自由的行为。所谓剥夺他人人身自由，是指使他人无法离开一定的处所，即他人的活动自由完全被控制在一定的空间范围内，并持续一定的时间。剥夺人身自由的行为必须是非法的，实施正当行为而拘禁他人，如公民将正在实施犯罪行为者扭送司法机关，不成立非法拘禁罪。非法拘禁的方式并无限制，既可以是强制性的，也可以是非强制性的；既可以是作为，也可以是不作为。

3. 本罪的主体为一般主体。凡年满16周岁、具有刑事责任能力的人，均可成为本罪主体。

4. 本罪在主观方面是故意，并且具有非法剥夺他人人身自由的目的。为索取债务而非法扣押、拘禁他人的，构成本罪。

（二）非法拘禁罪的认定

罪与非罪的界限。本罪是继续犯，只要行为人实施了非法拘禁他人的行为，无论时间长短，都构成本罪既遂。但非法剥夺他人人身自由的时间很短，情节显著轻微的，不宜按犯罪处理。

另外，在司法实践中，实施非法拘禁行为又触犯其他罪名的情况经常发生，例如，在拐卖妇女、儿童过程中实施非法拘禁行为的，收买被拐卖的妇女、儿童后又剥夺其人身自由的，等等，应按照刑法的有关规定处理。

（三）非法拘禁罪的处罚

根据《刑法》第238条规定，犯本罪的，处3年以下有期徒刑、拘役、管制或者剥夺政治权利；具有殴打、侮辱情节的，从重处罚；致人重伤的，处3年以上10年以下有期徒刑；致人死亡的，处10年以上有期徒刑。使用暴力致人伤残、死亡的，依照故意伤害罪、故意杀人罪定罪处罚。为索取债务非法扣押、拘禁他人的，依照上述规定处罚。国家机关工作人员利用职权犯本罪的，从重处罚。

十、绑架罪

（一）绑架罪的概念和特征

绑架罪，是指以勒索财物或满足其他不法要求为目的，使用暴力、胁迫或者其他方法绑架他人的行为。

本罪的构成特征如下：

1. 本罪侵犯的客体是复杂客体，包括他人的人身权利及公私财产的所有权。

2. 本罪在客观方面表现为以暴力、胁迫或者其他方法绑架他人的行为。具体包括三种行为：以勒索财物为目的绑架他人的；绑架他人作为人质的；以勒索财物为目的偷盗婴幼儿的。所谓“偷盗婴幼儿”，是指秘密窃取不满6周岁的儿童的行为。

3. 本罪的主体为一般主体，即年满16周岁、具有刑事责任能力的自然人，均可构成本罪主体。另外，根据《刑法》第17条第2款的规定，已满14周岁不满16周岁的人，如果在绑架过程中实施了杀害或者伤害（致人重伤或者死亡）被绑架人的行为的，应按故意杀人罪、故意伤害罪追究刑事责任。

4. 本罪的主观方面是直接故意，并且具有勒索财物或者获取其他非法利益的目的。不具有这种目的的，不构成绑架罪。

（二）绑架罪的认定

认定本罪，应注意以下两个问题：

1. 本罪与非法拘禁罪的界限

绑架罪与非法拘禁罪都是侵犯他人人身自由权利的犯罪，而且，绑架罪在客观上也必然表现为非法剥夺他人人身自由的行为，非法拘禁罪也可以由绑架方法构成。两者的区别主要在于，绑架罪的构成不仅要求有非法剥夺他人人身自由的行为，而且要求有勒索财物或满足行为人不法要求的目的；而非法拘禁罪仅要求行为人具有剥夺他人人身自由的目的。对于为索债而绑架、扣押人质的案件，《刑法》第238条第3款规定，“为索取债务而非法扣押、拘禁他人”以非法拘禁罪定罪处罚。

2. 本罪罪数的认定

《刑法》第239条第2款规定，绑架他人“杀害被绑架人的，或者故意伤害被绑架人，致人重伤、死亡的，处无期徒刑或者死刑，并处没收财产”。根据这一规定，行为人在实施绑架中，因绑架、虐待等行为过失造成被绑架人死亡的，以及在绑架过程中故意杀害被绑架人的，都只定绑架罪一罪，对故意杀人行为不另行定罪。对行为人实行绑架后因勒索未逞或不法要求得不到满足而杀害被绑架人（俗称“撕票”）的，应视为在绑架过程中杀害被绑架人。

（三）绑架罪的处罚

根据《刑法》第239条的规定，以勒索财物为目的绑架他人的，或者绑架他人作为人质的，处十年以上有期徒刑或者无期徒刑，并处罚金或者没收财产；情节较轻的，处五年以上十年以下有期徒刑，并处罚金。犯前款罪，杀害被绑架人的，或者故意伤害被绑架人，致人重伤、死亡的，处无期徒刑或者死刑，并处没收财产。以勒索财物为目的偷盗婴幼儿的，依照上述规定处罚。

十一、抢劫罪

（一）抢劫罪的概念和特征

抢劫罪，是指以非法占有为目的，以暴力、胁迫或者其他方法，当场强行劫取公私财物的行为。

本罪的构成特征如下：

1. 本罪侵犯的客体是复杂客体，即主要侵犯公私财产所有权，同时侵犯被害人的人身权利。侵犯客体的双重性是本罪与其他侵犯财产罪或大多数侵犯公民人身权利罪区别的主要标志。本罪侵犯的对象是公私财物，一般限于动产。根据2005年6月8日最高人民法院《关于审理抢劫、抢夺刑事案件适用法律若干问题的意见》（以下简称《关于审理抢劫、抢夺刑事案件的意见》）的规定，抢劫毒品、假币、淫秽物品等违禁品的，抢劫赌资、犯罪所得的赃款赃物的，以抢劫罪定罪。但行为人仅以其所输赌资或所赢赌债为抢劫对象的，一般不以抢劫罪定罪处罚。

2. 本罪在客观方面表现为行为人当场对公私财物的所有人、持有人、保管人使用暴力、胁迫或者其他方法，当场强行劫取公私财物的行为。

所谓“暴力”，是指对被害人身体实施打击或者强制，如殴打、捆绑、禁闭、伤害等。为占有他人财物而当场故意杀死被害人，应以抢劫罪论处。也就是说，暴力方法包括故意杀人。其特点是：（1）暴力必须是在取得财物的当场实施，如果是以将要对其实施暴力相威胁，迫使对方限期交出财物，则不构成抢劫罪；（2）暴力必须是针对被害人的身体而采取的打击或强制，由于行为人使用暴力的目的是排除被害人的反抗以劫取财物，因此，暴力的程度如何一般不影响抢劫罪的成立；（3）暴力行为指向的对象，一般是财产持有人；（4）暴力是有意识实施的，如果行为人在夺取财物的过程中无意侵害了被害人的身体，不能视为使用了暴力。

所谓“胁迫”，是指以立即对被害人实施暴力相威胁，进行精神强制，使被害人产生恐惧而不敢反抗，被迫当场交出财物或者任财物被劫走的手段。其特点是：（1）胁迫必须是当面向被害人发出；（2）胁迫的内容必须是以立即实施暴力相威胁；（3）威胁的暴力是现实的，如果被害人不答应要求，就会立即付诸实施。

所谓“其他方法”，是指暴力、胁迫以外的使被害人不知反抗或丧失反抗能力的方法，如用酒灌醉、用药物麻醉、使用催眠术等。需要指出的是，被害人处于不知或不能反抗的状态，必须是由行为人实施的“其他方法”直接造成的。如果行为人利用被害人由于自己的原因（自己喝醉、正在熟睡、因病昏迷等）或其他原因（被他人打昏、撞伤等）所致不能反抗的状态乘机掠夺其财物的，只能构成盗窃罪或其他罪，不能构成抢劫罪。

3. 本罪的主体是一般主体，根据《刑法》第 17 条第 2 款的规定，已满 14 周岁、具有刑事责任能力的自然人均可以成为本罪的主体。

4. 本罪的主观方面表现为直接故意，并且具有非法占有公私财物的目的。如果主观上没有非法占有公私财物的目的，如抢回自己的被盗物、遗失物、被骗的财物，不构成本罪。

【参考案例 10－5】

郑某（男，15 岁）和张某（男，20 岁）合谋到某集市伺机盗窃。见王老汉正在一个摊位买西红柿，张某便示意郑某掩护。于是，郑某站在王老汉旁边假装挑选西红柿，张某趁机用镊子从王老汉的手提袋内窃得 600 元，随即躲在一边。王老汉发现钱被偷，便将站在身边的郑某抓住。郑某否认偷窃，但被抓住不放难以脱身。张某见状，高喊：“郑某，打他!”郑某遂掏出尖刀朝王老汉的腹部、腿部刺去，连刺数刀，直至将王老汉刺倒。张某跑回来拉着郑某逃离现场。后王老汉因大出血死亡。二人的行为应如何定罪？

（二）抢劫罪的认定

认定本罪，应注意以下问题：

1. 罪与非罪的界限

抢劫罪是一种性质严重的犯罪，对于公民人身及公私财产安全具有极大的危害性。因此，立法上对抢劫罪的数额和情节没有作限制性规定。一般情况下，只要行为人实施了以暴力、胁迫或者其他方法劫取公私财物的行为，就可以认定为犯罪。但根据《刑法》第13条“但书”的规定，如果使用轻微的威胁或者暴力，没有造成任何危害后果，抢少量财物的，不能按犯罪处理。另外，因婚姻、家庭、借贷的民事关系引起的财产纠纷，如一方当事人抢回彩礼、陪嫁物，强行分割财产，或为讨债强行扣押债务人财物的，因行为不具有非法占有他人财物的目的，不应按犯罪处理。

2. 本罪与故意杀人罪的界限

行为人在抢劫过程中，使用暴力或者其他方法致被害人死亡的，应以抢劫罪一罪论处。因为此时杀死被害人的目的是占有财物，杀人是夺取财物的一种手段，是抢劫罪构成中一个不可缺少的要件行为。如果行为人在抢得财物后，出于灭口、报复或其他动机将被害人杀死，或者杀人之后起意占有死者生前财物的，因杀人并非劫得财物的手段，杀人行为也就不再是抢劫罪构成的一部分，因此，应以抢劫罪和故意杀人罪数罪并罚。

3. 转化型抢劫罪的认定

根据《刑法》第269条规定，犯盗窃、诈骗、抢夺罪，为窝藏赃物、抗拒抓捕或者毁灭罪证而当场使用暴力或者以暴力相威胁，以抢劫罪定罪处罚。这一规定，理论上称为“转化型的抢劫罪”或者“准抢劫罪”。适用《刑法》第269条，应具备以下三个条件：（1）行为人必须首先实施了盗窃、诈骗、抢夺行为，这是构成转化型抢劫罪的前提条件。根据《关于审理抢劫、抢夺刑事案件的意见》第5条的规定，盗窃、诈骗、抢夺财物未达到“数额较大”，为窝藏赃物、抗拒抓捕或者毁灭罪证而当场使用暴力或者以暴力相威胁，情节较轻、危害不大的，一般不以犯罪论处。（2）行为人必须是当场使用暴力或者以暴力相威胁。这是构成转化型抢劫罪的客观条件。所谓当场，既包括盗窃、诈骗、抢夺行为的现场，也包括犯罪行为被发现后犯罪人被追捕过程中的场所，但不能将当场的范围无限扩大。（3）实施暴力或者以暴力相威胁的目的是窝藏赃物、抗拒抓捕或者毁灭罪证，这是构成转化型抢劫罪的主观条件。

【参考案例10－5】

评析：二人应成立抢劫罪的共同犯罪。二人开始的行为属于盗窃行为，由于郑某未满16周岁，对盗窃行为不承担刑事责任；在盗窃行为实施完毕之后，被王老汉发现，郑某为了抗拒被害人的抓捕，在张某的提示下，当场使用暴力，导致被害人死亡，转化为抢劫罪。张某和郑某二人的盗窃行为、抗拒抓捕行为是一个不可分割的整体。在转化的抢劫犯罪中，郑某起主要作用，应视为主犯，对共同犯罪的全部犯罪行为负责。张某起次要作用，依法应当比照主犯从轻、减轻或者免除处罚。

4. 本罪既遂与未遂的界限

由于抢劫罪侵犯的是复杂客体，既侵犯财产权利又侵犯人身权利，因此，根据《关于审理抢劫、抢夺刑事案件的意见》第 10 条的规定，具备劫取财物或者造成他人轻伤以上后果两者之一的，均属抢劫既遂；既未劫取财物，又未造成他人人身伤害后果的，属抢劫未遂。据此，《刑法》第 263 条规定的 8 种处罚情节中除“抢劫致人重伤、死亡的”这一结果加重情节之外，其余 7 种处罚情节同样存在既遂、未遂问题。

（三）抢劫罪的处罚

根据《刑法》第 263 条的规定，犯本罪的，处 3 年以上 10 年以下有期徒刑，并处罚金；有下列情形之一的，处 10 年以上有期徒刑、无期徒刑或者死刑，并处罚金或者没收财产：（1）入户抢劫的；（2）在公共交通工具上抢劫的；（3）抢劫银行或者其他金融机构的；（4）多次抢劫或者抢劫数额巨大的；（5）抢劫致人重伤、死亡的；（6）冒充军警人员抢劫的；（7）持枪抢劫的；（8）抢劫军用物资或者抢险、救灾、救济物资的。

十二、盗窃罪

（一）盗窃罪的概念和特征

盗窃罪，是指以非法占有为目的，秘密窃取数额较大的公私财物或者多次盗窃、入户盗窃、携带凶器盗窃、扒窃公司财物的行为。

本罪的构成特征如下：

1. 本罪侵犯的客体是公私财物的所有权。犯罪对象是公私财物，不仅指有体物，而且包括电力、煤气、天然气等具有经济价值的无体物，以及存单、债券、提货单等有价证券。通信线路、电信码号也可成为特殊的盗窃对象。根据《刑法》第 265 条规定，以牟利为目的，盗接他人通信线路，复制他人电信码号，或明知是盗接、复制的电信设备、设施而使用的，以盗窃罪定罪处罚。盗窃毒品等违禁品，应当按照盗窃罪处理的，根据情节轻重量刑。

2. 本罪在客观方面表现为秘密窃取数额较大的公私财物或者多次盗窃、入户盗窃、携带凶器盗窃、扒窃公司财物的行为。秘密窃取是本罪区别于抢劫、抢夺、诈骗等犯罪的重要特征。

所谓“秘密窃取”，是指行为人采取自认为不会被财物的所有人、保管人、经手人察觉的方法，暗中窃取财物的行为。

所谓“数额较大”，根据 2013 年 4 月 4 日起施行的《最高人民法院、最高人民检察院关于办理盗窃刑事案件适用法律若干问题的解释》（以下简称《办理盗窃刑事案件的解释》）的规定，盗窃公私财物价值 1000 元至 3000 元以上、3 万元至10万元以上、30万元至50万元以上的，应当分别认定为《刑法》第264条规定的“数额较大”、“数额巨大”、“数额特别巨大”。各省、自治区、直辖市高级人民法院、人民检察院可以根据本地区经济发展状况，并考虑社会治安状况，在前款规定的数额幅度内，确定本地区执行的具体数额标准，报最高人民法院、最高人民检察院批准。在跨地区运行的公共交通工具上盗窃，盗窃地点无法查证的，盗窃数额是否达到“数额较大”、“数额巨大”、“数额特别巨大”，应当根据受理案件所在地省、自治区、直辖市高级人民法院、人民检察院确定的有关数额标准认定。盗窃公私财物，具有下列情形之一的，“数额较大”的标准可以按照前条规定标准的50%确定：曾因盗窃受过刑事处罚的；1年内曾因盗窃受过行政处罚的；组织、控制未成年人盗窃的；自然灾害、事故灾害、社会安全事件等突发事件期间，在事件发生地盗窃的；盗窃残疾人、孤寡老人、丧失劳动能力人的财物的；在医院盗窃病人或者其亲友财物的；盗窃救灾、抢险、防汛、优抚、扶贫、移民、救济款物的；因盗窃造成严重后果的。

所谓“多次盗窃”，根据《办理盗窃刑事案件的解释》，是指2年内盗窃3次以上的，应当认定为“多次盗窃”。

另外，《刑法修正案（八）》增加了入户盗窃、携带凶器盗窃、扒窃三类行为直接构成盗窃罪的规定。所谓“入户盗窃”，是指非法进入供他人家庭生活，与外界相对隔离的住所盗窃的。所谓“携带凶器盗窃”，是指携带枪支、爆炸物、管制刀具等国家禁止个人携带的器械盗窃，或者为了实施违法犯罪携带其他足以危害他人人身安全的器械盗窃的。所谓“扒窃”，是指在公共场所或者公共交通工具上盗窃他人随身携带的财物的。

3. 本罪的主体是一般主体，年满16周岁、具有刑事责任能力的人均可成为本罪的主体。单位组织、指使盗窃，符合《刑法》第264条及有关解释规定的，以盗窃罪追究组织者、指使者、直接实施者的刑事责任。

4. 本罪在主观方面是直接故意，并且具有非法占有公私财物的目的。不具有非法占有的目的，误把公私财物当作自己的财物拿走，或者私自将他人物品拿走，用完即归还的，不构成盗窃罪。

（二）盗窃罪的认定

1. 罪与非罪的界限

在司法实践中，本罪与非罪的标准主要是盗窃公私财物是否达到数额较大或多次盗窃。根据《办理盗窃刑事案件的解释》的规定，盗窃的数额，按照下列方法认定：（1）被盗财物有有效价格证明的，根据有效价格证明认定；无有效价格证明，或者根据价格证明认定盗窃数额明显不合理的，应当按照有关规定委托估价机构估价；（2）盗窃外币的，按照盗窃时中国外汇交易中心或者中国人民银行授权机构公布的人民币对该货币的中间价折合成人民币计算；中国外汇交易中心或者中国人民银行授权机构未公布汇率中间价的外币，按照盗窃时境内银行人民币对该货币的中间价折算成人民币，或者该货币在境内银行、国际外汇市场对美元汇率，与人民币对美元汇率中间价进行套算；（3）盗窃电力、燃气、自来水等财物，盗窃数量能够查实的，按照查实的数量计算盗窃数额；盗窃数量无法查实的，以盗窃前6个月月均正常用量减去盗窃后计量仪表显示的月均用量推算盗窃数额；盗窃前正常使用不足6个月的，按照正常使用期间的月均用量减去盗窃后计量仪表显示的月均用量推算盗窃数额；（4）明知是盗接他人通信线路、复制他人电信码号的电信设备、设施而使用的，按照合法用户为其支付的费用认定盗窃数额；无法直接确认的，以合法用户的电信设备、设施被盗接、复制后的月缴费额减去被盗接、复制前6个月的月均电话费推算盗窃数额；合法用户使用电信设备、设施不足6个月的，按照实际使用的月均电话费推算盗窃数额；（5）盗接他人通信线路、复制他人电信码号出售的，按照销赃数额认定盗窃数额。盗窃行为给失主造成的损失大于盗窃数额的，损失数额可以作为量刑情节考虑。盗窃有价支付凭证、有价证券、有价票证的，按照下列方法认定盗窃数额：（1）盗窃不记名、不挂失的有价支付凭证、有价证券、有价票证的，应当按票面数额和盗窃时应得的孳息、奖金或者奖品等可得收益一并计算盗窃数额；（2）盗窃记名的有价支付凭证、有价证券、有价票证，已经兑现的，按照兑现部分的财物价值计算盗窃数额；没有兑现，但失主无法通过挂失、补领、补办手续等方式避免损失的，按照给失主造成的实际损失计算盗窃数额。

应当注意的是，盗窃公私财物数额大小、次数多少，是决定盗窃行为社会危害程度的重要因素，但不是唯一因素，区分罪与非罪的界限，要把上述因素同作案的原因、手段、社会影响、行为人的一贯表现、作案动机等相结合，进行综合分析判断。根据《办理盗窃刑事案件的解释》的规定，盗窃公私财物数额较大，行为人认罪、悔罪，退赃、退赔，且具有下列情形之一，情节轻微的，可以不起诉或者免予刑事处罚；必要时，由有关部门予以行政处罚：（1）具有法定从宽处罚情节的；（2）没有参与分赃或者获赃较少且不是主犯的；（3）被害人谅解的；（4）其他情节轻微、危害不大的。偷拿家庭成员或者近亲属的财物，获得谅解的，一般可以不认为是犯罪；追究刑事责任的，应当酌情从宽。

2. 盗窃文物的认定

根据《办理盗窃刑事案件的解释》第9条的规定，盗窃国有馆藏一般文物、三级文物、二级以上文物的，应当分别认定为《刑法》第264条规定的“数额较大”、“数额巨大”、“数额特别巨大”。盗窃多件不同等级国有馆藏文物的，三件同级文物可以视为一件高一级文物。盗窃民间收藏的文物的，根据该解释第4

条第1款第1项的规定认定盗窃数额。

3. 偷开他人机动车的认定

根据《办理盗窃刑事案件的解释》第10条的规定，偷开他人机动车的，按照下列规定处理：（1）偷开机动车，导致车辆丢失的，以盗窃罪定罪处罚；（2）为盗窃其他财物，偷开机动车作为犯罪工具使用后非法占有车辆，或者将车辆遗弃导致丢失的，被盗车辆的价值计入盗窃数额；（3）为实施其他犯罪，偷开机动车作为犯罪工具使用后非法占有车辆，或者将车辆遗弃导致丢失的，以盗窃罪和其他犯罪数罪并罚；将车辆送回未造成丢失的，按照其所实施的其他犯罪从重处罚。

4. 盗窃公私财物并造成财物损毁的处理

根据《办理盗窃刑事案件的解释》第11条的规定，盗窃公私财物并造成财物损毁的，按照下列规定处理：（1）采用破坏性手段盗窃公私财物，造成其他财物损毁的，以盗窃罪从重处罚；同时构成盗窃罪和其他犯罪的，择一重罪从重处罚；（2）实施盗窃犯罪后，为掩盖罪行或者报复等，故意毁坏其他财物构成犯罪的，以盗窃罪和构成的其他犯罪数罪并罚；（3）盗窃行为未构成犯罪，但损毁财物构成其他犯罪的，以其他犯罪定罪处罚。

5. 盗窃未遂的处理

根据《办理盗窃刑事案件的解释》第12条的规定，盗窃未遂，具有下列情形之一的，应当依法追究刑事责任：（1）以数额巨大的财物为盗窃目标的；（2）以珍贵文物为盗窃目标的；（3）其他情节严重的情形。盗窃既有既遂，又有未遂，分别达到不同量刑幅度的，依照处罚较重的规定处罚；达到同一量刑幅度的，以盗窃罪既遂处罚。

6. 本罪与相关犯罪的界限

根据刑法规定，盗窃特定种类财物，侵犯其他客体的，可能构成其他犯罪或以牵连犯处理。例如，盗窃刑法所特殊保护的物品，如武器弹药、古文化遗址、古墓葬等，盗窃技术成果等商业秘密的，应作为其他犯罪处理；盗窃广播电视设施、公用电信设施，盗窃使用中的电力设备等，以盗窃罪和相关犯罪择一重罪处罚。

（三）盗窃罪的处罚

根据《刑法》第264条的规定，犯本罪的，处3年以下有期徒刑、拘役或者管制，并处或单处罚金；盗窃数额巨大的或者有其他严重情节的，处3年以上10年以下有期徒刑，并处罚金；盗窃数额特别巨大或者有其他特别严重情节的，处10年以上有期徒刑或者无期徒刑，并处罚金或者没收财产。根据《办理盗窃刑事案件的解释》第14条的规定，因犯盗窃罪，依法判处罚金刑的，应当在

1000元以上盗窃数额的2倍以下判处罚金；没有盗窃数额或者盗窃数额无法计算的，应当在1000元以上10万元以下判处罚金。

十三、诈骗罪

（一）诈骗罪的概念和特征

诈骗罪，是指以非法占有为目的，用虚构事实或者隐瞒真相的方法，骗取数额较大的公私财物的行为。

本罪的构成特征如下：

1. 本罪侵犯的客体是公私财产所有权。犯罪对象限于公私财物。用欺骗方法骗取财物以外的其他非法利益的，不构成本罪。根据《刑法》第210条第1款的规定，使用欺骗手段骗取增值税专用发票或者可以用于骗取出口退税、抵扣税款的其他发票的，依照诈骗罪的规定定罪处罚。

2. 本罪在客观方面表现为采用虚构事实或者隐瞒真相的方法，骗取数额较大的公私财物的行为。使被害人产生认识上的错觉，以致“自愿地”将自己所有或者持有的财物交付给行为人，是诈骗罪区别于其他侵犯财产罪的主要特征。所谓“虚构事实”，即行为人捏造根本不存在的事实，骗取被害人信任。所谓“隐瞒真相”，是指隐瞒客观存在的事实情况，蒙蔽被害人。

3. 本罪的主体是一般主体，年满16周岁、具有刑事责任能力的自然人均能成为本罪的主体。

4. 本罪在主观方面表现为直接故意，并且具有非法占有公私财物的目的。

（二）诈骗罪的认定

1. 罪与非罪的界限

本罪与一般诈骗行为的界限。依照《刑法》第266条规定，诈骗公私财物，数额较大的，构成诈骗罪。按照相关司法解释，诈骗公私财物3000元至10000元以上的，应该认定为“数额较大”。诈骗公私财物未达到数额较大的标准，以一般诈骗行为处理。

本罪与一般借贷纠纷的界限。一般借贷纠纷是一种民事法律关系，但有的人以借贷之名诈骗他人财物，即构成本罪。区分的关键在于行为人是否具有非法占有他人财物的目的。凡行为人具有非法占有目的的，按本罪定罪处罚；行为人没有非法占有目的，应按民事纠纷处理。在司法实践中应综合考虑双方关系、借贷关系发生的原因，借用人不能按期归还的原因以及有无归还的诚意和行动等因素，判断行为人的主观方面。

2. 本罪与刑法规定的其他诈骗犯罪的界限

《刑法》第266条规定的诈骗罪通常被称为普通诈骗罪，而在“破坏社会主义市场经济秩序罪”一章里还规定了若干特殊诈骗犯罪。包括集资诈骗罪、贷款诈骗罪、票据诈骗罪、金融凭证诈骗罪、信用证诈骗罪、信用卡诈骗罪、有价证券诈骗罪、保险诈骗罪、骗取出口退税罪、合同诈骗罪等。此属于法条竞合，应按照特别法优于普通法的原则处理，即凡行为符合刑法规定的特定诈骗犯罪构成的，按特定诈骗罪定罪处罚，而不能按本罪处理。

（三）诈骗罪的处罚

根据《刑法》第 266 条的规定，犯本罪，数额较大的（3000 元至 10000 元），处 3 年以下有期徒刑、拘役或者管制，并处或者单处罚金；数额巨大（3 万元至 10 万元）或者具有其他严重情节的，处 3 年以上 10 年以下有期徒刑，并处罚金；数额特别巨大（50 万元以上）或者有其他特别严重情节的，处 10 年以上有期徒刑或者无期徒刑，并处罚金或者没收财产。

十四、侵占罪

（一）侵占罪的概念和特征

侵占罪，是指以非法占有为目的，将代为保管的他人财物或者他人的遗忘物、埋藏物非法据为己有，数额较大，拒不退还或者拒不交出的行为。

本罪的构成特征如下：

1. 本罪侵犯的客体为公私财产所有权。犯罪对象是代为保管的他人财物以及他人的遗忘物、埋藏物。

2. 本罪在客观方面表现为将代为保管的他人财物或者他人的遗忘物、埋藏物非法据为己有，数额较大，拒不退还或者拒不交出的行为。本罪行为的特点在于“变合法持有为非法所有”，具体表现为：首先，行为人是通过正当、善意、合法的手段持有他人财物，包括代为保管他人财物、捡到他人的遗失物、发掘到他人的埋藏物。其次，行为人将他人的财物非法据为己有，拒不交还。另外，侵占他人财物必须达到“数额较大”的标准，才构成犯罪。

3. 本罪的主体是一般主体，即年满 16 周岁、具有刑事责任能力的自然人均可成为本罪的主体。

4. 本罪在主观方面表现为故意，并且以非法占有为目的。

（二）侵占罪的认定

1. 罪与非罪的界限

主要应区分本罪与民事侵权行为的界限。应从侵占财物的数额、侵占财物的方式、侵占财物后的处理方式等方面加以判断。侵占他人财物没有达到较大数额的；非法占有的他人财物不是代为保管的他人财物，也不是他人的遗忘物、埋藏物的；有正当理由不退还或不交出财物的，不能以本罪论处。

2. 本罪与盗窃罪的界限

二者的区别在于犯罪对象以及行为方式不同。本罪是将合法持有的他人财物或者他人的遗忘物、埋藏物非法占为己有。即行为人在实施侵占行为时，已实际控制他人财物，只是由于其后拒不交还的行为，才使对该财物的控制由合法转为非法。而盗窃罪是将他人持有、保管的财物秘密窃为己有。即行为人在实施盗窃行为时财物仍然处在所有人或占有人的控制之下。

（三）侵占罪的处罚

根据《刑法》第270条的规定，犯本罪的，处2年以下有期徒刑、拘役或者罚金；数额巨大或者有其他严重情节的，处2年以上5年以下有期徒刑，并处罚金。将他人的遗忘物或者埋藏物非法占为己有，数额较大，拒不交出的，依照上述规定处罚。犯本罪的，告诉才处理。

十五、妨害公务罪

（一）妨害公务罪的概念和特征

妨害公务罪，是指以暴力、威胁方法阻碍国家机关工作人员、人大代表依法执行职务，在自然灾害和突发事件中以暴力、威胁方法阻碍红十字会的工作人员依法履行职责，或者故意阻碍国家安全机关、公安机关工作人员依法执行国家安全工作任务，虽未使用暴力、威胁方法，但造成严重后果的行为。

本罪的构成特征如下：

1. 本罪侵犯的客体是公务活动。所谓“公务”，是指公共事务，即国家机关工作人员和人大代表依法执行职务的活动，红十字会工作人员依法履行职责的活动，以及国家安全机关和公安机关工作人员依法执行国家安全任务的活动。本罪侵害的对象是正在依法执行职务、履行职责的上述机关工作人员。根据2000年4月24日实施的最高人民检察院《关于以暴力、威胁方法阻碍事业编制人员依法执行行政执法职务是否可对侵害人以妨碍公务罪论处的批复》，对于以暴力、威胁方法阻碍国有事业单位人员依照法律、行政法规的规定执行行政执法职务的，或者以暴力、威胁方法阻碍国家机关中受委托从事行政执法活动的事业编制人员执行行政执法职务的，可以对侵害人以妨害公务罪追究刑事责任。上述人员超越职权范围的活动，或者滥用职权、以权谋私、侵犯国家和群众利益的活动，则不能视为正常的公务活动，对其进行阻止不成立本罪。

2. 本罪在客观方面表现为行为人以暴力、威胁的方法阻碍国家机关工作人员、人大代表依法执行职务；或者在自然灾害和突发事件中以暴力、威胁方法阻碍红十字会的工作人员依法履行职责；或者故意阻碍国家安全机关、公安机关工作人员依法执行国家安全工作任务，虽未使用暴力、威胁方法，但造成严重后果的行为。

首先，本罪的危害行为，除故意阻碍国家安全机关、公安机关依法执行国家安全工作任务以外，必须是采用暴力、威胁的方法实施的。所谓“暴力”，一般是指对上述人员进行殴打、捆绑或其他人身强制，但也并非仅限于此，如果暴行不是直接针对本罪对象的人身，而是针对其办公处所或设施实施的，也属于成立本罪所要求的暴力手段。所谓“威胁”，是指以杀害、伤害、损坏财产、破坏名誉等相恐吓，进行精神强制，迫使本罪对象不能执行职务或者履行职责。对于故意阻碍国家安全机关、公安机关依法执行国家安全工作任务的，则不以使用暴力、威胁方法为必要，只要造成严重后果，即构成本罪。

其次，本罪的危害行为只能发生在上述人员正在依法执行职务、职责期间，阻碍红十字会工作人员依法执行职责，还必须发生在自然灾害或突发事件中。如果行为人在此之前对上述人员实施暴力、威胁或在此之后进行报复的，不能以本罪论处。

3. 本罪的主体是一般主体，年满16周岁并具有刑事责任能力的自然人都可以成为本罪主体。

4. 本罪在主观方面是故意，即行为人明知对方是正在依法执行职务或履行职责的国家机关工作人员、人大代表、红十字会工作人员、国家安全机关和公安机关工作人员，而有意识阻碍其履行职责。如果行为人对上述人员的身份或者执行公务的合法性发生了错误认识，而实施了妨害公务的行为，不能以本罪论处。

(二) 本罪的认定

1. 罪与非罪的界限

区分本罪与非罪的界限需要注意：划清本罪与人民群众同国家机关工作人员的违法乱纪现象作斗争行为的界限；划清本罪与群众因其合理要求未得到解决而顶撞某些国家机关工作人员的行为的界限；划清本罪与情节显著轻微、危害不大的一般违法行为的界限。

2. 本罪与其他犯罪的界限

由于本罪行为人阻碍国家机关工作人员依法执行职务往往是以暴力、威胁的方法实施犯罪，因此，容易与侮辱罪、故意伤害罪、故意毁坏财物罪发生混淆。区分的关键在于：本罪行为人的暴力、威胁行为必须发生在上述人员依法执行职务或履行职责期间，如果行为人在其他情形下对上述人员实施暴力、威胁的，则不构成本罪，应以其他犯罪定罪量刑。

(三) 妨害公务罪的处罚

根据《刑法》第277条第1款的规定，犯本罪的，处3年以下有期徒刑、拘役、管制或者罚金。

十六、贪污罪

（一）贪污罪的概念和特征

贪污罪，是指国家工作人员和受国家机关、国有公司、企业、事业单位、人民团体委托管理、经营国有财产的人员，利用职务上的便利，侵吞、窃取、骗取或者以其他手段非法占有公共财物的行为。

本罪的构成特征如下：

1. 本罪侵犯的客体是复杂客体，既侵犯了国家工作人员职务行为的廉洁性，又侵犯了公共财产的所有权。其中，国家工作人员职务行为的廉洁性是主要客体。

本罪的犯罪对象主要是公共财物。根据《刑法》第 91 条的规定，公共财产，是指国有财产，劳动群众集体所有的财产，用于扶贫和其他公益事业的社会捐助或专项基金的财产。此外，在国家机关、国有公司、企业、集体企业和人民团体管理、使用或者运输中的私人财产，以公共财产论。

在法律有特别规定的情况下，本罪的对象也可以是非公共财产。根据《刑法》第 271 条第 2 款的规定，国有公司、企业或者其他国有单位中从事公务的人员和国有公司、企业或者其他国有单位委派到非国有公司、企业以及其他单位从事公务的人员，利用职务上的便利，将本单位财物非法占为己有的，依照贪污罪的规定定罪处罚。这里所规定的贪污罪的对象是混合型财产，兼具公有和非公有属性。

2. 本罪在客观方面表现为行为人利用职务上的便利，侵吞、窃取、骗取或者以其他方法非法占有公共财物的行为。

首先，行为人必须利用职务上的便利，即行为人利用自己职务范围内主管、管理、经手公共财物所形成的便利条件，侵占公共财物。如果行为人只是利用因工作关系对作案环境比较熟悉、凭其身份便于进出某些单位、易于接近作案目标等方便条件，而不是利用职务上的便利，侵占公共财物的，不构成本罪。例如，会计利用管账这一职务上的便利，做假账骗取公共财物，出纳利用管钱所形成的便利条件非法占有公款等，均属于贪污行为。如果会计利用与出纳一起工作的便利条件，趁机配制了出纳所掌管的保险柜的钥匙，将保险柜中的现金盗走，这就不属于利用职务上的便利所形成的便利贪污公款的行为，而是属于盗窃行为。

其次，行为人是以侵吞、窃取、骗取或者以其他方法非法占有公共财物。侵吞，是指国家工作人员利用职务上的便利，将暂时由自己合法管理、支配、使用或者经手的公共财物非法据为己有。窃取，是指国家工作人员利用职务上的便利，秘密窃取由本人暂时合法管理、支配、使用或者经手的公共财物，即通常所说的监守自盗。骗取，是指国家工作人员利用职务上的便利，采用虚构事实、隐瞒真相的方法，非法占有公共财物。其他手段，是指国家工作人员利用职务上的便利，使用侵吞、窃取、骗取以外的其他手段、方法占有公共财物。如利用职权，巧立名目，私分大量公款、公物；冒名借出公款，存入银行取息归己等。本罪属于结果犯，行为人必须事实上非法占有了公共财物，并且数额较大或者情节较重的，才能构成本罪。

3. 本罪的主体是特殊主体。包括两类：一是国家工作人员，二是受国家机关、国有公司、企业、事业单位、人民团体委托管理、经营国有财产的人员。根据《刑法》第93条的规定，国家工作人员包括：国家机关中从事公务的人员；国有公司、企业、事业单位、人民团体中从事公务的人员；国家机关、国有公司、企业、事业单位委派到非国有公司、企业、事业单位、社会团体从事公务的人员；其他依照法律从事公务的人员，如人民陪审员、人大代表等。根据2000年4月29日全国人大常委会的立法解释，村民委员会等村基层组织的人员协助人民政府从事下列行政管理工作，属于《刑法》第93条第2款的“其他依照法律从事公务的人员”：救灾、抢险、防汛、优抚、扶贫、移民、救济款物的管理；社会捐助公益事业款物的管理；国有土地的经营和管理；土地征用补偿费用的管理；代征、代缴税款；有关计划生育、户籍、征兵工作；协助人民政府从事的其他行政管理工作。不具有上述特殊身份的一般公民与上述两类人员勾结，伙同贪污的，以贪污罪的共犯论处。

4. 本罪在主观方面必须出自直接故意，并具有非法占有公共财物的目的。过失不构成本罪。其故意的具体内容表现为行为人明知自己利用职务之便所实施的行为会发生非法占有公共（国有）财物或非国有单位财物的结果，并且希望这种结果的发生。犯罪的目的是非法占有公共（国有）财物或非国有单位财物。

（二）贪污罪的认定

1. 罪与非罪的界限

区分罪与非罪的界限，一是根据贪污数额，二是根据情节轻重。根据《刑法》第383条的规定，贪污数额较大或者有其他较重情节，以贪污罪论处。根据2016年4月18日起施行的《最高人民法院、最高人民检察院关于办理贪污贿赂刑事案件适用法律若干问题的解释》第1条规定，贪污数额在3万元以上不满20万元的，应当认定为刑法第383条第1款规定的“数额较大”，依法判处3年以下有期徒刑或者拘役，并处罚金。这就明确了贪污数额达到3万元是贪污罪的起刑点。同时，该条解释规定，贪污数额在1万元以上不满3万元，具有贪污救灾、抢险、防汛、优抚、扶贫、移民、救济、防疫、社会捐助等特定款物的；曾因贪污、受贿、挪用公款受过党纪、行政处分的；曾因故意犯罪受过刑事追究的；赃款赃物用于非法活动的；拒不交待赃款赃物去向或者拒不配合追缴工作，致使无法追缴的；造成恶劣影响或者其他严重后果等情形之一的，应当认定为刑法第 383 条第 1 款规定的“其他较重情节”，依法判处 3 年以下有期徒刑或者拘役，并处罚金。明确规定了贪污数额在 3 万元以上不满 20 万元，符合法定情形的，同样以贪污罪论处。

2. 本罪与盗窃罪、诈骗罪的界限

本罪与盗窃罪、诈骗罪在主观方面都是以非法占有为目的，在客观方面，贪污罪也可以使用盗窃、诈骗的方法。二者的主要区别是：（1）犯罪客体和犯罪对象不同。本罪侵犯的是复杂客体，既侵犯了国家工作人员职务行为的廉洁性，又侵犯了公共财产的所有权，犯罪对象仅限于公共财物；盗窃罪、诈骗罪侵犯的是简单客体，即公私财产所有权，犯罪对象是公私财物。（2）犯罪的客观方面不同。本罪是利用职务上的便利，窃取、骗取公共财物，而盗窃罪与诈骗罪的窃取、骗取不存在利用职务上的便利问题。（3）犯罪主体不同。本罪的主体是特殊主体，而盗窃罪和诈骗罪是一般主体。

3. 本罪与职务侵占罪的界限

本罪与职务侵占罪在主观上都是故意犯罪，并且都以非法占有为目的；在客观上都以利用职务上的便利为必备要件。二者的主要区别是：（1）犯罪主体不同。本罪的主体是国家工作人员以及受国家机关、国有公司、企业、事业单位、人民团体委托管理、经营国有财产的人员，职务侵占罪的主体是公司、企业或者其他单位中除国家工作人员以外的其他工作人员。（2）犯罪客体不同。本罪侵犯的是复杂客体，而职务侵占罪则仅侵犯了公司、企业或者其他单位的财产所有权。

（三）贪污罪的处罚

刑法第 383 条规定，对犯贪污罪的，根据情节轻重，分别依照下列规定处罚：（1）贪污数额较大或者有其他较重情节的，处 3 年以下有期徒刑或者拘役，并处罚金；（2）贪污数额巨大或者有其他严重情节的，处 3 年以上 10 年以下有期徒刑，并处罚金或者没收财产；（3）贪污数额特别巨大或者有其他特别严重情节的，处 10 年以上有期徒刑或者无期徒刑，并处罚金或者没收财产；数额特别巨大，并使国家和人民利益遭受特别重大损失的，处无期徒刑或者死刑，并处没收财产。对多次贪污未经处理的，按照累计贪污数额处罚。犯贪污罪，在提起公诉前如实供述自己罪行、真诚悔罪、积极退赃，避免、减少损害结果的发生，贪污数额较大或者有其他较重情节的，可以从轻、减轻或者免除处罚；贪污数额巨大或者有其他严重情节的、贪污数额特别巨大或者有其他特别严重情节的以及数额特别巨大，并使国家和人民利益遭受特别重大损失的，可以从轻处罚。犯贪污罪，因数额特别巨大，并使国家和人民利益遭受特别重大损失而依法被判处死刑缓期执行的，人民法院根据犯罪情节等情况可以同时决定在其死刑缓期执行2年期满依法减为无期徒刑后，终身监禁，不得减刑、假释。

根据《最高人民法院、最高人民检察院关于办理贪污贿赂刑事案件适用法律若干问题的解释》的规定，贪污或者受贿数额在3万元以上不满20万元的，应当认定为刑法第383条第1款规定的“数额较大”；贪污数额在1万元以上不满3万元，具有贪污救灾、抢险、防汛、优抚、扶贫、移民、救济、防疫、社会捐助等特定款物的；曾因贪污、受贿、挪用公款受过党纪、行政处分的；曾因故意犯罪受过刑事追究的；赃款赃物用于非法活动的；拒不交待赃款赃物去向或者拒不配合追缴工作，致使无法追缴的；造成恶劣影响或者其他严重后果等六种情形之一的，应当认定为刑法第383条第1款规定的“其他较重情节”；贪污或者受贿数额在20万元以上不满300万元的，应当认定为刑法第383条第1款规定的“数额巨大”；贪污数额在10万元以上不满20万元，具有前述六种情形之一的，应当认定为刑法第383条第1款规定的“其他严重情节”；贪污数额在300万元以上的，应当认定为刑法第383条第1款规定的“数额特别巨大”；贪污数额在150万元以上不满300万元，具有前述六种情形之一的，应当认定为刑法第383条第1款规定的“其他特别严重情节”。

《最高人民法院、最高人民检察院关于办理贪污贿赂刑事案件适用法律若干问题的解释》第4条规定：“贪污、受贿数额特别巨大，犯罪情节特别严重、社会影响特别恶劣、给国家和人民利益造成特别重大损失的，可以判处死刑。”“符合前款规定的情形，但具有自首，立功，如实供述自己罪行、真诚悔罪、积极退赃，或者避免、减少损害结果的发生等情节，不是必须立即执行的，可以判处死刑缓期二年执行。”“符合第一款规定情形的，根据犯罪情节等情况可以判处死刑缓期二年执行，同时裁判决定在其死刑缓期执行二年期满依法减为无期徒刑后，终身监禁，不得减刑、假释。”

十七、受贿罪

（一）受贿罪的概念和特征

受贿罪，是指国家工作人员利用职务上的便利，索取他人财物的，或者非法收受他人财物，为他人牟取利益的行为。

本罪的构成特征如下：

1. 本罪侵犯的客体是国家工作人员职务行为的廉洁性。

2. 本罪在客观方面表现为行为人利用职务上的便利，索取他人财物，或者非法收受他人财物，为他人谋取利益的行为。利用职务上的便利，是指利用本人现有职务范围内的权力，即利用本人职务上主管、负责或者承办某项公共事务的权力所形成的便利条件。

受贿罪的行为方式有两种：一是索取贿赂，即行为人在职务活动中以明示或暗示的方法主动向他人索要财物的行为。因其比被动受贿具有更大的社会危害性，因此，不要求行为人有为他人谋取利益的条件。根据1999年9月16日最高人民检察院《关于人民检察院直接受理立案侦查案件立案标准的规定（试行）》的规定，索贿者，无论其是否为他人牟取利益，都构成本罪。二是收受贿赂，即行为人对他人主动给付的财物予以接受，并为他人谋取利益。牟取的利益可以是不正当利益，也可以是正当利益。至于利益是否实际实现，则不影响本罪的成立。通说认为，只要受贿人对行贿人的请托有承诺，便可构成犯罪。

此外，受贿罪在客观方面还有两种特殊的表现形式：一是斡旋受贿，或称间接受贿。根据《刑法》第388条的规定，所谓斡旋受贿，是指国家工作人员利用本人职权或者地位形成的便利条件，通过其他国家工作人员职务上的行为，为请托人谋取不正当利益，索取请托人财物或者收受请托人财物的行为。斡旋受贿，具有以下特征：（1）行为人利用了本人职权或者地位所形成的便利条件，是指行为人与被其利用的国家工作人员之间没有直接隶属、制约关系，只是利用因其职权或地位产生的影响力。（2）为请托人谋取不正当利益。（3）利用的是其他国家工作人员的职务行为。（4）索取或者收受请托人财物。二是收受回扣、手续费。根据《刑法》第385条第2款规定，国家工作人员在经济往来中，违反国家规定，在账外私自收受各种名义的回扣、手续费，归个人所有的，应当以受贿论处。

3. 本罪的主体是特殊主体，即必须是国家工作人员。已经离退休的国家工作人员，利用本人原有职权或者地位所形成的便利条件，通过在职的国家工作人员职务上的行为，为请托人谋取利益，而本人从中向请托人收取财物的，不能构成本罪。但是，根据2000年7月21日最高人民法院《关于国家工作人员利用职务上的便利为他人谋取利益离退休后收受财物行为如何处理问题的批复》，国家工作人员利用职务上的便利为请托人谋取利益，并与请托人事先约定，在其离退休后收受请托人财物，构成犯罪的，以受贿罪定罪处罚。

4. 本罪在主观方面表现为故意。

（二）受贿罪的认定

1. 罪与非罪的界限

本罪与接受正当馈赠的界限。关键在于行为人是否利用职务上的便利或本人职权或者地位形成的便利条件，为他人牟取利益。

本罪与取得合法报酬的界限。国家工作人员在其本职工作以外，在法律、政策允许的范围内，利用业余时间为他人提供智力或者体力劳动，获得报酬的，是合法行为，不能成立受贿罪。但是，如果国家工作人员在业余时间，利用职务上的便利为他人牟取利益，获得报酬的，则应以受贿论处。

本罪与一般受贿行为的界限。关键在于受贿的数额和情节。根据《最高人民法院、最高人民检察院关于办理贪污贿赂刑事案件适用法律若干问题的解释》第1条规定，受贿数额在3万元以上不满20万元的，应当认定为“数额较大”，以受贿罪论处。受贿数额在1万元以上不满3万元，具有曾因贪污、受贿、挪用公款受过党纪、行政处分的；曾因故意犯罪受过刑事追究的；赃款赃物用于非法活动的；拒不交待赃款赃物去向或者拒不配合追缴工作，致使无法追缴的；造成恶劣影响或者其他严重后果的等五项情形之一的，或者具有多次索贿的；为他人谋取不正当利益，致使公共财产、国家和人民利益遭受损失的；为他人谋取职务提拔、调整的等情形之一的，应当认定为“其他较重情节”，同样以受贿罪论处。

2. 本罪与非国家工作人员受贿罪的界限

《刑法》第163条规定了非国家工作人员受贿罪，是指公司、企业或者其他单位的工作人员利用职务上的便利，索取他人财物或者非法收受他人财物，为他人牟取利益，数额较大的行为。两者的区别在于：(1)犯罪主体不同。本罪的主体是国家工作人员，而非国家工作人员受贿罪的主体是除国家工作人员以外的公司、企业或者其他单位的工作人员。(2)犯罪的客观方面不同。本罪的受贿行为构成犯罪并不必然要求数额较大，索取他人财物构成受贿罪时也不要求为他人牟取利益。而非国家工作人员受贿罪无论是以索取他人财物还是以非法收受他人财物的方式构成该罪，都要求具有为他人牟取利益这一要件，并且索取或者收受的财物必须达到数额较大。(3)犯罪客体不同。本罪侵犯的客体主要是国家工作人员职务行为的廉洁性，而非国家工作人员受贿罪侵犯的客体首先是公司、企业的管理秩序，其次才是侵犯了公司、企业人员业务行为的廉洁性。

【参考案例10－6】

某市汽修厂系集体所有制企业，是市交通局的下属单位。2002年，经市交通局党委研究决定，任命市交通局干部蒋某某为汽修厂厂长。2004年年底，汽修厂搬迁，原厂址计划与人合作开发房地产，建职工宿舍楼和商业住宅楼。山东某房地产集团公司副总经理张某与汽修厂签订了合作开发合同，约定汽修厂出地皮，该房地产集团公司出资金，共同开发一期住宅楼。2005年2月，蒋某某打电话给张某，称其弟想在该一期住宅楼购买房子，要求在价格上给予优惠。双方以10.4万元的价格签订买卖合同，对方收到蒋某某缴纳的购房款5万元。但是，在办理房产证的过程中，市房管局认为该住房的出售价格过低，不给办理，于是双方签订了一份价值42万元的虚假房屋买卖合同，并于2005年8月办理了房屋所有权证。经某房地产评估交易有限公司鉴定，该套住宅价值29.3万元。案发后，蒋某某被检察机关以受贿罪提起公诉。

（三）受贿罪的处罚

根据《刑法》第386条之规定，犯本罪的，根据受贿所得数额及情节，依照《刑法》第383条关于贪污罪的处罚规定处罚。索贿的从重处罚。《最高人民法院、最高人民检察院关于办理贪污贿赂刑事案件适用法律若干问题的解释》对受贿罪的处罚做了详细规定。

【参考案例10－6】

评析：蒋某某具有国家工作人员的身份。其在合作开发房地产的过程中，要求本案中的房地产集团公司为其弟提供低价住宅，实质上属于利用职务便利索要财物。对于索贿行为，不需要为他人牟取利益即可构成受贿罪。蒋某某支付5万元的购房款用以掩盖索贿行为，其受贿的数额应当是房屋当时的实际价值与其实际支付价款之间的差额。因其索贿，应当从重处罚。

十八、滥用职权罪

（一）滥用职权罪的概念和构成特征

滥用职权罪，是指国家机关工作人员滥用职权，致使公共财产、国家和人民利益遭受重大损失的行为。

本罪的构成特征如下：

1. 本罪侵犯的客体是国家机关的正常管理活动。

2. 本罪在客观上表现为滥用职权，致使公共财产、国家和人民利益遭受重大损失的行为。所谓滥用职权，是指不应行使其职权而行使。通常表现为两种情况：一是行为人超越职权，擅自决定或者处理其没有决定权或者超越处理权限的事项；二是行为人违法地行使其职权范围内的权力，或者表现为以不正当的目的，进行违反职务权限的事项。本罪的行为方式既可以是作为，也可以是不作为。本罪为结果犯，即行为人滥用职权的行为必须给公共财产、国家和人民利益造成重大损失的，才构成犯罪。

3. 本罪的主体是特殊主体，即国家机关工作人员。国家机关工作人员以外的其他任何人员，都不能单独成为本罪的主体。

4. 本罪在主观上是故意。实践中，本罪绝大多数出自间接故意，但也可能有直接故意的存在，过失不能构成本罪。

（二）滥用职权罪的认定

1. 罪与非罪的界限

根据《刑法》第 397 条的规定，滥用职权行为是否致使公共财产、国家和人民利益遭受了重大损失，是划分滥用职权罪与一般的滥用职权违法行为的界限。根据 2006 年 7 月 26 日起实施的最高人民检察院《关于渎职、侵权犯罪案件立案标准的规定》，滥用职权罪的重大损失一般是指具有下列情形之一的：（1）造成死亡 1 人以上，或者重伤 2 人以上，或者重伤 1 人、轻伤 3 人以上，或者轻伤 5 人以上的；（2）导致 10 人以上严重中毒的；（3）造成个人财产直接经济损失 10 万元以上，或者直接经济损失不满 10 万元，但间接经济损失 50 万元以上的；（4）造成公共财产或者法人、其他组织财产直接经济损失 20 万元以上，或者直接经济损失不满 20 万元，但间接经济损失 100 万元以上的；（5）虽未达到（3）、（4）两项数额标准，但（3）、（4）两项合计直接经济损失 20 万元以上，或者合计直接经济损失不满 20 万元，但合计间接经济损失 100 万元以上的；（6）造成公司、企业等单位停业、停产 6 个月以上，或者破产的；（7）弄虚作假，不报、缓报、谎报或者授意、指使、强令他人不报、缓报、谎报情况，导致重特大事故危害结果继续、扩大，或者致使抢救、调查、处理工作延误的；（8）严重损害国家声誉，或者造成恶劣社会影响的；（9）其他致使公共财产、国家和人民利益遭受重大损失的情形。

2. 本罪与特殊的滥用职权犯罪的界限

除本罪外，刑法分则还规定了特殊的滥用职权犯罪。两者之间形成法条竞合，根据特别法优于普通法的原则，应适用特殊的滥用职权犯罪的罪名，而不再以本罪论处。如《刑法》第 410 条规定了国家机关工作人员徇私舞弊，违反土地管理法规，滥用职权，非法批准征用、占用土地或者非法低价出让国有土地使用权，情节严重的行为，就不能以本罪处理，而应依照《刑法》第 410 条的规定以非法批准征用、占用土地罪和非法低价出让国有土地使用权罪论处。

3. 本罪与玩忽职守罪的界限

两者的区别主要在于：（1）犯罪主观方面不同。本罪在主观方面是出于故意，而玩忽职守罪在主观方面是出于过失。（2）犯罪客观方面的表现形式不同。本罪在客观方面表现为滥用职权或者超越职权，致使公共财产、国家和人民利益遭受重大损失的行为。玩忽职守罪在客观方面表现为严重不负责任，不履行或者不正确履行职责，致使公共财产、国家和人民利益遭受重大损失的行为。

（三）滥用职权罪的处罚

根据《刑法》第 397 条的规定，犯本罪的，处 3 年以下有期徒刑或者拘役；

情节特别严重的，处3年以上7年以下有期徒刑。国家机关工作人员徇私舞弊犯本罪的，处5年以下有期徒刑或者拘役；情节特别严重的，处5年以上10年以下有期徒刑。

本章小结

刑法分则是具体规定各种犯罪的罪状和法定刑的规范体系，应当与刑法总则结合运用。

我国刑法分则以犯罪行为侵犯的同类客体为标准，将犯罪行为分为10类，构成刑法分则的十章，分别规定了相应的具体罪名。

本章对其中部分常见罪名的概念、构成特征、司法认定、处罚进行了解析。

思考题

1. 试述我国刑法分则体系的特点。
2. 如何认定放火罪的既遂与未遂？
3. 如何区分交通肇事罪与重大责任事故罪？
4. 如何认定生产、销售伪劣产品罪与生产、销售特定种类的伪劣产品犯罪？
5. 逃税罪的构成特征是什么？
6. 如何区分故意伤害罪与故意杀人罪？
7. 强奸罪的构成特征是什么？
8. 如何区分绑架罪与非法拘禁罪？
9. 如何认定抢劫罪的客观构成要件？
10. 如何区别盗窃罪与侵占罪？
11. 如何处理诈骗罪与其他特殊诈骗犯罪的竞合关系？
12. 妨害公务罪的构成特征是什么？
13. 如何认定贪污罪与盗窃罪、诈骗罪、职务侵占罪的界限？
14. 如何认定受贿罪的客观构成要件？
15 如何区别滥用职权罪与玩忽职守罪？

实务训练

2010年8月，某炼钢厂向焦炭厂购买一批焦炭，焦炭厂遂与郭某某达成货运合同，由郭某某负责运输焦炭至炼钢厂。运输途中，郭某某见财起意，将焦炭运至一隐蔽地点，秘密卸下五吨焦炭，并在原焦炭中掺入同等重量煤渣，最终蒙混过关。不久，炼钢厂发现了焦炭被掺假，将情况告知焦炭厂，焦炭厂经调查发现了郭某某的不法行为并报警，警方将郭某某抓获。

【问题】 郭某某的行为构成什么罪？

下编　刑事诉讼法

第十一章

刑事诉讼法概述

学习目标

1. 掌握诉讼和刑事诉讼法的概念；
2. 明确刑事诉讼法的任务；
3. 理解刑事诉讼法的基本原则；
4. 掌握刑事诉讼主体。

案例导读

案情：1964 年出生的栾某原系南京市六合区雄州街道办事处党委委员、人武部部长、综治办主任，长期分管当地征地拆迁工作。据公诉机关指控，2006 年下半年至 2008 年下半年间，栾某利用负责雄州街道“仁和菜场改造及商住楼项目”征地拆迁协调工作的职务便利，为南京市雄州房地产开发公司谋取利益，先后收受贿赂 13.9 万余元；2003 年 1 月至 2008 年 3 月间，在负责南京棠邑建筑安装有限公司改制工作期间，虚列拆迁费用，隐瞒、占有出借公款孳息，侵占公款 17.5 万余元。检方指控栾某犯受贿罪、贪污罪。据悉，栾某对指控事实存在异议，认为有人迫害自己。2012 年 6 月 19 日开庭当天，在宣布开庭后，审判长首先就姓名、年龄、住址等自然情况讯问栾某，他拒不回答。核对法律文书记载的信息（譬如逮捕时间、收到起诉书副本时间等）时，他声称“不记得，我脑子被你们搞坏了”。接着，审判长问他有无收到相关法律文书，他坚称没有收到。合议庭立即休庭核查，经查文书已经送达，但栾某拒绝签收，最后采取的是留置送达手段，即将文书送到看守所。继续开庭后，审判长告知以上情况，栾某坚决否认，一下子激动起来。庭审录像显示，栾某先是掀开被告席械板，站起来想离开被告席，法警上前制止，他挣脱着往审判台冲去，动作激烈，三四名法警都拉不住。拉扯到辩护人坐席旁，栾某一脚上去，将三人座的桌子踢歪了。栾某当时大喊大叫，非常激动，庭审根本无法继续。栾某的妻子董某因为是证人没能进庭旁听。在庭外听到丈夫的叫喊声后，她强行冲破保安的围堵进入法庭。进门后情绪彻底失控，在旁听席吵闹叫骂，推翻一张座椅，并且以头撞椅自残。其他亲友也跟着哄闹，法庭乱作一团。庭审不得已中断。栾某被押离法庭后，法警们才控制住现场。

问题： 请问栾某与董某应受何种处罚？

第一节　刑事诉讼法的任务和基本原则

一、刑事诉讼

（一）诉讼的概念

“诉讼”一词，是由“诉”和“讼”两个字构成的，“诉”是由一个“言”字和一个“斥”字所组成，从字面意思上讲，“诉”是指“言辞斥责”；“讼”是由一个“言”字和一个“公”字组成，字面意思是指“向公家讲述一些事情，希望能够得到公家的支持或帮助”。所以民间向来俗称诉讼为“打官司”。

从现代法学意义上讲，诉讼是一种重要的法律现象，它是指国家的司法机关在原告、被告等当事人和其他诉讼参与人的参加下，依照法律的规定处理各种案件的活动。由于案件涉及不同的法律部门，可以将其分为刑事案件、民事案件和行政案件，所以诉讼也相应地被分为刑事诉讼、民事诉讼和行政诉讼。

（二）刑事诉讼的概念

根据我国的法律规定和司法实践，刑事诉讼，是指国家的司法机关在当事人和其他诉讼参与人的参加下，依照刑事法律的规定，揭露犯罪，证实犯罪，确定犯罪嫌疑人、被告人罪责的有无和大小，并对犯罪人追究刑事责任的活动。

（三）刑事诉讼与民事诉讼、行政诉讼的区别

刑事诉讼、民事诉讼和行政诉讼是三种不同类型的诉讼。民事诉讼，是指人民法院在双方当事人及其他诉讼参与人的参加下，依照法定程序审理和解决平等民事主体之间发生的人身纠纷、财产纠纷等民事纠纷案件和其他案件的活动，以及由此产生的各种法律关系的总和。行政诉讼，是指公民、法人或者其他组织认为行政机关的具体行政行为侵犯其合法权益，依照法定程序向人民法院起诉，人

民法院在当事人及其他诉讼参与人的参加下，对具体行政行为进行审理并作出裁决的活动。这三种诉讼有以下重要区别：

1. 刑事诉讼、民事诉讼、行政诉讼有不同的任务。民事诉讼的直接任务是解决地位平等的主体之间在人身关系、财产关系等方面所发生的纠纷；行政诉讼是解决行政行为相对人因不服行政机关具体的行政行为而发生的纠纷；刑事诉讼所解决的是犯罪人的刑事责任问题。

2. 参加刑事诉讼、民事诉讼、行政诉讼的国家机关不同。参加刑事诉讼的国家机关除了人民法院外还有人民检察院、公安机关、国家安全机关、监狱等。参加民事诉讼、行政诉讼的国家机关只有人民法院。

3. 刑事诉讼、民事诉讼、行政诉讼的构成内容不同。刑事诉讼分为自诉案件的诉讼和公诉案件的诉讼。自诉案件的诉讼由三个阶段构成，即立案（起诉和受理）、审判和执行。公诉案件的诉讼由五个阶段构成，它们是立案、侦查、提起公诉、审判和执行。而民事诉讼、行政诉讼都只有三个诉讼阶段构成，即立案（起诉和受理）、审判和执行。

4. 刑事诉讼、民事诉讼和行政诉讼依据的法律不同。刑事诉讼依据的法律是规定犯罪、刑事责任、刑罚的刑法和刑事诉讼法。民事诉讼所依据的法律是规定财产关系、人身关系等内容的民商法、经济法和民事诉讼法等法律。行政诉讼所依据的法律是调整行政关系的行政法和行政诉讼法。

二、刑事诉讼法

（一）刑事诉讼法的概念

刑事诉讼法是我国一个重要的部门法，也是任何国家都不能或缺的法律。所谓刑事诉讼法，是指国家按照统治阶级的意志制定或者认可的，司法机关、当事人及其他诉讼参与人进行刑事诉讼活动必须遵守的行为规范的总称。

刑事诉讼法有广义和狭义之分，广义上的刑事诉讼法，是指所有规定刑事诉讼活动的法律规范的总称。狭义上的刑事诉讼法，是指国家制定的关于刑事诉讼的系统的法律文件。在我国，狭义上的刑事诉讼法即指《中华人民共和国刑事诉讼法》（以下简称《刑事诉讼法》）。我们通常讲的刑事诉讼法，一般是指广义上的刑事诉讼法。

（二）刑事诉讼法的任务

《刑事诉讼法》第 2 条规定：中华人民共和国刑事诉讼法的任务，是保证准确、及时地查明犯罪事实，正确应用法律，惩罚犯罪分子，保障无罪的人不受刑事追究，教育公民自觉遵守法律，积极同犯罪行为作斗争，维护社会主义法制，尊重和保障人权，保护公民的人身权利、财产权利、民主权利和其他权利，保障社会主义建设事业的顺利进行。

根据此规定，我国刑事诉讼法的任务有以下几个：

1. 保证准确、及时地查明犯罪事实，正确应用法律

查明犯罪事实并在其基础上应用法律，是处理刑事案件的前提和要求。能否“准确及时地查明犯罪事实，正确应用法律”，关系到刑事诉讼的公正和效率。刑事诉讼法是规定追究犯罪的方式、方法和步骤的法律，它设计的各种诉讼方式、方法和步骤以“公正、效率”为价值目标。因此，“保证准确及时地查明犯罪事实，正确应用法律”就应当是刑事诉讼法的首要任务。

2. 惩罚犯罪分子，保障无罪的人不受刑事追究

作为规定追究犯罪的方式、方法和步骤的法律，刑事诉讼法的任务之一应当是惩罚犯罪分子。由于刑事案件的复杂性，在惩罚犯罪的过程中，可能会出现一些认定事实或适用法律的错误，从而殃及无辜。因此，在惩罚犯罪的同时，保障无罪的人不受刑事追究也应是刑事诉讼法的任务。惩罚犯罪分子，保障无罪的人不受刑事追究，是辩证的统一。惩罚了真正的犯罪分子，就可以保障无罪的人不受刑事追究；同样，在刑事诉讼中保障了无罪的人不受刑事追究，就可以惩罚到真正的犯罪分子。

3. 教育公民自觉遵守法律，积极同犯罪行为做斗争

国家颁布刑法、刑事诉讼法，进行刑事诉讼，是为了预防、减少犯罪并最终消灭犯罪。为了实现这个目的，仅仅惩罚犯了罪的人是不够的，还必须唤起公民自觉遵守法律的意识，使之不仅不去触犯刑法，而且还积极同犯罪行为作斗争。我国刑事诉讼法规定的一些程序，就充分体现了这个任务。比如，公开审判制度的设立，就有教育群众的重大作用。法庭审判时，允许群众旁听，将犯罪及其造成的危害公之于众，引起广大公民对犯罪的愤恨和对被害人的同情，激发公民同犯罪作斗争的主动性。

4. 维护社会主义法制，尊重和保障人权，保护公民的人身权利、财产权利、民主权利和其他权利，保障社会主义建设事业的顺利进行

2004 年 3 月 14 日，第十届全国人民代表大会第二次会议通过宪法修正案，首次将“人权”概念引入宪法，明确规定“国家尊重和保障人权”。尊重和保障人权由中国共产党和中国政府文件的政策性规定上升为国家根本大法的一项原则。宪法的这一原则必然要求各种基本法律加以具体贯彻落实。修改后的刑事诉讼法将尊重和保障人权正式写入总则，并将其置于第 2 条当中，作为刑事诉讼法的一个总任务和原则规定下来，并通过一系列制度加以落实。

三、刑事诉讼的基本原则

刑事诉讼的基本原则，是指人民法院、人民检察院、公安机关以及诉讼参与人进行刑事诉讼时必须遵守的基本行为准则。

我国刑事诉讼的基本原则，是由《中华人民共和国宪法》（以下简称《宪法》）、《刑事诉讼法》、《中华人民共和国人民法院组织法》（以下简称《人民法院组织法》）和《中华人民共和国人民检察院组织法》（以下简称《人民检察院组织法》）规定的。

（一）侦查权、检察权和审判权由专门机关依法行使的原则

我国《刑事诉讼法》第3条规定："对刑事案件的侦查、拘留、执行逮捕、预审，由公安机关负责。检察、批准逮捕、检察机关直接受理的案件的侦查、提起公诉，由人民检察院负责。审判由人民法院负责。除法律特别规定的以外，其他任何机关、团体和个人都无权行使这些权力。""人民法院、人民检察院和公安机关进行刑事诉讼，必须严格遵守本法和其他法律的有关规定。"这条规定，是"侦查权、检察权、审判权由专门机关行使原则"的法律依据。该原则主要包括下述内容：

1. 公、检、法三机关分别行使国家的侦查权、检察权和审判权

侦查权，是指收集证据，揭露和证实犯罪，查获犯罪嫌疑人，实施必要的强制性措施的权力。根据《刑事诉讼法》第3条、第4条的规定，侦查权主要由公安机关、检察机关和国家安全机关行使。检察权，是指对法律的执行与进行专门监督的权力。根据《刑事诉讼法》第3条第1款的规定，检察权只能由人民检察院行使。审判权，是指对案件进行审理并作出裁判的权力。审判权是一种最主要的司法权力，它决定着诉讼当事人的命运和诉讼的结局。根据《刑事诉讼法》第3条第1款的规定，审判权只能由人民法院行使。

2. 除法律特别规定的以外，其他任何机关、团体和个人，都无权行使侦查权、检察权和审判权

侦查权、检察权、审判权由专门机关行使，这既是法律赋予他们的权力，也是法律要求他们应尽的职责和义务，是维护正常的社会秩序，保障法律的统一和正确实施，保护公民的人身自由及其他合法权益免遭非法侵犯的要求。除公、检、法机关以外，我国法律还对其他机关行使侦查权作了特别规定。《刑事诉讼法》第290条第1、2款规定："军队保卫部门对军队内部发生的刑事案件行使侦查权。""对罪犯在监狱内犯罪的案件由监狱进行侦查。"

3. 公、检、法机关行使侦查权、起诉权和审判权，必须遵守法定程序

《刑事诉讼法》第3条第2款规定："人民法院、人民检察院和公安机关进

行刑事诉讼，必须严格遵守本法和其他法律的有关规定。”这表明三机关在行使各自职权时必须依照法律规定的程序进行。这些法律规定的程序散见于《宪法》、《刑事诉讼法》、《人民法院组织法》、《人民检察院组织法》中有关刑事诉讼程序的法律条文以及全国人民代表大会常务委员会关于刑事诉讼程序的有关规定。这些法律规定都是对三机关的刑事诉讼行为的规制，必须遵守。

（二）人民法院、人民检察院独立行使职权的原则

我国《宪法》第126条及《人民法院组织法》第4条规定：“人民法院依照法律规定独立行使审判权，不受行政机关、社会团体和个人的干涉。”《宪法》第131条规定：“人民检察院依照法律规定独立行使检察权，不受行政机关、社会团体和个人的干涉。”《人民检察院组织法》第9条也有类似规定。《刑事诉讼法》第5条规定：“人民法院依照法律规定独立行使审判权，人民检察院依照法律规定独立行使检察权，不受行政机关、社会团体和个人的干涉。”上述规定，是人民法院、人民检察院依法独立行使职权原则的法律依据。

人民法院、人民检察院独立行使职权原则包括以下几方面内容：

1. 人民法院、人民检察院依照法律规定，独立地对刑事案件行使审判权、检察权，不受行政机关、社会团体和个人的干涉。

2. 按照我国现行法律的规定，独立行使审判权、检察权的主体主要是法院、检察院，而不是法官、检察官。

3. 我国现行法律规定的独立行使审判权、检察权，与西方国家法律规定的司法独立是有原则区别的。

（三）依靠群众的原则

我国《刑事诉讼法》第6条规定，人民法院、人民检察院和公安机关进行刑事诉讼必须依靠群众。这是依靠群众原则的法律依据。

公安司法机关进行刑事诉讼必须依靠群众，是指公安司法机关在刑事诉讼中，要坚持群众路线和群众观点，注意借助群众的智慧和力量，采取向群众进行调查研究等工作方法，完成刑事诉讼法规定的任务。第一，要具有相信群众的观念，学会做群众工作的方法；第二，要严格依法办事，在刑事诉讼中妥善处理依靠群众与进行专门工作的关系。

（四）以事实为根据，以法律为准绳的原则

《刑事诉讼法》第6条规定：“人民法院、人民检察院和公安机关进行刑事诉讼，必须依靠群众，必须以事实为根据，以法律为准绳。对于一切公民，在适用法律上一律平等，在法律面前，不允许有任何特权。”这是以事实为根据、以法律为准绳原则的法律依据。

在刑事诉讼中以事实为根据，是指公安司法机关无论作出什么样的决定，采

取什么样的措施，无论是解决实体问题，还是解决程序问题，都必须以查证属实的证据和凭借这些证据认定的案件事实为基础，而不能以主观想象、推测和查无实据的“设想”、“议论”作为根据。

在刑事诉讼中以法律为准绳，是指必须以刑法、刑事诉讼法和其他法律的有关规定作为定罪量刑和处理案件的标准，而不能以某领导的态度、某个人的言论或者其他东西作为标准，也不能由公安司法机关及其工作人员随心所欲地处理刑事诉讼中的实体问题和程序问题。

（五）对一切公民在适用法律上一律平等的原则

对一切公民在适用法律上一律平等原则的法律依据，是我国《宪法》第5条、第33条和《刑事诉讼法》第6条。《宪法》第33条第2款规定：“中华人民共和国公民在法律面前一律平等。”其第5条第5款规定：“任何组织或者个人都不得有超越宪法和法律的特权。”为了在刑事诉讼中贯彻宪法规定的“公民在法律面前一律平等”，《刑事诉讼法》第6条规定：“对于一切公民，在适用法律上一律平等，在法律面前，不允许有任何特权。”

这一原则的基本含义是：司法机关在办理刑事案件时，不受民族、种族、性别、职业、社会出身、宗教信仰、教育程度、财产状况、居住期限等因素的影响，对一切公民的合法权益都应依法给予保护，对一切公民的违法犯罪行为都应依法予以追究，在法律面前，不允许有任何特权。

对一切公民在适用法律上一律平等，同在法律规定的范围内区别对待并不矛盾。在法律范围内区别对待，是依照犯罪事实等情况，根据法律的规定进行的。例如，把主犯同从犯、胁从犯区别对待等。

（六）分工负责、互相配合、互相制约的原则

我国《宪法》第135条规定：“人民法院、人民检察院和公安机关办理刑事案件，应当分工负责，互相配合，互相制约，以保证准确有效地执行法律。”我国《刑事诉讼法》第7条也作了同样的规定。这两个法律条文就是“分工负责、互相配合、互相制约原则”的法律依据。

1. 公、检、法三机关分工负责，是指公安机关、检察机关和人民法院，根据法律规定的职权，各负其责，各尽其职，严格按照分工进行刑事诉讼活动，不允许互相代替，也不允许超越各自的职责权限。

2. 公、检、法三机关互相配合，是指公安机关、检察机关和人民法院在办理刑事案件时，在各负其责的基础上，通力协作，互相支持，以便顺利完成查明案件事实、惩罚犯罪分子、保障无罪的人不受刑事追究的任务。

3. 公、检、法三机关相互制约，是指公安机关、检察机关和人民法院的工作互为条件并且依照法律规定的职权和程序，可以对其他机关作出的有关决议提

出异议，要求其纠正错误或者重新作出决定。

4. 公、检、法三机关分工负责，互相配合，互相制约，是一个有机的统一体。分工负责是互相配合、互相制约的基础和前提，没有分工，就谈不上配合和制约。互相配合、互相制约是相辅相成、辩证统一的两个方面。相互配合便于协调工作，相互制约有利于避免和纠正错误，二者不可偏废。

（七）人民检察院依法对刑事诉讼实行法律监督的原则

我国《宪法》第129条规定："中华人民共和国人民检察院是国家的法律监督机关。"《刑事诉讼法》第8条规定："人民检察院依法对刑事诉讼实行法律监督。"《人民检察院组织法》除了在第1条有与《宪法》第129条相同的规定外，还在第5条对各级人民检察院规定了三项刑事诉讼法律监督职权。

根据我国刑事诉讼法的规定，检察机关对刑事诉讼实行法律监督，主要包括三个方面的内容：对公安机关的立案侦查活动实行监督；对人民法院的审判实行监督；对执行活动实行监督。

（八）使用本民族语言文字进行诉讼的原则

我国《宪法》第134条、《刑事诉讼法》第9条，这些条文是各民族公民有权使用本民族语言文字进行诉讼原则的法律依据。根据上述法律规定，各民族公民有权使用本民族语言文字进行诉讼的原则，包括以下三方面内容：

1. 各民族公民都有用本民族语言文字进行诉讼的权利，无论他是作为当事人还是作为其他诉讼参与人。

2. 如果诉讼参与人不通晓当地通用的语言文字，人民法院、人民检察院和公安机关有义务指定或者聘请翻译人员为他们翻译。这些规定不仅适用于我国公民，而且适用于参加诉讼的外国人（无国籍人）。

3. 在少数民族聚居区或者多民族共同居住的地区，对案件的审理，应当用当地通用的语言进行；起诉书、判决书、布告及其他诉讼文书，应当使用当地通用的一种或几种文字；对于不通晓当地通用文字的诉讼参与人，在有条件的情况下，向他送达的诉讼文书，应当用他所通晓的文字，或者聘请翻译人员，向他翻译诉讼文书的内容。

（九）犯罪嫌疑人和被告人有权获得辩护的原则

我国《宪法》第125条规定：被告人有权获得辩护。我国《刑事诉讼法》在第11条明确规定"被告人有权获得辩护"，而且规定"人民法院有义务保证被告人获得辩护"。这些规定，就是犯罪嫌疑人和被告人有权获得辩护原则的法律依据。

1. 犯罪嫌疑人、被告人在刑事诉讼中依法享有辩护权。辩护权是犯罪嫌疑人、被告人所享有的最基本、最重要的诉讼权利。

2. 公安司法机关有义务保障犯罪嫌疑人和被告人行使辩护权：第一，保障犯罪嫌疑人、被告人行使自行辩护权；第二，告知犯罪嫌疑人、被告人有权委托辩护人；第三，通知法律援助机构为法定的犯罪嫌疑人、被告人指派辩护律师。

（十）未经人民法院依法判决，不得确定有罪的原则

我国《刑事诉讼法》第12条规定：“未经人民法院依法判决，对任何人都不得确定有罪。”这条规定就是“未经人民法院依法判决，不得确定有罪”原则的法律依据。

1. 只有人民法院才有确定被告人有罪的权力。在刑事诉讼中，审判权依法只能由人民法院统一行使，其他任何机关、团体和个人都无权行使。审判权包括定罪权与量刑权。人民法院是唯一有权确定某人有罪和判处刑罚的机关。

2. 在人民法院确定被告人有罪的判决、裁定发生法律效力之前，不能把犯罪嫌疑人、被告人当作罪犯看待。在刑事案件的侦查和审查起诉程序中，公安机关和人民检察院根据已经查明的事实和证据，可以对犯罪嫌疑人移送起诉和提起公诉，但它们对犯罪嫌疑人、被告人有罪的认定，只会带来诉讼程序意义上的效果，而不是终局的有罪判定。只有人民法院依法所作的定罪判决，才是国家对被告人有罪结论的权威宣告。

（十一）保障诉讼参与人诉讼权利的原则

《刑事诉讼法》第14条规定：“人民法院、人民检察院和公安机关应当保障犯罪嫌疑人、被告人和其他诉讼参与人依法享有的辩护权和其他诉讼权利。”“诉讼参与人对于审判人员、检察人员和侦查人员侵犯公民诉讼权利和人身侮辱的行为，有权提出控告。”这条规定是保障诉讼参与人诉讼权利原则的法律依据。

1. 公安机关、检察机关和人民法院，对犯罪嫌疑人、被告人和其他诉讼参与人依法享有的辩护权和其他诉讼权利，都应给予保障，不允许侵犯或者剥夺。

2. 赋予诉讼参与人控告权。

（十二）依照法定情形不予追究刑事责任的原则

《刑事诉讼法》第15条规定：“有下列情形之一的，不追究刑事责任，已经追究的，应当撤销案件，或者不起诉，或者终止审理，或者宣告无罪：（一）情节显著轻微、危害不大，不认为是犯罪的；（二）犯罪已过追诉时效期限的；（三）经特赦令免除刑罚的；（四）依照刑法告诉才处理的犯罪，没有告诉或者撤回告诉的；（五）犯罪嫌疑人、被告人死亡的；（六）其他法律规定免予追究刑事责任的。”这条规定，就是依照法定情形不予追究刑事责任原则（即依法不追诉原则）的法律依据。

1. 依法不追诉的情形

依法不追诉的情形有下列六种：

(1) 情节显著轻微、危害不大，不认为是犯罪的；

(2) 犯罪已过追诉时效期限的；

(3) 经特赦令免除刑罚的；

(4) 依照刑法告诉才处理的犯罪，没有告诉或者撤回告诉的；

(5) 犯罪嫌疑人、被告人死亡的；

(6) 其他法律决定免予追究刑事责任的。

2. 依法不追诉的处理办法

对于上述法定不追究刑事责任的情形，刑事诉讼法和最高人民法院的司法解释规定了不同的处理方式。具体说来，在立案阶段，人民法院发现自诉案件有上述情形之一的，应当不予受理。公诉案件有上述情形之一的，公安机关和人民检察院应作出不立案的决定。在侦查阶段，侦查机关遇有上述情形之一的，应当撤销案件。在审查起诉阶段，人民检察院遇有上述情形之一的，应作出不起诉的决定。在审判阶段，对于上述第一种情形，人民法院应当以判决宣告无罪；对于其他几种情形，一般应裁定终止审理。不过，根据已经查明的案件事实和认定的证据材料，能够确认已经死亡的被告人无罪的，人民法院应当判决宣告被告人无罪。

(十三) 追究外国人刑事责任适用我国刑事诉讼法的原则

《刑事诉讼法》第 16 条规定："对于外国人犯罪应当追究刑事责任的，适用本法的规定。""对于享有外交特权和豁免权的外国人犯罪应当追究刑事责任的，通过外交途径解决。"这条规定是追究外国人刑事责任适用我国刑事诉讼法原则的法律依据。

1. 对于外国人犯罪应当追究刑事责任的，适用我国刑法和刑事诉讼法的规定。这里的外国人包括具有外国国籍的人、无国籍人以及国籍不明的人。我国作为一个主权独立的国家，在我国司法管辖权范围内，外国人与中国人一样，应遵守中国法律。当外国人的行为触犯刑法，应当受到刑事追究时，公安司法机关应当按照我国刑事诉讼法的规定进行立案、侦查、起诉及审判活动。

2. 依据国际惯例，享有外交特权和豁免权的外国人犯罪，应当追究刑事责任的，依据外交途径解决。依据 1986 年 9 月 5 日第六届全国人大常委会通过的《外交特权与豁免条例》，享有外交特权和豁免权的外国人包括：外国驻中国使馆的外交代表以及与他们共同生活的配偶和未成年子女；来中国访问的外国国家元首、政府首脑、外交部长及其他具有同等身份的官员；途经中国的外国驻第三国的外交代表和与其共同生活的配偶及未成年子女；持有中国外交签证或者持有外交护照来中国的外交官员；经中国政府同意给予外交特权和豁免的其他来中国访问的外国人。上述人员在中国犯罪的，不受我国法律刑事管辖，而是通过外交途径解决。解决方式可以是建议派遣国将其召回，依法予以处理；或者宣布为不受欢迎的人，令其限期出境；或者由我国政府宣布将其驱逐出境。

（十四）刑事司法协助的原则

我国《刑事诉讼法》第17条规定："根据中华人民共和国缔结或者参加的国际条约，或者按照互惠原则，我国司法机关和外国司法机关可以相互请求刑事司法协助。"这条规定就是刑事司法协助原则的法律依据。

刑事司法协助，是指不同国家的司法机关之间，根据本国缔结或者参加的国际条约或者互惠原则，为对方代为一定的刑事诉讼行为或与刑事诉讼有关的行为。我国刑事诉讼法规定的刑事司法协助，包括我国司法机关请求外国司法机关提供的和外国司法机关请求我国司法机关提供的两种情况。

刑事司法协助原则的基本含义是：

1. 刑事司法协助的主体是我国司法机关和外国司法机关。这里的司法机关是广义的，包括双方法院和检察机关。我国于1984年加入了国际刑警组织，因此我国公安机关与外国警察机关的协作通常通过国际刑警组织进行。司法部司法协助外事司作为我国对外进行司法协助的中央机关负责对外联系。

2. 刑事司法协助的法律依据包括我国与外国缔结的条约或者协定、我国参加的载有司法协助内容的国际条约以及国际公认的互惠原则。

3. 刑事司法协助的内容主要包括代为送达文书，代为调查取证，互相委托进行鉴定、勘验、检查、搜查和扣押，互相代为通知证人、鉴定人出庭，互相移交物证、书证等证据。另外，刑事司法协助还包括引渡这一重要的内容。所谓引渡，是指一国将当时在其境内而被他国指控犯有罪行或者判过刑的人，根据他国的请求，移送该国进行审判或者处罚的制度。我国与外国的引渡以与外国签订的引渡条约为依据。

第二节 刑事诉讼主体

一、刑事诉讼中的国家机关

（一）刑事诉讼中的国家机关概述

在我国，刑事诉讼中的国家机关包括司法机关和行使侦查权的行政机关。什么是刑事诉讼中的"司法机关"？我国的学者对此多有不同的见解。有的学者认为，司法机关是"行使国家司法权的国家机关"。我国的司法机关，通常是指行使审判权的人民法院和行使检察权的人民检察院。从广义上理解，除人民法院和人民检察院以外，还包括对刑事案件行使侦查权的公安机关、国家安全机关以及对罪犯行使刑罚执行权的监狱。也有的学者将公安机关排除在司法机关之外，在谈到刑事诉讼中的国家机关时，将公安机关与司法机关并列称为“公安司法机关”。

我们认为，公安机关、国家安全机关和监狱属于行政机关，编在各级人民政府的序列之内，它们虽然参加刑事诉讼，享有法律赋予的刑事侦查权，但仍然处于行政机关的法律地位。因此，刑事诉讼中的国家机关，有人民法院、人民检察院、公安机关、国家安全机关、监狱。此外，对于现役军人实施的犯罪行为，由军队内部的保卫部门负责侦查，由军队的检察院提起公诉，由军队的法院审判。这样，在我国，参加刑事诉讼的国家机关有六个，根据它们在刑事诉讼中所起的作用，我们可以将它们分为三种：第一，行使审判权的法院；第二，行使公诉权的检察院；第三，行使侦查权的公安机关、国家安全机关、监狱和军队内部的保卫部门。检察院在行使公诉权的同时，也对部分刑事案件行使侦查权，因此，刑事诉讼中的侦查机关也包括人民检察院。

（二）刑事诉讼中的国家机关——人民法院

根据宪法规定，人民法院是我国的审判机关，代表国家行使审判权。

我国的法院由三个部分组成，即最高人民法院、地方各级人民法院和专门法院。

1. 最高人民法院

最高人民法院是国家的最高审判机关。最高人民法院除了依法审判案件外，还依法对地方各级人民法院和专门法院行使审判监督权，对审判工作中如何应用法律的问题做有普遍约束力的司法解释。

2. 地方各级人民法院

地方各级人民法院由三级人民法院组成，包括：设在各省、自治区、直辖市的高级人民法院；设在省辖市、地区、自治州和盟的中级人民法院；设在县、自治县、县级市、市辖区和旗的基层人民法院。

3. 专门法院

专门法院是设在特殊部门的法院。我国目前的专门法院有军事法院、铁路运输法院和海事法院。海事法院只审判海事案件和海商案件，不审判刑事案件。

根据宪法的规定，法院系统内上下级之间的关系是监督与被监督的关系，而不是领导与被领导的关系。人民法院是最重要的刑事诉讼主体，处于最重要的诉讼地位。其原因是：第一，人民法院在诉讼中行使审判职能，最终决定案件的诉讼结果和犯罪嫌疑人、被告人的命运。第二，与人民检察院、公安机关和其他参加诉讼的国家机关相比较，人民法院参加处理的刑事案件的数量是最多的。公安机关只侦查部分刑事案件，人民检察院只参加公诉案件的诉讼。只有人民法院，既要参加公诉案件的诉讼，又要参加自诉案件的诉讼。第三，在审判阶段，参加诉讼的人民检察院、当事人和其他诉讼参与人，都是在人民法院主持和指挥下进行诉讼的，他们的诉讼行为都要受审判权的约束。

（三）刑事诉讼中的国家机关——人民检察院

根据宪法的规定，检察院是专门的法律监督机关，代表国家行使检察权。

我国的检察机关由最高人民检察院、地方各级人民检察院和专门检察院三部分组成。最高人民检察院是最高的法律监督机关、地方各级人民检察院也由三级组成，与地方人民法院对应设置，专门人民检察院有军事检察院和铁路运输检察院。

我国检察机关系统内的上下级检察院之间，是一种领导与被领导的关系。

人民检察院在刑事诉讼中的地位仅次于人民法院，在公诉案件的诉讼过程中起着承上启下的作用。人民检察院参加所有刑事公诉案件的诉讼，它所进行的审查起诉活动，既是对侦查工作的审查和认可，又能够引起刑事审判的开始。没有检察院的诉讼活动，就没有人民法院对刑事公诉案件的审判，也不可能打击严重的刑事犯罪分子。同时，人民检察院对全部的刑事诉讼活动实行法律监督。

（四）刑事诉讼中的国家机关——公安机关

我国的公安机关是维护社会秩序、保障公共安全的专门机关。

我国的公安机关由中央公安机关、地方各级公安机关和专业公安机关三部分组成。中央公安机关是指公安部。地方公安机关由三级组成，即省级公安机关，包括省、自治区公安厅和直辖市公安局；地级公安机关，包括省辖市、地区、自治州等相当于这一级行政区划所设立的公安机关；县级公安机关，包括县、自治县、县级市、旗和市辖区公安机关。专业公安机关是指经国务院批准，在国家有关部门内设立的专门从事一定范围内公安业务的公安机关。目前，我国的专业公安机构有铁路公安机关、交通公安机关、民航公安机关、林业公安机关、海关公安机关和海洋公安机关六种。

我国的公安机关实行“统一领导，分级负责，条块结合，以块为主”的领导体制。各级公安机关在同级政府的领导下工作，同时也受上级公安机关的领导和指挥。根据我国刑事诉讼法的规定，公安机关是主要的刑事案件的侦查机关，它在刑事诉讼中有权侦破案件，对犯罪嫌疑人、被告人执行逮捕，拘留犯罪嫌疑人，对犯罪嫌疑人进行预审，还有权执行和参与执行刑事判决。因此，公安机关在刑事诉讼中具有广泛的权力，属于控诉一方。公安机关的侦查工作是公诉案件诉讼的基础性工作。没有侦查，犯罪嫌疑人不能归案，诉讼需要的证据不能收集，对犯罪人的起诉和审判就会成为一句空话，整个诉讼也不可能进行下去。

（五）参加刑事诉讼的其他国家机关

根据我国刑事诉讼法的有关规定，除了法院、检察院和公安机关外，国家安全机关、监狱和军队的保卫部门也有权参加刑事诉讼，它们在刑事诉讼中属于侦查机关。国家安全机关负责侦查危害国家安全的刑事案件，军队的保卫部门对现役军人犯罪的刑事案件行使侦查权，监狱负责侦查罪犯在监狱内犯罪的案件。这些机关在侦查刑事案件时，享有与公安机关相同的职权。

二、刑事诉讼的当事人

（一）刑事诉讼当事人概述

《刑事诉讼法》第106条第2项规定，当事人是指被害人、自诉人、犯罪嫌疑人、被告人、附带民事诉讼的原告人和被告人。从理论上讲，刑事诉讼中的当事人，是指在刑事诉讼中处于原告或者被告的地位，并且对案件事实和诉讼结果有利害关系的诉讼参与人。它们在诉讼中处于冲突的两级，而不是中间人，而且它们都与案件事实和诉讼结果有利害关系，是控诉职能或者辩护职能的承担者。

（二）被害人

被害人是遭受犯罪行为侵害的人，既包括有生命的自然人，也包括无生命的单位。刑事诉讼中的被害人是一个有广泛含义的概念，他的诉讼身份和地位不是单一的，在不同案件的诉讼中，被害人有不同的诉讼身份和地位。在自诉案件的诉讼中，被害人如果参加诉讼，他的诉讼身份是自诉人。在公诉案件的诉讼中，如果犯罪嫌疑人、被告人的犯罪行为给被害人造成了经济损失，而且被害人提起了附带民事诉讼，则被害人的诉讼身份是附带民事诉讼的原告；在公诉案件的诉讼中，如果被害人没有提起附带民事诉讼，这时他参加诉讼的身份是公诉被害人。被害人作为案件事实的知情人，其陈述还是证据的一个来源。

公诉被害人即公诉案件的被害人，是公诉案件中直接遭受犯罪行为的侵害且没有提起附带民事诉讼的公民和单位。根据《刑事诉讼法》第106条的规定，公诉被害人也是当事人，享有法律赋予当事人的绝大部分权利，承担当事人的义务。

为了使公诉被害人有充分的能力维护他们的合法权益，我国刑事诉讼法赋予了他们广泛的诉讼权利，主要有：遭受犯罪行为侵害后，有权向司法机关控告或报案；对司法机关的不立案决定有申请复议的权利；在审查起诉阶段，有权向检察机关发表控诉意见；对于检察机关作出的不起诉的决定，有权提出申诉；有权出席法庭，参加法庭调查和法庭辩论，行使当事人在法庭上享有的一切权利；对于一审法院作出的判决、裁定有异议的，有权向检察机关提出抗诉要求，且在整个刑事诉讼中公诉被害人都有要求司法机关及鉴定人、翻译人员回避的权利；公诉被害人有证据证明对被告人侵犯自己人身、财产权利的行为应当依法追究刑事责任，而公安机关或者检察机关不予追究的有权直接向法院提起诉讼。

公诉被害人和自诉人是两类不同诉讼程序中的当事人，他们有共同的特点，都是处于控诉地位，而且他们在诉讼中的身份有可能互相转化。

（三）自诉人

自诉是与公诉相对应的控诉形式。它是指被害人或者他的法定代理人、近亲属以自己的名义，直接到人民法院对刑事被告人提起诉讼，要求人民法院追究刑事被告人刑事责任的活动和方式。我国刑事诉讼法在控告犯罪的方式上，采取“自诉与公诉并存，并且以公诉为主、以自诉为辅”的制度。

由于控诉犯罪的方式不同，我国刑事诉讼有两种不同类型的诉讼程序，即公诉案件的诉讼程序和自诉案件的诉讼程序。公诉案件的诉讼程序包括立案、侦查、起诉、审判和执行五个诉讼阶段。自诉案件的诉讼程序包括立案（起诉与受理）、审判和执行三个诉讼阶段。

自诉人是自诉案件的原告人，是指那些以个人名义直接向人民法院提起控诉，要求追究被告人刑事责任的公民。根据《刑事诉讼法》第112条的规定，有权提起自诉的公民，除了被害人外，还有被害人的法定代理人、近亲属。

自诉人是自诉案件中的一方当事人，他们的诉讼行为对于自诉案件诉讼程序有直接的影响。自诉案件的开始，有赖于自诉人提起自诉。自诉人对自诉案件诉讼程序的进行和诉讼进程也有直接的影响。如果自诉人在自诉中与被告人和解，或者撤回自诉，只要和解和撤诉行为符合法律规定，诉讼就不再进行。因此，自诉人是刑事诉讼中重要的诉讼主体。

自诉人是重要的当事人，在诉讼中享有广泛的诉讼权利，承担相应的诉讼义务。自诉人享有的诉讼权利主要有：申请回避的权利，提起自诉的权利，撤回自诉的权利，与被告人和解的权利，请求人民法院调解的权利，委托诉讼代理人的权利，得到有关诉讼通知及诉讼文书的权利，参加法庭审判的权利，向被告人、证人、鉴定人发问的权利，法庭辩论的权利，申请新的证人出庭作证的权利，申请重新鉴定的权利，上诉的权利，等等。自诉人承担的诉讼义务主要有：提出证据证明自己的诉讼主张、遵守法庭规则等。

（四）犯罪嫌疑人、被告人

根据刑事诉讼法的规定，犯罪嫌疑人是指在公诉案件的诉讼程序中，因有犯罪嫌疑而被公安机关、检察机关立案进行侦查、审查起诉的公民或者单位。被告人，是指被自诉人或者检察机关起诉犯有某种罪行，并经法院决定对其进行审判的公民和单位。根据不同的标准，我们可以对被告人进行不同的分类。首先，根据诉讼案件性质的不同，我们可以将被告人分为公诉案件的被告人和自诉案件的被告人；其次，根据被告人是否具有个人自由意志，我们将被告人分为自然人被告人和单位被告人。

我国在1996年修改刑事诉讼法时，其指导思想之一就是加强对当事人尤其是犯罪嫌疑人、被告人的权利保护。《刑事诉讼法》第12条规定："未经人民法院判决，对任何人都不得确定有罪。"这条规定，吸收了无罪推定原则的合理因素，但又没有照搬无罪推定原则。

犯罪嫌疑人、被告人是刑事诉讼中的"中心人物"，是主要的诉讼主体，刑事诉讼的主要活动都是围绕他们进行的。犯罪嫌疑人、被告人在刑事诉讼中，是有一定的证据证明犯了罪但又没有最终被证明是有罪的人，他们既不同于一般的公民，又不同于服刑的罪犯，在诉讼期间的身份及社会地位处于一种暂时不确定的状态。根据犯罪嫌疑人、被告人的这种具体情况，刑事诉讼法一方面应当根据诉讼的需要，限制或剥夺他们的人身自由；另一方面应当赋予他们一些一般公民所没有的权利，如以辩护权为核心的诉讼权利，使其有抗衡控诉的能力，加强对他们权利的保护。

犯罪嫌疑人、被告人享有广泛的权利，承担相应的义务。犯罪嫌疑人享有的权利有：自行辩护权和委托辩护权；对司法机关及其工作人员侵犯其合法权益及人格侮辱行为的控告权；申请侦查人员、检察人员回避的权利；对侦查人员、检察人员与案件无关的询问的拒绝回答权；被羁押的犯罪嫌疑人有申请取保候审的权利；对"酌定不起诉"有申诉的权利等。犯罪嫌疑人承担的义务有：如实回答侦查人员、检察人员对案件事实的询问；不得伪造、隐匿和毁灭证据。被告人在刑事诉讼中享有的权利主要有：自行辩护权和委托辩护权；对司法机关及其工作人员侵犯其合法权益及人格侮辱行为的控告权；申请审判人员、书记员、鉴定人、翻译人员回避的权利；申请法院排除非法证据的权利；得到诉讼文书的权利；上诉的权利；参加法院调查和法庭辩论的权利；申请新的证人出庭及重新鉴定、勘验的权利；申请调取新的证据的权利等。被告人承担的义务主要有：遵守法庭秩序的义务；如实陈述案情，不得伪造证据、毁灭证据；执行司法机关在诉讼中作出的各种决定等。

案例导读

评析：法院作为国家的审判机关，开庭审理刑事案件是履行职权。被告人在庭审中有遵守法庭秩序的义务，其在庭审中的表现与认罪态度一样，都属于酌定量刑情节，栾某大闹法庭对自己显然是不负责任的。家属违反法庭秩序虽不影响量刑，但根据《刑事诉讼法》第194条的规定，在法庭审判过程中，如果诉讼参与人或者旁听人员违反法庭秩序，审判长应当警告制止。对不听制止的，可以强行带出法庭；情节严重的，处以1000元以下的罚款或者15日以下的拘留。本案中，栾某妻子董某作为证人，有义务遵守法庭秩序，对其严重违反法庭秩序的行为，可依法加以处罚。

（五）附带民事诉讼当事人

附带民事诉讼当事人包括附带民事诉讼的原告和被告。附带民事诉讼原告是附带民事诉讼的一方当事人，是指向司法机关提起附带民事诉讼，要求附带民事诉讼被告赔偿其因犯罪行为而遭受的经济损失的公民或单位。

附带民事诉讼的被告是指对犯罪行为造成的经济损失负有赔偿责任并被司法机关通知应诉的公民、法人或其他组织。附带民事诉讼的被告一般是刑事被告人，但也可以是下列一些人：第一，没有被追究刑事责任的共同致害人；第二，未成年刑事被告人的监护人；第三，共同犯罪案件中，案件审结前已死亡的被告人的遗产继承人；第四，其他对刑事被告人的犯罪行为依法应当承担民事赔偿责任的单位和个人。

三、其他诉讼参与人

诉讼参与人是一个比当事人更为广泛的概念，它是指在刑事诉讼中，除了参加诉讼的国家机关工作人员以外的，依法参加诉讼、享有一定的权利、承担一定义务的公民和单位。根据《刑事诉讼法》第106条第4项的规定，诉讼参与人是指当事人、法定代理人、诉讼代理人、辩护人、证人、鉴定人和翻译人员。其他诉讼参与人是指除了当事人以外的诉讼参与人。

其他诉讼参与人与当事人是两类不同的诉讼参与人。他们的区别主要有：第一，两者与案件事实和诉讼结果的关系不同。当事人与案件事实和诉讼结果有切身的利害关系，而其他诉讼参与人不论与案件事实还是诉讼结果都没有切身的利害关系。第二，参加诉讼的目的不同。当事人参加诉讼的目的是维护自身的合法权益，而其他诉讼参与人参加诉讼，并不是为了维护自身的合法权益，而是基于诉讼程序上的原因。第三，在诉讼中的地位不同。当事人在刑事诉讼中处于重要的诉讼地位，是重要的诉讼主体，他们的诉讼行为对案件的诉讼程序有直接的影响。而其他诉讼参与人的诉讼行为对案件诉讼程序一般没有直接的影响。

其他诉讼参与人包括法定代理人、诉讼代理人、辩护人、证人、鉴定人和翻译人员。

1. 法定代理人。法定代理人，是指依照法律规定，有权代理当事人进行一定诉讼行为的人。一般包括被代理人的父母、养父母、监护人和负有保护责任的机关、团体的代表。

2. 诉讼代理人。诉讼代理人，是指受公诉案件的被害人及其法定代理人或者近亲属、自诉案件的自诉人及其法定代理人委托代为参加诉讼的人，以及受附带民事诉讼的当事人及其法定代理人委托代为参加诉讼的人。

3. 辩护人。辩护人，是指因接受犯罪嫌疑人、被告人委托或者法律援助机构的指派而参加诉讼，为犯罪嫌疑人、被告人进行辩护的人。

4. 证人。证人，是指因了解案件事实而被司法机关通知在诉讼程序中作证的当事人以外的公民。

5. 鉴定人。鉴定人，是指受司法机关指派或者聘请对案件中的专门问题进行科学鉴别的专家。

6. 翻译人员。翻译人员，是指在诉讼中进行语言文字或者动作、手势翻译工作的人。

内容框架图

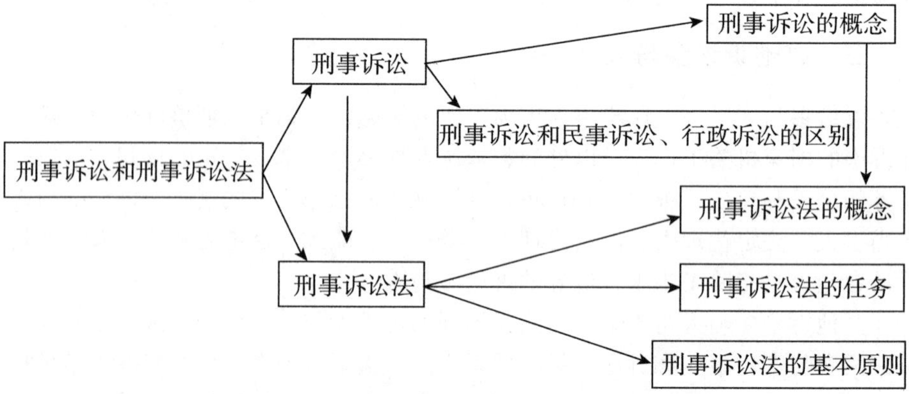

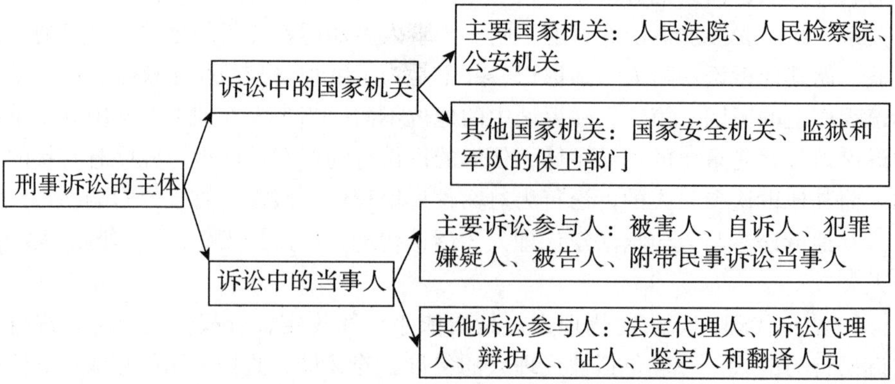

思考题

1. 为什么刑事诉讼是把“犯罪”和“刑罚”结合起来的纽带?
2. 当事人与其他诉讼参与人的区别是什么?
3. 被害人有哪些诉讼身份?
4. 我国公、检、法三机关在刑事诉讼中的关系如何?
5. 简述犯罪嫌疑人和被告人有获得辩护的原则。

实务训练

徐某，男，25岁，某日夜晚从窗户爬进本村某户人家，趁某女熟睡之机实施侵害，被该女家人捉住。村委会召集徐某开家族大会，讨论对徐某的处置问题。家族大会经过讨论，一致认为徐某犯有“弥天大罪”，应当处死，到会成员均在处死徐某的文书上签了字。会后，由两人将徐某带到一个蓄满水的粪池边扔进池中淹死。案发后经公安机关立案侦查，检察机关提起公诉，人民法院依法审判，参与家族大会的几个主要成员被以故意杀人罪分别判处了刑罚。

【问题】 该村村民是否有权对犯罪的本村人进行处罚? 这违背了刑事诉讼法的哪一条原则?

第十二章

刑事诉讼管辖

学习目标

1. 掌握公、检、法机关受理案件的范围；
2. 掌握各级法院第一审刑事案件的管辖范围；
3. 能够确定具体刑事案件的管辖问题。

案例导读

案情：光明村与前进村是相邻的两个村，由于祖辈上有一些争执，于是光明村定下一条规矩，就是本村的人不能与前进村的人谈恋爱。李某是光明村的村民，但她偷偷与前进村的张某相爱，终于此事被村长发现了。在村民大会上，依照村规，村长当众把李某的腿打断了，并扬言道："这是我们村的家务事，就算是公、检、法，也没权管！你们不要再犯村规，否则，她就是榜样！"李某纳闷："难道我的腿就这样算了？"

问题：村长的说法是否正确？

第一节　立案管辖

刑事诉讼中的管辖，是指国家司法机关依法受理刑事案件职权范围上的分工，以及人民法院组织系统内部在审判第一审刑事案件职权范围上的分工。我国刑事诉讼法规定了两种管辖制度：一是立案管辖，公安机关、人民检察院和人民法院之间在立案受理刑事案件上的分工，称为职能管辖或者立案管辖；二是审判管辖，人民法院系统内部在审理第一审案件上的职权范围分工称为审判管辖，审判管辖包括级别管辖、地区管辖和专门管辖。

管辖是刑事诉讼中的一项十分重要的诉讼制度。它对于确定司法机关各自受理案件的范围，发挥各机关的作用，防止扯皮、推诿具有十分重要的作用。

一、立案管辖的概念

立案管辖，在诉讼理论上又称职能管辖或部门管辖，是指公安机关、人民检察院和人民法院之间，在直接受理的刑事案件职权范围上的分工。

立案管辖要解决的问题是刑事案件应当由公、检、法三机关中的哪一个机关来立案受理的问题，具体地讲，就是确定哪些刑事案件不需要侦查，而由人民法院直接受理审判；哪些刑事案件由人民检察院直接受理立案侦查；哪些刑事案件由公安机关立案侦查。划分立案管辖的主要根据就是公、检、法三机关在刑事诉讼中的职责分工和刑事案件的性质及其严重、复杂程度。

二、公安机关立案侦查的案件

《刑事诉讼法》第 18 条第 1 款规定："刑事案件的侦查由公安机关进行，法律另有规定的除外。"也就是说，刑事诉讼法对公安机关受理的刑事案件的范围所采取的方法是排除法，即一般而言，刑事案件均由公安机关直接受理，进行侦查，除非法律另有规定。由此，只要了解了法律所作的特别规定，反过来就了解了公安机关的受理范围。

根据刑事诉讼法的规定，刑事案件由公安机关管辖，但下列刑事案件除外：

（一）贪污贿赂犯罪，国家工作人员的渎职犯罪，国家机关工作人员利用职权实施的非法拘禁、刑讯逼供、报复陷害、非法搜查的侵犯公民人身权利的犯罪以及侵犯公民民主权利的犯罪案件，经省级以上人民检察院决定立案侦查的国家机关工作人员利用职权实施的其他重大的犯罪案件；

（二）自诉案件，但对人民法院直接受理的被害人有证据证明的轻微刑事案件，因证据不足驳回起诉，人民法院移送公安机关或者被害人向公安机关控告的，公安机关应当受理；被害人直接向公安机关控告的，公安机关应当受理；

（三）军人违反职责的犯罪和军队内部发生的刑事案件；

（四）罪犯在监狱内犯罪的刑事案件；

（五）其他依照法律和规定应当由其他机关管辖的刑事案件。

案例导读

评析：在案例中，村长说的话肯定是错误的。我国公民的生命健康权是受我国刑事法律保护的，村长严重侵犯他人人身权利的行为，属于我国司法机关的管辖范围，应依法立案侦查并追究刑事责任。而且，根据我国刑事诉讼法的规定，该案件是归公安机关管辖的。

三、人民检察院立案侦查的案件

根据《刑事诉讼法》第 18 条第 2 款的规定，贪污贿赂犯罪、国家工作人员的渎职犯罪，国家机关工作人员利用职权实施的非法拘禁、刑讯逼供、报复陷害、非法搜查的侵犯公民人身权利的犯罪以及侵犯公民民主权利的犯罪，由人民检察院立案侦查。对于国家机关工作人员利用职权实施的其他重大的犯罪案件，需要由人民检察院直接受理的时候，经省级以上人民检察院决定，可以由人民检察院立案侦查。人民检察院直接受理立案侦查的刑事案件包括：

（一）贪污贿赂犯罪

贪污贿赂犯罪，是指刑法分则第八章规定的贪污贿赂犯罪及其他章中明确规定依照第八章相关条文定罪处罚的犯罪案件。

（二）国家工作人员的渎职犯罪

国家工作人员的渎职犯罪，是指刑法分则第九章规定的渎职犯罪案件。

（三）国家机关工作人员利用职权，侵犯公民人身权利和民主权利的犯罪

国家机关工作人员利用职权实施的侵犯公民人身权利和民主权利的犯罪案件包括：

1. 非法拘禁案（《刑法》第 238 条）；
2. 非法搜查案（《刑法》第 245 条）；
3. 刑讯逼供案（《刑法》第 247 条）；
4. 暴力取证案（《刑法》第 247 条）；
5. 虐待被监管人案（《刑法》第 247 条）；
6. 报复陷害案（《刑法》第 254 条）；
7. 破坏选举案（《刑法》第 256 条）。

（四）国家机关工作人员利用职权实施的其他重大的犯罪案件

《刑事诉讼法》第 18 条第 2 款规定："……对于国家机关工作人员利用职权实施的其他重大的犯罪案件，需要由人民检察院直接受理的时候，经省级以上人民检察院决定，可由人民检察院立案侦查。"这类案件是特定的案件，即国家机关工作人员利用职权实施的其他重大犯罪案件，由公安机关侦查不适宜，需要检

察机关立案侦查。这也是人民检察院以立案侦查的方式，对公安机关的立案侦查活动所进行的一种个案监督的方式。但这种方式在具体执行过程中应严格掌握其条件，不能做任意扩大解释。

另外，在司法实践中，公安机关和人民检察院在侦查案件时有管辖交叉的情况，这种情况下，2013年1月1日开始施行的《最高人民法院、最高人民检察院、公安部、国家安全部、司法部、全国人大常委会法制工作委员会关于实施刑事诉讼法若干问题的规定》（以下简称《关于实施刑事诉讼法若干问题的规定》）第1条规定："公安机关侦查刑事案件涉及人民检察院管辖的贪污贿赂案件时，应当将贪污贿赂案件移送人民检察院；人民检察院侦查贪污贿赂案件涉及公安机关管辖的刑事案件，应当将属于公安机关管辖的刑事案件移送公安机关。在上述情况中，如果涉嫌主罪属于公安机关管辖，由公安机关为主侦查，人民检察院予以配合；如果涉嫌主罪属于人民检察院管辖，由人民检察院为主侦查，公安机关予以配合。"

由此可见，公安机关和人民检察院之间侦查案件存有交叉时，处理原则依然是坚持各自的职权范围确定，但是当案件可以分清主罪和非主罪时，则由对主罪有管辖权的机关管辖，另一机关配合。主罪与非主罪的划分，应当以犯罪嫌疑人涉嫌的犯罪可能判处的刑罚轻重为标准。

四、人民法院直接受理的刑事案件

人民法院直接受理的刑事案件，通常是指不需要经过公安机关或者人民检察院立案侦查，也不需要通过人民检察院提起公诉，而由当事人直接向人民法院提起诉讼，人民法院直接立案和审判。这类刑事案件在刑事诉讼中称为自诉案件。《刑事诉讼法》第18条第3款规定："自诉案件，由人民法院直接受理。"所谓自诉案件，就是指由被害人本人或者其近亲属向人民法院起诉的案件。根据《刑事诉讼法》第204条与2013年1月1日起施行的《最高人民法院关于适用〈中华人民共和国刑事诉讼法〉的解释》（以下简称《最高人民法院解释》）的规定，自诉案件包括以下三种类型：

（一）告诉才处理的案件

告诉才处理的案件，是指刑事案件的被害人或者他的法定代理人直接向人民法院提出控告，人民法院才受理的案件。具体是指：

1. 侮辱、诽谤案（《刑法》第246条规定，但严重危害社会秩序和国家利益的除外）；

2. 暴力干涉婚姻自由案（《刑法》第257条第1款）；

3. 虐待案（《刑法》第260条第1款）；

4. 侵占案(《刑法》第270条)。

这四类案件的起诉权,由被害人及其法定代理人行使。如果被害人及其法定代理人没有告诉或告诉后又撤回告诉的,人民法院就不予追究。被害人不起诉必须是他本人真实意思的体现。如果被害人因受到强制、威吓等原因无法告诉的,人民检察院或被害人的近亲属也可以告诉(《刑法》第98条)。如果被害人死亡、丧失行为能力或者因受强制、威吓等无法告诉,或者是限制行为能力人以及因年老、患病、盲、聋、哑等不能亲自告诉,其法定代理人、近亲属告诉或者代为告诉的,人民法院应当依法受理。(《最高人民法院解释》第260条第1款)。

(二)人民检察院没有提起公诉,被害人有证据证明的轻微刑事案件:

1. 故意伤害案(《刑法》第234条第1款);

2. 非法侵入住宅案(《刑法》第245条);

3. 侵犯通信自由案(《刑法》第252条);

4. 重婚案(《刑法》第258条);

5. 遗弃案(《刑法》第261条);

6. 生产、销售伪劣商品案(《刑法》分则第三章第一节规定,但严重危害社会秩序和国家利益的除外);

7. 侵犯知识产权案(《刑法》分则第三章第七节规定,但严重危害社会秩序和国家利益的除外);

8.《刑法》分则第四章、第五章规定的,对被告人可能判处3年有期徒刑以下刑罚的案件。

上述案件,被害人直接向人民法院起诉的,人民法院应当依法受理。对其中证据不足,可以由公安机关受理的,或者认为对被告人可能判处3年有期徒刑以上刑罚的,应当告知被害人向公安机关报案,或者移送公安机关立案侦查。

(三)公诉转自诉的案件

这类案件是指被害人有证据证明对被告人侵犯自己人身、财产权利的行为应当依法追究刑事责任,且有证据证明曾经提出控告,而公安机关或者人民检察院不予追究被告人刑事责任的案件。

这类自诉案件实际上是原本应当公诉的案件转化为自诉案件,其目的是保障被害人的控告权,维护被害人的诉讼权利,充分保护被害人的合法权益,解决司法实践中告状无门的问题。

五、关于立案管辖执行中的几个问题

1. 公民报案不受立案管辖的限制。《刑事诉讼法》第108条第3款规定:“公安机关、人民检察院或者人民法院对于报案、控告、举报,都应当接受。对于不属于自己管辖的，应当移送主管机关处理，并且通知报案人、控告人、举报人；对于不属于自己管辖而又必须采取紧急措施的，应当先采取紧急措施，然后移送主管机关。”

2. 公安机关或人民检察院在侦查过程中，如果发现被告人还犯有属于人民法院直接受理的罪行时，应分别情况进行处理：第一，对于属于告诉才处理的案件，可以告知被害人向人民法院直接提起诉讼；第二，对于属于人民法院可以受理的其他类型自诉案件的。可以立案进行侦查，然后在人民检察院提起公诉时，随同公诉案件移送人民法院，由人民法院合并审理；侦查终结后不提起公诉的，则应直接移送人民法院处理。

3. 人民法院在审理自诉案件过程中，如果发现被告人还犯有必须由人民检察院提起公诉的罪行时，则应将新发现的罪行另案移送有管辖权的公安机关或者人民检察院处理。

4. 公安机关侦查刑事案件涉及人民检察院管辖的贪污贿赂案件时，应当将贪污贿赂案件移送人民检察院；人民检察院侦查贪污贿赂案件涉及公安机关管辖的刑事案件，应当将属于公安机关管辖的刑事案件移送公安机关。在上述情况中如果涉嫌主罪属于公安机关管辖，由公安机关为主侦查，人民检察院予以配合；如果涉嫌主罪属于人民检察院管辖，由人民检察院为主侦查，公安机关予以配合。

第二节　审 判 管 辖

一、审判管辖的概念

审判管辖，是指普通人民法院之间、普通人民法院与专门人民法院之间以及专门人民法院之间在审判第一审刑事案件权限范围上的分工。也就是说，它所解决的问题是第一审刑事案件应具体由哪一种、哪一级、哪一个人民法院进行审判。

至于第二审案件的管辖，根据刑事诉讼法的规定，只能是第一审人民法院的上级人民法院；同样，人民检察院根据各级人民法院管辖依法提起公诉和出庭支持公诉。所以，明确了人民法院的第一审管辖，人民法院的第二审管辖、人民检察院的起诉管辖范围也就自然确定了。

我国刑事案件审判管辖可分为普通管辖和专门管辖，而普通管辖由级别管辖、地区管辖和指定管辖组成。

- 审判管辖
  - 普通管辖
    - 级别管辖
    - 地区管辖
    - 指定管辖
  - 专门管辖

【参考案例 12－1】

曹某因泄私愤于某日晚潜入李某家中，将事先准备好的硫酸泼向熟睡中的李某，致使李某全身大面积烧伤，重度毁容。此案经县公安机关侦查终结后，移送县人民检察院审查起诉。县检察院审查后认为，曹某作案手段残忍，情节特别严重，可能被判处无期徒刑直至死刑。本案应向哪级法院提起公诉？

二、级别管辖

级别管辖，是指各级人民法院之间在审判第一审刑事案件上的分工。

刑事诉讼法对级别管辖问题作了具体的规定，主要内容如下：

（一）基层人民法院管辖第一审普通刑事案件，但是依法由上级人民法院管辖的除外。基层人民法院是人民法院组织体系中的基层组织，数量多，分布广，离犯罪地近，将绝大多数的普通刑事案件划归基层人民法院管辖，一方面有利于人民法院调查核实证据，就地审判案件，及时、公正地处理案件；另一方面则便于诉讼参与人参与诉讼活动，便于群众旁听人民法院对案件的审理和法制宣传。

（二）中级人民法院管辖下列第一审刑事案件：

1. 危害国家安全、恐怖活动案件；
2. 可能判处无期徒刑、死刑的案件。

这些案件一般都是性质严重、案情复杂、影响较大或者处罚较重的刑事案件，其审判必须严肃慎重。因此，将这些案件交给水平更高、经验更丰富的中级人民法院管辖，可以更好地保证案件的审判质量。

（三）高级人民法院管辖全省（直辖市、自治区）性的重大刑事案件。高级人民法院是地方各级人民法院体系中级别最高的一级，由于它负责对中级人民法院判决和裁定的上诉和抗诉案件的审理，核准判处死刑缓期两年执行的案件，以及对全省下级人民法院的审判工作进行监督。因此，由高级人民法院管辖的第一审刑事案件不宜太多，只能是全省性的重大案件。

（四）最高人民法院管辖全国性的重大刑事案件。最高人民法院是国家的最高审判机关，它担负着监督全国地方各级人民法院和专门人民法院的审判工作的重要职责，并对各高级人民法院判决和裁定的上诉和抗诉案件进行审理和核准死刑案件。因此，由最高人民法院管辖的第一审刑事案件，只能是全国性的重大刑事案件，以切实保证案件质量和审判的公正、合法，树立法律的尊严和权威。

（五）上级人民法院在必要的时候，可以审判下级人民法院管辖的第一审刑事案件；下级人民法院认为案情重大、复杂需要由上级人民法院审判的第一审刑事案件，可以请求移送上一级人民法院审判。

由此可见，刑事诉讼法中对级别管辖的规定，体现了如下几个特点：

第一，将案件的性质和可能判处的刑期，作为划分级别管辖的基本依据；

第二，绝大多数案件的第一审由基层人民法院和中级人民法院管辖；

第三，只对中级人民法院管辖的第一审刑事案件作了比较具体的规定，对其他级别法院的管辖的规定则比较概括；

第四，结合了原则性和灵活性，规定了不同级别管辖之间的变通管辖，但是需要注意的是，这里的管辖权变更是单向的，而不是双向的，即管辖权只能上收，而不能下放。

【参考案例 12－1】

评析：根据我国《刑事诉讼法》的规定，可能被判处无期徒刑和死刑的案件由中级人民法院管辖。因此，本案应该向中级人民法院提起公诉。

三、地区管辖

【参考案例 12－2】

被告人马甲、马乙、马丙家住军都市城东区，马甲是盗窃惯犯。2009 年年底，马甲组织马乙、马丙在军都市各区流窜作案。2010 年 4 月马甲得知城北区某国有商场夜间治安防卫工作松散，便伺机作案，5 月 5 日深夜马甲组织马乙、马丙潜入该商场，窃得财产价值共计 23 万余元。若马甲、马乙、马丙三人当场被捕，并在审讯中供述在城西区行窃 3 次，窃得财物价值 12000 余元；在城南区行窃 5 次，窃得 8000 余元，那么在这种情况下，如何确定法院的审判管辖呢？

地区管辖，是指同级人民法院之间在审判第一审刑事案件权限上的划分。级别管辖是从纵向确定上下级人民法院之间对第一审刑事案件的管辖范围，地区管辖则是从横向确定同一级别不同地区的人民法院之间对第一审刑事案件的管辖范围。换言之，只有级别管辖与地区管辖同时确定，才能解决究竟由哪一个人民法院进行第一审刑事案件的审判。根据法律规定，地区管辖的划分如下：

（一）以犯罪地人民法院管辖为主，被告人居住地人民法院管辖为辅

《刑事诉讼法》第 24 条规定：“刑事案件由犯罪地的人民法院管辖。如果由被告人居住地的人民法院审判更为适宜的，可以由被告人居住地的人民法院管

辖。”刑事案件一般应由犯罪地人民法院管辖，这是确定地区管辖的首要原则。犯罪地包括犯罪行为发生地和犯罪结果发生地。针对或者利用计算机网络实施的犯罪，犯罪地包括犯罪行为发生地的网站服务器所在地，网络接入地，网站建立者、管理者所在地，被侵害的计算机信息系统及其管理者所在地，被告人、被害人使用的计算机信息系统所在地，以及被害人财产遭受损失地。

但是，我国地域辽阔，人口流动大，案件情况复杂，犯罪人流窜作案、结伙作案，呈现增长趋势，因此，仅规定犯罪地人民法院管辖难以解决上述问题。为此，刑事诉讼法灵活地规定了可以由被告人居住地的人民法院管辖的例外情况。这些例外情况一般包括：

1. 被告人流窜作案，主要犯罪地难以确定，而居住地人民群众更为了解其犯罪情况的；

2. 被告人居住地的当地群众强烈要求在居住地进行审判的；

3. 可能对被告人适用缓刑或者判处管制，而应在被告人居住地进行监督改造和考察的。

所谓“被告人居住地”，是指被告人的户籍地。经常居住地与户籍地不一致的，经常居住地为其居住地。经常居住地为被告人被追诉前已连续居住一年以上的地方，但住院就医的除外。被告单位登记的住所地为其居住地。主要营业地或者主要办事机构所在地与登记的住所地不一致的，主要营业地或者主要办事机构所在地为其居住地。

（二）以最初受理地的人民法院审判为主，主要犯罪地人民法院审判为辅

《刑事诉讼法》第25条规定：“几个同级人民法院都有权管辖的案件，由最初受理的人民法院审判。在必要的时候，可以移送主要犯罪地的人民法院审判。”几个同级人民法院都有管辖权时，案件由最初受理的人民法院审判。但是，最初受理的人民法院如果发现由本院审理不利于查清案情，及时处理案件，也可以将案件移送主要犯罪地的人民法院审判，移送可在同级人民法院之间进行，无须经上级人民法院批准或者指定。所谓“主要犯罪地”，是指被告人所犯数罪中最严重的犯罪发生地，或者一个犯罪中的主要犯罪行为地。所谓“必要的时候”，是指对查清主要犯罪事实以及及时处理案件更为有利等情况。在司法实践中，共同犯罪被告人，即使在不同地区被抓获，一般应并案审理。在地区管辖上适用就主不就从的原则，即主犯归哪个法院管辖，整个案件就归哪个法院管辖。

（三）地区管辖的特别规定

第一，对中华人民共和国缔结或者参加的国际条约所规定的罪行，中华人民共和国在所承担条约义务的范围内，行使刑事管辖权的，由被告人被抓获地的人

民法院管辖。

第二，在中华人民共和国领域外的中国船舶内的犯罪，由该船舶最初停泊的中国口岸所在地的人民法院管辖。在中华人民共和国领域外的中国航空器内的犯罪，由该航空器在中国最初降落地的人民法院管辖。在国际列车上的犯罪，根据我国与相关国家签订的协定确定管辖；没有协定的，由该列车最初停靠的中国车站所在地或者目的地的铁路运输法院管辖。

第三，中国公民在中国驻外使、领馆内的犯罪，由其主管单位所在地或者原户籍地的人民法院管辖。

第四，中国公民在中华人民共和国领域外的犯罪，由其入境地或者离境前居住地的人民法院管辖；被害人是中国公民的，也可由被害人离境前居住地的人民法院管辖。

第五，外国人在中华人民共和国领域外对中华人民共和国国家或者公民犯罪，根据《刑法》应当受处罚的，由该外国人入境地、入境后居住地或者被害中国公民离境前居住地的人民法院管辖。

第六，正在服刑的罪犯在判决宣告前还有其他罪没有判决的，由原审地人民法院管辖；由罪犯服刑地或者犯罪地的人民法院审判更为适宜的，可以由罪犯服刑地或者犯罪地的人民法院管辖。罪犯在服刑期间又犯罪的，由服刑地的人民法院管辖。罪犯在脱逃期间犯罪的，由服刑地的人民法院管辖。但是，在犯罪地抓获罪犯并发现其在脱逃期间的犯罪的，由犯罪地的人民法院管辖。

【参考案例 12－2】

评析：本案中，城西区、城南区、城北区均为犯罪地，此时，管辖地的确定应采用第 25 条规定的原则：“几个同级人民法院都有权管辖的案件，由最初受理的人民法院审判。在必要的时候，可以移送主要犯罪地的人民法院审判。”本案中的被告人在城北区被捕，城北区法院成为最初受理地法院，且被告人在城北区盗窃数额最大，该区又是本案的主要犯罪地，因而，本案的审判管辖应该是城北区基层人民法院。

四、指定管辖

指定管辖，是指上级人民法院依照法律规定，指定其辖区内的下级人民法院对某一案件行使管辖权。《刑事诉讼法》第 26 条规定：“上级人民法院可以指定下级人民法院审判管辖不明的案件，也可以指定下级人民法院将案件移送其他人民法院审判。”

刑事诉讼中的指定管辖有两种情况：

（一）由上级人民法院以指定的方式确定管辖不明的案件的管辖权

“管辖不明的案件”，例如，刑事案件发生在两个人民法院管辖范围的交界处，而两个人民法院管辖的范围的行政区划没有确切的界限，犯罪地不能确定，这样形成互争管辖或互相推诿现象。管辖权发生争议的，应当在审理期限内协商解决；协商不成的，由争议的人民法院分别层报共同的上级人民法院指定管辖。

（二）由上级人民法院以指定的方式改变管辖权

实践中有时会出现有管辖权的人民法院不宜行使审判权的情况，包括本院院长需要回避的案件，因案件在该人民法院审判受到严重干扰而不能很好地行使审判权等情形。在这种情况下，应当由上级人民法院指定管辖。

上级人民法院指定管辖，应当将指定管辖决定书分别送达被指定管辖的人民法院和其他有关的人民法院。原受理案件的人民法院在收到上级人民法院改变管辖决定书、同意移送决定书或者指定其他人民法院管辖决定书后，对公诉案件，应当书面通知同级人民检察院，并将案卷材料退回，同时书面通知当事人；对自诉案件，应当将案卷材料移送被指定管辖的人民法院，并书面通知当事人。

五、专门管辖

由于有些刑事案件涉及专门业务或技术方面的问题或者与某些专门业务有密切联系，不便由普通人民法院审判，而交由专门人民法院审判更为便利，因此，刑事诉讼法规定将这些案件交由专门人民法院审理。

专门管辖，是指专门人民法院之间以及专门人民法院与普通人民法院之间对一审刑事案件在受理权限范围上的分工。《刑事诉讼法》第27条规定：“专门人民法院的管辖另行规定。”

目前，已建立的受理刑事案件的专门人民法院有军事法院和铁路运输法院。

（一）军事法院管辖的案件

军事法院管辖的案件有：违反军人职责罪案件及现役军人、在军队编制内服务的无军职人员、普通公民危害与破坏国防军事的犯罪案件。对军队与地方互涉案件，原则上实行分别管辖的制度，即现役军人（含在编职工）和非军人共同犯罪的，分别由军事法院和地方法院或者其他专门人民法院管辖。但涉及国家军事秘密的，全案由军事法院管辖。对于下列案件，由地方人民法院或者军事法院以外的其他专门法院管辖：非军人、随军家属在部队营区内犯罪的；军人在办理退役手续后犯罪的；现役军人入伍前犯罪的（需与服役期内犯罪一并审判的除外）；退役军人在服役期内犯罪的（犯军人违反职责罪的除外）。

（二）铁路运输法院管辖的案件

铁路运输法院管辖的案件是铁路系统公安机关负责侦破的刑事案件，主要是危害和破坏铁路运输和生产的案件，破坏铁路交通设施的案件，火车上发生的犯罪案件以及违反铁路运输法规、制度造成重大事故或严重后果的案件。铁路运输法院与地方人民法院因管辖不明而发生争议的，一般由地方人民法院管辖。

本章小结

刑事诉讼中的管辖，是指国家司法机关依法受理刑事案件职权范围上的分工，以及人民法院组织系统内部在审判第一审刑事案件职权范围上的分工，包括立案管辖和审判管辖。

立案管辖，是指公安机关、人民检察院和人民法院之间，在直接受理的刑事案件职权范围上的分工。

审判管辖，是指普通人民法院之间、普通人民法院与专门人民法院之间以及专门人民法院之间在审判第一审刑事案件权限范围上的分工。我国刑事案件审判管辖可分为普通管辖和专门管辖，而普通管辖由级别管辖、地区管辖和指定管辖组成。级别管辖，是指各级人民法院之间在审判第一审刑事案件上的分工。地区管辖，是指同级人民法院之间在审判第一审刑事案件权限上的划分。指定管辖，是指上级人民法院依照法律规定，指定其辖区内的下级人民法院对某一案件行使管辖权。专门管辖，是指专门人民法院之间以及专门人民法院与普通人民法院之间对一审刑事案件在受理权限范围上的分工。

思考题

1. 公、检、法三机关直接受理案件的范围分别是什么？
2. 地区管辖遵循的规则是什么？
3. 各级人民法院管辖的第一审刑事案件包括哪些？

实务训练

被告人侯某，男，24 岁，工人。

被告人王某，男，25 岁，汽车司机。

被告人刘某，男，27 岁，汽车司机。

某年的 5 月 10 日，家住甲市的被告人侯某、王某、刘某在一起喝酒，其间，侯某提出“弄个小妞玩玩”，王某、刘某表示同意。当晚 10 时许，被告人刘某将本单位一面包车开出，三人驾车在通往乙市的公路上，伺机作案。当女青年孙某骑车迎面而来时，被侯某、王某劫持上车，汽车朝乙市开去。途中三名被告人轮奸了该女青年，直到车开到乙市境内后，轮奸行为仍未实施终了。受害人被轮奸后又被抛出车外，恰遇乙市的治安联防队员及时报案，乙市公安机关当夜将窜至乙市的三名被告人抓获归案。甲、乙两市法院在管辖上存在争议。甲市法院认为此案应由乙市法院受理。理由是：第一，此案被告人的犯罪行为虽始于甲市，但犯罪行为的完成无疑是在乙市境内，乙市也是犯罪地的一部分；第二，此案是由乙市公安机关侦破，并由乙市检察机关审查起诉，乙市法院受理更为方便。而乙市法院则认为，此案应由甲市法院受理。理由是：被告人的重要犯罪是在甲市实施的，并居住在甲市，根据刑事诉讼法的规定，甲市法院应当受理此案。

【问题】甲、乙两市法院的看法是否正确？本案应该由哪一个法院进行一审？如果甲、乙两市法院共同上一级法院指定乙市法院审理此案，正确与否？

第十三章

刑事诉讼中的回避

学习目标

1. 掌握回避的概念和意义；
2. 明确回避的种类；
3. 理解回避的理由；
4. 明确回避的适用人员；
5. 掌握回避的程序。

案例导读

案情：某县法院法官甲担任县人民检察院起诉被告人某乙盗窃一案的审判长。在开庭的时候，他向被告人交代诉讼权利时，被告人问："什么叫做回避？"他回答："回避就是你如果认为我水平不高，没有资格担任审判长，就申请换人，不要我担任审判长。"被告人回答："我信得过你的水平，因为我的辩护人都是你推荐的，昨天他会见我的时候还对我说，你办事很爽快，前天他请你吃饭的时候，求你对我网开一面，你很干脆地就答应了。我不申请你回避。"

第一节　回避概述

一、回避的概念和特征

回避，是指侦查人员、检察人员、审判人员等同案件有法定利害关系或者其他可能影响案件公正审理的关系，不得参与办理该案件或者退出该案件处理的诉讼制度。

回避制度渊源于司法公正的基本理念和西方传统的“自然正义”法则。在英文中，“公正、正义”一词为justice，在诉讼中主要是指程序公正。“自然正义”是一项十分古老的程序正义标准。其有两项基本要求：其一，任何人不得做自己案件的法官。即法官不得与案件本身存在任何利益关系，在审判中不得存在任何偏私，且须在外观上使任何正直的人不对其中立性产生合理的怀疑；其二，应当听取双方当事人的意见。即法官应给予所有与案件结果有直接利害关系的人有充分陈述自己意见的机会，并对他们的意见给予同等的关注。该原则的首要要求正蕴涵了现代回避制度的基本精神。可见，回避制度是自古以来人们共同追求正义的必然选择，是为保证案件的公正处理所特别设立的一种制度，其基本内容是要求与案件有一定利害关系的办案人员，不得参与本案的诉讼活动。根据西方国家的诉讼理论，回避制度的建立旨在确保法官、陪审员在诉讼中保持中立不偏袒的地位，使当事人受到公正的对待，尤其是确保被告人获得公正审判的机会。因此，回避制度主要在法院审判阶段适用。我国的回避制度则与此不同，不仅适用于审判人员，也适用于检察人员、侦查人员，甚至书记员、鉴定人、翻译人员等。上述人员在侦查、审查起诉、审判等各个诉讼阶段如果有法定的妨碍诉讼公正进行的情况，均不得参与该案件的诉讼活动。我国《刑事诉讼法》、《最高人民法院解释》以及2011年4月11日通过的《最高人民法院关于审判人员在诉讼活动中执行回避制度若干问题的规定》（以下简称《关于回避制度的若干规定》），对我国的刑事回避制度及其适用程序作了相关规定。这些规定在一定程度上规范了我国的刑事回避制度。我国刑事诉讼中的回避制度有如下特点：

第一，刑事诉讼回避制度适用于刑事诉讼的各个环节，是我国刑事诉讼的一个基本制度。这里的“诉讼”是广义上的，不仅包括狭义上的“诉讼”，即审判阶段，还包括侦查、审查起诉，甚至是执行阶段。这与我国实行职权主义的诉讼模式并建立一体式的诉讼化格局不无关系。

第二，刑事诉讼回避制度的适用对象极其广泛。它的适用对象不仅包括审判人员、侦查人员和检察人员，还包括许多的非司法机关工作人员，如鉴定人、书记员、翻译人员等。我国刑事诉讼回避制度的适用对象之所以这么广泛，与我国诉讼立法及实践中注重书面卷宗的作用有很大关联。

第三，刑事诉讼回避理由多样。既包括专门机关与诉讼参与人之间存在血亲、姻亲、师生、朋友等关系，又包括各专门机关之间存在上下级关系等。

第四，刑事诉讼回避制度的启动、决定、后果以及救济等各项程序都有法律的相关规定，必须按照法律规定的程序来运行。

二、刑事诉讼回避制度的价值

（一）实体公正

回避制度的建立与完善正是刑事诉讼实现实体公正的迫切需要。首先，与案件或案件当事人有特殊关系的相关人员的回避，有效地防止了某些司法人员的先入为主或徇私舞弊，同时也使刑事诉讼活动免受某些诉讼参与人的不当影响，从而为整个刑事诉讼活动建立在客观公正的基础之上提供了前提条件。其次，回避制度的建立隔离了可能带有的偏私、不中立，从而确保了办案人员权力的公正行使，为正确合理地适用法律奠定了基石。

（二）程序公正

程序公正是回避制度存在的唯一理由。程序天然具有其独立价值，程序价值本身表现出其民主、法治、人权和文明精神，它无须也不可能依赖于实体公正，它以其自身的法治品格成为社会正义的无可替代的重要内容。回避制度作为一项重要的保障正义之程序，其根本价值不仅表现在实体上，更重要的是体现在程序保障功能方面。作为一种看得见的程序正义，它关注的不是其是否真正产生诉讼参与者预期的好结果，其关注的重点在于在整个诉讼过程中，最终受回避制度影响的参与者是否受到法律的公正对待。回避本身所具有程序正义的品质，应符合下列标准：其一，是参与者不得为自己的刑事案件作裁决；其二，是裁决者不应对任何一方当事人抱有偏见；其三，是案件裁决结果不得暗含裁决者自身的利益。只有坚持上述公正标准，才可能彻底将诉讼案件真正解决，从而达到息事宁人的司法效果，才能真正让民众对刑事诉讼怀有信心，才能使社会对司法制度产生信任，否则刑事诉讼必将失去根基。刑事回避制度以其特有的制度设计和功能，直接将与本案或本案当事人有特殊关系的相关人员排除在刑事诉讼活动之外，直接将可能影响公正审判的因素拒于刑事诉讼的大门之外，以此从形式上保证了司法人员及相关诉讼参与人的中立性，从源头上保证了司法程序的正当性。由此可见，刑事回避制度是保障刑事程序公正的最直接、最有效的手段之一。

（三）诉讼效益

诉讼效益这一概念反映的是诉讼成本与诉讼收益之间的比值关系。一般说来，以较少的诉讼成本投入获得既定水平的诉讼收益，或者以既定的诉讼成本投入获得较大的诉讼收益，都意味着诉讼效益的提高。在诉讼资源相对匮乏的今天，提高诉讼效益的首选方式应是降低诉讼成本，其中包括减少错误的诉讼成本和缩减不必要的诉讼投入。所谓错误的诉讼成本，是指由于国家专门机关对被告人的不当追诉或者错误判决而造成的耗费。这种耗费不仅使整个审判活动失去意义，浪费了所有的投入，而且还要增加另一种成本，即要对错误审判进行国家赔偿所要花费的成本。就此而言，刑事回避制度对于提高刑事诉讼效益的意义主要在于：第一，它能有效减少刑事诉讼的错误成本。如果办案人员同案件或案件当事人有利害关系或其他特殊关系，则很可能自觉或不自觉地偏袒一方，以致徇私枉法，从而导致冤假错案的发生。刑事回避制度直接排除了这些人员参与刑事诉讼的可能性，保障了刑事案件的正确处理。第二，它能极大缩减不必要的诉讼投入。在很多情况下，即使应当回避的办案人员能够秉公执法，使案件得到正确的审判和处理，但仍难以消除当事人对办案人员能否公正处理案件的怀疑，从而引起不必要的上诉或申诉。刑事回避制度的建立让当事人有权阻止自己不信任的人员参加诉讼活动，增强了当事人及公众对刑事裁决的接受度。由此，避免了不必要的上诉或申诉，避免了刑事诉讼资源的不必要消耗，降低了诉讼成本，节约了司法资源，得到了使人们满意的司法过程。

（四）诉讼民主

回避制度的设立，从法律上赋予了当事人及其法定代理人、辩护人、诉讼代理人拥有对他们认为可能不能公正处理案件的人员申请回避的权利。因此，申请回避实际上是一种程序选择权，它充分保障了当事人对程序的参与，体现了诉讼民主的价值理念。实行回避制度，只要在法律规定的条件下，当事人就有权利对心存怀疑的裁判者通过申请回避的方式打消心中疑惑。如此一来，当事人对案件的审理结果从心理上得到了肯定，对案件判决的结果也积极执行，同时对司法活动也进行了有效的监督，提高了司法的权威性和公信力。

第二节　回避的分类、理由和人员范围

一、回避制度的分类

根据划分标准的多重性，对概念的外延进行各种界定，是认识事物的直接方法。那么，根据回避的启动的方式、回避主体在诉讼中所承担的职务分工、回避主体是个人还是机关、组织及回避理由等不同的分类标准，刑事回避制度可以分为以下几种类型：

（一）按照启动的方式不同，可以分为自行回避、申请回避和指令回避

自行回避，是指应回避的主体在刑事诉讼中发现自己符合回避的情形时，主动提出回避不参加该案诉讼活动的诉讼制度。申请回避，是指当事人及其法定代理人、辩护人、诉讼代理人，认为办理本案的审判、检察和侦查等人员具有法定

回避的情形，根据法定的回避理由提出申请要求他们不参加本案的诉讼活动。指令回避，又称为职权回避，是指有关人员具有法定的回避情形，但是其没有自己主动回避，相关的当事人等也没有对其进行申请，在有关组织和机关发现以后决定其回避的一项制度。

申请回避和自行回避在我国《刑事诉讼法》第28条中有明确规定，指令回避则是由司法解释所确立的。并且在《最高人民法院解释》和《人民检察院刑事诉讼规则（试行）》（以下简称《人民检察院刑事诉讼规则》）中都对指令回避作了明确规定。从目前世界各国规定的情况来看，大多数国家只规定了自行回避和申请回避，对指令回避则很少有规定。

（二）按照回避主体在诉讼中所承担的职务分工的不同，可以分为侦查人员的回避、检察人员的回避、审判人员的回避和其他人员的回避

在国外，刑事诉讼中的回避对象主要限定在了法官、陪审员，其回避制度主要是对法院裁判人员而言的。而在我国因为回避制度是为了使案件得到更加公正的处理，所以回避制度贯穿于刑事诉讼的整个过程，其回避对象也不仅限于法官，侦查人员和检察人员，还有许多的非司法机关工作人员，如鉴定人、书记员、翻译人员等都属于回避对象。

（三）按照回避主体的单复数的不同，可以分为个体回避与整体回避

个体回避，是指回避主体是某个人或其中个别人有法定情形，需要回避。整体回避，是指回避主体作为整体的整个刑事司法机关、整个组织的回避，包括：公安机关、检察院、检察委员会、法院、审判委员会、合议庭等法定组织。我国刑事诉讼法中对整体回避制度也没有作任何规定。只是有对于发回原审法院重审的案件以及再审的案件，应当另行组成合议庭的规定。

（四）按回避理由的不同，可以分为有因回避和无因回避

有因回避，是指当事人提出回避申请时，应当说明理由，由有权机关进行审查，经过审查后，如果认为该项申请符合回避的条件，被申请者便不再参与案件处理，重新挑选其他裁判者的制度。无因回避，是指申请人无须提出回避理由，只要当事人一方提出回避申请，该回避申请就必须被接受，被申请人就应回避。我国刑事诉讼法规定的是有因回避。

【参考案例13－1】

某市中级人民法院法官甲目睹了乙（15岁）杀害丙的全过程，并将乙扭送到公安机关，向公安机关证实了乙杀害丙的事实。公安机关侦查终结，将案件移送到某市人民检察院。某市人民检察院依法向该市中级人民法院提起公诉。该市中级人民法院对案件进行审查以后，决定开庭审判。在确定合议庭的组成人员

时，法官甲被该院刑庭庭长指定为审判长。开庭以后，在法庭调查过程中，被告人否认自己实施了故意杀人行为。法官甲当庭指出："我亲眼目睹了你杀害丙的全过程，你就不要狡辩了。"公诉人也说："连审判长都说亲眼看见了你杀害丙的全过程，你就不要抵赖了。我们国家的刑事政策是坦白从宽、抗拒从严。"被告人见无法抵赖，承认了自己杀害丙的犯罪事实。该市中级人民法院依法以故意杀人罪判处被告人乙无期徒刑，并处剥夺政治权利终身。被告人乙没有上诉，检察院也没有提起抗诉。

二、回避的理由

回避的理由，是指法律明确规定的实施回避所必备的事实根据。从理论上讲，可作为公安司法人员回避根据的情形主要是他们与案件或当事人有某种利害关系或其他关系，以至于难以使案件得到公正的处理。为了使这一抽象的根据具有可操作性，各国刑事诉讼法一般均明确设定了若干符合这一根据的事实情形，使其成为回避的法定理由。我国《刑事诉讼法》第 28 条对回避的理由作出了明确的规定。

（一）是本案的当事人或者是当事人的近亲属的

审判人员、检察人员、侦查人员等如果本身就是本案的犯罪嫌疑人、被告人、被害人或其他当事人，那么他们的实体利益和诉讼目标就会与其所担当的诉讼角色发生激烈的冲突，他们极可能会从维护自身利益的角度进行诉讼活动，以至于难以使各方当事人受到公正的对待，也难以对案件作出公正客观的处理。同样，这些人员如果是某一方当事人的近亲属，也很可能出于亲情而对该当事人予以偏袒，或使其他当事人受到歧视性待遇，以至于影响诉讼的公正性。即使公安司法人员事实上没有偏袒一方当事人，能够公正无私地处理案件，但只要他们与案件当事人存有上述关系，刑事诉讼的公正性就会受到其他当事人乃至社会公众的怀疑。因此，具备这种情形的公安司法人员应当回避。至于当事人的近亲属的范围问题，根据《刑事诉讼法》第 106 条的规定，包括当事人的"夫、妻、父、母、子、女及同胞兄弟姐妹"。就审判人员而言，《关于回避制度的若干规定》第 1 条对此作了进一步的解释，规定与当事人有直系血亲、三代以内旁系血亲以及姻亲关系的审判人员都应当回避。

（二）本人或者他的近亲属和本案有利害关系的

如果侦查、检察或审判人员本人或者他们的近亲属与本案有着某种利害关系，案件的处理结果会直接影响到他们及其近亲属的利益，那么再由他们主持或参与诉讼活动，就可能使案件得不到公正客观的处理。因此，具备这一情形的公安司法人员应当回避。

（三）担任过本案的证人、鉴定人、辩护人或者诉讼代理人的

审判、检察或侦查人员如果在本案中曾担任过证人、鉴定人，为本案提供过证言或鉴定结论，即可能对案件事实或案件的实体结局已产生先入为主的预断，无法再从容、冷静、客观地收集、审查、判断证据，因而易导致误判。同时，公安司法人员如果曾担任过本案的辩护人或诉讼代理人，既可能与委托过他们的当事人发生过某种特殊关系，而且也对案件事实有所了解，以至于无法公正、客观地进行刑事诉讼活动。因此，公安司法人员遇有这样情形，应当回避。就审判人员而言，《关于回避制度的若干规定》第 1 条对此作了进一步解释，规定担任过勘验人的审判人员，也应当回避。

（四）违反规定会见当事人及其委托人或接受其请客送礼的

《刑事诉讼法》第 29 条规定："审判人员、检察人员、侦查人员不得接受当事人及其委托的人的请客送礼，不得违反规定会见当事人及其委托的人。"审判人员、检察人员、侦查人员违反此项规定的，当事人及其法定代理人有权要求他们回避。根据这一规定，公安司法人员接受当事人及其委托人的"请客送礼"，违反规定会见当事人及其委托人，构成回避的理由。为严格执行这一规定，《关于回避制度的若干规定》第 2 条进一步规定，当事人及其法定代理人发现审判人员违反规定，具有下列情形之一的，有权申请其回避：私下会见本案一方当事人及其诉讼代理人、辩护人的；为本案当事人推荐、介绍诉讼代理人、辩护人，或者为律师、其他人员介绍办理该案件的；索取、接受本案当事人及其受托人的财物、其他利益，或者要求当事人及其受托人报销费用的；接受本案当事人及其受托人的宴请，或者参加由其支付费用的各项活动的；向本案当事人及其受托人借款，借用交通工具、通讯工具或者其他物品，或者索取、接受当事人及其受托人在购买商品、装修住房以及其他方面给予的好处的；有其他不正当行为，可能影响案件公正审理的。对于检察人员和侦查人员虽没有相关解释规定适用这几种回避情形，但我们认为应当参照执行。对上述几种情形的回避，当事人及其法定代理人应当提供相关证据材料。

（五）在本诉讼阶段以前曾参与办理本案的

在本诉讼阶段以前曾参与办理本案的人员不得再次参与本案的办理。《最高人民法院解释》规定，参与过本案侦查、审查起诉工作的侦查、检察人员，调至人民法院工作的，不得担任本案的审判人员。在一个审判程序中参与过本案审判工作的合议庭组成人员或者独任审判员，不得再参与本案其他程序的审判。但是，发回重新审判的案件，在第一审人民法院作出裁判后又进入第二审程序或者死刑复核程序的，原第二审程序或者死刑复核程序中的合议庭组成人员不受该项规定的限制。《人民检察院刑事诉讼规则》也有类似的规定，参加过本案侦查的

侦查人员，如果调至人民检察院工作，不得担任本案的检察人员。

（六）与本案当事人有其他关系，可能影响案件公正处理的

社会生活是十分复杂的，法律不可能将公安司法人员与当事人之间可能发生的各种社会关系全部列举出来。审判、检察或侦查人员如果与当事人存有上述情形以外的其他关系，以至于无法使案件得到公正处理的，也应当回避。当然，这些人员与当事人之间存有其他特殊关系这一事实本身尚不足以单独构成回避的理由。只有在这种特殊关系的存在导致案件无法得到公正处理时，公安司法人员才应回避。就审判人员而言，《关于回避制度的若干规定》第1条规定，与本案的诉讼代理人、辩护人有夫妻、父母、子女或者兄弟姐妹关系的及与本案当事人之间存在其他利害关系，可能影响案件公正审理的审判人员，应当回避。

案例导读

评析：法官甲对回避的解释是错误的，根据被告人回答内容来看，法官甲曾在办理本案期间，违反规定与被告人的辩护人会见，并接受其请客，符合《刑事诉讼法》第29条规定的法定回避情形。同时，《刑事诉讼法》第29条第2款规定，审判人员、检察人员、侦查人员违反规定接受当事人及其委托的人的请客送礼，违反规定会见当事人及其委托的人，应当依法追究法律责任。当事人及其法定代理人有权要求他们回避。本案中，被告人不申请回避，根据司法解释，应当回避的审判人员没有自行回避，当事人及其法定代理人也没有申请其回避的，院长或者审判委员会应当决定其回避。

三、回避的人员范围

回避的根本目的在于保证案件能得到客观、公正的处理。因此，只要是对案件的处理有影响的人员都属于回避的范围。根据《刑事诉讼法》第28条、第31条的规定，回避适用于下列人员：

（一）审判人员

审判人员既包括直接负责审判本案的审判员和助理审判员，也包括对本案有权参与讨论和作出处理决定的法院院长、副院长，审判委员会委员，庭长、副庭长。人民陪审员、书记员和执行员适用审判人员回避的有关规定。

（二）检察人员

检察人员既包括直接负责本案的审查批准逮捕和审查决定起诉的检察员和助理检察员，也包括对本案有权参与讨论和作出处理决定的检察长、副检察长和检察委员会委员。

（三）侦查人员

侦查人员既包括直接负责本案侦查工作的公安机关和检察机关的侦查人员，也包括对本案有权参与讨论和作出处理决定的检察长、副检察长、检察委员会委员和公安机关负责人。

（四）书记员

凡在侦查、起诉或审判阶段担任记录工作的书记员，都应包括在内。

（五）翻译人员

既包括在法庭审判时担任翻译工作的人员，也包括在侦查、起诉阶段讯问被告人和询问证人、被害人时担任翻译工作的人员。

（六）鉴定人

凡担任本案某个专门问题的鉴定工作并提供鉴定结论的人，都应包括在内。

如果把回避适用的人员范围仅仅限于直接负责承办案件的侦查员、检察员和审判员，而不包括也参加本案的讨论和处理，并具有决定权的人员，是不符合回避制度的本意和宗旨的。法律确立回避制度的宗旨在于保证案件客观、公正地处理，不论是具体的办案人员，还是对案件有处理权、决定权的侦查、检察、审判机关的领导成员，只要与案件有某种利害关系，存在法定应当回避的情形，就有不公正处理案件的可能性。因此，不管是否必然导致案件的不公正处理，都应当回避。因为法律对回避的规定，是一种“防患于未然”的措施。所以对适用回避的人员范围，应当作广义的理解，而不能仅局限于具体的办案人员。

【参考案例 13－1】

评析：本案中，法官甲和公诉人的做法是不正确的。法官甲目睹了乙杀害丙的过程，属于本案当中的证人，当证人身份与审判人员的身份发生重合时，法官甲应优先作为本案的证人出席法庭，而不能再继续审理案件，如果让法官甲担任本案的审判人员，则会导致甲先入为主的偏见，不利于对犯罪嫌疑人乙合法权利的保护。公诉机关作为法律的监督机关，应纠正法院的错误做法。本案中，法官甲应自行回避，被告人也可申请法官甲回避，法官甲应以证人的身份参与诉讼。

第三节　回避的程序

【参考案例 13－2】

被告人刘某曾与本村农民李某因邻里纠纷打过架，为此对李某怀有成见。该村仅有一条水沟灌溉本村的稻田，每户轮流浇水。某天早上，刘某听到其妻说：

“昨晚轮到我们要用水，李某把田里的水放干了，不知我们田里有没有水。”刘某听后，即到李某的稻田里把水放掉。李某闻讯便找刘某论理。当李某走到刘某家门口时，正遇刘某手持镰刀准备去割牛草，李某即质问刘某为什么放他的田水。刘某一边否认放水，一边威胁说：“你上来，我砍死你。”当李某走近时，刘某即用镰刀朝李某的左胸部猛砍下去，砍断李某的四根肋骨，李某当即倒地。后经法医鉴定，李某为肋骨骨折伴有气胸，并有呼吸困难，系重伤。某县法院受理此案后，依法组成合议庭，由审判员张某担任审判长。法院在第一次公开开庭审理此案时，被害人李某提出申请要张某回避，法庭决定休庭，宣布延期审理，并将回避申请报院长决定。经审查，审判员张某是被告人刘某的同母异父兄长，院长决定审判员张某回避，不再担任合议庭组成人员。法院在更换审判员张某后，开庭继续审理此案。

一、回避的启动方式

《最高人民法院解释》第27条规定了回避的启动方式，不论自行回避、申请回避还是指令回避，都可以口头或者书面形式提出。《刑事诉讼法》第28条规定，审判人员、检察人员、侦查人员有法定情形之一的，应当自行回避，当事人及其法定代理人也有权要求他们回避。《最高人民法院解释》规定应当回避的审判人员没有自行回避，当事人及其法定代理人也没有申请其回避的，院长或者审判委员会应当决定其回避。《人民检察院刑事诉讼规则》也规定，应当回避的人员，本人没有自行回避，当事人和他们的法定代理人也没有申请其回避的，检察长或检察委员会应当决定其回避。

二、回避的申请

根据《刑事诉讼法》第28条、第31条的规定，回避申请权人包括当事人、法定代理人、辩护人、诉讼代理人。对于申请时间，由于我国侦查人员也在回避对象之列，所以从侦查阶段开始，享有回避申请权的诉讼参与人就拥有了申请回避的权利，同时由于我国法律救济程序很多，在救济程序中也实行回避的规定，所以说诉讼参与人在整个诉讼过程中，只要发现有应该回避的事由，就有权申请回避，在时间上并没有特别的限制。

三、回避的决定

《刑事诉讼法》第30条规定，审判人员、检察人员、侦查人员的回避，应当分别由院长、检察长、公安机关负责人决定；院长的回避，由本院审判委员会决定；检察长和公安机关负责人的回避，由同级人民检察院检察委员会决定；法庭书记员、翻译人员和鉴定人的回避问题由人民法院院长决定；检察机关的书记员和聘请或者指派的翻译人员、鉴定人的回避问题由检察长决定。

四、回避的救济

侦查阶段当事人及其法定代理人对驳回申请回避的决定不服的，可以在收到驳回申请回避决定书后5日以内向作出决定的公安机关申请复议。公安机关应当在收到复议申请后5日以内作出复议决定并书面通知申请人。

人民检察院作出驳回申请回避的决定后，应当告知当事人及其法定代理人、辩护人、诉讼代理人如不服本决定，有权在收到驳回申请回避的决定书后5日内向原决定机关申请复议一次，决定机关应当在3日内作出复议决定并书面通知申请人。

人民法院对当事人及其法定代理人提出的回避申请，可以口头或者书面作出决定，并将决定告知申请人。当事人及其法定代理人申请回避被驳回的，可以在接到决定时申请复议一次。如果当事人及其法定代理人、辩护人、诉讼代理人申请回避的理由不属于《刑事诉讼法》第28条和第29条规定的情形，由法庭直接驳回，并不得申请复议；依据这两条提出回避申请，如果法庭作出了回避决定，被决定回避的人员可以在恢复法庭审理前申请复议一次；如果法庭作出了驳回的决定，被驳回回避申请的当事人及其法定代理人、辩护人、诉讼代理人对决定有异议的，可以当庭申请复议一次。

【参考案例13－2】

评析：本案中，李某作为本案的被害人及附带民事诉讼的原告人，是本案当事人，有权申请回避。审判员张某作为被告人刘某的同母异父兄长，是当事人的近亲属，属于回避人员范围之中，因此，符合法定的回避理由。由于张某是审判人员，对其提出的回避申请，法庭应决定休庭，并由该院院长决定审判员张某不再担任合议庭人员。某县法院的处理是正确的。

本章小结

回避，是指侦查人员、检察人员、审判人员等同案件有法定利害关系或者其他可能影响案件公正审理的关系，不得参与办理该案件或者退出该案件处理的诉讼制度。

按照启动的方式不同，回避可以分为自行回避、申请回避和指令回避。回避必须符合法定情形，适用法定程序。

刑事诉讼中适用回避的人员包括：侦查人员、检察人员、审判人员、书记员、翻译人员、鉴定人和勘验人员。审判人员、检察人员、侦查人员的回避，应当分别由人民法院院长、人民检察院检察长、公安机关负责人决定；院长的回避，由本院审判委员会决定；检察长和公安机关负责人的回避，由同级人民检察院检察委员会决定；书记员、翻译人员、鉴定人、勘验人员的回避，应当根据其所处诉讼阶段分别由人民法院院长、人民检察院检察长、公安机关负责人决定。

思考题

1. 什么是回避？回避的理由有哪些？
2. 回避的种类有哪些？
3. 回避适用哪些人员？

实务训练

某市公安局对一起共同盗窃案件立案侦查，以公安局长张某为首组成侦破小组，查获犯罪嫌疑人王某、李某、赵某涉嫌共同盗窃。在侦查过程中，王某聘请的律师钱某未与王某商量，独立提出本案的侦查员孙某与被害人是同住一个村的村民，关系密切，申请其回避。侦查科的科长立即停止了孙某的侦查工作，孙某为了避免别人的闲话也立即退出了侦查活动，侦查科长经审查认为不属于法定回避的理由，驳回了回避申请。接着李某申请公安局长回避，理由是公安局长与被害人的父亲是大学同学，关系很好，后来上级公安机关作出了回避决定。本案经市检察院起诉至市法院，在审理期间，赵某提出书记员刘某原是本案侦查人员，后工作调动至法院，不应担任本案书记员；王某提出出庭支持公诉的检察员陈某在参与案件审查起诉过程中曾经和被害人一起吃饭，应当回避；李某提出陪审员林某相貌凶恶，语气严厉，不应参与案件的审判。审判长贾某当庭决定准许陈某回避，驳回赵某、李某的回避申请。

【**问题**】本案的回避程序有何违法之处？请说明理由。

第十四章

辩护与代理

学习目标

1. 掌握辩护、代理的概念和种类；
2. 明确辩护人、诉讼代理人的权利和义务；
3. 了解辩护人的范围、地位和责任。

案例导读

案情：于某，男，1980年7月2日出生，A县某中学学生。1998年4月，于某在春游时结识了本校学生王某（女，1985年8月出生），二人开始"交朋友"。1998年7月30日，王某到于某家玩，双方自愿发生两性关系。此后的一个月内，二人又多次发生两性关系。1998年9月，王某父母发现此事，随即向公安机关告发，公安机关以奸淫幼女罪将于某逮捕。在审判期间，于某委托张律师作为辩护人，并要求张律师为其作无罪辩护，理由是于某、王某二人是朋友，并且每次发生两性关系都系双方自愿，被告人并未使用暴力或暴力威胁等违背王某意志的方法。于某的父亲也多次找到张律师，希望张律师为其子作无罪辩护。张律师经过调查了解到，于某与王某发生性关系前已经知道王某的出生年月日，根据刑法规定，明知女方不满14周岁而与之发生性关系的，不论女方是否系自愿，均以强奸罪论。尽管张律师反复对于某及父亲进行法制教育，于氏父子仍然坚持他们的观点。张律师提出请他们更换辩护人，他们又不同意。在这种情况下，张律师作了从轻辩护，于某为自己作了无罪辩护。

第一节　辩护制度概述

一、辩护的概念和特征

刑事诉讼的历史，正是辩护权扩大的历史，现代法治国家的刑事程序，承认被告人作为程序主体，因此享有防御权利，刑事诉讼制度必须保障被告人有排除国家司法机关对其不利指控并进而影响程序进行方向的机会，辩护制度正是这种法治思想下的产物。作为一项法律制度，刑事辩护制度反映了一个国家对司法公正和诉讼民主的追求，刑事辩护制度是否健全和完善，已成为衡量一个国家的司法制度公正、民主、文明的重要标志。

辩护是一个古老的话题，是司法活动不可分割的组成部分，与司法相伴而生，所谓“辩”，是指辩驳、辩解；所谓“护”，是指维护、保护，意指通过辩驳、辩解维护自己或他人的权益。可见，所谓“辩护”，即是以“辩”为方法、手段，达到“护”的目的。“辩护”一词，有广义和狭义之分，作为一项活动或行为，可能发生在日常生活的任何场合，即针对于己不利的内容进行论辩、反驳，以澄清是非，维护自己。广义上的辩护，是指为了保护自己或别人，提出理由、事实来说明某种见解或行为是正确的，或者错误的程度不如别人所说的严重，狭义的辩护是与刑事诉讼紧密相连的，它是一种司法行为，进一步讲是一种司法程序行为。

所谓刑事辩护，是指受到刑事指控的犯罪嫌疑人、被告人根据法律规定，为了自身的利益而针对指控进行抗辩，以及由犯罪嫌疑人、被告人委托的辩护人或者公安司法机关指定的辩护人为了维护犯罪嫌疑人、被告人的合法权益而进行抗辩的诉讼活动。辩护是辩护制度的核心内容，被指控人有权获得辩护是现代各国公认的宪法原则，它超越了社会制度、意识形态和传统法律文化的界限及障碍，在各国刑事诉讼中得到普遍确立，刑事辩护制度的确立不仅使犯罪嫌疑人、被告人独立平等的诉讼地位成为可能，而且也使犯罪嫌疑人、被告人得以借助权利的武器达到制约司法权力扩张，防止司法专横的目的。

根据以上对辩护概念的描述，我们认为辩护制度具有如下几方面的特征：

（一）辩护是执行辩护职能的基本活动

刑事诉讼的基本职能是控诉职能、辩护职能和审判职能，辩护是为执行刑事诉讼三大基本职能之一的辩护职能而进行的活动，诉讼是在控、辩双方的斗争中向前推进的，案件事实是在控、辩双方的对应活动中查明的。侦查权、检察权、审判权的分离和在刑事诉讼中引进刑事辩护机制并日益完善和规范，是现代刑事诉讼文明的重要标志。因此，辩护的重要价值不仅是维护被追诉者的合法权益，而且对于保证办案质量、体现现代司法民主，使刑事诉讼活动能够符合诉讼客观规律的健康运行等均具有重要意义。

（二）辩护主体是犯罪嫌疑人、被告人及其辩护人

《宪法》第125条规定，“被告人有权获得辩护”，《刑事诉讼法》第32条规定，“犯罪嫌疑人、被告人除自己行使辩护权以外，还可以委托一至二人作为辩护人”。刑事辩护制度的设立所针对的即是保障犯罪嫌疑人、被告人的合法权益。因此，犯罪嫌疑人、被告人是当然的辩护主体。由于犯罪嫌疑人、被告人往往辩护能力比较弱，难以实现有效辩护，因此，现代刑事诉讼又为犯罪嫌疑人、被告人设立了委托、指定辩护制度，从而充分保护其合法权益。可见，辩护主体包括犯罪嫌疑人、被告人及其辩护人。

（三）辩护的目的是维护犯罪嫌疑人、被告人的合法权益

维护犯罪嫌疑人、被告人的合法权益是辩护的宗旨和唯一目的。犯罪嫌疑人、被告人往往出于本能，可能会编造“事实”对自己进行辩护，有的甚至是“狡辩”，这是不符合辩护制度的设置初衷的。辩护人的辩护虽不负有控诉职能，但其不能为了保护犯罪嫌疑人、被告人的非法权益，而进行非法的活动。这类案件在实践中是存在的。据媒体报道，北京女律师薛某为了使涉嫌犯强奸（幼女）罪的被告人陈某（已判决）逃避法律制裁，薛某在海淀区看守所外引诱被害人写下了她与陈某互不知道对方年龄的虚假材料，并将该虚假材料递交给承办陈某案件的民警，而后，在薛某的提议下，陈某的继父和弟弟在朝阳区附近，伪造了被害人案发时年龄超过14周岁的身份证，薛某后将这张假身份证递交给承办陈某案件的检察官，2007年3月7日，陈某的继父被警方抓获归案，2天后，薛某也随之被抓获，根据被害人向警方提供的证言，她曾与陈某谈过恋爱，事发后，薛某把她带到看守所外面，让她写了一份前面所述的虚假证明材料，后来，薛某说她写得不行，干脆自己写了一份，让她抄。法院审理后认为，薛某作为刑事案件的辩护人，诱导案件被害人违背事实，改变在公安机关所作陈述，并授意他人伪造被害人身份证件，制造虚假证据，其行为已构成辩护人伪造证据罪。[①] 这起案件是典型的辩护律师为了帮助被告人获得非法权益所进行的伪造证据活动，这并非辩护活动，而是犯罪行为。因此，辩护的目的是保护犯罪嫌疑人、被告人的合法权益，这是辩护人履行辩护职责的底线。

---

① 李奎：“帮助伪造证据，女律师获刑”，载《北京青年报》2008年3月7日。

（四）辩护活动指向的对象应包括实体法事实和程序法事实

《刑事诉讼法》第35条规定的辩护对象主要指实体法事实方面的辩护，是指犯罪嫌疑人、被告人无罪、罪轻、减轻、免除处罚方面的事实。实际上，没有程序上的公正，就没有实体上的公正，程序公正是实体公正的保障，若不将刑事追诉活动纳入刑事辩护所针对的对象，忽略了对刑事追诉活动中违法行为的遏制功能，必然会导致实体上不公正，侵犯被追诉者合法权益的结局。辩护的功能首先是通过辩护活动保障追诉活动的合法、公正，为实体公正创造良好的程序范围，才能真正达到辩护的目的。

二、辩护制度的功能价值

（一）正当程序价值

正当程序概念的本意，是指刑事诉讼必须采用正式的起诉方式，并保障被告人接受裁判的权利，后来扩大了其适用范围，即凡是剥夺某种个人利益时必须保障其享有被告知权、陈述权和辩护权，进而形成为英美法系中人权保障的基本原则。在刑事诉讼中，程序正义具有其特定的内容。它要求诉讼手段、诉讼方式具有正当性，诉讼参与人在诉讼过程中受到公平的对待。在刑事司法中，对于实现程序正义而言，辩护制度是一项不可缺少的制度，在实现程序正义中的作用突出表现为：

第一，有助于刑事诉讼中形成合理的诉讼结构。在对抗制刑事诉讼活动中，诉讼主体之间具有明确的分工，检察官承担追诉职能，从事提起公诉和支持公诉的活动；法官承担审判职能，从事裁判活动；被告人及其辩护人从事辩护活动。这当中控诉、辩护、审判三种诉讼职能相分离，裁判者中立，控辩保持平衡，这是现代刑事诉讼的基本结构，也是实现程序正义的重要方面。辩护权利的行使，确保被指控人的合法权益受到尊重和保障，为控诉方和辩护方提供了平等对话的机会，平衡诉讼过程出现“控强辩弱”的局面，使被指控人有机会反对控诉方的指控，并可对证据提出质疑并申诉自己一方的理由。

第二，它是对国家权力的一种监督和制约。程序正义的核心内容是对被指控人的个人权利加以保护，而对于国家权力加以制约，控、审分离是国家权力的内部制衡，而辩护制度则是对国家权力的外部制约，辩护权利的存在意味着每个被指控人都可以向政府提出异议，被指控人应享有公平的辩护机会，这是程序正义的基本要求。

（二）实体正义价值

司法正义不仅是目的，而且还是一种程序，为了使这一程序公正地实行，所有被指控犯罪的人都必须有为自己辩护的权利。辩护权利的行使对于发现真实、实现实体正义发挥着积极作用。

首先，从收集证据的过程看，辩护的作用表现在：第一，增强收集证据的全面性。尽管法律要求追诉机关对有利于和不利于被指控人的证据一并予以收集，但由于追诉机关在追诉中所扮演的角色和所承担的诉讼职能所决定，他更多地关注指控的成功，而偏向于对被指控人有罪证据的收集，辩护从防范的角度出发，一方面可以自行收集一些对被指控人有用的证据，另一方面也可以提供一定的线索，引起追诉机关对案件疑点的注意，补充收集有利于被指控人的证据。第二，保障收集证据的真实性。在调查阶段，辩护制度可对追诉机关收集证据的活动起到监督作用，如讯问犯罪嫌疑人时律师在场，可防止追诉机关采用刑讯、引诱、欺骗等非法手段收集证据，保障犯罪嫌疑人供述的自愿性，而这种自愿性又在一定程度上保障了供述的真实性、可靠性。

其次，从法官审查判断证据的过程看，辩护的诉讼意义在于：第一，有利于客观真相的揭示。在庭审中，公诉人出示证据证明犯罪事实的存在以及被告人应负的刑事责任，辩护人提出有利于被告人的证据材料，与公诉人进行抗辩。这样，法庭通过对证据的展示和核实，使需要证明的事实逐渐清楚，给法官运用证据进行定罪量刑提供了基础。审判的目的在于揭示曾经发生过的事情，对抗制是达到这一目的的最好方式，因此，只有在双方能力相当的情况下进行平等对抗，对抗机制才具有实质性的意义。在刑事诉讼过程中，如果对立的控辩双方都详尽地陈述本方的观点和依据，同时还竭尽全力地批驳对方的观点和依据，这样整个案件的事实将被全方位、多层次地揭露，真相才能更真实地被了解和掌握。第二，有利于抑制法官的片面性和随意性。现代证据制度给了法官自由地评价证据和认定事实的空间，法官在公开场合直接听取控辩双方的辩论，有利于形成正确的内心确信，同时，控辩双方在法庭上对证据进行质疑、检验，这样证据积累到何种状态，通过证据而形成的待证事实的明白性、清晰性达到了何种程度都可以为控辩双方了解和认识，从而大大增强了事实认定的透明度和公开性。这样，有利于防止法官的认识出现片面性和随意性而背离客观真实。

（三）诉讼效率价值

辩护的设置有助于提高诉讼效率，既确保司法资源的最大限度的节约，又使每一个刑事被控人的合法权益都得到充分的保护。对国家而言，避免了不必要和不合理的诉讼拖延，有助于对犯罪的特殊预防，有利于维护公共利益。对被控人而言，由于辩护制度的设立可能影响个案的诉讼效率，但犯罪嫌疑人、被告人充分行使辩护权可防止和减少冤假错案的发生，减少救济程序的启动，从整体上节约了司法资源，在单位时间内完成的工作量相应地也会提高。

（四）人权保障价值

保护人权是现代法制的核心，“人权”的概念，最初是英国资产阶级革命时期，为了反对中世纪神权和封建特权提出的口号。之后人权思想成为众多哲学家、启蒙思想家宣扬的进步思想，并成为各国资产阶级革命的旗帜。现代社会的人权保障问题，已成为国际社会普遍关注的问题，以诉讼的方式保障人权是人类文明的标志，也是公正审判的国际标准。

从刑事辩护制度的目的来看，犯罪嫌疑人、被告人的人权保障问题是对“以暴易暴”轨道的矫正，是真正体现犯罪嫌疑人、被告人的程序主体地位和人权保障的制度。例如，非法证据的排除规则确立后，非法取证便成为一项重要的辩护事由，而这一辩护途径对于犯罪嫌疑人、被告人的人权保障可谓至幸的福音。一方面，适用非法证据排除规则，使那些非法取得的对犯罪嫌疑人、被告人不利的证据加以排除，降低和减轻了他们被非法定罪、定重罪的风险；另一方面，非法取证的目的是取证，并运用证据指控犯罪成立，而排除非法证据使非法取证的目的不能实现，从根源上有效地遏制侦查违法现象的发生，使犯罪嫌疑人、被告人的合法权益免受侵害。再如，无罪推定原则的创立是犯罪嫌疑人、被告人成为诉讼主体的基础。无罪推定原则的基本内容有两项：一是被追诉人的罪行须经依法证明才能确定；二是只有法院有权确定被追诉人是否有罪，并依法量刑。基于这两项内容，犯罪嫌疑人、被告人在诉讼中应享有必要的程序保障权利和辩护权利，这些程序保障权利和辩护权利包括：被及时告知控诉的理由和罪名；获得自己委托的辩护律师的帮助；拥有为准备辩护所需的适当时间和手段；排除非法取得的证据；与控方提供证人质证；等等。这些诉讼权利的取得使被追诉人完成了由诉讼客体到诉讼主体地位的转变。因此，刑事辩护的价值体现在保障被追诉人的诉讼主体地位上，而被追诉人取得诉讼主体地位的终极目的是通过行使主体权利在刑事诉讼中维护自己的合法权益，体现人格尊严。

第二节　我国刑事辩护制度的基本内容

一、辩护权的概念和特征

从权利的角度对辩护加以界定，即为辩护权。辩护权，是指刑事诉讼法赋予犯罪嫌疑人、被告人及其辩护人针对控诉而进行申辩活动的权利。《宪法》第125条规定：“被告人有权获得辩护。”辩护权是宪法赋予公民的权利，在本质上是公民基本权利。通常而言，辩护权是刑事诉讼法上维护被告人、犯罪嫌疑人利益的权利，它是辩护制度产生的基础。

辩护权的概念亦有广义和狭义之分，狭义的辩护权指被指控人针对指控进行反驳、辩解以及获得辩护人帮助的权利，被指控人的辩护权与其他诉讼权利如陈述权、提供证据权、辩论权等是一种并列关系，前者通过后者而得以具体化。广义的辩护权除包括狭义辩护权以外，还包括其延伸部分，如证据调查请求权、上诉权、申诉权等，甚至可以说辩护权是被指控人所有的诉讼权利的总和，因为被指控人各项诉讼权利的行使，其总体目的均在于针对刑事追诉进行防御，维护自身的合法权益。依据我国现行法律规定，辩护权不仅是一项法定权利，也是被指控人最重要的诉讼权利，是被指控人诉讼权利体系之核心，并贯穿于刑事诉讼的全过程。

辩护权的特征，有如下三个方面：

（一）法定性

辩护权主要是由法律赋予的，具有法定性。辩护制度的出现是为了防止国家在刑事诉讼领域中对公民的侵害，目的在于监督和制约国家刑罚权。其不仅是公民的一项宪法权利，《刑事诉讼法》第10条更有“被告人有权获得辩护，人民法院有义务保证被告人获得辩护”的明确规定，因此，辩护权具有法定性，其他任何法律不能违反此规定，对犯罪嫌疑人、被告人的辩护权随意限制或剥夺。

（二）防御性

辩护权系针对控诉权存在的，无控诉则无辩护。控诉权具有攻击性，而辩护权则具有防御性，辩护权的行使旨在对抗控方的指控，抵消其控诉效果，辩护权是被指控人进行自我保护的一种手段。可见，辩护权与控诉权是有区别的，控诉权伴随着证明责任而生，而辩护权伴随着辩方在诉讼中的利益，而非责任或义务，尽管辩护人在诉讼中会提出证明被告人无罪、罪轻等方面的事实与证据，但辩护人并不负无罪的证明责任，在没有证明被告人无罪的事实与根据的情况下，推翻控方的有罪控诉，使其在法律上不成立，同样也可以使被告人无罪。

（三）绝对性

辩护权的行使不受诉讼阶段限制，对犯罪嫌疑人、被告人没有任何资格限制，而且辩护权的行使不受被指控的罪行程度的限制，从刑事追诉开始到审判甚至执行，犯罪嫌疑人、被告人及其辩护人都可以行使辩护权，只是表现形式不同，任何犯罪嫌疑人、被告人无论其身份高低贵贱，也无论其犯何罪、应受何种刑罚，都享有辩护权并有权行使。

【参考案例14-1】

钟某，男，15岁，某日他身带自制火药枪一支，向邓某催要债款，邓某无理拒还时，钟某扳起火药枪的机头威胁邓某，邓某见状不妙，满口答应立即还清债款，钟某同意，但未将扳起的机头放下就将火药枪装入衣服口袋里起身回家。回家途中，钟某遇见了从前的同学隋某，因隋某曾恃强欺侮过他，钟某就从口袋里掏出火药枪，以示威胁。隋某说了声“不理你”，便转过头要走。钟某便上前用火药枪敲打隋某的背部，不慎触动扳机，击中了隋某的后背。钟某将隋某背到医院抢救，隋某因抢救无效死亡。人民法院开庭审理前，见被告人钟某没有委托辩护人，便指定承担法律援助义务的律师担任被告人钟某的辩护人，为钟某辩护。

二、辩护的种类与方式

根据《刑事诉讼法》第32条、第34条的规定，我国刑事诉讼中的辩护可以划分为：自行辩护、委托辩护和指定辩护。

（一）自行辩护

《刑事诉讼法》第32条规定，犯罪嫌疑人、被告人有权自己行使辩护权。自行辩护在刑事司法实践中普遍存在，它是一种最基本的辩护方式，在刑事诉讼程序中，自行辩护由犯罪嫌疑人、被告人自行完成。由于受到人身自由、调查取证权和专业知识能力的限制，自行辩护的有效性可能会弱于职业律师的辩护，但是这种形式是极其必要的。因为在刑事诉讼中，犯罪嫌疑人、被告人的供述和辩解是一种重要的法定证据形式，他的任何言辞都有可能影响到犯罪证据的搜集和犯罪事实的认定，所以探讨自行辩护不是浅显地停留在各种辩护类型的主体区别上，而应当深入地发现自行辩护的性质和形式，从而引导自行辩护的有效性和目的性，致力于程序的高效率和实体的公正性。

（二）委托辩护

委托辩护，是指犯罪嫌疑人、被告人聘请法律允许的人为其进行的辩护。委托辩护是保障犯罪嫌疑人、被告人辩护权的一项重要内容，它弥补了犯罪嫌疑人、被告人自行辩护时因条件限制而不能充分行使辩护权的缺陷，强化了诉讼中的辩护职能。我国《刑事诉讼法》第33条规定，犯罪嫌疑人自被侦查机关第一次讯问或者采取强制措施之日起，有权委托辩护人；在侦查期间，只能委托律师作为辩护人。被告人有权随时委托辩护人。侦查机关在第一次讯问犯罪嫌疑人或者对犯罪嫌疑人采取强制措施的时候，应当告知犯罪嫌疑人有权委托辩护人。人民检察院自收到移送审查起诉的案件材料之日起3日以内，应当告知犯罪嫌疑人有权委托辩护人。人民法院自受理案件之日起3日以内，应当告知被告人有权委托辩护人。犯罪嫌疑人、被告人在押期间要求委托辩护人的，人民法院、人民检察院和公安机关应当及时转达其要求。犯罪嫌疑人、被告人在押的，也可以由其监护人、近亲属代为委托辩护人。辩护人接受犯罪嫌疑人、被告人委托后，应当及时告知办理案件的机关。

根据法律规定，委托辩护适用于侦查、审查起诉和审判阶段，有罪判决生效后，被告人如因不服判决而聘请律师进行申诉，此时的律师不是诉讼程序上的辩护人，而只是委托人的申诉代理人。委托辩护的前提是委托关系的成立，犯罪嫌疑人、被告人与律师的执业机构即律师事务所达成委托协议后，办理委托手续，由律师事务所指派律师作为其辩护人（一般情况下系根据委托人的要求，具体指定某律师），协议的内容是由律师为犯罪嫌疑人、被告人进行某一阶段或者某几个阶段的辩护，协议的性质是提供辩护服务。由于犯罪嫌疑人、被告人大多处于羁押中，律师事务所一般接受的是其近亲属的委托，在对其会见时征得其同意即可。

（三）指定辩护

指定辩护，是指公安司法机关在诉讼过程中遇到法定情形，依法为没有委托辩护人的犯罪嫌疑人、被告人指定辩护人，帮助其行使辩护权的一种方式。指定辩护的前提是在犯罪嫌疑人、被告人没有委托辩护人的情况下，其适用于侦查、审查起诉和审判阶段。在我国，指定辩护分为应当指定和可以指定两种。根据《刑事诉讼法》第34条和第267条及司法解释的规定，属于应当指定辩护的法定情形是：

1. 犯罪嫌疑人、被告人因经济困难或者其他原因没有委托辩护人的，本人及其近亲属可以向法律援助机构提出申请。对符合法律援助条件的，法律援助机构应当指派律师为其提供辩护。

2. 犯罪嫌疑人、被告人是盲、聋、哑人，或者是尚未完全丧失辨认或者控制自己行为能力的精神病人，没有委托辩护人的，人民法院、人民检察院和公安机关应当通知法律援助机构指派律师为其提供辩护。

3. 犯罪嫌疑人、被告人可能被判处无期徒刑、死刑，没有委托辩护人的，人民法院、人民检察院和公安机关应当通知法律援助机构指派律师为其提供辩护。高级人民法院复核死刑案件，被告人没有委托辩护人的，应当通知法律援助机构指派律师为其提供辩护。

4. 未成年犯罪嫌疑人、被告人没有委托辩护人的，人民法院、人民检察院、公安机关应当通知法律援助机构指派律师为其提供辩护。

以上四种情形属于应当强制指定的情形，为经济困难、诉讼行为能力不完全的残疾人和智力发育不成熟的未成年人指定辩护人，是出于人道主义原则，从可能会妨碍其充分行使辩护权的角度出发的，体现了对弱势群体和未成年人在司法程序上的特殊保护，符合国际惯例。为可能被判处无期徒刑、死刑而没有委托辩护人的犯罪嫌疑人、被告人指定辩护人，是由于该两种刑罚最为严酷，需要审慎而为，为其指定辩护人，增强其诉讼防御能力是非常必要的。

另外，根据《最高人民法院解释》第43条的规定，具有下列情形之一，被告人没有委托辩护人的，人民法院可以通知法律援助机构指派律师为其提供辩护：

1. 共同犯罪案件中，其他被告人已经委托辩护人；
2. 有重大社会影响的案件；
3. 人民检察院抗诉的案件；
4. 被告人的行为可能不构成犯罪；
5. 有必要指派律师提供辩护的其他情形。

人民法院收到在押被告人提出的法律援助申请，应当在24小时内转交所在地的法律援助机构。人民法院通知法律援助机构指派律师提供辩护的，应当将法律援助通知书、起诉书副本或者判决书送达法律援助机构；决定开庭审理的，除适用简易程序审理的以外，应当在开庭15日前将上述材料送达法律援助机构。法律援助通知书应当写明案由、被告人姓名、提供法律援助的理由、审判人员的姓名和联系方式；已确定开庭审理的，应当写明开庭的时间、地点。法律援助机构决定为被告人指派律师提供辩护的，承办律师应当在接受指派之日起3日内，将法律援助手续提交人民法院。

刑事辩护的方式，刑事诉讼法规定既可以是书面，也可以是口头。

【参考案例14-1】

评析：本案中，法院为被告人钟某指定辩护律师的做法是正确的，因为本案被告人钟某的年龄是15岁，属于未成年人，法律规定对未成年被告人，在其没有委托辩护人的情况下，人民法院应当指定承担法律援助义务的律师为其提供辩护。这对于维护未成年被告人的合法权益，保证准确及时地处理刑事案件，具有重要的意义。

三、辩护人的范围和数额

（一）辩护人的范围

辩护人，是指接受被追诉一方委托或者受人民法院指定，帮助犯罪嫌疑人、被告人行使辩护权以维护其合法权益的人。《刑事诉讼法》第32条对辩护人的范围作出了明确规定。

1. 律师

律师，指依法取得律师执业证书，接受委托或者指定，为当事人提供法律服务的执业人员。虽然取得律师资格或者法律职业资格但未取得执业证书，并经注册登记的，仍不得以律师身份接受委托，履行辩护职责。

2. 人民团体或者犯罪嫌疑人、被告人所在单位推荐的人

人民团体或者犯罪嫌疑人、被告人所在单位推荐的人，也可以接受犯罪嫌疑人、被告人的委托，作为辩护人，为其进行辩护。这样规定，在我国律师队伍虽然迅速发展、但仍不能适应实际需要的情况下，对有效保护委托人的权益是十分有利的，实践证明也是可行的。这里的人民团体，是指工会、妇联、共青团、学联等群众性团体。经人民团体或者犯罪嫌疑人、被告人所在单位推荐，又经犯罪嫌疑人、被告人委托的人，不经人民检察院、人民法院的批准就可作为辩护人。

3. 犯罪嫌疑人、被告人的监护人、亲友

犯罪嫌疑人、被告人的监护人、亲友，也可以接受犯罪嫌疑人、被告人的委托，做他的辩护人。这一规定对犯罪嫌疑人、被告人能够及时委托到辩护人，解决请律师难的问题和维护其权益是十分有利的，也充分考虑了我国的国情，特别是解决了一个相当长的时期里，犯罪嫌疑人、被告人委托律师的经济承受能力与律师队伍数量和精力的承受能力方面的冲突问题。

同时，根据《刑事诉讼法》第 32 条第 2 款的规定，《最高人民法院解释》进一步明确规定下列人员不得担任辩护人：

1. 正在被执行刑罚或者处于缓刑、假释考验期间的人；
2. 依法被剥夺、限制人身自由的人；
3. 无行为能力或者限制行为能力的人；
4. 人民法院、人民检察院、公安机关、国家安全机关、监狱的现职人员；
5. 人民陪审员；
6. 与本案审理结果有利害关系的人；
7. 外国人或者无国籍人。

其中第 4 项至第 7 项规定的人员，如果是被告人的监护人、近亲属，由被告人委托担任辩护人的，可以准许。审判人员和人民法院其他工作人员从人民法院离任后 2 年内，不得以律师身份担任辩护人。审判人员和人民法院其他工作人员从人民法院离任后，不得担任原任职法院所审理案件的辩护人，但作为被告人的监护人、近亲属进行辩护的除外。审判人员和人民法院其他工作人员的配偶、子女或者父母不得担任其任职法院所审理案件的辩护人，但作为被告人的监护人、近亲属进行辩护的除外。

此外，律师法规定，公务员不得兼任执业律师，律师担任各级人民代表大会

常务委员会组成人员的，任职期间不得从事诉讼代理或者辩护业务。

（二）辩护人的数额

根据《刑事诉讼法》第32条的规定，犯罪嫌疑人、被告人“可以委托一至二人作为辩护人”。也就是说，一名犯罪嫌疑人、被告人最多可以委托两名辩护人，其中可以都是律师，也可以都是犯罪嫌疑人、被告人的监护人、亲友，还可以其中一名是律师，另一名是其他公民。在共同犯罪的案件中，由于犯罪嫌疑人、被告人之间存在利害冲突，因此，一名律师不得同时接受两个以上（含两个）犯罪嫌疑人、被告人的委托，做他们的共同辩护人。

四、辩护人的权利

辩护人的权利是辩护人依法享有的诉讼权利，辩护人根据犯罪嫌疑人、被告人的委托或者人民法院的指定，参与具体的刑事诉讼，作为犯罪嫌疑人、被告人的辩护人，并依法履行辩护的职能，行使辩护的权利，为了保障辩护人作用的发挥，刑事诉讼法及相关法律赋予了辩护人一系列的诉讼权利，主要包括：

（一）独立辩护权

独立辩护权即辩护权利的独立性，是指辩护人所享有的辩护权利可以在法律规定的范围内独立行使，不受任何机关、团体和个人的非法干涉。刑事辩护权作为刑事诉讼辩护制度的重要内容之一，它独立于审判机关的审判权、检察机关的控诉权，也同样独立于被告人的自行辩护权，同时不受其他非诉讼主体的干涉。辩护人辩护权的独立性是辩护人辩护权赖以生存的基础，辩护人辩护权的独立不仅仅是辩护人地位的独立，还包括辩护人辩护意志的独立，如果辩护人地位不能独立，须依附于某机构、某个人，其就没有地位可言，如果辩护人必须依他人的意志而进行辩护，那就失去了辩护的基本价值，辩护人就变成了没有自己意志、没有自己原则和观点的代言人或传话筒，辩护人的地位也就纯粹是一种虚设和陪衬。实际上，辩护人的辩护权是刑事诉讼中实实在在的完整而独立的权利。

案例导读

评析：本案中，张律师作为辩护人，有独立辩护的权利，因此他有权为于某进行从轻辩护。

（二）会见、通信权

《刑事诉讼法》第37条规定，辩护律师可以同在押的犯罪嫌疑人、被告人会见和通信。其他辩护人经人民法院、人民检察院许可，也可以同在押的犯罪嫌疑人、被告人会见和通信。明确赋予辩护人以会见、通信权。会见、通信权是法律赋予辩护律师的一项重要权利，世界上绝大多数国家和地区的立法对此都作了规定。我国的规定对于律师职责的履行和被告人权利的保护都是非常必要的。

辩护律师持律师执业证书、律师事务所证明和委托书或者法律援助公函要求会见在押的犯罪嫌疑人、被告人的，看守所应当及时安排会见，至迟不得超过48小时。

危害国家安全犯罪、恐怖活动犯罪、特别重大贿赂犯罪案件，在侦查期间辩护律师会见在押的犯罪嫌疑人，应当经侦查机关许可。上述案件，侦查机关应当事先通知看守所。辩护律师会见在押的犯罪嫌疑人、被告人，可以了解案件有关情况，提供法律咨询等；自案件移送审查起诉之日起，可以向犯罪嫌疑人、被告人核实有关证据。辩护律师会见犯罪嫌疑人、被告人时不被监听。辩护律师同被监视居住的犯罪嫌疑人、被告人会见、通信，适用前述规定。

（三）阅卷权

阅卷权，是指辩护人对所承担的案件，有权查阅案卷及有关材料。这是辩护人全面系统地了解案件的重要手段，是辩护人执业的基本权利之一。对此，为适应辩护人提前介入的需要，刑事诉讼法对辩护人查阅案卷材料的权利也作了明确的规定，《刑事诉讼法》第38条规定："辩护律师自人民检察院对案件审查起诉之日起，可以查阅、摘抄、复制本案的案卷材料。其他辩护人经人民法院、人民检察院许可，也可以查阅、摘抄、复制上述材料。"案卷材料包括案件的诉讼文书和证据材料。合议庭、审判委员会的讨论记录以及其他依法不公开的材料不得查阅、摘抄、复制。

从上述关于律师阅卷的有关规定可以看出：

第一，律师只能查阅自己承办的案卷材料。所承办的案件，是指接受当事人委托或人民法院指定，正式担任了刑事诉讼案件当事人的辩护人的案件。根据我国现行法律规定，律师在审查起诉之日起，接受当事人委托或司法机关指定以后，正式担任了刑事诉讼案件的当事人的辩护人，才可以查阅案卷材料，这里的案卷材料不仅仅包括起诉意见书和相关技术性材料，凡是侦查机关移送给检察机关的所有证据材料以及有关的诉讼文书，辩护人都有权查阅、摘抄、复制，但对审判委员会和合议庭的记录则无权查阅。

第二，辩护人查阅案卷材料，可以摘录或者复制。根据《最高人民法院解释》的规定，辩护人查阅、摘抄、复制案卷材料的，人民法院应当提供方便，并保证必要的时间。复制案卷材料可以采用复印、拍照、扫描等方式。关于这一点，各个国家和地区的立法基本相似，并且一般都要求摘录或复制的材料应存入律师事务所档案。对于阅卷中接触到的国家机密和个人隐私，律师应当严格保守秘密，不得以任何形式向外泄露。需要注意的是，根据我国现行刑事诉讼法的规定，辩护人在侦查阶段是无权查阅案件材料的，这与我国目前关于辩护人辩护权的行使范围的法律规定是相适应的。根据我国刑事诉讼法的规定，在侦查阶段，辩护人只能为犯罪嫌疑人提供法律帮助；代理申诉、控告；申请变更强制措施；向侦查机关了解犯罪嫌疑人涉嫌的罪名和案件有关情况，提出意见。没有赋予辩护人在侦查阶段有查阅案件材料的权利。

（四）调查取证权

根据《刑事诉讼法》第41条的规定，辩护律师经证人或者其他有关单位和个人同意，可以向他们收集与本案有关的材料，也可以申请人民检察院、人民法院收集、调取证据。辩护律师经人民检察院或者人民法院许可，并且经被害人或者其近亲属、被害人提供的证人同意，可以向他们收集与本案有关的材料。

（五）提出辩护意见权

《刑事诉讼法》第86条规定，人民检察院审查批准逮捕，可以询问证人等诉讼参与人，听取辩护律师的意见；辩护律师提出要求的，应当听取辩护律师的意见。《刑事诉讼法》第170条规定，人民检察院审查案件，应当讯问犯罪嫌疑人，听取辩护人、被害人及其诉讼代理人的意见，并记录在案。辩护人、被害人及其诉讼代理人提出书面意见的，应当附卷。

（六）获得通知的权利

《刑事诉讼法》第182条规定，人民法院决定开庭审判后，应当确定合议庭的组成人员，将人民检察院的起诉书副本至迟在开庭10日以前送达被告人及其辩护人。人民法院确定开庭日期后，应当将开庭的时间、地点通知人民检察院，传唤当事人，通知辩护人、诉讼代理人、证人、鉴定人和翻译人员，传票和通知书至迟在开庭3日以前送达。公开审判的案件，应当在开庭3日以前先期公布案由、被告人姓名、开庭时间和地点。

（七）参加法庭调查和法庭辩论权

根据刑事诉讼法的有关规定，在法庭调查阶段，辩护人在公诉人讯问被告人后，经审判长许可，可以向被告人发问；经审判长许可，可以对证人、鉴定人发问；法庭审理中，辩护人有权申请新的证人到庭，调取新的证物，申请重新鉴定或者勘验。法庭辩论阶段，辩护人可以对证据和案件情况发表意见并且可以和控方展开辩论。

（八）经被告人同意，提出上诉的权利

刑事诉讼法规定，被告人的辩护人，经被告人同意，可以提出上诉。即辩护人经被告人同意，有权对第一审尚未发生法律效力的判决或裁定提出上诉。

（九）要求变更、解除强制措施的权利

刑事诉讼法规定，犯罪嫌疑人、被告人及其法定代理人、近亲属或者辩护人有权申请变更强制措施。人民法院、人民检察院和公安机关收到申请后，应当在3日以内作出决定；不同意变更强制措施的，应当告知申请人，并说明不同意的理由。人民法院、人民检察院或者公安机关对被采取强制措施法定期限届满的犯罪嫌疑人、被告人，应当予以释放、解除取保候审、监视居住或者依法变更强制措施。犯罪嫌疑人、被告人及其法定代理人、近亲属或者辩护人对于人民法院、人民检察院或者公安机关采取强制措施法定期限届满的，有权要求解除强制措施。

（十）拒绝辩护权

根据刑事诉讼法和律师法的规定，拒绝辩护的情形有两种：一种拒绝辩护是指犯罪嫌疑人、被告人拒绝辩护人继续辩护；另一种拒绝辩护是指辩护人具有法定理由不再为犯罪嫌疑人、被告人辩护的行为。律师法规定，律师接受委托后，无正当理由的，不得拒绝辩护或者代理，但委托事项违法，委托人利用律师提供的服务从事违法活动或者委托人隐瞒事实的，律师有权拒绝辩护或者代理。

（十一）申诉、控告权

刑事诉讼法规定，辩护人认为公安机关、人民检察院、人民法院及其工作人员阻碍其依法行使诉讼权利的，有权向同级或者上一级人民检察院申诉或者控告。人民检察院对申诉或者控告应当及时进行审查，情况属实的，通知有关机关予以纠正。

根据《人民检察院刑事诉讼规则》第57条规定，辩护人、诉讼代理人认为公安机关、人民检察院、人民法院及其工作人员具有下列阻碍其依法行使诉讼权利的行为之一的，可以向同级或者上一级人民检察院申诉或者控告，控告检察部门应当接受并依法办理，相关办案部门应当予以配合：

1. 对辩护人、诉讼代理人提出的回避要求不予受理或者对不予回避决定不服的复议申请不予受理的；

2. 未依法告知犯罪嫌疑人、被告人有权委托辩护人的；

3. 未转达在押的或者被监视居住的犯罪嫌疑人、被告人委托辩护人的要求的；

4. 应当通知而不通知法律援助机构为符合条件的犯罪嫌疑人、被告人或者被申请强制医疗的人指派律师提供辩护或者法律援助的；

5. 在规定时间内不受理、不答复辩护人提出的变更强制措施申请或者解除强制措施要求的；

6. 未依法告知辩护律师犯罪嫌疑人涉嫌的罪名和案件有关情况的；

7. 违法限制辩护律师同在押、被监视居住的犯罪嫌疑人、被告人会见和通信的；

8. 违法不允许辩护律师查阅、摘抄、复制本案的案卷材料的；

9. 违法限制辩护律师收集、核实有关证据材料的；

10. 没有正当理由不同意辩护律师提出的收集、调取证据或者通知证人出庭作证的申请，或者不答复、不说明理由的；

11. 未依法提交证明犯罪嫌疑人、被告人无罪或者罪轻的证据材料的；

12. 未依法听取辩护人、诉讼代理人的意见的；

13. 未依法将开庭的时间、地点及时通知辩护人、诉讼代理人的；

14. 未依法向辩护人、诉讼代理人及时送达本案的法律文书或者及时告知案件移送情况的；

15. 阻碍辩护人、诉讼代理人在法庭审理过程中依法行使诉讼权利的；

16. 其他阻碍辩护人、诉讼代理人依法行使诉讼权利的。

辩护人、诉讼代理人认为看守所及其工作人员有阻碍其依法行使诉讼权利的行为，向人民检察院申诉或者控告的，监所检察部门应当接收并依法办理；控告检察部门收到申诉或者控告的，应当及时移送监所检察部门办理。

辩护人、诉讼代理人认为其依法行使诉讼权利受到阻碍向人民检察院申诉或者控告的，人民检察院应当在受理后10日以内进行审查，情况属实的，经检察长决定，通知有关机关或者本院有关部门、下级人民检察院予以纠正，并将处理情况书面答复提出申诉或者控告的辩护人、诉讼代理人。

（十二）*辩护人在合法执业活动中的人身权利不受侵犯*

我国《律师法》规定："律师在执业活动中人身权利不受侵犯。"其内容应包括律师执业时人身自由不受非法限制和剥夺；住宅和办公地点不受侵犯；律师的名誉权不受侵犯等。对于侵犯律师人身权利的行为，应依据我国刑法的规定追究其刑事责任。

五、辩护人的主要义务

1. 辩护人有义务根据事实和法律，提出证明犯罪嫌疑人、被告人无罪、罪轻或者减轻、免除其刑事责任的材料和意见，依法维护犯罪嫌疑人、被告人的合法权益。辩护人收集的有关犯罪嫌疑人不在犯罪现场、未达到刑事责任年龄、属于依法不负刑事责任的精神病人的证据，应当及时告知公安机关、人民检察院；

2. 会见在押犯罪嫌疑人、被告人时，应当遵守看管场所的规定；

3. 参加法庭审判时要遵守法庭规则；

4. 未经人民检察院或者人民法院许可，不得向被害人或被害人提供的证人收集与本案有关的材料；

5. 辩护人不得帮助犯罪嫌疑人、被告人串供、隐匿、毁灭、伪造证据，不得威胁、引诱证人改变证言或者作伪证及进行其他干扰司法机关诉讼活动的行为，否则，应当依法追究法律责任；

6. 辩护人应当向法院出示物证，让当事人辨认，对未到庭的证人证言笔录、鉴定人的鉴定结论和其他作为证据的文书，应当当庭宣读。

另外，根据律师法的规定，辩护人在执业活动中还应当履行以下法定义务：

1. 不得私自接受委托，私自向委托人收取费用，收受委托人的财物，也不得利用提供法律服务的便利接受对方当事人的财物；

2. 不得违反规定会见法官、检察官；

3. 不得向法官、检察官以及其他有关工作人员请客送礼或者行贿，或者指使、诱导当事人行贿；

4. 不得提供虚假证据，隐瞒事实或者威胁、引诱他人提供虚假证据隐瞒事实以及妨碍对方当事人合法取得证据；

5. 不得干扰诉讼的正常进行；

6. 保守履行辩护职责中知悉的国家秘密和当事人的商业秘密，不得泄露当事人的隐私；

7. 曾担任法官、检察官的律师，从人民法院、人民检察院离任后 2 年内，不得担任辩护人；

8. 必须按照国家规定承担法律援助义务，尽职尽责，为受援人提供法律服务；

9. 无正当理由，不得拒绝辩护。

第三节　刑 事 代 理

一、刑事代理概述

（一）刑事代理的概念和特征

《刑事诉讼法》第 44 条第 1 款规定：“公诉案件的被害人及其法定代理人或者近亲属，附带民事诉讼的当事人及其法定代理人，自案件移送审查之日起有权委托诉讼代理人，自诉案件的自诉人及其法定代理人，附带民事诉讼的当事人及其法定代理人，有权随时委托诉讼代理人。”刑事代理，是指在刑事诉讼过程中，代理人经公诉案件的被害人、法定代理人及其近亲属，自诉案件中的自诉人及其法定代理人，附带民事诉讼的当事人及其法定代理人的授权委托，在法律和委托人赋予的权限范围内，为保护被代理人的合法利益参与诉讼程序，诉讼结果由被代理人承担的诉讼法律行为。

从上述概念可以看出，刑事代理具有诉讼代理的一般共同性特点：首先，代理人是根据法律的规定和被代理人的授权委托进行代理活动。没有法律的规定或当事人的授权，代理人不能自动参加到刑事诉讼之中。其次，代理人在代理权限范围内进行活动。代理人进行代理活动的依据是代理权，因此代理人必须在代理权限内实施代理行为。代理行为直接对被代理人发生法律效力。

但刑事代理毕竟是一项独立的诉讼制度，除具有代理的一般共同性特点之外，还具有其自身的特点，这主要表现在：

第一，刑事代理以刑事案件的存在为前提，重点把握其刑事性的本质。根据我国刑事诉讼法律的有关规定，委托人是公诉案件的被害人及其法定代理人或者近亲属、自诉案件的自诉人及其法定代理人、附带民事诉讼案件的当事人及其法定代理人。代理人接受委托人的委托后，依法帮助委托人追究犯罪嫌疑人、被告人刑事责任。这一点也是刑事诉讼代理有别于民事、行政诉讼代理的特征之一。

第二，刑事代理是在刑事诉讼当事人依法授权的范围内进行的诉讼代理活动。因为代理活动所产生的法律后果由被代理人承担，所以当涉及当事人的实体权利时，如刑事附带民事诉讼等案件中的代理，代理人代为承认、放弃或者变更实体权利和要求，是否进行和解、撤诉、提起反诉或者上诉等，都必须得到特别明确的授权，否则，代理行为无效。

第三，刑事代理包括刑事诉讼代理和刑事附带民事诉讼代理，在某种程度上与民事诉讼代理具有相互关联性。刑事诉讼代理，是指作为公诉案件的被害人、自诉人的代理人，提出指控被告人构成犯罪和应当承担刑事责任的证据材料和意见。在对被告人刑事责任的定性和应承担的处罚等方面，认为公诉人的意见不足以证明犯罪、惩罚犯罪，可以提出和公诉人不同的意见，以维护被害人的合法权益，保证法律的正确实施。而与民事诉讼有着关联性的，主要是刑事附带民事诉讼代理的这种情形。法院为了节省审判人力、财力和时间，对被害人由于被告人的犯罪行为而造成的物质损失提起附带民事诉讼的，法院在审理刑事事实部分后，再继续审理民事赔偿部分。此时，刑事案件中的被害人就变成了附带民事诉讼的原告人，被告人也相应地成为了民事被告人，开始适用民事诉讼法等民事法律规范。从某种意义上说，附带民事诉讼就是一种民事诉讼。

（二）刑事代理权及属性

刑事代理权，是指代理人基于被代理人的意思表示或法律的直接规定，能够以被代理人的名义为意思表示，其法律效果直接归于被代理人的资格。这种资格，即是法律赋予刑事诉讼代理人的一项实体权利。这种实体权利是受法律保护的，在刑事诉讼中，国家专门机关有义务保障刑事代理人依法行使刑事代理权。法律赋予代理人以代理权的实质在于保障刑事诉讼的顺利进行，保障控辩双方权利的平衡，通过代理人的代理活动，更好地维护被代理人的合法权益。

刑事代理作为一项法律权利，具有如下属性：

1. 利他性。代理权不同于辩护权，被指控人行使辩护权主要是维护自身的合法权益，是被指控人进行自我保护的一种手段。因此，辩护权是一种利己性的权利。而刑事诉讼中，代理人行使代理权，是为了维护被代理人的合法权益，是为了维护被代理人的正当利益的需要所进行的，代理人的代理活动所产生的法律后果归属于被代理人，由此所产生的权益归属于被代理人，所以代理权是一种利他性的权利。

2. 权能性。一种利益、主张和资格必须具有权能才能成立。一方面，权利应当具有不受侵犯的权威或强力保障；另一方面，权利主体还应具备享有和实现其利益、主张或资格的实际能力或可能性。代理权在得到国家法律认可之后，受到国家强制力的保障，侵犯代理权会招致一定的法律后果。为防止此类现象的发生，国家专门机关相应承担保障代理人行使代理权的法定义务。

3. 自由性。自由性即权利主体可以按照个人意志去行使或放弃该项权利，不受外来力量的干预或者胁迫。代理人在代理权限范围内活动并不意味着代理人完全按照被代理人的指示进行代理活动，代理人在代理权限内为完成代理任务有权依法自由独立地进行各项具体的代理活动。代理权一经法律的规定或者被代理人的授予而发生，就作为代理人享有的一项权利相对独立地存在，代理人可以在符合法律规定或授权的范围内自由地进行代理活动，不受他人的干涉。

（三）刑事代理的分类

根据不同的标准，刑事代理可以有不同的分类，通过不同的分类，有助于我们更加清楚地认识刑事代理制度。

1. 根据代理权限产生的根据不同，刑事代理可以分为法定代理与委托代理两种。法定代理，是基于法律规定而产生的代理。委托代理，是基于被代理人的委托授权行为而产生的代理。由于代理产生的根据不同，导致代理人的范围、代理人的权限、代理人在刑事诉讼中的权利与义务等也不同。但代理人的共同点是必须在代理权限范围内进行代理活动。代理人在代理权限内的诉讼行为和法律行为与委托人自己的诉讼行为和法律行为具有同等效力，其法律后果均由被代理人承担。

2. 根据代理人代理案件的不同，可以把刑事代理划分为公诉案件的代理、自诉案件的代理和附带民事诉讼案件的代理。公诉案件中的代理，是指代理人接受公诉案件中被害人及其法定代理人或者近亲属的委托，担任诉讼代理人的活动。自诉案件中的代理，是指在刑事自诉案件中，代理人接受自诉人、反诉人及其法定代理人的委托作为代理人参加诉讼。附带民事诉讼中的代理，是指代理人接受附带民事诉讼当事人及其法定代理人的委托，以诉讼代理人的身份进行的活动。附带民事诉讼的代理又可以分为附带民事原告人的代理、附带民事被告人的代理、附带民事第三人的代理。公诉案件被害人的代理与自诉案件自诉人的代理、附带民事诉讼双方当事人的代理有所不同，由于公诉案件中被害人没有实体权利的处分权，代理人当然也不会通过委托取得这方面的权利。因此，在公诉案件中被害人的代理人不存在“有特别授权代理”的情况。而在自诉案件、附带民事诉讼案件中，自诉人、附带民事诉讼当事人对实体权利具有处分权，可以授权代理人行使这方面的权利。

3. 根据被代理人授权范围的大小，可以分为一般代理和特别授权代理。一般代理，是指代理人只能代理被代理人进行诉讼行为，无权处分其实体权利。特别授权代理，是指代理人除代理被代理人进行诉讼外，还可以根据被代理人的特别授权的内容，代为处分其相关的实体权利。特别授权代理，要在授权委托书中注明授权内容，非经特别授权，代理人在刑事诉讼中不得代为承认、放弃或者变更诉讼请求，进行和解、调解等。

（四）刑事代理制度与刑事辩护制度的关系

刑事代理与刑事辩护之间存在一定的联系，它们都是我国刑事诉讼制度的重要组成部分，都存在于刑事诉讼中，目的都是维护当事人的合法权益。根据有关法律，代理和辩护都有一些固定的权利和义务，如了解案情权、参与法庭审理权等。但是，刑事辩护制度与刑事代理制度毕竟是不同的诉讼制度，二者代理的是不同的当事人，因此存在很大的区别。

1. 承担的职能不同。刑事代理承担的是控诉职能，辩护在诉讼中承担的是辩护职能。

2. 设立的基础不同。刑事代理制度主要是针对自诉人、被害人、附带民事诉讼的当事人而设立的。刑事辩护制度是针对公诉案件和自诉案件的犯罪嫌疑人、被告人而设立的。因此，刑事代理所帮助的对象是自诉人、被害人以及附带民事诉讼中的原告人或者被告人。刑事辩护是为辩护方服务，辩护帮助的对象是犯罪嫌疑人、被告人。

3. 诉讼权利义务不同。刑事代理在诉讼中的权利义务不是很明确，以致最高人民法院及最高人民检察院的司法解释对他们作出了不同的限制规定。而对于辩护的权利义务和责任，法律都作出了明确的规定。

4. 是否必须为当事人提供法律援助不同。刑事诉讼代理的指定，刑事诉讼法无任何涉及。而对于辩护，刑事诉讼法明确规定在一定条件下，人民法院可以或者应当为被告人指定辩护律师。

5. 介入诉讼的方式不同。辩护可以是由犯罪嫌疑人、被告人委托而参加诉讼的；也可以是由法院指定而介入到诉讼中去，即我国法律中所规定的“应当”、“可以”指定辩护的情形。而刑事代理一般是因被代理人或者其法定代理人、近亲属的委托而介入到诉讼中。

6. 代理和辩护在诉讼中进行诉讼的名义不同。代理律师必须是以被代理人的名义进行诉讼活动，诉讼后果则是由被代理人承担。而辩护律师在刑事诉讼中则是以自己的名义进行诉讼活动。

【参考案例 14－2】

某日夜零点30分，女青年王某下了夜班，走出工厂大门，当走到工厂北围墙树林深处时，突然从对面驶来一辆自行车，直冲王某而来，把王某撞倒在地，骑车人连忙下车，口称天黑，光线不好，车子有毛病，真对不起。说着就要去扶王某，王某觉得扶她的人用手卸下了自己的手表，便问：“你卸我手表干啥?”那个人立即用手卡住王某的脖子说：“你再喊我就掐死你，要手表还是要命?”那个人又在王某身上搜出500元钱，骑车逃离了现场。王某的丈夫在家中等王某回家，但已过了下班时间，不见其回来，内心十分着急，便穿好衣服去厂内寻找，走到厂北围墙树林时发现王某倒在路边，不省人事，急忙向当地派出所报了案，王某由于患高血压，加之胆小、体胖，第二天虽然清醒了，但精神从此失常。此案经公安机关立案侦查，将犯罪嫌疑人刘某抓获，并移交检察院起诉，王某的丈夫委托律师周某为诉讼代理人。周某协助公诉机关进行控告并代为提起附带民事诉讼。人民法院经过审理，依法判处刘某构成抢劫罪处以无期徒刑，并判决赔偿被害人王某的经济损失5000元，从刘某的存款中支付。

二、公诉案件中被害人的代理

公诉案件中被害人的代理，是指律师或其他公民接受公诉案件中被害人及其法定代理人或者近亲属的委托，担任被害人的代理人参加诉讼。

《刑事诉讼法》第 44 条规定，公诉案件的被害人及其法定代理人或者近亲属，自案件移送审查起诉之日起，有权委托诉讼代理人。人民检察院自收到移送审查起诉的案件材料之日起 3 日以内，应当告知被害人及其法定代理人或者近亲属有权委托诉讼代理人。由此可见，公诉案件被害人的代理具有如下特点：（1）公诉案件被害人委托代理人，可以由被害人本人委托，也可以由他的近亲属或法定代理人委托，其他人无权为被害人委托代理人。（2）被害人的法定代理人或者近亲属委托的代理人是被害人的诉讼代理人，而不是被害人法定代理人或者近亲属的代理人。(3)被害人委托诉讼代理人是从案件移送审查起诉之日开始的，也就是说，公诉案件在侦查阶段，被害人不能委托代理人。案件移送起诉之后，包括一审、二审都可以随时委托代理人。

被害人的诉讼代理人在刑事诉讼中只能代理行使法律赋予被害人的全部或部分的诉讼权利。被害人在刑事诉讼中的权利主要有：(1)在起诉阶段，有权向检察人员反映对案件的意见。对不起诉的决定被害人如果不服，有权向上一级人民检察院提出申诉，或者直接向人民法院起诉。(2)在法庭上公诉人宣读起诉书后，被害人可以就起诉书指控的犯罪事实进行陈述。经审判长许可，可以向被告人、证人、鉴定人发问。对在法庭上出示或宣读的物证、证人证言、鉴定结论、勘验、检查笔录等证据，可以发表意见。(3)被害人有权申请通知新的证人到庭，调取新的物证，申请重新鉴定或勘验。(4)有权参加法庭辩论。(5)被害人不服地方各级人民法院的一审判决，可以依法请求人民检察院提出抗诉。(6)被害人由于被告人的犯罪行为而遭受物质损失的，依法可以提起附带民事诉讼等。被害人的这些诉讼权利，也就是被害人的代理人的代理范围。每个案件的具体代理范围，要以委托代理协议中的规定为依据，可以全权代理，也可以部分代理。

由于被害人缺乏法律知识，或由于被犯罪行为致伤、致残等原因不能亲自参加诉讼活动，故很难充分地行使其诉讼权利。设立刑事诉讼代理制度，就能更好地维护被害人的合法权益。代理人接受被害人委托后，首先要了解案件情况，弄清对被害人有利和不利的各种情节。对于事实不清的，代理人可向司法人员询问或要求补充调查。弄清案情后要写代理词。代理词应从认定犯罪事实、证据、定性、犯罪行为给被害人直接造成的各种危害和损失等方面阐述，叙述要清楚，文字要简练。开庭时要代替被害人出庭，宣读代理词，代理被害人行使所委托的各项诉讼权利，保护被害人的合法权益。

三、自诉案件中的代理和反诉案件中的代理

自诉案件中的代理，是指在刑事自诉案件中，律师或其他公民接受自诉人或其法定代理人的委托，作为代理人参加诉讼。《刑事诉讼法》第44条规定，自诉案件的自诉人及其法定代理人，有权随时委托诉讼代理人。这一规定表明，自诉案件中有权委托诉讼代理人的是自诉人或者自诉人的法定代理人。其他人包括自诉人的近亲属不能为自诉人委托代理人，这一点与公诉案件被害人委托代理人是不同的。

四、附带民事诉讼中当事人的代理

附带民事诉讼中当事人的代理，是指接受附带民事诉讼当事人及其法定代理人的委托，以诉讼代理人的身份进行的活动，是刑事自诉案件中诉讼代理与公诉案件中诉讼代理的重要组成部分。《刑事诉讼法》第44条规定，公诉案件附带民事诉讼的当事人及其法定代理人，自案件移送审查起诉之日起，有权委托诉讼代理人。自诉案件附带民事诉讼的当事人及其法定代理人，有权随时委托诉讼代理人。人民检察院自收到移送审查起诉的案件材料之日起3日以内，应当告知附带民事诉讼当事人及其法定代理人有权委托诉讼代理人。人民法院自受理自诉案件之日起3日以内，应当告知附带民事诉讼的当事人及其法定代理人有权委托诉讼代理人。

附带民事诉讼中的代理，实质上是民事诉讼代理。但附带民事诉讼代理人不同于纯民事诉讼代理人。前者代理可能身兼数职，比如既担任刑事被告人的辩护人，又担任附带民事诉讼被告人的代理人等。因此，代理人必须弄清各种代理的权限，以及各种代理人在诉讼中的地位，避免相互混淆，代理不清。尤其要注意以下问题：

1. 代理附带民事诉讼，担任附带民事被告人的代理人，应当注意坚持原、被告平等的原则，平等地保护双方当事人合法的民事权益，而不能因为被告人可能是犯罪分子，就可以不保护他的合法民事权益。

2. 担任附带民事原告人的代理人，要注意追究被告人的刑事和民事两种责任。

3. 担任附带民事诉讼当事人的代理人，既要积极保护被代理人的合法权益，又要从实际出发，使赔偿合情合理。

【参考案例14-2】

评析：本案中，诉讼代理人作为被害人代理人协助检察院揭露、证实犯罪，反映被害人的要求；同时，也是附带民事诉讼的原告代理人，帮助被害人解决因犯罪行为而造成物质损失的民事赔偿问题，这是符合《刑事诉讼法》的规定的。

本章小结

辩护和代理是刑事诉讼中的重要制度，它们对于保护当事人的合法权益、防止司法专横有很重要的意义。

刑事辩护，是指受到刑事指控的犯罪嫌疑人、被告人根据法律规定，为了自身的利益而针对指控进行抗辩，以及由犯罪嫌疑人、被告人委托的辩护人或者司法机关指定的辩护人为了维护犯罪嫌疑人、被告人的合法权益而进行抗辩的诉讼活动。

辩护人，是指接受被追诉一方委托或者受人民法院指定，帮助犯罪嫌疑人、被告人行使辩护权以维护其合法权益的人。辩护权，是指刑事诉讼法赋予犯罪嫌疑人、被告人及其辩护人针对控诉而进行申辩活动的权利。

我国刑事诉讼中的辩护可以划分为：自行辩护、委托辩护和指定辩护。

刑事代理，是指在刑事诉讼过程中，代理人经公诉案件的被害人、法定代理人及其近亲属，自诉案件中的自诉人及其法定代理人，附带民事诉讼的当事人及其法定代理人的授权委托，在法律和委托人赋予的权限范围内，为保护被代理人的合法利益参与诉讼程序，诉讼结果由被代理人承担的诉讼法律行为。

刑事代理与刑事辩护之间存在一定的联系，它们都是我国刑事诉讼制度的重要组成部分，都存在于刑事诉讼中，目的都是维护当事人的合法权益，都有一些固定的权利和义务。但是，刑事辩护制度与刑事代理制度毕竟是不同的诉讼制度，二者代理的是不同的当事人，因此存在很大的区别。

思考题

1. 辩护制度的优点是什么？
2. 试述辩护人的权利和义务。
3. 哪些人不能充当辩护人？

实务训练

郑某（16岁）、杨某（19岁）殴打王某、致王某重伤一案，经M市公安局侦查终结后，于2002年5月6日，移送人民检察院审查起诉。5月16日，某检察人员开始对此案进行审查，并同时通知犯罪嫌疑人郑某有权委托辩护人辩护。郑某因系父母双亡的孤儿，寄居于二叔家，他认为自己已经给二叔带来不少麻烦，委托律师恐怕又要给二叔增添负担，而且二叔也不会为自己出这笔费用，因此没有委托律师。鉴于此，M市人民检察院便指定了一名负有法律援助义务的王律师为其辩护。在审查起诉过程中，王律师提出要复印公安局制作的起诉意见书。人民检察院以保守案情秘密为由予以拒绝。5月28日，该案由人民检察院提起公诉，移送M市人民法院。该法院决定于6月17日开庭审理，并于6月15日向辩护律师发出了开庭通知。王律师以法院通知开庭日过迟，并且未能得到起诉书的副本为由拒绝出庭辩护。经法院劝说无效，不得已，人民法院又重新指定了一名律师张某参加法庭辩护，并将开庭日期推迟至6月27日。开庭后，公诉人和律师进行了激烈辩论。6月29日，法院判决郑某有期徒刑一年，缓期执行一年。

【问题】本案中哪些地方违反了《刑事诉讼法》的规定？

第十五章

刑事诉讼证据

学习目标

1. 掌握刑事诉讼证据的概念和基本特征；
2. 正确理解八种法定刑事诉讼证据的概念和特点；
3. 能应用相关理论解决司法实践的具体问题，增强证据意识。

案例导读

案情：2000 年 6 月 22 日午夜时分，在河北省涿州市第四中学的女生宿舍发生了一起凶杀案。17 岁的初中学生张某某在睡梦中被人连砍 3 刀，当场死亡。十几天后，案子破获，凶手是张某某的班主任，26 岁的李某。警方查明，李某曾多次以询问学习情况为由将胆小怕事的女学生张某某叫到办公室进行猥亵和奸污，后见张某某即将毕业，怕事情败露，遂在学生即将离校的前一个晚上，带匕首到女生宿舍撬开门将张某某杀死。警方收集的材料有：(1) 在女生宿舍的灯泡上发现李某的指纹，根据李某交代，因怕作案时张某某开灯，所以撬开门后，将灯泡拧下来，杀人后又将灯泡拧上。(2) 案发几天后警犬对现场足迹的气味的辨认，三条警犬中有两条警犬认定犯罪现场足迹上闻到的气味就是李某。(3) 李某承认强奸杀人的口供。但李某后来对全部供述予以否认，并说是公安机关刑讯逼供后说的，经检察院调查，认定侦查人员对李某讯问时存在一些违法行为。(4) 李某学校同事，两个与其同办公室的老师对侦查人员谈到，曾经看到被害人张某某被李某叫到办公室。(5) 撬门用的改锥。

问题：公安机关收集的口供、灯泡上的指纹、警犬认定等证据是否符合刑事诉讼证据的客观性、相关性、合法性？

第一节　刑事诉讼证据概述

一、刑事诉讼证据的概念

我国《刑事诉讼法》第48条规定：“可以用于证明案件事实的材料，都是证据。证据包括：（一）物证；（二）书证；（三）证人证言；（四）被害人陈述；（五）犯罪嫌疑人、被告人供述和辩解；（六）鉴定意见；（七）勘验、检查、辨认、侦查实验等笔录；（八）视听资料、电子数据。证据必须经过查证属实，才能作为定案的根据。”第50条规定：“审判人员、检察人员、侦查人员必须依照法定程序，收集能够证实犯罪嫌疑人、被告人有罪或者无罪、犯罪情节轻重的各种证据。”从以上规定可以看出，刑事诉讼证据的概念包括两个方面的含义：从内容方面看，刑事诉讼证据可以用于证明案件事实；从形式方面看，刑事诉讼证据表现为法律确认的以上八种形式。

因此，刑事诉讼证据，是指依照法定程序获得、以法定形式表现出来的，能够证明有关案件事实情况的材料。

二、刑事诉讼证据的特征

刑事诉讼证据具有客观性、关联性和合法性三个基本特征：

（一）刑事诉讼证据的客观性

刑事诉讼证据的客观性，是指刑事诉讼证据应该是客观存在的，必须是伴随着案件的发生、发展过程而遗留下来，不以人们的主观意志为转移而存在的。在具体司法实践中，客观性应包括两个方面的内容：第一，刑事诉讼证据的内容必须具有一定的客观性，必须是对客观事物的反映。虽然这种反映可能会有错误或偏差，但是必须以客观事物为基础，不能是主观想象出来的；第二，刑事诉讼证据必须具备客观存在的形式，必须是可以通过某种方式为人们所感知。如果对案件有关情况的反映仅仅存在于人的大脑之中，没有以客观的形式表现出来，就不符合客观性的要求。

客观性是刑事诉讼证据的本质特征，纯粹的主观臆断和毫无根据的猜测，都不能作为刑事诉讼证据使用。刑事诉讼证据的这一本质特征，要求办案人员在证据调查中必须认真收集和鉴别能够正确反映案件客观情况的刑事诉讼证据，排除虚假的材料。

另外需要指出的是，刑事诉讼证据的客观性并不意味着它就是纯粹客观的东西，严格地说，任何形式的证据中都包含有人的主观因素。在具体司法实践中，刑事诉讼证据的主观性表现在两个方面：第一是证人证言、被害人陈述、犯罪嫌疑人、被告人供述和辩解等言词证据，本身是自然人所作出的，必然是人的主观意志的表现；第二是刑事诉讼证据需要通过办案人员收集、保全，如询问证人，扣押物证、书证，勘验现场、检查身体等，这又必然渗透着有关人员的主观因素。因此，可以说任何刑事诉讼证据都是主观认识与客观事物相互结合的产物，但是刑事诉讼证据的主观因素不能改变刑事诉讼证据客观性的本质特征。刑事诉讼证据的主观因素必须体现刑事诉讼证据的客观内容，否则这种主观因素应当加以排除。

（二）刑事诉讼证据的关联性

刑事诉讼证据的关联性，又称为刑事诉讼证据的相关性，是指刑事诉讼证据必须与案件事实有实质性联系，从而对案件事实具有证明作用。如果办案人员所收集的材料与案件事实毫无关系，或者只存在表面上的联系，并没有实质性的联系，也不能作为诉讼证据使用。对于刑事证据的关联性可以作以下理解：

1. 客观性

刑事诉讼证据的客观性要求刑事诉讼证据与案件事实之间的联系必须是客观的，不依人们的主观意志为转移。司法人员在办理案件的过程中，必须如实地反映它们之间的联系，不能将没有客观联系的刑事诉讼证据想象或者强加为有客观联系。

2. 证明性

刑事诉讼证据的证明性要求每一个具体的刑事诉讼证据必须对证明案件事实具有实质性意义，即刑事诉讼证据的使用必须对证明案件事实有确实的帮助。只有对确定犯罪事实的有无，证明犯罪嫌疑人、被告人是否有罪及罪责轻重有关的证据才具备关联性，而与这些案件事实无关的材料则不具备关联性。

3. 程度性

刑事诉讼证据的程度性要求刑事诉讼证据的证明性必须达到一定的程度或者水平，即刑事诉讼证据对案件事实至少有一定的证明作用，这也是人们常提及的证明力大小问题。刑事诉讼证据和案件事实之间的联系是多种多样、十分复杂的，有直接联系和间接联系、必然联系和偶然联系等，对案件事实的证明性也是有大有小、有强有弱。而司法证明活动要受到多种因素的限制，不可能无限期、无范围地进行下去，所以刑事诉讼证据的证明性必须达到一定的程度或者水平。因此，办案人员在评价刑事诉讼证据的关联性时一般要考虑两个方面的因素：一是时间和人力的耗费是否允许采用该证据；二是该证据的采用是否会给证明带来不必要的干扰或混乱。

（三）刑事诉讼证据的合法性

刑事诉讼证据的合法性，又称为刑事诉讼证据的法律性，是指刑事诉讼证据只能由法定的人员依照法律规定的诉讼程序，进行收集、固定、保全和审查认定。刑事诉讼证据的合法性是刑事诉讼证据客观性和关联性的重要保证，也是刑事诉讼证据具有法律效力的重要条件。关于刑事诉讼证据的合法性，可从以下四个方面进行理解：

1. 刑事诉讼证据必须具有合法形式

刑事诉讼证据的表现形式必须符合法律的规定，一定的事实材料只有符合这些形式才能成为刑事诉讼证据。我国《刑事诉讼法》第48条规定了证据包括八种形式：物证，书证，证人证言，被害人陈述，犯罪嫌疑人、被告人供述和辩解，鉴定意见，勘验、检查、辨认、侦查实验等笔录，视听资料、电子数据。

2. 刑事诉讼证据必须是由法定人员依照法定程序收集和运用

在刑事诉讼中，控诉方承担证明被告人有罪的责任，这就决定了大多数的证据收集工作是由控诉机关完成的，并且刑事案件的证据收集还涉及与公民人身权、财产权密切相关的强制手段的使用，因此法律规定只有审判人员、检察人员、侦查人员才有权使用这些强制措施来收集证据，其他主体无权使用这些强制措施。同时《刑事诉讼法》对收集证据的程序和方法都作了具体规定，还特别规定了严禁刑讯逼供和以威胁、引诱、欺骗以及其他非法的方法收集证据，不得强迫任何人证实自己有罪。只有是按照法定程序和方法收集的材料，才能当作刑事诉讼证据使用。

3. 刑事诉讼证据必须有合法的来源

刑事诉讼证据的来源合法，即提供刑事诉讼证据的主体合法。根据《刑事诉讼法》规定，除提供物证、书证的主体可以是一般主体外，提供其他证据的主体必须是符合法律规定的主体，否则就不能成为刑事诉讼证据。提供证人证言，必须是了解案情，能辨别是非、正确表达的人方才具有作证资格；被害人陈述的主体必须是合法权益直接遭受犯罪行为侵害的人；提供供述和辩解的，只能是实施犯罪行为的犯罪嫌疑人、被告人；提供鉴定意见的主体，必须是司法机关指派或聘请的有专门知识的鉴定人；提供勘验、检查笔录的主体必须是对该案进行过勘验、检查工作的侦查人员及相关人员。

4. 刑事诉讼证据须经法定程序查证属实

刑事诉讼证据须经法定程序查证属实，是指对依法收集的证据进行审查、核对，只有确属真实可靠的，才能作为定案的根据。根据《刑事诉讼法》的规定，凡是符合法定八种证据形式的证据，必须经过查证属实，才能作为定案的根据，未经法庭调查核实的证据不能作为刑事诉讼证据被采用。如我国《刑事诉讼法》规定，证人证言必须在法庭上经过公诉人、被害人和被告人、辩护人双方询问、质证；物证必须当庭出示，让当事人辩论；未到庭的证人的证言笔录、鉴定结论、勘验笔录和其他作为证据的文书，应当当庭宣读，听取公诉人、当事人、诉讼代理人的意见。未经法庭查证属实的材料，均不得作为定案的根据。

案例导读

评析：本案中，公安机关收集的口供不符合证据的合法性，《刑事诉讼法》第50条规定，严禁刑讯逼供和以威胁、引诱、欺骗及其他非法方法收集证据。灯泡上的指纹不符合证据的关联性，本案中的指纹不能排除是李某在其他场合留下的；警犬认定不符合证据的合法性，证据必须有合法的形式，我国刑事诉讼法中证据的种类不包括警犬认定；老师的证言不能证明李某对张某某进行了奸污和猥亵，撬门用的改锥没有李某的指纹，不能证明李某曾经实施撬门行为，都不具有关联性。本案所有证据没有形成一个完整的证据链，没有达到证据确实、充分，不能认定李某有罪。

三、刑事诉讼证据的意义

（一）刑事诉讼证据是进行刑事诉讼活动的依据

现代刑事诉讼，裁判必须建立在诉讼证据的基础之上，这一观念早已成为一项重要的诉讼原则，称为“证据裁判原则”或者“证据裁判主义”。刑事诉讼的全部过程，在一定意义上讲，就是运用刑事诉讼证据的过程。刑事公诉案件如果没有证据证明有犯罪事实，就不能适用逮捕，证据达不到确实充分的程度，就不能提起公诉，定罪量刑。刑事自诉案件如果自诉人提不出足够的证据，人民法院就不能受理。进行其他刑事诉讼活动，采取其他诉讼措施，也都离不开证据，离开了证据，整个刑事诉讼活动就无法进行。

（二）刑事诉讼证据是证明犯罪事实的唯一手段和司法公正的基础

刑事案件是已经发生且不可能再现的客观事实，公安司法人员查明案情、证实犯罪的唯一途径，就是充分、全面地收集与刑事案件有关的证据，并运用这些证据，经过正确的推理、判断，证明刑事案件发生的时间、地点、手段、后果、作案过程及作案人等情节，发现刑事案件的事实真相。离开刑事诉讼证据，查明案情、证实犯罪是根本不可能的。

司法公正是刑事诉讼的基本价值目标之一，司法公正要求公安司法人员进行刑事诉讼活动必须以事实为根据、以法律为准绳，在正确认定案件事实的基础上，准确适用刑法，公正地定罪量刑；并严格遵守刑事诉讼法，体现程序本身的正义与公平。而正确地认定案件事实，准确地适用刑法，以及使刑事诉讼活动体现程序法本身的正义与公平，其基础就是刑事诉讼证据。据此，刑事诉讼证据是司法公正的基础。

（三）刑事诉讼证据能够促使当事人如实陈述和保障无罪人不受刑事追究

在刑事诉讼中，当事人与案件的处理结果有着直接利害关系，他们常常为了使司法机关作出有利于自己的处理决定，就可能捏造事实，虚构情节，极力掩盖事实真相。司法人员如果对此失察，就会对案件事实作出错误的结论。正确收集和运用刑事诉讼证据，能够有效地揭穿他们的谎言，迫使他们面对现实，如实地进行陈述。特别是能够破除犯罪嫌疑人、被告人的侥幸心理，起到促使他们认罪服法、接受审判的作用。

对于无罪的人来说，刑事诉讼证据能够保障其不受刑事追究，这也是刑事诉讼法的重要任务之一。在刑事诉讼中，公安司法人员应当全面收集犯罪嫌疑人、被告人有罪、罪重和犯罪嫌疑人、被告人无罪、罪轻的证据。只有这样，才能把对刑事案件的处理建立在客观、全面、真实的证据之上，才能保障无罪的人不受刑事追究，避免冤假错案的发生。

（四）刑事诉讼证据在刑事诉讼过程中也具有法制宣传教育的作用

刑事诉讼证据能够反映一定的案件事实，人们可以通过刑事诉讼证据看到犯罪行为是怎样发生的、为什么会发生、会发生什么样的危害，而案件的事实真相又是不易掩盖的、会被认识的。这会使人们受到生动的法制教育，提高遵守法律的自觉性和同犯罪行为作斗争的积极性，从而有利于预防犯罪，维护社会安定。

第二节　刑事诉讼证据种类

刑事诉讼证据种类，是指刑事诉讼法规定的证据的不同表现形式。这里的证据种类不同于证据分类，证据种类是由法律加以规定的，具有法律效力。刑事诉讼中作为定案根据的证据，应当符合《刑事诉讼法》规定的形式和要求，属于法定证据。而证据分类是将《刑事诉讼法》中的各种证据，从不同的角度、按照不同的标准所作的学理上的划分。证据分类是学术性的，不具有法律效力。

根据《刑事诉讼法》第48条第2款的规定：“证据包括：（一）物证；（二）书证；（三）证人证言；（四）被害人陈述；（五）犯罪嫌疑人、被告人供述和辩解；（六）鉴定意见；（七）勘验、检查、辨认、侦查实验等笔录；（八）视听资料、电子数据。”据此，我国刑事诉讼证据有八种法定形式。

一、物证

（一）物证的概念

物证，是指以其外部特征、空间方位、内在属性等客观存在的特征证明案件事实的物品和痕迹。所谓物证的外部特征，主要是指物证的形状、大小、数量、颜色、图纹等特征。所谓物证的空间方位，是指物证所处的位置、环境、状态及与其他物体的相互关系等特征。所谓物证的内在属性，主要是指物证所具有的质量、重量、材料、成分、结构、性能等特征。例如，犯罪嫌疑人身上粘附的血迹，经过司法鉴定，证实是被害人的血，则犯罪嫌疑人身上粘附的血迹就以其内在属性和空间方位对案件事实起到证明作用。

物证有广义和狭义之分。广义的物证包括书证、视听资料等一切以实物形式表现出来的证据，狭义的物证则不包括书证、视听资料。我国《刑事诉讼法》所规定的物证是狭义的物证。在司法实践中，物证是形形色色、多种多样的，在刑事诉讼中经常使用的物证，大致可以概括为以下几种：

1. 实施犯罪行为产生的痕迹。如遗留在犯罪现场的指纹、足迹、血迹，人的体液（包括唾液、强奸案件中的精斑等），使用犯罪工具留下的犯罪痕迹（如盗窃案件中撬锁留下的撬压痕迹等）。

2. 实施犯罪的工具。如杀人、伤人用的刀枪，盗窃用的改锥、钥匙，爆炸用的炸药，纵火用的引火物等。

3. 犯罪现场留下的物品。如犯罪嫌疑人遗留在犯罪现场的衣服、烟头、纽扣、纸屑等。

4. 犯罪行为侵犯的客体物。如杀人案件中的尸体，抢劫获得的财物，盗窃得到的赃款、赃物等。

5. 犯罪行为产生的物品。如非法制造的枪支、弹药，非法出版的出版物，伪造的货币等。

6. 其他可供查明案件事实情况的物品或痕迹。

（二）物证的特点

1. 物证具有较强的客观性

物证是客观存在的物品和痕迹，是以客观存在的物质形式证明案件事实的，因此与其他证据相比较，特别是与各种人证相比较，具有较强的客观性。物证中储存着各种各样与案件事实有关的信息，可以为查明和证明案件事实提供重要的依据。虽然物证也可以造假，但是相对来说伪造的难度比较大，所以物证往往比其他证据更为可靠，具有较高的证明价值。美国著名物证技术学家赫伯特·麦克唐奈曾经指出："在审判过程中，被告人会说谎，证人会说谎，辩护律师和检察官会说谎，甚至法官也会说谎，唯有物证不会说谎。"① 因此，物证只要及时收集，用科学的方法提取、固定并妥善保存，一般具有较强的稳定性和可靠性。

2. 物证的证明性具有间接性

物证虽然具有比较强的客观性，但物证不能自己直接向法庭证明案件事实，必须经过辨认、检验、鉴定才能揭示物证的证明力，必须与其他证据相互对照才能发挥物证的证明作用。这就是物证的间接性之所在。正如赫伯特·麦克唐奈所说："物证不怕恫吓。物证不会遗忘。物证不会向人那样受到外界影响而情绪激动，物证总是耐心地等待着真正识货的人去发现和提取，然后再接受内行人的检验与评断。这就是物证的性格。"②

3. 物证具有不可替代性

物证的证明价值通常都专属于特定的物品和痕迹，所以物证具有不可替代性，不能用任何其他同类客体替换。例如，侦查人员在某伤害案件的现场提取到一把带有血迹的匕首。在该案中，只有这把匕首本身具有证明价值，侦查人员不能用其他同类或相似的匕首来代替。明确物证的这个特点，就应当按照刑事诉讼法所要求的程序和方法，及时收集物证并妥善加以保管，以确保在法庭上出示的物品就是在现场提取的物品，就是与案件事实具有某种关联性的物品。

二、书证

（一）书证的概念

书证，是指以文字、符号、图形等所表达的思想和记载的内容对案件起证明作用的文件或者其他物品。

任何书证都必须借助一定的物质材料而存在，否则便丧失其客观存在的必要条件。书证的载体一般是纸张，但也有用金属、石块、竹木、布帛或其他物质材料作成的书证。书证记载的方式有手写、印刷、打印、雕刻等。书证的种类繁多，刑事诉讼中常见的书证有证件、文件、信件、标语、图纸、账册、单据和计划书等。

（二）书证的特点

1. 书证具有思想性

书证是以其表达的思想或记载的内容来证明有关案件事实的，这是书证的特征。约翰·杰伊·麦凯尔维指出："书证（writing）通常被认为是一种思想观念

---

① 何家弘、刘品新：《证据法学》，法律出版社2008年版，第153页。

② 何家弘、刘品新：《证据法学》，法律出版社2008年版，第150页。

的实体表达，而不是纸张和墨水的结合体。但一件书证可以简单地从其物体—可以被触摸到的物件—上看到其内容。因此，除了由一张纸所拥有的内容以外，该物体本身是没有证据力的。”①

2. 书证的证明性具有直接性

书证的证明价值是通过文字、符号、图形等直观形式来实现的，而且这些文字、符号、图形一般都在一定社会中有着固定的含义，因此书证所能证明的事实内容往往是比较明确、具体的。所以，通常情况下书证一经收集并查证属实，不需要与其他证据结合就能证明案件的主要事实，在许多案件中属于直接证据。

3. 书证具有较强的稳定性

书证不仅内容明确，而且形式上也相对固定，稳定性较强，一般不受时间的影响，易于长期保存。只要作为书证载体的物质材料本身没有遭受毁损，即使经历了很长时间，其特定的思想内容仍然能够通过文字、符号、图形等所表达的思想和记载的内容对案件起到证明作用。

（三）书证与物证的关系

书证与物证既具有密切联系，又有本质上的差异。书证与物证之间的联系，主要在于书证的外形是一种客观物质材料，并以此作为其内容的必要载体。从这种意义上讲，书证也属于广义物证的范畴。因此，从广义上讲书证具有物证的特征。

虽然从书证与其所不可分割的载体即物质材料的紧密关系而言，通常也把书证视为广义的物证，但由于书证是人的主观意识和思想内容的表达，因而与以外部特征、空间方位、内在属性等客观存在的特征证明案件事实的物证有本质的差异。书证与物证的差异，主要表现在以下几个方面：

1. 书证以客观物质材料作为其载体，借助文字、符号、图形等表达的思想和记载的内容来证明案件事实，而物证则以其外部特征、空间方位、内在属性来证明案件事实。例如，在贪污案件中，被涂改的账册或单据，如果其反映的内容是贪污钱款的数额，则为书证。但如果根据涂改笔迹的鉴定确定了进行涂改的人，则该证据是以其外部特征来证明案情，所以是物证。

2. 书证是以其内容反映和表达人的主观思想的物质材料，而物证则并不反映人的主观思想。换言之，书证在内容上具有主观属性，而物证则属于主观意识之外的客观范畴。

3. 书证所表达、记载的内容和形式，一般都能为常人所理解，其反映的内容一般都较为明确、清楚。而物证在表现形式上则会受客观存在的特殊状态所决

① 张建伟：《证据法要义》，北京大学出版社2009年版，第192页。

定，有些必须借助专门的技术手段进行鉴定，才能揭示其与案件事实的联系。

4. 书证在许多情况下可以证明案件主要事实或案件中的某一部分事实，其证明的案件事实一般较为完整，而物证往往只能证明案件事实的个别片段。

5. 书证和物证在保存和固定的方法上存在差别。一般而言，书证通常是以纸张作为载体，所以对书证通常可采用复印等方式予以保存、固定，而物证的保存与固定则不尽相同。

三、证人证言

（一）证人证言的概念

证人证言，是指证人就自己所知道的案件情况向公安司法机关所作的陈述。证人有广义和狭义之分。广义的证人，是指一切向公安司法机关陈述与案件有关之情况的人，包括被告人、鉴定人和勘验检查人；狭义的证人则仅指了解案件事实情况的第三人，不包括被告人、鉴定人和勘验检查人。我国采用狭义的证人概念。

证人证言有口头和书面两种形式。口头证言是证人以口头陈述的方式向公安司法机关提供的证言。书面证言是证人以书面陈述的方式向公安司法机关提供的证言。证人证言一般是口头陈述，以证人证言笔录加以固定。经办案人员同意由证人亲自书写的书面证词，也是证人证言。

对于证人证言的概念，我们可从以下几个方面理解：

1. 证人证言是由知晓案件情况有关内容的自然人所作的陈述

这是证人证言的本质特征。证人证言的内容是由证人通过对案件情况的感知、记忆和陈述而形成的，所以证人证言的内容通常应当是证人亲身感受、耳闻目睹的案件有关情况。如果证人陈述的是其听到他人转述的与案件有关的情况，则属于“传闻证据”。在我国，立法上没有限制传闻证据的使用，因此在司法实践中对证人转述他人陈述的证言，采取有限度使用的做法。一般要求证人说明传闻的来源，以便公安司法机关进一步调查、核实证言的内容。

2. 证人证言应当是对案件有关情况的客观陈述

证人只能对自己所了解的案件情况进行客观陈述，而不能对这些情况进行分析评价，也不能对案件事实发表看法和意见。这是法律原则上的普遍要求。英国的罗纳德·沃克在他所著《英国法律制度》一书中指出：“一般规则是，证人只能就其直接感验的事实作证，而不得对不是其直接感验的事实陈述相信与否的看法。这便是排斥意见证明方法的规则。该规则的理论根据是：从已证事实得出结论是法庭而非证人的职责。”①

3. 证人证言可能受到主客观因素的影响

证人证言是证人主观感性认识对客观世界的反映，与物证、书证相比虽然具有形象、具体、生动、丰富的特点，但由于客观事物的复杂性，以及证人本身感知能力、记忆能力和表达能力的个体差异等原因，使证人证言可能受到主客观因素的影响而含有虚假成分。所以，对证人证言不能过分依赖，必须结合本案其他证据进行认真审查核实，否则不能作为定案的依据。

（二）证人资格

证人资格就是一个人能够作为证人提供证言的资格。我国《刑事诉讼法》第60条规定：“凡是知道案件情况的人，都有作证的义务。生理上、精神上有缺陷或者年幼，不能辨别是非、不能正确表达的人，不能作证人。”根据该条规定，证人资格包括两个方面：

1. 证人必须是了解案件情况的人。这是证人资格的基本特征，不了解案件情况的人不能成为证人。

2. 证人必须是能够辨别是非，能够正确表达意思的人。

（1）证人必须是自然人。因为只有自然人才能凭借感官感知案件事实，而单位或法人本身并无这种感知能力。同时，我国《刑事诉讼法》第59条规定：“证人证言必须在法庭上经过公诉人、被害人和被告人、辩护人双方质证并且查实以后，才能作为定案的根据。”那么，单位或法人如何接受并回答这些询问呢？如果让单位或法人的负责人出庭并回答询问，他是代表本人还是代表单位或法人对案件事实进行回忆和陈述呢？所以，单位或法人不属于证人的范畴，因为它们不具备证人资格。

（2）不能作证人的条件是生理上、精神上有缺陷或者年幼和不能辨别是非、不能正确表达，这两个条件必须同时具备。对那些虽然生理上、精神上有缺陷或者年幼，但能够辨明是非并能够正确表达的人，是可以作为证人提供证言的。公安司法机关对于证人能否辨别是非、能否正确表达，必要时可以进行审查或者鉴定。

（三）证人证言的特点

1. 证人证言具有较强的主观性

证人证言的形成是证人的主观感性认识对客观世界的反映，它的形成过程包括感知、记忆和表达三个阶段。这三个阶段都存在影响证人心理和思维的因素，从而使证言的形成过程变得非常复杂和微妙。例如，证人在具体案件中的主观倾

① 陈一云：《证据学》，中国人民大学出版社1991年版，第252页。

向会影响证言的内容，甚至会使其提供虚假的证言。另外，证人的主观能力会影响证言的内容，使其形成感知误差、记忆误差和表达误差。所以，证人证言与物证、书证相比，具有较强的主观性，比较容易受到人的主观因素的影响。

2. 证人证言具有不稳定性和多变性

基于证人本身的生理机能，决定了其所感知的特定案件事实会随着时间的推移，逐渐地淡化、模糊，甚至会完全消失。另外，在其他因素的影响下，比如各种不正之风的干扰，原来证人感知的内容也会发生变异。所以，证人证言具有不稳定性或多变性，极易受到客观环境或其他外部条件及主观因素的影响。

3. 证人具有不可代替性

证人具有不可代替性，只有了解案件情况的人才能成为证人。证人证言的来源是多样的，既有自己亲自听到、看到的，也有是从他处获悉的，证人作证必须先说明来源，否则不能作为证人证言使用。另外，由于证人具有不可替代性，在诉讼活动中，必须坚持“证人优先”原则。

四、被害人陈述

（一）被害人陈述的概念

被害人陈述，是指遭受犯罪行为直接侵害的人就其了解的有关案件情况向公安司法机关所作的陈述。被害人陈述，既包括公诉案件被害人的陈述，也包括自诉案件中作为“自诉人”的被害人陈述和刑事附带民事诉讼中作为附带民事诉讼“原告人”的被害人陈述。

被害人陈述多采用口头陈述的方式，但也可以采用书面陈述的方式。对于被害人的口头陈述，公安司法机关应当制作笔录，或者采用录音、录像的方式记录。书面陈述一般都应当由被害人亲笔书写。被害人不具备书写能力的，应当提供口头陈述。只有在被害人不具备书写能力，而且确实无法或不适宜口头陈述的特殊情况下，才可以由他人代笔。

（二）刑事诉讼中的被害人

刑事诉讼中的被害人，是指合法权益遭受犯罪行为侵害的人。对于被害人的理解，应注意以下几个方面：

1. 被害人是合法权益遭受犯罪行为侵害的人。这里所说的合法权益包括人身权利、财产权利、民主权利以及受到法律保护的其他权益。

2. 被害人是受犯罪行为直接侵害的人。凡是受犯罪行为间接侵害而不是直接侵害的人不属于被害人的范围，因此其所作的陈述也就不能归于被害人陈述的范围。

3. 被害人既可以是自然人，也可以是单位。当单位遭受犯罪行为直接侵害时，可以通过其法定代表人或诉讼代理人，就其被犯罪行为侵害的有关情况向公安司法机关陈述，这些陈述也是被害人陈述。

（三）被害人陈述的特点

1. 被害人陈述具有不可替代性

被害人陈述的证据来源主体只能是遭受犯罪行为直接侵害的人，即只有被害人本人可以提供这种表现形式的证据，其他任何人包括间接受犯罪行为侵害者都不能替代被害人而成为这种证据的来源主体。并且被害人陈述只能是被害人就自己被特定犯罪行为所侵害的事实陈述，如果被害人是对与本案无关的犯罪行为进行揭发、检举，就只能是证人证言，而不是这里的被害人陈述。

2. 被害人陈述的证明性具有直接性

被害人是遭受犯罪行为直接侵害的人，他们一般都清楚地了解犯罪行为侵害的后果乃至侵害过程和作案人的情况，因此他们的陈述往往可以直接证明有关的案件事实。

3. 被害人陈述带有较强的倾向性

由于被害人是直接遭受犯罪行为侵害的人，与诉讼结果有着直接的利害关系，因此他们的陈述往往容易受情感、情绪等主观因素的影响，带有较强的倾向性，可能会有意或无意地夸大或缩小客观事实。因此，被害人陈述的内容有可能存在虚假的成分，对其需要审查判断，从而决定是否采用。所以，有学者将被害人陈述定义为一种辅助证据，把它作为甄别犯罪嫌疑人、被告人供述与辩解、证人证言，以及其他证据真实性的参照。

4. 被害人陈述通常具有综合性

被害人在向公安司法机关作陈述的过程中，既可能陈述其被侵害的事实，也可能对案件处理提出意见和要求，还可能对适用法律等作出分析评断。但是，在被害人所有的陈述内容中，只有被害人提供的对查清案件事实有法律意义的有关其遭受侵害的事实才能作为诉讼证据使用，这就需要公安司法机关综合识别和评断。

（四）被害人陈述和证人证言的关系

被害人陈述在内容、形式、功能等方面都与证人证言有相似之处，因此在国外证据法中被害人陈述一般被视为证人证言，不作为独立的证据种类。但由于被害人在刑事诉讼中具有特殊的身份和地位，所以我国《刑事诉讼法》将被害人陈述单独规定为证据形式的一种。被害人陈述和证人证言的区别，主要表现在以下几个方面：

1. 陈述的主体不同。被害人陈述是合法权益遭受犯罪行为直接侵害的人将其受侵害的事实向公安司法机关提供的内容，证人证言则是合法权益没有受犯罪行为直接侵害的第三人将其所感知的案件情况向公安司法机关提供的内容。被害人可能是自然人或单位，而证人只能是自然人。

2. 收集的难易程度不同。被害人陈述一般比证人证言容易收集。被害人受到犯罪行为侵害后，为了维护自己的合法权益，一般都迫切要求公安司法机关及时查明犯罪事实，及时惩罚犯罪人，大都能及时准确地提供犯罪行为侵害的情况。而证人出于多方面的顾虑往往不愿作证。

3. 故意作虚伪陈述的法律后果不同。被害人如果捏造事实陷害他人，意图使他人受刑事追究，情节严重的，构成诬告陷害罪。而证人在刑事诉讼中对与案件有重要关系的情节，故意作虚假证明，意图陷害或隐匿罪证的，构成伪证罪。

五、犯罪嫌疑人、被告人供述和辩解

（一）犯罪嫌疑人、被告人供述和辩解的概念

犯罪嫌疑人、被告人供述和辩解，是指犯罪嫌疑人、被告人在刑事诉讼中就其被指控的犯罪事实以及其他案件事实向公安司法机关所做的陈述，即通常所说的“口供”。

犯罪嫌疑人、被告人供述和辩解的主体有两种，即犯罪嫌疑人和刑事被告人。犯罪嫌疑人是指被指控或发现犯有罪行并由侦查机关立案侦查或公诉机关审查起诉的人。刑事被告人是指被公诉机关提起公诉或者被个人提起自诉并受到人民法院审判的人。在公诉案件中，犯罪嫌疑人和被告人的区分以公诉机关正式提起公诉为界限，之前属于犯罪嫌疑人，之后属于被告人。在自诉案件中，一般没有犯罪嫌疑人，只有被告人。

从形式上看，犯罪嫌疑人、被告人供述和辩解一般表现为犯罪嫌疑人、被告人接受公安司法机关讯问，向公安司法机关所作的口头陈述。经公安司法机关许可，犯罪嫌疑人、被告人也可以书面方式作出供述和辩解。

从内容上看，犯罪嫌疑人、被告人供述和辩解一般包含三个方面的内容：一是供述，即犯罪嫌疑人、被告人向公安司法机关承认自己有犯罪行为或罪行较重的陈述；二是辩解，即犯罪嫌疑人、被告人否认自己有犯罪行为，或者说明自己罪行较轻的陈述；三是攀供，即犯罪嫌疑人、被告人检举揭发他人犯罪行为的陈述。攀供应该属于犯罪嫌疑人、被告人供述和辩解还是证人证言，学界有不同观点。我们认为对此问题应该具体分析，不可一概而论。如果攀供是检举揭发同案犯在本案中的共同犯罪行为，应当属于犯罪嫌疑人、被告人供述和辩解；如果攀供是检举揭发同案犯或其他人在其他案件中的犯罪行为，而且攀供者不是那起案件的犯罪嫌疑人或被告人，则应当属于证人证言。①

① 何家弘、刘品新：《证据法学》，法律出版社2008年版，第173页。

（二）犯罪嫌疑人、被告人供述和辩解的特点

1. 犯罪嫌疑人、被告人供述和辩解的证明具有直接性

犯罪嫌疑人、被告人是被公安司法机关立案追究刑事责任的人，对自己是否实施了犯罪以及如何实施，比其他任何人都更为清楚。因此，如果犯罪嫌疑人、被告人如实供认，可以全面、详尽地反映出作案的动机、目的，作案的手段、过程。共同犯罪的犯罪嫌疑人、被告人供述，还可以从各个侧面反映案件全貌。犯罪嫌疑人、被告人的供述经查证属实，一般可以成为认定案件事实的直接证据。如果犯罪嫌疑人、被告人如实辩解，可以提供证实其无罪或者罪轻的证据或证据线索。犯罪嫌疑人、被告人供述和辩解所具有的这种特点，是其他任何形式的证据所难以具备的。

2. 犯罪嫌疑人、被告人供述和辩解虚假的可能性很大

犯罪嫌疑人、被告人作为刑事诉讼中被追究的对象，案件的处理结果与其有切身的利害关系。在大多数情况下，犯罪嫌疑人、被告人为了逃避罪责，总是千方百计地否认和抵赖罪行。犯罪嫌疑人、被告人由于所处的特殊诉讼地位或者处在被限制人身自由的情况下，如果讯问人员存在刑讯逼供、诱供、指供行为，更可能造成犯罪嫌疑人、被告人的供述和辩解的内容严重失实。

3. 犯罪嫌疑人、被告人供述和辩解具有反复性

犯罪嫌疑人、被告人在面对公安司法机关的调查时，心理活动非常复杂，而且经常随着讯问人员和环境的变化而发生变化。犯罪嫌疑人、被告人会受到不同心理活动和状态的影响，使其供述和辩解极易反复，随时可能翻供，而且往往是供了又翻，翻了又供，多次反复，令人难辨真假。这种反复性也是犯罪嫌疑人、被告人供述和辩解复杂性的表现。

六、鉴定意见

（一）鉴定意见的概念

鉴定意见，是指公安司法机关对案件中的专门性问题，指派或者聘请具有专门知识和技能的人进行鉴定后提出的结论性意见。

这里所谓的“专门性问题”，是指：（1）属于案件证明对象范围内的事实；（2）需要专门知识和技能或者借助特定技术设备才能认识或说明的问题；（3）不是公安司法人员可以直接作出肯定或否定回答的常识性问题或一般性法律问题；（4）该问题的正式说明和认定权限被赋予特定机关或者个人。这些问题主要包括：属于科学、技术或者艺术领域的专门问题；涉及国家或者行业标准的专门问

题；国家授权给某些机构使之有排他性认定资格的专门问题。①

（二）鉴定和鉴定人

1. 鉴定

证据法上的鉴定，是指鉴定人实施的一种诉讼行为。鉴定人接受公安司法机关的指派或聘请后，就可以依据自己的专门知识和技能，以及必要的技术手段，对案件中具有专门性的问题进行检测、分析、鉴别。

从刑事诉讼中需要鉴定的专门性问题来看，常见的鉴定意见有法医学鉴定（用于确定死亡原因和时间、伤害程度、损伤部位和造成损伤的凶器种类、血型和遗传基因是否同一等）、司法精神病学鉴定（用于确定犯罪嫌疑人、被告人、被害人、证人的精神状态是否正常，进而判断其有无行为能力和责任能力）、痕迹鉴定（通过对指纹、脚印、工具、枪弹、轮胎等痕迹的鉴定确认是否同一等）、化学鉴定（用于确定毒物的化学性质和剂量，对人体的危害程度、伤害程度等）、司法会计鉴定（用于确定账目、表册是否真实，是否符合有关规定）等、文书鉴定（用于确定文件的书写、签名是否伪造或同一等）。

2. 鉴定人

司法实践中，案件中的专门性问题多种多样，涉及众多学科领域。因此，鉴定的主体必须是在相关学科领域内具有鉴定资格的专业人员。这有两层含义：第一，鉴定人必须是在某个科学技术领域内具有专门知识、能够解答案件中专门性问题的人；第二，鉴定人必须是具有相关领域鉴定资格的人，要么是官方鉴定机构中的专业人员，要么是经司法行政部门批准建立的非官方鉴定机构中的专业人员。

鉴定人不同于当事人。鉴定人仅为诉讼法律关系的主体，不是诉讼主体。鉴定人与案件不具有法律上的利害关系，并且与案件当事人也没有利害关系。否则，鉴定人就等同于当事人，或者鉴定人应当回避。

鉴定人不同于证人。鉴定人和证人的区别主要有：（1）资格条件不同。鉴定人有严格的资格要求，必须具备相关的专门知识和技能。而证人的资格要求只是具备辨别是非的能力和正确表达的能力。（2）可否替代不同。证人是就其亲身感受的案件事实向法庭作证的人。证人的基本特征就在于证人的不可替代性，这是由案件事实本身决定的，既不能由法院指派或聘任，也不能随意替换。而鉴定人并非由案件事实所决定，其从事鉴定活动是受公安司法机关的指派或聘请，因此，鉴定人是可以替换的。（3）能否回避不同。鉴定人与案件有利害关系就应当回避。而证人不受与案件有利害关系的限制，证人不存在回避的问题。

① 张建伟：《证据法要义》，北京大学出版社2009年版，第255页。

(4) 诉讼权利和义务不同。证人的责任是如实反映其所知道的案件事实情况,只能个别陈述,不能互相讨论研究,无查阅案卷材料的权利,一般情况下也不能拒绝作证。而鉴定人的责任是运用自己的专门知识,对案件中的专门性问题作出结论性意见,由此可以享有相关诉讼权利,履行回避、出庭等有关诉讼义务。

(三) 鉴定意见的特点

1. 鉴定意见属于意见证据

鉴定意见是鉴定人就有关专门性问题进行检验、鉴别的基础上作出的一种判断意见,它反映了鉴定人的个人见解和看法,因此鉴定意见是一种意见性证据。鉴定意见的这一特点使鉴定意见与证人证言及勘验检查笔录区别开来。证人证言中证人只能对自己所了解的案件情况进行客观陈述,而不能对这些情况进行分析评价,也不能对案件事实发表看法和意见。勘验检查笔录中勘验检查人员应当如实记录自己观察到的案件事实,不允许掺杂个人意见。而鉴定意见则不同,鉴定人提供的是自己关于案件事实的意见,鉴定人绝不能仅对鉴定对象作客观描述而不进行分析判断。

另外,鉴定意见是鉴定人对案件中应予查明的案件事实中的一些专门性问题所作的结论,而不是就法律问题提供的意见。这是因为,后者属于司法机关的职权范围,只能由司法机关在查明案件情况的基础上,根据法律的有关规定自行作出决定。

2. 鉴定意见是主观性和客观性的统一

鉴定意见是鉴定人运用专门知识,借助于必要的仪器和设备得出的,这种意见一般符合当时历史条件下的知识、技术水平,具有相对的科学性、客观性。但是,鉴定意见毕竟是依赖于鉴定人的知识技能作出的,是对案件中有争议的专门性问题进行检验、鉴别的基础上作出的一种判断意见。鉴定结论反映了鉴定人的个人见解和看法,深深地带有鉴定人个体的特征,具有一定程度的主观色彩,也可能会由于鉴定人的主观因素而使鉴定结论带有某种程度的不确定性。

七、笔录

(一) 笔录的概念

笔录是公安司法机关在证据调查时所作的各种记录。司法实践中的笔录种类很多,我国《刑事诉讼法》规定勘验、检查、辨认、侦查实验等笔录属于证据之列。

勘验笔录,是指公安司法机关对与案件有关的现场进行勘查、检验时所作的实况记录。勘验笔录及时固定了现场原貌,是证明案件现场状况的重要证据材料。勘验笔录由现场文字记录、现场绘图和现场照片三部分组成。这三方面内容以不同形式、从不同角度完整地反映现场状况，客观、系统、全面地反映现场勘查的全过程和勘验结果，以及发现、提取痕迹、物品及其他物证的情况。

检查笔录，是指公安司法机关对与案件有关的物品、人身、尸体进行检查时所作的客观记录。检查笔录以文字记载为主，也可以采取拍照、录像等其他有利于准确、客观记录的方法。检查笔录能够客观地记载检查工作情况和被检查的物品、人身或尸体的特征，同时其所记载的内容又可以成为审查、鉴别检查程序方法和手段是否科学、合法的重要根据。

辨认笔录，是指在侦查人员主持下，由被害人、证人、犯罪嫌疑人对与案件有关的物品、人员、场所等进行识别、认定过程中制作的客观记录。刑事辨认是一种确认犯罪嫌疑人的重要侦查手段，在侦破案件、查获犯罪人方面具有其他侦查手段无法替代的地位和作用。修改后的《刑事诉讼法》将辨认笔录作为一种法定的证据种类，明确了辨认笔录的法定地位，同时也指导了司法实践中对辨认笔录作为证据的使用。

侦查实验笔录，是指为了验证在一定条件下某一事件或现象能否发生及其后果而进行实验的如实记录。由于这种试验在传统上主要是为侦查工作服务的，所以称为侦查实验。侦查实验笔录一般应包括：实验的时间、地点、环境、条件和工具，实验的目的，批准实验的机关，指挥和参加实验人的姓名、职务，实验过程和结果，等等。同时应附上通过照相、录音、录像、绘图及制作模型等方法加以固定的实验情况。

（二）笔录的特点

1. 笔录具有客观性

笔录记载的内容都是与客观存在的案件事实有关的情况，制作者只能记录自己看到的、听到的或以其他方式感知到的事实情况，不能记录自己的分析、推测和判断，具有实况记录的性质。

2. 笔录具有综合性

笔录所反映的往往不是客体的单方面特征，而是通过文字记录、现场绘图、现场照片或现场录像等多种形式反映多方面的综合性特征。例如，勘验检查笔录就可以综合反映有关场所多种证据的组合情况。

3. 笔录的证明性具有间接性

虽然笔录具有客观性、综合性，但其本身并不能直接证明案件的主要事实，不能单独作为认定案件事实的根据，必须与物证和鉴定意见等其他证据结合起来共同证明案件事实。所以，笔录在证明案件事实上具有间接性。

4. 笔录具有规范性

笔录在司法实践中运用的客观规律，决定了其具有规范性的特点。在诉讼活动中笔录要使用格式化的表格或专门的笔录纸，用语要规范，签名也要符合诉讼程序的要求。

（三）笔录与其他证据的区别

笔录与其他证据存在相似之处，但是作为一种独立的证据形式又与其他证据形式在某些方面存在根本的区别。

笔录不同于鉴定结论。因为笔录是公安司法机关在证据调查时所作的如实记录，而不是公安司法机关指派或聘请的具有专门知识的人对案件中的专门性问题提供的判断性意见。

笔录不同于书证。笔录虽然是以其记载的内容证明一定的案件事实，在证明方式上与书证类似，但不能认为它是书证。书证一般是在案件发生前或在发案过程中制作的；而笔录则是在案件发生后，在诉讼过程中为了查明案件事实而专门制作的。书证一般是由当事人或有关单位及公民制作的；而笔录则是公安司法机关执行公务依法制作的。书证一般是用文字、符号和图形来表达其内容，本身能直接证明案件的事实情况，是制作人主观意志的外部表现；而笔录记载的内容，不能有制作人的主观意思表示，完全是一种对客观情况的如实记载。书证不能涂改，也不能重新制作，要保持其原意；而笔录则不同，若记载有误或不明确，可以重新作出笔录。

笔录不同于物证。笔录虽然与物证联系紧密，例如，勘验检查笔录是对与犯罪有关的场所、物品、尸体等进行亲身观察、检验等证据收集活动的如实记载，在勘验、检查笔录中，往往包含有对物证的状态、位置、各物证之间的空间关系等现场情况的具体描述。但需要注意的是，这种描述既不是物证本身，也不是物证的复制品，只是对物证的一种固定的方式。

笔录不同于视听资料。随着科学技术的发展，笔录以音像记录的方式越来越多地成为司法实践中的普遍做法。从形式上看，这种以音像方式制作的笔录和视听资料有很多相似之处。但就内容而言，二者还是不同的。视听资料记录的内容是案件发生时的情况，而作为笔录一部分的视听资料记录的则是证据调查过程中物质的存在状态。

八、视听资料和电子数据

（一）视听资料

1. 视听资料的概念

视听资料，是指以录音、录像、电子计算机及其他电磁方式记录储存的信息证明案件事实的证据。它包括录像带、录音带、电影胶片、电话录音、雷达扫描资料和计算机储存的资料等。例如，机场、银行海关等机构在特定场所设置的监视仪器所拍摄的录像等。

视听资料属于广义物证的范畴，因为它也是客观存在的、能够证明案件事实的物品。但是视听资料是一种特殊形式的物证，与其他物证有所不同。一般物证是以其外部特征、空间方位、内在属性等客观存在的特征证明案件事实，而视听资料是以其记录和存储的与客体有关的声音和图像来证明案件事实的，这使视听资料不同于物证。这就说明并不是所有的音像制品都能以视听资料的形式出现。有些音像制品不是以其记录的声音和图像对刑事案件起证明作用，而是以其外部特征、空间方位、内在属性对案件事实起证明作用，那么这样的音像制品就是物证，而不是视听资料。

在理解视听资料的概念时，还要注意将其同实践中的一些采用多媒体出示的证据形式区别开。现在法庭审判中采用多媒体方式出示证据时提供的演示资料并不等同于视听资料，因为它只是出示证据的一种方式，不能将其归为视听资料。多媒体方式出示的证据具体属于哪种法定证据形式，取决于证据本身。如果出示的是物品或者痕迹，则属于物证；如果出示的是现场照片或者现场绘图，则属于笔录；如果出示的是证人证言，则属于证人证言；等等。总之，这些证据虽然也采用了多媒体演示的形式，但不是视听资料，而是其他证据种类。

2. 视听资料的特点

视听资料与其他证据一样，都能够证明案件的真实情况，它们有某些共同的属性。但视听资料作为科学技术发展并运用到一定阶段的产物，又具有不同于其他种类的证据的特点：

（1）视听资料具有科学技术性

同传统的各种证据比起来，视听资料的物质信息载体在记录、储存和反映案件情况的过程中，因受各种主观因素和客观因素的影响而失真的可能性较小。比如，保留在证人意识中的有关案件情况的信息，就可能由于证人感官的缺陷或者目睹事件发生时精神的高度紧张，以及记忆或者表达不准确而失真。物证也可能由于风雨的冲刷等各种自然因素的影响而失真。视听资料则不会或很难产生上述情况。

（2）视听资料具有较强的直观性

视听资料通过运用一系列科技手段，再现与案件有关的声音和图像，可以使人比较直观的认识案件事实和客体特征的有关情况。比如，关于人语言的录音资料，能够准确地反映出讲话人的音质、音高、语言习惯等；录像资料则能把有关案件的实际状况直观地再现在人们面前。总之，视听资料再现案情时具有直观性、立体性的特点，使人如临其境、如见其人、如闻其声。当然，这仅是从其作证效果而言的，是否真实则只能通过审查判断确定。

(3) 视听资料具有物质依赖性

视听资料的物质信息载体具有科学技术性，视听资料的制作、收集、审查判断与运用都有赖于一定的科学技术设备，这种物质依赖性是其他证据所不具有的。

(4) 视听资料具有便利、高效性

视听资料记录和再现案件原始的真实情况，所蕴涵的信息量极大，但不需要像其他证据那样建立宏大的档案资料库存，因为录音、录像的磁带和电子计算机储存的资料具有容量大、体积小、重量轻、便于保存的特点，只要保存好磁带、拷贝，数据不致变形、变质，就可以反复使用，于若干年后仍可重现当时的真实情况，具有较长时间的稳定性。而利用电子计算机存储的音像资料在查阅和使用上更为快捷方便，可以节约几倍、几十倍甚至成千上万的人力、物力和时间，极大地提高证据的利用率。对于司法机关来说，还能提高办案效率和办案质量，有利于实现司法现代化。

(二) 电子数据

1. 电子数据的概念

修订后的《刑事诉讼法》第48条第2款规定，证据包括“视听资料、电子数据”。电子数据首次纳入法定证据种类之一，与视听资料同列为第八种刑事诉讼证据，使其法律地位首次得到明确。

所谓“电子数据”，即电子形式的数据信息，所强调的是记录数据的方式而非内容。而根据美国1999年7月通过的《统一电子交易法》以及印度2000年通过的《信息技术法》等法律的相关定义，电子形式包括系列电子、数字、电磁、光信号或具有类似性能的存在形式。电子数据信息根据其所承载信息的类型，分为模拟数据信息和数字数据信息，前者所使用的是连续型信号，后者所使用的是离散型信号。虽然二者所依赖的技术有所区别，但都以近现代电子技术为依托，具有抽象性，不能为人所直接感知，不仅必须借助一定的介质或设备生成、发送、接收、存储，而且必须以一定媒介所展示、为人所识别和认知。因此，以电子数据为基础的各种存在形式可以统称为电子证据。电子数据是各类电子证据的本质，是各种外在表现形式的内在属性和共同特征。电子证据在本质上是电子数据，其外在表现形式具有多样性和不确定性。①

2016年9月9日，最高人民法院、最高人民检察院、公安部制定公布了《关于办理刑事案件收集提取和审查判断电子数据若干问题的规定》，该规定自2016年10月1日起施行，明确界定了电子数据的含义和范围。根据该规定，电子数据是案件发生过程中形成的，以数字化形式存储、处理、传输的，能够证明

① 樊崇义、戴莹：“电子证据及其在刑事诉讼中的运用”，载《检察日报》2012年5月18日。

案件事实的数据。电子数据包括但不限于下列信息、电子文件：网页、博客、微博客、朋友圈、贴吧、网盘等网络平台发布的信息；手机短信、电子邮件、即时通信、通讯群组等网络应用服务的通信信息；用户注册信息、身份认证信息、电子交易记录、通信记录、登录日志等信息；文档、图片、音视频、数字证书、计算机程序等电子文件。以数字化形式记载的证人证言、被害人陈述以及犯罪嫌疑人、被告人供述和辩解等证据，不属于电子数据。

2. 电子数据的特点

（1）电子数据具有巨大存储性和快速传递性

以计算机为代表，电子数据在各种介质中的存储量与普通证据不可同日而语。与同样大小的纸张相比，电脉冲或磁性材料存储的数据量是纸张的数十万倍甚至数十亿倍。就传统证据而言，某个场所、某件物品或某份文件所包含的证据信息是有限的；但就电子数据而言，相同物理范围内所能获取的信息量发生了几何级的膨胀。

另外，不论是模拟信号还是数字信号，都具有高速的传输速度。以网络证据为例，互联网中电子数据的传输速度理论上可以达至光速，而且不受地域空间的限制，举凡互联网覆盖的范围内均可急速传输，信息自由流转。

（2）电子数据具有间接性

与传统的证据形式相比，电子数据赖以存在的信息符号是不易被直接识别的。它以一系列电磁、光电信号形式存在于光盘、磁盘等介质上。如要阅读，必须借助于适当的工具。而且作为证据的电子数据往往与正常的电子数据混杂在一起，要从海量的电子数据中甄别出与案件有关联的、反映案件事实的电子数据是非常不容易的。

（3）电子数据具有脆弱性

电子数据的脆弱性主要表现在两个方面：一是数据本身有易受损性。操作人员的误操作或供电系统、通信网络故障等环境和技术方面的原因都会造成数据的不完整性。甚至搜集电子数据的过程中，也可能会对原始数据造成很严重的修改和删除，并且难以恢复。二是因为电子数据存储在磁性介质上，而磁性介质上存储的数据内容易被删除、修改、复制，而且不易留下痕迹，更不易被发现。即使被发现，鉴定也较为困难。

本章小结

刑事诉讼证据是指依照法定程序获得、以法定形式表现出来的，能够证明有关案件事实情况的材料。

目前，我国司法理论界和实务界对于刑事诉讼证据特征的通说是“三性说”，即刑事诉讼证据必须同时具备客观性、关联性和合法性才能作为判决的依据。

我国《刑事诉讼法》第48条第2款规定：“证据包括：(一) 物证；(二) 书证；(三) 证人证言；(四) 被害人陈述；(五) 犯罪嫌疑人、被告人供述和辩解；(六) 鉴定意见；(七) 勘验、检查、辨认、侦查实验等笔录；(八) 视听资料、电子数据。”据此，我国刑事诉讼证据有八种法定形式。

思考题

1. 论刑事诉讼证据的属性。
2. 简述刑事诉讼证据的意义。
3. 刑事诉讼证据的种类有哪些？

实务训练

1992年7月13日凌晨，在杭（州）萧（山）公路上，发生了一起交通肇事案。事故现场有被害人的尸体和被害人骑的摩托车，尸体旁边有被害人的血迹。尸体不远处有汽车急刹车留下的摩擦痕迹。被害人手腕上的手表已被摔坏，时针指在5点50分。侦查人员对现场进行了勘验，拍摄了一张现场全景照片。法医鉴定结论：被害人系被汽车撞击而死。有妇女张某对侦查人员说，她丈夫告诉她，事故发生时，他行走在离事故现场50米处，目击一辆解放牌大卡车撞倒被害人后逃离而去。事故现场不远处有里程碑记明事故发生地距萧山15公里。萧山市交通管理局查明，5点50分左右曾有两辆解放牌大卡车经过事故现场处。其中有一辆为萧山某厂车辆。经侦查人员查看，该车上有一处漆皮新脱落的痕迹。厂调度证明司机刘某13日早晨驾车从杭州返回萧山，下车后脸上有慌张的神色。出车登记表证明司机刘某13日早晨5点55分回厂。侦查人员询问刘某和与司机同车的赵某，两人均否认他们当天早上发生过交通事故。

【问题】 上述案例中哪些证据属于物证？哪些证据属于书证？为什么？

第十六章

刑事诉讼强制措施

学习目标

1. 理解强制措施的概念和特征；
2. 掌握五种刑事诉讼强制措施的概念、适用对象、适用条件、期限、变更和解除规定；
3. 明确五种刑事诉讼强制措施的适用程序。

案例导读

案情：陈某，前进村农民，因与一宗抢劫案有重大的犯罪嫌疑，县公安局经过立案侦查，掌握了大量证据，为防止陈某继续犯罪或者逃跑，公安局依法执行了逮捕措施。村民听到公安局要抓人，纷纷来到陈家围观。这时，村民甲说："公安局怎么动不动就抓人去坐牢啊？"村民乙答道："这你就不懂了，公安机关只有行政处罚权，他们肯定是把他抓起来拘留了。"另一村民丙又说："早知他是抢劫犯，我第一个把他捆起来，送到公安机关。""你怎能抓人呢？这是非法的。"丁应道。

问题：如何理解公安机关对陈某采取的法律手段的性质？

第一节　刑事诉讼强制措施概述

一、强制措施的概念

刑事诉讼法规定的强制措施，又称刑事强制措施，是指公安机关、人民检察院和人民法院为了保证刑事诉讼的顺利进行，依法对犯罪嫌疑人、被告人所采取的在一定期限内暂时限制或剥夺其人身自由的法定的强制方法。

我国《刑事诉讼法》规定了五种强制措施，按照强制力度从轻到重的顺序排列依次为：拘传、取保候审、监视居住、拘留、逮捕。

二、强制措施的特征

（一）适用主体具有法定性

强制措施只能由法定的专门机关适用，根据我国《刑事诉讼法》的规定，有权适用强制措施的主体是公安机关、人民检察院和人民法院。国家安全机关、军队保卫部门和监狱，在侦查其管辖的案件时，也有权适用强制措施。除上述法定机关外，任何机关、团体、个人都无权适用强制措施。否则，会构成对公民人身权利的侵犯，严重者会构成犯罪。其中，拘传、取保候审、监视居住三种强制措施，公安机关、人民检察院、法院都可以适用；拘留只有公安机关和人民检察院可以适用；逮捕只有人民检察院和人民法院才有权批准或决定适用，公安机关只具有执行权。

（二）适用对象的特定性

强制措施只能适用于犯罪嫌疑人、被告人，包括现行犯和重大嫌疑分子，对其他诉讼参与人不得适用。公安司法机关在适用强制措施的过程中，要严格控制强制措施的适用对象，不得扩大适用范围。

（三）适用目的具有特定性

强制措施的适用就是为了保障刑事诉讼活动的顺利进行，它是一种预防性措施，而不是惩戒措施。也就是说，适用强制措施，目的就是防止犯罪嫌疑人、被告人等适用对象可能逃避侦查、起诉、审判，实施毁灭、伪造证据、继续犯罪等妨碍刑事诉讼的行为。

（四）适用程序具有合法性

也就是说，强制措施必须依照法律规定的种类、条件、期限、程序等适用。它是一种法定措施，我国《刑事诉讼法》对拘传、取保候审、监视居住、拘留、逮捕等强制措施的适用条件、适用机关、适用程序都进行了严格的规定，适用时必须按法定的条件、程序及期限进行，公安司法人员在适用时不得突破法律的规定任意自由裁量，否则是违法的。

（五）适用具有可变性

强制措施是一种临时性措施，有着严格的适用条件，随着刑事诉讼活动的进行，强制措施可根据案件的进展，对于不同的情况采取不同的强制措施，也就是说适用条件发生了变化，强制措施也应随之变化，予以变更或者解除。

三、强制措施的意义

1. 可以有效地防止犯罪嫌疑人、被告人逃避侦查、起诉和审判。防止其互相串供、毁灭证据或者伪造证据、转移赃物等行为，从而防止其给诉讼活动制造障碍，保证刑事诉讼活动的顺利进行。

2. 可以有效地防止犯罪嫌疑人、被告人继续犯罪，危害社会，给国家、集体和公民个人造成不应有的损失。

3. 可以有效地防止犯罪嫌疑人、被告人发生人身危险。

4. 可以有效地预防犯罪、减少犯罪，对社会上的不法人员和不安定分子起到警戒和威慑的作用。

四、适用强制措施的原则

（一）合法性原则

合法性原则，即各种强制措施的适用，必须严格按照法律规定的批准权限、适用对象、使用条件、程序和期限适用。合法性原则要求每项强制措施的适用必须严格遵守法律的规定和程序。

（二）必要性原则

也就是说，只有在为保证刑事诉讼顺利进行的前提下，确有必要时，才可以适用刑事强制措施，不得随意适用，更不能将强制措施作为一种处罚予以适用。必要性原则要求每项强制措施对公民损害的程度应降到最低。

（三）相当性原则

相当性原则，又称为比例原则，也就是说，适用任何强制措施，要与行为人的人身危险性程度和犯罪的轻重程度相适应。相当性原则要求每项强制措施对公民的损害不能大于所追求的公共利益。

（四）变更性原则

也就是说，任何强制措施，应随着诉讼的进展和案情的变化及时进行变更和解除。变更性原则体现了刑事诉讼强制措施适用上的宽容与人道精神。

五、适用强制措施应当考虑的因素

刑事强制措施的适用是为了保障刑事诉讼的顺利进行，因此不可避免地要对被适用对象的人身自由造成某种程度的限制或剥夺。我国《宪法》第 37 条规定：“中华人民共和国公民的人身自由不受侵犯。”“任何公民，非经人民检察院批准或者决定或者人民法院决定，并由公安机关执行，不受逮捕。”“禁止非法拘禁和以其他方法非法剥夺或者限制公民的人身自由，禁止非法搜查公民的身体。”刑事强制措施的适用，必然在不同程度上限制或剥夺犯罪嫌疑人、被告人的人身自由，这关系到公民的人身权利、民主权利和执行国家法律的重大原则问题，适用不当就会侵害公民的人身权利和民主权利。因此，在适用强制措施时，公安司法机关必须坚持打击犯罪与保障人权、严肃与谨慎相结合的方针。此外，还应当全面考虑下列因素：

1. 犯罪嫌疑人、被告人所实施的犯罪行为的性质和社会危害程度。其犯罪行为性质越恶劣、社会危害程度越大，那么对其适用的强制措施就应该越严厉。

2. 犯罪嫌疑人、被告人人身危险性大小。其人身危险性越大，社会危害性就会越大，对其适用的强制措施就相应地更为严厉。

3. 犯罪嫌疑人、被告人逃避侦查、起诉、审判或其他妨碍刑事诉讼顺利进行的可能性大小。如果，犯罪嫌疑人、被告人有逃避侦查、起诉、审判或其他妨碍刑事诉讼顺利进行的可能性，就应对其采取强制措施，并且逃避或者妨碍可能性越大，强制措施适用越严厉。

4. 公安司法机关对案件事实的调查了解情况和证据的掌握程度。只有公安司法机关对案件的调查情况和对案件证据的掌握程度符合强制措施的标准，才能依法适用强制措施。

5. 犯罪嫌疑人、被告人的个人身体状况或其他情况。例如，正在怀孕或哺乳自己婴儿的妇女，或患有严重疾病，等等。

六、强制措施与其他处罚及措施的区别

刑事诉讼强制措施的性质在于它的诉讼性和保证性。诉讼性，是指强制措施的程序意义，也即是公、检、法机关在诉讼中所采用的程序性措施；保证性，是指适用强制措施的目的在于保证刑事诉讼的顺利进行。刑事强制措施的这两个特点决定了它不是对案件事实和犯罪嫌疑人、被告人行为的最后认定和处理。所以，刑事强制措施与刑罚、行政处罚以及民事诉讼、行政诉讼强制措施在性质上是根本不同的。

(一) 强制措施与刑罚的区别

刑罚是国家为惩罚犯罪而制定的、由专门的机关对犯罪的人或者单位所适用的限制或剥夺其一定权益的强制性法律制裁方法。刑罚与强制措施都必须由法定机关的法定人员依照法定程序进行；都以国家强制力为后盾；都使适用对象的人身自由受到限制或被剥夺。但同时，这两者却具有根本区别：

1. 适用的目的不同。强制措施是一种诉讼保障措施，适用强制措施的目的在于保障侦查、起诉和审判的顺利进行，防止犯罪分子继续犯罪和危害社会，具有程序上的保障意义，它不是一种处罚手段；而刑罚则是一种处罚手段，是行为

人承担刑事责任的体现，其目的在于对已被法院宣判有罪的犯罪分子进行惩罚、教育和改造。

2. 适用的对象不同。强制措施的适用对象是未被人民法院依法判决为有罪的犯罪嫌疑人、被告人；而刑罚的适用对象是经人民法院依法审判确定为有罪的罪犯。

3. 适用法律根据不同。适用强制措施的依据主要是《刑事诉讼法》，是根据《刑事诉讼法》的条件和程序适用的；而适用刑罚是以《刑法》为依据。

4. 适用的机关不同。在五种强制措施中，除了拘留由公安机关和人民检察院适用之外，其他强制措施公安机关、人民检察院、人民法院都有权适用；而刑罚的适用机关只能是人民法院。

5. 适用的时间不同。强制措施适用于从刑事诉讼开始到判决发生法律效力交付执行前的全过程；而刑罚的适用是在人民法院依法作出判决并生效之后。

6. 稳定程度不同。强制措施是一种临时性措施，适用之后，可以根据案件的实际情况、证据掌握程度等因素的变化及时变更、解除或撤销；而刑罚一经作出，即产生既判力，非经法定程序，不得随意变更。

7. 法律后果不同。强制措施不是处罚方法，被采取强制措施的人，不能视为被刑罚处罚，在今后的犯罪中，不能视为有前科；但是刑罚则会产生前科效力，被适用过刑罚的人，在一定条件下（如累犯），会成为今后犯罪中加重处罚的法定情节。

（二）强制措施与行政处罚的区别

行政处罚是国家行政管理机关对具有行政违法行为的公民、法人或其他组织依法给予的行政制裁。具体方法有警告、罚款、没收违法所得、没收非法财物、责令停产停业、暂扣或吊销许可证、暂扣或者吊销执照、行政拘留等。强制措施在强制力上和某些行政处罚措施（如拘留）有相似之处，但是，两者是存在根本区别的，主要表现在：

1. 性质不同。强制措施是诉讼过程中的程序性保障措施，被采取过强制措施的人不能视为受过处罚的人；而行政处罚则是对行政违法人的行政制裁，是实体上的行政处罚。

2. 适用对象不同。强制措施适用于被追诉的犯罪嫌疑人、被告人或者现行犯，而且只适用于自然人；而行政处罚适用于违反行政法律的人，包括自然人、法人和其他组织。

3. 适用的机关不同。强制措施由公安司法机关适用，而行政处罚由国家行政机关适用。

4. 法律依据不同。刑事诉讼强制措施依据的是《刑事诉讼法》，而行政处罚主要依据的是《行政处罚法》、《治安管理处罚法》或其他行政法律法规。

5. 稳定性不同。刑事诉讼强制措施根据案件发展实际情况可以变更、解除或撤销，相对不稳定；而行政处罚作为一种行政制裁手段，通常不能变更，相对稳定。

（三）刑事诉讼强制措施、民事诉讼强制措施、行政诉讼强制措施的区别

我国三大诉讼中均有对强制措施的规定，并且三大诉讼对强制措施的规定都不尽相同。民事诉讼中的强制措施包括拘传、训诫、责令退出法庭、罚款、拘留；刑事诉讼中的强制措施包括拘传、取保候审、监视居住、拘留、逮捕；行政诉讼中的强制措施包括训诫、责令具结悔过、罚款、拘留。三大诉讼强制措施都是为了保证诉讼的顺利进行，但是刑事诉讼强制措施与其他两种诉讼的强制措施还是有重大区别的。

1. 性质不同。刑事诉讼强制措施是一种诉讼保障措施，但是，它不是一种处罚措施，被采取过刑事强制措施的人不能视为被刑事处罚过；但是民事诉讼强制措施和行政诉讼强制措施则是专门的国家机关对违法者依其应负的法律责任而实施的强制性惩罚措施，其本质是一种法律制裁。

2. 适用的法律依据不同。在刑事诉讼中，强制措施的适用依据是《刑事诉讼法》；对妨害民事诉讼的强制措施的适用依据是《民事诉讼法》；对妨害行政诉讼的强制措施的适用依据是《行政诉讼法》。

3. 适用的对象不同。民事诉讼和行政诉讼的强制措施适用范围比较广，针对所有诉讼参与人以及其他妨害诉讼正常进行的人；而刑事诉讼强制措施适用范围比较狭窄，有严格的人身属性，仅针对犯罪嫌疑人或被告人、现行犯、重大嫌疑分子。

4. 适用的机关不同。刑事诉讼强制措施的适用机关可以是公安机关、人民检察院和人民法院；但是民事诉讼强制措施和行政诉讼强制措施的适用机关只能是人民法院。

5. 适用的前提不同。刑事诉讼中的强制措施多为预防性措施，其适用的目的在于防止犯罪嫌疑人、被告人等逃跑、毁灭罪证或继续犯罪。因此，其适用不以行为的实际发生为前提；民事诉讼和行政诉讼中的强制措施是排除措施，其适用的目的在于清除诉讼过程中的障碍，因此，其适用须以妨害民事诉讼或行政诉讼的行为已经实际发生为前提。

6. 适用的阶段不同。在刑事诉讼中，强制措施适用于案件的侦查、审查起诉和审判阶段；在民事诉讼和行政诉讼中，强制措施可适用于诉讼的全过程，包括审判阶段和执行阶段。

7. 适用的种类不同。刑事诉讼中的强制措施包括：拘传、取保候审、监视

居住、拘留和逮捕。民事诉讼中的强制措施包括：拘传、训诫、责令退出法庭、罚款和拘留。行政诉讼中的强制措施包括：训诫、责令具结悔过、罚款和拘留。刑事诉讼中特有的强制措施包括取保候审、监视居住与逮捕。

8. 与判决的关系不同。在刑事诉讼中，最严厉的强制措施是逮捕，其次是拘留，二者都是对要适用的对象依法羁押，以剥夺或限制其人身自由。但是经过审理，犯罪嫌疑人、被告人一旦被判有罪并处以死刑和无期徒刑以外的主刑时，判决前的羁押期间即可依照法定标准计算在刑期以内，以折抵刑期；在民事诉讼和行政诉讼中，无论何种强制措施的适用，都和判决结果不发生任何关系。因此，败诉的一方当事人不得以曾受强制措施为由，要求抵消或减轻判决中确定由其负担的实体义务。也就是说，在刑事诉讼中，强制措施与判决有一定的关系，刑事判决作出之前先行羁押包括拘留和逮捕的期限可以折抵刑期；而民事诉讼强制措施和行政诉讼强制措施与判决结果不产生折抵关系。

七、扭送

（一）扭送的概念

扭送，是指公民将具有法定情形的犯罪嫌疑人或犯罪人强制送交公安机关、人民检察院或人民法院处理的行为。《刑事诉讼法》规定的扭送并不是刑事诉讼强制措施之一，五种刑事诉讼强制措施的实施主体应当是公安司法机关，而扭送是法律赋予公民同刑事犯罪作斗争的一种手段。

公安机关、人民检察院、人民法院对于公民的扭送，都应当予以接受，并且根据具体情况决定是否采取相应的紧急措施。对于不属于自己管辖的，应当移送主管机关处理。

《刑事诉讼法》第 82 条规定，对于有下列情形的人，任何公民都可以立即扭送公安机关、人民检察院或者人民法院处理：

1. 正在实行犯罪或者在犯罪后即时被发觉的；
2. 通缉在案的；
3. 越狱逃跑的；
4. 正在被追捕的。

（二）扭送与强制措施

公民扭送与强制措施，是本质上根本不同的两种行为，其区别是：

1. 性质不同。刑事诉讼强制措施，是司法机关的诉讼行为，但公民扭送不具有诉讼性质，而是我国法律赋予公民同犯罪分子作斗争的一种权利。

2. 主体不同。刑事诉讼强制措施只能由法定的公、检、法机关适用；而扭送行为，任何公民都可以实行，在行为主体上没有任何限制。

3. 立法目的不同。刑事诉讼强制措施的目的在于保障刑事诉讼的顺利进行；而扭送是立法上赋予公民的一种同犯罪行为作斗争的权利，目的在于鼓励和调动公民同犯罪作斗争的积极性，促进社会治安状况的根本好转。

案例导读

评析：在本案例中，公安机关采取的措施属于刑事强制措施中的逮捕。村民对公安机关逮捕陈某行为的认识都是错误的。首先，村民甲的错误有两点：第一，他错误认识公安机关执行强制措施的意义和严谨性，由于强制措施适用涉及限制和剥夺公民的人身自由，公安机关在适用时会通过综合考虑犯罪行为的社会危害性、嫌疑人的人身危险性及案件的调查情况等因素，而决定强制措施的执行；第二，混淆了强制措施与刑罚的区别，采取强制措施造成的限制或剥夺人身自由与处以刑罚处罚导致限制或剥夺人身自由的性质和法律后果都是不同的。村民乙则是混淆了强制措施与行政处罚的区别。村民丙的行为属于扭送，该行为是合法的，但是扭送不是刑事诉讼中强制措施的一种。最后村民丁则是把公民合法的扭送行为与强制措施混为一谈了，村民丙的行为是合法行为，扭送是我国《刑事诉讼法》赋予公民同刑事犯罪作斗争的一种手段，我国《刑事诉讼法》在第82条对公民的扭送权作了明确规定，但扭送与强制措施两者在性质、主体与立法目的等方面都是不同的。

第二节　刑事诉讼强制措施种类

【参考案例16-1】

某区公安分局依法审理陈某涉嫌诈骗案。经公安局长批准决定拘传陈某。由于区分局正在进行专项整治活动，警力紧张，分局办案部门派民警张某一人负责执行对陈某的拘传。犯罪嫌疑人陈某到案后，在接受讯问时，因陈某拒不承认涉嫌罪名，讯问无法在12小时内及时完成，分局局长决定立即对陈某再次拘传。问：对陈某的拘传程序是否符合法律规定？

一、拘传

（一）拘传的概念和特征

拘传，是指公安机关、人民检察院和人民法院对于未被羁押的犯罪嫌疑人、被告人、依法强制其到案接受讯问的一种强制方法，它是我国刑事诉讼强制措施体系中最轻的一种。

拘传具有如下特征：

1. 拘传是强制犯罪嫌疑人、被告人到案接受讯问的强制方法

拘传作为一种非羁押性的强制措施，它的适用也是为了保障刑事诉讼的顺利进行，从而强制犯罪嫌疑人、被告人到案接受讯问，它不是强制待侦、待诉、待审，因而不具羁押的效力。在讯问结束后应当立即将被拘传人放回。

2. 拘传的适用对象是未被羁押的犯罪嫌疑人、被告人

对于已经被羁押（拘留、逮捕）的犯罪嫌疑人、被告人进行讯问，可随时进行，直接提审即可，不需要经过拘传程序。拘传程序只适用于未被羁押的犯罪嫌疑人、被告人，包括未被采取任何强制措施的和已经被采取监视居住或者取保候审的犯罪嫌疑人、被告人，对于被害人、证人等其他诉讼参与人不能适用。

3. 经过合法传唤，无正当理由拒不到案并不是拘传的必要条件

我国的拘传不以经合法传唤为必要条件。《刑事诉讼法》第 64 条规定，人民法院、人民检察院和公安机关根据案件情况，对犯罪嫌疑人、被告人可以拘传、取保候审或者监视居住。从中可以看出，适用拘传并不需要以传唤为前提。因此，公安机关、人民检察院、人民法院在没有经过传唤的情况下可以直接适用拘传。当然，按通常情况应是先合法传唤，在犯罪嫌疑人、被告人无正当理由拒不到案的情况下，再实施拘传。在实践中，是先传唤，还是直接进行拘传，由公、检、法机关根据案件的具体情况和诉讼的需要决定。根据案件情况，考虑犯罪嫌疑人、被告人是否可能妨碍侦查、起诉、审判的顺利进行。

（二）拘传与相关概念的区别

1. 拘传与传唤

传唤，是指公安机关、人民检察院、人民法院使用传票，通知刑事诉讼的当事人在指定的时间到指定的地点接受讯问的诉讼活动。两者之间有着明显的区别：第一，性质不同。传唤不具有强制性，不是强制措施的一种，而是一种诉讼行为，它本身只具有通知的性质，要求被传唤者按指定的时间自行到达指定地点；而拘传是一种强制措施，具有强制性，必要时还可以使用戒具。第二，适用对象不同。传唤不仅可以对犯罪嫌疑人、被告人适用，还可以对其他当事人适用，如自诉人、被害人、附带民事诉讼的原告人和被告人等；拘传只能适用于犯罪嫌疑人、被告人。第三，就两者之间的关系而言，在刑事诉讼中，传唤不是拘传的必经程序。

2. 拘传与留置

《人民警察法》第 9 条规定："为维护社会治安秩序，公安机关的人民警察

对有违法犯罪嫌疑的人员，经出示相应证件，可以当场盘问、检查；经盘问、检查，有下列情形之一的，可以将其带至公安机关，经该公安机关批准，对其继续盘问：

（一）被指控有犯罪行为的；

（二）有现场作案嫌疑的；

（三）有作案嫌疑身份不明的；

（四）携带的物品有可能是赃物的。

对被盘问人的留置时间自带至公安机关之时起不超过24小时，在特殊情况下，经县级以上公安机关批准，可以延长至48小时，并应当留有盘问记录。对于批准继续盘问的，应当立即通知其家属或者其所在单位。对于不批准继续盘问的，应当立即释放被盘问人。

经继续盘问，公安机关认为对被盘问人需要依法采取拘留或者其他强制措施的，应当在前款规定的期间作出决定；在前款规定的期间不能作出上述决定的，应当立即释放被盘问人。”

可见，拘传与《人民警察法》中的留置都对嫌疑人在特定的时间和地点实施人身约束，并针对有关问题加以盘问和了解。但两者之间有根本的区别：第一，性质不同，拘传是刑事强制措施，而留置是行政强制措施。第二，实施主体不同，拘传可以由公安机关、人民检察院和人民法院实施，而留置只能由公安机关实施。第三，适用对象不同，拘传适用于犯罪嫌疑人和被告人，留置只适用于有违法犯罪嫌疑的人。第四，适用条件不同，拘传的条件是犯罪嫌疑人和被告人未被羁押，且公检法机关认为需要强制其到特定地点接受讯问的，留置则是人民警察对嫌疑人当场盘问、检查后，认为有上述条文规定的四种情形之一的，将其带至公安机关并经批准的。第五，时间限制不同，拘传从被拘传者到案时开始计算，持续时间不得超过12小时，而留置是从被留置人带至公安机关时起不超过24小时，特殊情况经县级以上公安机关批准，可以延长至48小时。第六，对通知家属或所在单位的要求不同，警察法规定若被留置人的留置时间经批准延长至48小时的，应当立即通知其家属或者其所在单位，而拘传由于法定最长时间不得超过12小时，时间较短，且没有特殊的例外情况规定，因此没有该项要求。

（三）拘传的程序

根据法律规定，人民法院、人民检察院和公安机关都有权对犯罪嫌疑人、被告人实施拘传。拘传的主要程序是：

1. 填写《拘传证》，并报负责人审批。办案人员根据办案情况，认为需要采用拘传措施的，应首先填写《拘传证》，然后报人民法院、人民检察院、公安机关的负责人审批。

2. 拘传的执行。拘传应当由两个以上的侦查人员或者司法警察执行。拘传时，应当向被拘传人出示《拘传证》，被拘传人要在《拘传证》上签字，如果被拘传人拒绝签字，执行人员要在《拘传证》上注明。对抗拘传的，可以使用戒具，强制到案。

3. 拘传的次数与时间。对犯罪嫌疑人、被告人的拘传次数，法律没有明确规定。但不得以连续拘传的方式变相拘禁被拘传人。传唤、拘传持续的时间不得超过12小时；案情特别重大、复杂，需要采取拘留、逮捕措施的，传唤、拘传持续的时间不得超过24小时。如果在12小时或24小时内讯问不能结束，要立即放回。如果需要，可再次拘传。两次拘传之间的间隔时间，法律规定，应当保证犯罪嫌疑人的饮食和必要的休息时间。拘传持续的时间从犯罪嫌疑人到案时开始计算。犯罪嫌疑人、被告人到案后，在《拘传证》上填写到案时间，讯问结束后，在《拘传证》上填写讯问结束时间。

【参考案例16－1】

评析：本案例中，对陈某的拘传程序是不符合法律规定的。第一，拘传的执行人员不得少于两人，在该案中对陈某执行拘传的只有民警张某一人；第二，虽然我国《刑事诉讼法》对拘传的次数没有明确规定，但是不得以连续拘传的方式变相拘禁被拘传人，在该案中，在24小时内无法及时完成讯问时，该分局局长作出再次拘传陈某的决定是错误的。

4. 拘传的地点。根据公安部《公安机关办理刑事案件程序规定》第74条和《人民检察院刑事诉讼规则》第81条规定，拘传的地点，应在犯罪嫌疑人、被告人所在的市、县以内。如果犯罪嫌疑人的工作单位、户籍地与居住地不在同一市、县的，拘传应当在犯罪嫌疑人的工作单位所在地的市、县内进行。特殊情况下，也可以在犯罪嫌疑人户籍地或者居住地所在的市、县内进行。

5. 拘传的结果。公安机关、人民检察院、人民法院将犯罪嫌疑人、被告人拘传到案后，应当立即讯问。讯问结束后，应根据案件情况作出不同的处理：认为依法应当限制或剥夺其人身自由的，可以采用其他相应的强制措施；认为不适宜用其他强制措施的，应立即释放，不得变相扣押。

【参考案例16－2】

被告人王某，男，26岁，某厂工人。由于不满自己的妻子叶某生了一个女儿，经常对其打骂。终于叶某不堪忍受丈夫对自己的虐待和羞辱，向人民法院提起自诉，要求追究王某的刑事责任，并判决双方离婚，区法院受理后，依法将起诉书副本送达了王某。王某恼羞成怒，更是变本加厉。无奈之下，叶某跑到法院寻求保护。承办此案的审判员谢某见状，十分气愤，于是，决定立即拘传王某，对其进行批评教育，发出警告。为此，谢某填发了拘传证，由法警将王某拘传到法院，然后关在法院的被告候审室内。第二天下午，审判员谢某对王某进行了审问、批评，在王某承认了错误，并保证不再殴打妻子后，将其释放。审判员谢某对王某采取的拘传措施是否合法？为什么？

需要注意的是，公安机关依法对县级以上各级人民代表大会代表采取拘传的，应当书面报请该代表所属的人民代表大会主席团或者常务委员会许可。公安机关在依法执行拘传中，发现被拘传人是县级以上人民代表大会代表的，应当暂缓执行，并报告原决定或者批准机关。如果在执行后发现被执行人是县级以上人民代表大会代表的，应当立即解除并报告原决定或者批准机关。公安机关依法对乡、民族乡、镇的人民代表大会代表采取拘传的，应当在执行后立即报告其所属的人民代表大会。公安机关依法对政协委员采取拘传的，应当将有关情况通报给该委员所属的政协组织。

【参考案例 16－2】

评析：审判员谢某对王某采取的拘传措施是不合法的。此案中的拘传强制措施，严重违反了法定程序，首先，审判员谢某作出的拘传决定，是为了对王某进行批评、教育，而不是为了使未被羁押的王某到案接受讯问，不符合拘传的目的。其次，拘传要经过人民法院院长批准，审判员谢某未经批准自行填写拘传证，并交法警执行，违背了拘传的法定程序。最后，拘传被告人的时间最长不得超过 12 小时，讯问后应当立即释放被讯问人，不能加以关押。在本案中，审判员谢某将王某拘传到法院后，将他关押在候审室内，第二天才进行讯问，违背了法律的规定。

二、取保候审

【参考案例 16－3】

犯罪嫌疑人江某因装神弄鬼骗取钱财被公安机关依法拘留。拘留后公安机关发现其患有严重肺结核，经医院检查属实，需要隔离，公安机关遂作出取保候审决定，要求江某提供保证人。江某向公安机关提出由其弟做保证人，公安机关调查发现，江某之弟有一定资财，但常年在外地做生意，住处较多，行踪极不稳定，因此没有同意江某之弟做保证人。本案中可否对江某采取取保候审措施？公安机关不同意江某之弟做保证人的做法是否正确？若江某无法提供别的保证人，他还可通过什么途径被取保候审？

（一）取保候审的概念

刑事诉讼中的取保候审，是指在刑事诉讼过程中，公安机关、人民检察院、人民法院依法责令犯罪嫌疑人、被告人提出保证人或者交纳保证金，并出具保证书，以保证其不逃避或妨碍侦查、起诉和审判活动，并随传随到的一种强制措施。

根据取保候审的方式不同，刑事诉讼法规定了两种取保候审方式：一种是保证人保证方式的取保候审。保证人保证的特点是以保证人的信誉等来保证，不涉及金钱，一方面可以通过保证人和犯罪嫌疑人、被告人之间的关系，对犯罪嫌疑人、被告人实行精神上和心理上的控制，使其不逃避或妨碍侦查、起诉和审判；另一方面可以利用保证人监督犯罪嫌疑人、被告人的活动，监督、教育犯罪嫌疑人、被告人遵纪守法，履行应当履行的诉讼义务。另一种是保证金保证方式的取保候审。保证金保证的特点是，利用经济利益，来制约犯罪嫌疑人、被告人，促使其遵守取保候审的规定，促使出资人对被取保候审的犯罪嫌疑人、被告人实行有效的监督，从而保证被取保候审的犯罪嫌疑人、被告人自觉地履行自己在刑事诉讼中的义务。

保证人保证和保证金保证是选择关系，而不是集合关系。只能根据案件的具体情况，诸如涉嫌犯罪或被指控犯罪的性质，保证人的情况，犯罪嫌疑人、被告人的经济状况等因素来决定择其一而用之，不能同时使用。

（二）取保候审的适用对象

取保候审是一种限制人身自由的强制措施，其适用对象是符合一定条件的犯罪嫌疑人、被告人，根据《刑事诉讼法》第65条的规定，下列犯罪嫌疑人、被告人可以取保候审：

1. 可能判处管制、拘役或者独立适用附加刑的。说明罪行较轻，没有必要逮捕。对有可能逃避侦查、起诉和审判及其他妨碍诉讼顺利进行的，采用取保候审以与其所触犯罪名的严重程度相适应。

2. 可能判处有期徒刑以上刑罚，采取取保候审不致发生社会危险的。有期徒刑是中国刑罚体系中比管制、拘役严厉的刑种。犯罪嫌疑人、被告人如果可能被判处有期徒刑以上刑罚，说明其罪行较重。但有期徒刑的跨度较大，较轻的可在3年以下，较重的可在10年以上，数罪并罚时可最高达25年。所以，对可能判处较轻有期徒刑的，如果采取取保候审不致发生社会危险性，且没有逮捕必要时，应当用取保候审。这可以减少羁押人数，降低羁押率。

3. 患有严重疾病、生活不能自理、怀孕或者正在哺乳自己婴儿的妇女，采取取保候审不致发生社会危险性的。出于人道主义考虑，同时考虑到对这类人采取取保候审措施不至于对社会构成威胁，可以准予取保候审。更为重要的是它也体现了法律的人性化趋势，更有利于保障人权。有此类情形的，在逮捕前发现的，就不能决定逮捕；在逮捕后发现的，则应变更强制措施，改用取保候审方法。

4. 羁押期限届满，案件尚未办结，需要采取取保候审的。该项是新增加项，该项的增加扩大了取保候审的适用范围，有利于防止超期羁押以及不必要的羁押。有利于提高取保候审率，降低羁押率。

5. 对已被依法拘留的犯罪嫌疑人，经过讯问、审查，认为需要逮捕但证据不足的。这是指被拘留人可能判处有期徒刑以上刑罚，但缺乏证明其有犯罪事实的足够证据，在拘留的法定期限内不能收集到相应证据，而需继续收集证据的情形。

6. 已被逮捕羁押的犯罪嫌疑人、被告人，在法定的侦查、起诉、一审、二审的办案期限内不能结案，采用取保候审方法没有社会危险性的。另外，根据《公安机关办理刑事案件程序规定》第 77 条的规定，对提请逮捕后，检察院机关不批准逮捕，需要继续侦查，并且符合取保候审条件的，可以依法取保候审。

7. 再审程序中，原审被告人（原审上诉人）在押，再审可能改判宣告无罪，人民法院裁定中止执行原裁判后，可以取保候审。

但是，对累犯、犯罪集团的主犯，以自伤、自残办法逃避侦查的犯罪嫌疑人、危害国家安全的犯罪、暴力犯罪，以及严重危害社会治安的犯罪嫌疑人，其他犯罪性质恶劣、情节严重的犯罪嫌疑人不得取保候审。

（三）取保候审的方式

《刑事诉讼法》第 66 条规定："人民法院、人民检察院和公安机关决定对犯罪嫌疑人、被告人取保候审，应当责令犯罪嫌疑人、被告人提出保证人或者交纳保证金。"很显然，我国《刑事诉讼法》规定了两种取保候审的方式：保证人方式和保证金方式。犯罪嫌疑人、被告人或者其法定代理人、近亲属、被聘请的律师提出取保候审的申请以后，对符合取保候审条件的，公安、司法机关应当责令犯罪嫌疑人、被告人提出保证人或者交纳保证金。

1. 保证人方式。保证人方式，又称为"人保"或保证人制度，是指公安机关、人民检察院和人民法院责令犯罪嫌疑人、被告人提出保证人并出具保证书，由其以个人身份保证被保证人在取保候审期间不逃避和妨碍侦查、起诉和审判，并随传随到的保证方式。

《刑事诉讼法》第 67 条规定，保证人必须符合下列条件：

（1）与本案无牵连；

（2）有能力履行保证义务；

（3）享有政治权利，人身自由未受到限制；

（4）有固定的住处和收入。

不符合这些法定条件的不能成为保证人。

公安司法机关对于保证人的这四个方面的条件要严格审查，只有经审查合格的，才有资格作保证人。保证人要填写《保证书》，并在《保证书》上签名或者盖章。

根据《刑事诉讼法》第68条的规定，保证人在担保期间，应当履行下列义务：第一，监督被保证人遵守《刑事诉讼法》第69条的规定；第二，发现被保证人可能违反或者已经违反《刑事诉讼法》第69条规定的，应当及时向执行机关报告。

保证人担保是纯粹的人格担保。保证人如果没有尽到法定的义务，必须承担一定的法律后果，即被保证人有违反《刑事诉讼法》第69条规定的行为，保证人未履行保证义务的，对保证人处以罚款；构成犯罪的，依法追究刑事责任。对取保候审保证人是否履行了保证义务，由公安机关认定，对保证人的罚款决定，也由公安机关作出。但是，对于罚款数额，《刑事诉讼法》没有作出具体规定。《最高人民法院、最高人民检察院、公安部、国家安全部关于取保候审若干问题的规定》第16条规定，采取保证人形式取保候审的，被取保候审人违反《刑事诉讼法》第56条（新《刑事诉讼法》第69条）规定，保证人未及时报告的，经查证属实后，由县级以上执行机关对保证人处以1000元以上2万元以下的罚款，并将有关情况及时通知决定机关。对此决定，保证人不可以提起行政诉讼或者行政复议，只能向有关机关申诉。保证人在取保候审期间发生变化，不愿意继续担保或丧失担保条件，由原决定机关责令被取保候审人重新提出保证人或交纳保证金，或者作出变更强制措施的决定，并通知执行机关。

2. 保证金方式。又称为“财产保”或保证金制度，是指公安机关、人民检察院和人民法院责令犯罪嫌疑人、被告人交纳保证金并出具保证书，保证在取保候审期间，不逃避和妨碍侦查、起诉和审判，并随传随到的保证方式。实行财产保，符合我国的国情，适应我国市场经济条件下与犯罪分子作斗争的需要，有利于促使犯罪嫌疑人、被告人自觉地履行义务，保证取保候审强制措施的实施。

财产保是以交纳保证金的形式担保。《刑事诉讼法》第66条明确规定，责令犯罪嫌疑人、被告人交纳保证金，因此排除了由被取保者之外的人交纳的情形。

保证金的数额，由采取取保候审的决定机关根据犯罪嫌疑人、被告人所涉案件的性质和情节、社会危害性、人身危险性、经济状况、涉嫌犯罪的数额、可能判处刑罚的轻重及认罪、悔罪表现等确定。《刑事诉讼法》没有设定保证金的上限和下限。按照《人民检察院刑事诉讼规则》第90条的规定，保证金数额最低为1000元，但对于未成年犯罪嫌疑人可以责令交纳500元以上的保证金，对上线数额没有作出规定。

《刑事诉讼法》第70条第2款规定：提供保证金的人应当将保证金存入执行机关指定银行的专门账户。《公安机关办理刑事案件程序规定》明确规定，县级以上公安机关应当在其指定的银行设立取保候审保证金专门账户，委托银行代为收取和保管保证金。提供保证金的人，应当一次性将保证金存入取保候审保证金专门账户。保证金应当以人民币交纳。保证金应当由办案部门以外的部门管理。严禁截留、坐支、挪用或者以其他任何形式侵吞保证金。

根据《刑事诉讼法》第66条关于“提出保证人或者交纳保证金”的规定，对同一犯罪嫌疑人决定取保候审，不得同时使用保证人保证和保证金保证方式。至于选择哪种保证方式，由作出取保候审的公安机关、人民检察院、人民法院根据案件的具体情况决定。

【参考案例16－3】

评析：在本案例中，江某患有严重的肺结核，符合取保候审的适用对象条件，因此，公安机关可以对江某采取取保候审的强制措施。江某的弟弟由于常年在外做生意，无固定的住所，行踪也不定，不符合保证人条件的规定，因此公安机关不同意其做江某的保证人是正确的。如果江某无法提供别的保证人，还可以通过交纳保证金的方式被取保候审。

（四）取保候审的程序

根据《刑事诉讼法》和有关司法解释的规定，公安机关、人民检察院、人民法院根据案件具体情况，对于符合取保候审条件的犯罪嫌疑人、被告人，可以直接决定取保候审，也可以根据犯罪嫌疑人、被告人及其法定代理人、近亲属和委托的律师的申请，经审查符合取保候审条件的，决定取保候审。

1. 取保候审的申请

有权提出取保候审申请的人员包括：犯罪嫌疑人、被告人及其法定代理人、近亲属和辩护人。提出取保候审的申请，一般应以书面形式提出，只是在特殊情况下，才允许使用口头形式。

2. 取保候审的审查

被羁押或者监视居住的犯罪嫌疑人及其法定代理人、近亲属或者辩护人申请取保候审，经审查符合法定情形之一的，经公安机关、人民检察院、人民法院决定，可以对犯罪嫌疑人取保候审。

3. 取保候审的决定

根据《刑事诉讼法》和相关法律规定，公安机关、人民检察院、人民法院都有权采用取保候审。决定取保候审后，由办案人员填写《取保候审决定书》和《取保候审通知书》，经办案部门负责人审核后，由县级以上公安局长、人民检察院检察长或者人民法院院长签发，再由承办人员向犯罪嫌疑人、被告人及保证人宣读取保候审决定书，告知其各自应当遵守的规定及承担的义务，违反规定和义务所应承担的法律后果等，并要求其出具保证书并签名或者盖章。

《关于取保候审若干问题的规定》第2条明确规定，对犯罪嫌疑人取保候审的，由公安机关、国家安全机关、人民检察院、人民法院根据案件的具体情况依法作出决定。可见，取保候审的决定权除了公安机关、人民检察院、人民法院，还包括国家安全机关。

4. 取保候审的执行

根据《刑事诉讼法》和有关司法解释的规定，取保候审由公安机关或国家安全机关执行。公安机关负责对其本身以及人民检察院、人民法院作出的取保候审的决定执行。国家安全机关决定取保候审的，以及人民检察院、人民法院在办理国家安全机关移送的案件时决定取保候审的，由国家安全机关负责执行。人民检察院和人民法院决定的取保候审，应当将《取保候审决定书》和《执行取保候审通知书》送达公安机关，由公安机关执行，以保证人方式保证的，还应当将保证人的《保证书》同时送达公安机关。

公安机关在执行取保候审时，应当向取保候审的犯罪嫌疑人、被告人宣读《取保候审决定书》，由犯罪嫌疑人、被告人签名或者盖章。责令被取保候审的人遵守规定，并告知其违反规定应负的法律责任。

被取保候审的犯罪嫌疑人、被告人，在取保候审期间应当遵守《刑事诉讼法》第69条的规定。被取保候审的犯罪嫌疑人、被告人违反第69条前两款规定的，已交纳保证金的，没收部分或者全部保证金，并且区别情形，责令犯罪嫌疑人、被告人具结悔过，重新交纳保证金、提出保证人，或者监视居住、予以逮捕。对违反取保候审规定，需要予以逮捕的，可以对犯罪嫌疑人、被告人先行拘留。

被取保候审的犯罪嫌疑人、被告人在取保候审期间未违反《刑事诉讼法》第69条规定的，取保候审结束的时候，凭解除取保候审的通知或者有关法律文书到银行领取退还的保证金。如果是采取保证人方式取保候审的，根据《刑事诉讼法》第68条第2款规定，被保证人有违反《刑事诉讼法》第69条规定的行为，保证人未履行保证义务的，对保证人处以罚款，构成犯罪的，依法追究刑事责任。

5. 取保候审的期间

根据《刑事诉讼法》第77条的规定，取保候审的期限最长不超过12个月，在此期限内不得中断对案件的侦查、起诉和审判。取保候审超过期限的，犯罪嫌疑人、被告人及其法定代理人、近亲属、辩护人，有权向作出取保候审决定的人民法院、人民检察院和公安机关提出申诉，要求解除取保候审或变更强制措施。经审查确实超过法定期限的，应当解除取保候审。

6. 取保候审的解除

根据《刑事诉讼法》第77条的规定，解除取保候审的原因有两点：一是发现对被取保候审的人不应追究刑事责任。属于这种情形的是已经查明无罪或符合《刑事诉讼法》第15条规定的6种法定情形。二是取保候审期限届满。即对犯罪嫌疑人、被告人取保候审最长不得超过12个月。如果期限届满，应当解除取保候审。《刑事诉讼法》第97条还规定，人民法院、人民检察院、公安机关对被采取强制措施法定期限届满的犯罪嫌疑人、被告人，应当予以释放、解除取保候审、监视居住或者依法变更强制措施。犯罪嫌疑人、被告人及其法定代理人、近亲属或者辩护人对于人民法院、人民检察院、公安机关采取强制措施法定期限届满的，有权要求解除强制措施。

7. 取保候审的撤销及变更

根据《刑事诉讼法》第94条的规定，人民法院、人民检察院和公安机关如果发现对犯罪嫌疑人、被告人采取取保候审不当的，应当及时撤销或者变更。这里的"不当"包括不该采取强制措施和应当采取强制措施但不应采取取保候审。对前者应当撤销取保候审；对后者则应当变更为其他更为严厉的强制措施。变更取保候审，是指因法定原因将取保候审改变为其他强制措施。根据《刑事诉讼法》第64条、第69条、第94条、第97条的规定，变更取保候审包括：一是被取保候审人违反了第69条第1、2款的规定；二是采取取保候审不当，不能保证诉讼的顺利进行。根据有关司法解释的规定，将取保候审变更为逮捕的条件是：(1) 被取保候审人企图自杀、逃跑，逃避侦查、审查起诉的；(2) 被取保候审人实施毁灭、伪造证据或者串供、干扰证人作证行为，足以影响侦查、审查起诉工作正常进行的；(3) 被取保候审人未经批准，擅自离开所居住的市、县，造成严重后果，或者两次未经批准，擅自离开所居住的市、县的；(4) 被取保候审人经传讯不到案，造成严重后果或者经两次传讯不到案的；(5) 在取保候审期间故意实施新的犯罪行为；(6) 应当逮捕但因患有严重疾病或正在怀孕、哺乳自己的婴儿而未逮捕，疾病痊愈或者哺乳期已满的。

公安机关、人民检察院和人民法院决定解除、撤销取保候审的，应当制作《解除、撤销取保候审决定书》。决定书应送达被取保候审人，通知执行机关，退还保证金。有保证人的，还应通知保证人，解除保证人的保证义务。公、检、法机关决定变更取保候审的，应制作《变更取保候审决定书》，写明变更理由及变更后的强制措施，原取保候审自然失去效力。变更决定应通知保证人、执行机关。

三、监视居住

【参考案例16－4】

陈某，三乡村村民，平日游手好闲，不务正业，但近日衣着光鲜，且频频向路人兜售电视机、手表等贵重物品。经群众举报，公安机关依法立案侦查，查获部分赃物，经讯问，陈某如实供述了自己多次盗窃的犯罪事实。陈某家中有年迈、生活不能自理的母亲，无人照顾，公安机关依法对陈某作出了监视居住的决定。但是，陈某在监视居住期间，几次越墙逃跑，并企图隐藏、毁灭、伪造证据，但都被公安机关及时发现，予以制止。鉴于犯罪嫌疑人有上述严重情节，公安机关决定变更强制措施，予以逮捕。公安机关的处理对吗?

（一）监视居住的概念

监视居住，是指人民法院、人民检察院、公安机关在刑事诉讼过程中对犯罪嫌疑人、被告人采用的，命令其不得擅自离开住所或者指定的居所，并对其活动予以监视和控制的一种强制方法。与取保候审相比，监视居住是相对严厉的一种强制措施。现行的刑事诉讼法有效地区分了取保候审和监视居住，并将监视居住定位为羁押的替代性措施以及取保候审的补充性措施，使取保候审和逮捕之间有了一个可以缓冲的中间地带。

（二）监视居住的适用对象

《刑事诉讼法》第72条第2款规定，人民法院、人民检察院和公安机关对符合逮捕条件，有下列情形之一的犯罪嫌疑人、被告人，可以监视居住：

1. 患有严重疾病、生活不能自理的；
2. 怀孕或者正在哺乳自己婴儿的妇女；
3. 系生活不能自理的人的唯一扶养人；
4. 因为案件的特殊情况或者办理案件的需要，采取监视居住措施更为适宜的；
5. 羁押期限届满，案件尚未办结，需要采取监视居住措施的。

对符合取保候审条件，但犯罪嫌疑人、被告人不能提出保证人，也不交纳保证金的，可以监视居住。

可以适用监视居住的前提条件是犯罪嫌疑人、被告人符合逮捕条件，如果犯罪嫌疑人、被告人不符合逮捕条件，那么即使具有上述五种情形，也不适用监视居住。

（三）监视居住的程序

1. 监视居住的决定

人民法院、人民检察院和公安机关对犯罪嫌疑人采取监视居住，应当由办案人员提出《监视居住意见书》，经办案部门负责人审核后，由县级以上公安局局长、人民检察院检察长、人民法院院长批准，制作《监视居住决定书》和《执行监视居住通知书》。另外，国家安全机关、军队保卫部门、走私犯罪侦查机关也可以根据案件的具体情况作出采取监视居住强制措施的决定。

2. 监视居住的执行

监视居住由公安机关执行，对于人民法院和人民检察院决定的监视居住，人民法院和人民检察院应当将《监视居住决定书》和《执行监视居住通知书》及时送达公安机关。

公安机关开始执行监视居住，应当向被监视居住的犯罪嫌疑人、被告人宣读《监视居住决定书》，由犯罪嫌疑人、被告人签名或盖章，并告知监视居住对象应当遵守的法律规定，以及违反法律规定应负的法律责任。

监视居住应当在犯罪嫌疑人、被告人的住所执行；无固定住所的，可以在指定的居所执行。指定居所监视居住的，不得要求被监视居住人支付费用。对于涉嫌危害国家安全犯罪、恐怖活动犯罪、特别重大贿赂犯罪，在住处执行可能有碍侦查的，经上一级人民检察院或者公安机关批准，也可以在指定的居所执行。但是，不得在羁押场所、专门的办案场所执行。指定监视居住的，除无法通知的以外，应当在执行监视居住后24小时内，通知被监视居住人的家属。人民检察院对指定居所监视居住的决定和执行是否合法实行监督。

被监视居住的犯罪嫌疑人、被告人，在监视居住期间应当遵守《刑事诉讼法》第75条的规定：（1）未经执行机关批准不得离开执行监视居住的处所；（2）未经执行机关批准不得会见他人或者通信；（3）在传讯的时候及时到案；（4）不得以任何形式干扰证人作证；（5）不得毁灭、伪造证据或者串供；（6）将护照等出入境证件、身份证件、驾驶证件交执行机关保存。被监视居住的犯罪嫌疑人、被告人违反规定，情节严重的，可以予以逮捕；需要予以逮捕的，可以对犯罪嫌疑人、被告人先行拘留。

【参考案例16-4】

评析：本案例中，陈某盗窃的犯罪事实清楚，证据确凿，符合逮捕的条件，根据《刑事诉讼法》第72条第1款第3项的规定，公安机关对其作出监视居住的决定是合法的，因此公安机关的处理决定是正确的。陈某在监视居住期间多次企图逃跑并企图隐藏、毁灭、伪造证据，违反了《刑事诉讼法》第75条第1款的规定，根据该条第2款的规定：被监视居住的犯罪嫌疑人、被告人违反本法第

75条第1款之规定，情节严重的，可以逮捕。因此，公安机关对其变更强制措施为逮捕的决定是正确的。

3. 监视居住的期限

根据《刑事诉讼法》第77条的规定，监视居住期间不得超过6个月，在监视居住期间，不得中断对案件的侦查、起诉和审判工作。

指定监视居住的期限应当折抵刑期。被判处管制的，监视居住1日折抵刑期1日，被判处拘役、有期徒刑的，监视居住2日折抵刑期1日。

4. 监视居住的方法

根据《刑事诉讼法》第76条的规定，执行机关对犯罪嫌疑人、被告人，可以采取电子监控、不定期检查等监视方法对其遵守监视居住规定的情况进行监督；在侦查期间，可以对被监视居住的犯罪嫌疑人的通信进行监控。

在侦查期间，为了保证侦查活动的顺利进行，办案机关可以监控被监视居住的犯罪嫌疑人的通信情况，以便掌握其犯罪证据。应当注意的是：这里的电子监控主要是指电子手铐、脚镣，以及视频监控。同时对通信的监控应当理解为告知被监视居住人的前提下进行的公开监控，与技术侦查不同，后者是秘密监控。

5. 监视居住的撤销和解除

人民法院、人民检察院、公安机关如果发现对犯罪嫌疑人、被告人采取监视居住不当的，应当及时撤销。犯罪嫌疑人、被告人及其法定代理人、近亲属、辩护人，有权向人民法院、人民检察院、公安机关提出申诉，要求撤销监视居住，经审查属实的，应对犯罪嫌疑人、被告人撤销监视居住。撤销监视居住，应当由办案人员填写《撤销监视居住通知书》，经办案部门负责人审核后，由公安机关负责人、人民检察院检察长、人民法院院长签发。人民法院、人民检察院撤销监视居住的，应当将《撤销监视居住通知书》送达执行机关。撤销监视居住的决定，应当通知被监视居住人。对于发现不应当追究刑事责任或者监视居住期限届满的，应当及时解除监视居住。解除监视居住，应当及时通知被监视居住人和有关单位。

四、刑事拘留

【参考案例16－5】

M市A区D路派出所在2012年10月8日晚接到报案，称在派出所附近有人拦路抢劫。D路派出所民警迅速出动，根据受害人的指认，当场将又欲行劫的郭某抓获。D路派出所所长签发了拘留证，对郭某实施了拘留，并于当晚对郭某进行了讯问，公安机关认为郭某不仅有当晚抢劫的事实，还有多次抢劫的作案嫌疑。于是在10月13日提请人民检察院批准逮捕。检察院在10月22日作出补充侦查的决定，认为郭某的主要犯罪事实不清。本案中存在哪些错误之处?

（一）拘留的概念和特征

刑事诉讼中的拘留，又称为刑事拘留，是指公安机关、人民检察院在对案件的侦查当中，遇到法定的紧急情况，对现行犯或者重大嫌疑分子依法暂时剥夺其人身自由的强制措施。刑事拘留具有如下特征：

1. 拘留是剥夺人身自由的强制措施。与拘传、取保候审、监视居住等限制人身自由的措施相比，拘留的突出特点在于剥夺人身自由，拘留是一种相当严厉的的强制措施。

2. 适用拘留的机关具有特定性。依照法律规定，有权决定拘留的机关是公安机关、人民检察院等对刑事案件具有侦查权的机关。除此之外，其他任何机关（包括人民法院）、团体和个人都没有拘留、剥夺其人身自由的权力。

3. 适用条件的紧急性。《刑事诉讼法》第80条规定，公安机关对于现行犯或者重大嫌疑分子，如果有下列情形之一的，可以先行拘留：

（1）正在预备犯罪、实行犯罪或者在犯罪后及时被发觉的；

（2）被害人或者在场亲眼看见的人指认他犯罪的；

（3）在身边或者住处发现有犯罪证据的；

（4）犯罪后企图自杀、逃跑或者在逃的；

（5）有毁灭、伪造证据或者串供可能的；

（6）不讲真实姓名、住址、身份不明的；

（7）有流窜作案、多次作案、结伙作案重大嫌疑的。

可见，拘留必须符合两个条件：其一，拘留的对象是现行犯或者是重大嫌疑分子。其二，具有法定的紧急情形之一，即《刑事诉讼法》第80条规定的7种情形之一，两者应当同时具备。

4. 期间的短暂性。《刑事诉讼法》对被拘留的犯罪嫌疑人员羁押期限作了严格的规定，公安机关和人民检察院如果没有按照法律规定办理，被拘留的人及其法定代理人、近亲属、辩护人等有权要求释放。公安机关、人民检察院应当立即释放。公安机关决定拘留的案件，在执行拘留后，认为需要逮捕的，应当在拘留后3日以内，提请人民检察院审查批准。在特殊情况下，提请审查批准的时间可以延长1日至4日，对于流窜作案、多次作案、结伙作案的重大嫌疑分子，提请批准逮捕的时间可以延长至30日。人民检察院接到公安机关提请批准逮捕书后，应当在7日内审查完毕，作出批准逮捕或者不批准逮捕的决定。人民检察院不批准逮捕的，公安机关应当在接到通知后立即释放，并且将执行情况及时通知人民检察院。对于需要继续侦查，并且符合取保候审、监视居住条件的，依法取保候审或者监视居住。《人民检察院刑事诉讼规则》规定，人民检察院拘留犯罪嫌疑人的羁押期限为14日，特殊情况下可以延长1日至3日。

（二）拘留的适用条件

刑事拘留是临时剥夺被拘留人人身自由的一种比较严厉的强制措施，我国《刑事诉讼法》对其的适用条件作了明确规定：一是《刑事诉讼法》第80条关于公安机关在案件侦查过程中对拘留的适用条件规定；二是《刑事诉讼法》第163条人民检察院在案件侦查过程中对拘留的适用条件规定：人民检察院直接受理的案件中，有下列情形之一的，可以决定拘留，由公安机关执行：（1）犯罪后企图自杀、逃跑或者在逃的；（2）有毁灭、伪造证据或者串供可能的。

（三）拘留的程序

1. 拘留的决定

在司法实践中，公安机关如果依法需要拘留现行犯或者重大嫌疑分子，由公安机关承办案件的部门填写《呈请拘留报告书》，由县级以上公安机关负责人批准，签发《拘留证》，然后提请批准拘留的部门负责执行。

人民检察院决定拘留的案件，应当由办案人员提出意见，经办案部门负责人审核后，由检察长决定。人民检察院作出拘留决定后，人民检察院应当将有关法律文书和有关案由、犯罪嫌疑人基本情况的材料送交同级公安机关执行。必要的时候，人民检察院可以协助公安机关执行。

2. 拘留的执行

拘留，由公安机关负责执行，执行拘留时，应当注意以下几个问题：

（1）执行拘留的时候，必须向被拘留人出示《拘留证》，宣布拘留，并责令被拘留人在《拘留证》上签名或按手印。执行拘留时，如遇有反抗，可以使用武器和戒具等强制方法，但一定要适度，以使其就缚为限度。

根据《刑事诉讼法》第81条的规定，公安机关在异地执行拘留时，应当通知被拘留人所在地的公安机关，被拘留人所在地的公安机关应当予以配合。

《人民检察院刑事诉讼规则》规定，担任县级以上人民代表大会代表的犯罪嫌疑人因现行犯被拘留的，人民检察院应当立即向该代表所属的人民代表大会主席团或者常务委员会报告；因为其他情形需要拘留的，人民检察院应当报请该代表所属的人民代表大会主席团或者常务委员会许可。人民检察院拘留担任本级人民代表大会代表的犯罪嫌疑人，直接向本级人民代表大会主席团或常务委员会报告或者报请许可。拘留担任上级人民代表大会代表的犯罪嫌疑人，应当立即层报该代表所属的人民代表大会同级的人民检察院报告或者报请许可。拘留担任下级人民代表大会代表的犯罪嫌疑人，可以直接向该代表所属的人民代表大会主席团或者常务委员会报告或者报请许可，也可以委托该代表所属的人民代表大会同级的人民检察院报告或者报请许可；拘留担任乡、民族乡、镇的人民代表大会代表的犯罪嫌疑人，由县级人民检察院报告乡、民族乡、镇的人民代表大会。拘留担任办案单位所在省、市、县（区）以外的其他地区人民代表大会代表的犯罪嫌疑人，应当委托该代表所属的人民代表大会同级的人民检察院报告或者报请许可；担任两级以上人民代表大会代表的，应当分别委托该代表所属的人民代表大会同级的人民检察院报告或者报请许可。

（2）公安机关对于被拘留的人，应当在24小时以内进行讯问，在发现不应当拘留的时候，必须立即释放，发给释放证明。

（3）公安机关在拘留后，应当立即将被拘留人送看守所羁押，至迟不得超过24小时。除无法通知或者涉嫌危害国家安全的犯罪、恐怖活动犯罪通知可能有碍侦查的情形外，应当在拘留后24小时以内，通知被拘留人的家属。有碍侦查的情形消失以后，应当立即通知被拘留人的家属。

《人民检察院刑事诉讼规则》第133条规定：对犯罪嫌疑人拘留后，除无法通知的以外，人民检察院应当在24小时以内，通知被拘留人的家属。无法通知的，应当向检察长报告，并将原因写明附卷。无法通知的情形消除后，应当立即通知其家属。无法通知包括以下情形：第一，被拘留人无家属的；第二，与其家属无法取得联系的；第三，受自然灾害等不可抗力阻碍。

【参考案例16－5】

评析：本案例中，由派出所所长签发《拘留证》是错误的，拘留应由县级以上公安机关负责人批准，签发《拘留证》。检察院审查批捕的期间超过了7日。而且，检察院审查批捕时，只能作出批准逮捕或不批准逮捕的决定，不能作出补充侦查的决定。因此，检察院作出补充侦查的决定也是错误的。

（4）根据《公安机关办理刑事案件程序规定》第126条的规定，犯罪嫌疑人不讲真实姓名、住址、身份不明的，应当对其身份进行调查。经县级以上公安机关负责人批准，拘留期限自查清其身份之日起计算，但不得停止对其犯罪行为的侦查取证。对符合逮捕条件的犯罪嫌疑人，也可以按其自报的姓名提请批准逮捕。

（四）刑事拘留与行政拘留、司法拘留的区别

1. 刑事拘留与行政拘留的区别

行政拘留，是指法定的行政机关依法对违反行政法律规范的人，在短期内限制人身自由的一种行政处罚。与刑事拘留相比较，两者存在以下区别：

（1）性质不同。刑事拘留是刑事诉讼中的程序性措施；行政拘留是对实施

了行政违法行为的人的一种处罚，实质上是一种制裁，具有处罚性。

（2）适用对象不同。刑事拘留适用于符合法定情形的现行犯或者重大嫌疑分子；行政拘留适用于行政违法的人。

（3）羁押的期限不同。刑事拘留的羁押期限一般情况下最多为 10 日，特殊情况下最多为 14 日，对流窜作案，多次作案、结伙作案的重大嫌疑分子最多为 37 日；行政拘留的最长期限为 15 日。

（4）适用的目的不同。刑事拘留的目的在于保证刑事诉讼活动的顺利进行；行政拘留的目的在于惩罚和教育行政违法人。

（5）有权适用的机关不同。对于刑事拘留，公安机关、人民检察院等侦查机关都有权适用，其法律地位是刑事司法机关；行政拘留只能由公安机关适用，其法律地位是行政执法机关。

2. 刑事拘留与司法拘留的区别

司法拘留，是指人民法院对实施了妨害民事诉讼或法庭审判的行为、情节严重的人所采取的在一定期间内剥夺其人身自由的制裁方法。刑事拘留与司法拘留有重要区别：

（1）有权适用的机关不同。刑事拘留由公安机关和人民检察院决定适用，司法拘留由人民法院决定适用。

（2）适用的对象不同。刑事拘留适用于符合法定情形的现行犯或重大嫌疑分子。司法拘留的适用对象是所有在诉讼过程中实施了妨害诉讼行为的人，既包括诉讼当事人和其他诉讼参与人，也包括案外人。

（3）性质不同。刑事拘留是一种程序措施，而司法拘留是对妨害诉讼行为人的制裁方法。前者在被判处刑罚后要折抵刑期，而司法拘留与判决的执行期没有关系。

（4）法律根据不同。刑事拘留是根据《刑事诉讼法》的规定采用的；司法拘留则是分别根据《刑事诉讼法》、《民事诉讼法》和《行政诉讼法》的规定采用的。

（5）期限不同。刑事拘留期限已于前述；司法拘留的期限则最长为 15 日。

五、逮捕

【参考案例 16－6】

杨某，17 岁，是三山市职业中学学生。2007 年 3 月，杨某与少女方某（16 岁）相识，并很快确定恋爱关系。10 月，方某应邀来到杨某家，杨某提出要与方某发生性关系，方某不置可否，杨某见此，便与对方发生了性关系。此事发生后，两人又多次发生了两性关系。2008年5月，方某有了身孕，在父母的追问下，方某说出了一切，其父母便向公安机关提出对杨某的控告，要求追究杨某的刑事责任。侦查人员谢某做了笔录后，深感气愤，对方某的父母说："为了防止杨某继续骚扰你们的女儿，我们公安机关决定将杨某逮捕归案。"并立即填发一张逮捕证，由于人手不够，也就一人执行了对杨某的逮捕。对杨某的逮捕措施合法吗？为什么？

（一）逮捕的概念

逮捕，是指公安机关、人民检察院和人民法院为了防止犯罪嫌疑人、被告人逃避侦查、起诉和审判，发生妨碍刑事诉讼的行为或社会危险性，在一定期限内依法剥夺犯罪嫌疑人、被告人的人身自由，并进行审查的一种强制措施。逮捕是刑事诉讼强制措施中最严厉的强制措施。

逮捕的羁押期限较之拘留的羁押期限要长得多，公、检、法机关在逮捕期间不仅可以随时讯问，而且还能有效地防止串供、毁灭证据、逃跑、自杀等妨害刑事诉讼的情况发生。但是，由于它是在较长时期内剥夺人身自由，很容易导致犯罪嫌疑人、被告人的合法权益遭受侵犯。因此，我国《刑事诉讼法》对逮捕的适用规定了相应的条件，实践中应当严格按照法定的条件和程序来适用逮捕，以防止伤害无辜、放纵罪犯情况的发生。

（二）逮捕的条件

根据《刑事诉讼法》第79条的规定，逮捕必须同时符合：有证据证明有犯罪事实、可能判处徒刑以上的刑罚和采取取保候审的方法不足以防止社会危险性三个条件：

1. 证据条件，即有证据证明有犯罪事实。这一条件包括如下内容：第一，有证据证明发生了犯罪事实，即犯罪事实已经发生，并有证据能够证明，这里的"犯罪事实"既可以是单一犯罪行为的事实，也可以是数个犯罪行为中任何一个犯罪行为的事实；第二，有证据证明犯罪事实是犯罪嫌疑人、被告人实施的，如果仅仅是一种推测、怀疑，就不能实施逮捕；第三，证明犯罪嫌疑人、被告人实施犯罪行为的证据已经查证属实。应当指出的是，在把握逮捕这一条件时，应当注意有证据证明与证据充分是有区别的。前者的证明程度显然低于后者，但"有证据证明"中的证据也必须是查证属实的。以上三点是构成有证据证明有犯罪事实的必备条件。否则，不能认为有证据证明有犯罪事实。

2. 刑种条件，即可能判处徒刑以上刑罚。这是采用逮捕时在刑事实体法方面的要求。基于已有证据证明的犯罪事实，根据我国刑法的有关规定，初步判定犯罪嫌疑人、被告人可能被判处有期徒刑以上的刑罚，而不是可能被判处管制、拘役、独立适用附加刑等轻刑或者可能被免除刑罚的，才符合逮捕条件。

3. 社会危险性条件，即采取取保候审尚不足以防止发生《刑事诉讼法》第79条规定的五种社会危险性。《刑事诉讼法》第79条规定，对有证据证明有犯罪事实，可能判处徒刑以上刑罚的犯罪嫌疑人、被告人，采取取保候审尚不足以防止发生下列社会危险性的，应当予以逮捕：可能实施新的犯罪的，即犯罪嫌疑人多次作案、连续作案、流窜作案，其主观恶性、犯罪习性表明其可能实施新的犯罪，以及有一定证据证明犯罪嫌疑人已经开始策划、预备实施犯罪的；有危害国家安全、公共安全或者社会秩序的现实危险的，即有一定证据证明或者有迹象表明犯罪嫌疑人在案发前或者案发后正在积极策划、组织或者预备实施危害国家安全、公共安全或者社会秩序的重大违法犯罪行为的；可能毁灭、伪造证据，干扰证人作证或者串供的，即有一定证据证明或者有迹象表明犯罪嫌疑人在归案前或者归案后已经着手实施或者企图实施毁灭、伪造证据，干扰证人作证或者串供行为的；有一定证据证明或者有迹象表明犯罪嫌疑人可能对被害人、举报人、控告人实施打击报复的；企图自杀或者逃跑的，即犯罪嫌疑人归案前或者归案后曾经自杀，或者有一定证据证明或者有迹象表明犯罪嫌疑人试图自杀或者逃跑的。对有证据证明有犯罪事实，可能判处十年有期徒刑以上刑罚的，或者有证据证明有犯罪事实，可能判处徒刑以上刑罚，曾经故意犯罪或者身份不明的，应当予以逮捕。被取保候审、监视居住的犯罪嫌疑人、被告人违反取保候审、监视居住规定，情节严重的，可以予以逮捕。

（三）逮捕的程序

1. 提请、批准逮捕

（1）公安机关提请逮捕

《刑事诉讼法》第85条规定："公安机关要求逮捕犯罪嫌疑人的时候，应当写出提请批准逮捕书；连同案卷材料、证据，一并移送同级人民检察院审查批准。必要的时候，人民检察院可以派人参加公安机关对于重大案件的讨论。"可见，公安机关需要逮捕时，应当向同级人民检察院报批逮捕，并移送提请批准逮捕书和案卷材料、证据。提请批准逮捕书应当写明犯罪嫌疑人的姓名、性别、年龄、籍贯、职业、民族、住址、简历、所犯罪行和主要证据，认定的罪名、逮捕的法律依据。人民检察院在必要的时候，可以派人参加公安机关对重大案件的讨论，这样可以提前了解案情，为审查批捕作一定准备。

（2）人民检察院审查批准逮捕

根据我国《刑事诉讼法》第78条的规定，只有人民检察院和人民法院才拥有逮捕的批准权和决定权，公安机关只有逮捕执行权。公安机关认为需要逮捕犯罪嫌疑人的，应当提请人民检察院审查批准。

人民检察院对公安机关提请批准逮捕的，由审查批捕部门办理。审查批捕部门应当指定办案人员审查。办案人员审查后，提出审查意见，审查批捕部门负责人审核后，报请检察长批准或决定。重大案件应当经检察委员会讨论决定。

人民检察院审查批准逮捕，可以讯问犯罪嫌疑人；有下列情形之一的，应当讯问犯罪嫌疑人：①对是否符合逮捕条件有疑问的；②犯罪嫌疑人要求向检察人员当面陈述的；③侦查活动可能有重大违法行为的。

人民检察院审查批准逮捕，可以询问证人等诉讼参与人，听取辩护律师的意见；辩护律师提出要求的，应当听取辩护律师的意见。

根据《刑事诉讼法》第88、89条的规定，人民检察院对于公安机关提请批准逮捕的案件进行审查后，7日内应当根据情况分别作出批准逮捕或不批准逮捕两种处理决定：对符合《刑事诉讼法》第79条规定的逮捕条件的，依法作出批准逮捕的决定，并制作批准逮捕决定书，连同案卷材料等送达公安机关。公安机关应当立即执行，并将执行情况及时通知人民检察院；对于不符合逮捕条件的，作出不批准逮捕的决定，并制作不批准逮捕决定书，说明不批准逮捕的理由，连同案卷材料等送达公安机关，需要补充侦查的，应当同时通知公安机关，公安机关在接到不批准逮捕决定的通知后立即释放犯罪嫌疑人，并将执行情况及时通知人民检察院。对于需要继续侦查，并且符合取保候审、监视居住条件的，依法取保候审或者监视居住。

根据《刑事诉讼法》第90条规定，公安机关如果认为人民检察院不批准逮捕的决定有错误的时候，可以要求复议，但必须将被拘留的人立即释放。人民检察院应当另行指派审查批捕部门的办案人员进行复议，并将复议结果通知公安机关。如果复议不被接受，公安机关还可以向上一级人民检察院申请复核。上级人民检察院应当进行复核，复核后作出是否变更的决定，并通知下级人民检察院和公安机关执行。上级人民检察机关的复核决定，是最终决定。公安机关或下级人民检察院即使有不同意见，也必须执行。

2. 作出决定

人民检察院和人民法院在办理案件的过程中，对符合法定逮捕条件的犯罪嫌疑人、被告人都有权作出逮捕决定。人民检察院办理直接受理的案件时，需要逮捕犯罪嫌疑人的，由侦查部门填写逮捕犯罪嫌疑人意见书，连同案卷材料一并送交本院审查批捕部门审查。审查批捕部门在接到逮捕犯罪嫌疑人意见书后，应当在法定期限内提出意见，经检察长或检察委员会决定逮捕或者不予逮捕。决定逮捕的，应当制作逮捕决定书，由公安机关执行，必要时人民检察院可以协助执行。

人民检察院审查逮捕时，如果犯罪嫌疑人涉嫌的罪行较轻，且没有其他重大犯罪嫌疑，具有以下情形之一的，可以作出不批准逮捕的决定或者不予逮捕：属于预备犯、中止犯，或者防卫过当、避险过当的；主观恶性较小的初犯，共同犯罪中的从犯、胁从犯，犯罪后自首、有立功表现或者积极退赃、赔偿损失、确有悔罪表现的；过失犯罪的犯罪嫌疑人，犯罪后有悔罪表现，有效控制损失或者积极赔偿损失的；犯罪嫌疑人与被害人双方根据《刑事诉讼法》的有关规定达成和解协议，经审查，认为和解系自愿、合法且已经履行或者提供担保的；犯罪嫌疑人系已满14周岁未满18周岁的未成年人或者在校学生，本人有悔罪表现，其家庭、学校或者所在社区以及居民委员会、村民委员会具备监护、帮教条件的；年满75周岁以上的老年人。对符合《刑事诉讼法》第72条第1款规定的犯罪嫌疑人，人民检察院经审查认为不需要逮捕的，可以在作出不批准逮捕或者不予逮捕决定的同时，向侦查机关提出监视居住的建议。决定不逮捕的，应当制作不予逮捕决定书，并将已被拘留的犯罪嫌疑人立即释放，需要继续侦查的，可以采取其他强制措施。

人民法院在办案过程中，对自诉案件的被告人和公诉案件的被告人，只要符合逮捕条件，认为应当逮捕时，都有权决定逮捕。决定逮捕应当制作决定逮捕书，并送交公安机关执行。

3. 逮捕的执行

（1）根据《刑事诉讼法》第78条规定，逮捕犯罪嫌疑人、被告人，不论是批准逮捕，还是决定逮捕，一律由公安机关执行。《刑事诉讼法》第91条规定，公安机关逮捕人的时候，必须出示逮捕证。逮捕后，应当立即将被逮捕人送看守所羁押。除无法通知的以外，应当在逮捕后24小时以内，通知被逮捕人的家属，逮捕证必须由县级以上公安机关负责人签发。

（2）执行逮捕必须由两名以上的公安人员进行。在执行逮捕时，必须向被逮捕人出示逮捕证，并宣布对其依法逮捕，然后责令被逮捕人在逮捕证上签名、捺指印。被逮捕人拒绝签名、捺指印的，执行人员应当注明。公安机关执行逮捕，如果被逮捕人拒捕，执行人员必要时可以使用戒具、武器。

（3）公安机关执行逮捕，如果因被逮捕人死亡、逃跑或其他原因，不能执行逮捕或逮捕未获的，应当立即通知原批准逮捕的人民检察院或决定逮捕的人民检察院或人民法院，以便采取相应的处置措施。

（4）公安机关在异地执行逮捕时，应当通知被逮捕人所在地的公安机关，被逮捕人所在地的公安机关应当予以配合。

（5）人民法院、人民检察院和公安机关如果发现对犯罪嫌疑人、被告人采取强制措施不当的应当及时撤销或者变更。公安机关释放被逮捕的人或者变更逮捕措施的，应当通知原批准的人民检察院。

【参考案例16－6】

评析：在本案例中，犯罪嫌疑人杨某与方某的性行为只能是少年男女在恋爱中的不正当性行为，不能把杨某的行为当作犯罪行为，因此不能对杨某适用逮捕等强制措施。公安机关侦查人员作出对杨某的逮捕措施未经检察院批准，侦查员谢某还自行填逮捕证并独自一人执行了逮捕的强制措施，都是违反逮捕的法定程序的，是不合法的。

（四）逮捕的特殊程序

人民检察院对担任本级人民代表大会代表的犯罪嫌疑人批准或者决定逮捕，应当报请本级人民代表大会主席团或者常务委员会许可。报请许可手续的办理由侦查机关负责。对担任上级人民代表大会代表的犯罪嫌疑人批准或者决定逮捕，应当层报该代表所属的人民代表大会同级的人民检察院报请许可。对担任下级人民代表大会代表的犯罪嫌疑人批准或者决定逮捕，可以直接报请该代表所属的人民代表大会主席团或者常务委员会许可，也可以委托该代表所属的人民代表大会同级的人民检察院报请许可；对担任乡、民族乡、镇的人民代表大会代表的犯罪嫌疑人批准或者决定逮捕，由县级人民检察院报告乡、民族乡、镇的人民代表大会。对担任两级以上的人民代表大会代表的犯罪嫌疑人批准或者决定逮捕，分别依照前述规定报请许可。

对担任办案单位所在省、市、县（区）以外的其他地区人民代表大会代表的犯罪嫌疑人批准或者决定逮捕，应当委托该代表所属的人民代表大会同级的人民检察院报请许可；担任两级以上人民代表大会代表的，应当分别委托该代表所属的人民代表大会同级的人民检察院报请许可。

本章小结

强制措施，是指公安机关、人民检察院和人民法院为了保证刑事诉讼的顺利进行，依法对犯罪嫌疑人、被告人所采取的，在一定期限内暂时限制或剥夺其人身自由的法定的强制方法。

我国《刑事诉讼法》规定了五种强制措施，按照强制力度从轻到重的顺序排列依次为：拘传、取保候审、监视居住、拘留、逮捕。

拘传，是指公安机关、人民检察院和人民法院对于未被羁押的犯罪嫌疑人、被告人，依法强制其到案接受讯问的一种强制方法，它是我国刑事诉讼强制措施体系中最轻的一种。

取保候审，是指在刑事诉讼过程中，公安机关、人民检察院、人民法院依法责令犯罪嫌疑人、被告人提出保证人或者交纳保证金，并出具保证书，以保证其不逃避或妨碍侦查、起诉和审判活动，并随传随到的一种强制措施。

监视居住，是指人民法院、人民检察院、公安机关在刑事诉讼过程中对犯罪嫌疑人、被告人采用的，命令其不得擅自离开住所或者指定的居所，并对其活动予以监视和控制的一种强制方法。与取保候审相比，监视居住是相对严厉的一种强制措施。

刑事诉讼中的拘留，又称为刑事拘留，是指公安机关、人民检察院在对案件的侦查当中，遇到法定的紧急情况，对现行犯或者重大嫌疑分子依法暂时剥夺其人身自由的强制措施。

逮捕，是指公安机关、人民检察院和人民法院为了防止犯罪嫌疑人、被告人逃避侦查、起诉和审判，发生妨碍刑事诉讼的行为或社会危险性，在一定期限内依法剥夺犯罪嫌疑人、被告人的人身自由，并进行审查的一种强制措施。逮捕是刑事诉讼强制措施中最严厉的强制措施。

思考题

1. 强制措施的特征有哪些？
2. 取保候审、监视居住的适用对象是什么？
3. 什么是刑事拘留？刑事拘留的适用条件是什么？
4. 什么是逮捕？什么情形下可以适用逮捕这一强制措施？

实务训练

被告人崔某，1990 年出生。2007 年 5 月 7 日晚在一路口抢走了下班女工的提包，后被过路群众抓获，扭送到附近的某人民法院。法院同志认为这是公安机关管辖的案件，告诉群众应将其扭送到公安局。崔某被扭送到公安局后，公安人员认为崔某符合拘留条件，遂将其拘留。后公安局于 5 月 16 日向检察机关提请批准逮捕，但未获批准。公安局认为这一决定是错误的，于是向检察机关提出复议，但仍未被接受，遂向上一级检察机关申请复核；同时认为崔某态度恶劣，随时可能逃跑，而且《刑事诉讼法》规定拘留最长期限为 37 天，因此尽管崔某多次提出应当释放，一直未予批准。直至 5 月 25 日，上级检察机关作出不批准逮捕的决定，才将其释放。该案于 6 月 20 日由人民检察院提起公诉，在法庭审理中，人民法院认为，应对崔某实施逮捕，于是派法警将其逮捕归案。

【问题】 试分析案例中公安机关、人民检察院、人民法院关于强制措施适用行为的不当之处，并说明理由。

第十七章

刑事附带民事诉讼

学习目标

1. 掌握附带民事诉讼的条件；
2. 明确附带民事诉讼当事人的范围；
3. 掌握并能运用附带民事诉讼的审判程序。

案例导读

案情：被告人甲男与乙女发生了婚外情，私下里以“夫妻”名义相称，被甲妻丙发现。丙对甲、乙进行劝阻，甲、乙不但不听，反而公开以夫妻名义同居。丙以重婚罪向法院提起诉讼并要求与甲离婚。

问题：法院能否在审理重婚案的同时处理甲与丙的离婚之诉？

第一节　刑事附带民事诉讼概述

一、刑事附带民事诉讼的概念

我国刑事附带民事诉讼制度是在奴隶社会的赎刑制度上发展形成的，夏朝的时候已有赎刑的规定，明朝时期赎刑制度被广泛使用，到清政府时期，已明文以法定形式规定了刑事附带民事诉讼。清政府在1907年制定的《各级审判厅试办章程》第47条规定：“于公诉时，并要求追还赃物，损害赔偿及恢复名誉者，得附带诉讼。”1934年国民党政府在制定刑事诉讼法时规定了刑事附带民事诉讼，我国1979年的《刑事诉讼法》对附带民事诉讼制度作了专门规定，标志着新中国刑事附带民事诉讼制度的正式确立。对于刑事附带民事诉讼的概念，我国现行的《刑事诉讼法》第99条规定：“被害人由于被告人的犯罪行为而遭受物质损失的，在刑事诉讼过程中，有权提起附带民事诉讼。被害人死亡或者丧失行为能力的，被害人的法定代理人、近亲属有权提起附带民事诉讼。”“如果是国家财产、集体财产遭受损失的，人民检察院在提起公诉的时候，可以提起附带民事诉讼。”第102条规定：“附带民事诉讼应当同刑事案件一并审判，只有为了防止刑事案件审判的过分迟延，才可以在刑事案件审判后，由同一审判组织继续审理附带民事诉讼。”而《刑法》第36条第1款则规定：“由于犯罪行为而使被害人遭受经济损失的，对犯罪分子除依法给予刑事处罚外，并应根据情况判处赔偿经济损失。”从上述立法表述来看，刑事附带民事诉讼的概念，是指司法机关在刑事诉讼过程中，在解决被告人刑事责任的同时，附带解决由于被告人的犯罪行为而使被害人遭受物质损失的赔偿问题所进行的诉讼活动。由于这一诉讼在实体上解决的是民事赔偿问题，而在程序上又依附于刑事诉讼，所以被称为刑事附带民事诉讼。

二、刑事附带民事诉讼的性质

正因为刑事附带民事诉讼兼有刑事诉讼与民事诉讼的特点，因此刑事附带民事诉讼具有公法与私法的双重属性。刑事附带民事诉讼具有与其他两大诉讼法所不同的特性，不能隶属于任一诉讼体系，即刑事附带民事诉讼具有独立性，对此可从以下几个方面加以理解：

（一）刑事附带民事诉讼与刑事诉讼

刑事附带民事诉讼中的附带民事诉讼是依附于刑事诉讼的民事诉讼，其存在以刑事诉讼的成立为前提，认识刑事附带民事诉讼的性质，首先要对刑事附带民事诉讼与刑事诉讼的关系进行准确的定位，二者的关系是：

1. 两种诉讼基于同一事实而产生。附带民事诉讼与刑事诉讼均由被告人之犯罪行为引起，刑事犯罪事实与民事侵权事实呈现出一定程度的重合。因此，通过刑事诉讼查清犯罪事实，附带民事诉讼中的侵权行为也得以查明。这正是刑事附带民事诉讼的事实基础。

2. 两种诉讼解决同一行为产生的两种责任。引起刑事附带民事诉讼的犯罪行为同时侵害的法益有两种：一是公法保护的社会秩序，二是私法保护的人身权和财产权，前者产生的刑事责任，通过刑事诉讼解决，后者产生的民事责任，通过附带民事诉讼解决。

3. 附带民事诉讼在刑事诉讼过程中进行。这是因为，其一，产生附带民事诉讼的基础首先是犯罪行为的发生，这一事实必须在刑事诉讼中查清。其二，犯罪行为的危害后果严重于民事侵权行为，侵害民事权益的犯罪行为肯定是民事侵权行为，但民事侵权行为不一定是犯罪行为，如果仅仅是民事侵权行为，则只能产生民事诉讼。因此，在刑事附带民事诉讼中，民事侵权行为依附于犯罪行为。其三，附带民事诉讼以刑事诉讼的存在为前提，如果刑事诉讼尚未提起或者已经终结，被害人提起的诉讼只能是民事诉讼，附带民事诉讼无从产生。

(二) 刑事附带民事诉讼与普通民事诉讼

刑事附带民事诉讼与普通的民事诉讼有不少共同之处。从附带民事诉讼的内容来看，被害人提起附带民事诉讼，实际上同提起普通的民事诉讼一样，仍然是通过司法机关向对方当事人提出实体民事权利请求，而司法机关依法查明被害人遭受的物质损失，在双方当事人平等辩论的基础上，依据相关民事法律解决各方应承担的民事责任。

三、刑事附带民事诉讼的特征

(一) 民事诉讼提起的附带性

附带民事诉讼必须以刑事诉讼的成立为前提。因为附带民事诉讼是由刑事诉讼所追究的犯罪行为引起的，是在追究被告人刑事责任的同时，附带解决其应承担的民事赔偿责任的问题。因此，必须以刑事案件进入刑事诉讼为前提，刑事诉讼具有优先性，没有刑事诉讼，就无附带民事诉讼。这里所要求的犯罪行为是指被告人在刑事诉讼过程中被指控的犯罪行为，而不要求是人民法院以生效裁判确定构成犯罪的行为。只要行为人被公安司法机关进行追诉，因其行为遭受损失的人就可以提起附带民事诉讼，即使被告人的行为最终没有被人民法院以生效裁判确定为实体意义上的犯罪行为，也不影响附带民事诉讼的提起和进行。但是，就犯罪行为遭受的精神损害提起附带民事诉讼的，人民法院是不予受理的。

(二) 民事诉讼部分具有相对独立性

尽管在附带民事诉讼中，刑事诉讼具有优先性，但不代表民事诉讼完全服从于刑事诉讼。虽然，追究刑事责任在先，民事责任在后，但不表明被害人提起的民事诉讼与刑事诉讼必须同时审理。按照我国《刑事诉讼法》的规定，当事人有权选择与刑事案件一并审理，也可以选择在刑事案件处理完毕后另行起诉。这种选择权意味着民事诉讼部分并非绝对听从于刑事诉讼部分，刑事诉讼并非必然引起附带民事诉讼，能否提起附带民事诉讼，取决于被害人的态度。附带民事诉讼在实体处理方面主要依据民法的相关规定，如赔偿范围、赔偿标准等。当刑事诉讼规定与民事诉讼规定不冲突时，附带民事诉讼通常适用民事诉讼法的相关规定，如附带民事诉讼适用和解、调解等。

（三）刑事附带民事审判的一并性

我国《刑事诉讼法》第102条规定，附带民事诉讼应当同刑事案件一并审判，只有为了防止刑事案件审判的过分迟延，才可以在刑事案件审判后，由同一审判组织继续审理附带民事诉讼。该条从原则上规定了审理附带民事诉讼的审判组织与审理刑事案件的审判组织是同一审判组织。在司法实践中，刑事附带民事案件是由刑事审判庭审判的，也就是说，在审判刑事附带民事案件过程中，刑事审判庭担负了刑事审判和民事审判的双重职能。在审判过程中，以刑事审判为主，采取刑事审判的模式进行，被告人对附带民事诉状的答辩时间按刑事案件的期限确定，对附带民事判决或裁定的上诉、抗诉的期间也按照刑事部分的期限确定。

（四）刑事附带民事主体的复杂性

1. 参与主体范围广泛。在我国三大诉讼中，刑事附带民事诉讼中参与诉讼的主体是最广泛、最复杂的。在刑事部分，参与诉讼的主体有：人民检察院（或自诉人）、被告人、法定代理人、委托代理人、辩护人、证人、鉴定人、翻译人；在附带民事诉讼部分，参与诉讼的主体有：附带民事诉讼原告人、附带民事诉讼被告人、监护人、法定代理人、法定代表人、诉讼代理人、证人、鉴定人、翻译人以及对被告人的犯罪行为依法承担赔偿责任的人。如雇主、保险公司和被告人所在单位等。

2. 诉讼当事人身份多样化。单独犯罪刑事案件附带民事诉讼的，刑事部分的被告人同时又具有附带民事被告人的身份；单独犯罪的数罪刑事案件附带民事诉讼的，被告人可能是整个刑事附带民事案件的被告人，也可能仅是某个罪所涉的附带民事部分被告人；一罪的共同犯罪案件中，刑事被告人即是附带民事的被告人；数罪的共同犯罪中，同是刑事部分的被告人，却不一定都是附带民事部分的被告人，同是附带民事部分的被告人，却不一定均是刑事部分的被告人；自诉刑事附带民事诉讼中，刑事被告人同时是附带民事的被告人，也可能是反诉中的刑事自诉人和反诉中的附带民事原告人。

3. 辩护人和代理人诉讼地位交叉。附带民事诉讼中当事人提起反诉的，由于原、被告地位发生变化，其委托的代理人和辩护人如果继续接受委托的话，其诉讼地位也随着原告和被告诉讼地位的转换而转换，角色交叉。如自诉案件中的被告人提起反诉的案件，本诉中刑事被告人兼附带民事被告人，因提起反诉而成为反诉中的自诉人和附带民事原告人，其委托的辩护人在反诉部分角色也转换为指控犯罪的诉讼代理人，这种情况在附带民事诉讼中很是常见。

四、刑事附带民事诉讼制度的意义

（一）附带民事诉讼有利于正确处理刑事案件

在审理刑事案件过程中一并解决民事赔偿问题，有利于全面查明被告人的行为到底是否构成犯罪以及应当判处何种刑罚。因为许多刑事案件，如破坏社会主义经济秩序罪以及侵犯财产罪的许多案件中，被告人的行为是否造成物质损害以及造成物质损害的程度，是对被告人定罪量刑的决定性因素。

（二）维护法律权威，促进社会稳定

维护法律权威，对于刑事案件来讲，就是案件得到正确解决，在维护社会公共利益的同时有效保护被害人的合法权利，而案件的正确解决依赖于准确及时地查明案件事实和正确地适用法律，其中查明案件事实是前提条件。从我国《刑法》规定来看，行为人造成损害的大小是案件事实的重要组成部分，是衡量其行为是否构成犯罪或者是否具有从重、从轻或减轻处罚情节的重要依据。实行刑事附带民事诉讼制度，刑事诉讼与民事诉讼同时进行，可以准确全面地查明被告人的行为对社会和被害人造成的损害、各种损害的大小程度以及为弥补损害所采取的种种措施等重要事实，在查明案件事实基础上分析衡量被告人刑罚的种类及程度、民事责任的大小，这有助于案件的正确解决，维护法律权威，而且对被告人和被害人而言，本身就是一种“双赢”的选择。在解决被告人刑事责任的同时一并解决其民事损害赔偿问题，依照现行相关刑事政策，被告人民事赔偿可以作为其最终量刑的情节予以考虑，因此附带民事诉讼有利于促使被告人积极履行民事赔偿责任，减轻刑事责任，得到被害人谅解。同时被害人民事赔偿得到顺利解决，被害人的民事权益得到有效保护，悲愤的情绪得到及时化解。正如边沁所说，“就法律补偿而言，主要受益的是被害人，但对犯罪人也有益处。给予其充足的补偿，同时又禁止其自行复仇，他将会乐于接受所给予的补偿，不再试图甘冒受审的危险自行寻求更大的赔偿。复仇就能得到遏制”。[①] 因此，刑事附带民事诉讼制度在维护法律权威和社会和谐稳定方面具有重要的现实意义。

（三）安抚补偿被害人心理创伤

一般情况下，普通的民事侵权纠纷通过诉讼获得损害赔偿，这是公民维护自身民事权利、实现私权救济的重要途径。相对于普通的民事救济，附带民事诉讼在刑事被害人民事权利救济方面，特别是心理安抚方面具有无可比拟的优势。在刑事案件中，单纯以刑罚的方式对被告人进行惩罚可能短时间内能满足被害人的

---

① ［英］吉米·边沁：《立法理论——刑法典原理》，中国人民公安大学出版社 1993 年版，第 112 页。

报应情感，但这并不能代替私权的救济。被告人的刑事违法行为对被害人造成的损害远远大于普通的民事违法行为造成的损害，特别是诽谤、强奸等严重侵犯人身权案件和一些严重侵犯生命健康权的案件。如交通肇事致被害人伤亡的案件，交通肇事案件中大多数被害人是家庭的经济支柱，他的伤亡对其家庭往往意味着以后严峻的经济生存问题，如果忽视对这部分被害人的经济赔偿，无疑使被害人和其家属在承受犯罪行为本身对其造成伤害的基础上，再一次承受无法得到赔偿的打击，那对他们心理造成的创伤是巨大的。实行附带民事诉讼制度，在被告人受到刑事处罚的同时承担民事赔偿责任，被害人在被告人积极的民事补救行为中感受到对方真诚的忏悔，心中巨大的创伤可以得到些许的平复。在以后的生活中，得到的民事赔偿可以帮助被害人度过暂时的生活困难，逐渐树立生活的信心，甚至可以满足其一系列精神生活需求，在精神生活充实丰富中逐渐淡忘伤痛，平复心理的创伤。所以，该制度对被害人来讲，具有重大的心理安抚补偿价值。

（四）附带民事诉讼有利于节约诉讼资源，便于诉讼参与人参加诉讼

对公安司法机关而言，附带民事诉讼有利于避免刑事和民事部分分别处理必然产生的调查和审理上的重复，从而大大节省人力、物力和时间。对于附带民事原告人来说，附带民事诉讼有利于其在刑事审判过程中就刑事、民事部分一并陈述和辩论，就刑事、民事部分一并提起上诉和提出申诉，从而避免分别处理时当事人参与刑事诉讼后又要参与民事诉讼的麻烦。对于刑事被告人来说，有利于通过一个法庭、一次审判同时解决应当承担的两种责任，避免因一个犯罪行为受到两个法庭、两次审判的麻烦。对于法定代理人、证人、鉴定人等其他诉讼参与人来说，也有利于避免参与两个法庭、两次审判带来的讼累。

五、刑事附带民事诉讼的成立条件

根据《刑事诉讼法》和司法解释的规定，附带民事诉讼的成立必须符合以下条件：

（一）成立的前提是刑事诉讼已经成立

附带民事诉讼是由刑事诉讼所追究的犯罪行为引起的，是在追究被告人刑事责任的同时，附带追究其应承担的民事赔偿责任。因此，附带民事诉讼必须以刑事诉讼的成立为前提，如果刑事诉讼不成立，附带民事诉讼就失去了存在的基础，被害人就应当提起独立的民事诉讼，而不能提起附带民事诉讼。此外，如果刑事诉讼程序尚未启动，或者刑事诉讼程序已经结束，被害人也只能提起独立的民事诉讼，而不能提起附带民事诉讼。

（二）被害人遭受的必须是物质损失

对附带民事诉讼的赔偿范围，根据我国《刑法》和《刑事诉讼法》的规定，均限定为物质方面的损失。但法律在不同场合表述又有所不同。《刑事诉讼法》第99条第1款规定："被害人由于被告人的犯罪行为而遭受物质损失的……"用的是"物质损失"；同条第2款规定："如果是国家财产、集体财产遭受损失的……"用的是"财产损失"；《刑法》第36条第1款规定："由于犯罪行为而使被害人遭受经济损失的，对犯罪分子除依法给予刑事处罚外，并应根据情况判处赔偿经济损失。"用的是"经济损失"。根据上述法律规定，可以理解为在刑事附带民事诉讼赔偿范围问题上，物质损失、财产损失、经济损失三词同义，逻辑上属于同一概念。尽管在其他场合，三者的内涵并不完全相同。

关于附带民事诉讼应否包括精神赔偿问题，许多国家都经历了一个由不承认到承认的发展过程。随着人们对精神损害认识观念的变化，越来越多的国家将精神损害纳入附带民事诉讼的赔偿范围。但是，在现阶段，根据法律的明确规定和有关司法解释，我国附带民事诉讼的赔偿范围仍限于因被告人的犯罪行为造成的物质损失。最高人民法院2000年12月4日发布的《关于刑事附带民事诉讼范围问题的规定》第1条第1款明确规定：因人身权利受到犯罪侵犯而遭受物质损失或者财物被犯罪分子毁坏而遭受物质损失的，可以提起附带民事诉讼。第2款进一步规定：对于被害人因犯罪行为遭受的精神损失而提起的附带民事诉讼，人民法院不予受理。最高人民法院2002年7月11日发布的《关于人民法院是否受理刑事案件被害人提起精神损害赔偿民事诉讼问题的批复》明确规定，对于刑事案件被害人由于被告人的犯罪行为而遭受精神损失提起的附带民事诉讼，或者在该刑事案件审结以后，被害人另行提起精神损害赔偿民事诉讼的，人民法院都不予受理。

（三）被害人的物质损失是因被告人的犯罪行为引起的

对这一条件的理解要注意以下三点：

1. 这里的"犯罪行为"是指被告人在刑事诉讼过程中被指控的犯罪行为，而不要求是人民法院以生效裁判确定构成犯罪的行为。只要行为人被公安司法机关进行刑事追诉，因其行为遭受损失的人就可以提起附带民事诉讼。即使被告人的行为最终没有被人民法院以生效裁判确定为实体意义上的犯罪行为，也不影响附带民事诉讼的提起和进行。《最高人民法院解释》第160条规定，人民法院认为公诉案件被告人的行为不构成犯罪的，对已经提起的附带民事诉讼，经调解不能达成协议的，应当一并作出刑事附带民事判决。

2. 被害人遭受的物质损失与被告人的犯罪行为之间必须存在因果关系。换言之，被害人遭受的物质损失是由被告人的犯罪行为引起的。最高人民法院

《关于刑事附带民事诉讼范围问题的规定》第 2 条规定，被害人因犯罪行为遭受的物质损失，是指被害人因犯罪行为已经遭受的实际损失和必然遭受的损失。据此，犯罪行为造成的物质损失，既包括犯罪行为已经给被害人造成的物质损失，例如，犯罪分子作案时破坏的门窗、车辆、物品，被害人的医疗费、营养费等，这种损失又称积极损失；此外还包括被害人将来必然遭受的物质利益的损失，例如，因伤残减少的劳动收入、今后继续医疗的费用、被毁坏的丰收在望的庄稼等，这种损失又称消极损失。但是，被害人应当获得赔偿的损失不包括今后可能得到的或通过努力才能争得的物质利益，如超产奖、发明奖、加班费等。至于在犯罪过程中因被害人自己的过错造成的损失，则不应由被告人承担。此外，因民事上的债权债务关系纠纷而引起的刑事犯罪，不能在刑事诉讼过程中解决，也不能就刑事犯罪之前的债权债务问题提起附带民事诉讼。

3. 被害人受到的物质损失必须是因被告人对其人身权利进行侵害的过程中产生的实际损失。依据最高人民法院《关于刑事附带民事诉讼范围问题的规定》第 1 条、第 5 条之规定，被告人以非法占有、处置被害人财产而使其遭受的物质损失，不属于刑事附带民事诉讼的受案范围。常见的如诈骗罪，又如抢劫过程中的被抢财物。这是因为无论是诈骗罪中被骗的财物价值，还是抢劫罪中被抢的财物价值，均已经过价值鉴定，在刑事审判过程中都是明确、可知的，无须经过审理程序即可判定。而因人身权利遭受到的损失，例如故意伤害造成的人身损害、抢劫罪过程中造成的人身损害或财物损失（这里指由于暴力行为造成的损失，如衣服扯破等），则需要经过审理才能判定赔偿数额。前述无须经过审理的物质损失，合议庭在判决时应当依法予以追缴或责令退赔，该份判决生效后可以作为执行依据，无须被害人走其他诉讼途径，可以说是节省了诉讼资源。

案例导读

评析： 案例导读中，被害人丙在控告甲重婚的同时，提起离婚诉讼，貌似与被告人的犯罪行为有关，是由被告人的重婚行为引起的，但这是属于与人身有联系的一种身份关系的民事诉讼，法院不能在审理重婚案件的同时处理二人的离婚诉讼。正确的做法应是告知丙有权向法院提出单独的离婚诉讼。

第二节　刑事附带民事诉讼的提起

一、刑事附带民事诉讼提起的条件

根据《最高人民法院解释》第145条的规定，提起附带民事诉讼必须符合以下条件：

（一）起诉人符合法定条件；

（二）有明确的被告人；

（三）有请求赔偿的具体要求和事实、理由；

（四）属于人民法院受理附带民事诉讼的范围。

二、刑事附带民事诉讼的当事人

刑事附带民事诉讼的当事人，是指在刑事诉讼中以自己的名义提起诉讼请求，要求经济赔偿的原告人和被司法机关通知应诉的被告人。

（一）刑事附带民事诉讼的提起主体

刑事附带民事诉讼的提起主体是刑事附带民事诉讼原告人。从最高人民法院司法解释规定和司法实践来看，应包括以下几个方面：

1. 被害人

被害人，是指实体权利遭受犯罪行为侵害的人，一般是直接遭受犯罪行为侵害的人。包括被害的公民、法人和其他组织。例如，甲与乙在丙家发生争执，甲搬起丙家的电视机将乙砸成重伤。在追究甲伤害罪的刑事责任的刑事诉讼中，除了乙有权以被害人的身份、以附带民事诉讼原告人的身份请求判令甲赔偿其因身体遭受伤害而造成的损失外，丙也可以请求判令甲赔偿其被损坏的电视机而成为附带民事诉讼的原告人，尽管甲并未另外独立构成毁坏公私财物罪。又如，被告人同时伤害数人，其中有的是轻伤或者重伤，有的是轻微伤。那么，轻微伤者也有权提起附带民事诉讼，应当得到被告人的赔偿。但是应注意的是，虽然是被害人，也因被告人的犯罪行为遭受了物质损失，但对被告人的财产拥有共同所有权的，如夫与妻等，则不能提起附带民事诉讼。因为如果赔偿，也是利用其与被告人的共同财产进行赔偿，没有实际意义。此外，被告人与被害人之间如果存在继承关系，如父与子等，也不能提起附带民事诉讼。

2. 已死亡被害人的近亲属，包括配偶、父母、子女、兄弟姐妹等

被害人已死亡的，他的民事权利能力终止，但其民事权利仍应依法得到保护，因犯罪受到的损失，已转化为继承人的遗产。因此，被害人的近亲属是作为继承人的身份来行使本该由被害人行使的诉讼权利，已死亡的被害人包括：一是由于犯罪行为直接导致的死亡；二是并非由犯罪行为直接致死，但其生前受到犯罪行为侵害造成物质损失的。近亲属作为原告人提起诉讼时，如存在有多名权利人，受理法院应查明并通知其他权利人参加诉讼，否则就有可能造成对其他原告人诉讼权利的侵犯。在被害人死亡的情况下，可以成为附带民事诉讼原告人的人包括为抢救被害人承担医疗费、丧葬费的被害人的近亲属；没有生活来源、受被害人生前抚养、赡养的人；被害人的遗产继承人；虽不是被害人的近亲属，但为抢救被害人承担医疗费、丧葬费的人。

3. 无行为能力人或者限制行为能力被害人的法定代理人

由于被害人无行为能力或者行为能力受限制而由其法定代理人提起民事诉讼，有利于维护其权益不受侵害。但无行为能力人或者限制行为能力人的法定代理人并非附带民事诉讼标的损害赔偿法律关系的主体，他提起附带民事诉讼的目的在于维护直接遭受损害的被害人而不是他本人的权益，他的全部诉讼活动也都只能以被害人即附带民事诉讼原告人的法定代理人的身份进行，而不能以自己的名义作为附带民事诉讼的原告人。

4. 检察机关

我国《刑事诉讼法》第 99 条第 2 款明确规定了检察机关可以提起附带民事诉讼，但实践中由人民检察院提起附带民事诉讼的案件比较罕见，主要是因为：一方面，人民检察院的主要职责在于批准逮捕、提起公诉、渎职反贪侦查、监督等刑事方面，代表国家行使权利，如集体财产遭受损失，检察机关代表集体组织提起附带民事诉讼便会产生在同一刑事案件中身兼公诉人与附带民事诉讼原告人两种角色。另一方面，民事诉讼的利益最大化与刑事诉讼的公平公正使检察机关顾此失彼，难以完成法律赋予的各项职责。再有就是，从民法理论来看，集体组织作为民事活动的当事人，其享有对其财产的自由处分权，无论是法人或其他组织都有权决定是否提起民事诉讼，强行代替法人或其他组织行使民事权利，实行国家干预，有侵犯其自主权的嫌疑。

（二）刑事附带民事诉讼的赔偿主体

确定了附带民事诉讼请求权人后，必然要确定在附带民事诉讼中依法负有赔偿责任人的范围，这也是附带民事诉讼审理结果的承载者。正确划分赔偿责任人的范围，对于法院审理附带民事诉讼有重要的实践指导作用。《最高人民法院解释》第 143 条规定，附带民事诉讼中依法负有赔偿责任的人包括：

1. 刑事被告人以及未被追究刑事责任的其他共同侵害人

刑事附带民事诉讼的赔偿主体一般就是刑事被告人，既包括自然人，也包括单位。未被追究刑事责任的其他共同侵害人，主要是指共同犯罪案件中，有的被告人被交付人民法院审判，有的被告人被公安机关作出行政处罚，有的被告人被人民检察院作出不起诉决定，在这种情况下，未被交付法院审判的同案人都可以列为附带民事诉讼被告人。因为数人共同造成他人物质损失的行为是一个不可分割的整体行为，造成物质损失结果的原因是共同的加害行为，各加害人都应对物质损害承担民事赔偿责任。

2. 刑事被告人的监护人

未成年人的监护人是其父母，父母死亡或者没有监护能力的，由下列人员中有监护能力的人担任监护人：祖父母、外祖父母；兄、姐；关系密切的其他亲属；朋友愿意承担监护职责，经未成年人父母的所在单位或者未成年人住所地的居民委员会、村民委员会同意后，也可以做监护人。对担任监护人有争议的，由未成年人父母所在单位或者未成年人住所地的居民委员会、村民委员会在近亲属中指定。对指定不服提起诉讼的，由人民法院裁决。限制行为能力的精神病人的监护人包括父母、成年子女、配偶、兄弟姐妹、祖父母、外祖父母、孙子女、外孙子女。犯罪的未成年人和限制行为能力的精神病人一般自己不具备赔偿被害人损失的能力，作为监护人应当承担监护职责，承担相应的赔偿责任，成为附带民事诉讼的被告人。

3. 死刑罪犯的遗产继承人和共同犯罪案件中，案件审结前死亡的被告人的遗产继承人

在这两种情况下对被害人的经济赔偿应当看作已经死亡的刑事被告人生前所负的债务，属于遗产的清偿范围。

4. 对被害人的物质损失依法应当承担赔偿责任的其他单位和个人

这里的单位应作广义的理解，既可以是法人组织，也可以是非法人单位。其他单位和个人对刑事被告人的犯罪行为承担的民事赔偿责任的特征是一种特殊侵权责任。在一般侵权责任中，责任人为自己的行为负赔偿责任，因而责任人与行为人是同一的，而在特殊侵权责任情况下，责任人不是为自己的侵权行为负赔偿责任，而是责任人与侵权行为人相分离，由责任人替代行为人承担赔偿责任。因而，由其他单位和个人承担的责任实质上是一种替代责任，或称转承责任。在这种情况下，附带民事诉讼的被告人是“其他单位和个人”，而不是刑事被告人，也不是刑事被告人与其他单位和个人共同承担连带责任。这里的“其他”，即除了刑事被告人的监护人、已被执行死刑的罪犯的遗产继承人和共同犯罪案件中案件审结前已死亡的被告人的遗产继承人之外，还有应当对刑事被告人的犯罪行为

依法承担民事赔偿责任的单位和个人，法律不可能一一列举，只能以“其他”予以补充，实际上是一种兜底式的规定；另外是相对于刑事被告人而言的，指的是在这种情况下，附带民事诉讼中负有赔偿责任的人并不是刑事被告人，而是刑事被告人以外的、对刑事被告人的犯罪行为依法应当承担民事赔偿责任的单位和个人，以“其他”以别于刑事被告人，具有排除刑事被告人的功能。且“其他对刑事被告人的犯罪行为依法应承担民事赔偿责任的单位和个人”，从语法上理解也显然不包括刑事被告人本人在内。这也正是民法上民事责任与民事侵权行为相分离的典型表现。附带民事诉讼被告人的亲友自愿代为赔偿的，应当准许。

【参考案例 17－1】

赵某，男，26 岁，陈某，男 68 岁，同住一个村，赵某的母亲是陈某的姐姐。赵某与老母一起生活。陈某“文革”期间任大队副主任，赵某的父亲因家庭成分不好，当时，经常受内弟陈某主持批斗，两家关系不和睦。1980 年，赵某的父亲因病去世，但赵某一直对舅舅陈某怀恨在心。近年来，赵某勤奋劳动、专心经营，生活富裕起来。1998 年 3 月 20 日，赵某去县城联系玉米种子。陈某因往地里送土肥，带了司机和几个农民来到赵某家借用赵家的拖拉机，赵母同意了。数日后，赵某回家欲取拖拉机去县城拉种子。这时，在陈某家发现拖拉机被司机弄坏了，不能开了，赵某非常生气，让陈某赔偿。陈某认为舅舅使坏了外甥的拖拉机，不赔偿也情有可原，因此，拒不赔偿。两人情绪激动，动起手来。在厮打中，赵某拿起镐把将陈某左腿打成骨折。后经医院治疗，花去医疗费 6800 元，陈某左腿留下残疾。赵某伤害一案经公安机关立案侦查。在此期间，赵某的母亲多次去陈某家请求作为舅舅原谅外甥年幼无知。陈某对过去的事情深感内疚，答应赵母放弃医疗费的赔偿，没有提起附带民事诉讼。后经检察院提起公诉，县法院以伤害罪判处赵某有期徒刑 2 年，缓刑 2 年。一审判决后，赵某不服提出上诉。在上诉期间，陈某改变了初衷，向二审法院提起附带民事诉讼要求赵某赔偿医疗费和生活补助费 16800 元。二审法院没有受理陈某提起的附带民事诉讼，并告知陈某可以在刑事判决生效后另行提起民事诉讼。

三、提起刑事附带民事诉讼的期间

《最高人民法院解释》第 147 条、第 161 条规定，附带民事诉讼应当在刑事案件立案后及时提起。第一审期间未提起附带民事诉讼，在第二审期间提起的，第二审人民法院可以依法进行调解；调解不成的，告知当事人可以在刑事判决、裁定生效后另行提起民事诉讼。之所以要求附带民事诉讼应当在刑事案件立案以后第一审判决宣告之前提起，是因为如果附带民事诉讼与刑事诉讼不在同一审级中解决，将导致这两种性质的诉讼在审理程序上的分离，达不到设立附带民事诉讼制度提高效率、节省诉讼资源的目的，也不利于及时查清案情。但是，如果有权提起附带民事诉讼的人在刑事判决生效以后另行提起民事诉讼，则不受《刑事诉讼法》有关提起附带民事诉讼期间的限制，可以按照《民法通则》和《民事诉讼法》的规定执行。此外需要强调的是，只要是在刑事诉讼过程中，无论是在侦查阶段、起诉阶段还是审判阶段，被害人依法都可以提起附带民事诉讼。在侦查、预审、审查起诉阶段，有权提起附带民事诉讼的人向公安机关、人民检察院提出赔偿要求，已经公安机关、人民检察院记录在案的，刑事案件起诉后，人民法院应当按附带民事诉讼案件受理。侦查、审查起诉期间，有权提起附带民事诉讼的人提出赔偿要求，经公安机关、人民检察院调解，当事人双方已经达成协议并全部履行，被害人或者其法定代理人、近亲属又提起附带民事诉讼的，人民法院不予受理，但有证据证明调解违反自愿、合法原则的除外。具体而言存在以下几种情况：（1）附带民事诉讼原告人可以直接向人民法院提起附带民事诉讼；（2）在公诉案件中，也可以在侦查、起诉阶段通过侦查、起诉机关提起；（3）国家、集体财产遭受损失的，遭受损失的法人或其他组织既可以直接向人民法院提起附带民事诉讼，也可以在侦查、起诉阶段通过侦查、起诉机关提起；（4）如果遭受损失的单位未提起诉讼的，人民检察院在提起公诉的时候，可以提起附带民事诉讼。其中，在侦查、审查起诉阶段提起附带民事诉讼的，人民检察院应当记录在案，并将原告人的诉讼请求和有关材料，在提起公诉的同时，一并移送人民法院。允许在侦查、起诉阶段向侦查机关、起诉机关提出附带民事诉讼请求，有利于促使侦查和起诉机关在侦查、起诉的过程中注意查明与附带民事诉讼有关的事项，如被害人实际遭受的物质损失、加害人的责任情况、被告人的实际支付能力等。

【参考案例 17－1】

评析：本案中，被害人陈某当然享有法律赋予的附带民事诉讼的起诉权。但是其起诉权的行使受到了期间的限制。被害人陈某提起附带民事诉讼应当依法在第一审判决宣告前提起。因此，被害人陈某在第一审判决宣告后才提起附带民事诉讼，法院不予受理，并告知可以在刑事判决生效后另行起诉是符合法律规定的。

四、提起刑事附带民事诉讼的方式

提起附带民事诉讼一般应当提交附带民事诉状，写清有关当事人的情况、案发详细经过及具体的诉讼请求，并提出相应的证据。书写诉状确实有困难的，可以口头起诉。审判人员应当对原告人的口头诉讼请求详细询问，并制作笔录，然后向原告人宣读；原告人确认准确无误后，应当签名或者盖章。不论是口头还是书面提起的附带民事诉讼，都应当说明被害人和被告人的姓名、年龄、住址、控告的罪行以及因犯罪行为遭受的损失的程度和具体的诉讼请求等内容。人民检察院提起附带民事诉讼时必须在起诉书上写明，不能用口头的方式提起附带民事诉讼。在诉讼过程中，被害人应当提起附带民事诉讼而没有提起时，公安机关、人民检察院、人民法院可以告知因犯罪行为遭受损失的被害人（公民、法人和其他组织）、已死亡被害人的近亲属、无行为能力或者限制行为能力被害人的法定代理人等，有权提起附带民事诉讼，以便他们决定是否行使这一权利。如果他们放弃这一权利，应当许可，并记录在案。但是如果被告人的行为是给国家、集体财产造成损失的，受损害单位不提起附带民事诉讼，人民检察院在提起公诉时，可以提起附带民事诉讼，以保护国家和集体财产免受损失。

五、刑事附带民事诉讼财产保全、先予执行措施

附带民事诉讼本质上是一种民事诉讼，在民事诉讼中可以采取财产保全和先予执行措施，因而在附带民事诉讼中，也可以采取财产保全和先予执行措施。

（一）财产保全

附带民事诉讼的财产保全，是指在刑事诉讼过程中，在可能因被告人或其他人的行为导致将来发生法律效力的附带民事诉讼判决不能或难以得到执行时，司法机关对被告人的财产采取一定的保全措施，从而保证附带民事判决能够得到执行。《刑事诉讼法》第100条规定：“人民法院在必要的时候，可以采取保全措施，查封、扣押或者冻结被告人的财产。附带民事诉讼原告人或者人民检察院可以申请人民法院采取保全措施。人民法院采取保全措施，适用民事诉讼法的有关规定。”这里的查封和扣押，即是附带民事诉讼中的保全措施。附带民事诉讼的财产保全应当注意：第一，必须存在紧急情况，即被告人或其他人可能实施某种行为导致法院未来作出的附带民事诉讼判决可能无法或难以得到执行。第二，财产保全的对象限于被告人的财产或与本案有关的财产，对于与被告人和本案无关的财产不得进行保全。第三，保全财产的价值必须相当于权利请求或诉讼请求的价额或金额，不能大于权利请求或诉讼请求的价额或金额。第四，采取财产保全措施后，如果案件情况发生变化，据以采取财产保全的原因消失，应当及时撤销财产保全。

（二）刑事附带民事诉讼先予执行

附带民事诉讼的先予执行，是指在刑事诉讼过程中，在法院就附带民事诉讼作出判决之前，司法机关根据附带民事原告人的请求，要求附带民事被告人先行

给付附带民事原告人一定款项或履行一定义务并立即执行的措施。最高人民法院2000年11月20日通过的《关于审理刑事附带民事诉讼案件有关问题的批复》规定："根据《最高人民法院关于执行〈中华人民共和国刑事诉讼法〉若干问题的解释》第100条的规定，对于附带民事诉讼当事人提出先予执行申请的，人民法院应当依照民事诉讼法的有关规定，裁定先予执行或驳回申请。"附带民事诉讼的先予执行必须符合以下条件：第一，附带民事诉讼当事人之间的权利义务关系明确、肯定，没有争议。第二，双方当事人之间不存在对等的给付义务。第三，行使权利具有紧迫性，即附带民事原告人急需实现其权利，不实现其权利将严重影响其生产或生活。例如，故意伤害案件中，不先予执行医疗费，被害人就无法得到及时救治；故意杀人案中，不先予执行被害人抚养的未成年人或老人的生活费用，被害人家属将生活无着；等等。第四，必须附带民事诉讼原告人提出了申请，否则，司法机关不依职权决定先予执行。第五，必须附带民事诉讼被告人有履行能力，如果被告人确无履行能力，即使原告人提出了申请，也不应先予执行。

第三节　刑事附带民事诉讼的审判

一、刑事附带民事诉讼案件审理应遵循的一般原则

【参考案例17－2】

被告人何某，男，29岁，工厂工人。某日晚8点50分，13岁的女学生孙某下了夜课回家。因其家附近正在修路，故不通车。孙某每天上学、放学都必须经过一个很窄的山口，平时孙某总是由父亲接她下夜课，今天父亲要出去开会，不能来接她，孙某便自己独自往家走。当走到那个山口时，突然从旁边蹿出一人，拦住孙某，问："小妹妹，现在几点啦？"趁孙某低头看表之际，将孙某按倒在地，孙某大声呼救，但由于此处僻静，附近又无人家，故没有人来相救，孙某虽奋力挣扎，但终因人小力薄，不能抵挡而被何某强奸。孙某在和何某搏斗时被何某扭断了左臂，何某又将孙某身上带的50元钱搜走。孙某的父亲回家后，见女儿未归，便急忙沿路来接，走到山口处，见女儿已不省人事，便急忙送往医院，并用电话向公安机关报了案。后公安机关将犯罪嫌疑人何某抓获。受害人孙某的父亲提出，由于孙某胳膊被扭断，医疗费花去6000元，且被何某又抢去了50元，要求犯罪分子赔偿经济损失。人民法院审理何某抢劫案时，将受害人孙某提

起的附带民事诉讼一并进行了审理。

（一）合并审理为主，分开审理为辅原则

我国《刑事诉讼法》第102条明确规定，附带民事诉讼一般应当与刑事诉讼一起审理并判决，即我们通常所说的合并审理为主。同时，法律还规定，为了防止刑事案件的审判过分迟延，才可以先审判刑事部分，后审判附带民事部分，即分开审判。之所以制定“合并审理为主，分开审理为辅”这样一条原则，是因为附带民事部分是由同一犯罪行为所引起的，审理了刑事部分，实际上把附带民事的主要事实也就查清楚了。而且由同一个审判组织来完成刑事和民事两个部分的审理，可以说收到了事半功倍的法律效果。分开审判只是个别，有的案件刑事部分可能比较简单清楚，可以较快地作出判决，但附带民事部分可能会由于损失的计算或被告人偿还能力的问题一时不能解决，如果一并审理可能致使刑事部分超出审限，于是就采取分开审理的方式。在分开审判时要注意：第一，只能先审刑事部分，后审附带民事部分，而不能先审附带民事部分，再审刑事部分；第二，必须由审理刑事案件的同一审判组织继续审理附带民事部分，不得另行组成合议庭；第三，附带民事部分的判决对案件事实的认定不得同刑事判决相抵触；第四，附带民事部分的延期审理，一般不影响刑事判决的生效。

【参考案例17－2】

评析：本案中，在审理何某强奸案时一并审理了被害人孙某提起的附带民事诉讼是符合法律规定的一并审理原则的。即民事诉讼同刑事部分由同一审判组织进行审理，把附带民事诉讼与刑事诉讼合并作为一个案件同时审理，一并判决。

（二）可调解原则

【参考案例17－3】

刘某，男，27岁；邱某，男28岁，吴某，女，27岁。三人为大学同学。2010年，毕业后，三人又同到一家私企工作。三人均感到很有缘分，成了好朋友。邱某于2011年1月调至该市另一家公司工作。吴某与刘某相互产生爱慕之情。在恋爱过程中，吴某发现刘某对爱情不专一，恐婚后不能幸福，开始疏远刘某。这时，邱某因好学上进，工作认真，在电脑开发方面取得一些成果，在该市已略有名气。于是，吴某经常去邱某单位接触邱某。1个月后，两人终于确定了恋爱关系。某日，邱某和吴某邀请刘某去一家酒店吃饭。刘某非常不悦，但碍于朋友关系按约来到酒店。席间刘某因喝酒过多，情绪高亢，提起自己与吴某恋爱的历史，并举手打了吴某一记耳光。邱某上前劝阻，刘某拿起西餐所用刀具刺向邱某腹部。刘某见邱某捂着肚子，鲜血直流，弃刀逃走。吴某立即向公安机关报案。于当晚10时许，将刘某抓获。邱某被送往医院，经抢救脱离危险，经两个月的治疗，花去医疗费7000元。

经公安机关立案侦查，检察院提起公诉，邱某也提起了附带民事诉讼要求赔偿医疗费、工资收入等共计14000元。人民法院开庭审理了此案，在审理附带民事诉讼时，附带民事诉讼原告人邱某念被告人刘某是同学，平时两人关系很好，刘某的收入低，向法院提出对赔偿进行调解。但是，法庭认为此案是刑事公诉案件不得调解，拒绝了邱某的请求。最后，一审判决被告人刘某犯伤害罪，处有期徒刑2年，缓刑3年，赔偿被害人邱某经济损失1万元。

刑事附带民事诉讼调解，是指公安司法机关在刑事附带民事诉讼过程当中，组织双方当事人在自愿合法、平等协商的基础上，解决因被告人的犯罪行为所造成的物质损失的赔偿问题的一项特殊诉讼制度。《刑事诉讼法》第101条规定，人民法院审理附带民事诉讼案件，可以进行调解。该条明确了附带民事诉讼可调解原则。其主要特点：第一，刑事附带民事诉讼调解必须遵循合法自愿原则，对当事人之间进行调解时必须在不违反《刑法》和《刑事诉讼法》等有关规定下达成协议，不能只强调调解的自愿性而忽视了其合法性；第二，刑事附带民事诉讼调解不是由一般的民事违法行为所引起，而是由犯罪行为引起的，只有存在犯罪行为并且由于该犯罪行为给被害人造成了物质损失时，才能对双方当事人适用刑事附带民事诉讼调解方式；第三，刑事诉讼是刑事附带民事诉讼存在的前提和基础，而刑事附带民事诉讼调解也必须依存于刑事诉讼活动，受刑事诉讼活动的制约，公安司法机关对刑事附带民事诉讼调解必须在刑事诉讼活动过程中进行。

《最高人民法院解释》第148条规定，侦查、审查起诉期间，有权提起附带民事诉讼的人提出赔偿要求，经公安机关、人民检察院调解，当事人双方已经达成协议并全部履行，被害人或者其法定代理人、近亲属又提起附带民事诉讼的，人民法院不予受理，但有证据证明调解违反自愿、合法原则的除外。

【参考案例17-3】

评析：本案中，附带民事诉讼当事人邱某有权要求法庭对附带民事诉讼案件进行调解。一审法院以刑事公诉案件不能调解为由，拒绝附带民事诉讼当事人邱某对附带民事诉讼案件进行调解的请求，违反了法律的规定，剥夺了附带民事诉讼当事人的诉讼权利，应当纠正。

二、对刑事附带民事诉讼起诉的受理和准备程序

根据《最高人民法院解释》第149条和第150条的规定，人民法院要在7日内对当事人所提起的附带民事诉讼进行审查，审查的主要内容是确认附带民事诉讼是否符合前文所述刑事附带民事诉讼的提起条件。经法院审查后根据不同情况

作出处理。对起诉符合条件的，决定受理，与刑事案件一并审理。对不符合起诉条件的，依法裁定不予受理。对自诉案件，自诉不成立但符合民事诉讼条件的，告知其另行提起民事诉讼。对符合起诉条件但起诉过分迟延的，决定先审理刑事部分后审理附带民事诉讼部分。人民法院受理附带民事诉讼后，应当在5日内将附带民事起诉状副本送达附带民事诉讼被告人及其法定代理人，或者将口头起诉的内容及时通知附带民事诉讼被告人及其法定代理人，并制作笔录。人民法院送达附带民事起诉状副本时，应当根据刑事案件的审理期限，确定被告人及其法定代理人提交附带民事答辩状的时间。

三、人民法院对刑事附带民事诉讼的审判程序

决定开庭审理的刑事附带民事诉讼普通案件，应在开庭3日前向当事人送达开庭传票。开庭审理时，主要按照下列顺序进行：（1）法庭准备，查明出庭人员并告知附带民事诉讼的权利义务；（2）进行法庭调查；（3）法庭辩论，主要针对犯罪行为与相关权利人的损失之间的关系、赔偿数额等问题进行辩论；（4）法庭调解阶段，调解所遵循的原则与民事诉讼相同，必须是在当事人自愿和平等的前提下进行；（5）宣判阶段，在宣判前由合议庭进行合议，认为比较复杂的，应提交审判委员会进行讨论。判决内容确定后，开庭进行宣判。其中，与刑事案件一并审理的，一般应根据审理刑事案件的审限，与刑事案件一并宣判，分开审理的，单独宣判。

四、人民法院审理刑事附带民事诉讼的审限

根据刑事诉讼法的规定，人民法院审理公诉案件，应当在受理后2个月以内宣判，至迟不得超过3个月。对于可能判处死刑的案件或者附带民事诉讼的案件，以及有《刑事诉讼法》第156规定情形之一的，经上一级人民法院批准，可以延长3个月；因特殊情况还需要延长的，报请最高人民法院批准。人民法院审理自诉案件的期限，被告人被羁押的，适用《刑事诉讼法》第202条第1款、第2款的规定；未被羁押的，应当在受理后6个月以内宣判。第二审人民法院受理上诉、抗诉案件，应当在2个月以内审结。对于可能判处死刑的案件或者附带民事诉讼的案件，以及有《刑事诉讼法》第156条规定情形之一的，经省、自治区、直辖市高级人民法院批准或者决定，可以延长2个月；因特殊情况还需要延长的，报请最高人民法院批准。

本章小结

刑事附带民事诉讼，是指司法机关在刑事诉讼过程中，在解决被告人刑事责任的同时，附带解决由于被告人的犯罪行为而使被害人遭受物质损失的赔偿问题所进行的诉讼活动。

刑事附带民事诉讼是刑事诉讼中的一项重要制度，其基本目的是在刑事诉讼进行的过程中一并解决因犯罪行为引起的物质损失赔偿问题，保障国家、集体以及公民个人的合法财产，同时节约诉讼成本，提高诉讼的效率。

附带民事诉讼本质上是一种民事诉讼，但又同刑事诉讼有着紧密的联系。刑事附带民事诉讼具有民事诉讼提起的附带性、民事诉讼部分具有相对独立性、刑事附带民事审判的一并性、刑事附带民事主体的复杂性等特征。

刑事附带民事诉讼的成立条件包括：成立的前提是刑事诉讼已经成立、被害人遭受的必须是物质损失、被害人的物质损失是因被告人的犯罪行为引起的。

提起附带民事诉讼必须符合以下条件：起诉人符合法定条件；有明确的被告人；有请求赔偿的具体要求和事实、理由；属于人民法院受理附带民事诉讼的范围。

刑事附带民事诉讼案件审理应遵循合并审理为主、分开审理为辅原则和可调解原则。

思考题

1. 什么是刑事附带民事诉讼？其具有哪些特征？
2. 简述刑事附带民事诉讼的成立条件。
3. 简述提起附带民事诉讼的条件。
4. 哪些人可以成为附带民事诉讼原告人、被告人？
5. 法院如何审理附带民事诉讼案件？

实务训练

2000年9月，某厂女工王某从工厂下班回家途中，被一名歹徒拦路强奸。为查找和告发作案人，王某及时向当地公安机关报了案，还向邻居和丈夫说了被强奸的事实。一周后，夫妻之间因此而发生口角，被害人王某服毒自杀（后经抢救，未死亡）。破案后，被害人王某向人民法院要求提起附带民事诉讼，让被告人赔偿因自杀抢救而花费的医药费用。

【问题】法院能否支持王某的诉讼主张？

第十八章

刑事诉讼程序

学习目标

1. 掌握立案的条件和程序规定；

2. 掌握侦查的概念，明确各种侦查行为的法律规定和程序要求；

3. 理解起诉的概念，掌握审查起诉的要求；

4. 掌握审判、执行与特别程序的规定，熟悉各项程序的操作流程，明确各项程序的要求，并能准确运用各项程序解决实际问题。

案例导读

案情：被告人王志才与被害人赵某某（女，殁年26岁）在山东省潍坊市科技职业学院同学期间建立恋爱关系。2005年，王志才毕业后参加工作，赵某某考入山东省曲阜师范大学继续专升本学习。2007年赵某某毕业参加工作后，王志才与赵某某商议结婚事宜，因赵某某家人不同意，赵某某多次提出分手，但在王志才的坚持下二人继续保持联系。2008年10月9日中午，王志才在赵某某的集体宿舍再次谈及婚恋问题，因赵某某明确表示二人不可能在一起，王志才感到绝望，愤而产生杀死赵某某然后自杀的念头，即持赵某某宿舍内的一把单刃尖刀，朝赵的颈部、胸腹部、背部连续捅刺，致其失血性休克死亡。次日8时30分许，王志才服农药自杀未遂，被公安机关抓获归案。王志才平时表现较好，归案后如实供述自己罪行，并与其亲属积极赔偿，但未与被害人亲属达成赔偿协议。

山东省潍坊市中级人民法院于2009年10月14日以（2009）潍刑一初字第35号刑事判决，认定被告人王志才犯故意杀人罪，判处死刑，剥夺政治权利终身。宣判后，王志才提出上诉。山东省高级人民法院于2010年6月18日以(2010)鲁刑四终字第2号刑事裁定，驳回上诉，维持原判，并依法报请最高人民法院核准。最高人民法院根据复核确认的事实，以（2010）刑三复22651920号刑事裁定，不核准被告人王志才死刑，发回山东省高级人民法院重新审判。山东省高级人民法院经依法重新审理，于2011年5月3日作出（2010）鲁刑四终字第2-1号刑事判决，以故意杀人罪改判被告人王志才死刑，缓期二年执行，剥夺政治权利终身，同时决定对其限制减刑。

第一节　立案程序

一、立案的概念

刑事诉讼中的立案，是指国家法定机关对于报案、控告、举报、自首或自诉人起诉及自己发现的材料，依法按照各自的管辖范围进行审查后，决定作为刑事案件进行侦查或者审判的一种诉讼活动。

立案是刑事诉讼的开始，是每一个刑事案件都必须经过的法定的独立阶段。立案作为刑事诉讼的开端程序，具有以下特征：

（一）立案是刑事诉讼的起始程序

我国刑事诉讼程序，一般都要经过立案、侦查、起诉、审判和执行五个诉讼阶段。这五个诉讼阶段相互衔接，必须按先后顺序严格进行，立案程序是整个刑事诉讼活动的开始，只有经过立案阶段，才能进行下一阶段的诉讼活动，各个诉讼阶段须依次进行，不能将先后次序颠倒。

（二）立案是刑事诉讼的必经程序

刑事诉讼活动必须严格依照法定程序进行，不能随意遗漏、前后调换任何一个诉讼阶段，只有这样才能保证国家法定机关准确、及时、有效地处理刑事案件，保证刑事诉讼任务和目的的实现。但是，根据每一个刑事案件的具体情况不同，不是所有的刑事案件都必须经过五个诉讼阶段，例如，某些公诉案件因出现不应追究刑事责任的情形，在侦查阶段就被撤销，从而无须进入以后的诉讼阶段；自诉案件由被害人直接向人民法院起诉，不需要经过侦查阶段。只有立案是所有刑事案件都必须经过的阶段，任何刑事案件都必须从立案开始进入刑事诉讼程序。

（三）立案是法定机关的专门活动

根据《刑事诉讼法》的规定，公安机关、国家安全机关、人民检察院、人民法院、监狱以及军队保卫部门具有按照法律规定的管辖范围行使立案权的法定职能，其他任何单位或个人都无权立案。

二、立案的材料来源

立案的材料来源，是指证明有犯罪事实存在，需要国家法定机关立案侦查的证明材料的取得途径。根据法律规定和司法实践，立案的材料来源主要有：

（一）公安机关或者人民检察院等机关自行发现的犯罪事实或者犯罪嫌疑人

《刑事诉讼法》第107条规定："公安机关或者人民检察院发现犯罪事实或者犯罪嫌疑人，应当按照管辖范围，立案侦查。"公安机关与人民检察院共同肩负着同犯罪作斗争的重要职责，他们在工作中常常会发现一些犯罪事实、犯罪嫌疑人或者犯罪线索。例如，公安机关在日常值勤和执行任务过程中发现的犯罪，在侦查、预审过程中发现与本案有关的其他犯罪；人民检察院在开展各种检察业务活动中发现的各种犯罪。这些材料都是公安机关和人民检察院立案的重要依据。

（二）报案、举报和控告

《刑事诉讼法》第108条第1款和第2款规定："任何单位和个人发现有犯罪事实或者犯罪嫌疑人，有权利也有义务向公安机关、人民检察院或者人民法院报案或者举报。""被害人对侵犯其人身、财产权利的犯罪事实或者犯罪嫌疑人，有权向公安机关、人民检察院或者人民法院报案或者控告。"报案、举报和控告既是单位、个人和被害人同犯罪作斗争的方式，也是立案材料的主要来源。

《刑事诉讼法》第112条规定："对于自诉案件，被害人有权向人民法院直接起诉。被害人死亡或者丧失行为能力的，被害人的法定代理人、近亲属有权向人民法院起诉。人民法院应当依法受理。"根据这一规定，自诉案件被害人及其法定代理人、近亲属向人民法院起诉，也是立案材料的来源之一。

报案、举报和控告是公民的民主权利，受国家法律保护，任何单位或个人都不得以任何借口对报案人、控告人、举报人进行阻止、压制或者打击报复。对报案人、控告人、举报人进行报复、陷害构成犯罪的，依法追究刑事责任。

（三）犯罪人的自首

《刑事诉讼法》第108条第4款明确规定："犯罪人向公安机关、人民检察院或者人民法院自首的，适用第三款规定。"即公安机关、人民检察院或者人民法院对于犯罪人的自首，都应当接受。对于不属于自己管辖的，应当移送主管机关处理；对于不属于自己管辖而又必须采取紧急措施的，应当先采取紧急措施，然后移送主管机关。不少犯罪人出于自首能得到依法从轻、减轻或者免除处罚的考虑，因此在实施犯罪后投案自首，使自首成为立案材料的重要来源之一。

三、立案的条件

立案的条件，是指国家法定机关作出立案决定所必须具备的法定要件。正确掌握立案的条件，是准确、及时地决定是否立案的关键。《刑事诉讼法》第110条规定：“人民法院、人民检察院或者公安机关对于报案、控告、举报和自首的材料，应当按照管辖范围，迅速进行审查，认为有犯罪事实需要追究刑事责任的时候，应当立案；认为没有犯罪事实，或者犯罪事实显著轻微，不需要追究刑事责任的时候，不予立案，并且将不立案的原因通知控告人。控告人如果不服，可以申请复议。”根据这一规定，立案必须同时具备以下两个条件：

（一）有犯罪事实

有犯罪事实，是指客观上存在某种危害社会的犯罪行为。这是立案的首要条件。有犯罪事实，包含两个方面的内容：一是要立案追究的，必须是依照《刑法》的规定构成犯罪的行为。立案应当而且只能对犯罪行为进行，如果不是犯罪的行为，而是一般违法行为或者违反党纪、政纪以及违反道德规范的行为，就不能立案。同时，根据《刑事诉讼法》第15条第1项的规定，有危害社会的违法行为，但是情节显著轻微，危害不大，不认为是犯罪的，不应立案；二是有证据证明犯罪事实确已发生。所谓确已发生就是指犯罪事实确已存在，而不是出于主观想象或者猜测，也不是道听途说、捕风捉影甚至是凭空捏造的事实。犯罪事实确已发生，必须有一定的证据加以证明，但并不要求达到充分的程度。由于立案是刑事诉讼程序追究犯罪的开始，此时所说的有犯罪事实，仅是指有证据证明有某种危害社会而又触犯刑律的犯罪行为发生。并不要求在立案时就全部弄清楚整个犯罪的过程、犯罪的具体情节或者查获犯罪嫌疑人，这些问题是立案后的侦查阶段需要完成的任务。

（二）需要追究刑事责任

需要追究刑事责任，是指依法应当追究犯罪行为人的刑事责任。这是立案必须具备的法律条件。只有当有犯罪事实发生，并且依法需要追究行为人刑事责任时，才有必要而且应当立案。根据《刑事诉讼法》第15条的规定，虽有犯罪事实发生，但犯罪已过追诉时效期限的；经特赦令免除刑罚的；依照《刑法》告诉才处理的犯罪，没有告诉或者撤回告诉的；犯罪嫌疑人、被告人死亡的；其他法律规定免予追究刑事责任的，均不追究刑事责任。因此，具有上述法定不追究刑事责任的情形之一的，就不应当立案。

有犯罪事实，需要追究刑事责任，是《刑事诉讼法》规定的立案条件，这两个条件必须同时具备，缺一不可。国家法定机关在办理刑事案件时，必须遵循这两个立案条件，保证刑事诉讼活动从一开始就能正确、合法、规范地进行，保证办案的质量。但是，《刑事诉讼法》规定的立案条件，只是从刑事案件的总体上作出的原则性规定。为了便于正确掌握和执行法定的立案条件，提高立案的质量，公安部、最高人民法院、最高人民检察院分别或者联合制定了具体的立案标准，这是法定的立案条件的具体化。在司法实践中，国家法定机关在作出是否立案的决定时，既要遵守立案的条件，也要遵守立案的标准，以保证立案的质量。

四、立案程序

立案程序，是指立案阶段中各种诉讼活动的先后步骤和形式。根据《刑事诉讼法》的规定，立案程序主要包括对于立案材料的接受、审查和处理三个部分。

（一）对立案材料的接受

对立案材料的接受，是指公安机关、人民检察院和人民法院对报案、控告、举报和自首材料的受理。对立案材料的接受，是立案程序的开始。接受立案材料，应当注意以下几点：

1. 公安机关、人民检察院和人民法院对于报案、控告、举报和自首，都应当接受下来，然后依法处理，而不得以任何理由拒绝或推诿。《刑事诉讼法》第108条第3款规定："公安机关、人民检察院或者人民法院对于报案、控告、举报，都应当接受。对于不属于自己管辖的，应当移送主管机关处理，并且通知报案人、控告人、举报人；对于不属于自己管辖而又必须采取紧急措施的，应当先采取紧急措施，然后移送主管机关。"这里的"紧急措施"，是指保护现场、先行拘留嫌疑人、扣押证据等措施。《刑事诉讼法》第108条第4款规定："犯罪人向公安机关、人民检察院或者人民法院自首的，适用第三款规定。"即公检法机关在接受犯罪人自首后，应立即按照管辖范围确定主管机关，对不属于自己管辖而又必须采取紧急措施的，应先采取紧急措施，然后移送主管机关。《刑事诉讼法》第112条规定："对于自诉案件，被害人有权向人民法院直接起诉。被害人死亡或者丧失行为能力的，被害人的法定代理人、近亲属有权向人民法院起诉。人民法院应当依法受理。"

2. 报案、控告和举报可以用书面或口头形式提出。《刑事诉讼法》第109条第1款规定："报案、控告、举报可以用书面或口头提出。接受口头报案、控告和举报的工作人员，应当写成笔录，经宣读无误后，由报案人、控告人、举报人签名或者盖章。"根据这一规定，报案、控告和举报可以采取书面形式，也可以口头提出。接受口头报案、控告、举报时，应当注意尽量问清犯罪的时间、地点、方法、后果、犯罪嫌疑人的特征等情况，做好笔录，并经报案人、控告人、举报人确认无误后，由其签名或者盖章。

3. 接受控告、举报的工作人员应当向控告人、举报人说明诬告应负的法律责任。《刑事诉讼法》第 109 条第 2 款规定：“接受控告、举报的工作人员，应当向控告人、举报人说明诬告应负的法律责任。但是，只要不是捏造事实，伪造证据，即使控告、举报的事实有出入，甚至是错告的，也要和诬告严格加以区别。”一方面，为了保证控告、举报的真实性，接受控告、举报的工作人员应当向控告人、举报人说明控告、举报应当实事求是，不得诬告陷害他人，否则将依法承担法律责任。另一方面，为了保护控告人、举报人揭露犯罪、与犯罪作斗争的积极性，要严格区分误告、错告和诬告。如果没有故意捏造事实、伪造证据的情节，仅是由于个人认识片面或错误造成的控告、举报与事实不符，就不能认为是诬告。

4. 公安司法机关应当为报案人、控告人、举报人保密，并保障他们及其近亲属的安全。《刑事诉讼法》第 109 条第 3 款规定：“公安机关、人民检察院或者人民法院应当保障报案人、控告人、举报人及其近亲属的安全。报案人、控告人、举报人如果不愿公开自己的姓名和报案、控告、举报的行为，应当为他保守秘密。”当报案人、控告人、举报人及其近亲属的安全受到威胁时，公安司法机关应当主动采取保护措施或者被要求而采取相应的保护措施。对于报案人、控告人、举报人不愿公开自己的姓名和报案、控告、举报行为的，公安司法机关负有为其保密的义务，以防止其受到打击报复，保证其人身和财产安全。

（二）对立案材料的审查

对立案材料的审查，是指公安机关、人民检察院、人民法院对自己发现的或者接受的立案材料进行核对、调查的活动。《刑事诉讼法》第 110 条规定，人民法院、人民检察院或者公安机关对于报案、控告、举报和自首的材料，应当按照管辖范围，迅速进行审查。对立案材料的审查，是立案程序的中心环节，是能否正确、及时地立案的关键。

立案审查主要应查明以下内容：一是材料所反映的事件是否属于犯罪行为；二是如果属于犯罪行为，有无确实可靠的证据加以证明；三是依法是否需要追究行为人的刑事责任；四是有无法定不追究刑事责任的情形。公安机关、检察机关或者审判机关对立案材料进行审查时，可以要求报案、控告、举报的单位和个人提供补充材料，或者要求他们作补充说明，也可以进行必要的调查。对于自诉案件，由于法律要求自诉人在提起自诉时，应当同时提出证明犯罪事实发生的各种证据，因此，人民法院在审查过程中，如果认为自诉人提出的证据不充分，可以要求自诉人提出补充证实有关犯罪事实的材料，但在立案前法院不得进行调查。

（三）对立案材料的处理

对立案材料的处理，是指公安机关、人民检察院、人民法院通过对立案材料的审查，分别不同情况作出立案或者不立案的决定。《刑事诉讼法》第110条规定："人民法院、人民检察院或者公安机关对于报案、控告、举报和自首的材料，应当按照管辖范围，迅速进行审查，认为有犯罪事实需要追究刑事责任的时候，应当立案；认为没有犯罪事实，或者犯罪事实显著轻微，不需要追究刑事责任的时候，不予立案，并且将不立案的原因通知控告人。控告人如果不服，可以申请复议。"依据该条规定，对立案材料的处理包括立案决定和不立案决定两种形式，是立案程序的最后结果。公安机关、人民检察院或者人民法院在作出对立案材料的处理决定后，应当履行必要的法律手续。控告人如果对公安机关、人民检察院、人民法院不予立案的决定不服，可以申请复议。

《刑事诉讼法》第111条规定："人民检察院认为公安机关对应当立案侦查的案件而不立案侦查的，或者被害人认为公安机关对应当立案侦查的案件而不立案侦查，向人民检察院提出的，人民检察院应当要求公安机关说明不立案的理由。人民检察院认为公安机关不立案理由不能成立的，应当通知公安机关立案，公安机关接到通知后应当立案。"明确规定了人民检察院对公安机关的刑事立案活动具有法律监督的职权。

第二节　侦查程序

一、侦查的概念

侦查，是指国家法定机关在办理刑事案件过程中，依法进行的专门调查工作和采取有关强制性措施的活动。侦查在我国刑事诉讼中具有非常重要的地位，是全部刑事诉讼程序中的一个独立诉讼阶段，是国家专门机关同犯罪作斗争的重要手段。

刑事诉讼中的侦查具有以下法律特征：

（一）侦查是我国刑事诉讼中的一个独立阶段

侦查是公诉案件立案后必经的诉讼阶段，也是提起公诉之前的准备阶段。只有在侦查阶段收集到确实充分的证据，查明案件事实，公诉案件才能进入起诉阶段。因此，侦查是刑事诉讼中的一个独立阶段，一般从立案开始，到案件作出是否移送起诉的决定时止。

（二）侦查主体具有特定性

在我国，侦查权只能由法定的国家侦查机关行使。依据《刑事诉讼法》的规定，享有侦查权的机关有公安机关、检察机关、国家安全机关、军队保卫部门和监狱。除此以外，其他任何机关、团体和个人都无权行使侦查权。

（三）侦查内容的法定性

侦查活动的内容，根据《刑事诉讼法》的规定，包括“专门调查工作和有关的强制性措施”。专门调查工作，是指《刑事诉讼法》所规定的由公安机关和人民检察院依法进行的讯问犯罪嫌疑人、询问证人、勘验、检查、搜查、扣押物证书证、鉴定、通缉等活动。有关的强制性措施，是指为保证专门调查工作的顺利进行，侦查机关所采取的拘传、取保候审、监视居住、拘留和逮捕等强制性限制人身自由的措施。

（四）侦查活动必须严格依法进行

由于侦查是以国家强制力为后盾的，每一项侦查活动的开展都不同程度地具有强制性，必然会对公民的人身、财产权益造成某种程度的影响，因此，为了避免对公民人身权利和财产权利造成不必要的侵害，侦查机关在进行侦查活动时，必须严格遵守法律规定。

二、侦查行为

（一）讯问犯罪嫌疑人

1. 讯问犯罪嫌疑人的概念

讯问犯罪嫌疑人，是指侦查人员依照法定程序，以言词方式向犯罪嫌疑人查问案件事实和其他与案件有关问题的一种侦查活动。

讯问犯罪嫌疑人在侦查中具有十分重要的意义：一方面，由于犯罪嫌疑人对自己的行为及其性质最为清楚，通过讯问有利于侦查人员收集、核实证据，查明案件事实，查清犯罪情节，并扩大犯罪线索，发现新的犯罪事实和其他犯罪分子；另一方面，又有利于犯罪嫌疑人充分行使辩护的权利，保障无罪的人和其他依法不应追究刑事责任的人免受刑事追诉。

2. 讯问犯罪嫌疑人的程序

根据刑事诉讼法的规定，讯问犯罪嫌疑人应当严格遵守下列程序：

（1）讯问的主体。根据《刑事诉讼法》的规定，讯问犯罪嫌疑人，必须由人民检察院或者公安机关的侦查人员负责进行。讯问的时候，侦查人员不得少于2人。

（2）讯问的时间和地点。根据《刑事诉讼法》的规定，公安机关对被拘留的人，应当在拘留后的24小时以内进行讯问。人民法院、人民检察院对于各自决定逮捕的人，公安机关对于经人民检察院批准逮捕的人，都必须在逮捕后的24小时以内进行讯问。犯罪嫌疑人被送交看守所羁押以后，侦查人员对其进行讯问，应当在看守所内进行。对不需要逮捕、拘留的犯罪嫌疑人，可以传唤到犯罪嫌疑人所在市、县内的指定地点或者到他的住处进行讯问，但是应当出示人民检察院或者公安机关的证明文件。对在现场发现的犯罪嫌疑人，经出示工作证件，可以口头传唤，但应当在讯问笔录中注明。传唤、拘传持续的时间不得超过12小时；案情特别重大、复杂，需要采取拘留、逮捕措施的，传唤、拘传持续的时间不得超过24小时。不得以连续传唤、拘传的形式变相拘禁犯罪嫌疑人。传唤、拘传犯罪嫌疑人，应当保证犯罪嫌疑人的饮食和必要的休息时间。

（3）讯问的步骤与内容。侦查机关在第一次讯问犯罪嫌疑人或者对犯罪嫌疑人采取强制措施的时候，应当告知犯罪嫌疑人有权委托辩护人。侦查人员在讯问犯罪嫌疑人的时候，应当告知犯罪嫌疑人如实供述自己罪行可以从宽处理的法律规定。第一次讯问，应当问明犯罪嫌疑人的姓名、别名、曾用名、出生年月日、户籍所在地、现住地、籍贯、出生地、民族、职业、文化程度、家庭情况、社会经历、是否属于人大代表、政协委员、是否受过刑事处罚或者行政处理等情况。侦查人员在讯问犯罪嫌疑人的时候，应当首先讯问犯罪嫌疑人是否有犯罪行为，让他陈述有罪的情节或者无罪的辩解，然后向他提出问题。犯罪嫌疑人对侦查人员的提问，应当如实回答。但是对与本案无关的问题，有拒绝回答的权利。

（4）讯问特定对象的特殊规定。侦查人员讯问聋、哑犯罪嫌疑人，应当有通晓聋、哑手势的人参加，并将这种情况在笔录上加以注明；对于不通晓当地通用语言文字的犯罪嫌疑人，讯问时，应当有翻译人员参加；讯问未成年犯罪嫌疑人时，应当通知未成年犯罪嫌疑人的法定代理人到场。无法通知、法定代理人不能到场或者法定代理人是共犯的，也可以通知未成年犯罪嫌疑人的其他成年亲属，所在学校、单位、居住地基层组织或者未成年人保护组织的代表到场，并将有关情况记录在案。到场的法定代理人可以代为行使未成年犯罪嫌疑人的诉讼权利。到场的法定代理人或者其他人员认为办案人员在讯问、审判中侵犯未成年人合法权益的，可以提出意见。讯问笔录应当交给到场的法定代理人或者其他人员阅读或者向他宣读。讯问女性未成年犯罪嫌疑人，应当有女工作人员在场。

（5）讯问的固定方式。讯问的固定方式有笔录方式和录音录像方式。讯问犯罪嫌疑人应当制作讯问笔录，讯问笔录应当交犯罪嫌疑人核对或者向他宣读。如果记录有遗漏或者差错，应当允许犯罪嫌疑人补充或者更正，并捺指印。笔录经犯罪嫌疑人核对无误后，应当由其在笔录上逐页签名、捺指印，并在末页写明“以上笔录我看过（或向我宣读过），和我说的相符”。拒绝签名、捺指印的，侦查人员应当在笔录上注明。讯问笔录上所列项目，应当按照规定填写齐全。侦查人员也应当在笔录上签名。犯罪嫌疑人请求自行书写供述的，应当准许；必要时，侦查人员也可以要求犯罪嫌疑人亲笔书写供词。犯罪嫌疑人应当在亲笔供词上逐页签名、捺指印。侦查人员收到后，应当在首页右上方写明“于某年某月某日收到”，并签名。侦查人员在讯问犯罪嫌疑人的时候，可以对讯问过程进行录音或者录像；对于可能判处无期徒刑、死刑的案件或者其他重大犯罪案件，应当对讯问过程进行录音或者录像。录音或者录像应当全程进行，保持完整性。侦查人员对讯问过程进行录音或者录像的，应当在讯问笔录中注明。人民检察院、人民法院可以根据需要调取讯问犯罪嫌疑人的录音或者录像，有关机关应当及时提供。

（6）讯问的禁止性规定。在讯问过程中，严禁刑讯逼供或以威胁、引诱、欺骗以及其他非法方式进行讯问。不得强迫任何人证实自己有罪。人民检察院接到报案、控告、举报或者发现侦查人员以非法方法收集证据的，应当进行调查核实。对于确有以非法方法收集证据情形的，应当提出纠正意见；构成犯罪的，依法追究刑事责任。

（二）询问证人、被害人

1. 询问证人、被害人的概念

询问证人、被害人，是指侦查人员依照法定程序，以言词方式向证人、被害人就案件有关情况进行调查的一种侦查行为。

询问证人、被害人是侦查机关收集证据的重要方式，有助于侦查人员发现案件线索，全面查清案件事实，查获犯罪嫌疑人，保障无罪的人不受刑事追究。

2. 询问证人、被害人的程序

（1）询问主体。询问证人、被害人只能由侦查人员进行，其他人员询问时，证人、被害人有权拒绝回答。询问证人、被害人应当由两名以上侦查人员进行。

（2）询问地点。侦查人员询问证人、被害人，可以在现场进行，也可以到证人、被害人所在单位、住处或者证人、被害人提出的地点进行，在必要的时候，可以通知证人、被害人到人民检察院或者公安机关提供证言。在现场询问证人、被害人，应当出示工作证件，到证人、被害人所在单位、住处或者证人、被害人提出的地点询问证人、被害人，应当出示人民检察院或者公安机关的证明文件。

（3）询问方式。询问证人、被害人应当个别进行。不能同时同地询问多个证人、被害人，更不允许以开座谈会或集体讨论的方式进行。

（4）询问要求。询问证人、被害人，应当告知他应当如实地提供证据、证言和有意作伪证或者隐匿罪证要负的法律责任。同时，侦查人员也应当告知证人、被害人依法享有的各种诉讼权利，保障证人、被害人及其近亲属的安全。询问证人、被害人，一般应先让证人、被害人就他所知道的案件情况作详细的叙述，然后对其所陈述不清或矛盾的地方，再进一步询问。询问证人、被害人时，侦查人员不得用提示性的发问来暗示证人、被害人应如何作答，更不得以暴力、胁迫、引诱、欺骗等非法方法获取证人证言和被害人陈述。

（5）询问的固定方式。询问证人、被害人应当制作询问笔录，询问笔录应当交证人、被害人核对，对于没有阅读能力的，应当向他宣读。如果记载有遗漏或者差错，证人、被害人可以提出补充或者改正。证人、被害人承认笔录没有错误后，应当签名或者盖章。侦查人员也应当在笔录上签名。证人、被害人请求自行书写的，应当准许。必要的时候，侦查人员也可以要证人、被害人亲笔书写。

（三）勘验、检查

1. 勘验、检查的概念

勘验、检查，是指侦查人员对与犯罪有关的场所、物品、尸体、人身等进行勘查和检验，以发现、收集和固定犯罪活动所遗留下来的各种痕迹和物品的一种侦查行为。勘验与检查的主体、任务和性质是相同的，区别在于：勘验的对象是现场、物品和尸体，而检查的对象则是活人的身体，主要是犯罪嫌疑人、被害人的身体。

勘验、检查是侦查中常用的侦查方法，是发现和取得物证、书证、视听资料等第一手证据的重要途径。侦查人员通过勘验和检查，可以及时发现、收集和固定犯罪的痕迹和证物，有助于办案人员判断案件性质、了解作案手段、分析犯罪动机目的，对确定侦查方向和范围，进一步查清案情，揭露证实犯罪分子以及扩大证据线索，具有重要意义。

2. 勘验、检查的种类和程序

根据《刑事诉讼法》的规定，勘验、检查的种类包括：现场勘验、物证检验、尸体检验、人身检查和侦查实验。

（1）现场勘验

现场勘验，是指侦查人员到达犯罪现场，对与犯罪有关的场所、物品和痕迹进行勘验和检查的一种侦查活动。

《刑事诉讼法》第127条规定："任何单位和个人，都有义务保护犯罪现场，并且立即通知公安机关派员勘验。"执行勘验的侦查人员应当迅速赶到案发现场，并保护好现场。侦查人员进行现场勘验时，必须持有公安机关或人民检察院的证明文件，在必要的时候，可以指派或聘请具有专门知识的人协助，在侦查人员的主持下进行勘验。为了保证勘验的客观公正性，还应邀请两名与案件无关的见证人在场。

侦查人员进行现场勘验，应当及时向知情人员了解案发情况，进行实地勘验，发现和收集同案件有关的各种证据，并依法固定和保全各种证据。勘查现场，应当拍摄现场照片，绘制现场图，制作笔录，由参加勘查的人和见证人签名。对重大案件的现场，应当录像。

（2）物证检验

物证检验，是指在侦查过程中，对收集到的与案件有关的物品和痕迹进行检查、验证和研究，以确定该物证与案件事实之间关系的一种侦查活动。

侦查人员对收集到的物证进行检验，应当注意这些物品与周围环境及犯罪活动的关系，对涉及专门技术性问题的，应当指派或聘请具备专门技术的鉴定人进行鉴定。

物证检验应当制作笔录，详细记载检验的过程，物品的特征、形状、材料、尺寸、大小、性质等事项，参加检验的侦查人员、鉴定人和见证人均应签名或者盖章。

（3）尸体检验

尸体检验，是指侦查人员指派或聘请法医或医师对尸体进行尸表检验或尸体解剖的一种侦查活动。

尸体检验的目的在于确定死亡的原因和时间，死亡的手段和方法以及凶器的类型，以便分析研究案情，为查明案件事实和查获犯罪嫌疑人提供线索和证据。尸体检验必须由侦查人员指派、聘请的法医或医师进行。尸体检验的情况，应当制作笔录，并由侦查人员、法医或医师签名或者盖章。《刑事诉讼法》第 129 条规定："对于死因不明的尸体，公安机关有权决定解剖，并且通知死者家属到场。"死者家属拒不到场的，不影响检验工作的正常进行。对于身份不明的尸体，无法通知死者家属的，应当在笔录中注明。

（4）人身检查

人身检查，是指侦查人员为了确定被害人、犯罪嫌疑人的某些特征、伤害情况或者生理状态，依法对其人身进行检查的一种侦查活动。

《刑事诉讼法》第 130 条规定："为了确定被害人、犯罪嫌疑人的某些特征、伤害情况或者生理状态，可以对人身进行检查，可以提取指纹信息，采集血液、尿液等生物样本。"对被害人、犯罪嫌疑人进行人身检查，提取指纹信息，采集血液、尿液等生物样本，必须由侦查人员进行，必要时也可以聘请法医或医师依法进行，不得有侮辱人格或其他合法权益的行为。犯罪嫌疑人如果拒绝检查、提取、采集的，侦查人员认为必要的时候，经办案部门负责人批准，可以强制检查、提取、采集。但对于被害人的人身检查，应征求本人同意，不得强制进行。检查妇女的身体，应当由女工作人员或者医师进行。

人身检查的情况应当制作笔录。并由侦查人员和进行检查的法医或医师签名或盖章。

（5）侦查实验

侦查实验，是指侦查机关在侦查办案过程中，采用模拟和重演的方法，证实在某种条件下案件事实能否发生和怎样发生，以及发生何种结果的一项侦查活动。

侦查实验可独立进行亦可与现场勘查同时进行。可以进行侦查实验的情况包括：为了确定在一定条件下能否听到或看到某种声音或某种现象；为了确定在一定时间内，能否完成某一行为；为了确定在什么条件下能够发生某种现象；为了确定在某种条件下某种行为和某种痕迹是否吻合一致；为了确定在某种条件下使用某种工具是否可能留下或不留下某种痕迹；为确定某种事件是怎样发生的；为确定某种痕迹，在什么条件下会发生变化。

进行侦查实验必须遵循下列规则：

第一，必须经有关领导的批准。《刑事诉讼法》第133条规定，“为了查明案情，在必要的时候，经公安机关负责人批准，可以进行侦查实验”。

第二，实验条件应尽可能地接近案件发生时的状况。如天气状况、时间状况、环境状况等都应尽量与原条件相接近。

第三，要坚持对同一情况反复实验，以便得出确切结论。

第四，侦查实验，禁止一切足以造成危险、侮辱人格或者有伤风化的行为。

第五，应当由侦查人员进行侦查实验。实验开始时，要邀请两名见证人到场。如实验目的是查明当事人或证人的陈述是否真实时，应允许他们亲自参加。

第六，侦查实验的情况应当写成笔录，由参加实验的人签名或者盖章。

《刑事诉讼法》第132条规定：“人民检察院审查案件的时候，对公安机关的勘验、检查，认为需要复验、复查时，可以要求公安机关复验、复查，并且可以派检察人员参加。”

（四）搜查

1. 搜查的概念

搜查，是指为了收集犯罪证据、查获犯罪人，侦查人员对犯罪嫌疑人以及可能隐藏罪犯或者犯罪证据的人的身体、物品、住处和其他有关的地方进行搜索、检查的一种侦查行为。《刑事诉讼法》第135条规定：“任何单位和个人，有义务按照人民检察院和公安机关的要求，交出可以证明犯罪嫌疑人有罪或者无罪的物证、书证、视听资料等证据。”

2. 搜查的程序

《刑事诉讼法》明确规定了搜查应当遵守的法律程序：

（1）搜查只能由公安机关、人民检察院等侦查机关的侦查人员依法进行，其他任何机关、团体和个人都无权对公民人身和住宅进行搜查。

(2) 搜查时，必须有两名以上侦查人员，并持有县级以上侦查机关的主要负责人签发的搜查证。搜查时必须向被搜查人出示搜查证，否则被搜查人有权拒绝搜查。但是，侦查人员在执行逮捕、拘留的时候，遇有紧急情况，不使用搜查证也可以进行搜查。根据《公安机关办理刑事案件程序规定》第219条的规定，紧急情况是指下列情形之一：可能随身携带凶器的；可能隐藏爆炸、剧毒等危险物品的；可能隐匿、毁弃、转移犯罪证据的；可能隐匿其他犯罪嫌疑人的；其他突然发生的紧急情况。

(3) 搜查时，应当有被搜查人或者他的家属、邻居或者其他见证人在场。

(4) 搜查妇女的身体，应当由女工作人员进行。

(5) 搜查的情况应当写成笔录，由侦查人员和被搜查人员或者他的家属、邻居或者其他见证人签名或盖章。如果被搜查人在逃或者他的家属拒绝签名、盖章的，应当记明于笔录。

(五) 查封、扣押物证、书证

1. 查封、扣押物证、书证的概念

查封、扣押物证、书证，是指侦查机关依法强行封存、扣留和提存与案件有关的物品、文件的一种侦查行为。

查封、扣押物证、书证通常是在勘验、搜查的过程中进行的，在勘验、搜查过程中发现可以用于证明犯罪嫌疑人有罪或无罪的物品和文件，都应当查封、扣押。同时，查封、扣押物证、书证又是一种独立的侦查行为，可以单独进行。

2. 查封、扣押物证、书证的程序

(1) 查封、扣押物证、书证只能由侦查人员进行；侦查人员如果是在勘验、检查和搜查中发现需要查封、扣押的物品、文件时，凭勘查证和搜查证即可予以扣押；如果是单独进行扣押，则应持有侦查机关的证明文件。

(2) 查封、扣押的范围仅限于与查明案件有关的具有证据意义的各种物品、文件。对违禁品，无论是否与本案有关，都应先行扣押，然后交有关部门处理。

(3) 对于查封、扣押的物品和文件，应当会同在场见证人和被扣押物品、文件的持有人查点清楚，当场开列清单一式二份，写明财物或者文件的名称、编号、数量、特征及其来源等，由侦查人员、见证人和持有人签名或者盖章，一份交给持有人，另一份附卷备查。对于无法确定持有人的财物、文件或者持有人拒绝签名的，侦查人员应当在清单中注明。

(4) 对于扣押的物品、文件，侦查机关应当妥善保管或者封存，不得使用、损毁或丢弃。

(5) 侦查人员认为需要扣押犯罪嫌疑人的邮件、电报时，经公安机关或人民检察院的批准，即可通知邮电机关将有关的邮件、电报检交扣押。不需要继续扣押时，应当立即通知邮电机关。

(6) 公安机关、人民检察院根据侦查犯罪的需要，可以依照规定查询、冻结犯罪嫌疑人的存款、汇款、债券、股票、基金份额等财产。犯罪嫌疑人的存款、汇款、债券、股票、基金份额等财产已被冻结的，不得重复冻结，但可以要求有关银行、邮电部门在解冻前通知公安机关和人民检察院。

(7) 对查封、扣押的财物、文件、邮件、电报或者冻结的存款、汇款、债券、股票、基金份额等财产，经查明确实与案件无关的，应当在3日以内解除查封、扣押、冻结，予以退还。

(六) 鉴定

1. 鉴定的概念

鉴定，是指为了查明案情，解决案件中某些专门性问题，由侦查机关指派或聘请具有专门知识的人，就案件中的专门性问题进行科学鉴别和判断的一种侦查行为。

鉴定是收集证据证明案情和正确认定案件性质的重要手段。在侦查实践中，鉴定的适用范围极其广泛，准确的鉴定，对于缩小侦查范围，提供侦查方向，审查判断案内其他证据的真伪，查明案件事实真相，查获犯罪嫌疑人，具有重要作用。在侦查中经常采用的鉴定主要有：刑事技术鉴定、人身伤害的医学鉴定、精神病的医学鉴定、扣押物品的价格鉴定、文物鉴定、司法会计鉴定等。

2. 鉴定的程序

根据《刑事诉讼法》的规定，鉴定应当遵守下列程序：

(1) 侦查机关指派或者聘请的鉴定人，必须具备与案件中所要求解决的专门性问题相适应的专门知识和技能，并且鉴定人应与本案或本案当事人没有利害关系或其他可能影响客观、公正的鉴定意见作出的情况。

(2) 侦查机关应当为鉴定人提供必要的有关原始材料和鉴定需要了解的有关案件情况，并且明确提出要求鉴定解决的问题。禁止暗示或者强迫鉴定人作出某种鉴定意见。

(3) 鉴定人应当按照鉴定规则，运用科学方法独立进行鉴定。鉴定后，应当出具鉴定意见，并在鉴定意见书上签名，同时附上鉴定机构和鉴定人的资质证明或者其他证明文件。多人参加鉴定，鉴定人有不同意见的，应当注明。鉴定只能涉及案件中的专门性事实问题，无权对案件的法律问题作出评判。

(4) 侦查机关应当将用作证据的鉴定意见告知犯罪嫌疑人、被害人。如果犯罪嫌疑人、被害人提出申请，可以补充鉴定或者重新鉴定。

(5) 鉴定人故意作虚假鉴定的，应当承担法律责任。

（七）技术侦查、秘密侦查与控制下交付

1. 技术侦查的概念和要求

技术侦查，是指采取一定的科学技术手段获取案件信息、证据和缉拿犯罪嫌疑人等侦查行为的总称。

《公安机关办理刑事案件程序规定》第255条规定：“技术侦查措施是指由设区的市一级以上公安机关负责技术侦查的部门实施的记录监控、行踪监控、通信监控、场所监控等措施。”

技术侦查的要求主要包括：

（1）适用范围特定。根据《刑事诉讼法》规定，公安机关在立案后，对于危害国家安全犯罪、恐怖活动犯罪、黑社会性质的组织犯罪、重大毒品犯罪或者其他严重危害社会的犯罪案件，根据侦查犯罪的需要，经过严格的批准手续，可以采取技术侦查措施。人民检察院在立案后，对于重大的贪污、贿赂犯罪案件以及利用职权实施的严重侵犯公民人身权利的重大犯罪案件，根据侦查犯罪的需要，经过严格的批准手续，可以采取技术侦查措施，按照规定交有关机关执行。追捕被通缉或者批准、决定逮捕的在逃的犯罪嫌疑人、被告人，经过批准，可以采取追捕所必需的技术侦查措施。批准决定应当根据侦查犯罪的需要，确定采取技术侦查措施的种类和适用对象。我国《刑事诉讼法》对技术侦查适用范围的限定体现了重罪原则和必要性原则。

（2）适用程序与期限法定。需要采取技术侦查措施的，应当制作呈请采取技术侦查措施报告书，报设区的市一级以上公安机关负责人批准，制作采取技术侦查措施决定书。人民检察院等部门决定采取技术侦查措施，交公安机关执行的，由设区的市一级以上公安机关按照规定办理相关手续后，交负责技术侦查的部门执行，并将执行情况通知人民检察院等部门。

技术侦查措施批准决定自签发之日起3个月以内有效。对于不需要继续采取技术侦查措施的，应当及时解除；对于复杂、疑难案件，期限届满仍有必要继续采取技术侦查措施的，经过批准，有效期可以延长，每次不得超过3个月。

（3）保密原则与安全原则。采取技术侦查措施，必须严格按照批准的措施种类、适用对象和期限执行。侦查人员对采取技术侦查措施过程中知悉的国家秘密、商业秘密和个人隐私，应当保密；对采取技术侦查措施获取的与案件无关的材料，必须及时销毁。采取技术侦查措施获取的材料，只能用于对犯罪的侦查、起诉和审判，不得用于其他用途。公安机关依法采取技术侦查措施，有关单位和个人应当配合，并对有关情况予以保密。依法采取侦查措施收集的材料在刑事诉讼中可以作为证据使用。如果使用该证据可能危及有关人员的人身安全，或者可能产生其他严重后果的，应当采取不暴露有关人员身份、技术方法等保护措施，必要的时候，可以由审判人员在庭外对证据进行核实。

2. 秘密侦查的概念与要求

秘密侦查，是指公安机关基于侦查的必要性，经过公安机关负责人决定，派出有关人员隐瞒身份进行侦查的行为。

秘密侦查的要求主要包括：

（1）秘密侦查只能用于查明刑事案件案情，不能用于查明案情以外的目的。

（2）秘密侦查必须基于侦查的必要性。一般来说，秘密侦查只有在没有其他更好的可替代性方法的情况下才能实施，如果有其他的侦查方法可以达到同样的目的时，不应贸然采取秘密侦查方法。

（3）只有公安机关的负责人才有秘密侦查的决定权。侦查部门认为有必要采取秘密侦查方法时，应当向公安机关负责人报告并说明理由，由公安机关负责人进行审查，并作出决定。

（4）进行秘密侦查不得诱使他人犯罪，不得采用可能危害公共安全或者发生重大人身危险的方法。

3. 控制下交付的概念与要求

控制下交付，是指侦查人员在发现与违禁品有关的犯罪线索或者查获违禁品后，将违禁品置于侦查机关的严密监控下将其放行，以此发现犯罪组织者和其他犯罪嫌疑人的一项特殊侦查手段。

控制下交付的要求主要包括：

（1）控制下交付适用的范围是涉及给付毒品等违禁品或者财物的犯罪活动。

（2）控制下交付使用的前提是公安机关侦查犯罪的需要。

根据《刑事诉讼法》的规定，采取技术侦查和秘密侦查手段，以及通过控制下交付所收集的材料在刑事诉讼中可以作为证据使用。

（八）通缉

1. 通缉的概念

通缉，是指公安机关或人民检察院通令缉拿应当逮捕而在逃的犯罪嫌疑人归案的一种侦查行为。

2. 通缉的程序

根据《刑事诉讼法》及《公安机关办理刑事案件程序规定》的有关规定，通缉应当遵守下列程序：

（1）只有县级以上的公安机关有权发布通缉令，其他任何机关、团体、单位、组织和个人都无权发布。人民检察院在办理自侦案件过程中，需要追捕在逃的犯罪嫌疑人时，经检察长批准，有权作出通缉决定，但仍需由公安机关发布通缉令。

(2) 各级公安机关发布通缉令时，有范围的限制，在自己管辖的地区以内，可以直接发布通缉令，如果超出自己管辖的地区，应当报请有权决定的上级机关发布。

(3) 被通缉的对象仅限于依法应当逮捕而在逃的犯罪嫌疑人，包括依法应当逮捕而在逃的和已被逮捕但在羁押期间逃跑的犯罪嫌疑人。

(4) 通缉令中应当尽可能写明被通缉人的姓名、别名、曾用名、绰号、性别、年龄、民族、籍贯、出生地、户籍所在地、居住地、职业、身份证号码、衣着和体貌特征、口音、行为习惯，并附被通缉人近期照片，可以附指纹及其他物证的照片。除了必须保密的事项以外，应当写明发案的时间、地点和简要案情。

(5) 通缉令发出后，如果发现新的重要情况可以补发通报。通报必须注明原通缉令的编号和日期。

(6) 通缉令应当广泛张贴，并可以通过广播、电视、报刊、计算机网络等方式发布。

(7) 经核实，犯罪嫌疑人已经自动投案、被击毙或者被抓获，以及发现有其他不需要采取通缉的情形的，发布机关应当在原通缉范围内，撤销通缉令。

三、侦查终结

(一) 侦查终结的概念

侦查终结，是指侦查机关对于其立案侦查的案件，经过一系列的侦查活动，认为案件事实已经查清，证据确实、充分，足以认定犯罪嫌疑人是否有罪和应否对其追究刑事责任而决定结束侦查，并对案件依法作出处理的一种诉讼活动。

侦查终结是侦查阶段的最后一道程序，是侦查任务完成的标志。正确及时的侦查终结，可以为以后的审查起诉和法庭审理阶段的顺利进行奠定基础，同时，也有效地防止了诉讼的拖延，保障无罪的人和依法不应当受到刑事追究的人免受刑事追究。

(二) 侦查终结的条件

根据《刑事诉讼法》第160条的规定，无论是公安机关负责侦查的案件还是人民检察院自行侦查的案件，侦查终结都必须同时具备下列三个条件：

1. 案件事实已经查清。案件事实包括犯罪嫌疑人有罪或者无罪、罪重或者罪轻以及应否受到刑事处罚的全部事实和情节。案件事实已经查清，是侦查终结的首要条件。侦查机关如果认为犯罪嫌疑人确有犯罪行为，在侦查终结时，对于犯罪嫌疑人犯罪的时间、地点、动机、目的、情节、手段和危害结果等情况应当全部予以查清，并且没有遗漏任何犯罪。对于共同犯罪的案件，还应查清每个犯罪嫌疑人在共同犯罪中的地位和作用，且没有遗漏其他应当追究刑事责任的同案人。

2. 证据确实、充分。证据确实、充分是侦查终结的重要条件，是侦查终结的中心环节。证据确实、充分，是指证明犯罪事实的每一个证据来源都是可靠的，经查证属实、核对无误的，证据之间没有矛盾，能够相互印证，形成一个完整的证明体系，足以排除其他可能性，能够据以确认犯罪嫌疑人有罪或者无罪、罪重或者罪轻。

3. 法律手续完备。侦查终结时，各种法律手续必须齐全、完备。法律手续是侦查机关依法办案的根据，也是对侦查机关工作的一种监督，是侦查工作质量的保证，所以，只有法律手续完备时，才可终结侦查。法律手续完备要求侦查机关进行的专门调查工作和采取的有关强制性措施的各种法律文书及其审批、签字、盖章等手续都是齐全、完整并符合法律规定的。法律手续完备是侦查终结必不可少的条件，如果发现法律手续有遗漏或者不符合法律规定之处，应当及时采取有效措施予以补充或者改正。

在案件侦查终结前，辩护律师提出要求的，侦查机关应当听取辩护律师的意见，并记录在案。辩护律师提出书面意见的，应当附卷。

（三）侦查终结的处理

根据《刑事诉讼法》的规定，侦查终结的案件，应当根据案件的不同情况，分别作出相应的处理决定。

1. 公安机关侦查的案件。公安机关侦查终结的案件，侦查人员应当制作结案报告。

（1）移送审查起诉或者不起诉。侦查终结后，对于犯罪事实清楚，证据确实、充分，依法应当追究犯罪嫌疑人刑事责任的案件，应当制作《起诉意见书》，连同案卷材料、证据，一并移送同级人民检察院审查决定，同时将案件移送情况告知犯罪嫌疑人及其辩护律师。共同犯罪案件的起诉意见书，应当写明每个犯罪嫌疑人在共同犯罪中的地位、作用、具体罪责和认罪态度，并分别提出处理意见。被害人提出附带民事诉讼的，应当记录在案；移送审查起诉时，应当在起诉意见书末页注明。对于犯罪情节轻微，依法不需要判处刑罚或者免除刑罚的案件，公安机关应制作《不起诉意见书》，移送人民检察院审查决定。

（2）撤销案件。《刑事诉讼法》第161条规定："在侦查过程中，发现不应对犯罪嫌疑人追究刑事责任的，应当撤销案件；犯罪嫌疑人已被逮捕的，应当立即释放，发给释放证明，并且通知原批准逮捕的人民检察院。"

2. 人民检察院自行侦查的案件。

《刑事诉讼法》第18条第2款规定："贪污贿赂犯罪，国家工作人员的渎职犯罪，国家机关工作人员利用职权实施的非法拘禁、刑讯逼供、报复陷害、非法搜查的侵犯公民人身权利的犯罪以及侵犯公民民主权利的犯罪，由人民检察院立案侦查。对于国家机关工作人员利用职权实施的其他重大的犯罪案件，需要由人民检察院直接受理的时候，经省级以上人民检察院决定，可以由人民检察院立案侦查。”人民检察院对直接受理的案件的侦查，也称自侦案件的侦查，是指人民检察院对自己受理的案件，依法进行的专门调查工作和采取的有关强制性措施。根据《刑事诉讼法》第162条的规定，人民检察院对直接受理的案件的侦查适用《刑事诉讼法》关于侦查的一般规定。同时，我国法律又针对人民检察院的特殊地位作了一些特殊规定。

（1）人民检察院自侦案件的程序

根据《刑事诉讼法》第163条的规定：“人民检察院直接受理的案件中符合本法第七十九条、第八十条第四项、第五项规定情形，需要逮捕、拘留犯罪嫌疑人的，由人民检察院作出决定，由公安机关执行。”人民检察院对直接受理的案件中被拘留的人，应当在拘留后的24小时以内进行讯问。在发现不应当拘留的时候，必须立即释放，发给释放证明。人民检察院对直接受理的案件中被拘留的人，认为需要逮捕的，应当在14日以内作出决定。在特殊情况下，决定逮捕的时间可以延长1日至3日。对不需要逮捕的，应当立即释放；对需要继续侦查，并且符合取保候审、监视居住条件的，依法取保候审或者监视居住。

（2）人民检察院自侦案件侦查终结后的处理

《刑事诉讼法》第166条规定：“人民检察院侦查终结的案件，应当作出提起公诉、不起诉或者撤销案件的决定。”可见，人民检察院对侦查终结的案件分别有三种不同的处理方式：提起公诉、不起诉和撤销案件。

人民检察院侦查终结的案件，对于符合提起公诉或不起诉条件的案件，由侦查部门制作《起诉意见书》或《不起诉意见书》，连同其他案卷材料一并移送审查起诉部门，由审查起诉部门进行审查，再根据审查起诉的程序，作出提起公诉或不起诉的决定；如果侦查终结，应当撤销案件的，侦查部门应当制作《撤销案件意见书》，报经检察长或检察委员会讨论决定后撤销案件。人民检察院决定不起诉或者撤销案件的，如果犯罪嫌疑人在押，应当通知公安机关依法释放，公安机关应当立即释放，并发给释放证明。

（四）侦查中的羁押期限

侦查中的羁押期限，是指犯罪嫌疑人在侦查中被逮捕以后到侦查终结的期限。根据《刑事诉讼法》和六部门《关于实施刑事诉讼法若干问题的规定》，侦查中的羁押期限可以分为一般羁押期限、特殊羁押期限和重新计算的羁押期限三种：

1. 一般羁押期限

《刑事诉讼法》第154条规定：“对犯罪嫌疑人逮捕后的侦查羁押期限不得

超过二个月。”如果犯罪嫌疑人在逮捕以前已被拘留的，拘留的期限不包括在侦查羁押期限之内。

2. 特殊羁押期限

特殊羁押期限，意指侦查羁押期限的延长，但必须符合法定条件并履行相应的审批手续和程序。主要情况有：

（1）根据《刑事诉讼法》第 154 条的规定，案情复杂、期限届满不能终结的案件，可以经上一级人民检察院批准延长 1 个月。

（2）根据《刑事诉讼法》第 155 条的规定，因为特殊原因，在较长时间内不宜交付审判的特别重大复杂的案件，由最高人民检察院报请全国人民代表大会常务委员会批准延期审理。

（3）根据《刑事诉讼法》第 156 条的规定，下列案件在《刑事诉讼法》第 154 条规定的期限届满仍不能侦查终结的，经省、自治区、直辖市人民检察院批准或者决定，可以延长 2 个月：交通十分不便的边远地区的重大复杂案件；重大的犯罪集团案件；流窜作案的重大复杂案件；犯罪涉及面广，取证困难的重大复杂案件。

（4）根据《刑事诉讼法》第 157 条的规定，对犯罪嫌疑人可能判处 10 年有期徒刑以上刑罚，依照本法第 156 条规定延长期限届满，仍不能侦查终结的，经省、自治区、直辖市人民检察院批准或者决定，可以再延长 2 个月。

公安机关对案件提请延长羁押期限的，应当在羁押期限届满 7 日前提出，并书面呈报延长羁押期限案件的主要案情和延长羁押期限的具体理由，人民检察院应当在羁押期限届满前作出决定。

3. 重新计算的羁押期限

根据《刑事诉讼法》的规定，遇有下列情况不计入原有侦查羁押期限，即重新计算的羁押期限：

（1）在侦查期间，发现犯罪嫌疑人另有重要罪行的，自发现之日起重新计算侦查羁押期限。另有重要罪行，是指与逮捕时的罪行不同种的重大犯罪和同种的影响罪名认定、量刑档次的重大犯罪。公安机关依照上述规定重新计算侦查羁押期限的，不需要经人民检察院批准，但应当报人民检察院备案，人民检察院可以进行监督。

（2）犯罪嫌疑人不讲真实姓名、住址，身份不明的，应当对其身份进行调查，侦查羁押期限自查清其身份之日起计算，但是不得停止对其犯罪行为的侦查取证。对于犯罪事实清楚，证据确实、充分，确实无法查明其身份的，也可以按其自报的姓名起诉、审判。

（3）对被羁押的犯罪嫌疑人作精神病鉴定的时间，不计入侦查羁押期限。

四、补充侦查

(一) 补充侦查的概念

补充侦查，是指公安机关或者人民检察院依照法定程序，在原有侦查工作的基础上，对案件中的部分事实情况作进一步调查、补充证据的一种诉讼活动。

补充侦查是侦查权的重要组成部分，只有享有侦查权的侦查机关才有权实施。补充侦查并不是每一个刑事案件都必须经过的诉讼程序，它只是在原有的侦查工作没有达到侦查目的和要求，侦查任务还未完成的情况下，由侦查机关就部分事实情节进行侦查。因此，正确、及时进行补充侦查，对于公检法三机关查清全部案件事实、客观公正地处理案件，防止和纠正在诉讼过程中发生的错误等，具有十分重要的意义。

(二) 补充侦查的种类和方式

根据《刑事诉讼法》的规定，补充侦查在程序上有三种，即审查批捕阶段的补充侦查、审查起诉阶段的补充侦查和法庭审理阶段的补充侦查。

1. 审查批捕阶段的补充侦查

《刑事诉讼法》第88条规定，人民检察院对于公安机关提请批准逮捕的案件进行审查后，“对于不批准逮捕的，人民检察院应当说明理由，需要补充侦查的，应当同时通知公安机关”。

2. 审查起诉阶段的补充侦查

《刑事诉讼法》第171条规定：“人民检察院审查案件，对于需要补充侦查的，可以退回公安机关补充侦查，也可以自行侦查。”“对于补充侦查的案件，应当在一个月以内补充侦查完毕。补充侦查以二次为限。补充侦查完毕移送人民检察院后，人民检察院重新计算审查起诉期限。”“对于二次补充侦查的案件，人民检察院仍然认为证据不足，不符合起诉条件的，应当作出不起诉的决定。”可见，审查起诉阶段的补充侦查有如下特点：

(1) 补充侦查的情况有两种。即如果是由公安机关侦查终结，人民检察院审查之后，需要补充侦查时，既可以决定将案件退回公安机关补充侦查，也可以决定自行侦查，必要时可以要求公安机关协助。但是，如果是人民检察院自行侦查终结的案件需要补充侦查的，则不能退由公安机关补充侦查。

(2) 对于退回公安机关补充侦查的案件，应当在1个月以内补充侦查完毕；人民检察院审查起诉的期限从案件补充侦查完毕移送起诉之日起重新计算。人民检察院审查起诉中决定自行侦查的，应当在审查起诉期限内侦查完毕。

(3) 补充侦查的次数不得超过2次。这既指退回公安机关补充侦查的案件，也包括人民检察院决定退回侦查部门补充侦查的案件。

（4）经过2次补充侦查的案件，人民检察院仍然认为证据不足，不符合起诉条件的，应当作出不起诉的决定。

3. 法庭审理阶段的补充侦查

根据《刑事诉讼法》第198条和第199条的规定，在法庭审理过程中，检察人员发现提起公诉的案件需要补充侦查，并提出补充侦查建议的，人民法院可以延期审理，补充侦查应当在1个月以内完毕。可见，法庭审理阶段补充侦查只有人民检察院依法提出建议，人民法院才能作出延期审理的决定。法庭审理阶段的补充侦查决定权依然属于人民检察院，人民法院不能主动将案件退回人民检察院补充侦查。对于人民检察院提起公诉的案件，只要符合法律规定，人民法院就必须开庭审判。至于补充侦查的方式，一般由人民检察院自行侦查，必要时可以要求公安机关协助。补充侦查的期限不能超过1个月。

第三节 起 诉 程 序

一、起诉的概念和种类

（一）起诉的概念

刑事诉讼中的起诉，是指享有控诉权的国家机关和公民，依法向法院提起诉讼，请求法院对指控的内容进行审判，以确定被告人刑事责任并依法予以刑事制裁的诉讼活动。

（二）起诉的种类

根据行使追诉权的主体不同，刑事诉讼中的起诉分为公诉和自诉两种形式。所谓公诉，是指人民检察院代表国家，对犯罪嫌疑人的犯罪行为向人民法院提出控告，要求法院通过审判确定犯罪事实、惩罚犯罪人的诉讼活动。所谓自诉，是指被害人或其法定代理人、近亲属以个人的名义向法院提起诉讼，请求法院依法审理并追究被告人刑事责任的诉讼活动。我国实行公诉与自诉并存，以公诉为主、自诉为辅的起诉方式。

二、审查起诉

（一）审查起诉的概念

审查起诉，是指人民检察院对侦查终结的案件进行审查，依法决定是否对犯罪嫌疑人提起公诉的诉讼活动。

在侦查活动与审查活动相分离并相对独立的情况下，审查起诉在公诉程序中是一个重要的环节。我国《刑事诉讼法》第 167 条规定：“凡需要提起公诉的案件，一律由人民检察院审查决定。”可见，提起公诉的决定权只能由人民检察院行使，任何侦查机关或侦查部门侦查终结的案件，决定提起公诉之前，都必须经过人民检察院的审查。

（二）审查的内容

根据《刑事诉讼法》第 168 条和《人民检察院刑事诉讼规则》第 363 条的规定，人民检察院审查移送起诉的案件，应当查明以下内容：

1. 犯罪嫌疑人身份状况是否清楚，包括姓名、性别、国籍、出生年月日、职业和单位等；单位犯罪的，单位的相关情况是否清楚；

2. 犯罪事实、情节是否清楚；实施犯罪的时间、地点、手段、犯罪事实、危害后果是否明确；

3. 认定犯罪性质和罪名的意见是否正确；有无法定的从重、从轻、减轻或者免除处罚的情节及酌定从重、从轻情节；共同犯罪案件的犯罪嫌疑人在犯罪活动中的责任的认定是否恰当；

4. 证明犯罪事实的证据材料包括采取技术侦查措施的决定书及证据材料是否随案移送；证明相关财产系违法所得的证据材料是否随案移送；不宜移送的证据的清单、复制件、照片或者其他证明文件是否随案移送；

5. 证据是否确实、充分，是否依法收集，有无应当排除非法证据的情形；

6. 侦查的各种法律手续和诉讼文书是否完备；

7. 有无遗漏罪行和其他应当追究刑事责任的人；

8. 是否属于不应当追究刑事责任的；

9. 有无附带民事诉讼；对于国家财产、集体财产遭受损失的，是否需要由人民检察院提起附带民事诉讼；

10. 采取的强制措施是否适当，对于已经逮捕的犯罪嫌疑人，有无继续羁押的必要；

11. 侦查活动是否合法；

12. 涉案款物是否查封、扣押、冻结并妥善保管，清单是否齐备；对被害人合法财产的返还和对违禁品或者不宜长期保存的物品的处理是否妥当，移送的证明文件是否完备。

（三）审查的步骤和方法

审查起诉是一项重要的诉讼活动，在整个刑事诉讼过程中，处于承前启后的中间环节。为保证审查起诉得以顺利进行，审查起诉的具体方法和步骤应当符合如下要求：

1. 各级人民检察院审查起诉的案件应与人民法院审判管辖相适应。人民检察院受理移送审查起诉案件，应当指定检察员或者经检察长批准代行检察员职务的助理检察员办理，也可以由检察长办理。

2. 审阅案卷材料。办案人员接到案件后，应当及时地审查公安机关或刑事侦查部门移送的案件材料是否齐备，有无《起诉意见书》、证据材料和其他法律文书。例如，如果犯罪嫌疑人被拘留、逮捕和被搜查过，审查有无搜查证、拘留证和逮捕证。仔细阅读《起诉意见书》，了解犯罪嫌疑人的犯罪事实、情节，犯罪性质和罪名以及要求起诉的理由，详细审阅案卷中的证据材料，按照法定审查起诉的各项内容，逐项进行审查。发现疑问，可以向侦查人员询问。审阅案卷要认真细致，并应制作阅卷笔录。

3. 讯问犯罪嫌疑人。讯问犯罪嫌疑人是人民检察院审查起诉的必经程序。这是人民检察院核实证据，正确认定案件事实，监督侦查活动是否合法的重要环节。讯问犯罪嫌疑人还有助于直接了解犯罪嫌疑人的精神状态和悔罪态度，为其提供辩护的机会，倾听其辩解理由。讯问犯罪嫌疑人应当个别进行，并应做好笔录。

4. 听取辩护人、被害人及其诉讼代理人的意见。听取辩护人、被害人及其诉讼代理人的意见，应制作笔录附卷。直接听取辩护人、被害人及其诉讼代理人的意见有困难的，可以通知辩护人、被害人及其诉讼代理人提出书面意见，在指定期限内未提出意见的，应当记录在案。辩护人、被害人及其诉讼代理人提出书面意见的，应当附卷。

5. 补充侦查。人民检察院审查案件，认为犯罪事实不清、证据不足或者遗漏罪行、遗漏同案犯罪嫌疑人等情形需要补充侦查的，应当提出具体的书面意见，连同案卷材料一并退回公安机关补充侦查；人民检察院也可以自行侦查，必要时可以要求公安机关提供协助。人民检察院公诉部门对本院侦查部门移送审查起诉的案件审查后，认为犯罪事实不清、证据不足或者遗漏罪行、遗漏同案犯罪嫌疑人等情形需要补充侦查的，应当向侦查部门提出补充侦查的书面意见，连同案卷材料一并退回侦查部门补充侦查；必要时也可以自行侦查，可以要求侦查部门予以协助。

（四）审查的期限

人民检察院对于公安机关移送起诉的案件，应当在1个月以内作出决定，重大、复杂的案件，可以延长半个月。人民检察院审查起诉的案件，改变管辖的，从改变后的人民检察院收到案件之日起计算审查起诉期限。对于补充侦查的案件，应当在1个月以内补充侦查完毕。补充侦查以2次为限。补充侦查完毕移送人民检察院后，人民检察院重新计算审查起诉期限。人民检察院在审查起诉中决定自行侦查的，应当在审查起诉期限内侦查完毕。

人民检察院经过审查，应当根据案件的不同情况，依法作出提起公诉或不起诉的决定。

三、提起公诉

（一）提起公诉的概念

提起公诉，是指人民检察院代表国家将应当追究刑事责任的犯罪嫌疑人提交人民法院审判的一种诉讼活动。提起公诉在刑事诉讼中具有重要意义，它表明犯罪嫌疑人实施的行为被检察机关确认为犯罪并应当受到刑事处罚，提起公诉意味着审查起诉活动已经结束，人民检察院决定行使公诉权，将案件移送到有管辖权的法院审判，诉讼即进入审判阶段。

（二）提起公诉的条件

对提起公诉，检察机关有一定的自由裁量权，然而，这种裁量权必须受到法律的限制。只有在符合法定条件的情况下，检察机关才能提起公诉。我国《刑事诉讼法》第172条规定："人民检察院认为犯罪嫌疑人的犯罪事实已经查清，证据确实、充分，依法应当追究刑事责任的，应当作出起诉决定，按照审判管辖的规定，向人民法院提起公诉，并将案卷材料、证据移送人民法院。"具体说来，提起公诉的法定条件主要有：

1. 犯罪嫌疑人的犯罪事实已经查清。犯罪事实是对犯罪嫌疑人正确定罪和处刑的基础，只有查清犯罪事实，才能正确定罪量刑。因此，人民检察院提起公诉，必须首先查清犯罪嫌疑人的犯罪事实。这里的"犯罪事实"，是指影响定罪量刑的犯罪事实，包括：确定犯罪嫌疑人实施的行为是犯罪，而不是一般违法行为的事实；确定犯罪嫌疑人是否负刑事责任或者免除刑事责任的事实。比如，犯罪嫌疑人的主观状态（包括故意、过失、动机和目的）、犯罪嫌疑人的年龄、精神状态等；确定对犯罪嫌疑人应当从轻、减轻或者从重处罚的事实。

实践中，就具体案件来说，具有下列情形之一的，就可以确认犯罪事实已经查清：

（1）属于单一罪行的案件，查清的事实足以定罪量刑或者与定罪量刑有关的事实已经查清，不影响定罪量刑的事实无法查清的；

（2）属于数个罪行的案件，部分罪行已经查清并符合起诉条件，其他罪行无法查清的，应当以已经查清的罪行起诉；

（3）无法查清作案工具、赃物去向，但有其他证据足以对被告人定罪量刑的；

（4）证人证言、犯罪嫌疑人供述和辩解、被害人陈述的内容中主要情节一致，只有个别情节不一致且不影响定罪的。

2. 证据确实、充分。证据是认定犯罪事实的客观依据。因此，人民检察院指控犯罪嫌疑人实施的犯罪行为，必须要有确实、充分的证据。证据确实，是对证据质的要求，是指用以证明犯罪事实的每一证据必须是客观真实存在的事实，同时又是与犯罪事实有内在联系的，能够证明案件的事实真相。证据充分，是对证据量的要求，只要一定数量的证据足够证明犯罪事实，就达到了证据充分性的要求。证据确实、充分是提起公诉的一个必要条件。

3. 依法应当追究刑事责任。依照法律规定，犯罪嫌疑人实施了某种犯罪，并非一定要负刑事责任。根据《刑法》、《刑事诉讼法》的有关规定，有些犯罪行为法定为不予追究刑事责任的情形。因此，决定对犯罪嫌疑人提起公诉，还必须排除法定不予追究刑事责任的情形。依法应当追究犯罪嫌疑人的刑事责任，就成为对其提起公诉的又一必要条件。

总之，对犯罪嫌疑人决定提起公诉，必须同时具备上述三项条件，缺少上述三项条件中的任何一项，都不能对犯罪嫌疑人提起公诉。人民检察院作出起诉决定后，应当按照法律有关管辖的规定，向有管辖权的人民法院提起公诉。

（三）起诉书的制作和移送

起诉书，是人民检察院依照法定的诉讼程序，代表国家对被告人向人民法院提起诉讼的文书。这种文书是检察机关以国家公诉人的名义制作的，因而通常又称之为公诉书。起诉书是人民检察院重要的司法文书，它具有揭露犯罪、证实犯罪的功效，是将被告人交付人民法院审判的书面凭证，是人民法院对被告人得以行使审判权的法律依据，也是宣传法制、教育群众的生动教材。因此，它的制作无疑是一项十分严肃的工作。起诉书的主要内容包括：

1. 被告人的基本情况，包括姓名、性别、出生年月日、出生地和户籍地、身份证号码、民族、文化程度、职业、工作单位及职务、住址，是否受过刑事处分及处分的种类和时间，采取强制措施的情况等；如果是单位犯罪，应当写明犯罪单位的名称和组织机构代码、所在地址、联系方式，法定代表人和诉讼代表人的姓名、职务、联系方式；如果还有应当负刑事责任的直接负责的主管人员或其他直接责任人员，应当按上述被告人基本情况的内容叙写。

2. 案由和案件来源，即说明人民检察院对案件所认定的罪名和案件从何处来的。

3. 案件事实，包括犯罪的时间、地点、经过、手段、动机、目的、危害后果等与定罪量刑有关的事实要素。起诉书叙述的指控犯罪事实的必备要素应当明晰、准确。被告人被控有多项犯罪事实的，应当逐一列举，对于犯罪手段相同的同一犯罪可以概括叙写。

4. 起诉的根据和理由，包括被告人触犯的刑法条款、犯罪的性质及认定的罪名、处罚条款、法定从轻、减轻或者从重处罚的情节，共同犯罪各被告人应负的罪责等。

被告人真实姓名、住址无法查清的，应当按其绰号或者自报的姓名、住址制作起诉书，并在起诉书中注明。被告人自报的姓名可能造成损害他人名誉、败坏道德风俗等不良影响的，可以对被告人编号并按编号制作起诉书，并附具被告人的照片，记明足以确定被告人面貌、体格、指纹以及其他反映被告人特征的事项。

起诉书应当附有被告人现在处所，证人、鉴定人、需要出庭的有专门知识的人的名单，需要保护的被害人、证人、鉴定人的名单，涉案款物情况，附带民事诉讼情况以及其他需要附注的情况。证人、鉴定人、有专门知识的人的名单应当列明姓名、性别、年龄、职业、住址、联系方式，并注明证人、鉴定人是否出庭。

根据《人民检察院刑事诉讼规则》的规定，人民检察院提起公诉的案件，应当向人民法院移送起诉书、案卷材料和证据。起诉书应当一式八份，每增加一名被告人增加起诉书五份。关于被害人姓名、住址、联系方式、被告人被采取强制措施的种类、是否在案及羁押处所等问题，人民检察院应当在起诉书中列明，不再单独移送材料；对于涉及被害人隐私或者为保护证人、鉴定人、被害人人身安全，而不宜公开的证人、鉴定人、被害人姓名、住址、工作单位和联系方式等个人信息，可以在起诉书中使用化名替代证人、鉴定人、被害人的个人信息，但是应当另行书面说明使用化名等情况，并标明密级。人民检察院对于犯罪嫌疑人、被告人或者证人等翻供、翻证的材料以及对于犯罪嫌疑人、被告人有利的其他证据材料，应当移送人民法院。人民法院向人民检察院提出书面意见要求补充移送材料，人民检察院认为有必要移送的，应当自收到通知之日起 3 日以内补送。对提起公诉后，在人民法院宣告判决前补充收集的证据材料，人民检察院应当及时移送人民法院。

人民检察院对提起公诉的案件，可以向人民法院提出量刑建议。除有减轻处罚或者免除处罚情节外，量刑建议应当在法定量刑幅度内提出。建议判处有期徒刑、管制、拘役的，可以具有一定的幅度，也可以提出具体确定的建议。对提起公诉的案件提出量刑建议的，可以制作量刑建议书，与起诉书一并移送人民法院。量刑建议书的主要内容应当包括被告人所犯罪行的法定刑、量刑情节、人民检察院建议人民法院对被告人处以刑罚的种类、刑罚幅度、可以适用的刑罚执行方式以及提出量刑建议的依据和理由等。

四、不起诉

（一）不起诉的概念

不起诉，是指人民检察院对刑事案件进行审查后，认为不具备起诉条件或不适宜提起公诉所作出的不将案件移送法院进行审判而终止诉讼的决定。不起诉是检察机关对刑事案件进行起诉审查后所采取的一种法律处置方式，其法律效力在于不将案件交付法院审判而终止刑事诉讼。

（二）不起诉的种类和条件

根据《刑事诉讼法》的规定，我国现行不起诉分为四种，即法定不起诉、酌定不起诉、存疑不起诉和附条件不起诉，分别适用于不同的条件。

1. 法定不起诉。法定不起诉，又称为绝对不起诉，是指人民检察院对公安机关侦查终结移送起诉的案件或者自己侦查终结的案件进行审查后，认为犯罪嫌疑人的行为不构成犯罪或依法不应追究刑事责任，从而作出不将犯罪嫌疑人诉至人民法院审判的一种处理决定。根据《刑事诉讼法》的规定，法定不起诉的适用情形包括：（1）实施的行为情节显著轻微、危害不大，不认为是犯罪的；（2）犯罪已过追诉时效期限的；（3）经特赦令免除刑罚的；（4）依照刑法告诉才处理的犯罪，没有告诉或者撤回告诉的；（5）犯罪嫌疑人、被告人死亡的；（6）其他法律规定免予追究刑事责任的。

2. 酌定不起诉。酌定不起诉，又称相对不起诉或裁量不起诉，是检察机关在拥有诉权的情况下对案件进行权衡后认为舍弃诉权更为适宜时作出的不起诉决定。我国《刑事诉讼法》第173条规定："对于犯罪情节轻微，依照刑法规定不需要判处刑罚或者免除刑罚的，人民检察院可以作出不起诉决定。"根据这一规定，酌定不起诉的适用条件有两层含义：一是犯罪嫌疑人实施的行为触犯了我国的《刑法》规定，已经构成犯罪；二是该犯罪行为情节轻微，依照《刑法》规定不需要判处刑罚或者可以免除刑罚。依照《刑法》规定，以下几种情形可以适用酌定不起诉：（1）犯罪嫌疑人在中华人民共和国领域外犯罪，依照我国《刑法》规定应当负刑事责任，但在外国已经受过刑事处罚的；（2）犯罪嫌疑人又聋又哑，或者是盲人犯罪的；（3）犯罪嫌疑人因防卫过当或者紧急避险超过必要限度，并造成不应有危害而犯罪的；（4）为犯罪准备工具，制造条件的；（5）在犯罪过程中自动中止或自动有效地防止犯罪结果发生的；（6）在共同犯罪中，起次要的或者辅助作用的人员；（7）被胁迫、被诱骗参加犯罪的胁从人员；（8）犯罪嫌疑人自首或者有重大立功表现的。

《刑事诉讼法》第279条规定："对于达成和解协议的案件，公安机关可以向人民检察院提出从宽处理的建议。人民检察院可以向人民法院提出从宽处罚的建议；对于犯罪情节轻微，不需要判处刑罚的，可以作出不起诉的决定。人民法院可以依法对被告人从宽处罚。”因此，对于达成和解协议的案件，犯罪情节轻微，不需要判处刑罚的，可以作出不起诉的决定。

3. 存疑不起诉。存疑不起诉，又称证据不足的不起诉，是指检察机关对于经过补充侦查的案件，仍然认为证据不足，不符合起诉条件的，作出的不起诉决定。《刑事诉讼法》第171条第4款规定：“对于二次补充侦查的案件，人民检察院仍然认为证据不足，不符合起诉条件的，应当作出不起诉的决定。”《人民检察院刑事诉讼规则》第403条规定：“人民检察院对于二次退回补充侦查的案件，仍然认为证据不足，不符合起诉条件的，经检察长或者检察委员会决定，应当作出不起诉决定。”“人民检察院对于经过一次退回补充侦查的案件，认为证据不足，不符合起诉条件，且没有退回补充侦查必要的，可以作出不起诉决定。”因此，存疑不起诉包括应该不起诉和可以不起诉两种情况。

4. 附条件不起诉。附条件不起诉，是指人民检察院在审查起诉时，对犯罪嫌疑人设定一定的条件，如果犯罪嫌疑人在法定考验期内遵守了承诺，没有违背条件限制，检察机关将依法作出不起诉决定。附条件不起诉是2012年《刑事诉讼法》新增加的一种针对未成年犯罪嫌疑人适用的不起诉制度。《刑事诉讼法》第271条规定：“对于未成年人涉嫌刑法分则第四章、第五章、第六章规定的犯罪，可能判处一年有期徒刑以下刑罚，符合起诉条件，但有悔罪表现的，人民检察院可以作出附条件不起诉的决定。人民检察院在作出附条件不起诉的决定以前，应当听取公安机关、被害人的意见。”未成年犯罪嫌疑人及其法定代理人对人民检察院决定附条件不起诉有异议的，人民检察院应当作出起诉的决定。在附条件不起诉的考验期内，由人民检察院对被附条件不起诉的未成年犯罪嫌疑人进行监督考察。未成年犯罪嫌疑人的监护人，应当对未成年犯罪嫌疑人加强管教，配合人民检察院做好监督考察工作。附条件不起诉的考验期为6个月以上1年以下，从人民检察院作出附条件不起诉的决定之日起计算。被附条件不起诉的未成年犯罪嫌疑人，应当遵守下列规定：遵守法律法规，服从监督；按照考察机关的规定报告自己的活动情况；离开所居住的市、县或者迁居，应当报经考察机关批准；按照考察机关的要求接受矫治和教育。

被附条件不起诉的未成年犯罪嫌疑人，在考验期内没有实施新的犯罪、没有发现决定附条件不起诉以前还有其他犯罪需要追诉的，以及没有违反治安管理规定或者考察机关有关附条件不起诉的监督管理规定情节严重的情形的，考验期满的，人民检察院应当作出不起诉的决定。

（三）不起诉的程序

根据《人民检察院刑事诉讼规则》的相关规定，人民检察院作出不起诉决定，需经检察长或者检察委员会决定。

人民检察院作出不起诉决定后，应当制定《不起诉决定书》，《不起诉决定书》的主要内容包括：

（1）被不起诉人的基本情况，包括姓名、性别、出生年月日、出生地和户籍地、民族、文化程度、职业、工作单位及职务、住址、身份证号码，是否受过刑事处分，采取强制措施的情况以及羁押处所等；如果是单位犯罪，应当写明犯罪单位的名称和组织机构代码、所在地址、联系方式，法定代表人和诉讼代表人的姓名、职务、联系方式；

（2）案由和案件来源；

（3）案件事实，包括否定或者指控被不起诉人构成犯罪的事实以及作为不起诉决定根据的事实；

（4）不起诉的法律根据和理由，写明作出不起诉决定适用的法律条款；

（5）查封、扣押、冻结的涉案款物的处理情况；

（6）有关告知事项。

不起诉的决定，应当公开宣布，并且将《不起诉决定书》送达被不起诉人和他的所在单位。公开宣布不起诉决定的活动应当记录在案。《不起诉决定书》自公开宣布之日起生效。如果被不起诉人在押，应当立即释放。

对于公安机关移送起诉的案件，人民检察院决定不起诉的，应当将《不起诉决定书》送达公安机关。公安机关认为不起诉的决定有错误的时候，可以要求复议，如果意见不被接受，可以向上一级人民检察院提请复核。对于有被害人的案件，决定不起诉的，人民检察院应当将《不起诉决定书》送达被害人。被害人如果不服，可以自收到决定书后 7 日以内向上一级人民检察院申诉，请求提起公诉。人民检察院应当将复查决定告知被害人。对人民检察院维持不起诉决定的，被害人可以向人民法院起诉。被害人也可以不经申诉，直接向人民法院起诉。人民法院受理案件后，人民检察院应当将有关案件材料移送人民法院。对于人民检察院依照《刑事诉讼法》第 173 条第 2 款规定作出的不起诉决定，被不起诉人如果不服，可以自收到决定书后 7 日以内向人民检察院申诉。人民检察院应当作出复查决定，通知被不起诉的人，同时抄送公安机关。

五、提起自诉

（一）自诉案件的概念

自诉案件，是指由被害人及其法定代理人、近亲属自行向人民法院提起诉讼和支持控诉，要求追究被告人的刑事责任，并由人民法院直接受理的刑事案件。

(二) 自诉案件的范围

根据《刑事诉讼法》第204条规定，自诉案件包括下列案件：

1. 告诉才处理的案件；

2. 被害人有证据证明的轻微刑事案件；

3. 被害人有证据证明对被告人侵犯自己人身、财产权利的行为应当依法追究刑事责任，而公安机关或者人民检察院不予追究被告人刑事责任的案件。

(三) 提起自诉的条件

1. 有适格的自诉人。在法律规定的自诉案件范围内，遭受犯罪行为直接侵害的被害人有权向人民法院提起自诉。被害人死亡、丧失行为能力或者因受强制、威吓等原因无法告诉，或者是限制行为能力人以及由于年老、患病、盲、聋、哑等原因不能亲自告诉的，被害人的法定代理人、近亲属有权向人民法院起诉。

2. 有明确的被告人和具体的诉讼请求。自诉人起诉时应明确提出控诉的对象，如果不能提出明确的被告人或者被告人下落不明的，自诉案件不能成立。自诉人起诉时还应提出具体的诉讼请求，包括指明控诉的罪名和要求人民法院追究被告人何种刑事责任。如果提起刑事自诉附带民事诉讼，还应提出具体的赔偿请求。

3. 属于自诉案件范围。即属于《刑事诉讼法》第204条规定的三类案件范围以及最高人民法院司法解释确定的具体的自诉案件范围。

4. 被害人有证据证明。被害人提起刑事自诉必须有能够证明被告人犯有被指控的犯罪事实的证据。在自诉案件中，自诉人应当承担证明责任，要提出能够证明被告人犯有被指控的犯罪事实的证据，被告人不承担证明自己无罪的责任。如果自诉人提供的证据不足以证明被告人有罪，人民法院就会作出证据不足的无罪判决。

5. 属于受诉人民法院管辖。自诉人应当依据《刑事诉讼法》关于级别管辖和地区管辖的规定，向有管辖权的人民法院提起自诉。

6. 自诉必须在追诉时效期限内提出。这是关于自诉时间方面的条件。根据《刑事诉讼法》第15条规定，犯罪已过追诉时效期限的，不追究刑事责任。已经追究的，应当撤销案件，或者不起诉，或者终止审理。关于自诉案件的起诉时效，法律未作特殊规定，适用《刑法》关于犯罪追诉时效的一般规定。《刑法》规定的对犯罪的追诉时效就是自诉时效，在追诉时效问题上公诉与自诉没有区别。

(四) 提起自诉的程序

自诉人应当向人民法院提交刑事自诉状。提起附带民事诉讼的，还应当提交刑事附带民事自诉状。自诉人书写自诉状确有困难的，可以口头告诉，由人民法院工作人员作出告诉笔录，向自诉人宣读，自诉人确认无误后，应当签名或者盖章。

自诉状或者告诉笔录应当包括以下内容：

1. 自诉人（代为告诉人）、被告人的姓名、性别、年龄、民族、出生地、文化程度、职业、工作单位、住址、联系方式；

2. 被告人实施犯罪的时间、地点、手段、情节和危害后果等；

3. 具体的诉讼请求；

4. 致送的人民法院和具状时间；

5. 证据的名称、来源等；

6. 证人的姓名、住址、联系方式等。

对两名以上被告人提出告诉的，应当按照被告人的人数提供自诉状副本。

对自诉案件，人民法院应当在15日内审查完毕。经审查，符合受理条件的，应当决定立案，并书面通知自诉人或者代为告诉人。

第四节 审 判 程 序

一、刑事审判概述

（一）刑事审判的概念

所谓审判，是指法院在当事人和其他诉讼参与人的参加下，依照法定程序，对纠纷进行审理并作出裁判的活动。根据所要解决的纠纷性质不同，现代审判大致分为刑事审判、民事审判、行政审判三种。刑事审判作为审判的一种，有其特殊的原则、制度和程序。

刑事审判，是指人民法院依照法定的权限和程序，对提起公诉或自诉的刑事案件进行审理和裁判的诉讼活动。刑事审判活动由审理和裁判两部分活动所组成。所谓审理，是指人民法院在控辩双方和其他诉讼参与人的参加下，调查核实证据、查明案件事实并确定如何适用法律的活动。所谓裁判，是指人民法院依据认定的证据、查明的案件事实和有关法律，对案件的实体和程序问题作出处理结论的活动。审理是裁判的前提和基础，裁判是审理的目的和结果。

（二）刑事审判的种类

根据《刑事诉讼法》的规定，我国刑事审判程序包括：

1. 第一审程序。第一审程序是人民法院对刑事案件进行初次审判时所使用的程序，是刑事诉讼中基本的诉讼阶段。按照程序繁简程度的不同，第一审程序分为普通程序和简易程序。按照提起刑事诉讼的主体不同，第一审程序分为公诉案件第一审程序和自诉案件第一审程序。

2. 第二审程序。第二审程序是人民法院对上诉、抗诉案件进行审判的程序。

3. 死刑复核程序。死刑复核程序是人民法院对判处死刑的案件进行复查核准所遵循的一种特别审判程序。

4. 审判监督程序。审判监督程序是对已经发生法律效力的判决、裁定，在发现确有错误时，进行重新审判的程序。

（三）刑事审判组织

刑事审判组织，是指人民法院审理具体刑事案件的法庭组织形式。根据《刑事诉讼法》和《人民法院组织法》的规定，人民法院审判刑事案件的组织形式有两种，即独任庭和合议庭。审判委员会对重大的或者疑难的案件的处理有最后的决定权，从这一意义上讲，审判委员会也具有审判组织的性质。

1. 独任庭

独任庭，是指由审判员一人独自审判简易案件的组织形式。独任庭仅适用于基层人民法院以简易程序审理的案件。

审判员依法独任审判时，行使与合议庭的审判长同样的职权。独任审判的案件，审判员认为有必要的，也可以提请院长决定提交审判委员会讨论决定。适用独任审判，须按照《刑事诉讼法》规定的简易程序进行，依法应当公开审理的案件，都应当公开审理，并要认真执行回避、辩护、上诉等各项审判制度，切实保障当事人和其他诉讼参与人的诉讼权利。

2. 合议庭

合议庭，是指由数名审判员或由审判员和人民陪审员集体审判案件的组织形式。合议庭是人民法院审判案件的基本组织形式。除基层人民法院适用简易程序审判案件可以采用独任庭外，人民法院审判刑事案件均须采取合议庭的组织形式。

由于各级人民法院管辖的第一审刑事案件的情况不同，第一审和第二审的任务亦不同，法律对合议庭的组成有不同的规定。根据《刑事诉讼法》第 178 条、第 238 条的规定，合议庭的组成情况如下：

（1）基层人民法院、中级人民法院审判第一审案件，应当由审判员 3 人或者由审判员和人民陪审员共 3 人组成合议庭进行。

（2）高级人民法院、最高人民法院审判第一审案件，应当由审判员 3 人至 7 人或者由审判员和人民陪审员共 3 人至 7 人组成合议庭进行。

（3）人民法院审判上诉和抗诉案件，由审判员3人至5人组成合议庭进行。

（4）最高人民法院复核死刑案件，高级人民法院复核死刑缓期执行的案件，应当由审判员3人组成合议庭进行。

人民陪审员在人民法院执行职务，同审判员有同等的权利。合议庭的成员人数应当是单数。合议庭由院长或者庭长指定审判员一人担任审判长。院长或者庭长参加审判案件的时候，自己担任审判长。助理审判员由本院院长提出，经审判委员会通过，可以临时代行审判员职务，并可以担任审判长。开庭审理和评议案件，应当由同一合议庭进行。合议庭成员在评议案件时，应当独立表达意见并说明理由。意见分歧的，应当按多数意见作出决定，但少数意见应当记入笔录。评议笔录由合议庭的组成人员在审阅确认无误后签名。评议情况应当保密。

合议庭审理、评议后，应当及时作出判决、裁定。拟判处死刑的案件、人民检察院抗诉的案件，合议庭应当提请院长决定提交审判委员会讨论决定。对合议庭成员意见有重大分歧的案件、新类型案件、社会影响重大的案件以及其他疑难、复杂、重大的案件，合议庭认为难以作出决定的，可以提请院长决定提交审判委员会讨论决定。人民陪审员可以要求合议庭将案件提请院长决定是否提交审判委员会讨论决定。对提请院长决定提交审判委员会讨论决定的案件，院长认为不必要的，可以建议合议庭复议一次。审判委员会的决定，合议庭应当执行。

3. 审判委员会

审判委员会，是指人民法院内部对审判工作实行集体领导的组织形式。审判委员会是人民法院的最高审判组织，负责审理重大疑难案件以及对审判业务进行指导。审判委员会的成员包括院长1人，副院长、庭长、资深审判员若干人，组成人数应是单数。审判委员会的会议由法院院长主持。

审判委员会的决定，合议庭、独任审判员应当执行；有不同意见的，可以建议院长提交审判委员会复议。

（四）刑事判决、裁定、决定

1. 判决

判决，是指人民法院在诉讼终结时直接针对案件的实体问题所作的处理和决定。所谓“案件的实体问题”，是指诉讼主张的提出者向人民法院提出的诉讼主张，即被告人的行为是否构成犯罪、何种罪名以及应否给予刑事处罚和应适用何种刑罚等问题。判决是人民法院代表国家行使审判权的具体结果，是国家意志在具体案件中的体现，具有一定的稳定性，非依法定程序不能改变。因此，判决只能在调查案件事实后的终局阶段作出。判决一经作出，既标志着实体问题的解决，也标志着程序审理的结束。

刑事判决根据其法律适用的结果可以分为有罪判决和无罪的判决。有罪判决是人民法院通过对案件的审理，根据已经查明的事实、证据和有关的法律规定，确认被告人行为构成犯罪时所作出的判决。有罪判决又可分为科刑判决和免刑判决。科刑判决是确认被告人有罪，决定给予适当刑事处罚的判决。免刑判决是认定被告人行为构成了犯罪，但因犯罪情节轻微不需要判处刑罚或者有其他法定免刑情节而免除对被告人刑事处罚的判决。无罪判决是人民法院经过审判，依据法律认定被告人无罪或者证据不足、指控的犯罪不能成立时所作出的判决。

判决的法定表现形式是判决书，是刑事诉讼中最重要的法律文书，执行判决一律以判决书为依据。

2. 裁定

裁定，是指人民法院在案件审理或者判决执行过程中，就某些重大程序问题和部分实体问题所作的一种决定。

裁定按其性质可以分为程序性裁定和实体性裁定。程序性裁定包括：是否恢复诉讼期限的裁定、中止审理的裁定、维持原判的裁定、撤销原判并发回重审的裁定等；实体性裁定包括：决定减刑、假释的裁定等。裁定按审判程序可以分为第一审裁定、第二审裁定、死刑复核裁定和再审裁定。

3. 决定

决定，是指人民法院在办理案件过程中对某些程序性问题进行处理的一种形式。决定的对象都是法庭审理中的程序性问题或人民法院自己行使权力的问题，前者需要及时处理，后者并不直接与诉讼参与人的权利相联系。因此，决定作出后，除对驳回回避申请的决定，当事人及其法定代理人可以申请复议一次外，其余的决定均立即生效，不允许上诉或抗诉。

二、第一审程序

第一审程序，是指人民法院对人民检察院提起公诉或者自诉人提起自诉的刑事案件进行初次审判时所应遵循的活动程序。第一审程序是人民法院审判活动的基本程序，无论是公诉案件还是自诉案件都要经过第一审程序。根据《刑事诉讼法》的规定，第一审程序包括公诉案件的第一审普通程序、自诉案件的第一审普通程序和简易程序。

（一）公诉案件第一审普通程序

根据《刑事诉讼法》与《最高人民法院解释》的规定，公诉案件第一审普通程序包括以下活动：

1. 审查受理

对公诉案件的庭前审查，是指人民法院对人民检察院提起公诉的案件进行审查，并决定是否将刑事被告人交付审判的诉讼活动。对公诉案件的庭前审查是人民法院行使国家审判权的开始程序，其法律性质是对案件的接受和审查，而不是审判，其任务是解决是否将被告人交付法庭审判，案件是否符合开庭审判的条件，其本质是属于程序性措施，绝不能把审查同审判混为一谈。对提起公诉的案件，人民法院应当在收到起诉书和案卷、证据后，指定审判人员审查以下内容：

（1）是否属于本院管辖；

（2）起诉书是否写明被告人的身份，是否受过或者正在接受刑事处罚，被采取强制措施的种类、羁押地点，犯罪的时间、地点、手段、后果以及其他可能影响定罪量刑的情节；

（3）是否移送证明指控犯罪事实的证据材料，包括采取技术侦查措施的批准决定和所收集的证据材料；

（4）是否查封、扣押、冻结被告人的违法所得或者其他涉案财物，并附证明相关财物依法应当追缴的证据材料；

（5）是否列明被害人的姓名、住址、联系方式；是否附有证人、鉴定人名单；是否申请法庭通知证人、鉴定人、有专门知识的人出庭，并列明有关人员的姓名、性别、年龄、职业、住址、联系方式；是否附有需要保护的证人、鉴定人、被害人名单；

（6）当事人已委托辩护人、诉讼代理人，或者已接受法律援助的，是否列明辩护人、诉讼代理人的姓名、住址、联系方式；

（7）是否提起附带民事诉讼；提起附带民事诉讼的，是否列明附带民事诉讼当事人的姓名、住址、联系方式，是否附有相关证据材料；

（8）侦查、审查起诉程序的各种法律手续和诉讼文书是否齐全；

（9）有无《刑事诉讼法》第 15 条第 2 项至第 6 项规定的不追究刑事责任的情形。

人民法院对提起公诉的案件审查后，应当按照下列情形分别处理：

（1）属于告诉才处理的案件，应当退回人民检察院，并告知被害人有权提起自诉；

（2）不属于本院管辖或者被告人不在案的，应当退回人民检察院；

（3）需要补充材料的，应当通知人民检察院在 3 日内补送；

（4）依照《刑事诉讼法》第 195 条第 3 项规定宣告被告人无罪后，人民检察院根据新的事实、证据重新起诉的，应当依法受理；

（5）人民法院裁定准许撤诉的案件，没有新的事实、证据，重新起诉的，应当退回人民检察院；

（6）符合《刑事诉讼法》第 15 条第 2 项至第 6 项规定情形的，应当裁定终止审理或者退回人民检察院；

（7）被告人真实身份不明，但符合《刑事诉讼法》第158条第2款规定的，应当依法受理。

对公诉案件是否受理，应当在7日内审查完毕。

2. 开庭前的准备

开庭审理前，人民法院应当进行下列工作：

（1）确定审判长及合议庭组成人员；

（2）开庭10日前将起诉书副本送达被告人、辩护人；

（3）通知当事人、法定代理人、辩护人、诉讼代理人在开庭5日前提供证人、鉴定人名单，以及拟当庭出示的证据；申请证人、鉴定人、有专门知识的人出庭的，应当列明有关人员的姓名、性别、年龄、职业、住址、联系方式；

（4）开庭3日前将开庭的时间、地点通知人民检察院；

（5）开庭3日前将传唤当事人的传票和通知辩护人、诉讼代理人、法定代理人、证人、鉴定人等出庭的通知书送达；通知有关人员出庭，也可以采取电话、短信、传真、电子邮件等能够确认对方收悉的方式；

（6）公开审理的案件，在开庭3日前公布案由、被告人姓名、开庭时间和地点。

上述工作情况应当记录在案。

案件具有下列情形之一的，审判人员可以召开庭前会议：当事人及其辩护人、诉讼代理人申请排除非法证据的；证据材料较多、案情重大复杂的；社会影响重大的；需要召开庭前会议的其他情形。召开庭前会议，根据案件情况，可以通知被告人参加。召开庭前会议，审判人员可以就相关问题向控辩双方了解情况，听取意见；审判人员可以询问控辩双方对证据材料有无异议，对有异议的证据，应当在庭审时重点调查；无异议的，庭审时举证、质证可以简化。被害人或者其法定代理人、近亲属提起附带民事诉讼的，可以调解。庭前会议情况应当制作笔录。

3. 法庭审判

法庭审判，是指人民法院采取开庭的方式，在公诉人、当事人和其他诉讼参与人的参加下，在控、辩双方对证据、案件事实和适用法律开展辩论的情况下，依法确定被告人是否有罪、应否处刑、给予何种刑事处罚的活动。

审判案件应当公开进行。案件涉及国家秘密或者个人隐私的，不公开审理；涉及商业秘密，当事人提出申请的，法庭可以决定不公开审理。不公开审理的案件，任何人不得旁听，但法律另有规定的除外。精神病人、醉酒的人、未经人民法院批准的未成年人以及其他不宜旁听的人不得旁听案件审理。被害人、诉讼代理人经传唤或者通知未到庭，不影响开庭审理的，人民法院可以开庭审理。辩护人经通知未到庭，被告人同意的，人民法院可以开庭审理，但被告人属于应当提供法律援助情形的除外。法庭审判程序分为开庭、法庭调查、法庭辩论、被告人最后陈述、评议和宣判五个阶段。

（1）开庭。开庭审理前，书记员应当依次进行下列工作：受审判长委托，查明公诉人、当事人、证人及其他诉讼参与人是否到庭；宣读法庭规则；请公诉人及相关诉讼参与人入庭；请审判长、审判员（人民陪审员）入庭；审判人员就座后，向审判长报告开庭前的准备工作已经就绪。然后，审判长宣布开庭，传被告人到庭后，应当查明被告人的姓名、出生日期、民族、出生地、文化程度、职业、住址，或者被告单位的名称、住所地、诉讼代表人的姓名、职务；是否受过法律处分及处分的种类、时间；是否被采取强制措施及强制措施的种类、时间；收到起诉书副本的日期；有附带民事诉讼的，附带民事诉讼被告人收到附带民事起诉状的日期。被告人较多的，可以在开庭前查明上述情况，但开庭时审判长应当作出说明。

审判长宣布案件的来源、起诉的案由、附带民事诉讼当事人的姓名及是否公开审理；不公开审理的，应当宣布理由。

审判长宣布合议庭组成人员、书记员、公诉人名单及辩护人、鉴定人、翻译人员等诉讼参与人的名单。

审判长应当告知当事人及其法定代理人、辩护人、诉讼代理人在法庭审理过程中依法享有下列诉讼权利：可以申请合议庭组成人员、书记员、公诉人、鉴定人和翻译人员回避；可以提出证据，申请通知新的证人到庭、调取新的证据，申请重新鉴定或者勘验、检查；被告人可以自行辩护；被告人可以在法庭辩论终结后作最后陈述。

审判长应当询问当事人及其法定代理人、辩护人、诉讼代理人是否申请回避、申请何人回避和申请回避的理由。如果当事人及其法定代理人、辩护人、诉讼代理人申请审判人员、出庭支持公诉的检察人员回避，合议庭认为符合法定情形的，应当依照刑诉法有关回避的规定处理；认为不符合法定情形的，应当当庭驳回，继续法庭审理。如果申请回避人当庭申请复议，合议庭应当宣布休庭，待作出复议决定后，决定是否继续法庭审理。同意或者驳回回避申请的决定及复议决定，由审判长宣布，并说明理由。必要时，也可以由院长到庭宣布。

（2）法庭调查。法庭调查，是指在人民法院主持下，控辩双方通过各自举证、发表意见来揭露案件真实情况的过程。法庭调查阶段，是法庭审判的中心环节，其任务是查明案件事实，核实证据。法庭调查的具体程序如下：

第一，公诉人宣读起诉书。审判长宣布法庭调查开始后，先由公诉人宣读起诉书；有附带民事诉讼的，再由附带民事诉讼原告人或者其法定代理人、诉讼代理人宣读附带民事起诉状。

第二，被告人、被害人就起诉书指控的犯罪事实分别陈述。

第三，讯问、发问被告人、被害人及附带民事诉讼原告人、被告人。在审判长主持下，公诉人可以就起诉书指控的犯罪事实讯问被告人。经审判长准许，被害人及其法定代理人、诉讼代理人可以就公诉人讯问的犯罪事实补充发问；附带民事诉讼原告人及其法定代理人、诉讼代理人可以就附带民事部分的事实向被告人发问；被告人的法定代理人、辩护人，附带民事诉讼被告人及其法定代理人、诉讼代理人可以在控诉一方就某一问题讯问完毕后向被告人发问。讯问同案审理的被告人，应当分别进行。必要时，可以传唤同案被告人等到庭对质。经审判长准许，控辩双方可以向被害人、附带民事诉讼原告人发问。审判人员可以讯问被告人。必要时，可以向被害人、附带民事诉讼当事人发问。

第四，出示、核实证据。出示、核实证据，包括询问证人、鉴定人和有专门知识的人；出示、核实书证、物证、视听资料、电子数据等证据；调取新的证据等活动。

公诉人可以提请审判长通知证人、鉴定人出庭作证，或者出示证据。被害人及其法定代理人、诉讼代理人，附带民事诉讼原告人及其诉讼代理人也可以提出申请。在控诉一方举证后，被告人及其法定代理人、辩护人可以提请审判长通知证人、鉴定人出庭作证，或者出示证据。控辩双方申请证人出庭作证，出示证据，应当说明证据的名称、来源和拟证明的事实。法庭认为有必要的，应当准许；对方提出异议，认为有关证据与案件无关或者明显重复、不必要，法庭经审查异议成立的，可以不予准许。已经移送人民法院的证据，控辩双方需要出示的，可以向法庭提出申请。法庭同意的，应当指令值庭法警出示、播放；需要宣读的，由值庭法警交由申请人宣读。

公诉人、当事人或者辩护人、诉讼代理人对证人证言有异议，且该证人证言对定罪量刑有重大影响，或者对鉴定意见有异议，申请法庭通知证人、鉴定人出庭作证，人民法院认为有必要的，应当通知证人、鉴定人出庭；无法通知或者证人、鉴定人拒绝出庭的，应当及时告知申请人。证人、鉴定人到庭后，审判人员应当核实其身份、与当事人以及本案的关系，并告知其有关作证的权利义务和法律责任。证人、鉴定人作证前，应当保证向法庭如实提供证言、说明鉴定意见，并在保证书上签名。

公诉人、当事人及其辩护人、诉讼代理人申请法庭通知有专门知识的人出庭，就鉴定意见提出意见的，应当说明理由。法庭认为有必要的，应当通知有专门知识的人出庭。

向证人、鉴定人、有专门知识的人发问应当分别进行。证人、鉴定人、有专门知识的人经控辩双方发问或者审判人员询问后，审判长应当告知其退庭。证人、鉴定人、有专门知识的人不得旁听对本案的审理。

举证方当庭出示证据后，由对方进行辨认并发表意见。控辩双方可以互相质问、辩论。当庭出示的证据，尚未移送人民法院的，应当在质证后移交法庭。法庭对证据有疑问的，可以告知公诉人、当事人及其法定代理人、辩护人、诉讼代理人补充证据或者作出说明；必要时，可以宣布休庭，对证据进行调查核实。对公诉人、当事人及其法定代理人、辩护人、诉讼代理人补充的和法庭庭外调查核实取得的证据，应当经过当庭质证才能作为定案的根据。但是，经庭外征求意见，控辩双方没有异议的除外。有关情况，应当记录在案。

公诉人申请出示开庭前未移送人民法院的证据，辩护方提出异议的，审判长应当要求公诉人说明理由；理由成立并确有出示必要的，应当准许。辩护方提出需要对新的证据作辩护准备的，法庭可以宣布休庭，并确定准备辩护的时间。辩护方申请出示开庭前未提交的证据，参照适用前述规定。

法庭审理过程中，当事人及其辩护人、诉讼代理人申请通知新的证人到庭，调取新的证据，申请重新鉴定或者勘验的，应当提供证人的姓名、证据的存放地点，说明拟证明的案件事实，要求重新鉴定或者勘验的理由。法庭认为有必要的，应当同意，并宣布延期审理；不同意的，应当说明理由并继续审理。延期审理的案件，符合《刑事诉讼法》第202条第1款规定的，可以报请上级人民法院批准延长审理期限。人民法院同意重新鉴定申请的，应当及时委托鉴定，并将鉴定意见告知人民检察院、当事人及其辩护人、诉讼代理人。

审判期间，公诉人发现案件需要补充侦查，建议延期审理的，合议庭应当同意，但建议延期审理不得超过两次。人民检察院将补充收集的证据移送人民法院的，人民法院应当通知辩护人、诉讼代理人查阅、摘抄、复制。补充侦查期限届满后，经法庭通知，人民检察院未将案件移送人民法院，且未说明原因的，人民法院可以决定按人民检察院撤诉处理。

人民法院向人民检察院调取需要调查核实的证据材料，或者根据被告人、辩护人的申请，向人民检察院调取在侦查、审查起诉期间收集的有关被告人无罪或者罪轻的证据材料，应当通知人民检察院在收到调取证据材料决定书后3日内移交。

第五，进行量刑调查。法庭审理过程中，对与量刑有关的事实、证据，应当进行调查。人民法院除应当审查被告人是否具有法定量刑情节外，还应当根据案件情况审查以下影响量刑的情节：案件起因；被害人有无过错及过错程度，是否对矛盾激化负有责任及责任大小；被告人的近亲属是否协助抓获被告人；被告人平时表现，有无悔罪态度；退赃、退赔及赔偿情况；被告人是否取得被害人或者其近亲属谅解；影响量刑的其他情节。审判期间，合议庭发现被告人可能有自首、坦白、立功等法定量刑情节，而人民检察院移送的案卷中没有相关证据材料的，应当通知人民检察院移送。审判期间，被告人提出新的立功线索的，人民法院可以建议人民检察院补充侦查。

对被告人认罪的案件，在确认被告人了解起诉书指控的犯罪事实和罪名，自愿认罪且知悉认罪的法律后果后，法庭调查可以主要围绕量刑和其他有争议的问题进行。对被告人不认罪或者辩护人作无罪辩护的案件，法庭调查应当在查明定罪事实的基础上，查明有关量刑事实。

（3）法庭辩论。法庭辩论，是指在法庭调查的基础上，控诉方与辩护方就被告人的行为是否构成犯罪、犯罪的性质、罪责轻重、证据是否确实、充分以及如何适用刑罚等问题，进行互相辩驳的一个重要环节。通过控辩双方的辩论，将进一步揭示案情，明确如何适用法律，为案件的正确裁判奠定基础。

法庭辩论应当在审判长的主持下，按照下列顺序进行：公诉人发言；被害人及其诉讼代理人发言；被告人自行辩护；辩护人辩护；控辩双方进行辩论。

法庭辩论时，人民检察院可以提出量刑建议并说明理由，量刑建议一般应当具有一定的幅度。当事人及其辩护人、诉讼代理人可以对量刑提出意见并说明理由。对被告人认罪的案件，法庭辩论时，可以引导控辩双方主要围绕量刑和其他有争议的问题进行。对被告人不认罪或者辩护人作无罪辩护的案件，法庭辩论时，可以引导控辩双方先辩论定罪问题，后辩论量刑问题。

附带民事部分的辩论应当在刑事部分的辩论结束后进行，先由附带民事诉讼原告人及其诉讼代理人发言，后由附带民事诉讼被告人及其诉讼代理人答辩。

法庭辩论过程中，审判长应当充分听取控辩双方的意见，对控辩双方与案件无关、重复或者指责对方的发言应当提醒、制止。

法庭辩论过程中，合议庭发现与定罪、量刑有关的新的事实，有必要调查的，审判长可以宣布暂停辩论，恢复法庭调查，在对新的事实调查后，继续法庭辩论。

（4）被告人最后陈述。被告人最后陈述，是指被告人陈述自己对案件的意见或表明自己的认识和态度，它是法庭审判的必经程序。任何机关和个人都不能剥夺被告人最后陈述的权利。被告人在最后陈述中多次重复自己的意见的，审判长可以制止。陈述内容蔑视法庭、公诉人，损害他人及社会公共利益，或者与本案无关的，应当制止。在公开审理的案件中，被告人最后陈述的内容涉及国家秘密、个人隐私或者商业秘密的，应当制止。被告人在最后陈述中提出新的事实、证据，合议庭认为可能影响正确裁判的，应当恢复法庭调查；被告人提出新的辩解理由，合议庭认为可能影响正确裁判的，应当恢复法庭辩论。

（5）评议和宣判。评议是指合议庭在庭审基础上对案件事实进行分析判断和作出处理决定的诉讼活动；宣判是指审判人员向当事人宣告判决的具体内容。

在被告人最后陈述后，审判长宣布休庭，合议庭进行评议，根据已经查明的事实、证据和有关的法律规定，分别作出以下判决：案件事实清楚，证据确实、充分，依据法律认定被告人有罪的，应当作出有罪判决；依据法律认定被告人无罪的，应当作出无罪判决；证据不足，不能认定被告人有罪的，应当作出证据不足、指控的犯罪不能成立的无罪判决。

宣告判决，一律公开进行。当庭宣告判决的，应当在5日以内将判决书送达当事人和提起公诉的人民检察院；定期宣告判决的，应当在宣告后立即将判决书送达当事人和提起公诉的人民检察院。判决书应当同时送达辩护人、诉讼代理人。判决书应当由审判人员和书记员署名，并且写明上诉的期限和上诉的法院。

4. 法庭审判笔录

法庭审判笔录，是指人民法院依法开庭审理刑事案件，由书记员当庭记下法庭全部审判活动的文字记录，即为法庭审理笔录，又称庭审笔录、开庭笔录。

根据《刑事诉讼法》第201条规定："法庭审判的全部活动，应当由书记员写成笔录，经审判长审阅后，由审判长和书记员签名。"法庭笔录应当在庭审后交由当事人、法定代理人、辩护人、诉讼代理人阅读或者向其宣读。法庭笔录中的出庭证人、鉴定人、有专门知识的人的证言、意见部分，应当在庭审后分别交由有关人员阅读或者向其宣读。当事人、法定代理人、辩护人、诉讼代理人或者出庭证人、鉴定人、有专门知识的人认为记录有遗漏或者差错的，可以请求补充或者改正；确认无误后，应当签名；拒绝签名的，应当记录在案；要求改变庭审中陈述的，不予准许。

5. 法庭秩序

法庭秩序，是指人民法院开庭审判时诉讼参与人和旁听人员应当遵守的纪律和秩序。

法庭审理过程中，诉讼参与人、旁听人员应当遵守以下纪律：服从法庭指挥，遵守法庭礼仪；不得鼓掌、喧哗、哄闹、随意走动；不得对庭审活动进行录音、录像、摄影，或者通过发送邮件、博客、微博客等方式传播庭审情况，但经人民法院许可的新闻记者除外；旁听人员不得发言、提问；不得实施其他扰乱法庭秩序的行为。

法庭审理过程中，诉讼参与人或者旁听人员扰乱法庭秩序的，审判长应当按照下列情形分别处理：情节较轻的，应当警告制止并进行训诫；不听制止的，可以指令法警强行带出法庭；情节严重的，报经院长批准后，可以对行为人处1000元以下的罚款或者15日以下的拘留；未经许可录音、录像、摄影或者通过邮件、博客、微博客等方式传播庭审情况的，可以暂扣存储介质或者相关设备。

诉讼参与人、旁听人员对罚款、拘留的决定不服的，可以直接向上一级人民法院申请复议，也可以通过决定罚款、拘留的人民法院向上一级人民法院申请复议。通过决定罚款、拘留的人民法院申请复议的，该人民法院应当自收到复议申请之日起3日内，将复议申请、罚款或者拘留决定书和有关事实、证据材料一并报上一级人民法院复议。复议期间，不停止决定的执行。

担任辩护人、诉讼代理人的律师严重扰乱法庭秩序，被强行带出法庭或者被处以罚款、拘留的，人民法院应当通报司法行政机关，并可以建议依法给予相应处罚。

聚众哄闹、冲击法庭或者侮辱、诽谤、威胁、殴打司法工作人员或者诉讼参与人，严重扰乱法庭秩序，构成犯罪的，应当依法追究刑事责任。

辩护人严重扰乱法庭秩序，被强行带出法庭或者被处以罚款、拘留，被告人自行辩护的，庭审继续进行；被告人要求另行委托辩护人，或者被告人属于应当提供法律援助情形的，应当宣布休庭。

6. 延期审理与中止审理

(1) 延期审理。延期审理，是指在法庭审理过程中，因出现了影响审判进行的法定情形，法庭决定将案件审理活动推迟，待影响审判进行的法定情形消失后，再继续开庭审理。

根据《刑事诉讼法》的规定，在法庭审判过程中，遇有下列情形之一，影响审判进行的，可以延期审理：需要通知新的证人到庭，调取新的物证，重新鉴定或者勘验的；检察人员发现提起公诉的案件需要补充侦查，提出建议的；由于申请回避而不能进行审判的；辩护人依照有关规定当庭拒绝继续为被告人辩护或者被告人当庭拒绝辩护人辩护，要求另行委托辩护人或者指派律师的。

延期审理的时间原则上要求计入审理期限。

(2) 中止审理。中止审理，是指在审判过程中，出现了某些致使案件在较长时间内无法继续审理的法定情形时，法庭决定暂时停止案件审理，待有关情形消失后，再行恢复审判的活动。

根据《刑事诉讼法》的规定，在审判过程中，有下列情形之一，致使案件在较长时间内无法继续审理的，可以中止审理：被告人患有严重疾病，无法出庭的；被告人脱逃的；自诉人患有严重疾病，无法出庭，未委托诉讼代理人出庭的；由于不能抗拒的原因。

中止审理的期间不计入审理期限。

7. 公诉案件第一审程序的期限

人民法院审理公诉案件，应当在受理后2个月以内宣判，至迟不得超过3个月。对于可能判处死刑的案件或者附带民事诉讼的案件，以及有《刑事诉讼法》第156条规定情形之一的，经上一级人民法院批准，可以延长3个月；因特殊情况还需要延长的，报请最高人民法院批准。

人民法院改变管辖的案件，从改变后的人民法院收到案件之日起计算审理期限。人民检察院补充侦查的案件，补充侦查完毕移送人民法院后，人民法院重新计算审理期限。

（二）自诉案件第一审程序

【参考案例18－1】

某村有谷某和陈某两个农民，某日因琐事发生争吵，继而互相殴打，谷某致陈某头部轻伤。两天后，陈某在去医院的途中与谷某相遇，陈某先动手打谷某，谷某也动手打陈某（双方均未受明显伤害），殴打中，谷某趁机强行抢走陈某的手表一块（价值人民币300元）。一个月后，陈某伤愈出院，向所在县法院提起自诉，要求法院以伤害罪和抢劫罪判处谷某刑罚，并要求谷某赔偿经济损失3000元。法院应当如何处理？说明理由。

1. 自诉案件的受理

人民法院受理自诉案件必须符合下列条件：符合自诉案件范围的规定；属于受诉人民法院管辖；被害人告诉；有明确的被告人、具体的诉讼请求和证明被告人犯罪事实的证据。提起自诉应当提交刑事自诉状；同时提起附带民事诉讼的，应当提交刑事附带民事自诉状

对自诉案件，人民法院应当在15日内审查完毕。经审查，符合受理条件的，应当决定立案，并书面通知自诉人或者代为告诉人。

具有下列情形之一的，应当说服自诉人撤回起诉；自诉人不撤回起诉的，裁定不予受理：不属于自诉案件范围的；缺乏罪证的；犯罪已过追诉时效期限的；被告人死亡的；被告人下落不明的；除因证据不足而撤诉的以外，自诉人撤诉后，就同一事实又告诉的；经人民法院调解结案后，自诉人反悔，就同一事实再行告诉的。

对已经立案，经审查缺乏罪证的自诉案件，自诉人提不出补充证据的，人民法院应当说服其撤回起诉或者裁定驳回起诉；自诉人撤回起诉或者被驳回起诉后，又提出了新的足以证明被告人有罪的证据，再次提起自诉的，人民法院应当受理。

自诉人对不予受理或者驳回起诉的裁定不服的，可以提起上诉。

自诉人明知有其他共同侵害人，但只对部分侵害人提起自诉的，人民法院应当受理，并告知其放弃告诉的法律后果；自诉人放弃告诉，判决宣告后又对其他

共同侵害人就同一事实提起自诉的，人民法院不予受理。共同被害人中只有部分人告诉的，人民法院应当通知其他被害人参加诉讼，并告知其不参加诉讼的法律后果。被通知人接到通知后表示不参加诉讼或者不出庭的，视为放弃告诉。第一审宣判后，被通知人就同一事实又提起自诉的，人民法院不予受理。但是，当事人另行提起民事诉讼的，不受限制。

【参考案例 18 - 1】

评析：本案中伤害罪属于自诉案件，抢劫罪属于公诉案件。一人实施数罪中既有公诉案件又有自诉案件，应将整个案件移送给有职能管辖权的司法机关受理，结合本案，县公安局对本案有管辖权。因公安机关对本案有管辖权，因此，法院经对陈某的自诉进行审查，应作出不受理决定，并将案件移送县公安局，同时告知陈某与县公安局联系。

2. 自诉案件审理的特点

对犯罪事实清楚，有足够证据的自诉案件，应当开庭审理。自诉案件的第一审程序，与公诉案件基本相同。但由于自诉案件主要是直接侵害公民个人合法权益的轻微刑事案件，《刑事诉讼法》对这类案件的审判程序作了一些特殊规定：

（1）对告诉才处理的案件，被害人起诉的有证据证明的轻微刑事案件，可以适用简易程序，由审判员一人独任审判。

（2）对告诉才处理的案件，被害人起诉的有证据证明的轻微刑事案件，人民法院可以进行调解，调解达成协议后应制作调解书，调解书送达双方当事人后即发生法律效力，但对于被害人有证据证明对被告人侵犯自己人身、财产权利的行为应当依法追究刑事责任，而侦查机关或者人民检察院不予追究被告人刑事责任的案件，不适用调解。

（3）自诉案件在审理过程中，宣告判决前，自诉人可以同被告人自行和解，或者撤回自诉，对当事人自行和解的应记录在案，对自诉人申请撤诉的一般应予准许。但自诉人撤诉后除有正当理由外，不得就同一案件再行起诉。

（4）开庭时，自诉人经两次合法传唤，无正当理由拒不到庭的，或者未经法庭许可中途退庭的应按撤诉处理。

（5）自诉案件的被告人在诉讼过程中可以对自诉人提起反诉，反诉适用自诉的规定，提起反诉必须具备下列条件：提起反诉的是本案被告或其法定代理人；反诉提起的时间是在法院对自诉案件宣告判决前；反诉的对象是本案的自诉人，反诉的内容同自诉人起诉的事实有关。反诉案件应当与自诉一并审理，自诉人撤诉的，不影响反诉案件的继续审理，如果对双方当事人都必须判处刑罚，应根据各自应负的罪责分别判处，不能互相抵消刑罚。

3. 自诉案件审理的期限

人民法院审理自诉案件，被告人被羁押的，审理期限与公诉案件相同，即应当在受理后 2 个月以内宣判，至迟不得超过 3 个月。人民法院改变管辖的案件，从改变后的人民法院收到案件三日起计算审理期限。未被羁押的，应当在受理后 6 个月以内宣判。

（三）简易程序

1. 简易程序的概念

简易程序，是指基层人民法院对某些简单轻微的刑事案件依法适用较普通审判程序简易的一种刑事审判程序。简易程序是对第一审普通程序的简化，设置简易程序符合当今世界各国刑事诉讼立法的趋势，对于及时惩罚犯罪，提高办案效率，都有重要意义。当然，适用简易程序，首先还是要保证刑事案件的审判质量，不能为了简便、省事而将不应适用简易程序的案件也按简易程序审理。

2. 简易程序的特点

（1）简易程序只适用于第一审程序。第二审程序、死刑复核程序和审判监督程序由于案件的复杂性和特殊性决定了都不宜适用简易程序。

（2）简易程序只适用于案件事实清楚、证据充分的刑事案件。

（3）简易程序只适用于基层人民法院。其他各级人民法院都不适用简易程序。

（4）简易程序的程序简化，可以实现迅速审判的目的。

3. 简易程序的适用范围

根据《刑事诉讼法》第 208 条规定，基层人民法院管辖的案件，符合下列条件的，可以适用简易程序审判：

（1）案件事实清楚、证据充分的；

（2）被告人承认自己所犯罪行，对指控的犯罪事实没有异议的；

（3）被告人对适用简易程序没有异议的。

人民检察院在提起公诉的时候，可以建议人民法院适用简易程序。

具有下列情形之一的，不适用简易程序：被告人是盲、聋、哑人；被告人是尚未完全丧失辨认或者控制自己行为能力的精神病人；有重大社会影响的；共同犯罪案件中部分被告人不认罪或者对适用简易程序有异议的；辩护人作无罪辩护的；被告人认罪但经审查认为可能不构成犯罪的；不宜适用简易程序审理的其他情形。

4. 简易程序的审理

（1）简易程序的审理方式

简易程序的审理方式有两种，即合议庭和独任庭。适用简易程序审理案件，对可能判处3年有期徒刑以下刑罚的，可以组成合议庭进行审判，也可以由审判员一人独任审判；对可能判处的有期徒刑超过3年的，应当组成合议庭进行审判。

（2）简易程序的具体规定

第一，根据《刑事诉讼法》规定，适用简易程序审理公诉案件，人民检察院应当派员出席法庭。

第二，简易程序的适用以被告人的自愿为前提。适用简易程序审理案件，审判人员应当询问被告人对指控的犯罪事实的意见，告知被告人适用简易程序审理的法律规定，确认被告人是否同意适用简易程序审理。

第三，适用简易程序审理案件，经审判人员许可，被告人及其辩护人可以同公诉人、自诉人及其诉讼代理人互相辩论。

第四，适用简易程序审理案件，不受有关送达期限、讯问被告人、询问证人、鉴定人、出示证据、法庭辩论程序规定的限制。但在判决宣告前应当听取被告人的最后陈述意见。

第五，人民法院在审理过程中，发现不宜适用简易程序的，应当按照普通程序重新审理。适用简易程序审理案件，在法庭审理过程中，有下列情形之一的，应当转为普通程序审理：被告人的行为可能不构成犯罪的；被告人可能不负刑事责任的；被告人当庭对起诉指控的犯罪事实予以否认的；案件事实不清、证据不足的；不应当或者不宜适用简易程序的其他情形。

5. 简易程序的审理期限

根据《刑事诉讼法》第214条的规定，适用简易程序审理案件，人民法院应当在受理后20日以内审结；对可能判处的有期徒刑超过3年的，可以延长至一个半月。转为普通程序审理的案件，审理期限应当从决定转为普通程序之日起计算。

三、第二审程序

（一）第二审程序的概念

第二审程序又称上诉审程序，是指上一级人民法院根据上诉人的上诉或人民检察院的抗诉，对下一级人民法院尚未发生法律效力的判决或裁定重新进行审理所应遵循的步骤和方式、方法。

第二审程序是刑事诉讼中一个独立的诉讼阶段。我国人民法院审判案件实行两审终审制，地方各级人民法院审判的第一审案件，不能立即发生法律效力，上诉权人和同级人民检察院在上诉、抗诉期内有权提出上诉或抗诉，这就必然引起第二审程序。第二审人民法院的判决或裁定一经作出，就是终审的判决或裁定，案件即告终结。第二审程序并不是一切案件的必经程序，只有合法的上诉或抗诉才引起第二审程序。两审终审制的唯一例外，是最高人民法院审理的第一审案件为一审终审。

（二）第二审程序的提起

第二审程序是由合法的上诉或抗诉而引起的，一个案件是否经过二审，取决于上诉权人是否在法定期限内上诉或抗诉机关是否在法定期限内抗诉。所谓“上诉”，是指自诉人、被告人及其法定代理人，以及经被告人同意的辩护人或近亲属，附带民事诉讼的当事人及其法定代理人，不服第一审未生效的判决、裁定，依照法定程序和期限，要求上一级人民法院对案件进行重新审判的诉讼行为。所谓“抗诉”，是指人民检察院发现或者认为人民法院的判决、裁定确有错误时，提请审判机关依法重新审理并予以纠正的诉讼行为。抗诉分为两种：一是上诉审程序的抗诉，即对一审未生效裁判的抗诉；二是再审程序的抗诉，即对生效裁判的抗诉。上诉审的抗诉中，地方各级人民检察院认为本级人民法院第一审的判决、裁定确有错误的时候，应当向上一级人民法院提出抗诉。

1. 提起第二审程序的主体

（1）上诉的主体。根据《刑事诉讼法》第 216 条的规定，有权提起上诉的人员是：自诉人、被告人或者他们的法定代理人，以及经被告人同意的辩护人、近亲属，还有附带民事诉讼的当事人及其法定代理人。

由于各种上诉人在刑事诉讼中的诉讼地位不同，《刑事诉讼法》对他们的上诉权限也作了不同的规定：第一，被告人、自诉人在刑事诉讼中处于当事人的诉讼地位，人民法院的判决、裁定与他们有切身的利害关系，因此，法律赋予他们独立的上诉权，只要他们依法提出上诉，就必然引起二审程序。由于被告人处于被追究刑事责任的特殊地位，因此，法律特别规定对被告人的上诉权，不得以任何借口加以剥夺；第二，被告人、自诉人的法定代理人作为未成年人或精神上、生理上有缺陷不能正常进行诉讼活动的被告人、自诉人的合法权益的维护者，法律也赋予他们独立的上诉权，即使被告人、自诉人不同意他们的上诉，其上诉也是有效的；第三，被告人的辩护人和近亲属，只有征得被告人的同意，才可以提出上诉。这就是说，被告人的辩护人和近亲属不具有独立的上诉权，而是有条件地行使上诉权。由于被告人的辩护人和近亲属不完全了解案情，且法院的判决、裁定与他们没有切身的利害关系，因此，法律只是允许他们帮助被告人行使上诉权，如果被告人不同意上诉，其辩护人和近亲属的上诉就无效；第四，附带民事诉讼的当事人和他们的法定代理人对判决、裁定中附带民事诉讼部分享有上诉权。地方各级人民法院第一审的判决或裁定中的附带民事诉讼部分涉及附带民事诉讼当事人的切身利益，因此，法律允许他们及其法定代理人对判决、裁定中的附带民事诉讼部分，提出上诉。

（2）抗诉的主体。有权提出抗诉的机关是地方各级人民检察院。《刑事诉讼法》第 217 条规定：“地方各级人民检察院认为本级人民法院第一审的判决、裁定确有错误的时候，应当向上一级人民法院提出抗诉。”人民检察院作为国家的法律监督机关，对于人民法院的审判活动是否合法进行监督是其法定职责。无论是对被告人有利的还是不利的判决、裁定，人民检察院都可以提起抗诉。

（3）提请抗诉的主体。公诉案件中，被害人及其法定代理人享有请求检察机关提起抗诉的权利。被害人及其法定代理人没有上诉权。但是，如果其不服地方各级人民法院第一审的判决的，自收到判决书后 5 日以内，有权请求人民检察院提出抗诉。人民检察院自收到被害人及其法定代理人的请求后 5 日以内，应当作出是否抗诉的决定并且答复请求人。

2. 上诉、抗诉的理由

（1）上诉的理由。对于上诉的理由，《刑事诉讼法》没有明确规定，未作任何限制。有上诉权的人只要不服一审未生效的判决、裁定，就有权依法提出上诉，人民法院就应当受理，并引起二审程序。人民法院不得以任何借口限制上诉人的上诉理由，也不允许以其上诉理由不正确、不充分为由而不接受上诉。

（2）抗诉的理由。人民检察院提出抗诉，必须是“人民法院第一审的判决、裁定确有错误”。具体是指第一审的判决、裁定有下列情形之一：认定事实不清、证据不足的；有确实、充分的证据证明有罪而判无罪，或者无罪判有罪的；重罪轻判、轻罪重判，适用刑罚明显不当的；认定罪名不正确，一罪判数罪、数罪判一罪，影响量刑或者造成严重社会影响的；免除刑事处罚或者适用缓刑错误的；人民法院在审理过程中严重违反法律规定的诉讼程序的。

3. 提起第二审程序的期限

不服判决的上诉和抗诉的期限为 10 日，不服裁定的上诉和抗诉的期限为 5 日，从接到判决书、裁定书的第 2 日起算。

4. 提起第二审程序的方式与程序

（1）上诉的方式与程序。上诉可以用书面和口头两种形式提出。被告人、自诉人、附带民事诉讼的原告人和被告人通过原审人民法院提出上诉的，原审人民法院应当在 3 日以内将上诉状连同案卷、证据移送上一级人民法院，同时将上诉状副本送交同级人民检察院和对方当事人。被告人、自诉人、附带民事诉讼的原告人和被告人直接向第二审人民法院提出上诉的，第二审人民法院应当在 3 日以内将上诉状交原审人民法院送交同级人民检察院和对方当事人。

（2）抗诉的方式与程序。地方各级人民检察院对同级人民法院第一审判决、裁定的抗诉，只能以抗诉书的形式提出，不能采用口头形式。地方各级人民检察院对同级人民法院第一审判决、裁定的抗诉，应当通过原审人民法院提出抗诉书，并且将抗诉书抄送上一级人民检察院。原审人民法院应当将抗诉书连同案卷、证据移送上一级人民法院，并且将抗诉书副本送交当事人。上级人民检察院如果认为抗诉不当，可以向同级人民法院撤回抗诉，并且通知下级人民检察院。

（三）第二审程序的审判

1. 第二审程序的全面审查

《刑事诉讼法》第222条规定："第二审人民法院应当就第一审判决认定的事实和适用法律进行全面审查，不受上诉或者抗诉范围的限制。共同犯罪的案件只有部分被告人上诉的，应当对全案进行审查，一并处理。"这就是我国《刑事诉讼法》中规定的第二审程序的全面审查原则。实行全面审理原则，使第二审人民法院在审理上诉或者抗诉案件时，不被动地应付上诉或者抗诉，而对整个案件的事实、证据、定罪量刑和一审程序等问题进行综合考虑，使上诉或者抗诉中已经指出或者没有指出的一审判决中的错误都能得到纠正，确保终审裁判作出时，案件获得彻底的、正确的处理。

2. 第二审案件的审理方式和程序

根据《刑事诉讼法》的规定，第二审人民法院的审判方式分为开庭审理和不开庭审理：

（1）开庭审理。开庭审理，也称直接审理。它要求第二审人民法院组成合议庭，按照第一审程序规定的开庭、法庭调查、法庭辩论、被告人最后陈述、评议和宣判步骤对上诉或抗诉案件进行审理。开庭审理的地点，根据实际需要，可以在第二审人民法院所在地进行，也可以到案件发生地或者原审人民法院所在地进行。《刑事诉讼法》第223条规定，第二审人民法院对于下列案件，应当组成合议庭，开庭审理：被告人、自诉人及其法定代理人对第一审认定的事实、证据提出异议，可能影响定罪量刑的上诉案件；被告人被判处死刑的上诉案件；人民检察院抗诉的案件；其他应当开庭审理的案件。

人民检察院提出抗诉的案件或者第二审人民法院开庭审理的公诉案件，同级人民检察院都应当派员出席法庭。第二审人民法院应当在决定开庭审理后及时通知人民检察院查阅案卷。人民检察院应当在1个月以内查阅完毕。人民检察院查阅案卷的时间不计入审理期限。

第二审人民法院开庭审理上诉或者抗诉案件，除参照第一审程序的规定外，还应当依照以下程序进行：①法庭调查阶段，审判人员宣读第一审判决书、裁定书后，上诉案件由上诉人或者辩护人先宣读上诉状或者陈述上诉理由，抗诉案件由检察员先宣读抗诉书；既有上诉又有抗诉的案件，先由检察员宣读抗诉书，再由上诉人或者辩护人宣读上诉状或者陈述上诉理由。②法庭辩论阶段，上诉案件，先由上诉人、辩护人发言，后由检察员、诉讼代理人发言；抗诉案件，先由检察员、诉讼代理人发言，后由被告人、辩护人发言；既有上诉又有抗诉的案件，先由检察员、诉讼代理人发言，后由上诉人、辩护人发言。

开庭审理上诉、抗诉案件，可以重点围绕对第一审判决、裁定有争议的问题或者有疑问的部分进行。根据案件情况，可以按照下列方式审理：宣读第一审判决书，可以只宣读案由、主要事实、证据名称和判决主文等；法庭调查应当重点围绕对第一审判决提出异议的事实、证据以及提交的新的证据等进行；对没有异议的事实、证据和情节，可以直接确认；对同案审理案件中未上诉的被告人，未被申请出庭或者人民法院认为没有必要到庭的，可以不再传唤到庭；被告人犯有数罪的案件，对其中事实清楚且无异议的犯罪，可以不在庭审时审理。

同案审理的案件，未提出上诉、人民检察院也未对其判决提出抗诉的被告人要求出庭的，应当准许。出庭的被告人可以参加法庭调查和辩论。

（2）不开庭审理。不开庭审理，是指第二审法院仅就案件材料进行审查，对事实清楚的，在调查讯问的基础上，直接评议裁判的审理方式。第二审人民法院不开庭审理的，应当是犯罪“事实清楚”的案件，即在犯罪事实和证据上，第一审法院的认定没有错误，或者控辩双方基本没有分歧，当事人上诉的理由主要集中在适用法律上、裁量刑罚上或者诉讼程序上。因此，合议庭可以在审阅案卷材料、讯问被告人、听取其他当事人、辩护人、诉讼代理人的意见后，进行评议和作出裁判，而不进行法庭调查和法庭辩论活动。即使不公开审理的案件，也应公开宣判。

（四）第二审案件审理后的处理

第二审人民法院对不服一审判决、裁定提出上诉、抗诉案件进行审理后，应当分别情况作出如下处理：

1. 裁定驳回上诉或抗诉。原判决认定事实和适用法律正确、量刑适当的，应当裁定驳回上诉或者抗诉，维持原判。

2. 依法改判。（1）原判决认定事实没有错误，但适用法律有错误，或者量刑不当的，应当改判。（2）原判决事实不清楚或者证据不足的，可以在查清事实后改判。

3. 裁定撤销原判，发回重审。（1）原判决事实不清楚或者证据不足的，可以裁定撤销原判，发回原审人民法院重新审判。原审人民法院对于发回重新审判的案件作出判决后，被告人提出上诉或者人民检察院提出抗诉的，第二审人民法院应当依法作出判决或者裁定，不得再发回原审人民法院重新审判。（2）第二审人民法院发现第一审人民法院的审理有下列违反法律规定的诉讼程序的情形之一的，应当裁定撤销原判，发回原审人民法院重新审判：违反本法有关公开审判的规定的；违反回避制度的；剥夺或者限制了当事人的法定诉讼权利，可能影响公正审判的；审判组织的组成不合法的；其他违反法律规定的诉讼程序，可能影响公正审判的。

原审人民法院对于发回重新审判的案件，应当另行组成合议庭，依照第一审程序进行审判。对于重新审判后的判决，仍属于一审判决，当事人可以上诉，同级人民检察院可以抗诉。第二审人民法院发回原审人民法院重新审判的案件，原审人民法院从收到发回的案件之日起，重新计算审理期限。

第二审的判决、裁定和最高人民法院的判决、裁定，都是终审的判决、裁定。

（五）第二审案件的审理期限

第二审人民法院受理上诉、抗诉案件，应当在2个月以内审结。对于可能判处死刑的案件或者附带民事诉讼的案件，以及有《刑事诉讼法》第156条规定情形之一的，经省、自治区、直辖市高级人民法院批准或者决定，可以延长2个月；因特殊情况还需要延长的，报请最高人民法院批准。最高人民法院受理上诉、抗诉案件的审理期限，由最高人民法院决定。

（六）上诉不加刑原则

上诉不加刑，是指第二审人民法院审判仅有被告人一方提出上诉的案件时，不得改判重于原判刑罚的原则。上诉不加刑的核心是不得加重刑罚。

根据《刑事诉讼法》和有关司法解释的规定，第二审人民法院审理被告人或者他的法定代理人、辩护人、近亲属上诉的案件，不得加重被告人的刑罚，并应当执行下列规定：同案审理的案件，只有部分被告人上诉的，既不得加重上诉人的刑罚，也不得加重其他同案被告人的刑罚；原判事实清楚，证据确实、充分，只是认定的罪名不当的，可以改变罪名，但不得加重刑罚；原判对被告人实行数罪并罚的，不得加重决定执行的刑罚，也不得加重数罪中某罪的刑罚；原判对被告人宣告缓刑的，不得撤销缓刑或者延长缓刑考验期；原判没有宣告禁止令的，不得增加宣告；原判宣告禁止令的，不得增加内容、延长期限；原判对被告人判处死刑缓期执行没有限制减刑的，不得限制减刑；原判事实清楚，证据确实、充分，但判处的刑罚畸轻、应当适用附加刑而没有适用的，不得直接加重刑罚、适用附加刑，也不得以事实不清、证据不足为由发回第一审人民法院重新审判。必须依法改判的，应当在第二审判决、裁定生效后，依照审判监督程序重新审判。

人民检察院只对部分被告人的判决提出抗诉，或者自诉人只对部分被告人的判决提出上诉的，第二审人民法院不得对其他同案被告人加重刑罚。

第二审人民法院发回原审人民法院重新审判的案件，除有新的犯罪事实，人民检察院补充起诉的以外，原审人民法院也不得加重被告人的刑罚。

人民检察院提出抗诉或者自诉人提出上诉的，不受上诉不加刑的限制。

四、死刑复核程序

（一）死刑复核程序的概念

死刑复核程序，是指人民法院对判处死刑的案件进行审查核准所应遵循的步骤和方式、方法。死刑是剥夺犯罪分子生命的刑罚，是刑罚中最严厉的刑种，我国法律一方面把它作为惩罚犯罪、保护人民的有力武器，另一方面又采取非常慎重的使用方针。一是从实体法上严格控制死刑的适用范围；二是从程序上保证死刑的正确适用，《刑事诉讼法》中对判处被告人死刑的案件在普通程序之外规定了一个特别的审查核准程序，即死刑复核程序。

死刑复核程序是刑事诉讼中的一个特殊程序，它只适用于死刑案件，而不适用于其他案件。根据《人民法院组织法》和《刑事诉讼法》的规定，人民法院审判案件实行两审终审制。即一个案件，最多经过两级人民法院审判即告终结，但是，凡判处死刑的案件，经过两级人民法院的普通程序审判以后不能生效，还必须经过死刑复核程序审查核准。作为一种特殊程序，它既不同于二审程序，也不同于审判监督程序。

（二）死刑复核程序的特点

1. 审理对象具有特定性。死刑复核程序只适用于死刑案件，有特定的适用对象。死刑复核程序不适用于所有案件，只有判处死刑立即执行和判处死刑缓期二年执行的案件才须经过该程序的复核核准。

2. 程序启动具有自动性。死刑复核程序由作出死刑判决、裁定的人民法院主动报请复核而引起，无须被告人上诉、申诉和人民检察院抗诉。二审程序由上诉、抗诉引起，再审程序则由原审人民法院院长提交本院审判委员会讨论决定，或者由上级人民法院决定提审、指令再审，或者由人民检察院按审判监督程序提出抗诉而提起，而死刑复核程序的引起则与它们不同，死刑复核程序是死刑案件的必经程序，凡是作出死刑判决、裁定的人民法院，除最高人民法院外，都必须依法定程序自动报请复核。

3. 核准权具有专属性。复核死刑的人民法院是特定的，复核死刑立即执行案件的只能是最高人民法院；复核死刑缓期二年执行案件的，只能是高级人民法院。基层人民法院和中级人民法院没有死刑复核权。

4. 终审程序具有特殊性。一般刑事案件是两审终审，一个案件最多经过两级人民法院审判即告终结，第二审程序是终审程序，有的案件一审判决后，如果没有上诉、抗诉，案件就发生法律效力。而死刑案件无论是一审判决后，没有上诉、抗诉，还是经二审裁定维持原判，都不能发生法律效力，还必须经过死刑复核程序的复核核准。因此，死刑复核程序是死刑案件的终审程序，其判决、裁定是生效的判决、裁定。

（三）死刑复核程序的具体规定

1. 报请核准的规定

报请最高人民法院核准死刑案件，应当按照下列情形分别处理：

（1）中级人民法院判处死刑的第一审案件，被告人未上诉、人民检察院未抗诉的，在上诉、抗诉期满后10日内报请高级人民法院复核。高级人民法院同意判处死刑的，应当在作出裁定后10日内报请最高人民法院核准；不同意的，应当依照第二审程序提审或者发回重新审判；

（2）中级人民法院判处死刑的第一审案件，被告人上诉或者人民检察院抗诉，高级人民法院裁定维持的，应当在作出裁定后10日内报请最高人民法院核准；

（3）高级人民法院判处死刑的第一审案件，被告人未上诉、人民检察院未抗诉的，应当在上诉、抗诉期满后10日内报请最高人民法院核准。

最高人民法院复核死刑案件，应当讯问被告人。

中级人民法院判处死刑缓期执行的第一审案件，被告人未上诉、人民检察院未抗诉的，应当报请高级人民法院核准。

高级人民法院复核死刑缓期执行案件，应当讯问被告人。

2. 报请核准的方式和材料要求

报请复核的死刑、死刑缓期执行案件，应当一案一报。报送的材料包括报请复核的报告，第一、二审裁判文书，死刑案件综合报告各五份以及全部案卷、证据。死刑案件综合报告，第一、二审裁判文书和审理报告应当附送电子文本。同案审理的案件应当报送全案案卷、证据。曾经发回重新审判的案件，原第一、二审案卷应当一并报送。

3. 复核审查的内容

根据《刑事诉讼法》第238条规定，最高人民法院复核死刑案件，高级人民法院复核死刑缓期执行的案件，应当由审判员3人组成合议庭进行。复核死刑、死刑缓期执行案件，应当全面审查以下内容：

（1）被告人的年龄，被告人有无刑事责任能力、是否系怀孕的妇女；

（2）原判认定的事实是否清楚，证据是否确实、充分；

（3）犯罪情节、后果及危害程度；

（4）原判适用法律是否正确，是否必须判处死刑，是否必须立即执行；

（5）有无法定、酌定从重、从轻或者减轻处罚情节；

（6）诉讼程序是否合法；

（7）应当审查的其他情况。

4. 复核后的处理

（1）高级人民法院复核死刑缓期执行案件，应当按照下列情形分别处理：

①原判认定事实和适用法律正确、量刑适当、诉讼程序合法的，应当裁定核准；

②原判认定的某一具体事实或者引用的法律条款等存在瑕疵，但判处被告人死刑缓期执行并无不当的，可以在纠正后作出核准的判决、裁定；

③原判认定事实正确，但适用法律有错误，或者量刑过重的，应当改判；

④原判事实不清、证据不足的，可以裁定不予核准，并撤销原判，发回重新审判，或者依法改判；

⑤复核期间出现新的影响定罪量刑的事实、证据的，可以裁定不予核准，并撤销原判，发回重新审判，或者审理后依法改判；

⑥原审违反法定诉讼程序，可能影响公正审判的，应当裁定不予核准，并撤销原判，发回重新审判。

高级人民法院复核死刑缓期执行案件，不得加重被告人的刑罚。

（2）最高人民法院复核死刑案件，应当作出核准或者不核准死刑的裁定；对于不核准死刑的，最高人民法院可以发回重新审判或者予以改判：

①原判认定事实和适用法律正确、量刑适当、诉讼程序合法的，应当裁定核准；

②原判认定的某一具体事实或者引用的法律条款等存在瑕疵，但判处被告人死刑并无不当的，可以在纠正后作出核准的判决、裁定；

③原判事实不清、证据不足的，应当裁定不予核准，并撤销原判，发回重新审判；

④复核期间出现新的影响定罪量刑的事实、证据的，应当裁定不予核准，并撤销原判，发回重新审判；

⑤原判认定事实正确，但依法不应当判处死刑的，应当裁定不予核准，并撤销原判，发回重新审判；

⑥原审违反法定诉讼程序，可能影响公正审判的，应当裁定不予核准，并撤销原判，发回重新审判；

⑦对一人有两罪以上被判处死刑的数罪并罚案件，最高人民法院复核后，认为其中部分犯罪的死刑判决、裁定事实不清、证据不足的，应当对全案裁定不予核准，并撤销原判，发回重新审判；认为其中部分犯罪的死刑判决、裁定认定事实正确，但依法不应当判处死刑的，可以改判，并对其他应当判处死刑的犯罪作

出核准死刑的判决；

⑧对有两名以上被告人被判处死刑的案件，最高人民法院复核后，认为其中部分被告人的死刑判决、裁定事实不清、证据不足的，应当对全案裁定不予核准，并撤销原判，发回重新审判；认为其中部分被告人的死刑判决、裁定认定事实正确，但依法不应当判处死刑的，可以改判，并对其他应当判处死刑的被告人作出核准死刑的判决。

案例导读

评析：本案中，最高人民法院根据复核确认的事实，认为原判认定事实正确，但依法不应当判处死刑，所以裁定不予核准，并撤销原判，发回重新审判，山东省高级人民法院经重新审理，依法改判，是符合我国《刑事诉讼法》的规定的。

（3）复核后的审判要求

最高人民法院裁定不予核准死刑的，根据案件情况，可以发回第二审人民法院或者第一审人民法院重新审判。第一审人民法院重新审判的，应当开庭审理。第二审人民法院重新审判的，可以直接改判；必须通过开庭查清事实、核实证据或者纠正原审程序违法的，应当开庭审理。

高级人民法院依照复核程序审理后报请最高人民法院核准死刑，最高人民法院裁定不予核准，发回高级人民法院重新审判的，高级人民法院可以依照第二审程序提审或者发回重新审判。

最高人民法院裁定不予核准死刑，发回重新审判的案件，原审人民法院应当另行组成合议庭审理，但复核期间出现新的影响定罪量刑的事实、证据的和原判认定事实正确，但依法不应当判处死刑的案件除外。

（4）听取辩护律师的意见

死刑复核期间，辩护律师要求当面反映意见的，最高人民法院有关合议庭应当在办公场所听取其意见，并制作笔录；辩护律师提出书面意见的，应当附卷。

（四）最高人民检察院的监督

1. 最高人民检察院提出检察意见的法定情形

最高人民检察院依法对最高人民法院的死刑复核活动实行法律监督。最高人民检察院发现在死刑复核期间的案件具有下列情形之一，经审查认为确有必要的，应当向最高人民法院提出意见：认为死刑二审裁判确有错误，依法不应当核准死刑的；发现新情况、新证据，可能影响被告人定罪量刑的；严重违反法律规定的诉讼程序，可能影响公正审判的；司法工作人员在办理案件时，有贪污受贿、徇私舞弊、枉法裁判等行为的；其他需要提出意见的。

死刑复核期间，最高人民检察院提出意见的，最高人民法院应当审查，并将采纳情况及理由反馈最高人民检察院。

2. 最高人民检察院死刑复核检察的审查方式

最高人民检察院死刑复核检察部门负责承办死刑复核法律监督工作。最高人民检察院死刑复核检察部门对死刑复核监督案件的审查可以采取下列方式进行：书面审查最高人民法院移送的材料、省级人民检察院报送的相关案件材料、当事人及其近亲属或者受委托的律师提交的申诉材料；听取原承办案件的省级人民检察院的意见，也可以要求省级人民检察院报送相关案件材料；必要时可以审阅案卷、讯问被告人、复核主要证据。

3. 最高人民检察院提出检察意见的程序

（1）最高人民检察院对于最高人民法院通报的死刑复核案件，认为确有必要的，应当在最高人民法院裁判文书下发前提出意见。

（2）最高人民检察院对于死刑复核监督案件，经审查认为确有必要向最高人民法院提出意见的，应当以死刑复核案件意见书的形式提出。死刑复核案件意见书应当提出明确的意见或者建议，并说明理由和法律依据。

（3）最高人民检察院死刑复核检察部门拟就死刑复核案件提出检察意见的，应当报请检察长或者检察委员会决定。检察委员会讨论死刑复核案件，可以通知原承办案件的省级人民检察院有关检察人员列席。

（4）对于最高人民检察院提出应当核准死刑意见的案件，最高人民法院经审查仍拟不核准死刑，决定将案件提交审判委员会会议讨论并通知最高人民检察院派员列席的，最高人民检察院检察长或者受检察长委托的副检察长应当列席审判委员会会议。

最高人民法院应当根据有关规定向最高人民检察院通报死刑案件复核结果。

五、审判监督程序

（一）审判监督程序的概念

审判监督程序，又称再审程序，是指人民法院、人民检察院对已经发生法律效力的判决和裁定，发现在认定事实上或者适用法律上确有错误时，依法提出并由人民法院对案件重新进行审判的诉讼程序。

审判监督程序是我国刑事审判程序的重要组成部分，但它并不是每个刑事案件都必须经过的程序。只有对于已经发生法律效力而又确有错误的判决、裁定，才能适用这一程序，因此，审判监督程序是刑事诉讼中的一项特殊程序。

（二）审判监督程序与其他程序的区别

1. 审判监督程序与第二审程序的区别

（1）审理的对象不同。审判监督程序的审理对象是判决、裁定已经发生法律效力，包括正在执行和已经执行完结的案件；第二审程序的审理对象则是判决、裁定尚未发生法律效力的案件。

（2）提起的主体不同。有权提起审判监督程序的，依照法律规定，只能是最高人民法院、上级人民法院、本院的院长以及最高人民检察院、上级人民检察院；而有权提起第二审程序的，则是依法享有上诉权的当事人及其法定代理人，经被告人同意的辩护人和近亲属，以及依法享有抗诉权的同级人民检察院。

（3）提起的理由不同。对提起审判监督程序的理由，法律规定了严格的限制条件，即必须是有权提起审判监督程序的主体，经过严格审查，确认已经发生法律效力的裁判在认定事实、适用法律上或者在诉讼程序上确有错误，才能依照审判监督程序进行审理；第二审程序则没有对上诉理由作任何限制，只要上诉权人依法提起上诉，无论何种理由以及理由是否充分，上一级人民法院都必须依照第二审程序进行审理。

（4）提起的期限不同。对提起审判监督程序，法律并没有期限限制，只是在发现新罪或者无罪改判为有罪时，应在《刑法》规定的追诉时效期限内提起；而第二审程序的上诉、抗诉，则必须在法律规定的期限内提起，如果逾期又无正当理由提出上诉、抗诉的，第二审人民法院不予受理。

（5）审理案件的法院不同。按照审判监督程序审理案件的法院，既可以是原审人民法院，也可以是任何上级人民法院；但依第二审程序审理案件的法院，则只能是第一审人民法院的上一级人民法院。

（6）审理的结果能否加刑不同。按照审判监督程序重新审理案件，根据案件的具体情况，依照法律规定，既可以加重被告人的刑罚，也可以减轻被告人的刑罚；按照第二审程序审理案件，则必须严格遵守“上诉不加刑”原则，对于只有被告人一方提出上诉的案件，第二审人民法院在改判时，不得加重被告人的刑罚。

2. 审判监督程序与死刑复核程序的区别

（1）适用的案件范围不同。死刑复核程序只能适用于判决、裁定尚未生效的判处死刑的案件；审判监督程序适用的案件范围则包括了判决、裁定已经发生法律效力并且认为确有错误的，其中包括已生效的死刑裁判在内的一切刑事案件。

（2）提起和报请的主体不同。死刑复核程序是判处死刑的第一审或第二审人民法院主动将案件报请有核准权的人民法院引起的；审判监督程序则只能由有权提起的机关提起，并以生效的裁判确有错误为前提。

（3）有权审理的法院不同。有权依照死刑复核程序对案件进行复核的法院只能是最高人民法院和高级人民法院；而有权依照审判监督程序重新审判案件的法院则包括各级人民法院。

（三）审判监督程序的提起

1. 申诉及其审查处理

（1）申诉的概念

根据《最高人民法院解释》的规定，当事人及其法定代理人、近亲属对已经发生法律效力的判决、裁定提出申诉的，人民法院应当审查处理。案外人认为已经发生法律效力的判决、裁定侵害其合法权益，提出申诉的，人民法院应当审查处理。申诉可以委托律师代为进行。

所谓“申诉”，是指当事人及其法定代理人、近亲属以及认为已经发生法律效力的判决、裁定侵害其合法权益的案外人对已经发生法律效力的判决、裁定不服，向人民法院或者人民检察院提出重新审查和处理案件的一种诉讼请求。申诉作为提起审判监督程序的材料来源，在司法实践中占有很大比重，是提起审判监督程序的材料来源中最经常和最主要的方面，也是司法机关发现错误裁判的一个重要途径。

申诉是国家法律赋予当事人及其法定代理人、近亲属以及认为已经发生法律效力的判决、裁定侵害其合法权益的案外人的一项重要的诉讼权利，不同于上诉。首先，上诉必然引起二审程序；但申诉权仅是提起审判监督程序的重要材料来源，是否能够引起审判监督程序，必须由司法机关对申诉材料进行审查，确认生效裁判确有错误，并符合法律规定的重新审判的条件时，才能开始审判监督程序。其次，上诉的提起，必然阻止一审判决、裁定发生法律效力；但申诉则不相同，《刑事诉讼法》明确规定，申诉的提出不能停止判决、裁定的执行。再次，有权提出的主体不同。有权提起上诉的主体包括被告人、自诉人和他们的法定代理人，被告人的辩护人和近亲属经被告人同意的，附带民事诉讼当事人和他们的法定代理人对附带民事诉讼部分可以提起。而有权提出申诉的人则包括当事人及其法定代理人、近亲属以及认为已经发生法律效力的判决、裁定侵害其合法权益的案外人，比上诉人的范围要广泛。最后，上诉有法定期限限制，针对判决的上诉期限是 10 日，针对裁定的上诉期限是 5 日；而申诉则没有期限限制。

（2）申诉的审查处理

根据《刑事诉讼法》的规定，当事人及其法定代理人、近亲属的申诉，既可以向人民法院提出，也可以向人民检察院提出。根据《最高人民法院解释》的有关规定，认为已经发生法律效力的判决、裁定侵害其合法权益的案外人可以向人民法院提出。

①人民法院对申诉的审查处理。《最高人民法院解释》规定，申诉由终审人民法院审查处理。但是，第二审人民法院裁定准许撤回上诉的案件，申诉人对第一审判决提出申诉的，可以由第一审人民法院审查处理。上一级人民法院对未经终审人民法院审查处理的申诉，可以告知申诉人向终审人民法院提出申诉，或者直接交终审人民法院审查处理，并告知申诉人；案件疑难、复杂、重大的，也可以直接审查处理。对未经终审人民法院及其上一级人民法院审查处理，直接向上级人民法院申诉的，上级人民法院可以告知申诉人向下级人民法院提出。对死刑案件的申诉，可以由原核准的人民法院直接审查处理，也可以交由原审人民法院审查。原审人民法院应当写出审查报告，提出处理意见，层报原核准的人民法院审查处理。人民法院受理申诉后，应当在 3 个月内作出决定，最迟不得超过 6 个月。

②人民检察院对申诉的审查处理。当事人及其法定代理人、近亲属认为人民法院已经发生法律效力的刑事判决、裁定确有错误，向人民检察院申诉的，由作出生效判决、裁定的人民法院的同级人民检察院刑事申诉检察部门依法办理。当事人及其法定代理人、近亲属直接向上级人民检察院申诉的，上级人民检察院可以交由作出生效判决、裁定的人民法院的同级人民检察院受理；案情重大、疑难、复杂的，上级人民检察院可以直接受理。当事人及其法定代理人、近亲属对人民法院已经发生法律效力的判决、裁定提出申诉，经人民检察院复查决定不予抗诉后继续提出申诉的，上一级人民检察院应当受理。不服人民法院死刑终审判决、裁定尚未执行的申诉，由监所检察部门办理。人民检察院刑事申诉检察部门对不服人民法院已经发生法律效力的刑事判决、裁定的申诉案件复查终结后，应当制作刑事申诉复查通知书，并在 10 日以内通知申诉人。经复查向上一级人民检察院提请抗诉的，应当在上一级人民检察院作出是否抗诉的决定后制作刑事申诉复查通知书。

根据《刑事诉讼法》的规定，提起审判监督程序的先决条件是发生法律效力的判决、裁定确有错误。《最高人民法院解释》第 375 条规定，经审查，具有下列情形之一的，应当根据《刑事诉讼法》第 242 条的规定，决定重新审判：

①有新的证据证明原判决、裁定认定的事实确有错误，可能影响定罪量刑的；

②据以定罪量刑的证据不确实、不充分、依法应当排除的；

③证明案件事实的主要证据之间存在矛盾的；

④主要事实依据被依法变更或者撤销的；

⑤认定罪名错误的；

⑥量刑明显不当的；

⑦违反法律关于溯及力规定的；

⑧违反法律规定的诉讼程序，可能影响公正裁判的；

⑨审判人员在审理该案件时有贪污受贿、徇私舞弊、枉法裁判行为的。

申诉不具有上述情形的，应当说服申诉人撤回申诉；对仍然坚持申诉的，应当书面通知驳回。

2. 提起审判监督程序的主体和程序

根据《刑事诉讼法》第243条的规定，有权提起审判监督程序的机关、人员及其权限如下：

（1）各级人民法院院长对本院已经发生法律效力的判决和裁定，如果发现在认定事实上或者在适用法律上确有错误，必须提交本院审判委员会处理。各级人民法院发现本院已经发生法律效力的判决、裁定确有错误，需要提起再审程序时，应当由院长提交本院审判委员会讨论决定，审判委员会讨论后，如果认为原判决、裁定确有错误，应当作出另行组成合议庭再审的决定。

（2）最高人民法院对各级人民法院已经发生法律效力的判决和裁定，上级人民法院对下级人民法院已经发生法律效力的判决和裁定，如果发现确有错误，有权提审或指令下级人民法院再审。所谓“提审”，是指上级人民法院在认为该案由原审人民法院审判不适宜时，将该案提调自行审判的一种诉讼活动。而指令下级人民法院再审，一般是指由原审人民法院重新审判。提审和指令下级人民法院再审，是最高人民法院对各级人民法院、上级人民法院对其辖区内的下级人民法院已经生效的错误裁判行使审判监督职权、依法提起再审程序的两种重要方式。

（3）最高人民检察院对各级人民法院已经发生法律效力的判决和裁定，上级人民检察院对下级人民法院已经发生法律效力的判决和裁定，如果发现确有错误，有权按照审判监督程序向同级人民法院提出抗诉。

根据《人民检察院刑事诉讼规则》的有关规定，人民检察院刑事申诉检察部门对已经发生法律效力的刑事判决、裁定的申诉复查后，认为需要提出抗诉的，报请检察长或者检察委员会讨论决定。地方各级人民检察院刑事申诉检察部门对不服同级人民法院已经发生法律效力的刑事判决、裁定的申诉复查后，认为需要提出抗诉的，报请检察长或者检察委员会讨论决定。认为需要提出抗诉的，应当提请上一级人民检察院抗诉。上级人民检察院刑事申诉检察部门对下一级人民检察院提请抗诉的申诉案件审查后，认为需要提出抗诉的，报请检察长或者检察委员会决定。

最高人民检察院发现各级人民法院已经发生法律效力的判决或者裁定，上级人民检察院发现下级人民法院已经发生法律效力的判决或者裁定确有错误时，可以直接向同级人民法院提出抗诉，或者指令作出生效判决、裁定人民法院的上一级人民检察院向同级人民法院提出抗诉。

关于人民检察院依照审判监督程序提出抗诉的法律效力问题，《刑事诉讼法》第 243 条第 4 款规定："人民检察院抗诉的案件，接受抗诉的人民法院应当组成合议庭重新审理，对于原判决事实不清楚或者证据不足的，可以指令下级人民法院再审。"《最高人民法院解释》第 380 条规定，对人民检察院依照审判监督程序提出抗诉的案件，人民法院应当在收到抗诉书后 1 个月内立案。但是，有下列情形之一的，应当区别情况予以处理：对不属于本院管辖的，应当将案件退回人民检察院；按照抗诉书提供的住址无法向被抗诉的原审被告人送达抗诉书的，应当通知人民检察院在 3 日内重新提供原审被告人的住址；逾期未提供的，将案件退回人民检察院；以有新的证据为由提出抗诉，但未附相关证据材料或者有关证据不是指向原起诉事实的，应当通知人民检察院在 3 日内补送相关材料；逾期未补送的，将案件退回人民检察院。

决定退回的抗诉案件，人民检察院经补充相关材料后再次抗诉，经审查符合受理条件的，人民法院应当受理。

对按照审判监督程序提出抗诉的案件，人民检察院认为人民法院作出的判决、裁定仍然确有错误的，如果案件是依照第一审程序审判的，同级人民检察院应当向上一级人民法院提出抗诉；如果案件是依照第二审程序审判的，上一级人民检察院应当按照审判监督程序向同级人民法院提出抗诉。

3. 提起审判监督程序的理由

审判监督程序，只有具备了法定的正当理由才能提起。《刑事诉讼法》第 243 条对提起审判监督程序的理由作了原则性规定，即只有对各种再审材料进行认真审查后，发现已经发生法律效力的判决、裁定"在认定事实上或者在适用法律上确有错误"，才能提起审判监督程序。在司法实践中，已经发生法律效力的判决、裁定"确有错误"，主要指以下几种情况：

（1）在认定事实上确有错误

在认定事实上确有错误，主要是指原判决、裁定认定的案件主要事实或重大情节，包括定罪和量刑的主要事实或重大情节不清，或者与客观实际不符；案内据以定罪量刑的证据不确实、不充分，不足以证明主要犯罪事实或重大情节，或者证明案件事实的主要证据之间存在矛盾；发现新的事实或证据，足以证明原判决、裁定认定的事实确有错误。

（2）在适用法律上确有错误

在适用法律上确有错误，包括适用实体法上的错误和适用程序法上的错误。

适用实体法上的错误，主要是指应当适用的法律条款没有适用或不正确适用，不应当适用的条款却适用了，从而导致定性上的罪与非罪、此罪与彼罪、一罪与数罪相混淆，或者量刑上的轻罪重判或者重罪轻判的错误。同时，由于法律规定的诉讼程序是保证实体法正确实施的必要条件，因此，严重违反法律规定的诉讼程序，如应当回避而没有回避，审判人员在审理案件过程中贪污受贿、徇私枉法等，从而导致判决、裁定发生错误的情形，也属于原判决、裁定在适用法律方面确有错误的一种表现形式。

（四）依照审判监督程序对案件的重新审判

1. 重新审判适用程序的确定

《刑事诉讼法》第245条规定："人民法院按照审判监督程序重新审判的案件，由原审人民法院审理的，应当另行组成合议庭进行。如果原来是第一审案件，应当依照第一审程序进行审判，所作的判决、裁定，可以上诉、抗诉；如果原来是第二审案件，或者是上级人民法院提审的案件，应当依照第二审程序进行审判，所作的判决、裁定，是终审的判决、裁定。"根据这一规定以及《最高人民法院解释》的有关规定，依照审判监督程序重新审判的案件，应当遵守的程序是：

（1）再审的法院，既可以是原来的第一审人民法院或者第二审人民法院，也可以是任何上级人民法院。

（2）再审时，由原审人民法院审理的，应当另行组成合议庭进行，不得由原合议庭审判人员审理。

（3）人民法院决定再审的案件，除人民检察院提起抗诉的以外，应当制作再审决定书，并应送达人民检察院、原审被告人及其法定代理人和被害人及其法定代理人。同时应当告知原审被告人可以委托辩护人，或者在符合法律规定的情况下，由人民法院依法指定承担法律援助义务的律师为其提供辩护；应当告知被害人可以委托诉讼代理人参加再审程序。

（4）再审的审理方式和审判程序，依原来的审级确定。即如果原来是第一审案件，应当依照第一审程序进行审判，所作的判决、裁定，可以上诉、抗诉；如果原来是第二审案件，或者是上级人民法院提审的案件，应当依照第二审程序进行审判，所作的判决、裁定，是终审的判决、裁定。由于我国再审程序的审理方式和审判程序，主要是依照第一审或者第二审程序的有关规定进行的，因此，人民法院再审时，应当视原来审级的不同，而严格遵守《刑事诉讼法》关于第一审或者第二审程序有关审判方式和审判程序的规定。

人民法院审理下列再审案件，应当依法开庭审理：依照第一审程序审理的；依照第二审程序需要对事实或者证据进行审理的；人民检察院按照审判监督程序提出抗诉的；可能对原审被告人（原审上诉人）加重刑罚的；有其他应当开庭审理情形的。

开庭审理的再审案件，系人民法院决定再审的，由合议庭组成人员宣读再审决定书；系人民检察院抗诉的，由检察人员宣读抗诉书；系申诉人申诉的，由申诉人或者其辩护人、诉讼代理人陈述申诉理由。

人民法院审理下列再审案件可以不开庭审理：原判决、裁定认定事实清楚，证据确实、充分，但适用法律错误，量刑畸重的；1979年《刑事诉讼法》施行以前裁判的；原审被告人（原审上诉人）、原审自诉人已经死亡或者丧失刑事责任能力的；原审被告人（原审上诉人）在交通十分不便的边远地区监狱服刑，提押到庭确有困难的；但人民检察院提出抗诉的，人民法院应征得人民检察院的同意；人民法院按照审判监督程序决定再审，经两次通知人民检察院不派员出庭的。

2. 重新审判的期限

《刑事诉讼法》第247条规定："人民法院按照审判监督程序重新审判的案件，应当在作出提审、再审决定之日起3个月以内审结，需要延长期限的，不得超过6个月。接受抗诉的人民法院按照审判监督程序审判抗诉的案件，审理期限适用前款规定；对需要指令下级人民法院再审的，应当自接受抗诉之日起一个月以内作出决定，下级人民法院审理案件的期限适用前款规定。"《刑事诉讼法》明确规定再审案件的审理期限，对于提高再审程序的工作效率，防止案件久拖不决，及时纠正错误的判决、裁定，保护公民的合法权益，具有十分重要的意义。

3. 重新审判后的结果

根据《刑事诉讼法》和《最高人民法院解释》的规定，人民法院按照审判监督程序对案件重新审理以后，应当分别对案件的不同情况作出如下处理：

（1）裁定维持原判决、裁定。包括原判决、裁定认定事实和适用法律正确、量刑适当的，应当裁定驳回申诉或者抗诉，维持原判决、裁定；原判决、裁定定罪准确、量刑适当，但在认定事实、适用法律等方面有瑕疵的，应当裁定纠正并维持原判决、裁定。

（2）依法改判。包括原判决、裁定认定事实没有错误，但适用法律错误，或者量刑不当的，应当撤销原判决、裁定，依法改判；依照第二审程序审理的案件，原判决、裁定事实不清或者证据不足的，可以在查清事实后改判；原判决、裁定事实不清或者证据不足，经审理事实已经查清的，应当根据查清的事实依法裁判。

（3）发回重审，包括依照第二审程序审理的案件，原判决、裁定事实不清或者证据不足的，也可以裁定撤销原判，发回原审人民法院重新审判。

(4) 宣告无罪。依照第二审程序审理的案件，原判决、裁定事实不清或者证据不足的；经审理事实仍无法查清，证据不足，不能认定被告人有罪的，应当撤销原判决、裁定，判决宣告被告人无罪。对再审改判宣告无罪并依法享有申请国家赔偿权利的当事人，人民法院宣判时，应当告知其在判决发生法律效力后可以依法申请国家赔偿。

(5) 裁定更正信息。原判决、裁定认定被告人姓名等身份信息有误，但认定事实和适用法律正确、量刑适当的，作出生效判决、裁定的人民法院可以通过裁定对有关信息予以更正。

根据《最高人民法院解释》的规定，除人民检察院抗诉的以外，再审一般不得加重原审被告人的刑罚。再审决定书或者抗诉书只针对部分原审被告人，不得加重其他同案原审被告人的刑罚。

第五节 执　　行

一、执行概述

(一) 执行的概念

刑事诉讼中的执行，是指人民法院将已经发生法律效力的判决和裁定交付执行机关，以实施其确定的内容，以及处理执行中的诉讼问题而进行的各种活动。

判决和裁定发生法律效力后，应当立即交付执行。这是由刑事诉讼的任务和生效判决和裁定的特点决定的。判决和裁定发生法律效力后，一般具有稳定性、排他性、强制性三个特点。

执行是刑事诉讼的最后一个诉讼程序，但是，并非判决、裁定的整个执行过程和一切活动都属于刑事诉讼的范围。刑事执行中，属于刑事诉讼范畴的，仅指两个方面：一是把人民法院已经发生法律效力的判决和裁定交付执行；二是解决执行过程中所发生的诉讼问题。简言之，就是交付执行和变更执行。交付执行是指人民法院将已发生法律效力的判决和裁定，交付有关刑罚执行机关的活动，如将徒刑的判决交付监狱等国家刑罚执行机关，或者是人民法院自己实现生效判决和裁定的内容的活动，如自己实现判处罚金、没收财产的判决。变更执行是指判决和裁定在执行过程中，由于出现了法定情形，人民法院将原判决、裁定依法予以变更的活动，如对罪犯实施减刑、假释、监外执行等。其他执行活动则属于司法行政活动，如狱政管理、对罪犯的教育改造等。

（二）执行的依据和机关

1. 执行的依据

人民法院发生法律效力的判决和裁定，是执行机关对罪犯实施惩罚和改造的法律依据。根据我国《刑事诉讼法》第248条和有关法律规定，人民法院发生法律效力的刑事判决和裁定，是指以下几种：

（1）已过法定期限没有上诉、抗诉的判决和裁定。即地方各级人民法院作出的上诉期满而没有上诉或抗诉的第一审判决和裁定。

（2）终审的判决和裁定。即中级、高级人民法院第二审案件的判决和裁定，最高人民法院第一审和第二审案件的判决和裁定。

（3）最高人民法院核准死刑的判决和高级人民法院核准的死刑缓期二年执行的判决。

2. 执行的机关

生效判决和裁定因内容不同，执行机关也不相同。

（1）人民法院执行。根据刑事诉讼法的规定，死刑、罚金和没收财产的判决和裁定，以及无罪或免除刑罚的判决，均由人民法院自己执行。

（2）监狱或者未成年犯管教所执行。刑事诉讼法规定，对于被判处死刑缓期二年执行、无期徒刑、有期徒刑的罪犯，由公安机关送交监狱执行刑罚。对未成年犯应当在未成年犯管教所执行刑罚。

（3）公安机关执行。对于被判处有期徒刑的罪犯，在被交付执行刑罚前，剩余刑期在3个月以下的，由看守所代为执行。对于被判处拘役的罪犯和剥夺政治权利的判决和裁定，由公安机关执行。

（4）社区矫正机构执行。根据《刑事诉讼法》第258条的规定，对被判处管制、宣告缓刑、假释或者暂予监外执行的罪犯，依法实行社区矫正，由社区矫正机构负责执行。

二、各种判决、裁定的执行程序

（一）死刑立即执行判决的执行

死刑是依法剥夺犯罪分子生命的刑罚，是刑罚中最严厉的刑种。为了防止无法挽回的错杀，我国《刑事诉讼法》以及《最高人民法院解释》在死刑执行程序上作了严格而周密的规定。

1. 执行死刑命令的签发

根据《刑事诉讼法》第250条规定，“最高人民法院判处和核准的死刑立即执行的判决，应当由最高人民法院院长签发执行死刑的命令”。

2. 执行死刑的机关与期限

最高人民法院的执行死刑命令，由高级人民法院交付第一审人民法院执行。第一审人民法院接到执行死刑命令后，应当在7日内执行。在死刑缓期执行期间故意犯罪，最高人民法院核准执行死刑的，由罪犯服刑地的中级人民法院执行。

3. 被执行人的会见权

第一审人民法院在执行死刑前，应当告知罪犯有权会见其近亲属。罪犯申请会见并提供具体联系方式的，人民法院应当通知其近亲属。罪犯近亲属申请会见的，人民法院应当准许，并及时安排会见。

4. 执行死刑的方法和场所

执行死刑应当公布，不应示众。死刑采用枪决或者注射等方法执行。采用枪决、注射以外的其他方法执行死刑的，应当事先层报最高人民法院批准。死刑可以在刑场或者指定的羁押场所内执行。

5. 执行死刑的相关要求

第一审人民法院在执行死刑3日前，应当通知同级人民检察院派员临场监督。指挥执行的审判人员，对罪犯应当验明正身，讯问有无遗言、信札，然后交付执行人员执行死刑。在执行前，如果发现可能有错误，应当暂停执行，报请最高人民法院裁定。

执行死刑后，应当由法医验明罪犯确实死亡，在场书记员制作笔录。负责执行的人民法院应当在执行死刑后15日内将执行情况，包括罪犯被执行死刑前后的照片，上报最高人民法院。

执行死刑后，负责执行的人民法院应当办理以下事项：

(1) 对罪犯的遗书、遗言笔录，应当及时审查；涉及财产继承、债务清偿、家事嘱托等内容的，将遗书、遗言笔录交给家属，同时复制附卷备查；涉及案件线索等问题的，抄送有关机关。

(2) 通知罪犯家属在限期内领取罪犯骨灰；没有火化条件或者因民族、宗教等原因不宜火化的，通知领取尸体；过期不领取的，由人民法院通知有关单位处理，并要求有关单位出具处理情况的说明；对罪犯骨灰或者尸体的处理情况，应当记录在案。

(3) 对外国籍罪犯执行死刑后，通知外国驻华使、领馆的程序和时限，根据有关规定办理。

(二) 死刑缓期二年执行、无期徒刑、有期徒刑和拘役判决的执行

我国《刑事诉讼法》第253条第1款规定，罪犯被交付执行刑罚的时候，应当由交付执行的人民法院在判决生效后10日以内将有关的法律文书送达公安机关、监狱或者其他执行机关。

1. 监狱执行。对被判处死刑缓期二年执行、无期徒刑、有期徒刑的罪犯，由公安机关依法将该罪犯送交监狱执行刑罚。

2. 看守所执行。对被判处有期徒刑的罪犯，在被交付执行刑罚前，剩余刑期在3个月以下的，由看守所代为执行。法律规定交付执行前余刑在3个月以下的有期徒刑罪犯由看守所代为执行，更为方便，有利于罪犯服刑改造。《刑事诉讼法》规定，对被判处拘役的罪犯，由公安机关执行。《公安机关办理刑事案件程序规定》第290条明确规定，对被判处拘役的罪犯，由看守所执行。对于在看守所执行刑罚的罪犯，应当同未决的犯罪嫌疑人分管分押。

3. 未成年犯管教所执行。对未成年犯应当在未成年犯管教所执行刑罚。对未成年犯应在未成年犯管教所执行，是因为未成年犯管教所在管理上比监狱相对宽松，使未成年犯在生理上和心理上能够承受；将未成年犯与成年犯分别关押于不同场所进行教育改造，可以避免成年犯对未成年犯的传授、教唆，同时也便于对未成年犯采取有针对性的教育改造措施；未成年犯管教所在名称上与监狱相区别，有利于避免对未成年犯造成过深的“监狱烙印”和心理伤害。

被判处死刑缓期执行、无期徒刑、有期徒刑、拘役的罪犯，交付执行时在押的，第一审人民法院应当在判决、裁定生效后10日内，将判决书、裁定书、起诉书副本、自诉状复印件、执行通知书、结案登记表送达看守所，由公安机关将罪犯交付执行。罪犯需要收押执行刑罚，而判决、裁定生效前未被羁押的，人民法院应当根据生效的判决书、裁定书将罪犯送交看守所羁押，并依照规定办理执行手续。执行通知书回执经看守所盖章后，应当附卷备查。

（三）管制、宣告缓刑和假释的执行

根据《刑事诉讼法》的规定，对被判处管制、宣告缓刑和假释的罪犯，依法实行社区矫正，由社区矫正机构负责执行。

社区矫正，是指将符合法定条件的罪犯置于社区内，由专门的国家机关在相关社会团体和民间组织以及社会志愿者的协助下，在判决、裁定或者决定确定的期限内，矫正其犯罪心理和行为恶习，并促使其顺利回归社会的非监禁刑罚执行活动。社区矫正是与监禁矫正相对的行刑方式，是积极利用各种社会资源，整合社会各方面力量，对罪行较轻、主观恶性较小、社会危害性不大的罪犯或者经过监管改造、确有悔改表现、不致再危害社会的罪犯在社区中进行有针对性管理、教育和改造的工作。

《公安机关办理刑事案件程序规定》第291条规定，对被判处管制、宣告缓刑、假释的罪犯，已被羁押的，由看守所将其交付社区矫正机构执行。《最高人民法院解释》第436条规定，对被判处管制、宣告缓刑的罪犯，人民法院应当核实其居住地。宣判时，应当书面告知罪犯到居住地县级司法行政机关报到的期限和不按期报到的后果。判决、裁定生效后10日内，应当将判决书、裁定书、执行通知书等法律文书送达罪犯居住地的县级司法行政机关，同时抄送罪犯居住地的县级人民检察院。可见，目前我国的社区矫正由县级司法行政机关负责。

（四）剥夺政治权利的执行

《刑事诉讼法》第259条规定："对被判处剥夺政治权利的罪犯，由公安机关执行。执行期满，应当由执行机关书面通知本人及其所在单位、居住地基层组织。"《最高人民法院解释》规定，对单处剥夺政治权利的罪犯，人民法院应当在判决、裁定生效后10日内，将判决书、裁定书、执行通知书等法律文书送达罪犯居住地的县级公安机关，并抄送罪犯居住地的县级人民检察院。

据此，剥夺政治权利的执行机关为县级公安机关，具体由罪犯居住地的派出所负责执行。

（五）罚金、没收财产的执行

1. 执行的机关

《刑事诉讼法》第260条规定，被判处罚金的罪犯，期满不缴纳的，人民法院应当强制缴纳；如果由于遭遇不能抗拒的灾祸缴纳确实有困难的，可以裁定减少或者免除。可见，罚金刑由人民法院负责执行。《刑事诉讼法》第261条规定，没收财产的判决，无论附加适用或者独立适用，都由人民法院执行；在必要的时候，可以会同公安机关执行。罚金与没收财产都属于财产刑，根据《最高人民法院解释》，财产刑由第一审人民法院负责裁判执行的机构执行。

2. 执行的要求

罚金在判决规定的期限内一次或者分期缴纳。期满无故不缴纳或者未足额缴纳的，人民法院应当强制缴纳。经强制缴纳仍不能全部缴纳的，在任何时候，包括主刑执行完毕后，发现被执行人有可供执行的财产的，应当追缴。因遭遇不能抗拒的灾祸缴纳罚金确有困难，被执行人申请减少或者免除罚金的，应当提交相关证明材料。人民法院应当在收到申请后1个月内作出裁定。符合法定减免条件的，应当准许；不符合条件的，驳回申请。行政机关对被告人就同一事实已经处以罚款的，人民法院判处罚金时应当折抵，扣除行政处罚已执行的部分。

判处没收财产的，判决生效后，应当立即执行。

执行过程中，案外人对被执行财产提出权属异议的，人民法院应当参照民事诉讼有关执行异议的规定进行审查并作出处理。被判处财产刑，同时又承担附带民事赔偿责任的被执行人，应当先履行民事赔偿责任。判处财产刑之前被执行人所负正当债务，需要以被执行的财产偿还的，经债权人请求，应当偿还。财产刑全部或者部分被撤销的，已经执行的财产应当全部或者部分返还被执行人；无法返还的，应当依法赔偿。

被执行人或者被执行财产在外地的，可以委托当地人民法院执行。受托法院在执行财产刑后，应当及时将执行的财产上缴国库。

3. 财产刑的中止执行

财产刑的中止执行，是指执行过程中，因法定情形的发生而使执行程序暂时停止，待法定情形消失后，再行恢复执行程序。执行财产刑过程中，具有下列情形之一的，人民法院应当裁定中止执行：

（1）执行标的物系人民法院或者仲裁机构正在审理案件的争议标的物，需等待该案件审理完毕确定权属的；

（2）案外人对执行标的物提出异议的；

（3）应当中止执行的其他情形。

中止执行的原因消除后，应当恢复执行。

4. 财产刑的终结执行

财产刑的终结执行，是指人民法院在执行过程中，由于出现了某种特殊情况，使执行程序无法或无须继续进行，从而结束执行程序。执行财产刑过程中，具有下列情形之一的，人民法院应当裁定终结执行：

（1）据以执行的判决、裁定被撤销的；

（2）被执行人死亡或者被执行死刑，且无财产可供执行的；

（3）被判处罚金的单位终止，且无财产可供执行的；

（4）依照《刑法》第53条规定免除罚金的；

（5）应当终结执行的其他情形。

裁定终结执行后，发现被执行人的财产有被隐匿、转移等情形的，应当追缴。

（六）无罪判决和免除刑罚判决的执行

《刑事诉讼法》第249条规定："第一审人民法院判决被告人无罪、免除刑事处罚的，如果被告人在押，在宣判后应当立即释放。"根据这一规定，无罪、免除刑事处罚的判决，由人民法院执行。为了保护不应受到刑罚处罚的被告人的合法权益，这类判决一经宣布，首先要将被关押的被告人立即释放。由人民法院将无罪或免除刑事处罚的判决书连同执行通知书送交看守所，看守所在接到上述法律文书后应当立即释放被关押的被告人。即使当事人及其法定代理人提出上诉或者人民检察院提出抗诉，一审判决尚未生效，也不影响被告人的立即释放，不得等待判决生效后才予以执行。这是针对无罪判决和免除刑事处罚判决的执行问题所作出的特殊法律规定。

根据《刑事诉讼法》第195条的规定，无罪判决分为两种，即"依据法律认定被告人无罪"和"证据不足、指控的犯罪不能成立"的无罪判决。对于这两种无罪判决，人民法院都应当立即释放被关押的被告人。对于免除处罚的被告人，也应恢复其人身自由，撤销非关押性质的其他强制措施。同时，人民法院可以根据案件不同情况予以训诫或责令具结悔过，赔礼道歉、赔偿损失，或建议有关主管机关给予被告人行政处罚或者行政处分。

三、变更执行程序

(一) 死刑、死缓执行的变更

1. 死刑执行的变更

第一审人民法院在接到执行死刑命令后、执行前，发现有下列情形之一的，应当暂停执行，并立即将请求停止执行死刑的报告和相关材料层报最高人民法院:

(1) 罪犯可能有其他犯罪的;

(2) 共同犯罪的其他犯罪嫌疑人到案，可能影响罪犯量刑的;

(3) 共同犯罪的其他罪犯被暂停或者停止执行死刑，可能影响罪犯量刑的;

(4) 罪犯揭发重大犯罪事实或者有其他重大立功表现，可能需要改判的;

(5) 罪犯怀孕的;

(6) 判决、裁定可能有影响定罪量刑的其他错误的。

最高人民法院在执行死刑命令签发后、执行前，发现有暂停执行情形的，应当立即裁定停止执行死刑，并将有关材料移交下级人民法院。下级人民法院接到最高人民法院停止执行死刑的裁定后，应当会同有关部门调查核实停止执行死刑的事由，并及时将调查结果和意见层报最高人民法院审核。对下级人民法院报送的停止执行死刑的调查结果和意见，由最高人民法院原作出核准死刑判决、裁定的合议庭负责审查，必要时，另行组成合议庭进行审查。

最高人民法院对停止执行死刑的案件，应当按照下列情形分别处理:

(1) 确认罪犯怀孕的，应当改判;

(2) 确认罪犯有其他犯罪，依法应当追诉的，应当裁定不予核准死刑，撤销原判，发回重新审判;

(3) 确认原判决、裁定有错误或者罪犯有重大立功表现，需要改判的，应当裁定不予核准死刑，撤销原判，发回重新审判;

(4) 确认原判决、裁定没有错误，罪犯没有重大立功表现，或者重大立功表现不影响原判决、裁定执行的，应当裁定继续执行死刑，并由院长重新签发执行死刑的命令。

2. 死刑缓期二年执行的变更

死刑缓期二年执行不是独立的刑罚种类，而是我国刑罚中死刑的一种特殊执行制度，是指对于罪该判处死刑的犯罪分子，如果不是必须立即执行，在判处死刑的同时宣告缓期二年执行，实行监管改造，以观后效的一种制度。死刑缓期二年执行的执行必然产生减刑或者执行死刑两种结果，都涉及执行变更的问题。

根据《刑法》的有关规定和《刑事诉讼法》第 250 条第 2 款的规定，被判处死刑缓期二年执行的罪犯，在死刑缓期执行期间，如果没有故意犯罪，死刑缓期执行期满，应当予以减刑，由执行机关提出书面意见，报请高级人民法院裁定；如果故意犯罪，情节恶劣的，报请最高人民法院核准后执行死刑；对于故意犯罪未执行死刑的，死刑缓期执行的期间重新计算，并报最高人民法院备案。

（二）暂予监外执行

暂予监外执行，是指对于被处有期徒刑或者拘役刑的罪犯，由于符合法定情形不宜在监内执行，暂时将其放在监外交由社区矫正机构执行的一种刑罚执行制度。

1. 暂予监外执行的条件

根据《刑事诉讼法》第 254 条规定，对被判处有期徒刑或者拘役的罪犯，有下列情形之一的，可以暂予监外执行：

（1）有严重疾病需要保外就医的；

（2）怀孕或者正在哺乳自己婴儿的妇女；

（3）生活不能自理，适用暂予监外执行不致危害社会的。

对被判处无期徒刑的罪犯，属于“怀孕或者正在哺乳自己婴儿的妇女”这一规定情形的，可以暂予监外执行。

同时规定，对适用保外就医可能有社会危险性的罪犯，或者自伤自残的罪犯，不得保外就医。

2. 暂予监外执行的适用程序

（1）对罪犯确有严重疾病，必须保外就医的，由省级人民政府指定的医院诊断并开具证明文件。

（2）在交付执行前，暂予监外执行由交付执行的人民法院决定；在交付执行后，暂予监外执行由监狱或者看守所提出书面意见，报省级以上监狱管理机关或者设区的市一级以上公安机关批准。

（3）监狱、看守所提出暂予监外执行的书面意见的，应当将书面意见的副本抄送人民检察院。人民检察院可以向决定或者批准机关提出书面意见。

（4）决定或者批准暂予监外执行的机关应当将暂予监外执行决定抄送人民检察院。人民检察院认为暂予监外执行不当的，应当自接到通知之日起 1 个月以内将书面意见送交决定或者批准暂予监外执行的机关，决定或者批准暂予监外执行的机关接到人民检察院的书面意见后，应当立即对该决定进行重新核查。

3. 暂予监外执行的终止

根据《刑事诉讼法》的规定，对暂予监外执行的罪犯，有下列情形之一的，应当及时收监：

（1）发现不符合暂予监外执行条件的；

（2）严重违反有关暂予监外执行监督管理规定的；

（3）暂予监外执行的情形消失后，罪犯刑期未满的。

暂予监外执行的执行机关发现上述情形的，应当制作收监执行建议书，原作出暂予监外执行决定的人民法院，应当在收到执行机关的收监执行建议书后15日内，作出收监执行的决定。人民法院应当将收监执行决定书送交罪犯居住地的县级司法行政机关，由其根据有关规定将罪犯交付执行。收监执行决定书应当同时抄送罪犯居住地的同级人民检察院和公安机关。

监狱、看守所应定期向当地社区矫正机构了解暂予监外执行罪犯的疾病诊治情况及社区矫正表现，发现应予收监执行、社区矫正机构建议收监执行以及实地考察后发现暂予监外执行情形消失应予收监执行的，应由监狱、看守所作出暂予监外执行罪犯收监执行的书面意见，并附相关材料报省级以上监狱管理局或者设区的市一级以上公安机关批准审批，省级以上监狱管理局或者设区的市一级以上公安机关作出《暂予监外执行罪犯收监决定书》后，监狱、看守所应及时派员将罪犯收监执行。

不符合暂予监外执行条件的罪犯通过贿赂等非法手段被暂予监外执行的，在监外执行的期间不计入执行刑期。罪犯在暂予监外执行期间脱逃的，脱逃的期间不计入执行刑期。

罪犯在暂予监外执行期间死亡的，执行机关应当及时通知监狱或者看守所。

（三）减刑和假释

根据《刑事诉讼法》第262条第2款规定，被判处管制、拘役、有期徒刑或者无期徒刑的罪犯，在执行期间确有悔改或者立功表现，应当依法予以减刑、假释的时候，由执行机关提出建议书，报请人民法院审核裁定，并将建议书副本抄送人民检察院。人民检察院可以向人民法院提出书面意见。

人民检察院认为人民法院减刑、假释的裁定不当，应当在收到裁定书副本后20日以内，向人民法院提出书面纠正意见。人民法院应当在收到纠正意见后1个月以内重新组成合议庭进行审理，作出最终裁定。

1. 减刑、假释案件的处理要求

《最高人民法院解释》第449条规定，对减刑、假释案件，应当按照下列情形分别处理：

（1）对被判处死刑缓期执行的罪犯的减刑，由罪犯服刑地的高级人民法院在收到同级监狱管理机关审核同意的减刑建议书后一个月内作出裁定；

（2）对被判处无期徒刑的罪犯的减刑、假释，由罪犯服刑地的高级人民法院，在收到同级监狱管理机关审核同意的减刑、假释建议书后1个月内作出裁定，案情复杂或者情况特殊的，可以延长1个月；

（3）对被判处有期徒刑和被减为有期徒刑的罪犯的减刑、假释，由罪犯服刑地的中级人民法院，在收到执行机关提出的减刑、假释建议书后1个月内作出裁定，案情复杂或者情况特殊的，可以延长1个月；

（4）对被判处拘役、管制的罪犯的减刑，由罪犯服刑地中级人民法院，在收到同级执行机关审核同意的减刑、假释建议书后1个月内作出裁定。

对暂予监外执行罪犯的减刑，应当根据情况，分别适用有关规定。

2. 减刑、假释的材料审查

《最高人民法院解释》第450条规定，受理减刑、假释案件，应当审查执行机关移送的材料是否包括下列内容：

（1）减刑、假释建议书；

（2）终审法院的裁判文书、执行通知书、历次减刑裁定书的复制件；

（3）证明罪犯确有悔改、立功或者重大立功表现具体事实的书面材料；

（4）罪犯评审鉴定表、奖惩审批表等；

（5）罪犯假释后对所居住社区影响的调查评估报告；

（6）根据案件情况需要移送的其他材料。

经审查，材料不全的，应当通知提请减刑、假释的执行机关补送。

审理减刑、假释案件，应当审查财产刑和附带民事裁判的执行情况，以及罪犯退赃、退赔情况。罪犯积极履行判决确定的义务的，可以认定有悔改表现，在减刑、假释时从宽掌握；确有履行能力而不履行的，在减刑、假释时从严掌握。

3. 减刑、假释案件的公示制度

审理减刑、假释案件，应当对以下内容予以公示：

（1）罪犯的姓名、年龄等个人基本情况；

（2）原判认定的罪名和刑期；

（3）罪犯历次减刑情况；

（4）执行机关的减刑、假释建议和依据。

公示应当写明公示期限和提出意见的方式。公示地点为罪犯服刑场所的公共区域；有条件的地方，可以面向社会公示。

4. 减刑、假释案件的审理方式

审理减刑、假释案件，应当组成合议庭，可以采用书面审理的方式，但下列案件应当开庭审理：

（1）因罪犯有重大立功表现报请减刑的；

（2）报请减刑的起始时间、间隔时间或者减刑幅度不符合司法解释一般规定的；

（3）公示期间收到不同意见的；

（4）人民检察院有异议的；

（5）被报请减刑、假释罪犯系职务犯罪罪犯，组织（领导、参加、包庇、纵容）黑社会性质组织犯罪罪犯，破坏金融管理秩序和金融诈骗犯罪罪犯及其他在社会上有重大影响或社会关注度高的；

（6）人民法院认为其他应当开庭审理的。

人民法院作出减刑、假释裁定后，应当在7日内送达提请减刑、假释的执行机关、同级人民检察院以及罪犯本人。人民检察院认为减刑、假释裁定不当，在法定期限内提出书面纠正意见的，人民法院应当在收到意见后另行组成合议庭审理，并在1个月内作出裁定。减刑、假释裁定作出前，执行机关书面提请撤回减刑、假释建议的，是否准许，由人民法院决定。

人民法院发现本院已经生效的减刑、假释裁定确有错误的，应当另行组成合议庭审理；发现下级人民法院已经生效的减刑、假释裁定确有错误的，可以指令下级人民法院另行组成合议庭审理。

5. 缓刑、假释的撤销

罪犯在缓刑、假释考验期限内犯新罪或者被发现在判决宣告前还有其他罪没有判决，应当撤销缓刑、假释的，由审判新罪的人民法院撤销原判决、裁定宣告的缓刑、假释，并书面通知原审人民法院和执行机关。

罪犯在缓刑、假释考验期限内，有下列情形之一的，原作出缓刑、假释判决、裁定的人民法院应当在收到执行机关的撤销缓刑、假释建议书后1个月内，作出撤销缓刑、假释的裁定：

（1）违反禁止令，情节严重的；

（2）无正当理由不按规定时间报到或者接受社区矫正期间脱离监管，超过1个月的；

（3）因违反监督管理规定受到治安管理处罚，仍不改正的；

（4）受到执行机关3次警告仍不改正的；

（5）违反有关法律、行政法规和监督管理规定，情节严重的其他情形。

人民法院撤销缓刑、假释的裁定，一经作出，立即生效。

人民法院应当将撤销缓刑、假释裁定书送交罪犯居住地的县级司法行政机关，由其根据有关规定将罪犯交付执行。撤销缓刑、假释裁定书应当同时抄送罪犯居住地的同级人民检察院和公安机关。

（四）对新罪和漏罪的追诉

新罪，是指罪犯在服刑期间又犯的新罪行。漏罪，是指判决生效后在执行过程中发现的罪犯在判决宣告以前所犯的尚未判决的罪行。

《刑事诉讼法》第 262 条第 1 款规定：“罪犯在服刑期间又犯罪的，或者发现了判决的时候所没有发现的罪行，由执行机关移送人民检察院处理。”发现了罪犯的新罪或漏罪，都应依法追诉，这必然会涉及执行的变更的问题。

在刑罚执行期间，如果发现了罪犯在判决宣告以前所犯的尚未判决的漏罪，或者罪犯实施了脱逃、组织越狱、伤害等新罪，由监狱等有管辖权的机关进行侦查。侦查终结后，写出起诉意见书，连同案卷材料、证据一并移送人民检察院。如果认为需要追究刑事责任，人民检察院应当按管辖分工的不同，向有管辖权的基层人民法院或者中级人民法院起诉。人民法院应依法进行审判，将罪犯的新罪和漏罪所判处的刑罚与原判决尚未执行完毕的刑期，按数罪并罚的原则，决定应当执行的刑罚。

对罪犯脱逃后又犯新罪，应分别情况处理。如果是在犯罪地捕获并发现的，由犯罪地人民法院管辖；如果是被缉捕押解回监狱后发现的，由罪犯服刑地的人民法院管辖。判决后，原则上仍送回原所在监狱执行。

人民法院对新罪、漏罪审理后制作的判决书，除应送达罪犯交付执行监狱外，还应送达原审人民法院和担负监所检察任务的人民检察院。

（五）对错判的反映和申诉的处理

《刑事诉讼法》第 264 条规定：“监狱和其他执行机关在刑罚执行中，如果认为判决有错误或者罪犯提出申诉，应当转请人民检察院或者原判人民法院处理。”人民检察院或者原判人民法院对收到的申诉材料和意见，应当迅速审查。对于确有错误的，应依法提起审判监督程序，对案件进行再审。对于原判正确，申诉没有理由的，可以驳回申诉，并将处理结果通知申诉人和有关执行机关。《监狱法》规定，人民检察院或者人民法院应当自收到监狱提请处理意见书之日起 6 个月之内将处理结果通知监狱。

四、人民检察院对执行的监督

执行监督，是指人民检察院对人民法院已经发生法律效力的判决、裁定的执行是否合法实行法律监督的活动。人民法院的判决和裁定发生法律效力后，在执行中如果不能依法加以执行，就会破坏或影响刑事诉讼的结果，违背刑罚的目的。开展执行监督，有利于维护生效判决和裁定的稳定性和严肃性，有利于纠正冤假错案，保护公民的合法权益，从而保障刑事诉讼任务的实现。

（一）人民检察院对执行死刑的监督

人民法院应当在交付执行死刑 3 日以前，通知同级人民检察院派员临场监督。临场监督执行死刑的检察人员应当依法监督执行死刑的场所、方法和执行死刑的活动是否合法。在执行死刑前，发现有下列情形之一的，应当建议人民法院停止执行：被执行人并非应执行死刑的罪犯的；罪犯犯罪时不满 18 周岁的或者审判的时候已满 75 周岁，依法不应当适用死刑的；判决可能有错误的；在执行前罪犯有检举揭发他人重大犯罪行为等重大立功表现，可能需要改判的；罪犯正在怀孕的。

在执行死刑中发现其他严重违法情况的，也应及时提出纠正意见。

在执行死刑过程中，根据需要，人民检察院临场监督人员可以进行拍照、摄像；执行死刑后，人民检察院临场监督人员应检查罪犯是否确已死亡，并填写死刑临场监督笔录，签字后入卷归档。

（二）人民检察院对暂予监外执行的监督

《刑事诉讼法》第 256 条规定："决定或者批准暂予监外执行的机关应当将暂予监外执行决定抄送人民检察院。人民检察院认为暂予监外执行不当的，应当自接到通知之日起一个月以内将书面意见送交决定或者批准暂予监外执行的机关，决定或者批准暂予监外执行的机关接到人民检察院的书面意见后，应当立即对该决定进行重新核查。"

《人民检察院刑事诉讼规则》第 64 条规定，人民检察院发现监狱、看守所、公安机关暂予监外执行的执法活动有下列情形之一的，应当依法提出纠正意见：

1. 将不符合法定条件的罪犯提请暂予监外执行的；

2. 提请暂予监外执行的程序违反法律规定或者没有完备的合法手续，或者对于需要保外就医的罪犯没有省级人民政府指定医院的诊断证明和开具的证明文件的；

3. 监狱、看守所提出暂予监外执行书面意见，没有同时将书面意见副本抄送人民检察院的；

4. 罪犯被决定或者批准暂予监外执行后，未依法交付罪犯居住地社区矫正机构实行社区矫正的；

5. 对符合暂予监外执行条件的罪犯没有依法提请暂予监外执行的；

6. 发现罪犯不符合暂予监外执行条件，或者在暂予监外执行期间严重违反暂予监外执行监督管理规定，或者暂予监外执行的条件消失且刑期未满，应当收监执行而未及时收监执行或者未提出收监执行建议的；

7. 人民法院决定将暂予监外执行的罪犯收监执行，并将有关法律文书送达公安机关、监狱、看守所后，监狱、看守所未及时收监执行的；

8. 对不符合暂予监外执行条件的罪犯通过贿赂等非法手段被暂予监外执行以及在暂予监外执行期间脱逃的罪犯，监狱、看守所未建议人民法院将其监外执行期间、脱逃期间不计入执行刑期或者对罪犯执行刑期计算的建议违法、不当的；

9. 暂予监外执行的罪犯刑期届满，未及时办理释放手续的；

10. 其他违法情形。

人民检察院接到决定或者批准机关抄送的暂予监外执行决定书后，应当进行审查。审查的内容包括：

1. 是否属于被判处有期徒刑或者拘役的罪犯；

2. 是否属于有严重疾病需要保外就医的罪犯；

3. 是否属于怀孕或者正在哺乳自己婴儿的妇女；

4. 是否属于生活不能自理，适用暂予监外执行不致危害社会的罪犯；

5. 是否属于适用保外就医可能有社会危险性的罪犯，或者自伤自残的罪犯；

6. 决定或者批准机关是否符合《刑事诉讼法》第254条第5款的规定；

7. 办理暂予监外执行是否符合法定程序。

检察人员审查暂予监外执行决定，可以向罪犯所在单位和有关人员调查，向有关机关调阅有关材料。

人民检察院经审查认为暂予监外执行不当的，应当自接到通知之日起1个月以内，报经检察长批准，向决定或者批准暂予监外执行的机关提出书面纠正意见。下级人民检察院认为暂予监外执行不当的，应当立即层报决定或者批准暂予监外执行的机关的同级人民检察院，由其决定是否向决定或者批准暂予监外执行的机关提出书面纠正意见。

人民检察院向决定或者批准暂予监外执行的机关提出不同意暂予监外执行的书面意见后，应当监督其对决定或者批准暂予监外执行的结果进行重新核查，并监督重新核查的结果是否符合法律规定。对核查不符合法律规定的，应当依法提出纠正意见，并向上一级人民检察院报告。

对于暂予监外执行的罪犯，人民检察院发现罪犯不符合暂予监外执行条件、严重违反有关暂予监外执行的监督管理规定或者暂予监外执行的情形消失而罪犯刑期未满的，应当通知执行机关收监执行，或者建议决定或者批准暂予监外执行的机关作出收监执行决定。

（三）人民检察院对减刑、假释的监督

人民检察院收到执行机关抄送的减刑、假释建议书副本后，应当逐案进行审查，发现减刑、假释建议不当或者提请减刑、假释违反法定程序的，应当在10日以内向审理减刑、假释案件的人民法院提出书面检察意见，同时也可以向执行机关提出书面纠正意见。

人民检察院发现监狱等执行机关提请人民法院裁定减刑、假释的活动有下列情形之一的，应当依法提出纠正意见：

1. 将不符合减刑、假释法定条件的罪犯，提请人民法院裁定减刑、假释的；

2. 对依法应当减刑、假释的罪犯，不提请人民法院裁定减刑、假释的；

3. 提请对罪犯减刑、假释违反法定程序，或者没有完备的合法手续的；

4. 提请对罪犯减刑的减刑幅度、起始时间、间隔时间或者减刑后又假释的间隔时间不符合有关规定的；

5. 被提请减刑、假释的罪犯被减刑后实际执行的刑期或者假释考验期不符合有关法律规定的；

6. 其他违法情形。

人民法院开庭审理减刑、假释案件，人民检察院应当指派检察人员出席法庭，发表意见。人民检察院收到人民法院减刑、假释的裁定书副本后，应当及时进行审查。审查的内容包括：

1. 被减刑、假释的罪犯是否符合法定条件，对罪犯减刑的减刑幅度、起始时间、间隔时间或者减刑后又假释的间隔时间、罪犯被减刑后实际执行的刑期或者假释考验期是否符合有关规定；

2. 执行机关提请减刑、假释的程序是否合法；

3. 人民法院审理、裁定减刑、假释的程序是否合法；

4. 按照有关规定应当开庭审理的减刑、假释案件，人民法院是否开庭审理。

检察人员审查人民法院减刑、假释裁定，可以向罪犯所在单位和有关人员进行调查，可以向有关机关调阅有关材料。人民检察院经审查认为人民法院减刑、假释的裁定不当，应当在收到裁定书副本后20日以内，报经检察长批准，向作出减刑、假释裁定的人民法院提出书面纠正意见。对人民法院减刑、假释裁定的纠正意见，由作出减刑、假释裁定的人民法院的同级人民检察院书面提出。下级人民检察院发现人民法院减刑、假释裁定不当的，应当向作出减刑、假释裁定的人民法院的同级人民检察院报告。

人民检察院对人民法院减刑、假释的裁定提出纠正意见后，应当监督人民法院是否在收到纠正意见后1个月以内重新组成合议庭进行审理，并监督重新作出的裁定是否符合法律规定。对最终裁定不符合法律规定的，应当向同级人民法院提出纠正意见。

（四）人民检察院对执行机关执行刑罚活动的监督

《刑事诉讼法》第265条规定："人民检察院对执行机关执行刑罚的活动是否合法实行监督。如果发现有违法的情况，应当通知执行机关纠正。"这是《刑事诉讼法》关于人民检察院对执行机关执行刑罚活动进行监督的原则性规定。这里所说的人民检察院对执行机关执行刑罚活动的监督，是指除《刑事诉讼法》已有专条规定以外的一切执行刑罚活动的监督。

1. 人民检察院发现监狱、看守所对服刑期满或者依法应当予以释放的人员没有按期释放，对被裁定假释的罪犯依法应当交付罪犯居住地社区矫正机构实行社区矫正而不交付，对主刑执行完毕仍然需要执行附加剥夺政治权利的罪犯依法应当交付罪犯居住地公安机关执行而不交付，或者对服刑期未满又无合法释放根据的罪犯予以释放等违法行为的，应当依法提出纠正意见。

2. 人民检察院依法对公安机关执行剥夺政治权利的活动实行监督，发现公安机关未依法执行或者剥夺政治权利执行期满未书面通知本人及其所在单位、居住地基层组织等违法情形的，应当依法提出纠正意见。

3. 人民检察院依法对人民法院执行罚金刑、没收财产刑以及执行生效判决、裁定中没收违法所得及其他涉案财产的活动实行监督，发现人民法院有依法应当执行而不执行，执行不当，罚没的财物未及时上缴国库，或者执行活动中其他违法情形的，应当依法提出纠正意见。

4. 人民检察院依法对社区矫正执法活动进行监督，发现有下列情形之一的，应当依法向社区矫正机构提出纠正意见：没有依法接收交付执行的社区矫正人员的；违反法律规定批准社区矫正人员离开所居住的市、县，或者违反人民法院禁止令的内容批准社区矫正人员进入特定区域或者场所的；没有依法监督管理而导致社区矫正人员脱管的；社区矫正人员违反监督管理规定或者人民法院的禁止令，依法应予治安管理处罚，没有及时提请公安机关依法给予处罚的；缓刑、假释罪犯在考验期内违反法律、行政法规或者有关缓刑、假释的监督管理规定，或者违反人民法院的禁止令，依法应当撤销缓刑、假释，没有及时向人民法院提出撤销缓刑、假释建议的；对具有《刑事诉讼法》第257条第1款规定情形之一的暂予监外执行的罪犯，没有及时向决定或者批准暂予监外执行的机关提出收监执行建议的；对符合法定减刑条件的社区矫正人员，没有依法及时向人民法院提出减刑建议的；对社区矫正人员有殴打、体罚、虐待、侮辱人格、强迫其参加超时间或者超体力社区服务等侵犯其合法权利行为的；其他违法情形。

人民检察院发现人民法院、公安机关、看守所、监狱、社区矫正机构等的交付执行活动、刑罚执行活动以及其他有关执行刑事判决、裁定活动中有违法行为的，根据不同情况作出处理：对于违法行为情节轻微的，检察人员可以口头提出纠正意见；发现严重违法行为，或者提出口头纠正意见后人民法院、公安机关、看守所、监狱、社区矫正机构在7日以内未予以纠正的，应当报经检察长批准，向其发出纠正违法通知书，同时将纠正违法通知书副本抄报上一级人民检察院并抄送其所属机关的上一级机关。人民检察院发出纠正违法通知书 15 日后，人民法院、公安机关、看守所、监狱、社区矫正机构仍未纠正或者回复意见的，应当及时向上一级人民检察院报告。上一级人民检察院应当通报同级相应机关并建议其督促予以纠正。

第六节 特别程序

特别程序是人民法院审理《刑事诉讼法》所规定的特定案件所适用的程序，包括未成年人刑事案件诉讼程序；当事人和解的公诉案件诉讼程序；犯罪嫌疑人、被告人逃匿、死亡案件违法所得的没收程序；依法不负刑事责任的精神病人的强制医疗程序。

一、未成年人刑事案件诉讼程序

（一）概述

1. 未成年人刑事案件诉讼程序的概念

未成年人刑事案件诉讼程序，是指公安司法机关在办理已满 14 周岁不满 18 周岁的未成年人刑事案件时，应当遵循的特别规定的诉讼程序。

根据《人民检察院办理未成年人刑事案件的规定》第 46 条规定，在有关未成年人诉讼权利和体现对未成年人进行程序上的特殊保护的条文中所称的未成年人，是指在诉讼过程中已满 14 周岁未满 18 周岁的人。

《刑事诉讼法》将未成年人刑事案件诉讼程序作为特别程序，有助于教育、感化、挽救犯罪的未成年人，使之能够及早地回归社会。未成年人刑事案件诉讼程序有助于解决未成年人刑事案件增多的社会问题，符合世界各国与国际社会对未成年人特别保护的立法方向，是我国刑事诉讼法文明、进步的具体体现。

2. 未成年人刑事案件诉讼程序的原则

（1）教育为主、惩罚为辅原则

教育为主、惩罚为辅原则，是指在未成年人刑事诉讼中对于有罪的未成年人，要坚持教育和矫治为主，尽可能采取非刑罚化的处理方式，以利于未成年人改过自新、复归社会。

根据《刑事诉讼法》第 266 条的规定，对犯罪的未成年人实行教育、感化、挽救的方针，坚持教育为主、惩罚为辅的原则。这是未成年人刑事案件诉讼程序必须坚持的方针和原则。教育、感化、挽救方针，要求公安司法工作人员要像父母对待子女、老师对待学生、医生对待病人那样，帮助未成年人分清是非，促使其同犯罪行为划清界限，并依法保障其享有的诉讼权利。教育为主、惩罚为辅的原则要求司法人员在办理未成人案件中要正确处理惩罚和教育的关系，要将教育工作放在突出的位置，不能机械地强调处理结果与犯罪轻重相适应，对未成年人要坚持攻心为主，针对其个人特点，晓之以理，动之以情，使之认识到自己行为的危害性，唤起其良知和悔罪意识，使其真正地认罪服法，重新做人。当然，坚持教育为主、惩罚为辅原则并不意味着对未成年人只重教育而忽视惩罚，未成年人犯罪同样对社会造成了危害，对其依法予以处罚是正当的，也是必要的。忽视惩罚或不当的处罚既难以使犯罪的未成年人认识到自己行为的严重后果，也不利于对其进行教育和改造。但对犯罪的未成年人处罚时，应当坚持教育为主、惩罚为辅的原则，可罚可不罚的尽量不罚，以利于未成年人今后改过自新，重返社会。

（2）特殊保护原则

特殊保护原则，是指公安司法机关在刑事诉讼过程中应当依法给予未成年犯罪嫌疑人、被告人以特别的保护。

在刑事诉讼中，未成年犯罪嫌疑人、被告人除享有成年犯罪嫌疑人、被告人的各项诉讼权利外，基于其身份特点，还享有一些特殊的权利。《刑事诉讼法》第266条第2款规定："人民法院、人民检察院和公安机关办理未成年人刑事案件，应当保障未成年人行使其诉讼权利，保障未成年人得到法律帮助，并由熟悉未成年人身心特点的审判人员、检察人员、侦查人员承办。"同时规定，未成年犯罪嫌疑人、被告人没有委托辩护人的，人民法院、人民检察院、公安机关应当通知法律援助机构指派律师为其提供辩护。对未成年犯罪嫌疑人、被告人应当严格限制适用逮捕措施。人民检察院审查批准逮捕和人民法院决定逮捕，应当讯问未成年犯罪嫌疑人、被告人，听取辩护律师的意见。对于未成年人刑事案件，在讯问和审判的时候，应当通知未成年犯罪嫌疑人、被告人的法定代理人到场。无法通知、法定代理人不能到场或者法定代理人是共犯的，也可以通知未成年犯罪嫌疑人、被告人的其他成年亲属，所在学校、单位、居住地基层组织或者未成年人保护组织的代表到场，并将有关情况记录在案。到场的法定代理人可以代为行使未成年犯罪嫌疑人、被告人的诉讼权利。犯罪的时候不满18周岁，被判处5年有期徒刑以下刑罚的，应当对相关犯罪记录予以封存。犯罪记录被封存的，不得向任何单位和个人提供，但司法机关为办案需要或者有关单位根据国家规定进行查询的除外。依法进行查询的单位，应当对被封存的犯罪记录的情况予以保密。

（3）分案处理原则

分案处理原则，是指公安司法机关在刑事诉讼过程中应当对未成年人案件与成年人案件实行诉讼程序分开处理，对未成年人与成年人分别关押、分别管理、分别教育、分别执行。

《刑事诉讼法》第 269 条第 2 款规定，对被拘留、逮捕和执行刑罚的未成年人与成年人应当分别关押、分别管理、分别教育，明确规定了分案处理的原则。分案处理的原则强调：在刑事诉讼中对未成年人采取拘留、逮捕等强制措施时，必须与成年犯罪嫌疑人分开看管；在处理未成年人与成年人共同犯罪或者牵连的案件时，在不妨碍审理的前提下，坚持分案处理；在刑罚执行阶段，不得将未成年犯人与成年犯人关押在一个监禁场所。坚持这一原则，才能充分保护进入诉讼阶段的未成年人，使其免受来自成年犯罪人的不良影响。

（4）不公开审理原则

不公开审理原则，是指人民法院在开庭审理未成年人刑事案件时，不允许群众旁听，不允许记者采访，报纸等印刷品不得刊登未成年被告人的姓名、年龄、职业、住址及照片等。

《刑事诉讼法》第 274 条规定："审判的时候被告人不满十八周岁的案件，不公开审理。但是，经未成年被告人及其法定代理人同意，未成年被告人所在学校和未成年人保护组织可以派代表到场。"《最高人民法院解释》规定，开庭审理时被告人不满 18 周岁的案件，一律不公开审理。经未成年被告人及其法定代理人同意，未成年被告人所在学校和未成年人保护组织可以派代表到场。到场代表的人数和范围，由法庭决定。到场代表经法庭同意，可以参与对未成年被告人的法庭教育工作。对依法公开审理，但可能需要封存犯罪记录的案件，不得组织人员旁听。审理未成年人刑事案件，不得向外界披露该未成年人的姓名、住所、照片以及可能推断出该未成年人身份的其他资料。查阅、摘抄、复制的未成年人刑事案件的案卷材料，不得公开和传播。不公开审理原则的意义在于维护未成年人的名誉，防止公开审理对其造成精神创伤而导致不利于教育改造的不良后果，因此，不公开审理原则也是对教育、感化、挽救方针的体现。贯彻这一原则，应注意只是审理过程不公开，宣告判决仍将公开进行。

（5）全面调查原则

全面调查原则，是指公安司法机关在办理未成年人刑事案件的过程中，不仅要调查案件事实，而且要对未成年人的生理与心理特征、性格特点及其生活环境进行调查，必要时还要进行医疗检查和心理学、精神病学的调查分析。

《刑事诉讼法》第 268 条规定："公安机关、人民检察院、人民法院办理未成年人刑事案件，根据情况可以对未成年犯罪嫌疑人、被告人的成长经历、犯罪原因、监护教育等情况进行调查。"根据这一规定，全面调查的主体应当是公、检、法机关，调查的内容则包括未成年犯罪嫌疑人的成长经历、犯罪的原因以及监护教育等情况。相关司法解释具体规定如下：公安机关办理未成年人刑事案件，根据情况可以对未成年犯罪嫌疑人的成长经历、犯罪原因、监护教育等情况进行调查并制作调查报告。作出调查报告的，在提请批准逮捕、移送审查起诉时，应当结合案情综合考虑，并将调查报告与案卷材料一并移送人民检察院。人民检察院根据情况可以对未成年犯罪嫌疑人的成长经历、犯罪原因、监护教育等情况进行调查，并制作社会调查报告，作为办案和教育的参考。人民检察院开展社会调查，可以委托有关组织和机构进行。人民检察院应当对公安机关移送的社会调查报告进行审查，必要时可以进行补充调查。人民检察院制作的社会调查报告应当随案移送人民法院。人民法院对人民检察院移送的关于未成年被告人性格特点、家庭情况、社会交往、成长经历、犯罪原因、犯罪前后的表现、监护教育等情况的调查报告，以及辩护人提交的反映未成年被告人上述情况的书面材料，应当接受。必要时，人民法院可以委托未成年被告人居住地的县级司法行政机关、共青团组织以及其他社会团体组织对未成年被告人的上述情况进行调查，或者自行调查。对未成年人刑事案件，人民法院根据情况，可以对未成年被告人进行心理疏导；经未成年被告人及其法定代理人同意，也可以对未成年被告人进行心理测评。

全面调查原则的目的在于通过对未成年人的人格、素质、生活经历和所处环境进行调查分析，查清未成年人走上犯罪道路的原因和条件，为教育改造未成年人确定有针对性的改造方案和方法，以取得良好的教育改造效果。

（二）未成年人刑事案件的诉讼程序

1. 立案程序

公安机关在办案过程中发现的未成年人涉嫌犯罪的案件线索以及对被扭送、检举、控告、投案自首的，应当立即审查，依法作出是否立案的决定。公安机关办理未成年人刑事案件时，应当重点查清未成年犯罪嫌疑人实施犯罪行为时是否已满14周岁、16周岁、18周岁的临界年龄。经过审查，对于不符合立案条件的，可将案件材料转交有关部门，作出适当处理，或通知其监护人严加监护、教育，并且要协调各方，落实帮教措施。对于符合立案条件的，制作立案报告，除写明立案材料的来源、发案的时间、地点、犯罪事实、现有的证据材料、立案的法律依据和初步的意见外，还应当着重写明犯罪嫌疑人、被告人的确切出生时间、生活居住环境、心理性格特征、走上犯罪道路的原因等有关情况。

2. 侦查程序

侦查机关办理未成年人案件，应注意以下几个方面：

（1）慎重适用强制措施。根据《刑事诉讼法》第269条第1款的规定，对于未成年犯罪嫌疑人、被告人，应当严格限制适用逮捕措施。

人民检察院办理未成年犯罪嫌疑人审查逮捕案件，应当根据未成年犯罪嫌疑人涉嫌犯罪的事实、主观恶性、有无监护与社会帮教条件等，综合衡量其社会危险性，严格限制适用逮捕措施。对于罪行较轻，具备有效监护条件或者社会帮教措施，没有社会危险性或者社会危险性较小，不逮捕不致妨害诉讼正常进行的未成年犯罪嫌疑人，应当不批准逮捕。对于罪行比较严重，但主观恶性不大，有悔罪表现，具备有效监护条件或者社会帮教措施，具有下列情形之一，不逮捕不致妨害诉讼正常进行的未成年犯罪嫌疑人，可以不批准逮捕：初次犯罪、过失犯罪的；犯罪预备、中止、未遂的；有自首或者立功表现的；犯罪后如实交代罪行，真诚悔罪，积极退赃，尽力减少和赔偿损失，被害人谅解的；不属于共同犯罪的主犯或者集团犯罪中的首要分子的；属于已满14周岁不满16周岁的未成年人或者系在校学生的；其他可以不批准逮捕的情形。人民检察院审查逮捕未成年犯罪嫌疑人，应当重点查清其是否已满14、16、18周岁。对犯罪嫌疑人实际年龄难以判断，影响对该犯罪嫌疑人是否应当负刑事责任认定的，应当不批准逮捕。需要补充侦查的，同时通知公安机关。

未成年犯罪嫌疑人被拘留、逮捕后服从管理、依法变更强制措施不致发生社会危险性，能够保证诉讼正常进行的，公安机关应当依法及时变更强制措施；人民检察院批准逮捕的案件，公安机关应当将变更强制措施情况及时通知人民检察院。

（2）采取适当的传唤讯问方法。讯问未成年犯罪嫌疑人，应当通知未成年犯罪嫌疑人的法定代理人到场。无法通知、法定代理人不能到场或者法定代理人是共犯的，也可以通知未成年犯罪嫌疑人的其他成年亲属，所在学校、单位、居住地基层组织或者未成年人保护组织的代表到场，并将有关情况记录在案。到场的法定代理人可以代为行使未成年犯罪嫌疑人的诉讼权利。到场的法定代理人或者其他人员提出办案人员在讯问中侵犯未成年人合法权益的，公安机关应当认真核查，依法处理。讯问未成年犯罪嫌疑人应当采取适合未成年人的方式，耐心细致地听取其供述或者辩解，认真审核、查证与案件有关的证据和线索，并针对其思想顾虑、恐惧心理、抵触情绪进行疏导和教育。讯问女性未成年犯罪嫌疑人，应当有女工作人员在场。讯问笔录应当交未成年犯罪嫌疑人、到场的法定代理人或者其他人员阅读或者向其宣读；对笔录内容有异议的，应当核实清楚，准予更正或者补充。讯问未成年犯罪嫌疑人一般不得使用戒具。对于确有人身危险性，必须使用戒具的，在现实危险消除后，应当立即停止使用。

（3）依法保障未成年犯罪嫌疑人聘请律师的权利。根据《刑事诉讼法》第267条的规定，未成年犯罪嫌疑人、被告人没有委托辩护人的，人民法院、人民检察院、公安机关应当通知法律援助机构指派律师为其提供辩护。根据本条规定，在侦查、起诉、审判阶段，只要未成年犯罪嫌疑人、被告人没有委托辩护人，公、检、法机关就有义务通知法律援助机构指派律师为其提供辩护，不论该未成年人是否因经济困难而没有委托辩护人。

3. 起诉程序

根据《刑事诉讼法》和《人民检察院刑事诉讼规则》的规定，未成年人案件的起诉程序应注意以下几点：

（1）指定专门人员办理。人民检察院应当指定熟悉未成年人身心特点的检察人员办理未成年人刑事案件。

（2）帮助申请法律援助。人民检察院受理案件后，应当向未成年犯罪嫌疑人及其法定代理人了解其委托辩护人的情况，并告知其有权委托辩护人。未成年犯罪嫌疑人没有委托辩护人的，人民检察院应当书面通知法律援助机构指派律师为其提供辩护。

（3）听取有关人员的意见。在审查起诉中，人民检察院应当讯问未成年犯罪嫌疑人，听取辩护人的意见，并制作笔录附卷。到场的法定代理人、其他成年亲属或者所在学校、单位或者居住地的村民委员会、居民委员会、未成年人保护组织的代表认为办案人员在讯问中侵犯未成年犯罪嫌疑人合法权益的，可以提出意见。

（4）讯问未成年犯罪嫌疑人。在审查起诉中，人民检察院应当讯问未成年犯罪嫌疑人，讯问程序与审查批捕时的讯问程序相同。

（5）附条件不起诉。附条件不起诉是专门针对未成年人案件所规定的不起诉制度。

附条件不起诉的适用条件。根据《刑事诉讼法》第271条第1款的规定，对于未成年人涉嫌《刑法》分则第四章、第五章和第六章规定的犯罪，可能判处1年有期徒刑以下刑罚，符合起诉条件，但有悔罪表现的，人民检察院可以作出附条件不起诉的决定。人民检察院在作出附条件不起诉的决定以前，应当听取公安机关、被害人、未成年犯罪嫌疑人的法定代理人、辩护人的意见，并制作笔录附卷。

附条件不起诉的适用程序。人民检察院作出附条件不起诉的决定后，应当制作附条件不起诉决定书，并在3日以内送达公安机关、被害人或者其近亲属及其诉讼代理人、未成年犯罪嫌疑人及其法定代理人、辩护人。人民检察院应当当面向未成年犯罪嫌疑人及其法定代理人宣布附条件不起诉决定，告知考验期限、在考验期内应当遵守的规定以及违反规定应负的法律责任，并制作笔录附卷。

对附条件不起诉决定提出异议的处理。对附条件不起诉的决定，公安机关要求复议、提请复核或者被害人申诉的，具体程序参照《人民检察院刑事诉讼规则》第 415 条至第 420 条的规定办理。上述复议、复核、申诉的审查由公诉部门或者未成年人犯罪检察工作机构负责。未成年犯罪嫌疑人及其法定代理人对人民检察院决定附条件不起诉有异议的，人民检察院应当作出起诉的决定。

附条件不起诉的监督考察。人民检察院作出附条件不起诉决定的，应当确定考验期。考验期为 6 个月以上 1 年以下，从人民检察院作出附条件不起诉的决定之日起计算。在附条件不起诉的考验期内，由人民检察院对被附条件不起诉的未成年犯罪嫌疑人进行监督考察。未成年犯罪嫌疑人的监护人，应当对未成年犯罪嫌疑人加强管教，配合人民检察院做好监督考察工作。人民检察院可以会同未成年犯罪嫌疑人的监护人、所在学校、单位、居住地的村民委员会、居民委员会、未成年人保护组织等的有关人员，定期对未成年犯罪嫌疑人进行考察、教育，实施跟踪帮教。被附条件不起诉的未成年犯罪嫌疑人，应当遵守下列规定：遵守法律法规，服从监督；按照考察机关的规定报告自己的活动情况；离开所居住的市、县或者迁居，应当报经考察机关批准；按照考察机关的要求接受矫治和教育。人民检察院可以要求被附条件不起诉的未成年犯罪嫌疑人接受下列矫治和教育：完成戒瘾治疗、心理辅导或者其他适当的处遇措施；向社区或者公益团体提供公益劳动；不得进入特定场所，与特定的人员会见或者通信，从事特定的活动；向被害人赔偿损失、赔礼道歉等；接受相关教育；遵守其他保护被害人安全以及预防再犯的禁止性规定。

附条件不起诉的适用结果。附条件不起诉考验期届满，办案人员应当制作附条件不起诉考察意见书，提出起诉或者不起诉的意见，经部门负责人审核，报请检察长决定。被附条件不起诉的未成年犯罪嫌疑人，在考验期内有下列情形之一的，人民检察院应当撤销附条件不起诉的决定，提起公诉：实施新的犯罪的；发现决定附条件不起诉以前还有其他犯罪需要追诉的；违反治安管理规定，造成严重后果，或者多次违反治安管理规定的；违反考察机关有关附条件不起诉的监督管理规定，造成严重后果，或者多次违反考察机关有关附条件不起诉的监督管理规定的。被附条件不起诉的未成年犯罪嫌疑人，在考验期内没有法定撤销附条件不起诉情形，考验期满的，人民检察院应当作出不起诉的决定。

（6）提起公诉。人民检察院制作的起诉书中应当注明未成年人的出生年月日，并应当将有效证明该未成年人年龄的材料作为主要证据复印件之一移送人民法院。对未成年犯罪嫌疑人、被告人、未成年罪犯的有关情况和办案人员开展教育感化工作的情况，应当记录在卷，随案移送。人民检察院审查未成年人与成年人共同犯罪案件，一般应当将未成年人与成年人分案起诉。但是具有下列情形之一的，可以不分案起诉：未成年人系犯罪集团的组织者或者其他共同犯罪中的主犯的；案件重大、疑难、复杂，分案起诉可能妨碍案件审理的；涉及刑事附带民事诉讼，分案起诉妨碍附带民事诉讼部分审理的；具有其他不宜分案起诉情形的。

4. 审判程序

根据《刑事诉讼法》和《最高人民法院解释》，未成年人案件的审判程序应遵守以下规定：

（1）审判人员和审判组织

审理未成年人刑事案件，应当由熟悉未成年人身心特点、善于做未成年人思想教育工作的审判人员进行，并应当保持有关审判人员工作的相对稳定性。未成年人刑事案件的人民陪审员，一般由熟悉未成年人身心特点，热心教育、感化、挽救失足未成年人工作，并经过必要培训的共青团、妇联、工会、学校、未成年人保护组织等单位的工作人员或者有关单位的退休人员担任。

中级人民法院和基层人民法院可以设立独立建制的未成年人案件审判庭。尚不具备条件的，应当在刑事审判庭内设立未成年人刑事案件合议庭，或者由专人负责审理未成年人刑事案件。高级人民法院应当在刑事审判庭内设立未成年人刑事案件合议庭。具备条件的，可以设立独立建制的未成年人案件审判庭。未成年人案件审判庭和未成年人刑事案件合议庭统称少年法庭。

少年法庭审理的案件包括：被告人实施被指控的犯罪时不满18周岁、人民法院立案时不满20周岁的案件；被告人实施被指控的犯罪时不满18周岁、人民法院立案时不满20周岁，并被指控为首要分子或者主犯的共同犯罪案件；其他共同犯罪案件有未成年被告人的，或者其他涉及未成年人的刑事案件是否由少年法庭审理，由院长根据少年法庭工作的实际情况决定。

对分案起诉至同一人民法院的未成年人与成年人共同犯罪案件，可以由同一个审判组织审理；不宜由同一个审判组织审理的，可以分别由少年法庭、刑事审判庭审理。未成年人与成年人共同犯罪案件，由不同人民法院或者不同审判组织分别审理的，有关人民法院或者审判组织应当互相了解共同犯罪被告人的审判情况，注意全案的量刑平衡。

（2）开庭前的准备

人民法院向未成年被告人送达起诉书副本时，应当向其讲明被指控的罪行和有关法律规定，并告知其审判程序和诉讼权利、义务。审判时不满18周岁的未成年被告人没有委托辩护人的，人民法院应当通知法律援助机构指派律师为其提供辩护。未成年被害人及其法定代理人因经济困难或者其他原因没有委托诉讼代理人的，人民法院应当帮助其申请法律援助。

对未成年人刑事案件，人民法院决定适用简易程序审理的，应当征求未成年被告人及其法定代理人、辩护人的意见。上述人员提出异议的，不适用简易程序。

被告人实施被指控的犯罪时不满18周岁，开庭时已满18周岁不满20周岁的，人民法院开庭时，一般应当通知其近亲属到庭。经法庭同意，近亲属可以发表意见。近亲属无法通知、不能到场或者是共犯的，应当记录在案。

对人民检察院移送的关于未成年被告人性格特点、家庭情况、社会交往、成长经历、犯罪原因、犯罪前后的表现、监护教育等情况的调查报告，以及辩护人提交的反映未成年被告人上述情况的书面材料，法庭应当接受。必要时，人民法院可以委托未成年被告人居住地的县级司法行政机关、共青团组织以及其他社会团体组织对未成年被告人的上述情况进行调查，或者自行调查。

对未成年人刑事案件，人民法院根据情况，可以对未成年被告人进行心理疏导；经未成年被告人及其法定代理人同意，也可以对未成年被告人进行心理测评。

开庭前和休庭时，法庭根据情况，可以安排未成年被告人与其法定代理人或者《刑事诉讼法》规定的其他成年亲属、代表会见。

（3）法庭审理的特别规定

人民法院应当在辩护台靠近旁听区一侧为未成年被告人的法定代理人或者刑事诉讼法规定的其他成年亲属、代表设置席位。

审理可能判处5年有期徒刑以下刑罚或者过失犯罪的未成年人刑事案件，可以采取适合未成年人特点的方式设置法庭席位。在法庭上不得对未成年被告人使用戒具，但被告人人身危险性大，可能妨碍庭审活动的除外。必须使用戒具的，在现实危险消除后，应当立即停止使用。

未成年被告人或者其法定代理人当庭拒绝辩护人辩护的，要求另行委托辩护人或者指派律师的，合议庭应当准许。拒绝辩护人辩护后，没有辩护人的，应当宣布休庭；仍有辩护人的，庭审可以继续进行。有多名被告人的案件，部分被告人拒绝辩护人辩护后，没有辩护人的，根据案件情况，可以对该被告人另案处理，对其他被告人的庭审继续进行。重新开庭后，未成年被告人或者其法定代理人再次当庭拒绝辩护人辩护的，不予准许。重新开庭时被告人已满18周岁的，可以准许，但不得再另行委托辩护人或者要求另行指派律师，由其自行辩护。

法庭审理过程中，审判人员应当根据未成年被告人的智力发育程度和心理状态，使用适合未成年人的语言表达方式。发现有对未成年被告人诱供、训斥、讽刺或者威胁等情形的，审判长应当制止。

控辩双方提出对未成年被告人判处管制、宣告缓刑等量刑建议的，应当向法庭提供有关未成年被告人能够获得监护、帮教以及对所居住社区无重大不良影响的书面材料。对未成年被告人情况的调查报告，以及辩护人提交的有关未成年被告人情况的书面材料，法庭应当审查并听取控辩双方意见。上述报告和材料可以作为法庭教育和量刑的参考。

法庭辩论结束后，法庭可以根据案件情况，对未成年被告人进行教育；判决未成年被告人有罪的，宣判后，应当对未成年被告人进行教育。对未成年被告人进行教育，可以邀请诉讼参与人、《刑事诉讼法》规定的其他成年亲属、代表以及社会调查员、心理咨询师等参加。

未成年被告人最后陈述后，法庭应当询问其法定代理人是否补充陈述。

对未成年人刑事案件宣告判决应当公开进行，但不得采取召开大会等形式。对依法应当封存犯罪记录的案件，宣判时，不得组织人员旁听；有旁听人员的，应当告知其不得传播案件信息。定期宣告判决的未成年人刑事案件，未成年被告人的法定代理人无法通知、不能到庭或者是共犯的，法庭可以通知《刑事诉讼法》规定的其他成年亲属、代表到庭，并在宣判后向未成年被告人的成年亲属送达判决书。

5. 执行程序

将未成年罪犯送监执行刑罚或者送交社区矫正时，人民法院应当将有关未成年罪犯的调查报告及其在案件审理中的表现材料，连同有关法律文书，一并送达执行机关。

犯罪时不满 18 周岁，被判处 5 年有期徒刑以下刑罚以及免除刑事处罚的未成年人的犯罪记录，应当封存。司法机关或者有关单位向人民法院申请查询封存的犯罪记录的，应当提供查询的理由和依据。对查询申请，人民法院应当及时作出是否同意的决定。

人民法院可以与未成年罪犯管教所等服刑场所建立联系，了解未成年罪犯的改造情况，协助做好帮教、改造工作，并可以对正在服刑的未成年罪犯进行回访考察。人民法院认为必要时，可以督促被收监服刑的未成年罪犯的父母或者其他监护人及时探视。

对被判处管制、宣告缓刑、裁定假释、决定暂予监外执行的未成年罪犯，人民法院可以协助社区矫正机构制定帮教措施。人民法院可以适时走访被判处管制、宣告缓刑、免除刑事处罚、裁定假释、决定暂予监外执行等的未成年罪犯及其家庭，了解未成年罪犯的管理和教育情况，引导未成年罪犯的家庭承担管教责任，为未成年罪犯改过自新创造良好环境。被判处管制、宣告缓刑、免除刑事处罚、裁定假释、决定暂予监外执行等的未成年罪犯，具备就学、就业条件的，人民法院可以就其安置问题向有关部门提出司法建议，并附送必要的材料。

二、当事人和解的公诉案件诉讼程序

当事人和解的公诉案件诉讼程序（以下简称当事人和解程序）是 2012 年

《刑事诉讼法修正案》新增的一种特别程序。

(一) 概述

1. 当事人和解程序的概念与特征

当事人和解程序，是指在刑事诉讼程序中，犯罪嫌疑人、被告人以真诚悔罪、赔偿损失、赔礼道歉等方式取得被害人谅解且双方达成和解协议后，办案机关在审查和解的自愿性、合法性等内容的基础上，根据案件具体情况作出不起诉、从轻、减轻或免予处罚等从宽处理的一种案件处理方式。

根据《刑事诉讼法》第277条的规定，符合法律规定范围的公诉案件，犯罪嫌疑人、被告人真诚悔罪，通过向被害人赔偿损失、赔礼道歉等方式获得被害人谅解，被害人自愿和解的，双方当事人可以和解。这是当事人和解程序的法律依据。

当事人和解程序具有以下特征：

(1) 当事人和解程序的主体包括犯罪嫌疑人、被告人、被害人及其法定代理人、近亲属。根据《刑事诉讼法》与相关司法解释的规定，犯罪嫌疑人、被告人与被害人双方在符合法定情形下可以和解，被害人死亡的，其法定代理人、近亲属可以与被告人和解，被害人系无行为能力或者限制行为能力人的，其法定代理人、近亲属可以代为和解。犯罪嫌疑人、被告人的法定代理人、近亲属经犯罪嫌疑人、被告人同意，可以代为和解。犯罪嫌疑人、被告人系限制行为能力人的，其法定代理人可以代为和解。因此当事人和解程序的主体是犯罪嫌疑人、被告人、被害人及其法定代理人、近亲属。犯罪嫌疑人、被告人的法定代理人、近亲属依照法律规定代为和解的，和解协议约定的赔礼道歉等事项，应当由犯罪嫌疑人、被告人本人履行。

(2) 当事人和解程序的审查主体是公安机关、人民检察院、人民法院。《刑事诉讼法》第278条规定，双方当事人和解的，公安机关、人民检察院、人民法院应当听取当事人和其他有关人员的意见，对和解的自愿性、合法性进行审查，并主持制作和解协议书。双方当事人同意和解并不意味着和解协议就生效了，双方当事人的和解必须经过公安司法机关的审查同意。具体说来，在侦查阶段，由公安机关负责审查；在审查起诉阶段，由人民检察院审查；在审判阶段，由人民法院审查。

(3) 当事人的意愿对于和解的进程和结果具有决定性的影响。和解是加害人与被害人之间自愿进行的商谈和沟通，只有双方都愿意才能启动和解程序，在和解过程中任何一方都可以单方面退出从而终结和解程序。同样，达成和解的前提也是双方达成一致。公安司法机关对和解过程和内容进行监督和审查，而不能替代当事人的自主意愿。

（4）当事人和解必须符合基本条件。根据《刑事诉讼法》规定，当事人和解必须符合案件事实基本清楚、加害人认罪悔罪且当事人双方自愿和解等条件的前提下和解。当事人和解程序建立在加害人真心悔过的基础之上，而不是简单地以经济赔偿换取从宽处理。

（5）当事人的和解对案件的最终处理产生影响。当事人和解发生在刑事诉讼过程中，和解的内容既包括对民事权利的处分，也包括当事人对刑事部分处理的意见。虽然当事人不具有刑罚权，但是和解的内容会对刑事案件的最终处理产生一定的影响，办案机关在当事人达成和解的基础上，会综合全部案件情况对加害人作出从宽处理。

2. 当事人和解程序适用的案件范围

《刑事诉讼法》第 277 条对当事人和解程序适用的案件范围作出了规定：

下列公诉案件，犯罪嫌疑人、被告人真诚悔罪，通过向被害人赔偿损失、赔礼道歉等方式获得被害人谅解，被害人自愿和解的，双方当事人可以和解：

（1）因民间纠纷引起，涉嫌《刑法》分则第四章、第五章规定的犯罪案件，可能判处 3 年有期徒刑以下刑罚的。首先，民间纠纷是指公民之间有关人身、财产权益和其他日常生活中发生的纠纷。公民与法人以及其他民事主体之间发生的纠纷不属于民间纠纷。根据《公安机关办理刑事案件程序规定》第 323 条，有下列情形之一的，不属于因民间纠纷引起的犯罪案件：雇凶伤害他人的；涉及黑社会性质组织犯罪的；涉及寻衅滋事的；涉及聚众斗殴的；多次故意伤害他人身体的；其他不宜和解的。其次，是涉嫌《刑法》分则第四章、第五章规定的犯罪案件。即必须是涉嫌“侵犯公民人身权利、民主权利罪”和“侵犯财产罪”之中的犯罪。最后，可能判处 3 年有期徒刑以下刑罚的，是指依据犯罪嫌疑人、被告人实施犯罪的具体情况，根据《刑法》所确定的法定刑和量刑幅度，可能判处 3 年有期徒刑以下刑罚，而不是指该罪名的最高法定刑为 3 年有期徒刑。以上三个条件必须同时具备，缺一不可。

（2）除渎职犯罪以外的可能判处 7 年有期徒刑以下刑罚的过失犯罪案件。第一，必须是过失犯罪；第二，可能判处 7 年有期徒刑以下刑罚的。“7 年以下有期徒刑”是过失犯罪的最高刑罚，这一条与过失犯罪的刑罚相对应；第三，渎职犯罪除外。渎职犯罪妨害国家机关的正常活动，损害公众对国家机关工作人员职务活动客观公正性的信赖，是使国家与人民利益遭受重大损失的行为，不属于当事人和解的范围。

《刑事诉讼法》第 277 条还规定了不得适用当事人和解的情形：即使犯罪嫌疑人、被告人涉嫌的犯罪属于上述两种情况，但如果犯罪嫌疑人、被告人在 5 年以内曾经故意犯罪的，则不能适用当事人和解程序。这里所说的“5 年以内”，指的是犯罪嫌疑人、被告人实施此次涉嫌犯罪的行为之日起前5年内。之所以作出这样的规定，是因为如果犯罪嫌疑人、被告人在5年以内曾故意犯罪，即使此次实施的是非常轻微的犯罪或过失犯罪，其社会危险性也相对较高，不宜通过当事人和解程序从宽处理。

3. 当事人和解程序适用的条件

根据《刑事诉讼法》和相应司法解释的规定，适用当事人和解程序的案件应当同时符合下列条件：

（1）犯罪嫌疑人真诚悔罪，向被害人赔偿损失、赔礼道歉等；

（2）被害人明确表示对犯罪嫌疑人予以谅解；

（3）双方当事人自愿和解，符合有关法律规定；

（4）属于侵害特定被害人的故意犯罪或者有直接被害人的过失犯罪；

（5）案件事实清楚，证据确实、充分。

（二）当事人和解的具体程序

1. 当事人自愿和解。即在犯罪嫌疑人、被告人真诚悔罪，并获得被害人谅解的前提下，在没有外力干扰或者影响下，双方当事人出于自身意愿，达成和解。

2. 公安司法机关审查。双方当事人和解的，公安机关、人民检察院、人民法院应当听取当事人和其他有关人员的意见，对和解的自愿性、合法性进行审查。

3. 制作和解协议书。经过审查，双方当事人系自愿和解，内容合法，符合当事人和解程序的适用案件范围和适用条件，公安机关、人民检察院、人民法院应当主持制作和解协议书，并由双方当事人签字。和解协议书一式三份，双方当事人各持一份，另一份附卷备查。

和解协议书的主要内容包括：双方当事人的基本情况；案件的主要事实；犯罪嫌疑人、被告人真诚悔罪，承认自己所犯罪行，对指控的犯罪没有异议，向被害人赔偿损失、赔礼道歉等；赔偿损失的，应当写明赔偿的数额、履行的方式、期限等；被害人及其法定代理人或者近亲属对犯罪嫌疑人、被告人予以谅解，并要求或者同意公安机关、人民检察院、人民法院对犯罪嫌疑人、被告人依法从宽处理。对和解协议中的赔偿损失内容，双方当事人要求保密的，人民法院应当准许，并采取相应的保密措施。和解协议约定的赔偿损失内容，犯罪嫌疑人、被告人应当在协议签署后即时履行。

4. 案件处理。对于达成和解协议的案件，公安机关可以向人民检察院提出从宽处理的建议。人民检察院可以向人民法院提出从宽处罚的建议；对于犯罪情节轻微，不需要判处刑罚的，可以作出不起诉的决定。人民法院应当对被告人从轻处罚；符合非监禁刑适用条件的，应当适用非监禁刑；判处法定最低刑仍然过重的，可以减轻处罚；综合全案认为犯罪情节轻微不需要判处刑罚的，可以免除刑事处罚。共同犯罪案件，部分被告人与被害人达成和解协议的，可以依法对该部分被告人从宽处罚，但应当注意全案的量刑平衡。达成和解协议的，裁判文书应当作出叙述，并援引《刑事诉讼法》的相关条文。

和解协议已经全部履行，当事人反悔的，人民法院不予支持，但有证据证明和解违反自愿、合法原则的除外。双方当事人在侦查、审查起诉期间已经达成和解协议并全部履行，被害人或者其法定代理人、近亲属又提起附带民事诉讼的，人民法院不予受理，但有证据证明和解违反自愿、合法原则的除外。

三、犯罪嫌疑人、被告人逃匿、死亡案件违法所得的没收程序

（一）概述

1. 犯罪嫌疑人、被告人逃匿、死亡案件违法所得的没收程序的概念

犯罪嫌疑人、被告人逃匿、死亡案件违法所得的没收程序（以下简称违法所得没收程序），是指在犯罪嫌疑人、被告人逃匿或死亡且符合一定的案件范围和条件时，由检察机关向人民法院申请没收其违法所得及其他涉案财产，由人民法院依照法定程序进行审理并作出裁定的程序。违法所得没收程序是修改后《刑事诉讼法》新增加的一种特别程序，对于保证《刑法》规定的没收制度的正确实施，严厉打击贪污贿赂犯罪、恐怖活动犯罪等重大犯罪案件，落实《联合国反腐败公约》的相关规定，具有重要的意义。

2. 违法所得没收程序的适用

（1）适用的案件种类

《刑事诉讼法》第280条第1款规定了违法所得没收程序适用的案件种类，即贪污贿赂犯罪、恐怖活动犯罪等重大犯罪案件。贪污贿赂犯罪指的是《刑法》分则第八章所规定的犯罪，具体包括：贪污罪、挪用公款罪、受贿罪、单位受贿罪、行贿罪、利用影响力受贿罪、对有影响力的人行贿罪、对单位行贿罪、介绍贿赂罪、单位行贿罪、巨额财产来源不明罪、隐瞒境外存款罪、私分国有资产罪、私分罚没财物罪。恐怖活动犯罪主要包括组织、领导、参加恐怖活动组织罪，帮助恐怖活动罪，投放虚假危险物质罪，编造、故意传播虚假恐怖信息罪，以及以制造社会恐慌、危害公共安全或者胁迫国家机关、国际组织为目的而实施的放火、爆炸、投放危险物质、破坏交通工具、破坏电力设备、劫持航空器等恐怖活动犯罪。其他的"重大犯罪案件"是指社会危害严重、社会影响恶劣、造成重大损害后果的案件。根据《最高人民法院解释》的规定，具有下列情形之一的，应当认定为《刑事诉讼法》第280条第1款规定的"重大犯罪案件"：犯罪嫌疑人、被告人可能被判处无期徒刑以上刑罚的；案件在本省、自治区、直辖

市或者全国范围内有较大影响的；其他重大犯罪案件。如危害国家安全犯罪、颠覆政权的犯罪、重大的毒品犯罪等。由于违法所得没收程序是在缺席审判的情况下进行的，在程序正当性上存在不足，因此应当严格控制“重大犯罪案件”的范围，不能任意扩大。

（2）适用的财产范围

《刑事诉讼法》第280条第1款规定了违法所得没收程序可以没收的财产范围，包括两个方面：一是违法所得，指的是通过被追诉的违法犯罪行为直接或间接获得的一切财产，即犯罪嫌疑人、被告人实施犯罪行为所取得的财物及其孳息；二是其他涉案财产，包括犯罪过程中犯罪嫌疑人、被告人非法持有的违禁品以及供犯罪所用的本人财物。犯罪嫌疑人、被告人的合法财产以及不属于犯罪嫌疑人、被告人的财产不得纳入没收的范围。

（3）适用的法定情形

《刑事诉讼法》第280条第1款规定了适用违法所得没收程序的情形包括以下两种：第一，犯罪嫌疑人、被告人逃匿并且在通缉1年后不能到案。即立案后犯罪嫌疑人、被告人在逃，由公安机关发布通缉令1年后仍未到案的。在这种情形下，为解决违法所得没收事宜，可以启动违法所得没收程序。第二，犯罪嫌疑人、被告人死亡。即根据已经收集的证据能够明确认定犯罪嫌疑人、被告人已经死亡的。按照我国《刑事诉讼法》的规定，犯罪嫌疑人、被告人死亡，无论其是否实施犯罪，都不能追究其刑事责任，应当终结刑事诉讼程序。但是即使犯罪嫌疑人、被告人已经死亡，也应通过违法所得没收程序没收相关财产。

（二）没收违法所得的申请与审判

1. 申请

（1）公安机关提出申请意见

根据《刑事诉讼法》的规定，公安机关认为有符合适用违法所得没收程序情形的，应当写出没收违法所得意见书，移送人民检察院。没收违法所得意见书应当包括以下内容：犯罪嫌疑人的基本情况；犯罪事实和相关的证据材料；犯罪嫌疑人逃匿、被通缉或者死亡的情况；犯罪嫌疑人的违法所得及其他涉案财产的种类、数量、所在地；查封、扣押、冻结的情况等。公安机关向人民检察院移送没收违法所得意见书，应当由有管辖权的人民检察院的同级公安机关移送。

（2）人民检察院审查

人民检察院审查公安机关移送的没收违法所得意见书。应当查明：是否属于本院管辖；是否符合《刑事诉讼法》第280条第1款规定的条件；犯罪嫌疑人身份状况，包括姓名、性别、国籍、出生年月日、职业和单位等；犯罪嫌疑人涉嫌犯罪的情况；犯罪嫌疑人逃匿、被通缉或者死亡的情况；违法所得及其他涉案财产的种类、数量、所在地，以及查封、扣押、冻结的情况；与犯罪事实、违法所得相关的证据材料是否随案移送，不宜移送的证据的清单、复制件、照片或者其他证明文件是否随案移送；证据是否确实、充分；相关利害关系人的情况。

人民检察院应当在接到公安机关移送的没收违法所得意见书后30日以内作出是否提出没收违法所得申请的决定。30日以内不能作出决定的，经检察长批准，可以延长15日。对于公安机关移送的没收违法所得案件，经审查认为不符合条件的，应当作出不提出没收违法所得申请的决定，并向公安机关书面说明理由；认为需要补充证据的，应当书面要求公安机关补充证据，必要时也可以自行调查。公安机关补充证据的时间不计入人民检察院办案期限。

（3）人民检察院提出申请

人民检察院向人民法院提出没收违法所得的申请，应当制作没收违法所得申请书。没收违法所得申请书的主要内容包括：犯罪嫌疑人、被告人的基本情况，包括姓名、性别、出生年月日、出生地、户籍地、身份证号码、民族、文化程度、职业、工作单位及职务、住址等；案由及案件来源；犯罪嫌疑人、被告人的犯罪事实；犯罪嫌疑人、被告人逃匿、被通缉或者死亡的情况；犯罪嫌疑人、被告人的违法所得及其他涉案财产的种类、数量、所在地及查封、扣押、冻结的情况；犯罪嫌疑人、被告人近亲属和其他利害关系人的姓名、住址、联系方式及其要求等情况；提出没收违法所得申请的理由和法律依据。

没收违法所得的申请，应当由与有管辖权的中级人民法院相对应的人民检察院提出。人民检察院审查侦查机关移送的没收违法所得意见书，向人民法院提出没收违法所得的申请以及对违法所得没收程序中调查活动、审判活动的监督，由公诉部门办理。

2. 审判

（1）审判管辖

根据《刑事诉讼法》规定，没收违法所得的申请，由犯罪地或者犯罪嫌疑人、被告人居住地的中级人民法院组成合议庭进行审理。

（2）审查受理

对人民检察院提出的没收违法所得申请，人民法院应当审查以下内容：是否属于本院管辖；是否写明犯罪嫌疑人、被告人涉嫌有关犯罪的情况，并附相关证据材料；是否附有通缉令或者死亡证明；是否列明违法所得及其他涉案财产的种类、数量、所在地，并附相关证据材料；是否附有查封、扣押、冻结违法所得及其他涉案财产的清单和相关法律手续；是否写明犯罪嫌疑人、被告人的近亲属和其他利害关系人的姓名、住址、联系方式及其要求等情况；是否写明申请没收的理由和法律依据。

对没收违法所得的申请，人民法院应当在7日内审查完毕，并按照下列情形分别处理：不属于本院管辖的，应当退回人民检察院；材料不全的，应当通知人民检察院在3日内补送；属于违法所得没收程序受案范围和本院管辖，且材料齐全的，应当受理。

（3）公告程序

人民法院决定受理没收违法所得的申请后，应当在15日内发出公告，公告期为6个月。公告应当写明以下内容：案由；犯罪嫌疑人、被告人通缉在逃或者死亡等基本情况；申请没收财产的种类、数量、所在地；犯罪嫌疑人、被告人的近亲属和其他利害关系人申请参加诉讼的期限、方式；应当公告的其他情况。

公告应当在全国公开发行的报纸或者人民法院的官方网站刊登，并在人民法院公告栏张贴、发布；必要时，可以在犯罪地、犯罪嫌疑人、被告人居住地、申请没收的不动产所在地张贴、发布。人民法院已经掌握犯罪嫌疑人、被告人的近亲属和其他利害关系人的联系方式的，应当采取电话、传真、邮件等方式直接告知其公告内容，并记录在案。

对申请没收的财产主张所有权的人，应当认定为《刑事诉讼法》第281条第2款规定的“其他利害关系人”。犯罪嫌疑人、被告人的近亲属和其他利害关系人申请参加诉讼的，应当在公告期间提出。犯罪嫌疑人、被告人的近亲属应当提供其与犯罪嫌疑人、被告人关系的证明材料，其他利害关系人应当提供申请没收的财产系其所有的证据材料。犯罪嫌疑人、被告人的近亲属和其他利害关系人在公告期满后申请参加诉讼，能够合理说明原因，并提供证明申请没收的财产系其所有的证据材料的，人民法院应当准许。

（4）审理程序

公告期满后，人民法院应当组成合议庭对申请没收违法所得的案件进行审理。利害关系人申请参加诉讼的，人民法院应当开庭审理。没有利害关系人申请参加诉讼的，可以不开庭审理。

开庭审理申请没收违法所得的案件，按照下列程序进行：审判长宣布法庭调查开始后，先由检察员宣读申请书，后由利害关系人、诉讼代理人发表意见；法庭应当依次就犯罪嫌疑人、被告人是否实施了贪污贿赂犯罪、恐怖活动犯罪等重大犯罪并已经通缉1年不能到案，或者是否已经死亡，以及申请没收的财产是否依法应当追缴进行调查；调查时，先由检察员出示有关证据，后由利害关系人发表意见、出示有关证据，并进行质证；法庭辩论阶段，先由检察员发言，后由利害关系人及其诉讼代理人发言，并进行辩论。

利害关系人接到通知后无正当理由拒不到庭，或者未经法庭许可中途退庭的，可以转为不开庭审理，但还有其他利害关系人参加诉讼的除外。

（5）裁定

对申请没收违法所得的案件，人民法院审理后，应当按照下列情形分别处理：案件事实清楚，证据确实、充分，申请没收的财产确属违法所得及其他涉案财产的，除依法返还被害人的以外，应当裁定没收；不符合没收违法所得程序适用条件的，应当裁定驳回申请。

（6）对裁定的上诉与抗诉

对没收违法所得或者驳回申请的裁定，犯罪嫌疑人、被告人的近亲属和其他利害关系人或者人民检察院可以在5日内提出上诉、抗诉。对不服第一审没收违法所得或者驳回申请裁定的上诉、抗诉案件，第二审人民法院经审理，应当按照下列情形分别作出裁定：原裁定正确的，应当驳回上诉或者抗诉，维持原裁定；原裁定确有错误的，可以在查清事实后改变原裁定；也可以撤销原裁定，发回重新审判；原审违反法定诉讼程序，可能影响公正审判的，应当撤销原裁定，发回重新审判。

（7）没收违法所得的终止审理

在审理申请没收违法所得的案件过程中，在逃的犯罪嫌疑人、被告人到案的，人民法院应当裁定终止审理。人民检察院向原受理申请的人民法院提起公诉的，可以由同一审判组织审理。

审理申请没收违法所得案件的期限，参照公诉案件第一审普通程序和第二审程序的审理期限执行。公告期间和请求刑事司法协助的时间不计入审理期限。

（8）错误没收的返还、赔偿

人民法院生效的没收裁定确有错误的，应当依法予以纠正。已经没收的财产，应当及时返还；财产已经上缴国库的，由原没收机关从财政机关申请退库，予以返还；原物已经出卖、拍卖的，应当退还价款；造成犯罪嫌疑人、被告人以及利害关系人财产损失的，应当依法赔偿。

四、依法不负刑事责任的精神病人的强制医疗程序

（一）概述

1. 概念

依法不负刑事责任的精神病人的强制医疗程序（以下简称强制医疗程序），是指由人民检察院依法提出申请，将实施暴力行为，危害公共安全或者严重危害公民人身安全，经法定程序鉴定依法不负刑事责任，有继续危害社会可能的精神病人进行强制医疗，而由人民法院审查裁决的诉讼活动。

我国《刑法》第18条规定，精神病人在不能辨认或者不能控制自己行为的时候造成危害结果，经法定程序鉴定确认的，不负刑事责任，但是应当责令他的

家属或者监护人严加看管和医疗。我国精神病人的绝对数量较大，在司法实践中，精神病人实施暴力行为的案件频频发生。在《刑事诉讼法》中增加“强制医疗程序”，一是为了保障公众安全，维护社会秩序；二是保障精神病人的基本权利。经法定程序鉴定依法不负刑事责任且有继续危害社会可能的精神病人，在一定条件下对其实施强制医疗，可以防止其危害社会和自伤自残。国家必须提供必要的条件和环境对他们进行医疗，并最终促使他们回归社会。强制医疗程序涉及干预他人人身自由权等基本权利，需要依法予以严格规范，既要防止将正常人错误地决定实施强制医疗；又要防止需要强制医疗的精神病人规避这一法律程序继续危害社会。

【参考案例18－2】

2012年5月15日18时30分许，哈尔滨市4岁的女童晓晓（化名）在家门口与小伙伴玩耍，一名女子突然从随身的背包中掏出一把水果刀，疯了一般地扑向晓晓，在她背后连刺5刀。女子将刀扔在行车道上，快速逃离现场。晓晓的母亲随即将女儿送往医院，但孩子已经死亡。接到报案后，民警在哈尔滨市火车站附近将作案女子抓获。经查，犯罪人叫刘玲（化名），29岁，2010年5月与前夫离婚，性格变得更加古怪，经常一个人傻笑或念念有词，有时还会对家人进行打骂。之后，刘玲随父母到广州投奔哥哥。同年10月，刘玲在广州被确诊患有精神病，并接受过两次短暂的住院治疗，但并未治愈。2012年春天，刘玲在广州被陌生男子强暴。随后，刘玲随母亲回到哈尔滨市，不久，刘玲便在医院查出已怀孕一个多月。刘玲父母认为，遭强暴怀孕，让刘玲再一次受到刺激，她的病情也变得更加不稳定，最终在街头发病。经鉴定，刘玲患有精神分裂症，无刑事责任能力。2013年4月15日，哈尔滨市南岗区人民法院作出对刘玲实行强制医疗的决定，刘玲被送往黑龙江省公安厅安康医院进行强制医疗。

2．强制医疗程序的适用对象

《刑事诉讼法》第284条规定：“实施暴力行为，危害公共安全或者严重危害公民人身安全，经法定程序鉴定依法不负刑事责任的精神病人，有继续危害社会可能的，可以予以强制医疗。”根据本条规定，符合强制医疗程序的精神病人应当具有以下三个方面的条件：

（1）前提条件，即行为人“实施暴力行为，危害公共安全或者严重危害公民人身安全”。该要求包括两方面含义：一方面必须是精神病人实施了暴力行为。因此，对于没有实施暴力行为的精神病人，则不能采取强制医疗措施；另一方面精神病人实施的暴力行为应该达到严重程度，即“危害公共安全或者严重危害公民人身安全”，需要注意的是，该条在表述上突出对公共安全和人身安全的危害，没有明确列举对公共财产或公民个人财产的危害。

（2）医学条件，即行为人是“经法定程序鉴定依法不负刑事责任的精神病人”。判断精神病人是否承担刑事责任，必须经过专门的司法精神病鉴定。鉴定的关键是查明犯罪嫌疑人、被告人是否患有精神病或者严重精神障碍，在实施暴力行为时，是否具有辨别能力和控制能力。司法精神病鉴定是强制医疗程序得以启动和运行的最为核心的证据基础。

（3）社会危险性要件，即精神病人“有继续危害社会可能”。所谓社会危险性，是指由于精神病人已实施的行为性质及其精神、生理状态等，使法律保护的社会关系处于危险状态，是从行为人已经作出的行为来判断其将来预期的行为倾向。综合精神病人实施的行为以及事后的状态分析，如果有继续危害社会的可能性，则应对其采取强制医疗措施；否则，就没有必要采取此措施。

综上，在我国，对行为人采取强制医疗必须同时具备上述三个条件。当然，符合上述条件的精神病人，也不必然送交强制医疗。《刑事诉讼法》第284条规定的是“可以”强制医疗，而非“应当”强制医疗。严格限定强制医疗的对象，目的是防止将不符合上述条件的公民错误地送交强制医疗。

【参考案例18－2】

评析：本案中，刘玲实施了暴力行为，致使一名无辜女童失去了生命，经法定程序鉴定为依法不负刑事责任的精神病人，并且有继续危害社会的可能，因此哈尔滨市南岗区人民法院作出对刘玲实行强制医疗的决定是正确的。

（二）强制医疗程序的申请与审判

1. 申请程序

（1）申请意见的提出

公安机关发现实施暴力行为，危害公共安全或者严重危害公民人身安全的犯罪嫌疑人，可能属于依法不负刑事责任的精神病人的，应当对其进行精神病鉴定。对经法定程序鉴定依法不负刑事责任的精神病人，有继续危害社会可能，符合强制医疗条件的，公安机关应当在7日以内写出强制医疗意见书，经县级以上公安机关负责人批准，连同相关证据材料和鉴定意见一并移送同级人民检察院。

对实施暴力行为的精神病人，在人民法院决定强制医疗前，经县级以上公安机关负责人批准，公安机关可以采取临时的保护性约束措施。必要时，可以将其送精神病医院接受治疗。采取临时的保护性约束措施时，应当对精神病人严加看管，并注意约束的方式、方法和力度，以避免和防止危害他人和精神病人的自身安全为限度。对于精神病人已没有继续危害社会可能，解除约束后不致发生社会危险性的，公安机关应当及时解除保护性约束措施。

(2) 人民检察院审查申请意见

人民检察院审查公安机关移送的强制医疗意见书，应当查明：是否属于本院管辖；涉案精神病人身份状况是否清楚，包括姓名、性别、国籍、出生年月日、职业和单位等；涉案精神病人实施危害公共安全或者严重危害公民人身安全的暴力行为的事实；公安机关对涉案精神病人进行鉴定的程序是否合法，涉案精神病人是否依法不负刑事责任；涉案精神病人是否有继续危害社会的可能；证据材料是否随案移送，不宜移送的证据的清单、复制件、照片或者其他证明文件是否随案移送；证据是否确实、充分；采取的临时保护性约束措施是否适当。

人民检察院应当在接到公安机关移送的强制医疗意见书后30日以内作出是否提出强制医疗申请的决定。对于公安机关移送的强制医疗案件，经审查认为不符合《刑事诉讼法》第284条规定条件的，应当作出不提出强制医疗申请的决定，并向公安机关书面说明理由；认为需要补充证据的，应当书面要求公安机关补充证据，必要时也可以自行调查。公安机关补充证据的时间不计入人民检察院办案期限。

(3) 人民检察院提出申请

对于实施暴力行为，危害公共安全或者严重危害公民人身安全，已经达到犯罪程度，经法定程序鉴定依法不负刑事责任的精神病人，有继续危害社会可能的，人民检察院应当向人民法院提出强制医疗的申请。强制医疗的申请由被申请人实施暴力行为所在地的基层人民检察院提出；由被申请人居住地的人民检察院提出更为适宜的，可以由被申请人居住地的基层人民检察院提出。

人民检察院向人民法院提出强制医疗的申请，应当制作强制医疗申请书。强制医疗申请书的主要内容包括：涉案精神病人的基本情况，包括姓名、性别、出生年月日、出生地、户籍地、身份证号码、民族、文化程度、职业、工作单位及职务、住址，采取临时保护性约束措施的情况及处所等；涉案精神病人的法定代理人的基本情况，包括姓名、住址、联系方式等；案由及案件来源；涉案精神病人实施危害公共安全或者严重危害公民人身安全的暴力行为的事实，包括实施暴力行为的时间、地点、手段、后果等及相关证据情况；涉案精神病人不负刑事责任的依据，包括有关鉴定意见和其他证据材料；涉案精神病人继续危害社会的可能；提出强制医疗申请的理由和法律依据。

人民检察院审查公安机关移送的强制医疗意见书，向人民法院提出强制医疗的申请，由公诉部门办理。

2. 审判程序

(1) 管辖

人民检察院申请对依法不负刑事责任的精神病人强制医疗的案件，由被申请人实施暴力行为所在地的基层人民法院管辖；由被申请人居住地的人民法院审判更为适宜的，可以由被申请人居住地的基层人民法院管辖。

（2）审查受理

对人民检察院提出的强制医疗申请，人民法院应当在7日内审查完毕，并按照下列情形分别处理：不属于本院管辖的，应当退回人民检察院；材料不全的，应当通知人民检察院在3日内补送；属于强制医疗程序受案范围和本院管辖，且材料齐全的，应当受理。

（3）审理程序

人民法院审理强制医疗案件，应当组成合议庭，开庭审理。但是，被申请人、被告人的法定代理人请求不开庭审理，并经人民法院审查同意的除外。审理人民检察院申请强制医疗的案件，应当会见被申请人。

开庭审理申请强制医疗的案件，按照下列程序进行：审判长宣布法庭调查开始后，先由检察员宣读申请书，后由被申请人的法定代理人、诉讼代理人发表意见；法庭依次就被申请人是否实施了危害公共安全或者严重危害公民人身安全的暴力行为、是否属于依法不负刑事责任的精神病人、是否有继续危害社会的可能进行调查；调查时，先由检察员出示有关证据，后由被申请人的法定代理人、诉讼代理人发表意见、出示有关证据，并进行质证；法庭辩论阶段，先由检察员发言，后由被申请人的法定代理人、诉讼代理人发言，并进行辩论。

被申请人要求出庭，人民法院经审查其身体和精神状态，认为可以出庭的，应当准许。出庭的被申请人，在法庭调查、辩论阶段，可以发表意见。检察员宣读申请书后，被申请人的法定代理人、诉讼代理人无异议的，法庭调查可以简化。

第一审人民法院在审理案件过程中发现被告人可能符合强制医疗条件的，应当依照法定程序对被告人进行法医精神病鉴定。经鉴定，被告人属于依法不负刑事责任的精神病人的，应当适用强制医疗程序，对案件进行审理。开庭审理此类案件，应当先由合议庭组成人员宣读对被告人的法医精神病鉴定意见，说明被告人可能符合强制医疗的条件，后依次由公诉人和被告人的法定代理人、诉讼代理人发表意见。经审判长许可，公诉人和被告人的法定代理人、诉讼代理人可以进行辩论。

（4）处理决定

按照强制医疗程序对精神病人进行强制医疗的，由人民法院决定。对申请强制医疗的案件，人民法院审理后，应当按照下列情形分别处理：符合《刑事诉讼法》第284条规定的强制医疗条件的，应当作出对被申请人强制医疗的决定；被申请人属于依法不负刑事责任的精神病人，但不符合强制医疗条件的，应当作出驳回强制医疗申请的决定。被申请人已经造成危害后果的，应当同时责令其家属或者监护人严加看管和医疗；被申请人具有完全或者部分刑事责任能力，依法应当追究刑事责任的，应当作出驳回强制医疗申请的决定，并退回人民检察院依法处理。

对第一审人民法院在审理案件过程中发现被告人可能符合强制医疗条件的案件，人民法院审理后，应当按照下列情形分别处理：被告人符合强制医疗条件的，应当判决宣告被告人不负刑事责任，同时作出对被告人强制医疗的决定；被告人属于依法不负刑事责任的精神病人，但不符合强制医疗条件的，应当判决宣告被告人无罪或者不负刑事责任。被告人已经造成危害后果的，应当同时责令其家属或者监护人严加看管和医疗；被告人具有完全或者部分刑事责任能力，依法应当追究刑事责任的，应当依照普通程序继续审理。

（5）强制医疗的执行

人民法院决定强制医疗的，应当在作出决定后5日内，向公安机关送达强制医疗决定书和强制医疗执行通知书，由公安机关将被决定强制医疗的人送交强制医疗。

3. 强制医疗程序的救济

（1）申请复议

被决定强制医疗的人、被害人及其法定代理人、近亲属对强制医疗决定不服的，可以自收到决定书之日起5日内向上一级人民法院申请复议。复议期间不停止执行强制医疗的决定。对不服强制医疗决定的复议申请，上一级人民法院应当组成合议庭审理，并在1个月内，按照下列情形分别作出复议决定：被决定强制医疗的人符合强制医疗条件的，应当驳回复议申请，维持原决定；被决定强制医疗的人不符合强制医疗条件的，应当撤销原决定；原审违反法定诉讼程序，可能影响公正审判的，应当撤销原决定，发回原审人民法院重新审判。

（2）申请解除强制医疗

被强制医疗的人及其近亲属申请解除强制医疗的，应当向决定强制医疗的人民法院提出。被强制医疗的人及其近亲属提出的解除强制医疗申请被人民法院驳回，6个月后再次提出申请的，人民法院应当受理。强制医疗机构提出解除强制医疗意见，或者被强制医疗的人及其近亲属申请解除强制医疗的，人民法院应当审查是否附有对被强制医疗的人的诊断评估报告。强制医疗机构提出解除强制医疗意见，未附诊断评估报告的，人民法院应当要求其提供。被强制医疗的人及其近亲属向人民法院申请解除强制医疗，强制医疗机构未提供诊断评估报告的，申请人可以申请人民法院调取。必要时，人民法院可以委托鉴定机构对被强制医疗的人进行鉴定。

强制医疗机构提出解除强制医疗意见，或者被强制医疗的人及其近亲属申请解除强制医疗的，人民法院应当组成合议庭进行审查，并在1个月内，按照下列情形分别处理：被强制医疗的人已不具有人身危险性，不需要继续强制医疗的，应当作出解除强制医疗的决定，并可责令被强制医疗的人的家属严加看管和医疗；被强制医疗的人仍具有人身危险性，需要继续强制医疗的，应当作出继续强制医疗的决定。

人民法院应当在作出决定后5日内，将决定书送达强制医疗机构、申请解除强制医疗的人、被决定强制医疗的人和人民检察院。决定解除强制医疗的，应当通知强制医疗机构在收到决定书的当日解除强制医疗。

4. 强制医疗程序的监督

（1）启动强制医疗程序的监督

人民检察院发现公安机关应当启动强制医疗程序而不启动的，可以要求公安机关在7日以内书面说明不启动的理由。经审查，认为公安机关不启动理由不能成立的，应当通知公安机关启动程序。

（2）对鉴定与临时保护性约束措施的监督

人民检察院发现公安机关对涉案精神病人进行鉴定的程序违反法律或者采取临时保护性约束措施不当的，应当提出纠正意见。公安机关应当采取临时保护性约束措施而尚未采取的，人民检察院应当建议公安机关采取临时保护性约束措施。人民检察院发现公安机关对涉案精神病人采取临时保护性约束措施时有体罚、虐待等违法情形的，应当提出纠正意见。

（3）强制医疗裁决的监督

人民法院对强制医疗案件开庭审理的，人民检察院应当派员出席法庭。人民检察院发现人民法院或者审判人员审理强制医疗案件违反法律规定的诉讼程序，应当向人民法院提出纠正意见。人民检察院认为人民法院作出的强制医疗决定或者驳回强制医疗申请的决定不当，应当在收到决定书副本后20日以内向人民法院提出书面纠正意见。对强制医疗决定的监督，由人民检察院公诉部门负责。

（4）强制医疗执行的监督

人民检察院对强制医疗执行活动是否合法实行监督。强制医疗执行监督由人民检察院监所检察部门负责。

人民检察院对强制医疗的交付执行活动实行监督。发现交付执行机关未及时交付执行等违法情形的，应当依法提出纠正意见。人民检察院在强制医疗执行监督中发现被强制医疗的人不符合强制医疗条件或者需要依法追究刑事责任，人民法院作出的强制医疗决定可能错误的，应当在5日以内报经检察长批准，将有关材料转交作出强制医疗决定的人民法院的同级人民检察院。收到材料的人民检察院公诉部门应当在20日以内进行审查，并将审查情况和处理意见反馈负责强制医疗执行监督的人民检察院。

人民检察院发现强制医疗机构有下列情形之一的，应当依法提出纠正意见：对被决定强制医疗的人应当收治而拒绝收治的；收治的法律文书及其他手续不完备的；没有依照法律、行政法规等规定对被决定强制医疗的人实施必要的医疗的；殴打、体罚、虐待或者变相体罚、虐待被强制医疗的人，违反规定对被强制医疗的人使用戒具、约束措施，以及其他侵犯被强制医疗的人合法权利的；没有依照规定定期对被强制医疗的人进行诊断评估的；对于被强制医疗的人不需要继续强制医疗的，没有及时提出解除意见报请决定强制医疗的人民法院批准的；对被强制医疗的人及其近亲属、法定代理人提出的解除强制医疗的申请没有及时进行审查处理，或者没有及时转送决定强制医疗的人民法院的；人民法院作出解除强制医疗决定后，不立即办理解除手续的；其他违法情形。

（5）强制医疗解除的监督

人民检察院监所检察部门收到被强制医疗的人及其近亲属、法定代理人解除强制医疗决定的申请后，应当及时转交强制医疗机构审查，并监督强制医疗机构是否及时审查、审查处理活动是否合法。

人民检察院对于人民法院批准解除强制医疗的决定实行监督，发现人民法院解除强制医疗的决定不当的，应当依法向人民法院提出纠正意见。人民检察院认为解除强制医疗决定不当，在收到决定书后20日内提出书面纠正意见的，人民法院应当另行组成合议庭审理，并在1个月内作出决定。

本章小结

我国刑事诉讼程序，一般都要经过立案、侦查、起诉、审判和执行五个诉讼阶段。

刑事诉讼中的立案，是国家法定机关对于报案、控告、举报、自首或自诉人起诉及自己发现的材料，依法按照各自的管辖范围进行审查后，决定作为刑事案件进行侦查或者审判的一种诉讼活动。立案是刑事诉讼的开始，是每一个刑事案件都必须经过的法定的独立阶段。立案程序，是指立案阶段中各种诉讼活动的先后步骤和形式。根据《刑事诉讼法》的规定，立案程序主要包括对于立案材料的接受、审查和处理三个部分。

侦查，是国家法定机关在办理刑事案件过程中，依法进行的专门调查工作和采取有关强制性措施的活动。侦查在我国刑事诉讼中具有非常重要的地位，是全部刑事诉讼程序中的一个独立诉讼阶段，是国家专门机关同犯罪作斗争的重要手段。侦查行为包括讯问犯罪嫌疑人，询问证人、被害人，勘验、检查，搜查，查封、扣押物证、书证，鉴定，技术侦查、秘密侦查与控制下交付，通缉，等等。侦查终结，是侦查机关对于其立案侦查的案件，经过一系列的侦查活动，认为案件事实已经查清，证据确实、充分，足以认定犯罪嫌疑人是否有罪和应否对其追究刑事责任而决定结束侦查，并对案件依法作出处理的一种诉讼活动。侦查终结是侦查阶段的最后一道程序，是侦查任务完成的标志。

刑事诉讼中的起诉，是指享有控诉权的国家机关和公民，依法向法院提起诉讼，请求法院对指控的内容进行审判，以确定被告人刑事责任并依法予以刑事制裁的诉讼活动。根据行使追诉权的主体不同，刑事诉讼中的起诉分为公诉和自诉两种形式。

刑事审判，是指人民法院依照法定的权限和程序，对提起公诉或自诉的刑事案件进行审理和裁判的诉讼活动。刑事审判活动由审理和裁判两部分活动所组成。所谓审理，是指人民法院在控辩双方和其他诉讼参与人的参加下，调查核实证据、查明案件事实并确定如何适用法律的活动。所谓裁判，是指人民法院依据认定的证据、查明的案件事实和有关法律，对案件的实体和程序问题作出处理结论的活动。审理是裁判的前提和基础，裁判是审理的目的和结果。根据《刑事诉讼法》的规定，我国刑事审判程序包括第一审程序、第二审程序、死刑复核程序、审判监督程序与特别程序。第一审程序是人民法院对刑事案件进行初次审判时所使用的程序，是刑事诉讼中基本的诉讼阶段。按照程序繁简程度的不同，第一审程序分为普通程序和简易程序。按照提起刑事诉讼的主体不同，第一审程序分为公诉案件第一审程序和自诉案件第一审程序。第二审程序是人民法院对上诉、抗诉案件进行审判的程序。死刑复核程序是人民法院对判处死刑的案件进行复查核准所遵循的一种特别审判程序。审判监督程序是对已经发生法律效力的判决、裁定，在发现确有错误时，进行重新审判的程序。

刑事诉讼中的执行，是指人民法院将已经发生法律效力的判决和裁定交付执行机关，以实施其确定的内容，以及处理执行中的诉讼问题而进行的各种活动。执行是刑事诉讼的最后一个诉讼程序，但是，并非判决、裁定的整个执行过程和一切活动都属于刑事诉讼的范围。刑事执行中，属于刑事诉讼范畴的，仅指两个方面：一是把人民法院已经发生法律效力的判决和裁定交付执行；二是解决执行过程中所发生的诉讼问题。简言之，就是交付执行和变更执行。交付执行是指人民法院将已发生法律效力的判决和裁定，交付有关刑罚执行机关的活动，或者是人民法院自己实现生效判决和裁定的内容的活动。变更执行是指判决和裁定在执行过程中，由于出现了法定情形，人民法院将原判决、裁定依法予以变更的活动。

特别程序是人民法院审理《刑事诉讼法》所规定的特定案件所适用的程序，

包括未成年人刑事案件诉讼程序、当事人和解的公诉案件诉讼程序、犯罪嫌疑人、被告人逃匿、死亡案件违法所得的没收程序、依法不负刑事责任的精神病人的强制医疗程序。

思考题

1. 如何理解立案的概念和条件?
2. 简述侦查行为的种类。
3. 讯问犯罪嫌疑人应当遵守哪些程序要求?
4. 简述勘验、检查的种类和程序要求。
5. 技术侦查的要求有哪些?
6. 如何理解秘密侦查的要求?
7. 简述侦查终结的条件。
8. 简述侦查中的羁押期限的种类。
9. 简述提起公诉的条件。
10. 简述不起诉的种类和适用条件。
11. 简述自诉案件的范围与提起自诉的条件。
12. 简述刑事审判程序的种类。
13. 公诉案件第一审普通程序包括哪些活动?
14. 简述简易程序的适用范围。
15. 如何理解上诉不加刑原则?
16. 简述有权提起审判监督程序的机关、人员及其权限。
17. 简述刑事诉讼执行机关的种类。
18. 简述未成年人刑事案件诉讼程序的原则。
19. 简述未成年人刑事案件诉讼程序中附条件不起诉的适用条件和适用结果。
20. 简述当事人和解程序适用的案件范围与适用的条件。
21. 简述违法所得没收程序的适用。
22. 简述依法不负刑事责任的精神病人的强制医疗程序的适用对象。

实务训练

犯罪嫌疑人赵某、钱某、李某和被害人孙某是同一个公司的职员。犯罪嫌疑人赵某、钱某和被害人孙某有工作上的矛盾。2012 年 11 月 22 日，犯罪嫌疑人赵某和被害人孙某又因为工作中的事情吵了起来。到了下班以后，犯罪嫌疑人赵某叫上钱某、李某，决定教训孙某一顿。三人找到孙某后，将其殴打了一顿，导致孙某身上多处受伤，后经过法医鉴定为重伤，孙某为治疗伤病在医院住院3个多月，花去医疗费28000元。犯罪嫌疑人赵某、钱某和李某被逮捕以后，被害人孙某提出要求赵某、钱某和李某赔偿全部医疗费用以及其他经济损失。

【问题】 本案属于自诉案件还是公诉案件？以本案情节为素材，模拟进行刑事诉讼第一审程序的审判活动。

参考文献

1. 刘家琛：《新刑法案例释解》，人民法院出版社 1997 年版。
2. 赵秉志：《中国刑法案例与学理研究》，法律出版社 2001 年版。
3. 高铭暄：《刑法专论》，高等教育出版社 2002 年版。
4. 张明楷：《刑法学》，法律出版社 2003 年版。
5. 宋行主编：《刑法实务教程》，法律出版社 2009 年版。
6. 王作富主编：《刑法》（第五版），中国人民大学出版社 2011 年版。
7. 张明楷：《刑法学》（第四版），法律出版社 2011 年版。
8. 汪红军、朱肃建主编：《法律知识学习指导丛书：刑法学》，新疆生产建设兵团出版社 2012 年版。
9. 张明楷：《罪刑法定与刑法解释》，北京大学出版社 2009 年版。
10. 张明楷：《刑法原理》，商务印书馆 2011 年版。
11. 陈兴良、周光权：《刑法学的现代展开》，中国人民大学出版社 2006 年版。
12. 高铭暄、马克昌主编：《刑法学》（第五版），北京大学出版社、高等教育出版社 2011 年版。
13. 最高人民法院刑事审判第一、二、三、四、五庭主办：《刑事审判参考》，法律出版社 2013 年版。
14. 曲伶俐主编：《刑事法律原理与实务》（第二版），中国政法大学出版社 2011 年版。
15. 黄京平主编：《刑法》（第三版），中国人民大学出版社 2008 年版。
16. 王作富审定、周振想编著：《刑法学教程》，中国人民公安大学出版社 1997 年版。
17. 韩玉胜主编：《刑罚执行制度研究》，中国人民大学出版社 2007 年版。
18. 尉迟玉庆："罪犯漏罪相关法律问题研究"，载《法学研究》2008 年第 5 期。

19. 张琪："服刑期间发现漏罪后的程序性问题思考"，载《广西政法管理干部学院学报》2008 年第 5 期。
20. 司法部监狱管理局编：《监狱工作手册》（第五辑），内部资料。
21. 叶自强：《举证责任及其分配标准》，法律出版社 2005 年版。
22. 樊崇义主编：《证据法学》，法律出版社 2008 年第四版。
23. 占善刚、刘显鹏：《证据法论》，武汉大学出版社 2009 年版。
24. 陈一云主编：《证据学》（第三版），中国人民大学出版社 2007 年版。
25. 卞建林主编：《证据法学》（第三版），中国人民大学出版社 2007 年版。
26. 何家弘、刘品新：《证据法学》，法律出版社 2008 年版。
27. 何家弘、张卫平主编：《简明证据法学》，中国人民大学出版社 2007 年版。
28. 卞建林、刘玫主编：《证据法学案例教程》（第二版），知识产权出版社 2012 年版。
29. 詹建红主编：《刑事诉讼法》，清华大学出版社 2012 年版。
30. 宋英辉主编：《刑事诉讼法》（第二版），清华大学出版社 2012 年版。
31. 丁为群主编：《刑事诉讼原理与实务》，暨南大学出版社 2013 版。
32. 陈光中主编：《刑事诉讼法教学案例》，法律出版社 2007 年版。
33. 曲耀伦主编：《刑事案例分析实践教程》，厦门大学出版社 2011 年版。

后　记

根据我国警官职业教育的需要，我们编写了本教材。教材遵循警察教育的基本规律和教育特点，通过理论和实践的紧密结合，力求做到刑事法律理论知识传授和警察的岗位专业技能培养的统一。同时，本教材还总结了刑事法律科研和教学的最新成果，尤其是对我国最新出台的法律的解读，使教材更富有时代性。由于作者水平有限，行文风格不一，不足之处在所难免，敬请读者批评指正。

《刑事法律基础与实务》（第二版）由施秀艳任主编，万洪云、汪红军、李永和任副主编。全书经施秀艳审查、修改定稿。各章撰稿人为（以撰写章节先后为序）：

万洪云（江西司法警官职业学院）：第一章
梁　丽（宁夏司法警官职业学院）：第二章
李永和（山西警官职业学院）：第三章
张　珉（新疆兵团警官高等专科学校）：第四章、第五章
汪红军（新疆兵团警官高等专科学校）：第六章、第七章
曹　静（湖南司法警官职业学院）：第八章
裴玉良（河北司法警官职业学院）：第九章
宋艺秋（河南司法警官职业学院）：第十章
王秀丽（江西司法警官职业学院）：第十一章
马　丽（山西警官职业学院）：第十二章、第十六章
闫洪涛（黑龙江司法警官职业学院）：第十三章、第十四章、第十七章
梁志刚（河南司法警官职业学院）：第十五章
施秀艳（黑龙江司法警官职业学院）：第十八章

图书在版编目(CIP)数据

刑事法律基础与实务 / 施秀艳主编. — 2 版. —北京:
法律出版社, 2016.11
ISBN 978 - 7 - 5197 - 0302 - 8

Ⅰ. ①刑… Ⅱ. ①施… Ⅲ. ①刑法—中国—高等学校—教材②刑事诉讼法—中国—高等学校—教材 Ⅳ. ①D924②D925.2

中国版本图书馆 CIP 数据核字(2016)第 285305 号

刑事法律基础与实务(第二版)
施秀艳 主编

编辑统筹 法律应用出版分社
策划编辑 李 群
责任编辑 李 群 李 璐
装帧设计 贾丹丹

出版 法律出版社
总发行 中国法律图书有限公司
经销 新华书店
印刷 三河市龙大印装有限公司
责任印制 胡晓雅

开本 720 毫米×960 毫米 1/16
印张 31
字数 543 千
版本 2017 年 1 月第 2 版
印次 2017 年 1 月第 1 次印刷

法律出版社/北京市丰台区莲花池西里 7 号(100073)
网址/www.lawpress.com.cn
投稿邮箱/info@lawpress.com.cn
举报维权邮箱/jbwq@lawpress.com.cn
销售热线/010 - 63939792/9779
咨询电话/010 - 63939796

中国法律图书有限公司/北京市丰台区莲花池西里 7 号(100073)
全国各地中法图分、子公司销售电话:
统一销售客服/400 - 660 - 6393
第一法律书店/010 - 63939781/9782 西安分公司/029 - 85330678 重庆分公司/023 - 67453036
上海分公司/021 - 62071010/1636 深圳分公司/0755 - 83072995

书号:ISBN 978 - 7 - 5197 - 0302 - 8 **定价**:54.00 元
(如有缺页或倒装,中国法律图书有限公司负责退换)